Der wirtschaftliche Wert von Geschäftsgeheimnissen

Europäische Hochschulschriften Recht

European University Studies in Law

Publications Universitaires Européennes de Droit

Band/Volume **6797**

Hoang Long Bui

Der wirtschaftliche Wert von Geschäftsgeheimnissen

PETER LANG

Berlin - Bruxelles - Chennai - Lausanne - New York - Oxford

Bibliografische Information der Deutschen Nationalbibliothek
Die Deutsche Nationalbibliothek verzeichnet diese Publikation in der Deutschen Nationalbibliografie; detaillierte bibliografische Daten sind im Internet über http://dnb.d-nb.de abrufbar.

Zugl.: Münster (Westfalen), Univ., Diss., 2024

D 6
ISSN 0531-7312
ISBN 978-3-631-92029-9
E-BOOK 978-3-631-92038-1
E-PUB 978-3-631-92039-8
DOI 10.3726/b21917

Verlegt durch: Peter Lang GmbH, Berlin, Deutschland

info@peterlang.com www.peterlang.com

Diese Publikation wurde begutachtet.

Literaturverzeichnis

LEHRBÜCHER UND MONOGRAPHIEN

Achenbach/Ransiek/Rönnau, Handbuch Wirtschaftsstrafrecht, 5. Aufl., Heidelberg, 2019.

Ahrens/McGuire, Modellgesetz für Geistiges Eigentum, München, 2012.

Aldoney Ramirez, Der strafrechtliche Schutz von Geschäft- und Betriebsgeheimnissen, Kenzingen, 2009.

Amt der Europäischen Union für geistiges Eigentum, Protecting Innovation Trough Trade Secrets And Patents: Determinants For European Union Firms, Alicante, 2017.

Ann/Loschelder/Grosch, Praxishandbuch Know-how-Schutz, Köln, 2010.

Aplin, A critical Evaluation of the proposed EU Trade Secrets Directive, London, 2014.

Baetge, Möglichkeiten der Objektivierung des Jahreserfolges, Düsseldorf, 1970.

Baetge/Kirsch/Thiele, Bilanzen, 16. Aufl., Düsseldorf, 2021.

Baker, Der bereicherungsrechtliche Nutzungsanspruch, Frankfurt am Main, 2017.

Beyerbach, Die geheime Unternehmensinformation, Tübingen, 2012.

Bründl/Matt/Hess, Wertschöpfung in Datenmärkten, München, 2015.

Brune/Driesch/Schulz-Danso/Senger, Beck'sches IFRS-Handbuch, 6. Aufl., München, 2020.

Daub, Die Verletzung von Unternehmensgeheimnissen im deutschen und US-amerikanischen Recht, Sinzheim, 1996.

Desaunettes/Hilty/Knaack/Kur, Stellungnahme zum Referentenentwurf eines Gesetzes zur Umsetzung der Richtlinie (EU) 2016/943 zum Schutz von Geschäftsgeheimnissen vor rechtswidrigem Erwerb sowie rechtswidriger Nutzung und Offenlegung vom 17. April 2018, München, 2018.

Deuring, Datenmacht, Baden-Baden, 2021.

Dicken/Henssler, Bilanzrecht, 2. Aufl., München, 2021.

Dorner, Know-how-Schutz im Umbruch, Köln, 2013.

Dreier, Kompensation und Prävention, Tübingen, 2002.

Eidenmüller, Effizienz als Rechtsprinzip, 4. Aufl., Tübingen, 2015.

Erdmann/Rohjahn/Sosnitza, Gewerblicher Rechtsschutz, 3. Aufl., Köln, 2018.

Ernicke, Die dreifache Schadensberechnung, Tübingen, 2020.

Europäische Kommission, Study on Trade Secrets and Confidential Business Information in the Internal Market, Brüssel, 2013.

European Financial Reporting Advisory Group AISBL, Discussion Paper: Better Information on Intangibles. Which is the best way to go?, Brüssel, 2021.

Federmann/Müller, Bilanzierung nach Handelsrecht, Steuerrecht und IFRS, 13. Aufl., Berlin, 2018.

Goldhammer/Wiegand, Ökonomischer Wert von Verbraucherdaten für Adress- und Datenhändler, Berlin, 2017.

Greco, Verwertung von Know-how – Vertragstypologische Zuordnung, Vertragserfüllung und Hinweise zur Vertragsgestaltung, Frankfurt am Main, 2010.

Götz, Der Schutz von Betriebs- und Geschäftsgeheimnissen im Zivilverfahren, Tübingen, 2014.

Hacker, Datenprivatrecht, Tübingen, 2020.

Hepers, Entscheidungsnützlichkeit der Bilanzierung von Intangible Assets in den IFRS – Analyse der Regelungen des IAS 38 unter besonderer Berücksichtigung der ergänzenden Regelungen des IAS 36 sowie des IFRS 3, Köln, 2005.

Heuser/Theile, IFRS Handbuch, 6. Aufl., Köln, 2019.

Hillenbrand, Der Begriff des Betriebs- und Geschäftsgeheimnisses, München, 2017.

Hohendorf, Know-how-Schutz und Geistiges Eigentum, Tübingen, 2020.

Hoppe/Oldekop, Geschäftsgeheimnisse, Schutz von Know-how und Geschäftsinformationen, Praktikerhandbuch mit Mustern, Hürth, 2021.

Hornkohl, Geschäftsgeheimnisschutz im Kartellschadensprozess, Tübingen, 2021.

Hötte, Die kartellrechtliche Zwangslizenz im Patentrecht, Münster, 2011.

IDW Arbeitsgruppe Trendwatch, Weiterentwicklung des externen Reportings kapitalmarktorientierter Unternehmen, Düsseldorf, 2018.

Kalbfus, Know-how-Schutz in Deutschland zwischen Strafrecht und Zivilrecht – welcher Reformbedarf besteht?, Köln, 2011.

v.Keitz, Immaterielle Güter in der internationalen Rechnungslegung. Grundsätze für den Ansatz von immateriellen Gütern in Deutschland im Vergleich zu den Grundsätzen in den USA und nach IASC, Düsseldorf, 1997.

Knerr, Geistiges Eigentum und Steuerrecht: Patent- und Gebrauchsmusterverwertung aus Sicht des nationalen Ertragssteuerrechts, Berlin, 2015.

Knoppe, Die Besteuerung der Lizenz- und know-how-Verträge, 2. Aufl., Köln, 1972.

Krumm, Steuerliche Bewertung als Rechtsproblem, Köln, 2014.

Lamers, Aktivierungsfähigkeit und Aktivierungspflicht immaterieller Werte, München, 1981.

Landes/Posner, The Economic Structure of Intellectual Property Law, Cambridge, 2003.

Leffson, Die Grundsätze ordnungsgemäßer Buchführung, 7. Aufl., Düsseldorf, 1987.

Leistner/Antoine/Sagstetter, Big Data, Tübingen, 2021.

Liebl/Klein, AI Act: Risikoklassifizierung von KI-Anwendungen aus der Praxisperspektive, München, 2023.

Lück, Lexikon der Betriebswirtschaftslehre, 6. Aufl., München, 2004.

Maaß, Information und Geheimnis im Zivilrecht, Stuttgart, 1970.

Malmström, Schutz von Betriebs- und Geschäftsgeheimnissen im Zivilprozess – Unter besonderer Berücksichtigung des Geheimnisschutzes inter partes, Frankfurt, 2013.

Matschke/Brösel, Funktionale Unternehmensbewertung, Wiesbaden, 2014.

Mertens, Der Begriff des Vermögensschadens im bürgerlichen Recht, Stuttgart, 1967.

Moody/Walsh, Measuring The Value Of Information: An Asset Valuation Approach, Frederiksberg, 1999.

Moser, Bewertung immaterieller Vermögenswerte, 2. Aufl., Stuttgart, 2017.

Moxter, Bilanzrechtsprechung, 6. Aufl., Tübingen, 2007.

Nienaber, Bedeutung und Schutz von Geschäftsgeheimnissen im Mittelstand, Köln, 2019.

Nissen, Der monetäre Wert von Daten im Privatrecht, Tübingen, 2021.

North, Wissensorientierte Unternehmensführung, 7. Aufl., Wiesbaden, 2021.

OECD, Exploring the Economics of Personal Data: A Survey of Methodologies for Measuring Monetary Value, Paris, 2013.

Ott, Grundzüge der Preistheorie, 3. Aufl., Göttingen, 1997.

Parr, Intellectual Propery. Valuation, Exploitation, and Infringement Damages, 5. Aufl., New Jersey, 2018.

Paulitsch, Bilanzielle Behandlung selbst erstellter immaterieller Vermögenswerte in den IAS/IFRS, Klagenfurt am Wörtersee, 2019.

Peukert, Güterzuordnung als Rechtsprinzip, Tübingen, 2008.

Pfister, Das technische Geheimnis. „Know-how“ als Vermögensrecht, München, 1974.

Picot/Fiedler, Der ökonomische Wert des Wissens, München, 2000.

Porter, Competitive Advantage, New York, 1985.

Prinz, Der Schutz von Betriebs- und Geschäftsgeheimnissen im Informationsfreiheitsrecht, Münster, 2015.

Raue, Die dreifache Schadensberechnung, Baden-Baden, 2017.

Reinfeld, Das neue Gesetz zum Schutz von Geschäftsgeheimnissen, München, 2019.

Rody, Der Begriff und die Rechtsnatur von Geschäfts- und Betriebsgeheimnissen unter Berücksichtigung der Geheimnisschutz-Richtlinie, Baden-Baden, 2019.

Rowe/Sandeen, Trade Secrecy And International Transactions, Cheltenham, 2015.

Schick, Über die Strafbarkeit von Whistleblowing, Bielefeld, 2022.

Scholz, Der objektive Wert als Rechtsbegriff im bürgerlichen Recht, Berlin, 2003.

Schmidt, Der Zugang zu Daten nach europäischem Kartellrecht, Tübingen, 2020.

Schur, Die Lizenzierung von Daten, Tübingen, 2020.

Schuth, Die Neuregelung zum Schutz der Geschäftsgeheimnisse und ihre Auswirkungen für das Arbeitsrecht, Berlin, 2021.

Sebulke, Zivilprozessualer Geheimnisschutz im Anschluss an das Gesetz zum Schutz von Geschäftsgeheimnissen, Baden-Baden, 2021.

v. Stebut, Geheimnisschutz und Verschwiegenheitspflicht im Aktienrecht, Köln, 1972.

Strobel, Reverse Engineering im Spannungsfeld der Sonderschutzrechte, Baden-Baden, 2022.

Stumpf, Der Know-How-Vertrag, 3. Aufl., Heidelberg, 1977.

Taubman/Wager/Watal, A Handbook on the WTO TRIPS Agreement, Cambridge, 2020.

Taeger, Die Offenbarung von Betriebs- und Geschäftsgeheimnissen, Baden-Baden, 1988.

Tiedchen, Der Vermögensgegenstand im Handelsbilanzrecht, Köln, 1991.

Trallero Ocaña, The Notion of Secrecy, Baden-Baden, 2021.

Vögele, Intangibles – Immaterielle Werte, 2. Aufl., München, 2021.

Wagner, Know-how. Einordnung in das Zivilrecht, Köln, 2016.

Westermann, Handbuch Know-how-Schutz, München, 2007.

Wiese, Die EU-Richtlinie über den Schutz vertraulichen Know-hows und vertraulicher Geschäftsinformationen, Berlin, 2018.

Winner, Wert und Preis im Zivilrecht, Wien, 2008.

Wittmann, Der Wertbegriff in der Betriebswirtschaftslehre, Köln, 1956.

Wurzer/Kaiser, Handbuch Internationaler Know-how-Schutz, 2. Aufl., Köln, 2011.

Zech, Information als Schutzgegenstand, Tübingen, 2012.

KOMMENTARE

Brammsen/Apel, GeschGehG, Frankfurt, 2022.

Brandis/Heuermann, Ertragssteuerrecht, Werkstand: 164. Ergänzungslieferung, München, 2023.

Busche/Stoll/Arend, WTO – Trade-Related Aspects of Intellectual Property Rights, Leiden/Boston, 2009.

Busche/Stoll/Wiebe, TRIPs, 2. Aufl., Köln, 2013.

Fritzsche/Münker/Stollwerck, BeckOK UWG, 20. Edition, Stand: 01.04.2023.

Grottel/Justenhoven/Schubert/Störk, Beck'scher Bilanz-Kommentar, 13. Aufl., München, 2022.

Harte-Bavendamm/Henning-Bodewig, Gesetz gegen den unlauteren Wettbewerb, UWG, 5. Aufl. München, 2021.

Harte-Bavendamm/Ohly/Kalbfus, GeschGehG, 2020.

Heermann/Schlingloff, Münchener Kommentar zum Lauterkeitsrecht, 3. Aufl., München, 2022.

Hoeren/Münker, GeschGehG, Berlin, 2021.

Hopt, Handelsgesetzbuch, 42. Aufl., München, 2023.

Keller/Schönknecht/Glinke, Geschäftsgeheimnisschutzgesetz: GeschGehG, München, 2021.

Köhler/Bornkamm/Feddersen, Gesetz gegen den unlauteren Wettbewerb, 41. Aufl. München, 2023.

Nebel/Dietrich, Kommentar zum GeschGehG, Essen, 2019.

Ohly/Sosnitza, Gesetz gegen den unlauteren Wettbewerb, 8. Aufl., München, 2023.

Rössler/Troll, Bewertungsgesetz, Werkstand: 35. Ergänzungslieferung, München, 2022.

Säcker/Rixecker/Oetker/Limperg, Münchener Kommentar zum Bürgerlichen Gesetzbuch, 9. Aufl., München, 2022.

Schönke/Schröder, Strafgesetzbuch, Kommentar, 30. Aufl., München, 2019.

Stürner/Eidenmüller/Schoppmeyer, Münchener Kommentar zur Insolvenzordnung, 4. Aufl. 2019.

Zöller, ZPO, 34. Aufl., Köln, 2022.

AUFSÄTZE

Alexander, Geheimnisschutz nach dem GeschGehGE und investigativer Journalismus, AfP 2019, 1–11.

Alexander, Grundstrukturen des Schutzes von Geschäftsgeheimnissen durch das neue GeschGehG, WRP 2019, 673–679.

Alexander, Gegenstand, Inhalt und Umfang des Schutzes von Geschäftsgeheimnissen nach der Richtlinie (EU) 2016/943, WRP 2017, 1034–1045.

Almeling, Seven Reasons Why Trade Secrets Are Increasingly Important, Berkeley Technology Law Journal 2012, 1091–1118.

Ann, EU-Richtlinie zum Schutz vertraulichen Know-hows – Wann kommt das neue deutsche Recht, wie sieht es aus, was ist noch offen?, GRUR-Prax 2016, 465–467.

Ann, Geheimnisschutz – Kernaufgabe des Informationsmanagements im Unternehmen, GRUR 2014, 12–16.

Ann, Know-how – Stiefkind des Geistigen Eigentums?, GRUR 2007, 39–43.

Apel/Drescher/Lindner, Geschäftsgeheimnisse im Compliance-System des Unternehmens: Anforderungen an die Umsetzung eines ganzheitlichen Geheimnisschutzes, BB 2022, 1795–1804.

Apel/Nickl, Drei Jahre GeschGehG – Eine Rechtsprechungsübersicht, K&R 2022, 385–393.

Apel/Stolz, Vertragliche Geheimhaltungsmaßnahmen nach „PU-Schaum“ – Was bleibt hängen?, GRUR-Prax 2021, 1–3.

Apel/Walling, Das neue Geschäftsgeheimnisgesetz: Überblick und erste Praxishinweise, DB 2019, 891–898.

Aplin, Trading Data in the Digital Economy: Trade Secrets Perspective, in: Lohsse/Schule/Staudenmeyer, Trading Data in the Digital Economy: Legal Concepts and Tools, Baden-Baden, 2017, 59–72.

Arbeitsgruppe der IHK München und Oberbayern, Wert- und Kostenbegriffe im Sachverständigenwesen, DS 2016, 76–83.

Arbeitskreis Immaterielle Werte im Rechnungswesen der Schmalenbach-Gesellschaft für Betriebswirtschaft, Leitlinien zur Bilanzierung selbst geschaffener immaterieller Vermögensgegenstände des Anlagevermögens nach dem Regierungsentwurf des BilMoG, DB 2008, 1813–1821.

Arbeitskreis Immaterielle Werte im Rechnungswesen der Schmalenbach-Gesellschaft für Betriebswirtschaft, Freiwillige externe Berichterstattung über immaterielle Werte, DB 2003, 1233–1237.

Arbeitskreis Immaterielle Werte im Rechnungswesen der Schmalenbach-Gesellschaft für Betriebswirtschaft, Kategorisierung und bilanzielle Erfassung immaterieller Werte, DB 2001, 989–995.

Azar, Strafrechtliche Implikationen des Whistleblowing unter besonderer Berücksichtigung des § 17 UWG, JuS 2017, 930–935.

Baetge, Herstellungskosten: Vollaufwand versus Teilaufwand, in: Baetge/Börner/Forster/Schruff, Rechnungslegung, Prüfung und Beratung. Festschrift für Rainer Ludewig, Düsseldorf, 1996, 53–84.

Banterle, The Interface between Data Protection and IP law: The Case of Trade Secrets and Database Sui Generis Right in Marketing Operations, and the Ownership of Raw Data in Big Data Analysis, in: Bakhoum/Conde/Mackenrodt/Sublyté-Namaviciené, Personal Data in Competition, Consumer Protection and Intellectual Property Law, Berlin, 2018, 411–443.

Baranowski/Glaßl, Anforderungen an den Geheimnisschutz nach der neuen EU-Richtlinie, BB 2016, 2563–2569.

Behrendt-Geisler/Weißenberger, Branchentypische Aktivierung von Entwicklungskosten nach IAS 38: eine empirische Analyse von Aktivierungsmodellen, KoR 2012, 56–66.

Berger/Tunze, Geistiges Eigentum in Insolvenzverfahren, ZIP 2020, 52–61.

Beyer/Mackenstedt, Grundsätze zur Bewertung immaterieller Vermögenswerte (IDW S5), WPg 2008, 338–349.

Bodewig/Wandtke, Die doppelte Lizenzgebühr als Berechnungsmethode im Lichte der Durchsetzungsrichtlinie, GRUR 2008, 220–229.

Böhm/Nestler, EU-Richtlinie zum Know-how-Schutz: Quantifizierung des Schadensersatzes, GRUR-Prax 2018, 181–183.

Böning/Heidfeld, Gesetzentwurf zum Schutz von Geschäftsgeheimnissen (GeschGehG) – Maulkorb zu Lasten der Beschäftigten und ihrer Interessenvertretung, AuR 2018, 555–559.

Boos, Der Substanzwert im Modifizierten Ertragsverfahren, DS 2019, 69–70.

Boos/Siewert, Beschreibung der Modifizierten Ertragswertmethode, DS 2018, 265–270.

Brammsen, Reformbedürftig! – Der Regierungsentwurf des neuen Geschäftsgeheimnisschutzgesetzes, BB 2018, 2446–2450.

Brebeck/Herrmann, Überlegungen zur handelsbilanziellen Behandlung von Lizenzen für die Nutzung immaterieller Vermögensgegenstände, in: Kirsch/Thiele, Rechnungslegung und Wirtschaftsprüfung. Festschrift zum 70. Geburtstag von Prof. Dr. Dr. h.c. Jörg Baetge, Düsseldorf, 2007, 63–88.

Brockhaus, Das neue Geschäftsgeheimnisgesetz – Zur Frage der Strafbarkeit von Hinweisgebern unter Berücksichtigung der Whistleblowing-Richtlinie, ZIS 2020, 102–119.

Brösel/Müller, Goodwillbilanzierung nach IFRS aus Sicht des Beteiligungscontrollings, KoR 2007, 34–42.

Burghardt-Richter/Bode, Geschäftsgeheimnisschutzgesetz: Überblick und Leitfaden für Unternehmen zur Wahrung ihrer Geschäftsgeheimnisse, BB 2019, 2697–2702.

v.Busekist/Racky, Hinweisgeber- und Geschäftsgeheimnisschutz – ein gelungener Referentenentwurf?, ZRP 2018, 135–138.

Büttner/Gawenko, Die Bewertung von Intellectual Capital im Rahmen einer Unternehmensübernahme in der Software-Branche, BFuP 2021, 200–217.

Castadello/Beyer, Steuerung immaterieller Werte und IFRS, BFuP 2009, 152–169.

Christian/Kern, Aktivierung von Entwicklungskosten und Phasentrennung nach IAS 38, PiR 2014, 168–174.

Corgill, Die Bekämpfung unlauteren Wettbewerbs in den USA, GRUR Int. 2012, 1065–1078.

Cremer, Immaterielle Wirtschaftsgüter in der Handels- und Steuerbilanz, NWB 2018, 38–48.

Dann/Markgraf, Das neue Gesetz zum Schutz von Geschäftsgeheimnissen, NJW 2019, 1774–1779.

v.Danwitz, Der Schutz von Betriebs- und Geschäftsgeheimnissen im Recht der Regulierungsverwaltung, DVBl 2005, 597–605.

Depenheuer, Der verfassungsrechtliche Schutz des Betriebsgeheimnisses, in: Baumeister/Roth/Ruthig., Staat, Verwaltung und Rechtsschutz. Festschrift für Wolf-Rüdiger Schenke zum 70. Geburtstag, Berlin, 2011, 97–108.

v. Diringshofen, Know-how-Schutz in der Praxis, GRUR-Prax 2013, 397–399.

Dittrich, Geschäftsgeheimnisse im Visier von Cyberkriminellen – die Bedeutung der Cybersicherheit für den Geheimnisschutz in Unternehmen, NZWiSt 2023, 8–16.

Drexl/Hilty/Desaunettes/Greiner/Kim/Richter/Surblyte/Wiedemann, Ausschließlichkeits- und Zugangsrechte an Daten, GRUR Int. 2016, 914–918.

Drexler, Designing Competitive Markets for Industrial Data, JIPITEC 2017, 257–292.

Dreyfus/van Eechoud, Choice of law in EU trade secrecy cases, in: Schovsbo/Minssen/Riis, The Harmonization and Protection of Trade Secrets in the EU, Cheltenhem, 2020, 171–191.

Dumont, Happy End für ein Stiefkind? – Regierungsentwurf zur Umsetzung der Know-how-Richtlinie, BB 2018, 2441–2446.

Duscher, Nach dem BilMoG: Annäherung an die IFRS im Bereich selbst erstellter immaterieller Vermögensgegenstände in der Bilanzierungspraxis innovativer Unternehmen?, IRZ 2014, 149–154.

Eggert, Bearbeitung und Plausibilisierung immaterieller Vermögensgegenstände, BBK 2019, 218–223.

Eichelberger, Ersatz immaterieller Schäden bei Datenschutzverstößen, WRP 2021, 159–167.

Ehlers/Haft/Königer, Der Durchschnittsfachmann im Zusammenhang mit dem Erfordernis der erfinderischen Tätigkeit im Patentrecht, GRUR Int. 2010, 815–822.

Enders, Know How Schutz als Teil des Geistigen Eigentums, GRUR 2012, 25–31.

Engländer/Zimmermann, Whistleblowing als strafbarer Verrat von Geschäfts- und Betriebsgeheimnissen? Zur Bedeutung des juristisch-ökonomischen Vermögensbegriffs für den Schutz illegaler Geheimnisse bei § 17 UWG, NZWiSt 2012, 328–333.

Eppinger/Hägele/Orterer, Praxisprobleme bei der Bilanzierung von selbst erstellten immateriellen Vermögenswerten nach IAS 38, IRZ 2013, 421–424.

Erb, Inwieweit schützt § 17 UWG ein ausländisches „Bankgeheimnis"?, in: Heinrich/Jäger/Schünemann, Festschrift für Claus Roxin zum 80. Geburtstag am 15. Mai 2011, Strafrecht als Scientia Universilas, Berlin, 2011, 1103–1120.

Eufinger, Arbeits- und strafrechtlicher Schutz von Whistleblowern im Kapitalmarktrecht, WM 2016, 2336–2431.

Falce, Trade Secrets – Looking for (Full) Harmonization in the Innovation Union, IIC 2015, 940–964.

Fries/Scheufen, Märkte für Maschinendaten. Eine rechtliche und rechtsökonomische Standortbestimmung, MMR 2019, 721–726.

Gärtner, Zum Richtlinienentwurf über den Schutz von Geschäftsgeheimnissen, NZG 2014, 650–652.

Gaugenrieder, Einheitliche Grundlage für den Schutz von Geschäftsgeheimnissen in Europa – Zukunftstraum oder Alptraum, BB 2014, 1987–1992.

Gawenko/Hinz/Büttner, Die wertmäßige Erfassung von intellectual capital mittels der Methode der unmittelbaren Cashflow-Prognose, PiR 2022, 9–14.

Gersbacher-Volz/Koch, Bilanzierung von selbsterstellter Software: Praktische und prüfungsrechtliche Herausforderungen. Teil 1, BC 2017, 66–73.

Goldhammer, Geschäftsgeheimnis-Richtlinie und Informationsfreiheit. Zur Neudefinition des Geschäftsgeheimnisses als Chance für das öffentliche Recht, NVwZ 2017, 1809–1814.

Goldmann, Die Berechnung des Schadensersatzanspruchs vor und nach Umsetzung der Durchsetzungsrichtlinie, WRP 2011, 950–970.

Greil/Müller/Olbert, Transfer pricing for digital business models: Early evidence on challenges and options for reform, WTJ 2019, 557–588.

Große-Opfhoff/Voget, Shared Limited Access, GRUR 2022, 1192–1196.

Großfeld/Egert, Cashflow in der Unternehmensbewertung, in: Baetge/Börner/Forster/Schruff, Rechnungslegung, Prüfung und Beratung. Festschrift für Rainer Ludewig, Düsseldorf, 1996, 365–384.

Grundmann/Hempel, Bilanzierung selbst geschaffener Software nach HGB (BilMoG), BBK 2011, 381–387.

Gündogdu/Hurst, Änderungen für den Schutz von Geschäftsgeheimnissen durch das GeschGehG – Eine Synopse, K&R 2019, 451–456.

Haaker/Lüdenbach, Trennung der Forschungs- und Entwicklungsphase?, PiR 2010, 110–111.

Haedicke, Die Gewinnhaftung des Patentverletzers, GRUR 2005, 529–535.

Haller/Froschhammer/Groß, Die Bilanzierung von Entwicklungskosten nach IFRS bei deutschen börsennotierten Unternehmen – Eine empirische Analyse, DB 2010, 681–689.

Haring/Pranter, Konvergenz des Rechnungswesens: state-of-the-art in Deutschland und Österreich, Controlling 2005, 147–154.

Harte-Bavendamm, Der Begriff des Geschäftsgeheimnisses nach harmonisiertem Recht, in: Ahrens/Bornkamm/Fezer/Koch/McGuire/Würtenberger, Festschrift für Wolfgang Büscher, Köln, 2018, 311–322.

Harte-Bavendamm, Reform des Geheimnisschutzes: naht Rettung aus Brüssel? Zum Richtlinienvorschlag zum Schutz von Geschäftsgeheimnissen, in: Alexander/Bornkamm/Buchner/Fritzsche/Lettl, Festschrift für Helmut Köhler zum 70. Geburtstag, München, 2014, 235–252.

Härting, „Dateneigentum" – Schutz durch Immaterialgüterrecht?, CR 2016, 646–649.

Hauck, Schutz von Geschäftsgeheimnissen und Arbeitnehmerrechte, GRUR 2022, 530–536.

Hauck, Was lange währt… – Das Gesetz zum Schutz von Geschäftsgeheimnissen (GeschGehG) ist in Kraft, GRUR-Prax 2019, 223–225.

Hauck, Grenzen des Geheimnisschutz, WRP 2018, 1032–1037.

Hauck, Geheimnisschutz im Zivilprozess – was bringt die neue EU-Richtlinie für das deutsche Recht?, NJW 2016, 2218–2223.

Heil/Roos, Zur dreifachen Schadensberechnung bei Übernahme sonderrechtlich nicht geschützter Leistungen, GRUR 1994, 26–31.

Heinzke, Richtlinie zum Schutz von Geschäftsgeheimnissen, CCZ 2016, 179–183.

Heitto, The Trade Secret Directive Proposal and the Narrow Path to Improving Trade Secret Protection in Europe, Computer Law Review International 2015, 140–144.

Henckel/Ludwig/Lüdke, Behandlung von Forschungs- und Entwicklungskosten nach HGB und IFRS unter Berücksichtigung der durch das BilMoG geplanten Änderungen, DB 2008, 196–199.

Hennrichs, Immaterielle Vermögensgegenstände nach dem Entwurf des Bilanzrechtsmodernisierungsgesetzes (BilMoG) – Gemeinsamkeiten und verbleibende Unterschiede zwischen modernisiertem HGB-Bilanzrecht und IFRS (IAS 38, IFRS 3), DB 2008, 537–542.

Hessel/Leffer, Rechtlicher Schutz maschinengenerierter Daten, MMR 2020, 647–650.

Hiéramente/Golzio, Die Reform des Geheimnisschutzes aus Sicht der Compliance-Abteilung – Ein Überblick, CCZ 2018, 262–267.

Hilty, Kontrolle der digitalen Werknutzung zwischen Vertrag und Erschöpfung, GRUR 2018, 865–879.

Hoeren, The New EU Directive on the Protection of Trade Secrets and Its Implementation, in: Compagnucci/Forgó/Kono/Teramoto/Vermeulen, Legal Tech and The New Sharing Economy, Singapur, 2020, 241–253.

Hoeren/Münker, Die EU-Richtlinie für den Schutz von Geschäftsgeheimnissen und ihre Umsetzung – unter besonderer Berücksichtigung der Produzentenhaftung, WRP 2018, 150–155.

Hohendorf, Digitalisierung und Know-how-Schutz – Ist die Know-how-Richtlinie ausreichend?, in: Heinemann/Sattler, Immaterialgüter und Digitalisierung, Baden-Baden, 2017, 105–119.

Holsten, Steuerliche Chancen und Risiken der Digitalisierung aus Sicht internationaler Industriekonzerne, DB 2019, 1697–1707.

Hoppe/Oldekop, Die Rechtsprechung zum Geheimnisschutzgesetz seit dem 26.04.2019, WRP 2022, 547–555

Hrdy, The Value in Secrecy, Fordham Law Review 2021, 557–607.

Jansen/Hofmann, Auswirkungen des Gesetzes zum Schutz von Geschäftsgeheimnissen auf Vertraulichkeitsvereinbarungen, BB 2020, 259–265.

Kalbfus, Zum Schutz von Geschäftsgeheimnissen, in: Obergfell, Beiträge zum Immaterialgüterrecht, Berlin, 2021, 295–317.

Kalbfus, Zur Rechtsnatur von Geschäftsgeheimnissen: Bringt das neue Geschäftsgeheimnisgesetz mehr Klarheit?, in: Ahrens/Büscher/Goldmann/McGuire, Praxis des Geistigen Eigentums, Festschrift für Henning Harte-Bavendamm zum 70. Geburtstag, München, 2020, 341–352.

Kalbfus, Angemessene Geheimhaltungsmaßnahmen nach der Geschäftsgeheimnis-Richtlinie, GRUR Prax 2017, 391–393.

Kalbfus, Die EU-Geschäftsgeheimnis-Richtlinie – Welcher Umsetzungsbedarf besteht in Deutschland?, GRUR 2016, 1009–1017.

Kalbfus, Die neuere Rechtsprechung des BGH zum Schutz von Betriebs- und Geschäftsgeheimnissen, WRP 2013, 584–590.

Karthaus, Omertá in der Betriebsverfassung, NZA 2018, 1180–1185.

Katyal, The Paradox of Source Code Secrecy, Cornell Law Review 2019, 1183–1280.

v.Keitz, Einheitliche oder länderspezifische Auslegung der IFRS? – Eine Analyse am Beispiel der Bilanzierung von immateriellen Vermögenswerten in ausgewählten Ländern der EU, in: Kirsch/Thiele, Rechnungslegung und Wirtschaftsprüfung. Festschrift zum 70. Geburtstag von Prof. Dr. Dr. h.c. Jörg Baetge, Düsseldorf, 2007, 321–357.

Kerber, A New (Intellectual) Property Right for Non-Personal Data? An Economic Analysis, GRUR Int. 2016, 989–998.

Kiefer, Eingeschränkter Geschäftsgeheimnisschutz für Rezepte?, GRUR-Prax 2022, 210.

Kiefer, Zur Beweislast im Geschäftsgeheimnisrecht, GRUR-Prax 2022, 190.

Kiefer, Das Geschäftsgeheimnis nach dem Referentenentwurf zum Geschäftsgeheimnisgesetz: ein Immaterialgüterrecht, WRP 2018, 910–917.

Kiethe, Die Abgrenzung von zulässigem Sachvortrag und strafbewehrtem Geheimnisschutz im Zivilprozess, JZ 2005, 1034–1039.

Kirsch, Die Objektivierung künftiger Zahlungsströme bei einer Bewertung, in: Kirsch/Thiele, Rechnungslegung und Wirtschaftsprüfung. Festschrift zum 70. Geburtstag von Prof. Dr. Dr. h.c. Jörg Baetge, Düsseldorf, 2007, 359–380.

Kirsch/Engelke/Faber, Aufteilung eines Geschäfts- oder Firmenwerts auf Geschäftsfelder, WPg 2016, 1008–1014.

Kirsch/Ewelt, Die Konvergenz von internem und externem Rechnungswesen: Vereinfachung und Qualitätssteigerung durch Vereinheitlichung, in: vom Brocke/Becker, Einfachheit in Wirtschaftsinformatik und Controlling, München, 2008, 307–320.

Kirsch/Koelen/Köhling, Möglichkeiten und Grenzen des management approach – Eine Analyse unter besonderer Berücksichtigung des Nutzungswertes, KoR 2010, 200–207.

Kirsch/Koelen/Olbrich/Dettenrieder, Die Bedeutung der Verlässlichkeit der Berichterstattung im Conceptual Framework des IASB und des FASB, WPg 2012, 762–771.

Kirsch/Koelen/Tinz, Die Berichterstattung der DAX-30-Unternehmen in Bezug auf die Neuregelung des impairment only approach des IASB (Teil 1), KoR 2008, 88–97.

Kirsch/Kurz, Der Ansatzzeitpunkt für selbsterstelltes immaterielles Anlagevermögen, in: Lück, Jahrbuch für Wirtschaftsprüfung, Interne Revision und Unternehmensberatung 2011, München, 2011, 61–72.

Kirsch/Scheele, E-DRS 20: Ausweitung der Lageberichterstattung zum Value Reporting?, BB 2003, 2733–2738.

Kirsch/Steinhauer, Zum Einfluss der internationalen Rechnungslegung auf das Controlling, Zeitschrift für Planung und Unternehmenssteuerung, 2003, 415–435.

Kirsch/Wege/v.Friedolsheim, Die Berücksichtigung von Länderrisiken im Kapitalisierungszins beim Impairment-Test nach IAS 36, IRZ 2021, 429–435.

Kitch, The Law and Economics of Rights in Valuable Information, The Journal of Legal Studies 1980, 683–723.

Klein/Wegener, Wem gehören Geschäftsgeheimnisse?, GRUR-Prax 2017, 394–396.

Knapp, Was darf der Kaufmann als seine Vermögensgegenstände bilanzieren?, DB 1971, 1121–1129.

Koch, Korruptionsbekämpfung durch Geheimnisverrat? Strafrechtliche Aspekte des Whistleblowing, ZIS 2008, 500–505.

Koch/Gersbacher-Volz, Bilanzierung von selbsterstellter Software: Praktische und prüfungsrechtliche Herausforderungen. Teil 2, BC 2017, 128–136.

Koós, Die europäische Geschäftsgeheimnis-Richtlinie – ein gelungener Wurf? Schutz von Know-how und Geschäftsinformationen – Änderungen im deutschen Wettbewerbsrecht, MMR 2016, 224–228.

Kraßer, Grundlagen des zivilrechtlichen Schutzes von Geschäfts- und Betriebsgeheimnissen sowie von Know-how, GRUR 1977, 177–196.

Kraßer, Der Schutz des Know-how nach deutschem Recht, GRUR 1970, 587–597.

Kraus/Leister, Daten und Geheimnisschutz im Homeoffice – Schutzkonzept zur Vermeidung von Bußgeld- und Haftungsrisiken, CCZ 2021, 111–114.

Krüger/Wiencke/Koch, Der Datenpool als Geschäftsgeheimnis, GRUR 2020, 578–584.

Künnemann, Fair Value Accounting, Enforcement und Abschlussprüfung, in: Kirsch/Thiele, Rechnungslegung und Wirtschaftsprüfung. Festschrift zum 70. Geburtstag von Prof. Dr. Dr. h.c. Jörg Baetge, Düsseldorf, 2007, 937–964.

Küting/Lauer, Fair Value Accounting – Alternative oder Irrweg?, in: Lück, Jahrbuch für Wirtschaftsprüfung, Interne Revision und Unternehmensberatung 2011, München, 2011, 43–60.

Lamy/Vollprecht, Das neue Geschäftsgeheimnisschutzgesetz – Erster Überblick und Handlungsbedarf, IR 2019, 201–205.

Lang/Bollinger, Der Schutz von Geschäftsgeheimnissen in der Kreditwirtschaft, WM 2022, 2218–2224.

Lauck, Angemessene Geheimhaltungsmaßnahmen nach dem GeschGehG, GRUR 2019, 1132–1133.

Leister, „Angemessene Geheimhaltungsmaßnahmen" – Handlungsbedarf in der Praxis durch Neudefinition des Geschäftsgeheimnisbegriffs, GRUR-Prax 2019, 75–77.

Lejeune, Die neue EU Richtlinie zum Schutz von Know-How und Geschäftsgeheimnissen, CR 2016, 330–342.

Letzel, Bewertung ausgewählter Aspekte des neuen „Gesetzes zum Schutz von Geschäftsgeheimnissen" (GeschGehG), ZJS 2021, 1–13.

Maaßen, „Angemessene Geheimhaltungsmaßnahmen" für Geschäftsgeheimnisse, GRUR 2019, 352–360.

Mandl/Königsmaier, Werthaltigkeitstest gemäß IAS 36 bei nicht kapitalmarktorientierten Unternehmen, in: Kirsch/Thiele, Rechnungslegung und Wirtschaftsprüfung. Festschrift zum 70. Geburtstag von Prof. Dr. Dr. h.c. Jörg Baetge, Düsseldorf, 2007, 381–404.

Mankowski/Schreier, Zum Begriff des Wertes und des üblichen Preises, insb. in § 818 Abs. 2 BGB, AcP Bd. 208, 2008, 725–776.

Maul, Immaterielle Anlagewerte im Jahresabschluß der Aktiengesellschaft – Ein Beitrag zur Interpretation des § 153 Abs. 3 AktG, ZfbF 1973, 16–28.

Maul/Menninger, Das „Intellectual Property Statement" – eine notwendige Ergänzung des Jahresabschlusses?, DB 2000, 529–533.

Mayer, Geschäfts- und Betriebsgeheimnis oder Geheimniskrämerei?, GRUR 2011, 884–888.

McGuire, Begriff und Rechtsnatur des Geschäftsgeheimnisses – Über ungeschriebene Unterschiede zwischen altem und neuem Recht, in: Ahrens/

Büscher/Goldmann/McGuire, Praxis des Geistigen Eigentums, Festschrift für Henning Harte-Bavendamm zum 70. Geburtstag, München, 2020, 367–384.

McGuire, Neue Anforderungen an Geheimhaltungsvereinbarungen?, WRP 2019, 679–688.

McGuire, Geheimnisschutz: In vier Schritten zur angemessenen Maßnahme, IPRB 2018, 202–206.

McGuire, Der Schutz von Know-how im System des Immaterialgüterrechts – Perspektiven für die Umsetzung der Richtlinie der Geschäftsgeheimnisse, GRUR 2016, 1000–1008.

McGuire, Know-how: Stiefkind, Störenfried oder Sorgenkind? Lücken und Regelungsalternativen vor dem Hintergrund des RL-Vorschlags, GRUR 2015, 424–436.

McGuire/Joachim/Künzel/Weber, Der Schutz von Geschäfts- und Betriebsgeheimnissen durch Rechte des Geistigen Eigentums und das Recht des unlauteren Wettbewerbs, GRUR Int. 2010, 829–840.

Meitner, Rechtliche Unternehmensbewertung: Königsdisziplin! … oder doch nur eine bunte Show?, in: Tönnes, Festschrift für Bernhard Großfeld zum 85. Geburtstag, Heidelberg 2019, 257–268.

Moxter, IFRS als Auslegungshilfe für handelsrechtliche GoB?, WPg 2009, 7–12.

Moxter, Immaterielle Anlagewerte im neuen Bilanzrecht, BB 1979, 1102–1109.

Moxter, Aktivierungsgrenzen bei „immateriellen Anlagewerten", BB 1978, 821–825.

Mujkanovic, BilRUG: Folgebewertung des selbsterstellen immateriellen Anlagevermögens und des Geschäfts- oder Firmenwertes, StuB 2014, 751–755.

Mujkanovic, Softwarebilanzierung nach HGB und IFRS. Selbsterstellung, Erweiterung und Verbesserung von dauerhaft genutzter Software beim Anwender, PiR 2013, 331–337.

Mujkanovic, Softwarebilanzierung nach HGB und IFRS. Anschaffung dauerhaft genutzter Software beim Anwender, PiR 2013, 301–306.

Müller, Immaterielle Vermögenswerte unbestimmter Nutzungsdauer, PiR 2018, 347–352.

Müller/Peskes, Konsequenzen der geplanten Änderungen der Segmentberichterstattung nach IFRS für Abschlusserstellung und Unternehmenssteuerung, BB 2006, 819–825.

Müllmann, Mehr als nur Whistleblowing: Gesetz zum Schutz von Geschäftsgeheimnissen, ZRP 2019, 25–26.

Naber/Peukert/Seeger, Arbeitsrechtliche Aspekte des Geschäftsgeheimnisgesetzes, NZA 2019, 583–588.

Natelski, Der Schutz des Betriebsgeheimnisses, GRUR 1957, 1–8.

Naumann, Digitale Transformation erfordert bessere Rechnungslegungsvorschriften für immaterielles Vermögen, IRZ 2017, 189–190.

Naumann, Das Spannungsverhältnis zwischen Relevanz und Verlässlichkeit in der Rechnungslegung – Ein Beitrag zur Fortentwicklung von HGB und IFRS, ZfB 2006, Ergänzungsheft 6, 43–75.

Nordberg, Trade secrets, big data and artificial intelligence innovation: a legal oxymoron?, in: Schovsbo/Minssen/Riis, The Harmonization and Protection of Trade Secrets in the EU, Cheltenhem, 2020, 192–218.

Obermaier, Unternehmensbewertung zwischen Wert und Preis, in: Tönnes, Festschrift für Bernhard Großfeld zum 85. Geburtstag, Heidelberg 2019, 325–340.

Oetker, Aktienrechtliche Verschwiegenheitspflicht und Geschäftsgeheimnisgesetz, in: Grundmann/Merkt/Mülbert, Festschrift für Klaus J. Hopt zum 80. Geburtstag am 24. August 2020, Berlin, 2020, 901–922.

Oetker, Neujustierung des arbeitsrechtlichen Schutzes von Geschäftsgeheimnissen vor Offenbarung durch das Unionsrecht, ZESAR 2017, 257–264.

Oerdelheide, Kapital und Gewinn. Kaufmännische Konvention als kapitaltheoretische Konzeption?, in: Hax/Kern/Schröder, Zeitaspekte in betriebswirtschaftlicher Theorie und Praxis, Stuttgart, 1989, 21–46.

Ohly, Germany: the Trade Secrets Protection Act of 2019, in: Schovsbo/Minssen/Riis, The Harmonization and Protection of Trade Secrets in the EU, Cheltenhem, 2020, 103–123.

Ohly, Das neue Geschäftsgeheimnis im Überblick, GRUR 2019, 441–451.

Ohly, Der Geheimnisschutz im deutschen Recht: heutiger Stand und Perspektiven, GRUR 2014, 1–11.

Ollivier/Gorius/Simon/Chapius, Business Secrets, High Potential Assets Under Development, Journal of the Licensing Executives Society, Volume LIV No. 3, 2019, 169–179.

Paal/Hennemann, Big Data im Recht, NJW 2017, 1697–1701.

Passarge, Der Entwurf eines Gesetzes zum Schutz von Geschäftsgeheimnissen (GeschGehG) – Das Gegenteil von gut gemacht ist gut gemeint, CB 2018, 144–147.

Passarge/Scherbarth, Geheimnisschutz nach dem GeschGehG, CB 2021, 49–54.

Pauken, Know-How-Schutz im beendeten Arbeitsverhältnis, ArbRAktuell 2022, 171–174.

Petersen/Zwirner/Busch, Forschung und Entwicklung in der Rechnungslegungspraxis, PiR 2010, 7–13.

Pombriant, Data, Information and Knowledge, CR 2013, 97–102.

Preis/Seiwerth, Geheimnisschutz im Arbeitsrecht nach dem Geschäftsgeheimnisgesetz, RdA 2019, 351–360.

Pusecker/Schruff, Anschaffungswertprinzip und „negativer Geschäftswert“, BB 1996, 735–742.

Rajam, The impact of trade secrets for publicly funded research collaborations in Europe, in: Schovsbo/Minssen/Riis, The Harmonization and Protection of Trade Secrets in the EU, Cheltenhem, 2020, 295–319.

Rammert/Thies, Mit dem Bilanzrechtsmodernisierungsgesetz zurück in die Zukunft – was wird aus Kapitalerhaltung und Besteuerung?, WPg 2009, 34–46.

Rauer, Richtlinienentwurf: Europaweit einheitlicher Schutz von Geschäftsgeheimnissen, GRUR-Prax 2014, 2–4.

Rauh/Zudchandke/Reddemann, Die Ermittlung der Schadenshöhe im Kartelldeliktsrecht, WRP 2012, 173–183.

Redeker/Pres/Gittinger, Einheitlicher Geheimnisschutz in Europa (Teil 1), WRP 2015, 681–688.

Reinbacher, Die Strafbarkeit des Whistleblowings nach § 17 UWG im Lichte der Geheimnisschutzrichtlinie, KriPoZ 2018, 115–121.

Reinhardt-Kasperek/Kaindl, Whistleblowing und die EU-Geheimnisschutzrichtlinie – Ein Spannungsverhältnis zwischen Geheimnisschutz und Schutz der Hinweisgeber, BB 2018, 1332–1336.

Römling, Der Geschäftsgeheimnisbegriff zwischen öffentlichem und privatem Recht, NVwZ 2022, 463–466.

Rönnau, Die Haftungsfreistellung des „Whistleblowers“ nach § 5 Nr. 2 GeschGehG – eine gelungene Regelung?, in: Bublitz/Bung/Grünewald/Magnus/Putzke/Scheinfeld, Festschrift für Reinhard Merkel zum 70. Geburtstag, Berlin, 2020, 909–930.

Rosenkötter/Seeger, Das neue Geschäftsgeheimnisgesetz, NZBau 2019, 619–622.

Rosenthal/Hamann, Das neue Geschäftsgeheimnisgesetz – Ein Überblick, NJ 2019, 321–325.

Rützel, Illegale Unternehmensgeheimnisse?, GRUR 1995, 557–561.

Sagstetter, Big Data und der europäische Rechtsrahmen: Status quo und Reformbedarf im Lichte der Trade-Secrets-Richtlinie 2016/943/EU, in: Maute/Mackenrodt, Recht als Infrastruktur für Innovation, München, 2019, 285–318.

Satzger, Der Staat als „Hehler“? – Zur Strafbarkeit des Ankaufs rechtswidrig erlangter Bankdaten durch deutsche Behörden, in: Hellmann/Schröder, Festschrift für Hans Achenbach, Heidelberg, 2011, 447–462.

Scharfenberg/Marquardt, Die Bilanzierung des Customizing von ERP-Software, DStR 2004, 195–200.

Scheja, Schutz von Algorithmen in Big Data Anwendungen – Wie Unternehmen aufgrund der Umsetzung der Geschäftsgeheimnis-Richtlinie ihre Algorithmen wie auch Datenbestände besser schützen können, CR 2018, 485–491.

Scherp/Rauhe, Datenklau!? – Entwurf eines Gesetzes zum Schutz von Geschäftsgeheimnissen – Teil 1, CB 2019, 20–24.

Schilling, Der Schutz von Geschäfts- und Betriebsgeheimnissen – Prozessuale Schwierigkeiten und Reformbedarf, in: Ahrens/Bornkamm/Fezer/Koch/McGuire/Würtenberger, Festschrift für Wolfgang Büscher, Köln, 2018, 383–392.

Schlack, Das neue Geschäftsgeheimnisgesetz, Schutz für Private vor Privaten – und Behörden?, ZWeR 2019, 192–206.

Schlander/Hernandez-Villafuerte/Cheng/Mestre-Ferrandiz/Baumann, How Much Does It Cost to Research and Develop a New Drug? A Systematic Review and Assessment, PharmacoEconomics 2021, 1243–1269.

Schmitt, Whistleblowing revisited – Anpassungs- und Regelungsbedarf im deutschen Recht – Zugleich ein Beitrag zu den arbeitsrechtlichen Auswirkungen der Geheimnisschutzrichtlinie, RdA 2017, 365–373.

Schnabel, Rechtswidrige Praktiken als Betriebs- und Geschäftsgeheimnis?, CR 2016, 342–348.

Scholtyssek/Judis/Krause, Das neue Geschäftsgeheimnisgesetz – Risiken, Chancen und konkreter Handlungsbedarf für Unternehmen, CCZ 2020, 23–29.

Schovsbo/Riis, To Be and Not to Be an IPR – The Protection of Trade Secrets in the EU, EIPR 2019, 401–403.

Schreiber, Das neue Gesetz zum Schutz von Geschäftsgeheimnissen – ein „Freifahrtschein" für Whistleblower, NZWiSt 2019, 332–338.

Schülke, Zur Aktivierbarkeit selbstgeschaffener immaterieller Vermögensgegenstände, DStR 2010, 992–998.

Siegel, Anschaffungskosten und ihre Relevanz im System des Rechnungswesens in: Kirsch/Thiele, Rechnungslegung und Wirtschaftsprüfung. Festschrift zum 70. Geburtstag von Prof. Dr. Dr. h.c. Jörg Baetge, Düsseldorf, 2007, 589–623.

Söbbing, Künstliche neuronale Netze. Rechtliche Betrachtung von Software- und KI-Lernstrukturen, MMR 2021, 111–116.

Sousa e Silva, What exactly is a trade secret under the proposed directive?, Journal of Intellectual Property Law & Practice, 2014, 923–932.

Specht, Ausschließlichkeitsrechte an Daten – Notwendigkeit, Schutzumfang, Alternativen, CR 2016, 288–296.

Steinmann, Geschäftsgeheimnis-Richtlinie: Vorwirkung und unmittelbare Anwendbarkeit, WRP 2019, 703–710.

Steinmann/Schubmehl, Vertraglicher Geheimnisschutz im Kunden-Lieferanten-Verhältnis – Auswirkungen der EU-Geheimnisschutz-RL am Beispiel der Automobilindustrie, CCZ 2017, 194–198.

Stibi/Fuchs, Zur Umsetzung der HGB-Moderniserung durch das BilMoG, DB Beilage 5 zu Heft 23 vom 05.06.2009, 9–15.

Stibi/Kirsch/Engelke, Das Konzept der außerplanmäßigen Abschreibung eines Geschäfts- oder Firmenwerts nach DRS 23, WPg 2016, 603–611.

Stieper, Dreifache Schadensberechnung nach der Durchsetzungsrichtlinie 2004/48/EG im Immaterialgüter- und im Wettbewerbsrecht, WRP 2010, 624–630.

Thiel, Das neue Geschäftsgeheimnisgesetz (GeschGehG) – Risiken und Chancen für Geschäftsgeheimnisinhaber, WRP 2019, 700–703.

Thiele, Zeitbewertung und Rechnungslegungsgrundsätze – Hat der Fair Value eine Chance? in: Kirsch/Thiele, Rechnungslegung und Wirtschaftsprüfung. Festschrift zum 70. Geburtstag von Prof. Dr. Dr. h.c. Jörg Baetge, Düsseldorf, 2007, 625–644.

Többens, Wirtschaftsspionage und Konkurrenzausspähung in Deutschland, NStZ 2000, 505–512.

Trebeck/Schulte-Wissermann, Die Geheimnisschutzrichtlinie und deren Anwendbarkeit, NZA 2018, 1175–1180.

Trips-Hebert, Informationsfreiheit und Arzneimittelrecht – mögliche Implikationen eines Informationsfreiheitsgesetzes für die pharmazeutische Industrie, PharmR 2005, 155–161.

Ullrich, Der Schutz von Whistleblowern aus strafrechtlicher Perspektive – Rechtslage de lege lata und de lege ferenda, NZWiSt 2019, 65–71.

Varadarajan, Trade Secret Precautions, Possession, and Notice, Hastings Law Journal 2017, 357–396.

Velte, Reporting über Forschung und Entwicklung (F&E) im (Konzern-) Abschluss und -Lagebericht, IRZ 2011, 355–360.

Voigt/Herrmann/Grabenschöer, Das neue Geschäftsgeheimnisgesetz – praktische Hinweise zu Umsetzungsmaßnahmen für Unternehmen, BB 2019, 142, 143.

Weigert, Angemessene Geheimhaltungsmaßnahmen im Sinne des Geheimnisschutzgesetzes – Geheimnisschutz ad absurdum?, NZA 2020, 209–214.

Wiebe, Protection of industrial data – a new property right for the digital economy?, GRUR Int. 2016, 877–884.

Wiebe/Schur, Protection of Trade Secrets in a Data-driven, Networked Environment: Is the update already out-dated?, GRUR Int. 2019, 746–751.

Winner, Wert und Preis im neuen Recht des Squeeze-out, JBl 2007, 434–444.

Wunner, Die zivilrechtliche Haftung für Geheimnisverwertungen durch Beschäftigte im Lichte der Geschäftsgeheimnis-RL, WRP 2019, 710–716.

Zech, „Industrie 4.0“ – Rechtsrahmen für eine Datenwirtschaft im digitalen Binnenmarkt, GRUR 2015, 1151–1159.

Zimmermann/Dorn, Handels- und steuerrechtliche Bilanzierungs- und Bewertungsgrundsätze, NWB 2020, 2462–2473.

Zimmermann/Dorn/Bieschewski, Immaterielle Vermögensgegenstände/Wirtschaftsgüter in der Handels- und Steuerbilanz, NWB 2020, 3098–3111.

Abkürzungsverzeichnis

a. A.	andere Ansicht
a. F.	alte Fassung
Abs.	Absatz
AcP	Archiv für die civilistische Praxis
AfP	Zeitschrift für das gesamte Medienrecht. Archiv für Presserecht
Alt.	Alternative
AO	Abgabenordnung
ArbRAktuell	Arbeitsrecht Aktuell
ArbG	Arbeitsgericht
Art.	Artikel
AuR	Arbeit und Recht
BAG	Bundesarbeitsgericht
BB	Betriebs Berater
BBK	NWB Rechnungswesen
BC	Zeitschrift für Bilanzierung, Rechnungswesen und Controlling
Bd.	Band
BeckRS	Beck-Rechtsprechung
Beschl. v.	Beschluss vom
BewG	Bewertungsgesetz
BFuP	Betriebswirtschaftliche Forschung und Praxis
BGB	Bürgerliches Gesetzbuch
BGBl.	Bundesgesetzblatt
BFH	Bundesfinanzhof
BFHE	Entscheidungen des Bundesfinanzhofs
BGH	Bundesgerichtshof
BGHSt	Entscheidungen des Bundesgerichtshofes in Strafsachen
BGHZ	Entscheidungen des Bundesgerichtshofes in Zivilsachen
BilMoG	Gesetz zur Modernisierung des Bilanzrechts
BMF	Bundesministerium der Finanzen
bspw.	beispielsweise
BStBl	Bundessteuerblatt
BT	Bundestag

BT-Drs.	Bundestag-Drucksache
BT-Prot.-Nr.	Bundestag-Protokoll-Nummer
BTLJ	Berkeley Technology Law Journal
BVerfG	Bundesverfassungsgericht
BVerfGE	Entscheidungen des Bundesverfassungsgerichts
BVerwG	Bundesverwaltungsgericht
BVerwGE	Entscheidungen des Bundesverwaltungsgerichts
Cal. App. 4th	California Court of Appeal for the Fourt District
CAPM	Capital Asset Pricing Model/Kapitalgutpreismodell
CB	Compliance Berater
CCZ	Corporate Compliance Zeitschrift
CEO	Chief Executive Officer
CF	Conceptual Framework
CGU	Cash Generating Unit/zahlungsmittelgenerierende Einheit
Corp.	Corporation
CR	Computer und Recht
CRi	Computer Law Review International
DB	Der Betrieb
DCF	Discounted Cashflow/Abgezinster Zahlungsstrom
Dr.	Doktor
Dr. h.c.	Ehrendoktor
DRS	Deutsche Rechnungslegungs Standards
DRSC	Deutsches Rechnungslegungs Standards Committee e. V.
DS	Die Sachverständigen
DSGVO	Verordnung (EU) 2016/679 des Europäischen Parlaments und des Rates vom 27. April 2016 zum Schutz natürlicher Personen bei der Verarbeitung personenbezogener Daten, zum freien Datenverkehr und zur Aufhebung der Richtlinie 95/46/EG
DStR	Deutsches Steuerrecht
DVBl	Deutsches Verwaltungsblatt
EIPR	European Intellectual Property Review
Einl.	Einleitung
EL	Ergänzungslieferung
Enforcement-RL	Richtlinie 2004/48/EG des Europäischen Parlaments und des Rates vom 29. April 2004 zur Durchsetzung der Rechte des geistigen Eigentums
Erwg.	Erwägungsgrund

EFRAG	European Financial Reporting Advisory Group AISBL
EStG	Einkommenssteuergesetz
EStR	Einkommenssteuer-Richtlinien
EU	Europäische Union
EuG	Gericht der Europäischen Union
EuGH	Europäischer Gerichtshof
f.	folgend
FamRZ	Zeitschrift für das gesamte Familienrecht
ff.	folgend (Plural)
Fn.	Fußnote
FuE	Forschung und Entwicklung
GeschGehG	Gesetz zum Schutz von Geschäftsgeheimnissen
GeschGeh-RL	Richtlinie (EU) 2016/943 des Europäischen Parlaments und des Rates vom 8. Juni 2016 über den Schutz vertraulichen Know-hows und vertraulicher Geschäftsinformationen (Geschäftsgeheimnisse) vor rechtswidrigem Erwerb sowie rechtswidriger Nutzung und Offenlegung
ggf.	gegebenenfalls
GoB	Grundsätze ordnungsgemäßer Buchführung
GRUR	Gewerblicher Rechtsschutz und Urheberrecht
GRUR Int.	Gewerblicher Rechtsschutz und Urheberrecht International
GRUR-Prax	Gewerblicher Rechtsschutz und Urheberrecht in der Praxis
GRUR-RS	Gewerblicher Rechtsschutz und Urheberrecht Rechtsprechungssammlung
HGB	Handelsgesetzbuch
i. d. R.	in der Regel
i. e. S.	im engeren Sinne
i. H. v.	in Höhe von
i. R. d.	im Rahmen der/im Rahmen des
i. S. d.	im Sinne der/im Sinne des
IAS	International Accounting Standards
IASB	International Accounting Standards Board
IDW	Institut der Wirtschaftsprüfer in Deutschland e. V.
IDW RS HFA	Stellungnahme zur Rechnungslegung durch den Hauptfachausschuss des IDW
IDW S	IDW Standard

IFRIC	Interpretationen des International Financial Reporting Interpretations Committee
IFRS	International Financial Reporting Standard
IHK	Industrie- und Handelskammer
IIC	International Review of Intellectual Property and Competition Law
Inc.	Incorporated
insb.	insbesondere
IPRB	IP-Rechtsberater
IR	InfrastrukturRecht
IRZ	Zeitschrift für Internationale Rechnungslegung
JBl	Juristische Blätter
JIPITEC	Journal of Intellectual Property, Information Technology and E-Commerce Law
JIPLP	Journal of Intellectual Property Law & Practice
JLES	Journal of the Licensing Executives Society
JuS	Juristische Schulung
JZ	JuristenZeitung
K&R	Kommunikation&Recht
Kap.	Kapitel
KI	Künstliche Intelligenz
KoR	Zeitschrift für internationale und kapitalmarktorientierte Rechnungslegung
KriPoZ	Kriminalpolitische Zeitschrift
LAG	Landesarbeitsgericht
Lebensmittel-	Verordnung (EU) 2011/1169
lit.	Buchstabe
LAG	Landesarbeitsgericht
LG	Landgericht
Mass.	Supreme Judicial Court of Massachusetts
Mio.	Million
MMR	Multimedia und Recht
Mrd.	Milliarde
m. w. N.	mit weiteren Nachweisen
n. F.	neue Fassung
NJ	Neue Justiz
NJW	Neue Juristische Wochenschrift

Nr.	Nummer
NStZ	Neue Zeitschrift für Strafrecht
NVwZ	Neue Zeitschrift für Verwaltungsrecht
NWB	NWB – Steuer- und Wirtschaftsrecht
NZA	Neue Zeitschrift für Arbeitsrecht
NZBau	Neue Zeitschrift für Baurecht und Vergaberecht
NZG	Neue Zeitschrift für Gesellschaftsrecht
NZWiSt	Neue Zeitschrift für Wirtschafts-, Steuer- und Unternehmensstrafrecht
OECD	Organisation für wirtschaftliche Zusammenarbeit und Entwicklung
OLG	Oberlandesgericht
PharmR	Pharma Recht
Prof.	Professor
PiR	NWB Internationale Rechnungslegung
RdA	Recht der Arbeit
S.	Satz
StuB	NWB Unternehmenssteuern und Bilanzen
RAG	Reichsarbeitsgericht
RFH	Reichsfinanzhof
RG	Reichsgericht
RGZ	Reichsgericht in Zivilsachen
Rn.	Randnummer
Rspr.	Rechtsprechung
RStBl.	Reichssteuerblatt
sic!	sic erat scriptum/so stand es geschrieben
StGB	Strafgesetzbuch
sublit.	Unterbuchstabe
TRIPS-Abkommen	Übereinkommen über handelsbezogene Aspekte der Rechte des geistigen Eigentums
Urt. v.	Urteil vom
USA	Vereinigte Staaten von Amerika
usw.	und so weiter
UWG	Gesetz gegen den unlauteren Wettbewerb
v.	von (als Namenszusatz)
vgl.	vergleiche
Vorabe.	Vorabentscheidung

VSA	Allgemeine Verwaltungsvorschrift zum materiellen Geheimschutz/„Verschlusssachenanweisung“
WACC	Weighted Average Cost of Capital/durchschnittliche gewichtete Kapitalkosten
wistra	Zeitschrift für Wirtschafts- und Steuerstrafrecht
WRP	Wettbewerb in Recht und Praxis
WPg	Die Wirtschaftsprüfung
WM	Zeitschrift für Wirtschafts- und Bankrecht
WTJ	World Tax Journal
z. B.	zum Beispiel
ZESAR	Zeitschrift für europäisches Sozial- und Arbeitsrecht
ZfB	Zeitschrift für Betriebswirtschaft
ZfbF	Schmalenbachs Zeitschrift für betriebswirtschaftliche Forschung
ZIP	Zeitschrift für Wirtschaftsrecht
ZIS	Zeitschrift für Internationale Strafrechtsdogmatik
ZJS	Zeitschrift für das Juristische Studium
ZPO	Zivilprozessordnung
ZRP	Zeitschrift für Rechtspolitik
ZWeR	Zeitschrift für Wettbewerbsrecht

Inhaltsverzeichnis

Einleitung

A. Ursprung der Untersuchung: Geheimnisschutz im Wandel

Im Laufe des vergangenen Jahrzehnts traten weltweit neue Regelungen zum Schutz von Geschäftsgeheimnissen in Kraft. So wurde im US-amerikanischen Recht der „Defend Trade Secrets Act" im Jahr 2016 eingeführt und auch das chinesische Wettbewerbsrecht wurde in den Jahren 2017 und 2019 zugunsten eines umfassenderen Geheimnisschutzes reformiert. Auch vor der EU machten geheimnisschutzrechtliche Reformen keinen Halt. So legte die Europäische Kommission schon im Jahr 2013 einen Entwurf vor, der später als GeschGeh-RL in Kraft trat. Als diese am 26. April 2019 durch das GeschGehG in nationales Recht umgesetzt wurde,[1] änderte sich die Rechtslage so, dass die §§ 17 ff. UWG a. F. durch ein geheimnisschutzrechtliches Stammgesetz ersetzt wurden, wodurch der Schutz von Geschäftsgeheimnissen formell ausgelagert, materiell erweitert und insgesamt dem Immaterialgüterschutz angenähert wurde.

Die Reformen wurden vorangetrieben, da die wirtschaftliche Bedeutung von Geschäftsgeheimnissen zugenommen hat,[2] was auch für die Zukunft zu erwarten ist.[3] So gelten Geschäftsgeheimnisse als wertvolle immaterielle

---

1 BGBl. I 2019, 466 ff.

2 *Ohly*, in: Harte-Bavendamm/Ohly/Kalbfus, GeschGehG, 2020, Einl. Rn. 1 m. w. N.; *Keller*, in: Keller/Schönknecht/Glinke, GeschGehG, 2021, § 1 Rn. 1, 3 m. w. N.; *Ann*, GRUR-Prax 2016, 465, 465; *Falce*, IIC 2015, 940, 941 m. w. N.; *Hiéramente/Golzio*, Die Reform des Geheimnisschutzes aus Sicht der Compliance-Abteilung – Ein Überblick, CCZ 2018, 262, 262; *Hohendorf*, in: Heinemann/Sattler, Immaterialgüter und Digitalisierung, 2017, 105, 105; *Klein/Wegener*, GRUR-Prax 2017, 394, 394; *Nienaber*, Bedeutung und Schutz von Geschäftsgeheimnissen im Mittelstand, 2019, Rn. 1; *Ollivier/Gorius/Simon/Chapuis*, JLES 2019, 169, 169 ff.; *Reinfeld*, Das neue Gesetz zum Schutz von Geschäftsgeheimnissen, 2019, § 1 Rn. 84; *Sebulke*, Zivilprozessualer Geheimnisschutz im Anschluss an das Gesetz zum Schutz von Geschäftsgeheimnissen, 2021, 27; *Vögele/Vögele*, in: Vögele, Intangibles, 2. Aufl., 2021, § 4 A. Rn. 19; zur Bedeutung in der US-amerikanischen Wirtschaft vgl. *Almeling*, BTLJ 2012, 1091, 1104 ff. m. w. N.; als allgemeinen Trend für sämtliche immateriellen Werten identifizierend *Naumann*, IRZ 2017, 2017, 189, 189; vgl. *Huber*, in: Ann/Loschelder/Grosch, Praxishandbuch Know-how-Schutz, 2010, Kap. 1 Rn. 235 ff.

3 *Europäische Kommission*, Study on Trade Secrets and Confidential Business Information in the Internal Market, 2013, 84 f.; *Alexander*, in: Köhler/Bornkamm/Feddersen, UWG, 41. Aufl. 2023, GeschGehG, Vorbemerkungen Rn. 38 ff.; *Ann*, GRUR 2014, 12,

Werte[4] und werden – insb. bei kleinen und mittleren Unternehmen sowie Start-Ups[5] – zum „inneren Bestand eines jeden Unternehmens“[6] gezählt. Zutreffend werden Geschäftsgeheimnisse auch als „Lebenselixier unternehmerischer Tätigkeit“ bezeichnet,[7] was sich mitunter daran zeigt, dass viele Inhaber den Geheimnis- gegenüber dem Patentschutz bevorzugen.[8] Der Wert von Geschäftsgeheimnissen übersteigt oft sogar den Wert von herkömmlichen Immaterialgüterrechten,[9] was sich bspw. am „Google“-Suchalgorithmus oder an der „Coca-Cola“-Rezeptur zeigt.[10]

Vor allem die – angeblich nur unter wenigen Angestellten bekannte und einmal niedergeschriebene[11] – „Coca-Cola“-Rezeptur wird häufig als Beleg für die große Bedeutung von Geschäftsgeheimnissen angeführt, da Stammkunden von „The Coca-Cola Company“ dazu veranlasst werden, als Gegenwert einen hohen Preis für einen „einzigartigen Geschmack“ zu zahlen,[12] der insb. aus dem

---

13; *Koch*, in: Vögele, Intangibles, 2. Aufl. 2021, § 1 B. Rn. 235; *Ollivier/Gorius/Simon/Chapuis*, JLES 2019, 169, 173; *Reinbacher*, KriPoZ 2018, 115, 115; am Beispiel der Automobilindustrie *Steinmann/Schubmehl*, CCZ 2017, 194, 194 ff.; als allgemeinen Trend für sämtliche immateriellen Werte identifizierend *Naumann*, IRZ 2017, 189, 189.

4 *Vögele/Vögele*, in: Vögele, Intangibles, 2. Aufl. 2021, § 4 B. Rn. 31.

5 *Götz*, Der Schutz von Betriebs- und Geschäftsgeheimnissen im Zivilverfahren, 2014, 1 ff.; *Hornkohl*, Geschäftsgeheimnisschutz im Kartellschadensprozess, 2021, 92.

6 *Alexander*, WRP 2017, 1034, 1034.

7 *Alexander*, WRP 2017, 1034, 1034.

8 *Amt der Europäischen Union für geistiges Eigentum*, Protecting Innovation Trough Trade Secrets And Patents: Determinants For European Union Firms, 2017, 28 ff.

9 *BGH*, Urt. v. 16.10.1962, KZR 11/61 = GRUR 1963, 207, 210; *BGH*, Urt. v. 25.01.1955, I ZR 15/53 = GRUR 1955, 388, 390; so auch *Ann*, GRUR 2007, 39, 39 f.; *Götz*, Der Schutz von Betriebs- und Geschäftsgeheimnissen im Zivilverfahren, 2014, 1 m. w. N.; *Kraßer*, GRUR 1970, 587, 588; *Rody*, Der Begriff und die Rechtsnatur von Geschäfts- und Betriebsgeheimnissen unter Berücksichtigung der Geheimnisschutz-Richtlinie, 2019, 120; so sogar schon *Stumpf*, Der Know-how-Vertrag, 3. Aufl. 1977, Rn. 11.

10 Beispiele nach *Hillenbrand*, Der Begriff des Betriebs- und Geschäftsgeheimnisses, 2017, 1.

11 *Daub*, Die Verletzung von Unternehmensgeheimnissen im deutschen und US-amerikanischen Recht, 1996, 16.

12 Beispiel nach *Prinz*, Der Schutz von Betriebs- und Geschäftsgeheimnissen im Informationsfreiheitsrecht, 2014, 68; *Rody*, Der Begriff und die Rechtsnatur von Geschäfts- und Betriebsgeheimnissen unter Berücksichtigung der Geheimnisschutz-Richtlinie, 2019, 17; allgemein zu Wettbewerbsvorteilen von „Rezepturen, die den Geschmack von Lebensmitteln bestimmen“ *Moser*, Bewertung immaterieller Vermögenswerte, 2. Aufl. 2017, 14.

geheimen Rezept resultiert. Der Preis ist hoch, wenn die Nachfrage zwar groß, aber das Angebot klein ist. Könnten mehrere Wettbewerber – bspw. nach einer Geheimnisverletzung – denselben Geschmack wie „The Coca-Cola Company" anbieten, würde sich das Angebot und auch der Wettbewerb erhöhen. Da sich Anbieter unterbieten wollen, würde der Preis des Produktes infolge des „Preiskampfes" sinken und „The Coca-Cola Company" einen niedrigeren Erlös erwirtschaften. Das hätte zur Folge, dass das Rezept von „The Coca-Cola Company" als Geschäftsgeheimnis „wirtschaftlich abgewertet" oder sogar vollständig entwertet wäre.[13]

Dieses Beispiel zeigt bereits, wie bedeutend Geschäftsgeheimnisse für die Wettbewerbsfähigkeit sein können. Dass sie in Erwg. 1 der GeschGeh-RL als „Währung der wissensbasierten Wirtschaft, die einen Wettbewerbsvorteil schafft", bezeichnet werden, ist keine Überraschung. Überraschender könnte eher sein, dass neben den positiven Eigenschaften schon die einmalige Offenlegung eines Geschäftsgeheimnisses zur Entwertung führen kann und die Gefahren für Geschäftsgeheimnisse heutzutage mehr zu- denn abnehmen.[14] Dementsprechend bedarf es für diese wertvollen, aber zugleich „besonders

---

13 *Prinz*, Der Schutz von Betriebs- und Geschäftsgeheimnissen im Informationsfreiheitsrecht, 2014, 69; zu ähnlichen Auswirkungen in der Arzneimittelbranche *Trips-Hebert*, PharmR 2005, 155, 160; zu ähnlichen Auswirkungen in der Telekommunikationsbranche *von Danwitz*, DVBl. 2005, 597, 598.

14 *Alexander*, in: Köhler/Bornkamm/Feddersen, UWG, 41. Aufl. 2023, GeschGehG, Vorbemerkungen Rn. 40; *Hauck*, in: Münchener Kommentar zum Lauterkeitsrecht, 3. Aufl. 2022, GeschGehG, § 2 Rn. 24; *Baranowski/Glaßl*, BB 2016, 2563, 2563; *Dreyfus/van Eechoud*, in: Schovsbo/Minssen/Riis, The Harmonization and Protection of Trade Secrets in the EU, Cheltenhem, 2020, 171, 171 f.; *Hillenbrand*, Der Begriff des Betriebs- und Geschäftsgeheimnisses, 2017, 2 f.; *Hohendorf*, in: Heinemann/Sattler, Immaterialgüter und Digitalisierung, 2017, 105, 106; *Müllmann*, WRP 2018, 1177, 1179 f.; *Nienaber*, Bedeutung und Schutz von Geschäftsgeheimnissen im Mittelstand, 2019, Rn. 1 f. m. w. N.; *Schuth*, Die Neuregelung zum Schutz der Geschäftsgeheimnisse und ihre Auswirkungen für das Arbeitsrecht, 2021, 36 f.; zu Risiken und Bedrohungslagen im Detail *Wurzer*, in: Wurzer/Kaiser, Handbuch Internationaler Know-how-Schutz, 2. Aufl. 2011, 73 ff.; allgemein und branchenbezogen hierzu *Huber*, in: Ann/Loschelder/Grosch, Praxishandbuch Know-how-Schutz, 2010, Kap. 1 Rn. 253 ff.; zu weiteren Risikofeldern *Huber*, in: Ann/Loschelder/Grosch, Praxishandbuch Know-how-Schutz, Köln, 2010, Kap. 10 Rn. 1 ff.; vgl. auch *Trallero Ocaña*, The Notion of Secrecy, 2021, 279 ff.; allgemein für immaterielle Werte und im Unterschied zu materiellen Werten *Dreier*, Kompensation und Prävention, 2002, 62 ff., 608.

verletzlichen"[15] Informationen rechtliche Schutzmechanismen, die vor Inkrafttreten der GeschGeh-RL und des GeschGehG unzureichend und ineffektiv waren.[16] Zwar gab es auch vorher schon internationale Vereinbarungen, die Mindestanforderungen an den Geheimnisschutz gestellt haben (z. B. Art. 39 Abs. 2 des TRIPS-Abkommen), jedoch unterschieden sich die Regelungen schon in der EU erheblich[17] oder fehlten sogar ganz, wodurch der freie Warenverkehr und die Innovations- und Wettbewerbsfähigkeit von Geheimnisinhabern erheblich beeinträchtigt wurden.[18]

Obwohl die Vertraulichkeit von Geschäftsgeheimnissen vom staatlichen Schutzauftrag umfasst ist,[19] schützte das deutsche Recht vor Inkrafttreten des GeschGehG Geschäftsgeheimnisse nur unzureichend, sodass der Geheimnisschutz sogar als „Aschenputtel und Stiefkind des geistigen Eigentums und Lauterkeitsrecht" bezeichnet.[20] So wurden Geschäftsgeheimnisse vor allem durch die §§ 17 ff. UWG a. F. geschützt,[21] die den Verrat von Geschäfts- und Betriebsgeheimnissen unter Strafe stellten und mit einem unselbstständigen und akzessorischen Zivilrechtsschutz verknüpft wurden.[22] Bei den Normen handelte es sich aber um eine „veraltete, lückenhafte Regelungstechnik",[23] was damit einherging, dass die lauterkeitsrechtlichen Schutzansprüche praktisch kaum

---

15 *Goldmann*, in: Harte-Bavendamm/Henning-Bodewig, UWG, 5. Aufl. 2021, UWG, § 9 Rn. 220.

16 *Keller*, in: Keller/Schönknecht/Glinke, GeschGehG, 2020, Einl. A. Rn. 9 ff.; *Ann*, GRUR 2007, 39, 39 ff.; *Rosenthal/Hamann*, NJ 2019, 321, 321; *Scholtyssek/Judis/Krause*, CCZ 2020, 23, 24.

17 *Europäische Kommission*, Study on the Legal Protection of Trade Secrets in the context of the Data Economy (GRO/SME/20/F/206) Final Report, 2022, 22; *Falce*, IIC 2015, 940, 945 ff.

18 *Baranowski/Glaßl*, BB 2016, 2563, 2563.

19 *Passarge*, CB 2018, 144, 144.

20 *Ann*, GRUR 2007, 39, 39; *McGuire*, GRUR 2015, 424, 424; *Ohly*, GRUR 2019, 441, 441; *Scholtyssek/Judis/Krause*, CCZ 2020, 23, 24.

21 Hierzu im Detail *Wagner*, Know-how. Einordnung in das Zivilrecht, 2016, Rn. 115 ff.

22 *Hohendorf*, Know-how-Schutz und Geistiges Eigentum, 2020, 60 f.; *Hohendorf*, in: Heinemann/Sattler, Immaterialgüter und Digitalisierung, 2017, 105, 107 ff.; *Schuth*, Die Neuregelung zum Schutz der Geschäftsgeheimnisse und ihre Auswirkungen für das Arbeitsrecht, 2021, 53 ff.; hierzu auch *Wagner*, Know-how. Einordnung in das Zivilrecht, 2016, Rn. 140 ff.

23 *Enders*, GRUR 2012, 25, 28; *McGuire*, GRUR 2016, 1000, 1000 f.; *Ohly*, GRUR 2019, 441, 441; *Ohly*, GRUR 2014, 1, 4 ff.

durchsetzbar waren.[24] Aus diesen Gründen war der nebenstrafrechtliche Schutz gemäß §§ 17 ff. UWG a. F. in der Praxis nur von geringer Bedeutung, sodass das Inkrafttreten des GeschGehG grundsätzlich ein Schritt in die richtige Richtung gewesen sein ist.

B. Anlass der Untersuchung: „wirtschaftlicher Wert“

Im Vergleich zur früheren Rechtslage ermöglichen die heutigen Regelungen des GeschGehG höhere Erfolgsaussichten durch den stärkeren Zivilrechtsschutz und eine höhere Diskretion in Gerichtsverfahren.[25] Neu ist auch die geheimnisschutzrechtliche Legaldefinition aus § 2 Nr. 1 GeschGehG. So gab es in den §§ 17 ff. UWG a. F. noch keine Legaldefinition, sondern es war die Rspr., die aus diesen Normen einen Geheimnisbegriff entwickelt hat. Dem *BGH* zufolge waren Geschäfts- und Betriebsgeheimnisse…

> *„… im Zusammenhang mit einem Geschäftsbetrieb stehende Tatsachen, die nicht offenkundig, sondern nur einem begrenzten Personenkreis bekannt waren und nach dem bekundeten Willen des Geschäftsinhabers aufgrund eines berechtigten, wirtschaftlichen Interesses geheim gehalten werden sollten“.*[26]

Hiervon abweichend muss es sich nun bei einem Geschäftsgeheimnis i. S. d. GeschGehG um eine Information handeln,

a) *die weder insgesamt noch in der genauen Anordnung und Zusammensetzung ihrer Bestandteile den Personen in den Kreisen, die üblicherweise mit dieser Art von Information umgehen, allgemein bekannt oder ohne Weiteres zugänglich ist und daher von wirtschaftlichem Wert ist und*
b) *die Gegenstand von den Umständen nach angemessenen Geheimhaltungsmaßnahmen durch ihren rechtmäßigen Inhaber ist und*
c) *bei der ein berechtigtes Interesse an der Geheimhaltung besteht.*

---

24 *Hohendorf*, Know-how-Schutz und Geistiges Eigentum, 2020, 61; *McGuire*, GRUR 2016, 1000, 1001.

25 *Hauck*, in: Münchener Kommentar zum Lauterkeitsrecht, 3. Aufl. 2022, GeschGehG, vor § 1 Rn. 10 m. w. N.; im Detail *Kalbfus*, in: Obergfell, Beiträge zum Immaterialgüterrecht, 2021, 295, 302; 313 ff.; so auch *Thiel*, WRP 2019, 700, 703.

26 Stellvertretend für die ständige Rspr. *BGH*, Urt. v. 26.02.2009 – I ZR 28/06 = GRUR 2009, 603, 604; gleichlautend noch kurz vor Ablauf der Frist zur Umsetzung der GeschGeh-RL *BGH*, Urt. v. 22.03.2018, I ZR 118/16 = GRUR 2018, 1161, 1163.

Durch die erstmalige Einführung einer Legaldefinition hat der Gesetzgeber Art. 2 Nr. 1 der GeschGeh-RL umgesetzt und ausdrückliche Voraussetzungen geschaffen, die den sachlichen Anwendungsbereich des GeschGehG eröffnen. Die neue Definition entspricht im Wesentlichen der bereits bekannten Definition aus Art. 39 Abs. 2 des TRIPS-Abkommens und ähnelt auch der aus den §§ 17 ff. UWG a. F. entwickelten Definition.[27] Daher liegt es zumindest nahe, dass der neue mit dem alten Begriff im Einklang steht und eine „große Schnittmenge" aufweist.[28]

Doch mit der neuen Definition gehen auch neue (Abgrenzungs-)Fragen einher,[29] denn insb. der wirtschaftliche Wert ist eine Voraussetzung, die der deutschen Rechtsordnung zuvor unbekannt gewesen ist. Obwohl die GeschGeh-RL schon seit dem Jahr 2016 und das GeschGehG seit dem Jahr 2019 in Kraft getreten sind, belassen es die – auch die europäische[30] – Rspr. und Literatur oft noch dabei, keine größeren Ausführungen zum wirtschaftlichen Wert zu machen.[31] Ein „völliger Gleichlauf" zum berechtigten, wirtschaftlichen Interesse ist aber jedenfalls schon deshalb nicht zu erwarten,[32] da im Gegensatz zum früheren Definitionsmerkmal die rechtlichen, aber auch die faktischen Anforderungen an das vermeintliche Pendant des wirtschaftliches Wertes verschärft worden sind.[33] So könne der „Nachweis objektiver Werthaltigkeit" nicht nur fürs Vorliegen der eigenen Voraussetzung von Bedeutung, sondern im Zuge des „wirtschaftlichen Wertbemessungsgebotes" auch im Vorhinein zur Bestimmung angemessener

---

27 So *Hoeren*, in: Hoeren/Münker, GeschGehG, 2021, § 2 Rn. 2 f. m. w. N.; so auch *Hohendorf*, Know-how-Schutz und Geistiges Eigentum, 2020, 44 f.; genauso *Wiese*, Die EU-Richtlinie über den Schutz vertraulichen Know-hows und vertraulicher Geschäftsinformationen, 2018, 40.

28 So nämlich *McGuire*, in: Ahrens/Büscher/Goldmann/McGuire, Praxis des Geistigen Eigentums, Festschrift für Hennig Harte-Bavendamm zum 70. Geburtstag, München, 2020, 367, 377.

29 Mit anderen Bezügen, aber so auch *Kalbfus*, in: Obergfell, Beiträge zum Immaterialgüterrecht, 2021, 295, 296.

30 Hierzu *Alexander*, in: Köhler/Bornkamm/Feddersen, UWG, 41. Aufl. 2023, GeschGehG, Vorbemerkungen Rn. 26a m. w. N.

31 *Hrdy*, Fordham Law Review 2022, 557, 606 zufolge wohl auch im US-amerikanischen Recht noch lückenhaft.

32 *Harte-Bavendamm*, in: Harte-Bavendamm/Ohly/Kalbfus, GeschGehG, 2020, § 2 Rn. 5.

33 A. A. *Desaunettes/Hilty/Knaack/Kur*, Stellungnahme zum Referentenentwurf eines Gesetzes zur Umsetzung der GeschGeh-RL zum Schutz von Geschäftsgeheimnissen vor rechtswidrigem Erwerb sowie rechtswidriger Nutzung und Offenlegung vom 17. April 2018, 2018, Rn. 6.

Geheimhaltungsmaßnahmen i. S. d. § 2 Nr. 1 lit. b GeschGehG erforderlich sein.[34] So fehlt ohne prospektive Wertprognose eine hinreichend sichere Grundlage für die Frage, ob eine Information „dem Geheimniswert [...] entsprechend geschützt“[35] ist.

Doch nicht nur mit Blick auf die rechtliche Anforderung, sondern auch aus ökonomischen Gründen ist es für Inhaber sinnvoll, den wirtschaftlichen Wert zu bemessen, um die Geheimhaltungskosten in ein sinnvolles Kosten-Nutzen-Verhältnis zu setzen.[36] Selbst wenn die neue Voraussetzung des wirtschaftlichen Wertes nicht schon unmittelbar zu zusätzlichem Aufwand bei Inhabern führt, ist der praktische Handlungsbedarf mindestens mittelbar im Zuge der ebenso neuen angemessenen Geheimhaltungsmaßnahmen gestiegen.[37]

Außerdem ist die Wertbestimmung von Geschäftsgeheimnissen auch für Steuer- und Buchhaltungsanforderungen, Konkurse, Lizenzierungs-, Verkaufs- oder sonstige Transaktionsaktivitäten, Rechtsstreitigkeiten und Kapitalbeschaffungen von Bedeutung.[38] Jedenfalls ist zur Wertbestimmung nur mit Vorsicht auf die Rspr. zu dem vormals aus den §§ 17 ff. UWG a. F. hergeleiteten Geheimnisbegriff und der damit einhergehenden Bemessung des „berechtigten, wirtschaftlichen Interesses“[39] zurückzugreifen.[40] Die zur früheren Rechtslage getroffenen Feststellungen müssen richtlinienkonform sein, sodass der heutige Begriff teilweise unabhängig vom nationalen Rechtsverständnis auszulegen ist.[41]

---

34 *Brammsen*, in: Brammsen/Apel, GeschGehG, 2022, § 2 Rn. 55; vgl. auch *Dumont*, BB 2018, 2441, 2443; *Scholtyssek/Judis/Krause*, CCZ 2020, 23, 26 f.

35 *Dittrich*, NZWiSt 2023, 8, 11.

36 *Europäische Kommission*, Study on the Legal Protection of Trade Secrets in the context of the Data Economy (GRO/SME/20/F/206) Final Report, 2022, 27.

37 *Leister*, GRUR-Prax 2019, 75, 75.

38 Beispiele nach *Cohen/O'Connell*, Trade Secret Valuation, in: Practical Law, Thomson Reuters, 2019, 1 (zuletzt abgerufen am 17.07.2023 unter: https://content.next.westlaw.com/practical-law/document/I2b76251439bb11e99687ad62ac048e9b/Trade-Secret-Valuation?); *Parr*, in: Parr, Intellectual Property. Valuation, Exploitation, and Infringement Damages, 5. Aufl. 2018, 16 f.

39 *Brammsen*, in: Brammsen/Apel, GeschGehG, 2022, § 2 Rn. 46.

40 *Hauck*, in: Münchener Kommentar zum Lauterkeitsrecht, 3. Aufl. 2022, GeschGehG, vor § 1 Rn. 20.; so auch und zu allgemeinen Auslegungsgrundsätzen hinsichtlich der GeschGeh-RL sowie dem Verhältnis zur früheren Rechtslage *Alexander*, in: Köhler/Bornkamm/Feddersen, UWG, 41. Aufl. 2023, GeschGehG, Vorbemerkungen Rn. 54, § 2 Rn. 20.

41 *Harte-Bavendamm*, in: Harte-Bavendamm/Ohly/Kalbfus, GeschGehG, 2020, § 2 Rn. 5; *Alexander*, WRP 2019, 673, 674.

Ohnehin haben Inhaber vor der Einführung eines etablierten und einheitlichen Geheimnisschutzes nur unzureichend den Wert ihrer Geschäftsgeheimnisse bemessen.[42] Aufgrund des wirtschaftlichen Wertes wird es nun bspw. auch für die gerichtliche Durchsetzung von Ansprüchen notwendig sein, den Wert eines Geschäftsgeheimnisses dem Grunde und der Höhe nach nachweisen zu können, was insb. durch eine ordnungsgemäße Bilanzierung möglich sein könnte.[43] Bisher lag der Fokus im Bilanzwesen vor allem auf Patenten und Kundenbeziehungen, um den Wert ihrer Tätigkeiten zu bestimmen.[44] Da aber die Bedeutung von Geschäftsgeheimnissen erheblich zugenommen hat, ist fraglich, ob und wie effizient eine Abbildung und ein Nachweis des wirtschaftlichen Wertes im Zuge der Bilanzierung gelingt, sodass der wirtschaftliche Wert – aus Effizienzgründen und ggf. auch für andere Zwecke – anhand derselben Vorgehensweise ermittelt werden kann. Obwohl es bei der Bewertung von Software, Algorithmen, Formeln und Listen schon Fortschritte gegeben hat,[45] entspricht der Diskurs noch nicht der wirtschaftlichen Bedeutung von Geschäftsgeheimnissen, vor allem da Inhaber häufig noch nicht die Notwendigkeit erkannt haben oder vor großen Schwierigkeiten stehen.[46] So ergibt sich ein ökonomischer Nutzen bei immateriellen Werten oft erst aus dem Zusammenwirken mit anderen Werten, sodass der durch ein Geschäftsgeheimnis „generierte Wert"[47] nur mit Schwierigkeiten und anhand von Annahmen bestimmt werden kann.

Aus diesen Gründen ist zu untersuchen, ob und inwieweit die Abbildung und der Nachweis eines wirtschaftlichen Wertes effizient gelingen kann. Dafür muss der Begriff aus § 2 Nr. 1 GeschGehG im Vergleich zur früheren Rechtslage neu eingegrenzt, die Eignung verschiedener Wertbegriffe sowie Bemessungsmethoden diskutiert und die Wertbestimmung anhand von Anwendungsfällen (Bilanzierung, Ersatzansprüche, Gerichtsverfahren) überprüft werden.

---

42 *Ollivier/Gorius/Simon/Chapuis*, JLES 2019, 169, 174.

43 *Hoeren* in: Compagnucci/Forgó/Kono/Teramoto/Vermeulen, Legal Tech and The New Sharing Economy, 2020, 241, 244.

44 *Ollivier/Gorius/Simon/Chapuis,* JLES 2019, 169, 173.

45 *Ollivier/Gorius/Simon/Chapuis,* JLES 2019, 169, 173.

46 *Cohen/O'Connell*, Trade Secret Valuation, in: Practical Law, Thomson Reuters, 2019, 1 (zuletzt abgerufen am 17.07.2023 unter: zuletzt abgerufen am 17.07.2023 unter: https://content.next.westlaw.com/practical-law/document/I2b76251439bb11e99687ad62ac048e9b/Trade-Secret-Valuation?).

47 *Vögele/Braukmann*, in: Vögele, Intangibles, 2. Aufl. 2021, § 4 A. Rn. 87.

C. Gang der Untersuchung

Um die neue Definition und insb. ihre neue Voraussetzung des wirtschaftlichen Wertes zu begreifen, ist in Teil 1 zuerst der Begriff der „geheimen Information“ als Grundlage des Geheimnisschutzes einzugrenzen. Konkret geht es darum, was eine Information ist, welche Anforderungen das GeschGehG an sie stellt und wann sie (noch) geheim ist.

In Teil 2 ist der „wirtschaftliche Wert“ als neue Voraussetzung des GeschGehG zu konkretisieren. Neben Unterschieden zwischen der GeschGeh-RL und dem GeschGehG, die für ein einheitliches Verständnis geklärt werden sollten, sind einige frühere Definitionsmerkmale mutmaßlich entfallen (z. B. Geschäfts-/Unternehmensbezug) und neue Ausprägungen hinzugekommen (z. B. Zusammenhang zwischen Geheimheit und wirtschaftlichem Wert). Zudem besteht schon auf rein begrifflicher Ebene ein Unterschied zwischen dem „wirtschaftlichem Wert“ i. S. d. GeschGehG und dem zuvor erforderlichen „berechtigten, wirtschaftlichen Interesse“ i. S. d. UWG. Die neue Voraussetzung des wirtschaftlichen Wertes dient gemäß Erwg. 14 der GeschGeh-RL insb. dazu, zwischen belanglosen (wertlosen) und zu schützenswerten (wertvollen) Geheimnissen abzugrenzen. Ob aber der wirtschaftliche Wert im Vergleich zum berechtigten, wirtschaftlichen Interesse ein „Mehr“ oder „Weniger“ ist, ist weder vom Richtlinien- noch vom Gesetzgeber ausdrücklich klargestellt worden. Um diese Frage zu beantworten, ist insb. zu klären, ob Geheimnisse bereits einen realen Wert haben müssen oder schon ein potenzieller Wert ausreicht. In der Annahme, dass ein potenzieller Wert genügt, stellt sich die Folgefrage, ob es sich hierbei um ein positives Verwertungs- und Nutzungspotenzial handeln muss oder auch schon ein negatives Schädigungspotenzial genügt. Sollte Letzteres der Fall sein, muss zwischen Schädigungspotenzialen „legaler“ oder neutraler Art und solchen „illegaler“ Art unterschieden werden. Der Schutz „illegaler“ Geheimnisse wurde schon vor den Reformen für die frühere Rechtslage umfassend diskutiert und ist bis heute umstritten, jedoch fehlt für ein mögliches Rechtmäßigkeitserfordernis die eindeutige Entscheidung des Richtlinien- und Gesetzgebers. Die Frage nach der Rechtswidrigkeit als Hindernis lässt sich durch Auslegung der GeschGeh-RL und des GeschGehG beantworten.

Nach den Grenzen und dem Inhalt des wirtschaftlichen Wertes i. S. d. GeschGehG geklärt sind („was“ und „welche Geheimnisarten“) ist zu erklären, wie der wirtschaftliche Wert bemessen werden soll („wie“ und „wie hoch“). Hierzu werden in Teil 3 verschiedene Wertbegriffe und Bemessungsmethoden dargelegt und auf ihre Eignung hinsichtlich des GeschGehG überprüft. Obwohl einzeln angedeutet wird, einen marktzentrierten Ansatz als (einzig) richtige Methode zu erachten,[48] schweigen die meisten bisher dazu, anhand welcher Wertbegriffe und Bemessungsmethoden der wirtschaftliche Wert von Geschäftsgeheimnissen abgebildet und nachgewiesen werden soll. Über einen marktzentrierten Ansatz hinaus könnten sich auch kapitalwertorientierte, investitionszentrierte, kostenorientierte und schadenszentrierte Ansätze für das GeschGehG eignen. In der Annahme eines weiten Potentialverständnisses[49] ist es unplausibel, dass ein einziger Ansatz alle Formen des wertbegründenden Potenzials darstellen kann. Daher ist zu untersuchen, wie der wirtschaftliche Wert ökonomisch am besten bemessen werden kann.

Im Anschluss werden Anwendungsfälle der Wertbestimmung untersucht. Da die Bewertung von (immateriellen) Werten in kaum einem anderen Bereich praktisch und normativ so umfangreich ausgestaltet ist, richtet sich der Blick in Teil 4 auf die Bilanzierung in Form der externen Rechnungslegung. Hierfür muss zunächst untersucht werden, ob und inwieweit Geschäftsgeheimnisse aktivierungsfähig und dadurch der bilanziellen Wertzuweisung zugänglich sind. So müssen sie die Aktivierungsvoraussetzungen der Rechnungslegungssysteme erfüllen, wobei das für selbstgeschaffene Geschäftsgeheimnisse nur restriktiv möglich sein dürfte. Bspw. sind Kundenlisten und vergleichbare Werte gemäß § 248 Abs. 2 S. 2 HGB und IAS 38.63 von der Aktivierung ausgeschlossen. Doch auch für Geschäftsgeheimnisse, die aktiviert werden können, könnte eine bilanzielle Bewertung wegen § 255 Abs. 2a S. 4 HGB und IAS 38.53 f. nicht immer umfassend oder getreu dem GeschGehG möglich sein, wenn es sich um Geschäftsgeheimnisse der Forschungsphase handelt oder sich FuE nicht hinreichend verlässlich trennen lassen. Obwohl sich Aufwendungen für – auch auf Geschäftsgeheimnisse bezogene – FuE in Deutschland den jährlichen Betrag von 100 Mrd. Euro überschreiten,[50] können nicht alle Kosten bei der bilanziellen Zuweisung zu einem immateriellen Wert berücksichtigt werden. Somit ist die Abgrenzung zwischen FuE für die bilanzielle Bewertung einiger Geschäftsgeheimnisse maßgeblich. Sodann ist zu untersuchen, anhand welcher Bewertungsmaßstäbe und wie hoch Geschäftsgeheimnisse einen konkreten bilanziellen Wert erhalten und inwieweit der bilanzielle Wert dem wirtschaftlichen Wert entspricht. Der effizienten Abbildung des wirtschaftlichen Wertes

48 Vgl. *Brammsen*, in: Brammsen/Apel, GeschGehG, 2022, § 2 Rn. 48.

49 Stellvertretend *Trallero Ocaña*, The Notion of Secrecy, 2021, 311.

50 *Destatis*, Ausgaben für Forschung und Entwicklung (zuletzt abgerufen am 17.07.2023 unter: https://www.destatis.de/DE/Presse/Pressemitteilungen/2020/02/PD20_062_217.html).

i. R. d. Bilanzierung könnte sowohl in der Zugangs- als auch in der Folgebewertung entgegenstehen, dass sich diese an den (fortgeführten) Anschaffungs- und Herstellungskosten orientieren. Ob und inwieweit dies der Abbildung und dem Nachweis des wirtschaftlichen Wertes entgegensteht,[51] ist anhand der Bilanzierung der Höhe nach festzustellen.

Auch für geheimnisschutzrechtliche Ansprüche im Fall von Geheimnisverletzungen ist die Wertbemessung von Geschäftsgeheimnissen entscheidend, was sich am folgenden Beispiel zeigt:[52] Das Bauunternehmen A konkurriert mit dem Bauunternehmen B um die Errichtung privater Wohnprojekte. Hierfür geben A und B versteckte Gebote auf Aufschreibungen ab, anhand derer die Bauherren entscheiden, welches Bauunternehmen sie als Bauträger beauftragen. G, der zuerst Geschäftsführer von A war, hat nach einer beruflichen Auszeit und dem Ausscheiden aus A eine Vorstandsposition bei B angenommen. Da A seitdem bei zahlreichen Ausschreibungen „leer ausgeht", vermutet A, dass G geheime Geschäftspläne, Kostenkalkulationen und Kundenlisten an B übermittelt und er so einen Wettbewerbsvorteil von A unbefugt gemindert haben könnte. Um die durch die vermutete Geheimnisverletzung entstandenen Schäden – insb. die entgangenen Gewinne – zu kompensieren, muss A – spätestens in diesem Zeitpunkt – den wirtschaftlichen Wert seiner Geschäftsgeheimnisse bemessen. In Teil 5 soll also die Frage beantwortet werden, ob und inwieweit der wirtschaftliche Wert in Ersatzansprüchen abgebildet und im Fall einer Geheimnisverletzung kompensiert werden kann. Hierfür sieht das GeschGehG nun sogar Institute vor, die zuvor schon für Immaterialgüterrechte angewendet wurden. Ob diese zur vollständigen Kompensation des wirtschaftlichen Wertes ausreichen, ist anhand einer GeschGehG-spezifischen Auslegung der dreifachen Schadensberechnung und weiterer Ansprüche festzustellen.

Geheimnisschutzrechtliche Ersatzansprüche und weitere Rechtsbehelfe (z. B. Beseitigung, Unterlassung, Vernichtung, usw.) sind insb. in Gerichtsverfahren durchzusetzen. Da ein Vollbeweis mit Blick auf gut geschützte und nicht immer unmittelbar auf Zahlungsströme oder Schädigungen wirkende Geheimnisse nur selten „Früchte trägt", unterliegt die Schätzung des wirtschaftlichen Wertes von Geschäftsgeheimnissen gemäß § 287 ZPO. Die damit einhergehenden verfahrensrechtlichen Besonderheiten stellen den abschließenden Gegenstand der Untersuchung in Teil 6 dar.

---

51 Kritisch *Senger/Kurz*, in: Vögele, Intangibles, 2. Aufl. 2021, § 2 A. Rn. 3 f.

52 Zu einem ähnlichen Beispiel mit „General Motors Company" und „Volkswagen" *Götz*, Der Schutz von Betriebs- und Geschäftsgeheimnissen im Zivilverfahren, 2014, 2 f.

Teil 1: Die „geheime Information" als Grundlage

Um den vom GeschGehG geschützten Gegenstand einzugrenzen, ist zunächst zu klären, welche Informationen solche i. S. d. GeschGehG sind, welche Anforderungen an sie gestellt werden und wann sie (noch) geheim sind.

A. Information

Eine Information wird im GeschGehG vorausgesetzt, aber nicht definiert. Nach Erwg. 14 der GeschGeh-RL handelt es sich bei den zu schützenden Informationen um „Know-how", „Geschäftsinformationen" oder „technologische Informationen". Der Begriff der Information ist daher möglichst umfassend zu verstehen[53] und kann eine (auch als Zahl ausgedrückte) Angabe, ein Umstand oder sonstiges Wissen sein.[54] Erwg. 2 der GeschGeh-RL unterstreicht dieses breite Spektrum, *„das über das technologische Wissen hinausgeht und auch Geschäftsdaten wie Informationen über Kunden und Lieferanten, Businesspläne sowie Marktforschung und -strategien"* erfasst. Es handelt sich somit um technische und kaufmännische Informationen jeglicher Art,[55] denn der Begriff „Know-how" meint in der Praxis meist auch technisches Wissen.[56]

Der heutige Informationsbegriff zielt auf denselben Gegenstand, der bereits durch das in § 9 Abs. 1 UWG a. F. (1896) normierte Begriffspaar „Betriebs- und Geschäftsgeheimnis" geschützt werden sollte. Hiernach waren Betriebsgeheimnisse innerbetriebliche technische Informationen (wie Konstruktionen, Konstruktionszeichnungen, Rezepte, Herstellungsverfahren, technische Zusammensetzungen oder auch die Funktionsweise einer

---

53 *Lamy/Vollprecht*, IR 2019, 201, 202; ein „denkbar weites Spektrum von Informationen" adressiert *Sebulke*, Zivilprozessualer Geheimnisschutz im Anschluss an das Gesetz zum Schutz von Geschäftsgeheimnissen, 2021, 28.

54 *Alexander*, in: Köhler/Bornkamm/Feddersen, UWG, 41. Aufl. 2023, GeschGehG, § 2 Rn. 25 f.; *Sousa e Silva*, JIPLP 2014, 923, 927.

55 *Lamy/Vollprecht*, IR 2019, 201, 202; *Rody*, Der Begriff und die Rechtsnatur von Geschäfts- und Betriebsgeheimnissen unter Berücksichtigung der Geheimnisschutz-Richtlinie, 2019, 266.

56 *Hauck*, GRUR-Prax 2019, 223, 223; *Hohendorf*, Know-how-Schutz und Geistiges Eigentum, 2020, 12 ff.

57 Beispiele nach *BGH*, Urt. v. 22.03.2018, I ZR 118/16 = GRUR 2018, 1161, 1163.

Anlage)[57],[58] wohingegen Geschäftsgeheimnisse kaufmännische Informationen und solche über die Stellung des Unternehmens im Wettbewerb (wie Ertragslagen, Umsätze, Konditionen, Kundenlisten, Geschäftsbücher, Bezugsquellen, Marktstrategien, Kalkulationsunterlagen, Unterlagen zur Kreditwürdigkeit und sonstige Entwicklungs- und Forschungsprojekte, durch die die wirtschaftlichen Verhältnisse eines Betriebs maßgeblich bestimmt werden können)[59] umfassten.[60]

Durch die Umsetzung der unionsrechtlichen Legaldefinition ist das alte Begriffspaar aus dem UWG überflüssig geworden,[61] denn unter einem Geschäftsgeheimnis i. S. d. GeschGehG wird nun ein Begriff verstanden, der auch den ursprünglichen Begriff des Betriebsgeheimnisses umfasst.[62] Da es auch schon nach früherer Rechtslage nur darum ging, dass Geheimnisse der „gewerblichen Sphäre“ entstammen,[63] war diese Unterscheidung schon damals nicht von Bedeutung,[64] sondern nur „rein deklaratorischer Natur“.[65] Ein vollständig neuer Begriff hätte sich trotzdem besser geeignet, da der heutige Begriff

---

58 *Alexander*, in: Köhler/Bornkamm/Feddersen, UWG, 41. Aufl. 2023, GeschGehG, § 2 Rn. 18 m. w. N.; *Rody*, Der Begriff und die Rechtsnatur von Geschäfts- und Betriebsgeheimnissen unter Berücksichtigung der Geheimnisschutz-Richtlinie, 2019, 40 m. w. N.

59 Beispiele nach *BVerfG*, Beschl. v. 14.03.2006, 1 BvR 2087/03 = NVwZ 2006, 1041, 1042.

60 *Alexander*, in: Köhler/Bornkamm/Feddersen, UWG, 41. Aufl. 2023, GeschGehG, § 2 Rn. 17; *Rody*, Der Begriff und die Rechtsnatur von Geschäfts- und Betriebsgeheimnissen unter Berücksichtigung der Geheimnisschutz-Richtlinie, 2019, 39 m. w. N.

61 So auch *Alexander*, in: Köhler/Bornkamm/Feddersen, UWG, 41. Aufl. 2023, GeschGehG, § 2 Rn. 8; *Hohendorf*, Know-how-Schutz und Geistiges Eigentum, 2020, 17; *Kalbfus*, GRUR 2016, 1009, 1010; *Trebeck/Schulte-Wissermann*, NZA 2018, 1175, 1176; zur Unterscheidung von Geschäfts- und Betriebsgeheimnissen im ökonomischen Kontext *Nienaber*, Bedeutung und Schutz von Geschäftsgeheimnissen im Mittelstand, 2019, Rn. 94 ff.

62 BT-Drs. 19/4724, 24; *Naber/Peukert/Seeger*, NZA 2019, 583, 583; *Oetker*, in: Grundmann/Merkt/Mülbert, Festschrift für Klaus J. Hopt zum 80. Geburtstag am 24. August 2020, S. 905; *Ohly*, GRUR 2019, 441, 442; *Reinfeld*, Das neue Gesetz zum Schutz von Geschäftsgeheimnissen, 2019, § 1 Rn. 120; *Rody*, Der Begriff und die Rechtsnatur von Geschäfts- und Betriebsgeheimnissen unter Berücksichtigung der Geheimnisschutz-Richtlinie, 2019, 165 f.

63 *Malmström*, Schutz von Betriebs- und Geschäftsgeheimnissen im Zivilprozess – Unter Berücksichtigung des Geheimnisschutzes inter partes, 2013, 37.

64 RGSt 48, 12, 15; RGSt 31, 90, 91; *Hauck*, in: Münchener Kommentar zum Lauterkeitsrecht, 3. Aufl. 2022, GeschGehG, § 2 Rn. 3.; *Gaugenrieder*, BB 2014, 1987, 1988; *Ohly*, GRUR 2014, 1, 4.

65 *Strobel*, Reverse Engineering im Spannungsfeld der Sonderschutzrechte, 2022, 71 m. w. N.

„Geschäftsgeheimnis“ schon nach früherer Rechtlage für einen Bestandteil des heutigen Begriffs verwendet wurde.

Durch das GeschGehG wird jedenfalls nicht die Existenz einer Information, sondern ihre Geheimheit geschützt.[66] Bspw. ist der Bezugspunkt das Wissen über ein geheimes Herstellungsverfahren, aber nicht das Herstellungsverfahren selbst.[67] Das bedeutet, dass schon die Tatsache geschützt wird, dass ein bestimmtes Verfahren vom Inhaber eingesetzt wird, „unabhängig davon ob das Verfahren an sich geheim ist, solange zumindest die Tatsache des Einsatzes geheim ist“.[68] Daher sind auch unterschiedliche „Entdecker“ des Herstellungsverfahrens nicht Inhaber desselben Geheimnisses.[69] Bestätigt wird der Bezugspunkt durch den Zusammenhang von Geheimheit und wirtschaftlichem Wert, denn mit einem anderen Bezugspunkt wäre eine Information selbst bei Bekanntwerden nicht unmittelbar wertlos, sondern als (nach wie vor) geschützte Information auch weiterhin wertvoll.

Obwohl der Gesetzgeber eine Information in § 2 Nr. 1 GeschGehG im Singular formuliert, können mehrere Informationen gemeinsam ein Geschäftsgeheimnis sein.[70] So gibt es keine quantitative Anforderung, dass jede Einzelinformation als solche geheim und wertvoll sein muss, sofern die Gesamtheit von Einzelinformationen ein Geschäftsgeheimnis darstellt.[71] Ein Beispiel hierfür ist eine Konstruktionszeichnung.[72]

Weil Erwg. 2 der GeschGeh-RL nahelegt, dass der Richtliniengeber von einem umfassenden Begriff ausgegangen ist, sollte § 2 Nr. 1 GeschGehG so verstanden werden, dass der Begriff „entwicklungsoffen und technikneutral“ an

---

66 *McGuire*, in: Ahrens/Büscher/Goldmann/McGuire, Festschrift für Henning Harte-Bavendamm zum 70. Geburtstag, 2020, 367, 376; *Rody*, Der Begriff und die Rechtsnatur von Geschäfts- und Betriebsgeheimnissen unter Berücksichtigung der Geheimnisschutz-Richtlinie, 2019, 52; *Wiebe/Schur*, GRUR Int. 2019, 746, 746.

67 *Rody*, Der Begriff und die Rechtsnatur von Geschäfts- und Betriebsgeheimnissen unter Berücksichtigung der Geheimnisschutz-Richtlinie, 2019, 36, 52 f.

68 Schon vor Inkrafttreten von der GeschGeh-RL und dem GeschGehG *v. Diringshofen*, GRUR-Prax 2013, 397, 397.

69 Mit dem Bild eines Kerns und einer Hülle veranschaulichend *McGuire*, in: Ahrens/Büscher/Goldmann/McGuire, Festschrift für Henning Harte-Bavendamm zum 70. Geburtstag, 2020, 367, 376.

70 *Harte-Bavendamm*, in: Harte-Bavendamm/Ohly/Kalbfus, GeschGehG, § 2 Rn. 14.

71 *Alexander*, in: Köhler/Bornkamm/Feddersen, UWG, 41. Aufl. 2023, GeschGehG, § 2 Rn. 25.

72 *OLG Düsseldorf*, Urt. v. 11.03.2021, I-15 U 6/20 = GRUR-RS 2021, 17483 Rn. 26.

Marktänderungen und neue Möglichkeiten flexibel angepasst werden kann und nicht durch qualitative Anforderungen eingeschränkt wird.[73] An Informationen i. S. d. GeschGehG dürfen also keine qualitativen Anforderungen wie bspw. Eigenart, Individualität, Neuheit, Kreativität, Schöpfungshöhe oder Eigentümlichkeit gestellt werden, die für Immaterialgüterrechte üblich sind.[74] Der Schutz als Geschäftsgeheimnis ist unabhängig vom Immaterialgüterrechtsschutz zu betrachten,[75] sodass bspw. eine für das Patentrecht neuheitsschädliche Tatsache nicht unmittelbar den Schutz durch das GeschGehG ausschließt.[76] Dass nach Erwg. 14 der GeschGeh-RL „*belanglose Informationen*“ keine Geschäftsgeheimnisse sind, ist ebenfalls nicht als qualitative Anforderung zu verstehen, sondern nur ein Abgrenzungskriterium zwischen Informationen mit und jenen ohne wirtschaftlichen Wert.[77] Auch die Frage nach der Wahrheit[78] einer Information lässt sich nur anhand des wirtschaftlichen Wertes beantworten und ist keine qualitative Anforderung.[79]

Der Schutz des GeschGehG umfasst sowohl physisch erfassbare als auch nur virtuell existente Informationen.[80] Dadurch, dass eine Information nicht

---

73 *Alexander*, in: Köhler/Bornkamm/Feddersen, UWG, 41. Aufl. 2023, GeschGehG, § 2 Rn. 24; so auch schon nach früherer Rechtslage *Dorner*, Know-how-Schutz im Umbruch, 2013, 38.

74 BT-Drs. 19/4724, 20; *OLG Düsseldorf*, Urt. v. 11.03.2021, I-15 U 6/20 = WRP 2021, 1080, 1082; *Keller*, in: Keller/Schönknecht/Glinke, GeschGehG, 2021, § 2 Nr. 1 Rn. 17; *Alexander*, in: Köhler/Bornkamm/Feddersen, UWG, 41. Aufl. 2023, GeschGehG, § 2 Rn. 27; *Alexander*, WRP 2017, 1034, 1037; *Hohendorf*, Know-how-Schutz und Geistiges Eigentum, 2020, 204 ff.; *Reinfeld*, Das neue Gesetz zum Schutz von Geschäftsgeheimnissen, 2019, § 1 Rn. 132; *Zech*, Information als Schutzgegenstand, 2012, 241.

75 *Harte-Bavendamm*, in: Harte-Bavendamm/Ohly/Kalbfus, GeschGehG, 2020, § 2 Rn. 19; *Alexander*, WRP 2017, 1034, 1038; so auch schon für die frühere Rechtslage *Kraßer*, GRUR 1970, 587, 587 f.

76 *Alexander*, in: Köhler/Bornkamm/Feddersen, UWG, 41. Aufl. 2023, GeschGehG, § 2 Rn. 27; so schon für die frühere Rechtslage *BGH*, Urt. v. 13.12.2007, I ZR 71/05 = GRUR 2008, 727, 728; *BGH*, Urt. v. 17.05.1960, I ZR 34/59 = GRUR 1960, 554, 556.

77 *Hoppe*, in: Hoppe/Oldekop, Geschäftsgeheimnisse, 2020, Kap. 1 Rn. 57.

78 Zu einem Bedeutungsverlust einer falschen Information *Moody/Walsh*, Measuring The Value Of Information: An Asset Valuation Approach, 1999, 7.

79 *Nordberg*, in: Schovsbo/Minssen/Riis, The Harmonization and Protection of Trade Secrets in the EU, 2020, 192, 200, 207 f.; *Sousa e Silva*, JIPLP 2014, 923, 927.

80 *Hauck*, in: Münchener Kommentar zum Lauterkeitsrecht, 3. Aufl. 2022, GeschGehG, § 2 Rn. 3; *Apel/Stolz*, GRUR-Prax 2021, 1, 2; *Hoppe*, in: Hoppe/Oldekop, Geschäftsgeheimnisse, 2020, Kap. 1 Rn. 67; so auch schon nach früherer Rechtslage *Dorner*, Know-how-Schutz im Umbruch, 2013, 44 f.

niedergelegt, verschriftlicht oder körperlich fixiert sein muss, können bspw. auch unternehmensinterne, mündliche Absprachen zur Marktstrategie Informationen sein.[81] Außerdem muss eine Information kein menschlicher Gedankeninhalt sein, sondern kann auch mittels Algorithmen durch ein technisches Gerät erhoben, erfasst oder erzeugt werden,[82] was insb. bei Rohdaten von Bedeutung ist. Gleiches gilt für Maschinencodes und Verschlüsselungen. Wegen § 2 Nr. 1 lit. b GeschGehG müssen Informationen aber so beschaffen sein, dass sie durch angemessene Geheimhaltungsmaßnahmen geschützt werden können.[83] Daher können unausgesprochene oder nicht-niedergelegte Ideen und reine Gedanken keine Geschäftsgeheimnisse sein.[84] All das entspricht auch dem von der Rspr. früher gewählten Begriff „Tatsachen",[85] sodass zwischen Tatsachen und Informationen i. S. d. GeschGehG kein Unterschied besteht.[86]

B. Geheimheit

Eine Information ist i. S. d. GeschGehG wert- und schutzlos, wenn sie nicht geheim ist. Sie ist gemäß § 2 Nr. 1 lit. A GeschGehG geheim, wenn sie „*weder insgesamt noch in der genauen Anordnung und Zusammensetzung ihrer Bestandteile den Personen in den Kreisen, die üblicherweise mit dieser Art von Informationen umgehen, allgemein bekannt oder ohne Weiteres zugänglich ist*". Diese Voraussetzung ist wohl wie das frühere Kriterium der fehlenden Offenkundigkeit zu

---

81 *Keller*, in: Keller/Schönknecht/Glinke, GeschGehG, 2021, § 2 Nr. 1 Rn. 15.

82 *OLG München*, Urt. v. 27.02.2020, 29 U 2584/19 = WRP 2020, 653, 655; *Keller*, in: Keller/Schönknecht/Glinke, GeschGehG, 2021, § 2 Rn. 16.

83 *Keller*, in: Keller/Schönknecht/Glinke, GeschGehG, 2021, § 2 Rn. 16; zu möglichen Geheimhaltungsmaßnahmen *Wurzer*, in: Wurzer/Kaiser, Handbuch Internationaler Know-how-Schutz, 2. Aufl. 2011, 101 ff., 142 ff.; zu organisatorischen Maßnahmen *Huber*, in: Ann/Loschelder/Grosch, Praxishandbuch Know-how-Schutz, Köln, 2010, Kap. 10 Rn. 12 ff.; zum Managementansatz für den Geheimnisschutz *Nienaber*, Bedeutung und Schutz von Geschäftsgeheimnissen im Mittelstand, 2019, Rn. 432 ff.

84 *OLG Hamburg*, Urt. v. 19.10.2000, 3 U 191/98 = GRUR-RR 2001, 137, 139; *Keller*, in: Keller/Schönknecht/Glinke, GeschGehG, 2021, § 2 Nr. 1 Rn. 16.

85 *BGH*, Urt. v. 07.11.2002, I ZR 64/00 = GRUR 2003, 356; *BGH*, Urt. v. 01.07.1960, I ZR 72/59 = GRUR 1961, 40, 43.

86 So auch *Rody*, Der Begriff und die Rechtsnatur von Geschäfts- und Betriebsgeheimnissen unter Berücksichtigung der Geheimnisschutz-Richtlinie 2019, 55; *Strobel*, Reverse Engineering im Spannungsfeld der Sonderschutzrechte, 2022, 73.

behandeln, wodurch auf die zu den §§ 17 ff. UWG a. F. ergangene Rspr. zurückgegriffen werden könnte.[87]

I. Allgemein bekannt

Eine Information gilt als allgemein bekannt, wenn sie zum gängigen Kenntnis- und Wissenstand der „breiten Öffentlichkeit“ oder der „Personen gehört, die üblicherweise mit der Art dieser Information umgehen“.[88] An Letzteren zeigt sich, dass der Gesetzgeber keinen absoluten, sondern einen relativen Geheimnisbegriff gewählt hat.[89] Zur Eingrenzung des maßgeblichen Personenkreises ist ein „objektiver und normativer Maßstab“ maßgeblich.[90] Die Üblichkeit richtet sich nach den „Gepflogenheiten und Usancen“ in den einschlägigen Bereichen und Branchen,[91] was an den patentrechtlichen „Durchschnittsfachmann“ erinnert, der über die in diesen Kreisen üblichen Kenntnisse verfügt und sich aus allgemein zugänglich Quellen informiert, wenn dafür Anlass besteht.[92] So bleiben überdurchschnittliche Fachkenntnisse unberücksichtigt und sind auch nicht geheimnisschädlich.

Im Umkehrschluss gilt eine Information nicht als allgemein bekannt, wenn sie nur dem Inhaber oder zur Vertraulichkeit verpflichteten Dritten bekannt ist;[93] sogar wenn es sich um einen größeren Kreis handelt, sofern er einen

---

87 So auch *Reinfeld*, Das neue Gesetz zum Schutz von Geschäftsgeheimnissen, 2019, § 1 Rn. 125.

88 RGSt 40, 406, 407; *BGH*, Urt. v. 23.02.2012, I ZR 136/10 = GRUR 2012, 1048, 1049; *OLG Hamburg*, Urt. v. 19.10.2000, 3 U 191/98 = GRUR-RR 2001, 137, 139; *Alexander*, in: Köhler/Bornkamm/Feddersen, UWG, 41. Aufl. 2023, GeschGehG, § 2 Rn. 35; vgl. *Rody*, Der Begriff und die Rechtsnatur von Geschäfts- und Betriebsgeheimnissen unter Berücksichtigung der Geheimnisschutz-Richtlinie, 2019, 102.

89 Vgl. *Rody*, Der Begriff und die Rechtsnatur von Geschäfts- und Betriebsgeheimnissen unter Berücksichtigung der Geheimnisschutz-Richtlinie, 2019, 36.

90 *Alexander*, in: Köhler/Bornkamm/Feddersen, UWG, 41. Aufl. 2023, GeschGehG, § 2 Rn. 33.

91 *Alexander*, in: Köhler/Bornkamm/Feddersen, UWG, 41. Aufl. 2023, GeschGehG, § 2 Rn. 33.

92 *Ehlers/Haft/Königer*, GRUR Int. 2010, 815, 815 ff.; *Ohly*, GRUR 2019, 441, 443.

93 RGSt 40, 406, 407; RGSt 38, 108, 110; *BGH*, Urt. v. 22.03.2018, I ZR 118/16 = GRUR 2018, 1161, 1164; *BGH*, Urt. v. 23.02.2012, I ZR 136/10 = GRUR 2012, 1048, 1049; *BGH*, Urt. v. 10.07.1963, Ib ZR 21/62 = GRUR 1964, 31, 32; *BGH*, Urt. v. 15.03.1955, I ZR 111/53 = GRUR 1955, 424, 425.

geschlossenen Charakter hat.[94] Es kommt nicht auf das Unterschreiten einer bestimmten Personenzahl oder einer anderen abstrakten Grenze,[95] sondern nur darauf an, dass der Inhaber den Personenkreis „kontrollieren" kann.[96] Die Kontrollinstrumente können normativer, vertraglicher[97] (z. B. Verschwiegenheitsverpflichtungen für die Arbeitnehmer, die mit Geschäftsgeheimnissen umgehen,[98] oder Kooperationspartner[99]) oder faktischer Natur (z. B. technische Zugangsbeschränkungen) sein.[100] Diese Mittel müssen aber so existieren und funktionieren, dass Dritte keinen beliebigen Zugriff haben.[101] Problematisch ist es also,

94 *BGH*, Urt. v. 23.02.2012, I ZR 136/10 = GRUR 2012, 1048, 1049; *Keller*, in: Keller/Schönknecht/Glinke, GeschGehG, 2021, § 2 Nr. 1 Rn. 21; *Sebulke*, Zivilprozessualer Geheimnisschutz im Anschluss an das Gesetz zum Schutz von Geschäftsgeheimnissen, 2021, 44.

95 *Mayer*, GRUR 2011, 884, 886 m. w. N.; *Reinfeld*, Das neue Gesetz zum Schutz von Geschäftsgeheimnissen, 2019, § 1 Rn. 127; zur klaren Begrenzung bei Verfahrensbeteiligten in einem Gerichtsverfahren *OLG Hamm*, Beschl. v. 27.01.2021, 20 W 48/20; für Gerichtsverfahren differenzierend *Apel/Nickl*, K&R 2022, 385, 387.

96 *Harte-Bavendamm*, in: Harte-Bavendamm/Ohly/Kalbfus, GeschGehG, § 2 Rn. 26; *Baranowski/Glaßl*, BB 2016, 2563, 2564; *Rody*, Der Begriff und die Rechtsnatur von Geschäfts- und Betriebsgeheimnissen unter Berücksichtigung der Geheimnisschutz-Richtlinie, 2019, 103; hierzu auch *Westermann*, Handbuch Know-how-Schutz, 2007, Kap. 1 Rn. 32 ff.

97 Im Detail *Westermann*, Handbuch Know-how-Schutz, 2007, Kap. 5; hierzu auch *Dorner*, Know-how-Schutz im Umbruch, 2013, 78 ff., 228 ff.

98 *BGH*, Urt. v. 22.03.2018, I ZR 118/16 = GRUR 2018, 1161, 1164; *BGH*, Urt. v. 23.02.2012, I ZR 136/10 = GRUR 2012, 1048, 1049; *BAG*, Urt. v. 08.05.2014, 2 AZR 249/13 = NZA 2014, 1258, 1260; *BAG*, Urt. v. 16.03.1982, 3 AZR 83/79 = NJW 1983, 134; *Ohly*, GRUR 2019, 441, 449; *Reinfeld*, Das neue Gesetz zum Schutz von Geschäftsgeheimnissen, 2019, § 1 Rn. 133; *Wunner*, WRP 2019, 710, 712.

99 *Keller*, in: Keller/Schönknecht/Glinke, GeschGehG, § 2 Nr. 1 Rn. 27.

100 Beispiele nach *Keller*, in: Keller/Schönknecht/Glinke, GeschGehG, 2021, § 2 Nr. 2 Rn. 22.

101 *Reinfeld*, Das neue Gesetz zum Schutz von Geschäftsgeheimnissen, § 1 Rn. 128; zum Zugriff auf Geheimnisse, die sich auch im Herrschaftsbereich einer Behörde befinden und für die Dritte einen durchsetzbaren Auskunftsanspruch haben *Kalbfus*, WRP 2013, 584, 585; ebenso *Keller*, in: Keller/Schönknecht/Glinke, GeschGehG, 2021, § 2 Nr. 1 Rn. 28; hierzu auch *Reinfeld*, Das neue Gesetz zum Schutz von Geschäftsgeheimnissen, 2019, § 1 Rn. 134 f.; hierzu anhand eines Beispiels aus dem Regulierungsrecht und zum prozessualen Geheimnisschutz auch *Schlack*, ZWeR 2019, 192, 193 ff., 203 ff.; zum prozessualen Schutz nach früherer Rechtslage mit teilweise auf die heutige Rechtslage übertragbaren Wertungen *Götz*, Der Schutz von Betriebs- und

wenn Inhaber geheime Informationen ohne Hinweis auf ihre Vertraulichkeit weitergeben.[102] Ein solcher Hinweis war nach früherer Rechtslage kein Kriterium für das Vorliegen eines Geschäftsgeheimnisses, da der Geheimhaltungswillen vermutet wurde.[103] Nun müssen Inhaber aber wegen der angemessenen Geheimhaltungsmaßnahmen gemäß § 2 Nr. 1 lit. b GeschGehG nach außen erkennbar – manifestiert durch objektive Geheimhaltungsmaßnahmen – auf eine vertrauliche Behandlung Wert legen, damit die weitergegebene Information ein Geschäftsgeheimnis bleibt.[104]

II. Ohne Weiteres zugänglich

Zwar nicht allgemein bekannt, aber ohne Weiteres zugänglich ist eine Information, wenn es für interessierte Dritte unter Zuhilfenahme lauterer Mittel ohne größeren Zeit- und Kostenaufwandes möglich ist, sich von der Information Kenntnis zu verschaffen.[105] Für den maßgeblichen Aufwand ist gesetzlich zwar nichts festgelegt, aber ein Dritter kann eine Information „ohne Mühe und Kosten“ in Erfahrung bringen,[106] insb. wenn er die Information „ohne großen Aufwand aus allgemein zugänglichen Quellen“ erhält.[107] Darunter fallen bspw. die Einsichtnahme in öffentliche Register, eine Recherche im Internet, in Datenbanken oder Fachpublikationen.[108] Vom zeitlichen Aufwand her ist eine Information ohne Weiteres zugänglich, wenn sie innerhalb weniger Stunden verschafft werden kann.[109] Die Zugänglichkeit zeigt bereits, wie der wirtschaftliche Wert

---

Geschäftsgeheimnissen im Zivilverfahren, 2014, 193 ff.; ebenso *Ann*, in: Ann/Loschelder/Grosch, Praxishandbuch Know-how-Schutz, 2010, Kap. 7 Rn. 5 ff.

102 *BGH*, Urt. v. 22.06.1982, VI ZR 225/80 = GRUR 1982, 225, 226.

103 *Westermann*, Handbuch Know-how-Schutz, 2007, Kap. 1 Rn. 54 m. w. N.

104 *Keller*, in: Keller/Schönknecht/Glinke, GeschGehG, 2021, § 2 Nr. 1 Rn. 23 f.

105 *OLG Düsseldorf*, Urt. v. 11.03.2021, I-15 U 6/20 = WRP 2021, 1080, 1083; *BayObLG*, Urt. v. 28.08.1990, RReg. 4 St 250/89 = GRUR 1991, 694, 695; *Keller*, in: Keller/Schönknecht/Glinke, GeschGehG, 2021, § 2 Nr. 1 Rn. 32; *Alexander*, in: Köhler/Bornkamm/Feddersen, UWG, 41. Aufl. 2023, GeschGehG, § 2 Rn. 36.

106 *BGH*, Urt. v. 23.02.2012, I ZR 136/10 = GRUR 2012, 1048, 1049; *BGH*, Urt. v. 13.12.2007, I ZR 71/05 = WRP 2008, 1085, 1086; *BayObLG*, Urt. v. 28.08.1990, RReg. 4 St 250/89 = GRUR 1991, 694, 695; *Baranowski/Glaßl*, BB 2016, 2563, 2564; *Heinzke*, CCZ 2016, 179, 181.

107 *BGH*, Urt. v. 27.04.2006, I ZR 126/03 = GRUR 2006, 1044, 1046.

108 *OLG Frankfurt*, Urt. v. 13.06.1995, 6 U 14/95 = NJW 1996, 264; *Alexander*, in: Köhler/Bornkamm/Feddersen, UWG, 41. Aufl. 2023, GeschGehG, § 2 Rn. 36; *Alexander*, WRP 2017, 1034, 1038.

109 *OLG Schleswig*, Urt. v. 28.04.2022, 6 U 39/21 = WRP 2022, 906, 910.

aus einem Wettbewerbsvorteil resultiert. Dieser Vorteil ist umso größer, je mehr Aufwand, also Zeit, Geld oder Mühe,[110] ein Wettbewerber investieren muss, um eine bestimmte Information zu erhalten. Der wirtschaftliche Wert manifestiert sich auch in dem, was dem Inhaber an Aufwand für den Zugang erspart bleibt,[111] was den Zusammenhang zwischen Geheimheit und wirtschaftlichem Wert bestätigt.

Das Inverkehrbringen eines Erzeugnisses ist nicht mit einem Geheimnisverlust gleichzusetzen.[112] Die Geheimheit entfällt nur, wenn ein Geheimnis ohne Weiteres aus einem in Verkehr gebrachten Erzeugnis erkennbar ist oder ohne großen Aufwand erschlossen werden kann.[113] Der Geheimheit steht daher trotz der nach Art. 3 Abs. 1 lit. b der GeschGeh-RL und § 3 Abs. 1 Nr. 2 GeschGehG legalisierten Möglichkeit des „Reverse Engineering"[114] (erfolgreiche technische Rückwärts-Analyse vom fertigen Produkt rückwärts zur Ausgangslage durch Auseinanderbauen und Untersuchung von Geräten, um insb. die Konstruktion und technische Funktionsweise zu ergründen)[115] nicht entgegen, dass Geheimnisse mittlerweile auf diesem Weg rechtmäßig ermittelt werden können,[116] da das „Reverse Engineering" größtenteils nur mit erheblichem Zeit- und Arbeitsaufwand möglich ist.[117] Ferner wäre § 3 Abs. 1 Nr. 2 GeschGehG überflüssig,

---

110 *Rody*, Der Begriff und die Rechtsnatur von Geschäfts- und Betriebsgeheimnissen unter Berücksichtigung der Geheimnisschutz-Richtlinie, 2019, 101.

111 *Krüger/Wiencke/Koch*, GRUR 2020, 578, 581.

112 RGZ 139, 329, 334; *Reinfeld*, Das neue Gesetz zum Schutz von Geschäftsgeheimnissen, § 1 Rn. 136.

113 *OLG Hamburg*, Urt. v. 19.10.2000, 3 U 191/98 = GRUR-RR 2001, 137, 139.

114 Zur Bedeutung und dem Ursprung des „Reverse Engineering" *Strobel*, Reverse Engineering im Spannungsfeld der Sonderschutzrechte, 2022, 17 f., 23 ff.

115 *Alexander*, WRP 2017, 1034, 1041; *Gündogdu/Hurst*, K&R 2019, 451, 454.

116 *Harte-Bavendamm*, in: Alexander/Bornkamm/Buchner/Fritzsche/Lettl, Festschrift für Helmut Köhler zum 70. Geburtstag, 2014, 235, 246; so auch *Alexander*, WRP 2017, 1034, 1038; *McGuire*, in: Ahrens/Büscher/Goldmann/McGuire, Festschrift für Henning Harte-Bavendamm zum 70. Geburtstag, 2020, 367, 381 f.; *Schilling*, in: Ahrens/Bornkamm/Fezer/Koch/McGuire/Würtenberger, Festschrift für Wolfgang Büscher, 2018, 383, 387; *Wiese*, Die EU-Richtlinie über den Schutz vertraulichen Know-hows und vertraulicher Geschäftsinformationen, 2018, 43; so auch schon zur früheren Rechtslage *Hillenbrand*, Der Begriff des Betriebs- und Geschäftsgeheimnisses, 2017, 60.

117 *BGH*, Urt. v. 07.11.2002, I ZR 64/00 = GRUR 2003, 356, 358; *Alexander*, in: Köhler/Bornkamm/Feddersen, UWG, 41. Aufl. 2023, GeschGehG, § 2 Rn. 37; vgl. *Mayer*, GRUR 2011, 884, 886.

wenn schon die Möglichkeit des „Reverse Engineering“ die Geheimheit ausschließen würde.[118]

Hiervon ist der Fall abzugrenzen, in dem aus der Beschaffenheit des in den Verkehr gebrachten Erzeugnisses das Geschäftsgeheimnis ohne Weiteres zu erfahren oder abzulesen ist.[119] So wie im Patentrecht ist zwar nicht davon auszugehen, dass Lieferung, Installation und Inbetriebnahme eines Erzeugnisses bei einem Dritten ohne Weiteres dazu führen, dass dieser das Geheimnis (erfolgreich) technisch rückwärts analysieren wird.[120] Jedoch nehmen mit fortschreitender Innovation auch die technischen Möglichkeiten einer „Sichtbarmachung und Entschlüsselung dritter Informationen“ zu, sodass sie sogar jetzt schon erheblich einfacher geworden sind,[121] wodurch der Aufwand der Nachforschungen immer geringer ausfallen wird.[122] Deshalb unterliegt die Frage nach der Zugänglichkeit zu bestimmten Geschäftsgeheimnissen und dem darin manifestierten Wettbewerbsvorteil einer ständigen Neubewertung.[123] Hiervon werden aller Voraussicht nach vor allem Konstruktionen, Software und Rezepte stark betroffen sein.[124] Das wird auch in Erwg. 17 der GeschGeh-RL angedeutet, wonach es *„mittlerweile ein Leichtes“* sei, *„in Verkehr gebrachte Erzeugnisse mithilfe von ‚Reverse Engineering‘ nachzukonstruieren.“* Mit dieser Wertung ist *„ohne Weiteres zugänglich“* als „leicht zugänglich“ auszulegen.[125] Eine ausufernde Schutzlosigkeit ist zwar nicht zu befürchten. Allerdings darf nicht darüber hinweggesehen werden, dass der Wettbewerbsvorteil wegen des Fortschritts und eines immer leichteren Zugangs bei einigen Geschäftsgeheimnissen in Zukunft erheblich geringer sein kann.

---

118 *Gündogdu/Hurst*, K&R 2019, 451, 454; *Kiefer*, GRUR-Prax 2022, 190; *Strobel*, Reverse Engineering im Spannungsfeld der Sonderschutzrechte, 2022, 86 f.

119 *Keller*, in: Keller/Schönknecht/Glinke, GeschGehG, 2021, § 2 Nr. 1 Rn. 20.

120 *BGH*, Urt. v. 21.04.2020, X ZR 75/18 = GRUR 2020, 833, 836.

121 *Keller*, in: Keller/Schönknecht/Glinke, GeschGehG, 2021, § 2 Nr. 1 Rn. 31.

122 *Dorner*, Know-how-Schutz im Umbruch, 2013, 29; zum Einfluss des „Reverse Engineering“ auf die leichte Zugänglichkeit verkörperter Informationen *Strobel*, Reverse Engineering im Spannungsfeld der Sonderschutzrechte, 2022, 88 ff.

123 So auch *Harte-Bavendamm*, in: Harte-Bavendamm/Ohly/Kalbfus, GeschGehG, 2020, § 2 Rn. 32.

124 *Prinz*, Der Schutz von Betriebs- und Geschäftsgeheimnissen im Informationsfreiheitsrecht, 2014, 32 f.

125 *Alexander*, in: Köhler/Bornkamm/Feddersen, UWG, 41. Aufl. 2023, GeschGehG, § 2 Rn. 36; *Hauck*, in: Münchener Kommentar zum Lauterkeitsrecht, 3. Aufl. 2022, GeschGehG, § 2 Rn. 12.

III. Geheimnisverletzungen und Irreversibilität

Bei Geheimnisverletzungen, also unfreiwilligen und rechtswidrigen Verlusten von Geheimnissen (z. B. Diebstahl eines Rechners, auf dem Geschäftsgeheimnisse gespeichert sind), ist es zwar denkbar, dass eine derartige Offenlegung aufgrund ihrer Rechtswidrigkeit gar nicht erst eine Geheimheit ausschließen kann.[126] Dies hätte aber zur Folge, dass nur Geheimnisse, die rechtmäßig offengelegt werden (z. B. durch „Reverse Engineering"), nicht mehr durch das GeschGehG geschützt wären, da in solchen Fällen die „Rückumwandlung" und wiederholte „Monopolisierung" ausscheidet.[127] Diese Irreversibilität muss aber auch gelten, wenn eine Information rechtswidrig offengelegt wird. Die Offenkundigkeit ist nämlich ein „Faktum",[128] das einer Wertung entzogen ist und nicht wie bspw. das Erfahrungswissen von Arbeitnehmern[129] durch den richtlinien- oder gesetzgeberischen Willen (insb. Erwg. 14 der GeschGeh-RL) korrigiert wurde. Daher können auch – bspw. durch eine Rechtsverletzung i. S. d. § 4 GeschGehG – rechtswidrig offengelegte Informationen die Geheimheit

---

126 *OLG Stuttgart*, Urt. v. 19.11.2020, 2 U 575/19 = GRUR-RR 2021, 181; *Keller*, in: Keller/Schönknecht/Glinke, GeschGehG, 2021, § 2 Nr. 1 Rn. 22; *Alexander*, WRP 2017, 1034, 1038; a. A. *Hoppe*, in: Hoppe/Oldekop, Geschäftsgeheimnisse, Schutz von Know-how und Geschäftsinformationen, 2020, Kap. 1 Rn. 83.

127 *Keller*, in: Keller/Schönknecht/Glinke, GeschGehG, 2021, § 2 Nr. 1 Rn. 30; *Alexander*, WRP 2017, 1034, 1038; a. A. *Reinfeld*, Das neue Gesetz zum Schutz von Geschäftsgeheimnissen, 2019, § 1 Rn. 132.

128 *Keller*, in: Keller/Schönknecht/Glinke, GeschGehG, 2021, § 2 Rn. 29; *Hauck*, in: Münchener Kommentar zum Lauterkeitsrecht, 3. Aufl. 2022, GeschGehG, § 2 Rn. 11; „Tatsachenfrage" für *McGuire*, in: Ahrens/Büscher/Goldmann/McGuire, Festschrift für Henning Harte-Bavendamm zum 70. Geburtstag, 2020, 367, 381.

129 Zum Erfahrungswissen von Arbeitnehmern nach Beendigung des Arbeitsverhältnisses *BGH*, Urt. v. 22.03.2018, I ZR 118/16 = GRUR 2018, 1161, 1165; *BGH*, Urt. v. 26.02.2009 – I ZR 28/06 = GRUR 2009, 603 Rn. 25; *BGH*, Urt. v. 27.04.2006, I ZR 126/03 = GRUR 2006, 1044, 1045; *BGH*, Urt. v. 14.01.1999, I ZR 2/97 = GRUR 1999, 934, 935; *Keller*, in: Keller/Schönknecht/Glinke, GeschGehG, § 2 Nr. 1 Rn. 25; *Alexander*, in: Köhler/Bornkamm/Feddersen, UWG, 41. Aufl. 2021, GeschGehG, § 2 Rn. 30; *Hauck*, GRUR 2022, 530, 534 ff. m. w. N.; *Lejeune*, CR 2016, 330, 332; *Pauken*, ArbRAktuell 2022, 171, 172; *Wunner*, WRP 2019, 710, 716; zu Notizen als unredliches Hilfsmittel *BGH*, Urt. v. 19.12.2002, I ZR 119/00 = GRUR 2003, 453, 454; so auch *Pauken*, ArbRAktuell 2022, 171, 172; zu Ausnahmen, in denen das Geheimhaltungsinteresse des Arbeitgebers höher zu gewichten sind als die des Arbeitnehmers am beruflichen Fortkommen *BGH*, Urt. v. 21.12.1962, I ZR 47/61 = GRUR 1963, 367, 370; hierzu auch *Keller*, in: Keller/Schönknecht/Glinke, GeschGehG, § 2 Nr. 1 Rn. 26.

verlieren.[130] Insgesamt muss eine rechtswidrige Offenlegung nicht zum Entfall der Geheimheit führen. Jedoch kann eine Information trotz eines rechtswidrigen Vorgangs allgemein bekannt sein,[131] wenn nach einem Verlust keine angemessenen Maßnahmen getroffen werden, um eine weitere Verbreitung aufzuhalten und die Kenntnis auf einen begrenzten Personenkreis zu begrenzen.

C. Zusammenfassung und Schlussfolgerungen

Hinsichtlich einer „geheimen Information“ können auch nach Inkrafttreten des GeschGehG die meisten Feststellungen zur früheren Rechtslage übertragen werden. Es handelt sich nach wie vor um einen umfassenden Begriff, an den keine zusätzlichen Anforderungen – insb. qualitativer, quantitativer und physischer Art – durch das GeschGehG zu stellen sind. Auch die Geheimheit orientiert sich maßgeblich an der Offenkundigkeit.[132] Neu ist zwar, dass durch das „Reverse Engineering“ gemäß § 3 Abs. 1 Nr. 2 GeschGehG eine weitere Möglichkeit geschaffen wurde, um ein Geschäftsgeheimnis rechtmäßig zu erlangen. Jedoch lässt die Möglichkeit nicht ohne Weiteres die Geheimheit entfallen. Solange eine Information weder allgemein bekannt noch ohne Weiteres zugänglich ist, kann sie als wirtschaftlich wertvolles Geschäftsgeheimnis geschützt werden. Ist die Geheimheit aber auch nur einmal entfallen, kann der Geheimnis- und kausale Wertverlust nicht mehr rückgängig gemacht werden.

---

130 A. A. *Alexander*, in: Köhler/Bornkamm/Feddersen, UWG, 41. Aufl. 2023, GeschGehG, § 1 Rn. 17a.

131 So auch *Rody*, Der Begriff und die Rechtsnatur von Geschäfts- und Betriebsgeheimnissen unter Berücksichtigung der Geheimnisschutz-Richtlinie, 2019, 102.

132 So auch *Reinfeld*, Das neue Gesetz zum Schutz von Geschäftsgeheimnissen, 2019, § 1 Rn. 125.

Teil 2: Der „wirtschaftliche Wert“ als neue Voraussetzung

Die Voraussetzung des wirtschaftlichen Wertes stellt eine Zäsur für den nationalen Geheimnisschutz dar. Obwohl das GeschGehG bereits im Jahr 2019 in Kraft getreten ist, hat die *Europäische Kommission* im Jahr 2022 zutreffend festgestellt, dass immer noch eine weitreichende Unsicherheit herrscht, was unter einem wirtschaftlichen Wert zu verstehen ist:

> *„An overwhelming trend [...] is that, despite the introduction of a homogenous legal definition of 'trade secret' by Article 2 (1) TSD to address the perceived heterogeneity of trade secrets definitions in EU Member States, there is still considerable uncertainty [...] about what may constitute a 'trade secret'. Of particular concern was the meaning of potential commercial value [...].“*[133]

Nach früherer Rechtslage wurden dem BGH zufolge Informationen geschützt, „an deren Geheimhaltung der Unternehmensinhaber ein berechtigtes wirtschaftliches Interesse hat und nach dem bekundeten, auf wirtschaftlichen Interessen beruhenden Willen des Betriebsinhabers geheim gehalten werden soll“.[134] Dieses Interesse war immer gegeben, wenn eine Information für die Geschäftstätigkeit eines Inhabers von Bedeutung war, was sich nach der objektiven Wettbewerbsrelevanz gerichtet hat.[135] Grund hierfür war, dass, wenn solche Informationen für Wettbewerber zugänglich waren, diese die Möglichkeit hatten, den Wettbewerbsvorteil eines Inhabers zu nivellieren oder den eigenen Wettbewerbsvorteil zu erweitern.[136] Das zuvor erforderliche Interesse und der mittlerweile geforderte Wert sind aber schon begrifflich nicht miteinander gleichzusetzen. Um den neuen Begriff einzugrenzen, ist insb. die vollharmonisierende Wirkung der GeschGeh-RL zu berücksichtigen, anhand dessen der deutsche Begriff ausgelegt

---

133 *Europäische Kommission*, Study on the Legal Protection of Trade Secrets in the context of the Data Economy (GRO/SME/20/F/206) Final Report, 2022, 75.

134 Stellvertretend *BGH*, Urt. v. 27.04.2006, I ZR 126/03 = GRUR 2006, 1044, 1045; *BGH*, Urt. v. 15.03.1955, I ZR 111/53 = GRUR 1955, 424, 425.

135 *Prinz*, Der Schutz von Betriebs- und Geschäftsgeheimnissen im Informationsfreiheitsrecht, 2014, 35.

136 *Prinz*, Der Schutz von Betriebs- und Geschäftsgeheimnissen im Informationsfreiheitsrecht, 67 f.

werden muss.[137] Nach Erwg. 14 der GeschGeh-RL soll der wirtschaftliche Wert zumindest derart verkörpert sein, dass *„wenn ihr unbefugter Erwerb oder ihre unbefugte Nutzung oder Offenlegung die Interessen der Person, die rechtmäßig die Kontrolle über sie ausübt, aller Voraussicht nach dadurch schädigt, dass das wissenschaftliche oder technische Potenzial, die geschäftlichen oder finanziellen Interessen, die strategische Position oder die Wettbewerbsfähigkeit dieser Person untergraben werden“.*

Der wirtschaftliche Wert ist also möglichst umfassend zu verstehen, denn als Voraussetzung dient nur er dazu, wertvolle Geheimnisse, von jenen abzugrenzen, die rein wissenschaftlicher, ideeller und persönlicher Natur sind.[138] So sollen „belanglose“ Geheimnisse nach Erwg. 14 der GeschGeh-RL nicht geschützt werden, da für den Geheimnisschutz eine gewisse ökonomische Relevanz notwendig ist.[139] Dass hierfür eine Wertschwelle erforderlich ist, wird mehrheitlich abgelehnt.[140] Dadurch, dass *„wissenschaftliches oder technisches Potenzial“* laut Erwg. 14 der GeschGeh-RL geschützt werden soll, umfasst das GeschGehG wohl auch Informationen, deren Wert im Bewertungszeitpunkt noch nicht konkret bezifferbar sind, sondern ggf. in Zukunft erst einen erhalten, indem sie dann erst nutzbar oder verwertbar sind.[141] Ebenso kommt in Betracht, dass es ausreicht, wenn die Nutzung oder Offenlegung der Information das Potenzial, Interesse oder die Wettbewerbsposition des Inhabers negativ beeinflusst.[142] Schließlich heißt es in Erwg. 14 der GeschGeh-RL, dass eine Information, die *„geschäftliche oder finanzielle Interessen, strategische Positionen oder Wettbewerbsfähigkeit negativ beeinflusst“*, erfasst ist.

---

137 *Alexander*, in: Köhler/Bornkamm/Feddersen, UWG, 41. Aufl. 2023, GeschGehG, § 2 Rn. 5.

138 *OLG Schleswig*, Urt. v. 28.04.2022, 6 U 39/21 = WRP 2022, 906, 911.

139 *Keller*, in: Keller/Schönknecht/Glinke, GeschGehG, 2021, § 2 Nr. 1 Rn. 17; *Nebel/Dietrich*, GeschGehG, § 2 Rn. 24; Ohly, GRUR 2019, 441, 443.

140 *Hauck*, in: Münchener Kommentar zum Lauterkeitsrecht, 3. Aufl. 2022, GeschGehG, § 2 Rn. 13; *Nebel/Dietrich*, GeschGehG, § 2 Rn. 24; *Koch*, in: Vögele, Intangibles, 2. Aufl. 2021, § 1 B. Rn. 223; *Leistner/Antoine/Sagstetter*, Big Data, 2021, 142 f.; auf die GeschGeh-RL bezogen *Aplin*, in: Lohsse/Schulze/Staudenmeyer, Trading Data in die Digital Economy: Legal Concepts and Tools, 2017, 59, 65 f.; ebenso *Baranowski/Glaßl*, BB 2016, 2563, 2565.

141 *BGH*, Urt. v. 27.04.2006, I ZR 126/03 = GRUR 2006, 1044, 1046; vgl. *Keller*, in: Keller/Schönknecht/Glinke, GeschGehG, 2021, § 2 Nr. 1 Rn. 17; *Alexander*, WPR 2017, 1034, 1038.

142 *Koch*, in: Vögele, Intangibles, 2. Aufl. 2021, § 1 B. Rn. 224 f.

Es ist also zu untersuchen, wie das Auseinanderfallen von der GeschGeh-RL und dem GeschGehG zu verstehen ist, wie der Zusammenhang zwischen der Geheimheit – einzelner sowie vieler Informationen – und dem wirtschaftlichen Wert ausgestaltet ist und ob schon ein potenzieller oder erst ein realer Wert ausreicht. Zudem ist im Vergleich zur früheren Rechtslage zu klären, wie weit die neue Voraussetzung und das mit ihr einhergehende negative Schädigungspotenzial zu begreifen sind. Hierzu zählt auch der Schutz „illegaler" Geheimnisse, also ob sie wegen ihres grundsätzlichen Schädigungspotenzials einen wirtschaftlichen Wert haben oder aufgrund ihrer Rechtswidrigkeit vom Geheimnisschutz ausgeschlossen sind. Auch hinsichtlich des zuvor erforderlichen Unternehmens-/Geschäftsbezug ist mangels ausdrücklicher Erwähnung im GeschGehG fraglich, inwiefern der wirtschaftliche Wert als möglicher Nachfolger den Umfang des Geheimnisschutzes verändert hat, was vor allem mit Blick auf Wissenschafts- und Privatgeheimnisse von Bedeutung ist. Da zudem ein Wert zumindest begrifflich objektiver gehalten ist als ein Interesse, drängt sich auch die Frage nach einer – wenn auch bisher mehrheitlich abgelehnten – Wertschwelle auf, um zwischen belanglosen und wertvollen Geheimnissen differenzieren zu können. Zum Abschluss dieses Teils ist noch zwischen einer retrospektiven und prospektiven Bemessung zu unterscheiden, für die Letztere im Zuge des „wirtschaftlichen Wertbemessungsgebots"[143] an Bedeutung gewonnen oder nun sogar notwendig sein könnte. Insgesamt ist es denkbar, dass sich durch die Einführung des wirtschaftlichen Wertes der Umfang und die Anforderungen des Geheimnisschutzes verschoben haben und beides neu eingegrenzt werden muss.

A. Auseinanderfallen von der GeschGeh-RL und dem GeschGehG

Bei der Umsetzung ist der Gesetzgeber teils von der Definition der GeschGeh-RL abgewichen. Im Wortlaut und in der Systematik gibt es Unterschiede zwischen dem GeschGehG und der GeschGeh-RL.

I. „Kommerzieller" oder „wirtschaftlicher" Wert?

Während eine Information gemäß Art. 2 Nr. 1 lit. b GeschGeh-RL von „*kommerziellem Wert*" sein muss, muss gemäß § 2 Nr. 1 lit. a GeschGehG ein „*wirtschaftlicher Wert*" vorliegen. Zunächst deutet der Begriff „kommerziell" auf einen geschäftlichen Verkehr hin, also auf zur Gewinnerzielung ausgerichtete

143 *Brammsen*, in: Brammsen/Apel, GeschGehG, 2022, § 2 Rn. 55.

Tätigkeiten,[144] sodass es eines positiven und verkehrsfähigen Wertes bräuchte.[145] Vom Wortlaut her müsste ein „kommerzieller“ Wert also als Handelswert verstanden werden, der nur vorliegt, wenn es eine Möglichkeit gibt, eine Information auf einem Markt zu verwerten.[146] Eine solche Auslegung des „kommerziellen“ Wertes wird von der englisch- und französischsprachigen Fassung der GeschGeh-RL gestützt, in denen „*commercial value*“ und „*valeur commercial*“ als Verkehrswert verstanden werden.[147] Demgegenüber ist aber auch denkbar, dass von „kommerziell“ schon „eine nur mittelbare Auswirkung auf Vermögensinteressen“ umfasst sein kann.[148] Nach Erwg. 14 der GeschGeh-RL sollen Geheimnisse auch einen Wert haben, wenn die Nutzung oder Offenlegung Inhaber „*schädigt*“, was das Gegenteil eines positiven und verkehrsfähigen Wert wäre. Anhand des Wortlauts und des Sinn und Zwecks kann also keine eindeutige Aussage über die Bedeutung des „kommerziellen“ Wertes getroffen werden. Für die nationale Umsetzung des „kommerziellen“ Wertes als „wirtschaftlichen Wert“ bedeutet das, dass eine unterschiedliche Bezeichnung unschädlich ist, wenn mit beiden Begriffen dasselbe gemeint ist oder der Gesetzgeber die GeschGeh-RL trotz des Unterschieds richtlinienkonform umgesetzt hat.[149]

Im Gegensatz zu „kommerziell“ kann „wirtschaftlich“ zumindest begrifflich alles bedeuten, was ökonomisch irgendeine – sowohl positive als auch negative – Bedeutung hat.[150] Davon ausgehend, dass mit dieser – zumindest

---

144 *Glinke*, in: Keller/Schönknecht/Glinke, GeschGehG, 2021, § 2 Rn. 46; *Baranowski/Glaßl*, BB 2016, 2563, 2565; *Böhm/Nestler*, GRUR-Prax 2018, 181, 182; *Heinzke*, CCZ 2016, 179, 182; *Kalbfus*, GRUR 2016, 1009, 1011; *Redeker/Pres/Gittinger*, WRP 2015, 1034, 1039.

145 *Baranowski/Glaßl*, BB 2016, 2563, 2565; *Böhm/Nestler*, GRUR-Prax 2018, 181, 182; *Heinzke*, CCZ 2016, 179, 182; *Kalbfus*, GRUR 2016, 1009, 1011; vgl. *Redeker/Pres/Gittinger*, WRP 2015, 681, 683; a. A. *Alexander*, WRP 2017, 1034, 1039; *Wiese*, Die EU-Richtlinie über den Schutz vertraulichen Know-hows und vertraulicher Geschäftsinformationen, 2018, 46.

146 *Glinke*, in: Keller/Schönknecht/Glinke, GeschGehG, 2021, § 2 Rn. 46; *Hauck*, WRP 2017, 1032, 1034; *Heinzke*, CCZ 2016, 179, 182.

147 So zumindest *Schuth*, Die Neuregelung zum Schutz der Geschäftsgeheimnisse und ihre Auswirkungen für das Arbeitsrecht, 2021, 167.

148 So zumindest *Schuth*, Die Neuregelung zum Schutz der Geschäftsgeheimnisse und ihre Auswirkungen für das Arbeitsrecht, 2021, 167.

149 *Schuth*, Die Neuregelung zum Schutz der Geschäftsgeheimnisse und ihre Auswirkungen für das Arbeitsrecht, 2021, 172.

150 *Hauck*, in: Münchener Kommentar zum Lauterkeitsrecht, 3. Aufl. 2022, GeschGehG, § 2 Rn. 13.

für die deutsche Rechtsordnung – neuen Voraussetzung gemäß Erwg. 14 der GeschGeh-RL ausschließlich belanglose Informationen vom Geheimnisschutz ausgeschlossen werden sollen, ist es zielführend, den Begriff so umfassend wie möglich zu verstehen.[151] So gibt es kommerziell wertlose, also nicht-verwertbare Informationen, die (subjektiv) trotzdem von wirtschaftlichem Belang für einen Inhaber und daher wertvoll sein können,[152] weil sie ihn bspw. bei Bekanntwerden schädigen würden oder da sie so unternehmensspezifisch sind, dass sie derzeit nur für den Inhaber einen Nutzen erfüllen und – wenn überhaupt – erst durch intensive Anpassungen von Wettbewerbern genutzt werden können. Vom Geheimnisschutz sollen also nicht nur Informationen erfasst werden, „die in Geschäften mit der ‚Außenwelt' unmittelbar verwertet werden können".[153] In der Hinsicht ist der deutsche Begriff „wirtschaftlich" präziser, wenn es darum geht, sämtliche Geheimnisse mit einer Bedeutung für die Wettbewerbsfähigkeit darzustellen.[154] Zwar mag mit „kommerziell" und „wirtschaftlich" wohl sowieso dasselbe gemeint sein,[155] sodass es sich bei der Abweichung im GeschGehG nur um Ungenauigkeiten bei der Übersetzung handelt.[156] Allerdings wäre die Voraussetzung im GeschGehG selbst bei einem inhaltlichen Unterschied zur Voraussetzung aus der GeschGeh-RL nicht richtlinienwidrig, da es dem Gesetzgeber i. R. d. „innerstaatlichen Gestaltungsspielraums"[157] möglich wäre, einen auf den positiven und verkehrsfähigen Wert begrenzten Schutz auf sämtliche Geheimnis- und Wertarten auszuweiten, sofern nicht die Mindestharmonisierung der GeschGeh-RL unterschritten wird.[158] Weil also – je nach Auslegung des

151 *Sagstetter*, in: Maute/Mackenrodt, Recht als Infrastruktur für Innovation, 2019, 285, 289; so auch *Harte-Bavendamm*, in: Harte-Bavendamm/Henning-Bodewig, UWG, 5. Aufl. 2021, GeschGehG, § 2 Rn. 30.

152 *Apel*, in: Brammsen/Apel, GeschGehG, 2022, Einl. C Rn. 48 Fn. 220.

153 *Harte-Bavendamm*, in: Harte-Bavendamm/Henning-Bodewig, UWG, 5. Aufl. 2021, GeschGehG, § 2 Rn. 30.

154 *Glinke*, in: Keller/Schönknecht/Glinke, GeschGehG, 2021, § 2 Rn. 46.

155 So nämlich *Alexander*, in: Köhler/Bornkamm/Feddersen, UWG, 41. Aufl. 2023, GeschGehG, § 2 Rn. 44; *Rody*, Der Begriff und die Rechtsnatur von Geschäfts- und Betriebsgeheimnissen unter Berücksichtigung der Geheimnisschutz-Richtlinie, 2019, 266.

156 *Schick*, Über die Strafbarkeit von Whistleblowing, 2022, 116 f.

157 Begriff nach *Schuth*, Die Neuregelung zum Schutz der Geschäftsgeheimnisse und ihre Auswirkungen für das Arbeitsrecht, 2021, 172.

158 Vgl. *Schuth*, Die Neuregelung zum Schutz der Geschäftsgeheimnisse und ihre Auswirkungen für das Arbeitsrecht, 2021, 172 ff.

„kommerziellen“ Wertes – der kommerzielle und wirtschaftliche Wert sowieso dasselbe meinen (Auslegung 1: beides meint nicht nur einen Verkehrswert) oder aber der wirtschaftliche Wert richtlinienkonform mehr als der kommerzieller Wert umfasst (Auslegung 2: kommerzieller Wert meint nur einen Verkehrswert, aber wirtschaftlicher Wert umfasst überdies auch Schädigungen), ist der begriffliche Unterschied zwischen der GeschGeh-RL und dem GeschGehG unschädlich. Aus diesen Gründen wird für diese Untersuchung der Begriff des „wirtschaftlichen“ Wertes bevorzugt benutzt.

Um ferner dem Verständnis Einhalt zu gebieten, der Begriff „kommerziell“ würde suggerieren, ein Geheimnis müsse bereits im gegenwärtigen Zeitpunkt vom Inhaber verwertet werden können, wurde bspw. im US-amerikanischen „Uniform Trade Secrets Act“ der Begriff „*economic value*“ an Stelle von „*commercial value*“ bevorzugt. Dadurch wurde auch der potenzielle Wert umfasst und die Zeitspanne der Werthaltigkeit ausgedehnt.[159] Sollte im europäischen und deutschen Geheimnisschutz dasselbe Wertverständnis vorliegen, spreche dies ebenfalls mehr für einen „wirtschaftlichen“ Wert.

II. Wirtschaftlicher Wert als eigenständige Voraussetzung

Anders als in der GeschGeh-RL hat der Gesetzgeber den wirtschaftlichen Wert nicht als separate Voraussetzung, sondern zusammen mit der Geheimheit in § 2 Nr. 1 lit. a GeschGehG normiert. Das grundlose Zusammenführen der beiden Voraussetzungen ist mangels inhaltlicher Änderung zwar richtlinienkonform,[160] jedoch erweckt es den Eindruck, dass dem wirtschaftlichen Wert nur eine untergeordnete Bedeutung im reformierten Geheimnisschutz zukommt.[161] Ferner erschwert es den Vergleich zu anderen Umsetzungskaten der GeschGeh-RL und des TRIPS-Abkommens.[162] Mit Blick auf die Definitionen aus Art. 2 Nr. 1 lit. b

---

159 *Hrdy*, Fordham Law Review 2022, 557, 570 f.

160 *Harte-Bavendamm*, in: Harte-Bavendamm/Ohly/Kalbfus, GeschGehG, 2020, § 2 Rn. 36.

161 *Glinke*, in: Keller/Schönknecht/Glinke, GeschGehG, 2021, § 2 Rn. 45; *Desaunettes/Hilty/Knaack/Kur*, Stellungnahme zum Referentenentwurf eines Gesetzes zur Umsetzung der GeschGeh-RL zum Schutz von Geschäftsgeheimnissen vor rechtswidrigem Erwerb sowie rechtswidriger Nutzung und Offenlegung vom 17. April 2018, 2018, Rn. 5 f.

162 *Glinke*, in: Keller/Schönknecht/Glinke, GeschGehG, 2021, § 2 Rn. 45; *Ohly*, in: Ohly/Sosnitza, Gesetz gegen den unlauteren Wettbewerb, 8. Aufl. 2023, GeschGehG, § 2 Rn. 1; *Desaunettes/Hilty/Knaack/Kur*, Stellungnahme zum Referentenentwurf eines Gesetzes zur Umsetzung der GeschGeh-RL zum Schutz von Geschäftsgeheimnissen

der GeschGeh-RL und Art. 39 Abs. 2 lit. b des TRIPS-Abkommens muss aber anerkannt werden, dass der wirtschaftliche Wert nicht aufgrund der Geheimheit („*daher*") gesetzlich vermutet wird,[163] sondern es sich auch im GeschGehG als eigenständige und zu den anderen in § 2 Nr. 1 GeschGehG genannten Voraussetzungen gleichrangige Voraussetzung zu verstehen ist.[164]

B. Zusammenhang zwischen Geheimheit und wirtschaftlichem Wert

Am Wortlaut von § 2 Nr. 1 lit. a GeschGehG („*und daher von wirtschaftlichem Wert*") zeigt sich, dass ein wirtschaftlicher Wert aus der Geheimheit resultieren muss.[165] Das bedeutet zum einen, dass die Geheimheit für den wirtschaftlichen Wert in irgendeiner Art und Weise kausal sein muss, und zum anderen, dass nicht schon die Geheimheit allein den wirtschaftlichen Wert begründen kann,[166] sondern sie „nur" ein wertsteigernder Kausalfaktor sein darf. Hierbei handelt es sich um ungeschriebene Anforderungen, die an den Zusammenhang zwischen Geheimheit und wirtschaftlichem Wert gestellt werden.[167]

---

vor rechtswidrigem Erwerb sowie rechtswidriger Nutzung und Offenlegung vom 17. April 2018, 2018, Rn. 5.

163 *OLG Dresden*, Urt. v. 14.03.2023, 4 U 1377/22.

164 So auch und als „eigenständiges Merkmal" bezeichnend *Alexander*, in: Köhler/Bornkamm/Feddersen, UWG, 41. Aufl. 2023, GeschGehG, § 2 Rn. 39; ebenso ausdrücklich *Schuth*, Die Neuregelung zum Schutz der Geschäftsgeheimnisse und ihre Auswirkungen für das Arbeitsrecht, 2021, 166; so auch *Baranowski/Glaßl*, BB 2016, 2573; *Heinzke*, CCZ 2016, 179, 182; *Kalbfus*, GRUR 2016, 1009, 1011.

165 *BVerwG*, Beschl. v. 05.03.2020, 20 F 3.19 = NVwZ 2020, 715, 716; *Europäische Kommission*, Study on the Legal Protection of Trade Secrets in the context of the Data Economy (GRO/SME/20/F/206) Final Report, 2022, 77; *Glinke*, in: Keller/Schönknecht/Glinke, GeschGehG, 2021, § 2 Rn. 49 m. w. N.; *Enders*, GRUR 2012, 25, 27; *Hoppe*, in: Hoppe/Oldekop, Geschäftsgeheimnisse, 2020, Kap. 1 Rn. 102; *Oetker*, in: Grundmann/Merkt/Mülbert, Festschrift für Klaus J. Hopt zum 80. Geburtstag am 24. August 2020, 901, 907 f.

166 *OLG Dresden*, Urt. v. 14.03.2023, 4 U 1377/22; so auch schon für das TRIPS-Abkommen *Peter/Michaelis*, in: Busche/Stoll/Arend, WTO – Trade-Related Aspects of Intellectual Property Rights, 2009, Art. 39 Rn. 24; befürchtet worden von *Oetker*, ZESAR 2017, 257, 259.

167 A. A. *Harte-Bavendamm*, in: Harte-Bavendamm/Henning-Bodewig, UWG, 5. Aufl. 2021, GeschGehG, § 2 Rn. 30.

I. Kausalzusammenhang

Der Kausalzusammenhang zwischen Geheimheit und wirtschaftlichem Wert bedeutet nicht, dass sich der wirtschaftliche Wert schon allein aus der Geheimheit ergeben muss, sondern es genügt, wenn die Geheimhaltung zumindest ein tatsächlicher Grund für den Wert ist.[168] Obwohl also eine Information nach Bekanntwerden für den Inhaber rein ökonomisch weiterhin wertvoll sein kann, verliert sie trotzdem den wirtschaftlichen Wert i. S. d. GeschGehG.[169] Für den Geheimnisschutz sind nämlich nur die Vorteile in Relation zu Wettbewerbern entscheidend, sodass eine isolierte Betrachtung des wirtschaftlichen Wertes obsolet ist. Bspw. kann zwar eine bekanntgewordene Information weiterhin als Grundlage für die Entwicklung neuer Produkte, zur Verbesserung alter Produkte oder für das Marketing verwendet werden, aber dieser „Wert“ ist für den Geheimnisschutz aus rechtlicher Sicht unerheblich,[170] da er im Wettbewerb – mangels Geheimheit und faktisch exklusivem Zugang des Inhabers – keinen Vorteil mehr darstellt. Wegen der nahezu fehlenden europäischen und nationalen Rspr. zum Kausalzusammenhang zwischen Geheimheit und wirtschaftlichem Wert eignet sich der Fall von „Signal Financial Holdings“[171] aus der US-amerikanischen Rspr. als gutes Beispiel für den erforderlichen Zusammenhang.[172] So wurde in diesem Fall festgestellt, dass geheime Entwürfe von Mitarbeiterverträgen keinen durch die Geheimheit kausal begründeten wirtschaftlichen Wert haben. Zwar hätten die Entwürfe für die Erstellung zukünftiger Verträge einen Nutzen, indem sie insb. Anwalts- und Beratungskosten senken könnten. Allerdings sei dies auch der Fall, wenn die Entwürfe öffentlich bekannt wären. Die Geheimheit sei daher nicht kausal für den wirtschaftlichen Wert gewesen.

II. „independent value“ für die GeschGeh-RL und das GeschGehG?

Denkbar ist es, den Zusammenhang zwischen Geheimheit und wirtschaftlichem Wert so verstehen, dass der wirtschaftliche Wert durch die Verschmelzung beider

---

168 *Alexander*, in: Köhler/Bornkamm/Feddersen, UWG, 41. Aufl. 2023, GeschGehG, § 2 Rn. 47.

169 *Sousa e Silva*, JIPLP 2014, 923, 930.

170 *Sousa e Silva*, JIPLP 2014, 923, 930.

171 Signal Financial Holdings LLC v. Looking Glass Fin. LLC, United States District Court, N. D. Illinois, Eastern Division, 2018 WL 636769.

172 *Europäische Kommission*, Study on the Legal Protection of Trade Secrets in the context of the Data Economy (GRO/SME/20/F/206) Final Report, 2022, 78.

Voraussetzungen auf der Definitionsebene nur eine begrenzte Rolle spielen würde, da aus der Geheimheit ohne Weiteres ein wirtschaftlicher Wert resultieren müsse.[173] Dieser Ansicht muss aber entgegengehalten werden, dass Informationen nicht schon wegen der Geheimhaltung einen wirtschaftlichen Wert i. S. d. GeschGehG erhalten können.[174] So kann bspw. Lohn- und Gehaltsdaten als Teil einer betriebswirtschaftlichen Kalkulation ein wirtschaftlicher Wert zukommen, weil die Geheimhaltung solcher Informationen sich derart positiv auf den unternehmerischen Erfolg auswirken kann, dass sie die Steigerung der Wettbewerbsfähigkeit von Konkurrenten verhindert".[175] Im Unterschied dazu ist jedoch ein wirtschaftlicher Wert von geheim gehaltenen Urlaublisten von Mitarbeitern abzulehnen, da sie keinen Rückschluss auf den Personalbestand oder die Urlaubs- oder Gehaltsstruktur der Mitarbeiter zulassen und allein die Geheimhaltung an sich den wirtschaftlichen Wert nicht begründen können.[176] In eine ähnliche Richtung zielt der teilweise für das US-amerikanische Recht geforderte „independant value",[177] der als Anforderung nichts anderes bedeutet, als dass eine Information schon „unabhängig" von der Geheimhaltung wertvoll sein muss und durch sie lediglich in ihrem Wert gesteigert wird:[178]

> *„The causation failure is based on the statutory mandate that a trade secret's asserted economic value must come 'independently' from the fact that information is being kept secret."*[179]

Obwohl die Annahme weit verbreitet ist, dass jede vom Inhaber geheim gehaltene Information schon aufgrund der bewussten Geheimhaltung oder des

---

173 So nämlich *Desaunettes/Hilty/Knaack/Kur*, Stellungnahme zum Referentenentwurf eines Gesetzes zur Umsetzung der GeschGeh-RL zum Schutz von Geschäftsgeheimnissen vor rechtswidrigem Erwerb sowie rechtswidriger Nutzung und Offenlegung vom 17. April 2018, 2018, Rn. 6.

174 *Glinke*, in: Keller/Schönknecht/Glinke, GeschGehG, 2021, § 2 Rn. 48; so auch schon für Art. 39 des TRIPS-Abkommens *Peter/Wiebe*, in: Busche/Stoll/Wiebe, TRIPs, 2. Aufl. 2013, Art. 39 Rn. 22.

175 *OLG Dresden*, Urt. v. 14.03.2023, 4 U 1377/22.

176 *OLG Dresden*, Urt. v. 14.03.2023, 4 U 1377/22.

177 Stellvertretend *Hrdy*, Fordham Law Review 2022, 557, 557 ff.; im Vergleich zum kommerziellen Wert i. S. d. GeschGeh-RL *Rowe/Sandeen*, Trade Secrecy And International Transactions, 2015, A1.28 f.; kritisch hierzu *Hillenbrand*, Der Begriff des Betriebs- und Geschäftsgeheimnisses, 2017, 200.

178 *Hrdy*, Fordham Law Review 2022, 557, 595; a. A. *Rowe/Sandeen*, Trade Secrecy And International Transactions, 2015, 3.28 f.

179 *Hrdy*, Fordham Law Review 2022, 557, 595.

(versuchten) gerichtlichen Durchsetzungsversuchs der Geheimhaltung wertvoll sein dürfte, da sich das Kosten-Nutzen-Verhältnis der Handlung sich sonst nicht lohnen würde,[180] trifft das nicht zu. Die Geheimhaltung und ein späterer Durchsetzungsversuch vor Gericht können auch aus anderen Gründen erfolgen, wie bspw. aufgrund strategischer oder schlicht feindseliger Handlungen gegen (sogar auch nur künftige) Wettbewerber, wegen Androhungen eines Rechtsstreits, um hochrangige Mitarbeiter von einem möglichen Unternehmenswechsel abzuhalten oder wegen des Wunsches, die Weitergabe unangenehmer (aber ökonomisch wertloser) Fakten zu verhindern.[181] In Anbetracht dessen dient der für das US-amerikanische Recht insb. von *Hrdy* diskutierte „independant value“ auch als Vorbild für die GeschGeh-RL und das GeschGehG. Ohne eine solche Anforderung könnten Geschäftsgeheimnisse kaum von „bloß“ vertraulichen Informationen unterschieden werden, und auch der wirtschaftliche Wert käme als eigenständige Voraussetzung aufgrund einer vollständigen Abhängigkeit der Bedeutungslosigkeit gleich.[182] Ohne einen derart „unabhängigen“ Wert würde die Gefahr bestehen, dass eine Information ohne Wettbewerbsrelevanz schon durch ihre Geheimhaltung – die aus heterogenen und nicht nur wirtschaftlichen Gründen erfolgen kann – einen „wirtschaftlichen“ Wert erhält, der keine tatsächlich keine wirtschaftliche Bedeutung hat. Damit es also zwischen der Geheimheit und dem wirtschaftlichem Wert überhaupt einen Kausalzusammenhang geben kann, muss eine Information oder eine Zusammenstellung von Einzelinformationen schon einen von der Geheimheit „unabhängigen“ Wert haben, damit er durch die Geheimheit kausal gesteigert werden kann.

C. Zusammenstellung von (öffentlichen) Einzelinformationen

Öffentlich zugängliche oder weitestgehend bekannte Informationen werden i. d. R. nicht mit der Eigenschaft eines Geheimnisses und daher auch nicht selbstverständlich mit einem wirtschaftlichen Wert assoziiert.[183] Doch selbst wenn alle Einzelbestandteile einer Informationengesamtheit bekannt oder zugänglich sein sollten, bedeutet das nicht, dass kein Geschäftsgeheimnis vorliegen kann.

180 *Kitch*, The Journal of Legal Studies 1980, 683, 697 f.; *Varadarajan*, Hastings Law Journal 2017, 357, 375.

181 Beispiele nach *Hrdy*, Fordham Law Review 2022, 557, 561, 586.

182 *Hrdy*, Fordham Law Review 2022, 557, 562 m. w. N.

183 *Nebel/Dietrich*, GeschGehG, § 2 Rn. 25.

Es kommt dann immer noch auf die geheime, exakte Anordnung und Zusammensetzung sämtlicher Einzelbestandteile an,[184] sofern diese wertbildend ist.[185] So ist der Aufwand entscheidend, der erforderlich ist, um die Informationen zusammenzustellen. Wenn Investitionen eines Wettbewerbers erforderlich sind, um mithilfe der (auch öffentlichen) Einzelinformationen das gleiche Geschäftsgeheimnis zu erlangen, liegt zumeist ein wirtschaftlicher Wert vor.[186] Zu diesem Aufwand muss aber hinzukommen, dass die geleisteten Investitionen auch im Vergleich zu Wettbewerbern zu einer Nutzensteigerung, Kostensenkung oder zumindest dem Erhalt eines status quo führen.[187]

I. Beispiel: Rezept

Weitestgehend öffentliche, aber trotzdem wirtschaftlich wertvolle Geschäftsgeheimnisse sind bspw. Rezepte. So gehen von Rezepten zwar Hinweise aus, wie ein bestimmtes Erzeugnis hergestellt werden kann, jedoch sind nicht nur die bekannten Inhaltsstoffe maßgeblich, sondern auch ihre Mengen- und Mischverhältnisse.[188]

Das ArbG Hamburg sprach die Geheimheit und daher auch den wirtschaftlichen Wert von Rezepten vorgefertigter Cocktails ab, welche leicht nachzumachen seien.[189] Grund hierfür sei das Fehlen von Anforderungen und komplexen Arbeitsschritten bei der Herstellung von vorgefertigten Cocktails.[190] Da keine besonderen Fachkenntnisse erforderlich und alle Zutaten öffentlich verfügbar seien, könnten vorgefertigte Cocktails von Wettbewerbern ohne Weiteres nachgemacht werden, indem das richtige Mischverhältnis anhand der öffentlich verfügbaren Angaben – insb. auf Produktetiketten, Getränkekarten oder in Online-Shops – durch Testen und Schmecken gefunden werden kann.[191] Demnach fehle es an einem (Wissens-)Vorsprung gegenüber Wettbewerbern.

---

184 *Alexander*, in: Köhler/Bornkamm/Feddersen, UWG, 41. Aufl. 2023, GeschGehG, § 2 Rn. 32.

185 *Hrdy*, Fordham Law Review 2022, 557, 598.

186 Differenzierend *Hrdy*, Fordham Law Review 2022, 557, 583 f. m. w. N.

187 *Hrdy*, Fordham Law Review 2022, 557, 584 f.

188 *BGH*, Urt. v. 12.02.1980, KZR 7/79 = GRUR 1980, 750, 751; *Harte-Bavendamm*, in: Harte-Bavendamm/Ohly/Kalbfus, GeschGehG, 2020, § 2 Rn. 34; *Alexander*, in: Köhler/Bornkamm/Feddersen, UWG, 41. Aufl 2023, GeschGehG, § 2 Rn. 32, 38.

189 *ArbG Hamburg*, Urt. v. 01.07.2021, 4 Ca 17/21 = GRUR-RS 2021, 46268 Rn. 55.

190 *ArbG Hamburg*, Urt. v. 01.07.2021, 4 Ca 17/21 = GRUR-RS 2021, 46268 Rn. 57.

191 *ArbG Hamburg*, Urt. v. 01.07.2021, 4 Ca 17/21 = GRUR-RS 2021, 46268 Rn. 57.

Diese Begründung überzeugt aber nicht. Öffentlich verfügbare Angaben zu Rezepte enthalten zwar die benutzten Zutaten, geben aber nur selten die wertbildende Anordnung der Informationen wieder. Wertbildend sind nämlich auch das Misch- und Mengenverhältnis der Zutaten, der Zeitpunkt und die Reihenfolge der Zusammensetzung und die verwendeten Maschinen sowie Hilfsmittel, sodass Rezepte wie von „Coca-Cola“, „Maggi Würze“ oder „Nutella“ trotz einer öffentlich einsehbaren Zutatenlisten nach wie vor geheim und sogar besonders wertvoll sind.[192] In diesen Fällen beruht der wirtschaftliche Wert getreu seines Zusammenhangs mit der Geheimheit nicht auf den öffentlich bekannten Zutaten, sondern auf dem, „was“ mit Zutaten genau gemacht wird, und „wie“ und „wann“ sie miteinander verbunden werden. Dass sich ein Rezept schon durch Testen und Schmecken auf der Grundlage von Produktetiketten ermitteln lässt, würde ferner voraussetzen, dass sie tatsächlich alle verwendeten Zutaten ausweist.[193] Weil Produktetiketten „nur“ lebensmittelrechtliche Pflichtangaben enthalten müssen, fehlen ggf. Angaben zu geschmacks- und konsistenzverändernden Verarbeitungs- und Trägerstoffen gemäß Art. 20 der Lebensmittel-InformationsVO oder konkret verwendete Aromen gemäß Anhang VII Teil D der Lebensmittel-InformationsVO. Überdies widerspricht die Auffassung des ArbG Hamburg dem Willen des Gesetzgebers, der in der Gesetzesbegründung zum GeschGehG Rezepte sogar ausdrücklich als typische Geschäftsgeheimnisse anerkennt.[194] Eine pauschale Ablehnung der Geheimheit wegen lebensmittelrechtlicher Pflichtangaben würde in unzutreffender Weise zur geheimnisrechtlichen Wertlosigkeit von fast allen – zumindest in der EU – vermarkteten Lebensmittel führen und dem Geheimnisschutz durch das GeschGehG zuwiderlaufen.

An Rezepten zeigt sich also, dass nicht immer die Einzelinformationen, sondern oft erst ihre wertbildende Verknüpfung den Geheimnisschutz begründet.[195] Das bedeutet, dass die wirtschaftliche Einsatzmöglichkeit in Form der Anordnung und Zusammensetzung nicht allgemein bekannt oder ohne Weiteres zugänglich sein darf, wenn die zugrunde liegenden Informationen weitestgehend öffentlich sind.[196] Daneben kommt es auch auf den Aufwand an, der nötig ist, um die Einzelinformationen zur wertbildenden Anordnung/

---

192 *Kiefer*, GRUR-Prax 2022, 210.

193 *Kiefer*, GRUR-Prax 2022, 210.

194 BT-Drs. 19/4724, 24.

195 Vgl. auch *OLG Hamm*, Urt. v. 25.03.1993, 4 U 36/93 = WRP 1993, 36, 38.

196 *OLG Hamburg*, Urt. v. 19.10.2000, 3 U 191/98 = GRUR-RR 2001, 137, 139 f.; *OLG Hamm*, Urt. v. 25.03.1993, 4 U 36/93 = WRP 1993, 36, 38.

Zusammensetzung zusammenzuführen.[197] In Anbetracht eines „indepandant value" muss ein Rezept aber neben diesem Aufwand auch dergestalt wertvoll sein, dass es gegenüber Wettbewerbern einen Vorteil darstellt, indem bspw. der Geschmack des Produkts Kunden explizit an dieses Produkt bindet und der Inhaber dadurch höhere Umsätze oder Gewinne generieren kann, was sich schon am oben genannten Beispiel von „Coca-Cola" zeigt.

II. Beispiel: Kunden- und Lieferantenliste

IDW S 5.82 zufolge ist eine Kundenliste *„eine Sammlung von Informationen über Kunden, die mindestens den Namen und Kontaktdaten der Kunden, häufig auch weitere kundenbezogene Informationen"* (z. B. Ordervolumen, Einkaufsverhalten, Gewohnheiten, Zahlungsweise, usw.)[198] umfasst. Eine Lieferantenliste ist das Pendant in die umgekehrte Richtung der Lieferkette. In der Gesetzesbegründung werden beide Listentypen ausdrücklich als typische Geschäftsgeheimnisse genannt.[199] Schließlich können sich Kunden- und Lieferantenlisten auch IDW S 5.81 zufolge in bestimmten Geschäftsbereichen (z. B. Versandhandel) positiv auf den Geschäftserfolg auswirken, indem sie für angepasste Angebote genutzt werden können und einen im Vergleich zu Wettbewerbern leichteren oder an eigenen Bedürfnissen ermöglichen.[200] Für Inhaber liegt der Wettbewerbsvorteil also darin, gezielter verkaufen oder kaufen und auch höhere Preise anbieten oder niedrige Preise zahlen zu können. Obwohl damit der wirtschaftliche Wert von Kunden- und Lieferantenlisten vermeintlich auf der Hand liegt, könnte der Zusammenhang zwischen Geheimheit und wirtschaftlichem Wert dem Schutz durch das GeschGehG im Wege stehen.

Vor allem bei Kundenlisten kann ihnen nicht per se ein wirtschaftlicher Wert aufgrund einer „Geheimheit" unterstellt werden, da Kundenaufträge häufig vom Inhaber selbst öffentlichkeitswirksam genutzt werden.[201] Wettbewerber können sich oft aus öffentlich zugänglichen Quellen – wie Internetauftritten oder beruflichen Netzwerken wie „LinkedIn" oder „XING" – über die Kunden eines Unternehmens informieren. Zudem lassen sich regelmäßig weitere Informationen wie

---

197 *BGH*, Urt. v. 23.02.2012, I ZR 136/10 = WRP 2012, 1230, 1232; *OLG Köln*, Urt. v. 05.02.2010, I-6 U 136/09 = GRUR-RR 2010, 480.

198 *Theile*, in: Heuser/Theile, IFRS Handbuch, 6. Aufl. 2019, 13.58.

199 BT-Drs. 19/4724, 24.

200 So auch *Vögele/Vögele*, in: Vögele, Intangibles, 2. Aufl. 2021, § 4 A. Rn. 20.

201 *BGH*, Urt. v. 27.04.2006, I ZR 126/03 = GRUR 2006, 1044, 1046; *Nebel/Dietrich*, GeschGehG, §2 Rn. 25.

Adress-/Kontaktdaten recherchieren. Für die Geheimheit und den Wert kommt es aber nicht nur auf die Öffentlichkeit der einzelnen Informationen der Kunden- oder Lieferantenliste an.

Erstens kann schon die Zusammenstellung öffentlicher Kunden- und Lieferanteninformationen einen größeren Zeit- und Kostenaufwand für Wettbewerber erfordern,[202] sodass insb. die Zusammenführung einzelner Kundeninformationen zur Kundenliste mit hohen Kosten verbunden sein kann, die für den Betrieb der IT-Infrastruktur, die Humanressourcen und Zeit – bspw. auch fürs Einholen von Einwilligungen der betroffenen Personen – aufgewendet werden muss.[203] Der erhöhte Aufwand kann sich schon aus der hohen Zahl an zu recherchierenden Kunden- und Lieferanteninformationen ergeben,[204] was bspw. die Entscheidung des BGH zu einem Kundendatenprogramm mit einer über 1.500 Eintragungen umfassenden Kundenliste eindrucksvoll zeigt.[205] Eine solche Liste kann also auch dann geheim und von wirtschaftlichem Wert sein, wenn alle Daten einzeln im Internet recherchiert werden können.

Zweitens ist auch bei kleinerem Umfang die Kenntnis über ihre Zusammensetzung oder Anordnung als wertbildende Verknüpfung bedeutend. Neben Namen, Adressen und Kontaktdaten der Kunden und Lieferanten begründen teilweise erst die spezifischen Transaktionsinformationen wie der Bedarf und die Bezugsfähigkeit und -willigkeit den wirtschaftlichen Wert der Kundenliste, sodass diese nicht nur als „rein generische Adressensammlung“, sondern als „systematisch geführte und gepflegte“ Kundendatei zu verstehen ist.[206] Auch das Wissen über besondere Transaktionsgewohnheiten, die Häufigkeit von Transaktionen oder Aktualität der Liste kann als geheime Verknüpfung wertbildend sein.[207]

Anders als nach früherer Rechtslage kann der Geheimnisschutz also nicht ohne Weiteres angenommen werden. Der Zusammenhang zwischen Geheimheit und wirtschaftlichem Wert kann vor allem für Kunden- und

---

202 *Reinfeld*, Das neue Gesetz zum Schutz von Geschäftsgeheimnissen, 2019, § 1 Rn. 130.

203 *Banterle*, in: Bakhoum/Conde/Mackordt/Sublyté-Namaviciené, Personal Data, 2018, 411, 421.

204 *Reinfeld*, Das neue Gesetz zum Schutz von Geschäftsgeheimnissen, 2019, § 1 Rn. 130.

205 *BGH*, Urt. v. 27.04.2006, I ZR 126/03 = GRUR 2006, 1044, 1046.

206 *Reinfeld*, Das neue Gesetz zum Schutz von Geschäftsgeheimnissen, 2019, § 1 Rn. 131.

207 Zu erhöhten Anforderungen an Kundenlisten im chinesischen Geheimnisschutz vgl. *Huangpu District People's Court, Guangzhou, Guangdong Province* 2019 Yue 0112 Min Chu Nr. 5880; zur Aktualität einer Kundenlisten im US-amerikanischen Geheimnisschutz *Hrdy*, Fordham Law Review 2022, 557, 592 f. m. w. N.

Lieferanteninformationen von Bedeutung sein, die bereits ohne Geheimhaltung wertvoll sind.[208] So muss die Geheimhaltung den Wert kausal steigern, da dieser sich zwar nicht nur, aber zumindest auch aus der Geheimheit resultieren muss. Da die Informationen trotz des bereits vorhandenen Wertes sonst nicht vom GeschGehG geschützt wären, reicht schon eine potenzielle Wertsteigerung hierfür aus.[209] Diese kann auch durch die Schaffung des „faktischen Monopols"[210] angenommen werden, da Wettbewerber in diesem Zuge nicht mehr auf dieselben Informationen zugreifen können und stattdessen Mehraufwand tätigen müssen, um an dieselbe Kunden- oder Lieferantenliste zu gelangen. Im Gegensatz zu reinen Kundenbeziehungen haben Kundenlisten also bei potenziellem Wertzuwachs auch einen wirtschaftlichen Wert und unterliegen daher dem Schutz des GeschGehG.[211] Für Lieferantenlisten gilt dasselbe entsprechend.

III. Zwischenergebnis

Geordnete Zusammenstellungen von Informationen (z. B. Rezepte, Kunden- und Lieferantenlisten oder auch Teil-Kostenrechnungen,[212] Betriebsausgaben[213] und andere Datenbanken[214]) haben auch dann einen wirtschaftlichen Wert, selbst wenn die zugrunde liegenden Informationen weitestgehend öffentlich und für sich genommen keine Geschäftsgeheimnisse sind.[215] Das ist vor allem dann der

---

208 *Letzel*, ZJS 2021, 1, 4.

209 *Letzel*, ZJS 2021, 1, 4.

210 Zum Begriff des faktischen Monopols *Dorner*, Know-how-Schutz im Umbruch, 2013, 410 ff.; auch *Greco*, Verwertung von Know-how – Vertragstypologische, Zuordnung, Vertragserfüllung und Hinweise zur Vertragsgestaltung, 2010, 10; ebenso *Westermann*, Handbuch Know-how-Schutz, 2007, Kap. 1 Rn. 8.

211 *LG Konstanz*, Urt. v. 08.10.2020 – D 6 O 207/20 = MMR 2021, 188; *ArbG Düsseldorf*, Urt. v. 23.01.2020 – 12 Ga 5/20; *Vögele/Vögele*, in: Vögele, Intangibles, 2. Aufl. 2021, § 4 A. Rn. 20; *Banterle*, in: Bakhoum/Conde/Mackenrodt/Sublyté-Namaviciené, Personal Data, 2018, 411, 418.

212 *OLG Schleswig*, Urt. v. 28.04.2022, 6 U 39/21 = WRP 2022, 906.

213 *Hoppe/Oldekop*, WRP 2022, 547, 548.

214 *Alexander*, in: Köhler/Bornkamm/Feddersen, UWG, 41. Aufl. 2023, GeschGehG, § 2 Rn. 25.

215 Hierzu ähnlich *BGH*, Urt. v. 23.02.2012, I ZR 136/10 = GRUR 2012, 1048, 1049; *LAG Hamm*, Urt. v. 23.06.2021 – 10 SaGa 9/21 = BeckRS 2021, 41734 Rn. 14; *Hauck*, in: Münchener Kommentar zum Lauterkeitsrecht, 3. Aufl. 2022, GeschGehG, § 2 Rn. 7; so auch schon für das TRIPS-Abkommen *Taubman/Wager/Watal*, A Handbook on the WTO TRIPS Agreement, 2020, 137.

Fall, wenn Wettbewerber ein Interesse haben, eine konkrete Zusammenstellung zu nutzen und das Zusammenstellen Mehraufwand in puncto Zeit, Geld und Mühe bedeuten würde.[216] Dieser Mehraufwand begründet den Wettbewerbsvorteil für den Inhaber und zeigt, dass Zusammenstellungen von wirtschaftlichem Wert sein können.[217] Eine Mehrzahl an (auch öffentlichen) Einzelinformationen ist also ein einheitliches Geschäftsgeheimnis, wenn sie aufgrund ihrer Strukturierung eine eigenständige, werthaltige Bedeutung erlangen.[218]

D. „Realer“ oder (auch) „potenzieller“ Wert?

Der wirtschaftliche Wert i. R. d. GeschGeh-RL könnte so zu verstehen sein, dass er nicht nur als „potenzieller“ Wert bestehen kann, sondern schon als „realer“ Wert manifestiert sein muss. Stellvertretend für diese Auffassung sieht *Sousa e Silva* keinen Unterschied zwischen einer potenziell wertvollen und einer wertlosen Information:

> *„[R]equiring only potential value is the same as not requiring any value at all.“*[219]

Aus Gründen der Rechtssicherheit ist es denkbar, erhöhte Anforderungen an den wirtschaftlichen Wert zu stellen. Eine Schwierigkeit könnte sonst darin bestehen, zwischen einem (ggf. geringen) „potenziellen“ Wert und der Wertlosigkeit einer Information abzugrenzen. Es soll jedenfalls nicht jede Information als Geschäftsgeheimnis geschützt werden. Das von *Sousa e Silva* dargelegte Verständnis wurde teilweise schon bei der Auslegung von Art. 39 Abs. 2 des TRIPS-Abkommens aufgegriffen, so dass es auch dabei nicht nur um einen „potenziellen“ Wert handeln dürfe, sondern es ein „realer“ Wert sein müsse.[220] Auch wörtlich könnte der Wert als „realer“ Wert zu verstehen sein. So *„sind“* nach Art. 2 Nr. 1 lit. b GeschGeh-RL Informationen von kommerziellem Wert und auch nach § 2 Nr. 1 lit. a GeschGehG wird eine Information geschützt, die von wirtschaftlichem Wert *„ist“*. Der Tempus könnte somit ein Hinweis sein,

216 *Hoppe/Oldekop*, WRP 2022, 547, 548; *Krüger/Wiencke/Koch*, GRUR 2020, 578, 581.

217 Vgl. *Krüger/Wiencke/Koch*, GRUR 2020, 578, 581.

218 *Hauck*, in: Münchener Kommentar zum Lauterkeitsrecht, 3. Aufl. 2022, GeschGehG, § 2 Rn. 3.

219 *Sousa e Silva*, JIPLP 2014, 923, 929.

220 So nämlich *Peter/Michaelis*, in: Busche/Stoll/Arend, WTO – Trade-Related Aspects of Intellectual Property Rights, 2009, Art. 39 Rn. 24; a. A. *Wiese*, Die EU-Richtlinie über den Schutz vertraulichen Know-hows und vertraulicher Geschäftsinformationen, 2018, 46 f.

dass ein Geheimnis für den Geheimnisschutz schon einen „realen" Wert haben muss, was der Fall wäre, wenn es insb. „zum maßgeblichen Beurteilungszeitpunkt über einen tatsächlich bezifferbaren Marktwert"[221] oder Bilanzwert[222] verfügen würde.[223] Auch ist denkbar, dass ein Geheimnis erst einen wirtschaftlichen Wert hat, wenn der Inhaber darlegen kann, dass er es aktiv nutzt oder für den Nutzen investiert hat.[224] Fraglich ist in Anbetracht dessen, ob erst ein „realer" Wert für einen wirtschaftlichen Wert ausreicht.

I. Wettbewerbsvorteile ohne (bisherige) Manifestation

Mit dem Erfordernis einer Manifestation würden Geheimnisse nicht durch das GeschGehG geschützt werden, die zunächst keinen „realen" Wert haben, aber zu einem späteren Zeitpunkt für den Inhaber wirtschaftlich bedeutend werden können und in Zukunft voraussichtlich bezifferbar sind („potenzieller" Wert).[225] Ein solcher Ausschluss ist in Anbetracht einer künftigen Wettbewerbsteilnahme eines Inhabers nicht zielführend,[226] da vor allem Geheimnisse aus FuE regelmäßig noch keinen „realen" Wert haben,[227] obwohl in Erwg. 14 der GeschGeh-RL auf ein *„wissenschaftliches oder technisches Potenzial"* hingewiesen wird. Hiernach sollen Informationen schon wegen der möglichen künftigen Nutzung und der potenziellen Wertsteigerung durch die Geheimhaltung einen wirtschaftlichen Wert begründen können. Der Schutz gilt nicht nur den schon geschäftlich tätigen Inhabern oder jenen, die es für die Zukunft beabsichtigen, sondern auch den bisher nicht-kommerziellen (Forschungs-)Einrichtungen im Vorfeld möglicher geschäftlicher Tätigkeiten.[228] So können auch Ergebnisse aus nichtkommerzieller Forschung Erwg. 1 der GeschGeh-RL zufolge Geschäftsgeheimnisse sein. Auch im deutschen Regierungsentwurf wird das Beispiel aufgeführt,

---

221 *Alexander*, in: Köhler/Bornkamm/Feddersen, UWG, 41. Aufl. 2023, GeschGehG, § 2 Rn. 42; a. A., und dies als „positiv feststellbaren Marktwert" bezeichnend *Schick*, Über die Strafbarkeit von Whistleblowing, 2022, 119.

222 *Hoeren/Münker*, WRP 2018, 150, 151.

223 A. A. *Wiese*, Die EU-Richtlinie über den Schutz vertraulichen Know-hows und vertraulicher Geschäftsinformationen, 2018, 44.

224 *Aplin*, A critical Evaluation of the proposed EU Trade Secrets Directive, 2014, 10.

225 *Alexander*, in: Köhler/Bornkamm/Feddersen, UWG, 41. Aufl. 2023, GeschGehG, § 2 Rn. 43.

226 *Böhm/Nestler*, GRUR-Prax 2018, 181, 182; *Passarge*, CB 2018, 144, 145.

227 *Wiese*, Die EU-Richtlinie über den Schutz vertraulichen Know-hows und vertraulicher Geschäftsinformationen, 2018, 44.

228 *Alexander*, WRP 2017, 1034, 1038.

dass Ergebnisse von Universitäten geschützt sein können, selbst wenn ihre Vermarktung zum Beurteilungszeitpunkt nicht beabsichtigt wird.[229] Demnach kann eine Information einen wirtschaftlichen Wert haben, auch wenn noch nicht feststeht, ob sie sinnvoll genutzt oder vermarktet werden kann.[230] Das kann mitunter daran liegen, dass die technischen Rahmenbedingungen noch nicht bestehen oder ihr Einsatz noch zu kostenaufwendig ist.[231] Auf die „praxistaugliche Nutz- und Verwertbarkeit“ darf es also im Beurteilungszeitpunkt nicht ankommen.[232]

Zwar können bestimmte Informationen noch nicht gewinnbringend genutzt werden, stellen aber schon einen Wissensvorsprung dar, den Wettbewerber nur mit der Investition von Zeit, Geld oder Mühe aufholen können.[233] Bspw. hat auch ein noch nicht-fertiger Prototyp für eine Erfindung schon einen „potenziellen“ Wert, sodass der Geheimnisschutz schon zum Tragen kommen kann, während der Inhaber einen patentrechtlichen Schutz begehrt oder nach geeigneten Käufern oder Investoren sucht.[234] Der „potenzielle“ Wert erfüllt in solchen Fällen die geheimnisschutzrechtliche Ergänzungsfunktion zum gewerblichen Rechtsschutz und somit einen Vorfeldschutz. Im GeschGehG ist der wirtschaftliche Wert also nicht nur als „realer“ Wert zu verstehen.[235] Auch ein „potenzieller“ Wert genügt, der sich noch nicht konkret manifestiert haben muss.[236] Dadurch greift der Geheimnisschutz schon weit vor der Marktreife eines Produkts oder einer Dienstleistung ein. Dies ist auch auch zielführend, da ein Bilanz- oder Marktwert in der Frühphase der Entwicklung oft nur vage, unzureichend oder

---

229 BT-Drs. 19/4724, 24.

230 *Alexander*, WRP 2017, 1034, 1038; *Ohly*, GRUR 2019, 441, 443.

231 *Alexander*, in: Köhler/Bornkamm/Feddersen, UWG, 41. Aufl. 2023, GeschGehG, § 2 Rn. 28.

232 So auch *Alexander*, in: Köhler/Bornkamm/Feddersen, UWG, 41. Aufl. 2023, GeschGehG, § 2 Rn. 28; *Böhm/Nestler*, GRUR-Prax 2018, 181, 182; *Dann/Markgraf*, NJW 2019, 1774, 1775; so auch für das US-amerikanische Recht *Hrdy*, Fordham Law Review 2022, 557, 570, 572 m. w. N.

233 *Krüger/Wiencke/Koch*, GRUR 2020, 578, 582.

234 Beispiel nach *Hrdy*, Fordham Law Review 2022, 557, 572.

235 So auch *Reinfeld*, Das neue Gesetz zum Schutz von Geschäftsgeheimnissen, 2019, § 1 Rn. 145.

236 *Hauck*, in: Münchener Kommentar zum Lauterkeitsrecht, 3. Aufl. 2022, GeschGehG, § 2 Rn. 13; *Nebel/Dietrich*, GeschGehG, § 2 Rn. 23; *Aplin*, in: Lohsse/Schulze/Staudenmeyer, Trading Data in the Digital Economy: Legal Concepts and Tools, 2017, 59, 65; *Böhm/Nestler*, GRUR-Prax 2018, 181, 182.

gar nicht bezifferbar ist.[237] Ferner entspricht es den Erwägungen des Richtliniengebers, Investitionen in Innovationen angemessen früh zu schützen.[238] Um dies zu garantieren, dürfen keine hohen Anforderungen an die Plausibilität gestellt werden, ob und wann ein Nutzen zu erwarten ist.[239] Die Prognose darf nur negativ ausfallen, wenn ein Nutzen fernliegt und „dem gewöhnlichen Verlauf der Dinge unwahrscheinlich ist oder von vornherein ausgeschlossen erscheint“.[240]

II. Beispiel: „Informationen ohne Verarbeitungsstufe“

Bedeutung erlangt der potenzielle Wert insb. bei „Informationen ohne Verarbeitungsstufe“, also solchen, die vor einer gewinnbringenden Nutzung (noch) nicht angeordnet, ausgewertet oder analysiert worden sind. Das bekannteste Beispiel hierfür sind Rohdaten, also durch Maschinen, Fahrzeuge und ähnliche Geräte automatisiert generierte Daten.[241] Während der wirtschaftliche Wert von Datenbeständen in Form von Datenbanken meist unstreitig ist, wird der von Rohdaten oft für den Geheimnisschutz bezweifelt, da es an einer Verarbeitung oder Aggregation zu einem größeren Datensatz fehle.[242]

Mit Blick auf das in den §§ 87a ff. UrhG geregelte Konzept des Datenbankschutzes werden – zum Vergleich – auch im Urheberrecht nur Investitionen in die Errichtung und Unterhaltung einer Datenbank geschützt,[243] wonach zwar eine Datenbank gegen die Vervielfältigung, Verbreitung oder öffentliche Wiedergabe durch Dritte geschützt wird, aber einzelne Datensätze nicht.[244] Das bedeutet, dass für den eingeräumten Investitions- und Werteschutz eine Wesentlichkeit

237 *Alexander*, in: Köhler/Bornkamm/Feddersen, UWG, 41. Aufl. 2023, GeschGehG, § 2 Rn. 43.

238 *Kalbfus*, in: Obergfell, Beiträge zum Immaterialgüterrecht, 2021, 295, 297.

239 *Alexander*, in: Köhler/Bornkamm/Feddersen, UWG, 41. Aufl. 2023, GeschGehG, § 2 Rn. 43.

240 *Alexander*, in: Köhler/Bornkamm/Feddersen, UWG, 41. Aufl. 2023, GeschGehG, § 2 Rn. 43.

241 *Glinke*, in: Keller/Schönknecht/Glinke, GeschGehG, 2021, § 2 Rn. 51; *Alexander*, in: Köhler/Bornkamm/Feddersen, UWG, 41. Aufl. 2023, GeschGehG, § 2 Rn. 25.

242 *Europäische Kommission*, Study on the Legal Protection of Trade Secrets in the context of the Data Economy (GRO/SME/20/F/206) Final Report, 2022, 89, 127; im Ergebnis auch *Drexl/Hilty/Desaunettes/Greiner/Kim/Richter/Surblyte/Wiedemann*, GRUR Int. 2016, 914, 916 f.

243 *Koch*, in: Vögele, Intangibles, 2. Aufl. 2021, § 1 A. Rn. 3; hierzu im Detail *Deuring*, Datenmacht, 2021, 115 ff.

244 *Kerber*, GRUR Int. 2016, 989, 991.

bei Daten vorliegen muss,[245] was bei einzelnen Daten aber nicht der Fall sei.[246] Ein darüberhinausgehender Ausschluss gilt für Rohdaten,[247] denen es an einer individuellen menschlichen Leistung fehle und sie deshalb auch nicht die im Urheberrecht erforderliche geistige Schöpfungshöhe erfüllen.[248] Ferner entfalte sich der Wert von Daten „erst im Zuge ihrer Nutzung“, sodass die Wertschöpfung erst aus einer „Verwertungstätigkeit“ resultiere,[249] was gegen einen wirtschaftlichen Wert sprechen könnte.

Obwohl die GeschGeh-RL und das GeschGehG zu diesem Thema schweigen, ist für Rohdaten – im Gegensatz zum Urheberrechtsschutz – aber ein Schutz durch das GeschGehG denkbar, da es die Möglichkeit gibt, aus – zwar noch ungeordneten – Daten wirtschaftlich bedeutende Informationen zur Nutzung oder Verwertung zu gewinnen oder sie (nach einem Kauf) gewinnbringend weiterzuverkaufen.[250] Schließlich können Rohdaten die Grundlage für eine Wertschöpfungskette darstellen,[251] sodass schon der mögliche Zugriff auf sie einen Vorteil gegenüber Wettbewerbern begründet, die nur mit Aufwand dieselbe Nutzungs- und Verwertungsmöglichkeit erhalten. Dies spricht für den wirtschaftlichen Wert von Rohdaten, denn anders als im Urheberrecht wird im GeschGehG keine Wesentlichkeit vorausgesetzt. Genauso wenig bedarf es der „separaten Vergütung“ für eine „hinreichende Werthaltigkeit“[252] und auch sonst werden keine qualitativen Anforderungen gestellt. Rohdaten als „Informationen ohne Verarbeitungsstufe“ könnten somit durch das GeschGehG geschützt sein und durch ihr Potenzial einen wirtschaftlichen Wert begründen.[253]

245 *Deuring*, Datenmacht, 2021, 117 ff.; *Koch*, in: Vögele, Intangibles, 2. Aufl. 2021, § 1 A. Rn. 3.

246 Stellvertretend *Drexl/Hilty/Desaunettes/Greiner/Kim/Richter/Surblyte/Wiedemann*, GRUR Int. 2016, 914, 916 f.

247 *Krüger/Wiencke/Koch*, GRUR 2020, 578, 579 m. w. N.

248 *Fries/Scheufen*, MMR 2019, 721, 721; *Große-Ophoff/Voget*, GRUR 2022, 1192, 1192 m. w. N.; *Hessel/Leffer*, MMR 2020, 647, 648 m. w. N.

249 *Bodenmüller*, in: Vögele, Intangibles, 2. Aufl. 2021, § 7 P. Rn. 19.

250 *Alexander*, WRP 2017, 1034, 1038; *Apel/Walling*, DB 2019, 891, 891 ff.; *Bründl/Matt/Hess*, Wertschöpfung in Datenmärkten, 2015, 4; *Ohly*, GRUR 2019, 441, 443; *Scheja*, CR 2018, 485, 489; *Zech*, GRUR 2015, 1151, 1155 f.

251 So auch *Bodenmüller*, in: Vögele, Intangibles, 2. Aufl. 2021, § 7 P. Rn. 20.

252 *Bodenmüller*, in: Vögele, Intangibles, 2. Aufl. 2021, § 7 P. Rn. 20.

253 *Alexander*, in: Köhler/Bornkamm/Feddersen, UWG, 41. Aufl. 2023, GeschGehG, § 2 Rn. 43; *Schmidt*, Der Zugang zu Daten nach europäischem Kartellrecht, 2020, 132 f.

1. *Daten als Informationen i. S. d. GeschGehG*

Zunächst könnte die fehlende wörtliche Abgrenzung zwischen den Begriffen „Daten“ und „Informationen“ gegen eine Einordnung von Daten als Information i. S. d. GeschGehG sprechen.[254] Obwohl sie häufig synonym benutzt und dadurch verwechselt werden,[255] gibt es Unterschiede zwischen Daten und Informationen.[256] Für diese Untersuchung werden Daten als maschinenlesbare, codierte Informationen zugrunde gelegt,[257] die sich noch im Stadium der Speicherung oder des Transports befinden.[258] In diesem Kontext haben Daten noch keinen „intrinsischen Wert“[259] und werden erst im Rahmen eines Kontextes zu einer Information.[260] Der Unterschied könnte also darin liegen, dass mit Informationen i. S. d. GeschGehG nur solche gemeint sind, die schon eine semantische Bedeutungsebene erreicht haben.[261]

Rohdaten sind häufig nur Informationen, die auf syntaktischer Ebene insb. als Zahlenfolgen von Einsen und Nullen wiedergegeben werden und ohne weitere Verarbeitung noch keinen eigenständigen Bedeutungsgehalt haben.[262] In Anbetracht

---

254 Kritisch *Hauck*, in: Münchener Kommentar zum Lauterkeitsrecht, 3. Aufl. 2022, GeschGehG, § 2 Rn. 5.

255 *Schur*, Die Lizenzierung von Daten, 2020, 21 m. w. N.; zur Unterscheidung im ökonomischen Kontext *Nienaber*, Bedeutung und Schutz von Geschäftsgeheimnissen im Mittelstand, 2019, Rn. 66.

256 Stellvertretend *Wiebe*, GRUR Int. 2016, 877, 881.

257 So auch *Zech*, GRUR 2015, 1151, 1153; *Zech*, Information als Schutzgegenstand, 2012, 32.

258 *Wiebe*, GRUR Int. 2016, 877, 881.

259 *Hacker*, Datenprivatrecht, 2020, 51.

260 *Pombriant*, CR 2013, 97, 98; *Zech*, GRUR 2015, 1151, 1152; am Beispiel einer Geschwindigkeitsangabe und dem Zusammenhang mit einem Ort *Deuring*, Datenmacht, 2021, 152; mit einem ähnlichen Beispiel *Leistner/Antoine/Sagstetter*, Big Data, 2021, 143.

261 *Europäische Kommission*, Study on the Legal Protection of Trade Secrets in the context of the Data Economy (GRO/SME/20/F/206) Final Report, 2022, 78; *Hauck*, NJW 2016, 2218, 2221; *Sousa e Silva*, JIPLP 2014, 923, 926 f. m. w. N.; *Specht*, CR 2016, 288, 290; so auch schon für die Rechtslage vor der GeschGeh-RL und dem GeschGehG *Zech*, Information als Schutzgegenstand, 2012, 231.

262 *Aplin*, in: Lohsse/Schulze/Staudenmeyer, Trading Data in die Digital Economy: Legal Concepts and Tools, 2017, 59, 66; *Nordberg*, in: Schovsbo/Minssen/Riis, The Harmonization and Protection of Trade Secrets in the EU, 2020, 192, 202; *Pombriant*, CR 2013, 97, 98; *Specht*, CR 2016, 288, 290; *Wiebe/Schur*, GRUR Int. 2019, 746, 747; *Zech*, GRUR 2015, 1151, 1153; vgl. auch *Wiebe*, GRUR Int. 2016, 877, 881 f.

der GeschGeh-RL, die Innovation und Wissensaustausch fördern soll, kann durchaus bezweifelt, inwieweit bestimmte Daten hierzu zweckdienlich sein sollen.[263] Gegen den Schutz von Daten als Geschäftsgeheimnisse spricht auch die begriffliche Eingrenzung aus § 2 Nr. 1 lit. a) GeschGehG auf *„eine Information, die weder insgesamt noch in der genauen Anordnung und Zusammensetzung“*. Dies könnte als möglicher Ausschluss von nicht aggregierten einzelnen Daten verstanden werden.[264]

Gegen einen Ausschluss spricht aber, dass der Verweis auf die genaue Anordnung und Zusammensetzung nicht bezwecken soll, eine Einzelinformation – in diesem Kontext: ein Einzeldatum – vom Geheimnisschutz auszuschließen. Der Verweis soll bloß den Geheimnisschutz auch auf Zusammenstellungen erweitern, selbst wenn deren Einzelbestandteile nicht geheim sind. Es ist zu beachten, dass der Begriff der Information i. S. d. GeschGeh-RL – wie auch der Begriff des wirtschaftlichen Wertes – möglichst umfassend zu verstehen ist und sämtliche Arten von Information einbezieht. Auch „Informationen ohne Verarbeitungsstufe“ können unabhängig von einem konkreten Kontext für einen Inhaber von übergeordneter wirtschaftlicher Bedeutung sein,[265] obwohl sie noch nicht unmittelbar gewinnbringend sind.[266] Stellen nämlich Informationen als „Rohmaterial“ die Grundlage für den Gewinn (semantisch) bedeutender Informationen dar, ist auch ihnen ein wirtschaftlicher Wert anzuerkennen.[267]

Unter Berücksichtigung des durch die GeschGehG-RL bezweckten Innovationsschutzes[268] könnte zwar geschlossen werden, dass nur solche Daten oder Datensätze einen wirtschaftlichen Wert haben, die schon eine „gewisse Verarbeitungsstufe“

---

263 *Europäische Kommission*, Study on the Legal Protection of Trade Secrets in the context of the Data Economy (GRO/SME/20/F/206) Final Report, 2022, 78.

264 *Europäische Kommission*, Study on the Legal Protection of Trade Secrets in the context of the Data Economy (GRO/SME/20/F/206) Final Report, 2022, 78; *Sagstetter*, in: Maute/Mackenrodt, Recht als Infrastruktur für Innovation, 2019, 285, 291; auf die GeschGeh-RL bezogen *Aplin*, in: Lohsse/Schulze/Staudenmeyer, Trading Data in die Digital Economy: Legal Concepts and Tools, 2017, 59, 66.

265 *Hoppe*, in: Hoppe/Oldekop, Geschäftsgeheimnisse, 2020, Kap. 1 Rn. 55.

266 *Europäische Kommission*, Study on the Legal Protection of Trade Secrets in the context of the Data Economy (GRO/SME/20/F/206) Final Report, 2022, 120.

267 So auch *Hauck*, NJW 2016, 2218, 2221; dies als „Grundlage künftiger Wertschöpfung“ bezeichnend *Leistner/Antoine/Sagstetter*, Big Data, 2021, 144.

268 *Keller*, in: Keller/Schönknecht/Glinke, GeschGehG, 2021, § 1 Rn. 5; *Hauck*, in: Münchener Kommentar zum Lauterkeitsrecht, 3. Aufl. 2022, GeschGehG, § 2 Rn. 5; *Kalbfus*, in: Obergfell, Beiträge zum Immaterialgüterrecht, 2021, 295, 297.

haben und eine „innovative Leistung“ darstellen.[269] Allerdings steht ein derartiges Erfordernis nicht mit der GeschGeh-RL im Einklang. Obwohl der Geheimnisschutz auch einen Innovationsschutz bezweckt, werden an Geheimnisse zurecht keine qualitativen Anforderungen gestellt;[270] zumal die Abgrenzung zwischen syntaktischer sowie semantischer Ebene nicht nur sehr schwierig, sondern in diesem Kontext auch künstlich erscheint.[271] Deutlich zeigt sich dies insb. an „KI“, durch die sogar Informationen auf rein syntaktischer Ebene nahezu in Echtzeit zu Informationen mit semantischer Bedeutung umgewandelt werden können.[272] Um dem gerecht zu werden, muss auch die „nicht-innovative“ Grundlage – hier: die Rohdaten – einer künftigen Innovation oder Wertschöpfungskette eine Information sein können.[273]

2. Nutzungs- und Verwertungspotenzial von Rohdaten im Zeitalter von „Big Data“

Weil der wirtschaftliche Wert von Rohdaten sich bereits aus dem innewohnenden Potenzial ergibt, bedeutende Informationen (semantischer Art) aus ihnen zu extrahieren,[274] indem die Rohdaten nach bestimmten Methoden geordnet, analysiert und ausgewertet werden,[275] erweist sich folgende Annahme von *Wiebe* als zutreffend:[276]

---

269 *Harte-Bavendamm*, in: Harte-Bavendamm/Ohly/Kalbfus, GeschGehG, 2020, § 2 Rn. 10, 14 ff.

270 So auch *Hohn-Hein/Barth*, in: Fritzsche/Münker/Stollwerk, BeckOK UWG, Stand: 01.04.2023, GeschGehG, § 2 Rn. 15.1.

271 So auch *Aplin*, in: Lohsse/Schulze/Staudenmeyer, Trading Data in die Digital Economy: Legal Concepts and Tools, 2017, 59, 68; differenzierend *Schur*, Die Lizenzierung von Daten, 2020, 24 ff.

272 Im Ergebnis zwar a. A., aber mit einer der hier vertretenen Auffassung stützenden Begründung *Nordberg*, in: Schovsbo/Minssen/Riis, The Harmonization and Protection of Trade Secrets in the EU, 2020, 192, 201 f.

273 *Hauck*, in: Münchener Kommentar zum Lauterkeitsrecht, 3. Aufl. 2022, GeschGehG, § 2 Fn. 14.

274 *Banterle*, in: Bakhoum/Conde/Mackenrodt/Sublyté-Namaviciené, Personal Data, 2018, 411, 437; *Härting*, CR 2016, 646, 647.

275 *Alexander*, WRP 2017, 1034, 1038; *Desaunettes/Hilty/Knaack/Kur*, Stellungnahme zum Referentenentwurf eines Gesetzes zur Umsetzung der GeschGeh-RL zum Schutz von Geschäftsgeheimnissen vor rechtswidrigem Erwerb sowie rechtswidriger Nutzung und Offenlegung vom 17. April 2018, 2018, Rn. 12; *Hessel/Leffer*, MMR 2020, 647, 649; *Krüger/Wiencke/Koch*, GRUR 2020, 578, 581; *Ohly*, GRUR 2019, 441, 443; *Paal/Hennemann*, NJW 2017, 1697, 1697; *Zech*, GRUR 2015, 1151, 1156.

276 A. A. *Sagstetter*, in: Maute/Mackenrodt, Recht als Infrastruktur für Innovation, 2019, 285, 291.

„With Big Data it seems that any data collected may gain value through the possibilities of data analysis, so there may no longer be any trivial information that would fall outside the scope of protection.“[277]

Der Begriff „Big Data“ hat keine „allgemeingültige Definition“.[278] In dieser Untersuchung wird für „Big Data“ zugrunde gelegt, dass die vor allem – aber nicht nur – von Kunden bereitgestellten, vielfältigen Daten „in großer Menge gesammelt und mittels fortgeschrittener Verfahren ausgewertet werden“.[279]

Dass Informationen von (auch erst künftigen) Kunden gesammelt werden, um ihre Bedürfnisse passend zu bedienen, ist keine Neuheit.[280] Doch durch die immer schnellere Digitalisierung haben sich (Roh-)Daten zu starken Werttreibern entwickelt und sind heutzutage eine essenzielle Grundlage für Wettbewerbsvorteile.[281] So können Inhaber mit zunehmender Digitalisierung immer besser personalisierte Angebote unterbreiten. Bspw. können Modeunternehmen aus Nutzerdaten neue Fashion-Trends für die nächsten Modesaisons ableiten, Streaming-Dienste personalisierte Empfehlungen für Serien, Filme oder Lieder abgeben, Agenturen gezielte Online-Werbung schalten oder auch Landwirtschaftsbetriebe aggregierte Wetterdaten zur effizienteren Bewässerung nutzen.[282] Vor allem maschinengenerierte Daten dienen immer häufiger dazu, „neue Geschäftsfelder zu schaffen oder die Entwicklung voranzutreiben“,[283] sodass sich sogar rein digitale Unternehmen entwickelt haben, deren einzige Wertschöpfung darin besteht, persönliche Daten zu sammeln, nutzen und zu verwerten.[284]

---

277 *Wiebe*, GRUR Int. 2016, 877, 880.

278 Hierzu *Leistner/Antoine/Sagstetter*, Big Data, 2021, 5, 11 ff.

279 Zum Begriff *Bodenmüller*, in: Vögele, Intangibles 2. Aufl. 2021, § 7 P. Rn. 7 ff.; im Detail auch *Schur*, Die Lizenzierung von Daten, 2020, 35 ff.; ähnlich auch *Nordberg*, in: Schovsbo/Minssen/Riis, The Harmonization and Protection of Trade Secrets in the EU, 2020, 192, 193 f.

280 Anhand eines Beispiels aus dem Bankenwesen *Moody/Walsh*, Measuring The Value Of Information: An Asset Valuation Approach, 1999, 1 f.

281 *Bodenmüller*, in: Vögele, Intangibles 2. Aufl. 2021, § 7 P. Rn. 1 ff. m. w. N.

282 Beispiele nach *Hacker*, Datenprivatrecht, 2020, 52; *Bodenmüller*, in: Vögele, Intangibles 2. Aufl. 2021, § 7 P. Rn. 57; *Deuring*, Datenmacht, 2021, 56; *Nordberg*, in: Schovsbo/Minssen/Riis, The Harmonization and Protection of Trade Secrets in the EU, 2020, 192, 192.

283 *Große-Ophoff/Voget*, GRUR 2022, 1192, 1192; zur ökonomischen Relevanz datengetriebener Geschäftsmodelle *Bodenmüller*, in: Vögele, Intangibles, 2. Aufl. 2021, § 7 P. Rn. 21 ff.

284 *Deuring*, Datenmacht, 2021, 52 ff.; *Greil/Müller/Olbert*, WTJ 2019, 557, 562; *Leistner/Antoine/Sagstetter*, Big Data, 2021, 9 f.

a) Kombinierbarkeit und (Wieder-)Verwendbarkeit

Mit „Big-Data-Methoden" können große Datenmengen zusammengeführt werden (z. B. von Kunden- und Verkaufsinformationen zugunsten eines optimierten Marketings[285] oder Datenanalyse zur Verbesserung von Produktions- und Vertriebsabläufen).[286] Obwohl vor allem aktuelle Daten besonders bedeutend sind,[287] können durch das Zusammenführen auch alte Rohdaten erstmalig oder abermals gewinnbringend genutzt werden.[288] Die fast grenzenlose Kombinier- und (Wieder-)Verwendbarkeit von Daten, anhand derer sogar neue wertvolle Daten generiert werden können,[289] unterstreicht als Ausdruck des Nutzungspotenzials ihre wesentliche Bedeutung für Inhaber.[290] Schon aufgrund künftig denkbarer Auswertungsmöglichkeiten kann auch Rohdaten, für die es derzeit noch kein „Einsatz- oder Anwendungsfeld" gibt – bspw. da der technische Fortschritt noch nicht zur Auswertung genügt oder eine Auswertung ökonomisch noch nicht sinnvoll erscheint – ein wirtschaftlicher Wert zugeschrieben werden.[291] Wegen der mittlerweile enormen Vorhersagekraft der Analysetechniken ist anzunehmen, dass der wirtschaftliche Wert von Daten in der datengesteuerten Wirtschaft immer größer wird.[292]

Ferner können Daten, die aus ihrem ursprünglichen wertbildenden Kontext entfernt werden, auch in einem anderen Kontext wertvoll sein.[293] Jedenfalls lässt

---

285 Beispiel nach *Moody/Walsh*, Measuring The Value Of Information: An Asset Valuation Approach, 1999, 8.

286 *Drexler*, JIPITEC 2017, 257, 266 Rn. 34 f.; *Hessel/Leffer*, MMR 2020, 647, 649; *Specht*, CR 2016, 288, 289; *Wiebe*, GRUR Int. 2016, 877, 878.

287 *Moody/Walsh*, Measuring The Value Of Information: An Asset Valuation Approach, 1999, 6 f.

288 *Zech*, GRUR 2015, 1151, 1156.

289 *Leistner/Antoine/Sagstetter*, Big Data, 2021, 6; *Moody/Walsh*, Measuring The Value Of Information: An Asset Valuation Approach, 1999, 9 f.; *Nordberg*, in: Schovsbo/Minssen/Riis, The Harmonization and Protection of Trade Secrets in the EU, 2020, 192, 193.

290 *Bründl/Matt/Hess*, Wertschöpfung in Datenmärkten, 2015, 11; *Drexler*, JIPITEC 2017, 257, 269 Rn. 54; *Hessel/Leffer*, MMR 2020, 647, 648.

291 *Schur*, Die Lizenzierung von Daten, 2020, 68 m. w. N.; vgl. *Alexander*, in: Köhler/Bornkamm/Feddersen, UWG, 41. Aufl. 2023, GeschGehG, § 2 Rn. 28; ähnlich auch *Blankenfeldt/Müller/Weinrich*, in: Vögele, Intangibles, 2. Aufl. 2021, § 2 B. Rn. 44 m. w. N.

292 *Banterle*, in: Bakhoum/Conde/Mackenrodt/Sublyté-Namavicienė, Personal Data, 2018, 411, 421 f.; *Wiebe/Schur*, GRUR Int. 2019, 746, 746 f.

293 Vgl. *EuGH*, Urt. v. 29.10.2015, C-490/14 = GRUR Int. 2015, 1161.

sich das Nutzungs- und/oder Verwertungspotenzial von Rohdaten wegen dieser flexiblen Kombinierbarkeit und der daraus resultierenden Möglichkeit von neuen Ergebnissen nur schwer bestreiten.[294] Insgesamt sei es mittlerweile „kein Geheimnis, dass die weitreichende technische Vernetzung und Übertragung von Daten“ dazu führe, „dass diese Daten selbst in ökonomischer Perspektive in zunehmenden Maße als werthaltige Produkte betrachtet werden“ und „Daten, und daraus gewonnene Informationen und Erkenntnisse, einen ökonomischen Wert haben“.[295] Da der wirtschaftliche Wert großzügig auszulegen ist, sollte das GeschGehG die Daten schon weit „im Vorfeld marktreifer Leistungen“ und „vorverlagert“ schützen, sodass für sie ein wirtschaftlicher Wert angenommen werden kann.[296]

b) Beispiel: Automobilbranche

Zwar mag die Bemessung des wirtschaftlichen Wertes bestimmter Rohdaten (noch) schwierig sein.[297] Jedoch genügt es schon, dass im Zuge von Nutzungs- oder Verwertungsmöglichkeiten überhaupt ein potenzieller Wert vorliegt, da mehrheitlich keine Wertschwelle vorgesehen ist.[298] Doch in den meisten Fällen ist der wirtschaftliche Wert von Rohdaten sowieso als hoch einzuschätzen, was sich wie folgt an der Automobilbranche zeigt. So haben die Automobilhersteller „Audi“, „BMW“ und „Daimler“ gemeinsam den Kartendienst „HERE“ erworben, um an das für selbstfahrende Autos erforderliche Datenmaterial zu gelangen. Ferner können die Autos zukünftig als „mobile Datensammler“ für Verkehrs- und Straßeninformationen eingesetzt werden, um nicht mehr auf Daten von externen Datenanbietern (z. B. Google) angewiesen zu sein.[299] So können die Rohdaten bspw. darüber Aufschluss geben, wie das Verkehrsaufkommen auf bestimmten Straßen ist, wie sich Fahrer verhalten oder wie der

---

294 So auch *Specht*, CR 2016, 288, 289; *Wiebe/Schur*, GRUR Int. 2019, 746, 748; als „Quelle der Wettbewerbsfähigkeit“ bezeichnend *Große-Ophoff/Voget*, GRUR 2022, 1192, 1192.

295 *Hacker*, Datenprivatrecht, 2020, 49.

296 *Alexander*, WRP 2017, 1034, 1038; *Hauck*, NJW 2016, 2218, 2221; *Nissen*, Der monetäre Wert von Daten im Privatrecht, 2021, 28; *Schur*, Die Lizenzierung von Daten, 2020, 66 ff.; *Specht*, CR 2016, 288, 290 f.; für Daten nach früherer Rechtslage vgl. *Härting*, CR 2016, 646, 649.

297 *Fries/Scheufen*, MMR 2019, 721, 721; *Schmidt*, Der Zugang zu Daten nach europäischem Kartellrecht, 2020, 134.

298 Stellvertretend *Schur*, Die Lizenzierung von Daten, 2020, 68; mit Bezug auf Daten ebenso *Zech*, GRUR 2015, 1151, 1156.

299 Beispiel nach *Steinmann/Schubmehl*, CCZ 2017, 194, 194.

Fahrzeugzustand ist und welcher Verbesserungsbedarf am Fahrzeug besteht.[300] Wettbewerber sind wiederum einem faktischen Monopol eines Datenanbieters ausgesetzt, von dem sie abhängig sind. Hieran zeigt sich, dass der Zugriff von „Audi“, „BMW“ und „Daimler“ auf die Daten von „HERE“ den Automobilherstellern ermöglicht, auf mehr Informationen zuzugreifen als Wettbewerber es für die Entwicklung von selbstfahrenden Autos tun können.

Der Wettbewerbsvorteil resultiert aber nicht nur aus der abstrakten Bedeutung der Rohdaten, sondern auch aus der Menge an Rohdaten, die durch das Zusammenführen wertvoller werden.[301] Auch mit der fortschreitenden Verbreitung von „smart cars“, die automatisiert andere Verkehrsteilnehmer erkennen und teilweise autonom fahren, erlangen die jeweiligen Betreiber und Unternehmen einen immer größer werdenden Vorsprung durch die Analysemöglichkeit ihrer Daten.[302] So können in solchen Autos Daten zum Zustand eines Fahrzeugs, Fahrerverhalten und zu Verkehrs- und Umweltbedingungen gesammelt werden, die für verschiedene Akteure von wirtschaftlicher Bedeutung sein können (bspw. Versicherungen („pay as you drive“), Navigationsanbieter (exaktere Kartendienstleistungen) oder Behörden (Verkehrskontrolle, Maut, Verbrechensbekämpfung)).[303]

c) *Zwischenergebnis*

Es zeigt sich, dass viele Unternehmen zugunsten der Bedürfnisbefriedigung und Effizienzsteigerung immens in die Datenproduktion investieren.[304] Durch die hieraus resultierenden Wettbewerbsvorteile besteht ein wirtschaftlicher Wert. Auch die Existenz von Datenmärkten[305] wie bspw. beim personenbezogenen

---

300 *Härting*, CR 2016, 646, 647.

301 *Steinmann/Schubmehl*, CCZ 2017, 194, 194.

302 *Blankenfeldt/Müller/Weinrich*, in: Vögele, Intangibles, 2. Aufl. 2021, § 2 B. Rn. 36; *Wiebe*, GRUR Int. 2016, 877, 878 f.; *Zech*, GRUR 2015, 1151, 1153.

303 Beispiele nach *Wiebe*, GRUR Int. 2016, 877, 878 f.; ähnlich auch bei generellen Standortdaten vgl. *Europäische Kommission*, Study on the Legal Protection of Trade Secrets in the context of the Data Economy (GRO/SME/20/F/206) Final Report, 2022, 124 f.

304 *Fries/Schaufen*, MMR 2019, 721, 721.

305 *Bründl/Matt/Hess*, Wertschöpfung in Datenmärkten, 2015, 11; *Deuring*, Datenmacht, 2021, 50 ff.; *Nordberg*, in: Schovsbo/Minssen/Riis, The Harmonization and Protection of Trade Secrets in the EU, 2020, 192, 192; *Vögele/Raab*, in: Vögele, Intangibles, 2. Aufl. 2021, § 5 A. Rn. 620; *Wiebe/Schur*, GRUR Int. 2019, 746, 748; hierzu im Detail *Goldhammer/Wiegand*, Ökonomischer Wert von Verbraucherdaten für Adress- und Datenhändler, Berlin, 2017, 12 ff.

Adress- und Datenhandel, der in Deutschland schon im Jahr 2014 ein Marktvolumen von ungefähr 610 Mio. Euro hatte,[306] und die Einordnung von Rohdaten als handelbare Ware zeigen die Nachfrage nach dieser Art von Information und bekräftigten (schon im Zuge derartiger Nutzungs- und Verwertungspotenziale) die Annahme des wirtschaftlichen Wertes von Rohdaten im Kontext mit „Big Data“.[307] Doch nicht nur fertige Kombinationen von Rohdaten als Datensets sind von wirtschaftlichem Wert, sondern auch das mittelbar in einem Einzeldatum liegende Potenzial der Kombinierbarkeit mit weiteren Daten genügt wegen des weiten Verständnisses für die Annahme des wirtschaftlichen Wertes einzelner Rohdaten.[308]

3. *Wertsteigerung durch Geheimhaltung*

Wie bei Kunden- und Lieferantenlisten muss auch der wirtschaftliche Wert von Rohdaten kausal auf der Geheimhaltung durch den Inhaber beruhen, was wegen „Big Data“ nicht ohne Weiteres angenommen werden kann.[309]

a) Geheimheit

Ob ein kontextloses Datum geheim ist, kann durchaus bezweifelt werden.[310] Schließlich könnten Daten, die schon in der Umwelt vorhanden sind und nur durch Messgeräte sichtbar gemacht werden müssen, durch „nahezu jeden“

306 *Goldhammer/Wiegand*, Ökonomischer Wert von Verbraucherdaten für Adress- und Datenhändler, 2017, 3.

307 *Europäische Kommission*, Commission Staff Working Document on the free flow of data and emerging issues of the European data economy (SWD 2017), 2017, 13; *Aplin*, in: Lohsse/Schulze/Staudenmeyer, Trading Data in die Digital Economy: Legal Concepts and Tools, 2017, 59, 66; *Wiebe/Schur*, GRUR Int. 2019, 746, 748; *Zech*, GRUR 2015, 1151, 1156; vgl. auch *Fries/Scheufen*, MMR 2019, 721, 722.

308 So auch *Hohn-Hein/Barth*, in: Fritzsche/Münker/Stollwerk, BeckOK UWG, Stand: 01.04.2023, GeschGehG, § 2 Rn. 15; a. A. *Drexl/Hilty/Desaunettes/Greiner/Kim/Richter/Surblyte/Wiedemann*, GRUR Int. 2016, 914, 917.

309 *Schur*, Die Lizenzierung von Daten, 2020, 67 f.; vgl. *Europäische Kommission*, Study on the Legal Protection of Trade Secrets in the context of the Data Economy (GRO/SME/20/F/206) Final Report, 2022, 79; vgl. *Drexler*, JIPITEC 2017, 257, 269 Rn. 54.

310 Kritisch nämlich *Drexl/Hilty/Desaunettes/Greiner/Kim/Richter/Surblyte/Wiedemann*, GRUR Int. 2016, 914, 916; *Sagstetter*, in: Maute/Mackenrodt, Recht als Infrastruktur für Innovation, 2019, 285, 291; ablehnend bei nutzergenerierten Daten *Schmidt*, Der Zugang zu Daten nach europäischem Kartellrecht, 2020, 134 ff.

erlangt werden.[311] Ob das tatsächlich der Fall ist, hängt maßgeblich von ihrer Zugänglichkeit ab.

aa) Aufwand zur Zugänglichkeit

Leicht zugänglich ist ein Datum nur, wenn es ohne größeren Zeit- und Kostenaufwand möglich ist, sich von ihm Kenntnis zu verschaffen. Dass das nicht in jedem Einzelfall mühe- und kostenlos gelingt, zeigt sich insb. an der Existenz von Datenmärkten.[312] Die für die Generierung von Daten gezahlte Vergütung ist ein Indiz für einen nicht geringen Aufwand.[313] So ist es vor allem bei „von vornherein nicht absolut ‚geheimen‘ Daten“ denkbar,[314] sie seien leicht zugänglich. Jedoch wird häufig unterschlagen, dass die Daten erstens nicht jedem Wettbewerber zur Verfügung stehen und zweitens Zeit, Kosten und Mühen investiert werden müssen, um an die Daten zu gelangen.

Als Beispiel lässt sich die Zusammensetzung des Bodens anführen, die vor allem für den Bau neuer Infrastruktur oder eine potenzielle Rohstoffförderung (z. B. Erdgasgewinnung in Form des „Fracking“) von erheblicher Bedeutung ist, und theoretisch von „nahezu jedem“ sichtbar gemacht werden kann. So seien solche Daten „bereits in der Umwelt vorhanden“ und müssten „lediglich durch Messgeräte sichtbar gemacht“ werden.[315] Ob bspw. die Sichtbarmachung einer Bodenzusammensetzung auch für Fachkreise ohne größeren Zeit- und Kostenaufwand möglich ist, ist aufgrund des Einsatzes bestimmter – insb. neuer/innovativer – Messmethoden und -geräte zu bezweifeln. Die Messergebnisse sind nur leicht zugänglich, wenn dafür lediglich gängige Geräte und Methoden gebraucht werden und die Messung nur einen geringen Aufwand erfordert. Sie ist aber nicht leicht zugänglich, entweder wenn die Messung an sich zwar gängig, aber sehr zeit- und kostenintensiv ist, oder wenn sich die Messergebnisse nur durch in Fachkreisen noch nicht bekannte oder verbreitete Methoden oder

---

311 *Große-Ophoff/Voget*, GRUR 2022, 1192, 1192 f.; ähnlich auch *Schmidt*, Der Zugang zu Daten nach europäischem Kartellrecht, 2020, 133.

312 *Bründl/Matt/Hess*, Wertschöpfung in Datenmärkten, 2015, 11; *Vögele/Raab*, in: Vögele, Intangibles, 2. Aufl. 2021, § 5 A. Rn. 620; *Wiebe/Schur*, GRUR Int. 2019, 746, 748.

313 Dahingehend einen markzentrierten Wert bezweifelnd, aber für einen investitionszentrierten Wert offen *Sagstetter*, in: Maute/Mackenrodt, Recht als Infrastruktur für Innovation, 2019, 285, 291.

314 So nämlich am Beispiel von Schlaglöchern, die durch vorbeifahrende Fahrzeuge automatisiert erfasst werden *Drexl/Hilty/Desaunettes/Greiner/Kim/Richter/Surblyte/Wiedemann*, GRUR Int. 2016, 914, 916.

315 *Große-Ophoff/Voget*, GRUR 2022, 1192, 1192 f.

Geräte ermitteln lassen, die nur dem Inhaber zur Verfügung stehen. Nicht nur das Verfahren selbst kann dann ein Geschäftsgeheimnis sein, sondern auch die Ergebnisse dieses geheimen Verfahrens.

Es ist also möglich, dass bestimmte Rohdaten wegen ihrer leichten Zugänglichkeit nicht geheim sind. Jedoch lässt sich die Geheimheit nicht allgemeingültig ablehnen, sondern richtet sich stets nach den einzelfallabhängigen Umständen der Datengenerierung.

bb) Zugänglichkeit für „nahezu jeden“?

Darüber hinaus muss auch der Eindruck korrigiert werden, alle Rohdaten seien durch „nahezu jeden“ – entweder mit großem oder kleinem Aufwand – zu erlangen und daher leicht zugänglich. Diese Überlegungen[316] gelten ggf. nur für Daten, für die es kein natürliches oder faktisches Monopol gibt. Anders verhält es sich bei zahlreichen Nutzerdaten wie bspw. denen von Streaming-Diensten oder Modeunternehmen. Da ausschließlich die Anbieter auf diese Daten zugreifen und über sie verfügen können, ist der Zugang zu ihnen von Anfang an für Wettbewerber beschränkt und davon abhängig, ob die Anbieter ihre Daten auch anderen anbieten können und wollen.[317] Gerade bei solchen Daten ist es nicht möglich, sie „lediglich durch Messgeräte sichtbar“[318] zu machen, sodass eine leichte Zugänglichkeit gar nicht erst in Betracht kommt. Hiervon sind vor allem eigens durch den Inhaber erhobene Daten betroffen, die ungefähr 78 % der Industriedaten ausmachen.[319] Von einer Zugänglichkeit für „nahezu jeden“ kann dementsprechend keine Rede sein.

cc) Zwischenergebnis

Der Zugang zu bestimmten Daten wird sowieso schon durch ihre Inhaber begrenzt, sodass sie nicht für „nahezu jeden“ zugänglich sind. Doch auch bei Daten, die ausschließlich in der Umwelt (mittelbar) vorzufinden sind, ist zu bezweifeln, ob sie leicht zugänglich sind. Schließlich erfordert die Generierung bestimmter Daten einen so großen Aufwand, sodass sie trotz theoretisch möglicher Erhebung durch „nahezu jeden“ geheim sind. Die Zugänglichkeit muss

---

316 So nämlich *Drexl/Hilty/Desaunettes/Greiner/Kim/Richter/Surblyte/Wiedemann*, GRUR Int. 2016, 914, 916; *Große-Ophoff/Voget*, GRUR 2022, 1192, 1193.

317 Vgl. *Nordberg*, in: Schovsbo/Minssen/Riis, The Harmonization and Protection of Trade Secrets in the EU, 2020, 192, 204.

318 *Große-Ophoff/Voget*, GRUR 2022, 1192, 1192 f.

319 *Deuring*, Datenmacht, 2021, 56.

jedoch ständig neu eingeschätzt werden, was vor allem an der Non-Rivalität von Daten liegt.[320] Anders als die meisten anderen Werte können dieselben Daten und Datensätze mehrfach an neue Inhaber verkauft werden[321] und ohne neuen Aufwand wiederholt und an mehreren Orten gleichzeitig genutzt werden.[322] Dies wirkt sich derart auf ihre Zugänglichkeit und Bekanntheit aus, dass der Aufwand niedriger wird, sich Zugriff auf die Daten zu verschaffen, je mehr Wettbewerber Zugang zu ihnen haben. In den meisten Fällen ist aber davon auszugehen, dass auch kontextlose Daten geheim und wertvoll sein können.

b) Kausalzusammenhang

Der Nutzen von Rohdaten ergibt sich bereits aus den ihr innewohnenden Analyse- und Ableitungsmöglichkeiten, sodass Rohdaten auch schon ohne Geheimhaltung wertvoll sind.[323] Über das positive Potenzial hinaus muss der Wert der Rohdaten durch die Geheimheit auch kausal gesteigert werden. Hierbei kann der Aufwand der Wettbewerber berücksichtigt werden, der für die eigene Generierung oder den Erwerb derselben Rohdaten erforderlich wäre. Dass es mittlerweile große Märkte gibt, auf dem Daten als Schlüsselfaktor für die Wettbewerbsfähigkeit der modernen Industrie gehandelt werden,[324] bestätigt die Nachfrage nach Rohdaten. Das bedeutet, dass auch der Aufwand der Generierung oder des Erwerbs „mit spürbaren Kosten verbunden ist“ und daher oft nicht gering ist.[325]

Anders als bei öffentlich zugänglichen Rohdaten stellen geheime Rohdaten ein knappes Gut für mögliche Erwerber dar. Aufgrund der Informationsasymmetrie und einer Intransparenz auf „Geschäftsgeheimnis-Märkten“ müssen Erwerber i. d. R. einen höheren Preis für Daten zahlen als sie bei einem vollständig transparenten Markt zahlen müssten. Die Geheimheit ist also der Grund dafür, dass über das sowieso in Rohdaten innewohnende Nutzungs- und Verwertungspotenzial ein zusätzlicher Aufwand der Herstellung und Anschaffung

---

320 Zur Non-Rivalität von Daten *Paal/Hennemann*, NJW 2017, 1697, 1697 f.; vgl. auch *Moody/Walsh*, Measuring The Value Of Information: An Asset Valuation Approach, 1999, 4 f.

321 *Hacker*, Datenprivatrecht, 2020, 52.

322 *EFRAG*, Better Information on Intangibles, 2021, 21.

323 *Wiebe/Schur*, GRUR Int. 2019, 746, 748.

324 *Bründl/Matt/Hess*, Wertschöpfung in Datenmärkten, 2015, 11; *Wiebe/Schur*, GRUR Int. 2019, 746, 748.

325 Stellvertretend *Drexl/Hilty/Desaunettes/Greiner/Kim/Richter/Surblyte/Wiedemann*, GRUR Int. 2016, 914, 916.

für Wettbewerber entsteht, der als Vorteil kausal auf die Geheimheit zurückzuführen ist.[326]

Ferner könnten Wettbewerber allgemein bekannte Rohdaten mit eigenen geheimen Daten aggregieren. Dadurch hätten sie gegenüber Wettbewerbern, deren Rohdaten nicht geheim sind, einen Vorteil.[327] Der Kausalzusammenhang zeigt sich also darin, den spiegelbildlichen Wettbewerbsnachteil zu vermeiden.[328] Daher begründen Rohdaten auch ohne Geheimhaltung einen Wert. Allerdings ist unter Berücksichtigung der nachfragenden Wettbewerber und der Verknappung des Gutes auch die für den wirtschaftlichen Wert notwendige Wertsteigerung festzustellen.

4. *Zwischenergebnis*

Es mag zwar sein, dass aus Rohdaten verarbeitete Informationen oft einen höheren Wert haben als die Rohdaten selbst.[329] Hierdurch kann aber Rohdaten der wirtschaftliche Wert nicht abgesprochen werden. Sofern die Generierung oder der Erwerb der Daten wegen der Geheimheit mit einem Mehraufwand für Wettbewerber einhergeht,[330] können sie einen Wettbewerbsvorteil begründen.[331] Das Nutzungs- und Verwertungspotenzial ist vor allem durch „Big Data“ großzügig auszulegen, sodass der Geheimnisschutz von Rohdaten – wenn überhaupt – nur daran scheitert, dass gesammelte Daten öffentlich zugänglich sind oder ihr faktischer Schutz nicht gewährleistet werden kann.[332] Das dürfte bei Rohdaten im Gegensatz zu Datenbanken häufiger vorkommen. Während nämlich „verarbeitete“ Daten infolge von Datenanalysen regelmäßig in gut geschützten Datenbanken gesichert sind, können die automatisch erzeugten Rohdaten aus

---

326 Ablehnend *Europäische Kommission*, Study on the Legal Protection of Trade Secrets in the context of the Data Economy (GRO/SME/20/F/206) Final Report, 2022, 79.

327 Vgl. *Drexler*, JIPITEC 2017, 257, 269 Rn. Rn. 54.

328 Dahingehend einen schadenszentrierten Wert bezweifelnd *Sagstetter*, in: Maute/Mackenrodt, Recht als Infrastruktur für Innovation, 2019, 285, 291.

329 *Europäische Kommission*, Study on the Legal Protection of Trade Secrets in the context of the Data Economy (GRO/SME/20/F/206) Final Report, 2022, 71.

330 Zu „Arbeits-, Zeit-, Kosten und sonstige Aufwendungen für die Sammlung und Analyse der Daten“ als Anhaltspunkte für erheblichen Umfang im japanischen Recht vgl. *Große-Ophoff/Voget*, GRUR 2022, 1192, 1193.

331 *Hoppe*, in: Hoppe/Oldekop, Geschäftsgeheimnisse, 2020, Kap. 1 Rn. 94; *Krüger/Wiencke/Koch*, GRUR 2020, 578, 581; *Zech*, GRUR 2015, 1151, 1156.

332 Am Beispiel von durch Autos automatisiert erfasste Schlaglöcher *Drexl/Hilty/Desaunettes/Greiner/Kim/Richter/Surblyte/Wiedemann*, GRUR Int. 2016, 914, 916.

funktionalen Gründen ggf. nicht vor den Cloud-Anbietern verborgen bleiben.[333] Für Rohdaten braucht es also angemessene Geheimhaltungsmaßnahmen,[334] die jedoch eine andere Voraussetzung sind und den wirtschaftlichen Wert als solchen nicht entfallen lassen. Meistens ist aber davon auszugehen, dass Inhaber, die mit „Big Data"-Methoden arbeiten, „Unbefugten den Zugang zu den Daten zu verwehren"[335] und so den wirtschaftlichen Wert erhalten können.

E. Verwertungs- und Nutzungs-, aber (auch) Schädigungspotenzial?

Nach früherer Rechtslage war für ein „berechtigtes, wirtschaftliches Interesse" zur Geheimhaltung erforderlich. Dies wurde dadurch begründet, dass das Bekanntwerden eines Geheimnisses die Wettbewerbsfähigkeit von Wettbewerbern stärkt,[336] indem sich diese fremdes Wissen unter Einsparung eigener Aufwendungen aneignen können. Es kam aber nicht darauf an, dass ein Geheimnis einen positiven Vermögenswert haben muss, der sich insb. durch externe Verwertung oder interner Nutzung in künftigen Erträgen oder Zahlungsströmen widerspiegelt.[337] Ein berechtigtes, wirtschaftliches Interesse bestand auch, wenn sich die Offenlegung einer Information negativ auf den betroffenen Inhaber auswirkt und für ihn ein wirtschaftlicher Schaden drohte,[338] indem bspw. finanzielle Schwierigkeiten eines Unternehmens bekannt werden und dieses dadurch Umsatzeinbußen oder Kursverluste am Aktienmarkt oder Vertrauensverluste von Kunden erleidet. Schlimmstenfalls konnte das Bekanntwerden einer Überschuldung bewirken, dass ein Unternehmen endgültig eine drohende Insolvenz nicht mehr abwenden kann.[339]

---

333 *Leistner/Antoine/Sagstetter*, Big Data, 2021, 147 f.; *Sagstetter*, in: Maute/Mackenrodt, Recht als Infrastruktur für Innovation, 2019, 285, 295 f.

334 Dies als problematisch erachtend *Schur*, Die Lizenzierung von Daten, 2020, 68; unkritisch *Deuring*, Datenmacht, 2021, 154 ff.

335 *Bodenmüller*, in: Vögele, 2. Aufl. 2021, § 7 P. Rn. 15.

336 *Koch*, in: Vögele, Intangibles, 2. Aufl. 2021, § 1 B. Rn. 224.

337 *BGH*, Urt. v. 27.04.2006, I ZR 126/03 = GRUR 2006, 1044, 1046; BGHSt 41, 140.

338 BVerfGE 147, 50; BGHSt 41, 140, 142; *BGH*, Urt. v. 20.05.1996, II ZR 190/95, NJW 1996, 2576.

339 Auch als Beispiel für ein Geschäftsgeheimnis nach geltender Rechtslage *Harte-Bavendamm*, in: Harte-Bavendamm/Henning-Bodewig, UWG, 5. Aufl. 2021, GeschGehG, § 2 Rn. 30.

Neben einem Nutzen für Wettbewerber reichte es also aus,[340] wenn aus dem Bekanntwerden einer Information ein eigener Schaden resultierte.[341] Dass ein gegen den Inhaber gerichtetes Schädigungspotenzial für das berechtigte, wirtschaftliche Interesse genügte,[342] zeigte sich auch darin, dass einige Unternehmen in ihren Geheimnissen weniger den zukünftigen Nutzen, sondern mehr ihre potenziellen Risiken sahen.[343] Insgesamt lag ein berechtigtes, wirtschaftliches Interesse vor, wenn das Bekanntwerden Auswirkungen auf der Wettbewerbsfähigkeit des Inhabers zur Folge hatte.[344] Fraglich ist nun, ob dieses Verständnis auf die heutige Rechtslage und die Voraussetzung des wirtschaftlichen Wertes übertragen werden kann.

I. Änderung von „Interesse" auf „Wert" als Verengung?

Das dargelegte Verständnis könnte überholt sein. Dass das berechtigte, wirtschaftliche Interesse nichts im GeschGehG übernommen wurde, kann als Verengung aufgefasst werden.[345] Schließlich hätte der Gesetzgeber bei gleichbleibender Bedeutung auch den alten Begriff ins GeschGehG übernehmen können, was eine Kontinuität des berechtigten, wirtschaftlichen Interesses verdeutlicht hätte. Im Vergleich zu einem wirtschaftlichen „Wert" ist ein wirtschaftliches „Interesse" zumindest auf begrifflicher Ebene subjektiv zu verstehen.[346] Es ist denkbar, dass das heutige Verständnis enger gefasst ist und der wirtschaftliche Wert synonym zu einem Vermögens- oder Handelswert verstanden werden muss, der auf die wirtschaftliche Verwertung oder Nutzung des Geheimnisses gerichtet ist.[347] Bei

---

340 A. A. *Reinfeld*, Das neue Gesetz zum Schutz von Geschäftsgeheimnissen, 2019, § 1 Rn. 144.

341 *BVerwG*, Urt. v. 28.05.2009, 7 C 18/08 = NVwZ 2009, 1113; *Kiethe*, JZ 2005, 1034, 1037; *Prinz*, Der Schutz von Betriebs- und Geschäftsgeheimnissen im Informationsfreiheitsrecht, 2014, 35.

342 *BGH*, Urt. v. 27.04.2006, I ZR 126/03 = GRUR 2006, 1044, 1046.

343 Vgl. *Olliver/Gorius/Simon/Chapius*, JLES 2019, 169, 173.

344 *Harte-Bavendamm*, in: Harte-Bavendamm/Ohly/Kalbfus, GeschGehG, 2020, § 2 Rn. 13 m. w. N.

345 Denkbar auch für *Kalbfus*, in: Obergfell, Beiträge zum Immaterialgüterrecht, 2021, 295, 303.

346 *Preis/Seiwerth*, RdA 2019, 351, 352; *Söbbing*, MMR 2021, 111, 115; *Steinmann*, WRP 2019, 703, 709.

347 *Brammsen*, in: Brammsen/Apel, GeschGehG, 2022, § 2 Rn. 45; *Goldhammer*, NVwZ 2017, 1809, 1812; *Kalbfus*, in: Obergfell, Beiträge zum Immaterialgüterrecht, 2021, 295, 303; *Leujeune*, CR 2016, 330, 332; *McGuire*, in: Ahrens/Büscher/Goldmann/

einer Erwerbs- und Marktbezogenheit dürfte an Informationen mit nur negativen und nicht-innovativen Wirkungen kein Wert, sondern nur ein Interesse bestehen.[348] Das würde wiederum bedeuten, dass es sich bei solchen Informationen nicht um Geschäftsgeheimnisse handelt. So heißt es auch in Erwg. 14 der GeschGeh-RL, dass Geheimnisse einen „*Handelswert*" haben müssen. Die Handelbarkeit wird auch in der Gesetzesbegründung zum GeschGehG als Unterschied zu den vorherigen Regelungen im UWG hervorgehoben.[349] Dass gewisse Informationen bei Bekanntwerden zu erheblichen Vermögensnachteilen führen können, ist zwar nach wie vor zwar unbestritten. Sollte jedoch eine Handelbarkeit ausschlaggebend sein, könnten derartige Geheimnisse anders als verwertbare und nutzbare Geheimnisse nicht von wirtschaftlichem Wert sein.[350]

Zudem soll es laut Erwg. 1 der GeschGeh-RL um die „*Schaffung und Anwendung intellektuellen Kapitals*" und den „*Markterfolg der Unternehmen durch Innovation*" gehen.[351] Schutzfähig wären demnach nur alle verwertbaren oder nutzbaren Geheimnisse, denn wenn Geschäftsgeheimnisse für einen Markterfolg durch Innovation ursächlich sein sollen,[352] müssten sie als vermögenswerte Vorteile monetarisiert werden können.[353] So wird auch in der Ökonomie ein Wettbewerbsvorteil als Möglichkeit verstanden, eine höhere Profitrate als Wettbewerber zu erzielen,[354] was bei Geschäftsgeheimnissen bspw. durch Lizenzierungen, Kostensenkungen oder andere Möglichkeiten von höheren Produktpreisen und Margen in Betracht kommt.[355] Exemplarisch werden auch in der Gesetzesbegründung mit Herstellungsverfahren, Kunden- und Lieferantenlisten,

---

McGuire, Festschrift für Henning Harte-Bavendamm zum 70. Geburtstag, 2020, 367, 379 m. w. N.; vgl. *Römling*, NVwZ 2022, 463, 465 f.

348 *Goldhammer*, NVwZ 2017, 1809, 1812; diese als „kompromittierende Informationen" bezeichnend *Kalbfus*, in: Obergfell, Beiträge zum Immaterialgüterrecht, 2021, 295, 303 f.

349 BT-Drs. 19/4724, 20.

350 *Kalbfus*, GRUR 2016, 1009, 1011.

351 Ähnlich auch in der deutschen Gesetzesbegründung, vgl. BT-Drs. 19/8300, 13.

352 Vgl. auch schon vor der GeschGeh-RL *Kraßer*, GRUR 1970, 587, 588.

353 *OLG Düsseldorf*, Urt. v. 30.7.1998 – 2 U 162/97; vgl. *Prinz*, Der Schutz von Betriebs- und Geschäftsgeheimnissen im Informationsfreiheitsrecht, 2014, 46 f.; *Baranowski/Glaßl*, BB 2016, 2563, 2565; *Heinzke*, CCZ 2016, 179, 182.

354 Stellvertretend *Porter*, Competitive Advantage, 1985, 3.

355 *Hauck*, in: Münchener Kommentar zum Lauterkeitsrecht, 3. Aufl. 2022, GeschGehG, § 2 Rn. 14; *Böhm/Nestler*, GRUR-Prax 2018, 181, 182; *Hrdy*, Fordham Law Review 2022, 557, 567.

Kosteninformationen, Geschäftsstrategien, Unternehmensdaten, Marktanalysen, Prototypen, Formeln und Rezepte ausschließlich Informationen genannt,[356] deren Vermögenswert aus einem positiven Wettbewerbsvorteil resultiert.[357] Aufgrund dessen ist es zumindest denkbar, dass durch die Änderung von einem „Interesse“ auf einen „Wert“ eine Verengung des Verständnisses erfolgt ist.[358]

II. Der wirtschaftliche Wert als „Ausdruck der Wettbewerbsfähigkeit“

Gegen eine Verengung spricht, dass nur anhand des wirtschaftlichen Wertes die Auswirkungen einer Information auf die Wettbewerbsfähigkeit eines Inhabers beurteilt werden kann. Der wirtschaftliche Wert ist somit „Ausdruck der Wettbewerbsfähigkeit“.[359] Für eine umfassende Beurteilung müssen alle positiven, „in Geschäften mit der Außenwelt unmittelbar verwertbaren“ (Vermögens-) Werte einbezogen werden, aber auch die, die die Wettbewerbsfähigkeit des Inhabers nur negativ beeinträchtigen.[360] Schließlich ist nur schwer vorzustellen, dass schädigende Informationen für Inhaber wirtschaftlich „belanglos“ sein sollen; vor allem wenn es Informationen betrifft, die das bestehende Vermögen des Inhabers enorm verringern können. So sind richtigerweise nach Erwg. 14 der GeschGeh-RL alle Informationen vom Geheimnisschutz umfasst, „*wenn ihr unbefugter Erwerb oder ihre unbefugte Nutzung oder Offenlegung die Interessen der Person, die rechtmäßig die Kontrolle über sie ausübt, aller Voraussicht nach dadurch schädigt, dass das wissenschaftliche oder technische Potenzial, die geschäftlichen oder finanziellen Interessen, die strategische Position oder die Wettbewerbsfähigkeit dieser Person untergraben werden.*“[361] Hieran zeigt sich, dass für den Richtliniengeber solche Geheimnisse von wirtschaftlichem Wert sind, die ausschließlich ein Schädigungspotenzial haben,[362] womit insb. Informationen über Produktionsprobleme, unmoralische Herstellungs- und Fertigungsprozesse,

356 BT-Drs. 19/4724, 24.

357 *Reinfeld*, Das neue Gesetz zum Schutz von Geschäftsgeheimnissen, 2019, § 1 Rn. 161.

358 So nämlich *Goldhammer*, NVwZ 2017, 1809, 1812; *Kalbfus*, GRUR 2016, 1009, 1011; im Ergebnis auch *Alexander*, WRP 2017, 1034, 1039.

359 So auch *von Busekist/Racky*, ZRP 2018, 135, 136.

360 Stellvertretend *Harte-Bavendamm*, in: Harte-Bavendamm/Henning-Bodewig, UWG, 5. Aufl. 2021, GeschGehG Rn. 30.

361 Zur inhaltlich ähnlichen Begründung für das GeschGehG BT-Drs. 19/4724, 24.

362 *Keller*, in: Keller/Schönknecht/Glinke, GeschGehG, 2021, § 2 Nr. 1 Rn. 18; *Schick*, Über die Strafbarkeit von Whistleblowing, 2022, 118 f. m. w. N.

geplanten Stellenabbau, bevorstehende Zahlungsunfähigkeiten, fehlerhafte Produkte und damit einhergehende Rückruferfordernisse oder die Verwendung negativ behafteter Zutaten zutrifft.[363]

Bspw. zeigte in der Vergangenheit die durch ein Interview des damaligen Vorstandssprechers der „Deutsche Bank AG“ ausgelöste Insolvenz der „Kirch-Gruppe“ durch kausalen Abzug von Kapitalgebern, dass die Offenbarung der mangelnden Kreditwürdigkeit nach früherer Rechtslage eine Geheimnisverletzung sein konnte, da dies eine erhebliche Schädigung des Inhabers hervorrufen kann.[364] Vom Ergebnis sowie von der Begründung ist dies auf die heutige Rechtslage übertragbar. Ein weiteres Beispiel betrifft geheime Daten wie Gesundheitsdaten i. S. d. Art. 9 Abs. 1 DSGVO, die sowohl dem Schutz der DSGVO als auch dem des GeschGehG unterliegen. Im Fall einer Verletzung (z. B. durch Cyberangriffe) drohen dem Inhaber nicht nur Reputationsschäden, die bspw. entgangene Gewinne zur Folge haben können, sondern auch Bußgeldverfahren und Schadensersatzforderungen von betroffenen Personen,[365] die das Vermögen des Inhabers verringern können. Auch hierdurch werden finanzielle Interessen und die Wettbewerbsfähigkeit erheblich beeinträchtigt, was unterstreicht, dass diesen Daten ein wirtschaftlicher Wert zukommt.

Sollte die Offenlegung von Geheimnissen die Wettbewerbsfähigkeit des Inhabers beeinträchtigen – sei es die eigene Wettbewerbsposition zu schwächen oder die eines Wettbewerbs zu stärken –, hat ein Geheimnis schon deshalb einen wirtschaftlicher Wert, weil auch der Erhalt eines status quo für einen Inhaber ein Vorteil sein kann. Dieser liegt darin, sich nicht in einer schlechteren Wettbewerbsposition wiederzufinden.[366] Hieraus ergibt sich, dass ein wirtschaftlicher Wert als „Ausdruck der Wettbewerbsfähigkeit“ nicht bei kommerziell

---

363 Beispiele nach *Keller*, in: Keller/Schönknecht/Glinke, GeschGehG, 2021, § 2 Nr. 1 Rn. 18; *Hauck*, in: Münchener Kommentar zum Lauterkeitsrecht, 3. Aufl. 2022, GeschGehG, § 2 Rn. 14; *Ohly*, in: Ohly/Sosnitza, Gesetz gegen den unlauteren Wettbewerb, 8. Aufl. 2023, GeschGehG, § 2 Rn. 10; *Letzel*, ZJS 2021, 1, 4; *Ohly*, GRUR 2019, 441, 443.

364 BGHZ 166, 84, 87 ff.; *OLG München*, Urt. v. 10.12.2003, 21 U 2392/03 = NJW 2004, 224; auf dieses Beispiel eingehend auch *Götz*, Der Schutz von Betriebs- und Geschäftsgeheimnissen im Zivilverfahren, 2014, 3 m. w. N.; vgl. auch BVerfGE 115, 205, 230.

365 Beispiel nach *Dittrich*, NZWiSt 2023, 8, 9.

366 So auch *Redeker/Pres/Gittinger*, WRP 2015, 681, 683; *Rody*, Der Begriff und die Rechtsnatur von Geschäfts- und Betriebsgeheimnissen unter Berücksichtigung der Geheimnisschutz-Richtlinie, 2019, 129.

verwertbaren und nutzbaren Geheimnissen besteht.[367] Erst recht muss es keinen festgesetzten Wert geben, der im Geschäftsverkehr bei einer möglichen Veräußerung erzielt werden würde.[368] Es genügt bereits, wenn ein Geheimnis für den Inhaber von (innerer) strategischer oder wirtschaftlicher Bedeutung ist und die Geheimhaltung eine kausale Schädigung verhindert.[369] Aufgrund des Schädigungspotenzials ist der Begriff des wirtschaftlichen Wertes weiter gefasst als der Begriff des „Vermögenswertes“. Letzterer beruht ausschließlich auf einem positiven Nutzen.[370] Auf diesen kann es aber im GeschGehG nicht ausschließlich ankommen.

III. Zwischenergebnis

Das berechtigte, wirtschaftliche Interesse wurde im GeschGehG durch den wirtschaftlichen Wert ersetzt.[371] Das ist aber – anders als zunächst vermutet – ohne Verengung geschehen.[372] Als einziger „Ausdruck der Wettbewerbsfähigkeit“ darf sich der wirtschaftliche Wert nicht nur auf ein positives Potenzial beziehen, sondern muss auch weiterhin das negative Potenzial umfassen. Insgesamt ist von einem „großzügigen Verständnis der Werthaltigkeit“ auszugehen,[373] sodass der wirtschaftliche Wert durch Verwertungs-, Nutzungs- und Schädigungspotenziale verkörpert werden kann.

367 *LAG Baden-Württemberg*, Urt. v. 18.08.2021 – 4 SaGa 1/21 = BeckRS 2021, 26156; *Baranowski/Glaßl*, BB 2016, 2563, 2565; *Heinzke*, CCZ 2016, 179, 182.

368 So nämlich *Brammsen*, in: Brammsen/Apel, GeschGehG, 2022, § 2 Rn. 39.

369 *Letzel*, ZJS 2021, 1, 4.

370 *Brammsen*, in: Brammsen/Apel, GeschGehG, 2022, § 2 Rn. 49; *Reinfeld*, Das neue Gesetz zum Schutz von Geschäftsgeheimnissen, 2019, § 1 Rn. 163; *Rody*, Der Begriff und die Rechtsnatur von Geschäfts- und Betriebsgeheimnissen unter Berücksichtigung der Geheimnisschutz-Richtlinie, 2019, 120.

371 *Baranowski/Glaßl*, BB 2016, 2563, 2565; *Kalbfus*, GRUR 2016, 1009, 1011; für eine Gleichsetzung der UWG- und TRIPs-Voraussetzungen vgl. *McGuire/Joachim/Künzel/Weber*, GRUR Int. 2010, 829, 830.

372 So auch *Harte-Bavendamm*, in: Harte-Bavendamm/Henning-Bodewig, UWG, 5. Aufl. 2021, GeschGehG, § 2 Rn. 30; *Kalbfus*, GRUR 2016, 1009, 1010 f.

373 *Harte-Bavendamm*, in: Harte-Bavendamm/Henning-Bodewig, UWG, 5. Aufl. 2021, GeschGehG, § 2 Rn. 30.

F. Rechtswidrigkeit als Hindernis?

Geheimnisse, die ein rechtswidriges Verhalten oder einen gesetzeswidrigen Zustand belegen, werden auch als „illegale" Geheimnisse bezeichnet.[374] Beispiele sind Schmiergeldpraktiken, Produktionsbedingungen von Chemieunternehmen, die gegen Umweltvorschriften verstoßen, von Pharmaunternehmen verschwiegene Gesundheitsgefahren oder Kartellrechtsverstöße.[375] Durch das rechtswidrige Verhalten kann der Inhaber ggf. Kosten sparen und höhere Einnahmen generieren.[376] So ergibt sich das Potenzial bei „illegalen" Geheimnissen insb. daraus, dass Wettbewerber wegen der Geheimheit das rechtswidrige Verhalten des Inhabers nicht imitieren, durch die Imitation Kosten einsparen und dadurch den Wettbewerbsvorteil des Inhabers nivellieren können.[377]

Doch „illegale" Geheimnisse begründen nicht immer nur einen positiven Nutzen für die jeweiligen Inhaber. Inhaber können bei einer Offenlegung der Informationen auch oder sogar ausschließlich wirtschaftliche Nachteile erleiden. So kann eine Offenlegung rechtswidriger Vorgänge für behördliche Sanktionen, Ersatzansprüche Dritter und Erlöseinbußen infolge von Ruf- und Imageschäden ursächlich sein, was sich ebenso negativ auf die Wettbewerbsfähigkeit auswirken würde.[378] Dass „illegale" Geheimnisse deshalb grundsätzlich einen wirtschaftlichen Wert haben können, zeigt das Ergebnis zum Schädigungspotenzial.[379] Schließlich sorgt die Geheimhaltung des gesetzeswidrigen Handelns dafür, einen Nachteil im Wettbewerb abzuwenden.[380] Im Unterschied zu „legalen" Geschäftsgeheimnissen könnten „illegale" Geheimnisse aber im Widerspruch zur Rechtsordnung stehen. In Anbetracht der Einheit der Rechtsordnung wirft das die Frage auf, ob solche Geheimnisse einen wirtschaftlichen Wert haben und durch

---

374 *Brockhaus*, ZIS 2019, 102, 103 Fn. 10 m. w. N.; *Hillenbrand*, Der Begriff des Betriebs- und Geschäftsgeheimnisses, 2017, 60.

375 Beispiele nach *Kalbfus*, in: Obergfell, Beiträge zum Immaterialgüterrecht, 2021, 295, 311.

376 *Rody*, Der Begriff und die Rechtsnatur von Geschäfts- und Betriebsgeheimnissen unter Berücksichtigung der Geheimnisschutz-Richtlinie, 2019, 120 Fn. 620.

377 *Rody*, Der Begriff und die Rechtsnatur von Geschäfts- und Betriebsgeheimnissen unter Berücksichtigung der Geheimnisschutz-Richtlinie, 2019, 126 f.

378 *Koch*, ZIS 2008, 500, 503; *Passarge*, CB 2018, 144, 145; *Schick*, Über die Strafbarkeit von Whistleblowing, 2022, 32 ff., 96.

379 So auch *Reinfeld*, Das neue Gesetz zum Schutz von Geschäftsgeheimnissen, 2019, § 1 Rn. 147.

380 *Alexander*, WRP 2017, 1034, 1039; *Hoppe*, in: Hoppe/Oldekop, Geschäftsgeheimnisse, 2020, Kap. 1 Rn. 101; *Ullrich*, NZWiSt 2019, 65, 67.

das GeschGehG geschützt sind. Ob „illegale“ Geheimnisse geschützt sind, wurde schon vor Inkrafttreten des GeschGehG für die alte Rechtslage diskutiert.[381] Zur Frage, ob die Rechtswidrigkeit ein Hindernis darstellt, fehlt aber nach wie vor eine ausdrückliche Antwort. Die Frage kann nur durch eine Würdigung der früheren Rechtslage und – im Vergleich dazu – den Wertungen der GeschGeh-RL und des GeschGehG beantwortet werden.

I. Exkurs: Aufteilung eines „illegalen“ Geheimnisses?

Zunächst ist denkbar, zwischen dem Wissen über einen Rechtsverstoß und einem Rechtsverstoß an sich zu differenzieren,[382] sodass mit dieser Unterscheidung das Geheimhalten von Verstößen keinen Wettbewerbsvorteil darstellen würde. Dieser wäre nur auf einen Verstoß selbst zurückzuführen und das Wissen würde nur das dokumentieren, wodurch ein Vorteil erzielt wird. Das, was wertvoll wäre, wäre der Rechtsverstoß, aber nicht das Wissen über ihn.[383] Doch im Gegensatz zu Patenten wird bei Geschäftsgeheimnissen kein Vorgang oder Umstand als solcher geschützt. Im Geheimnisschutz kann – wenn „illegale“ Geheimnisse nicht sowieso ausgenommen sind – nur das Wissen über den Rechtsverstoß als Information geschützt sein.[384] Die Aufteilung zwischen Rechtsverstoß und Wissen über einen Rechtsverstoß ist für den Geheimnisschutz nicht möglich.

Denkbar wäre sonst auch eine Aufteilung in unmittelbar verkörperte und nur mittelbar verkörperte Werte, sodass bspw. „Schummel-Software“ im „Diesel-Skandal“ einen wirtschaftlichen Wert hätte, aber Steuervermeidungsmodelle oder Kartellabsprachen nicht.[385] Jedoch entspricht eine solche Unterscheidung in Anbetracht der wertvollen Aufträge durch Kartellabsprachen und der steuerlichen Einsparungspotenziale nicht dem tatsächlichen „Nutzen“.[386] Eine derartige Anknüpfung an eine Verkörperung verbietet sich im GeschGehG.

---

381 *Hillenbrand*, Der Begriff des Betriebs- und Geschäftsgeheimnisses, 2017, 60 Fn. 447 m. w. N.

382 Beispiel nach *Hauck*, WRP 2018, 1032, 1034; differenzierend *Hornkohl*, Geschäftsgeheimnisschutz im Kartellschadensprozess, 2021, 104 f.

383 *Hauck*, WRP 2018, 1032, 1033.

384 Vgl. *Schick*, Über die Strafbarkeit von Whistleblowing, 2022, 93.

385 *Kalbfus*, GRUR 2016, 1009, 1011; *Passarge*, CB 2018, 144, 145.

386 So auch *Ullrich*, NZWiSt 2019, 65, 67.

II. Rückblick: „Berechtigtes, wirtschaftliches Interesse“ nach früherer Rechtslage

Die Rechtslage zu den §§ 17 ff. UWG a. F. wurde nie abschließend geklärt.[387] Wegen der normativen Integration in den nebenstrafrechtlichen Vermögensschutz wurde mehrheitlich angenommen, dass „illegale“ Geheimnisse tatbestandlich geschützt waren.[388] Begründet wurde diese Auffassung meistens mit der Beeinflussung der Wettbewerbsfähigkeit eines Unternehmens und der Vermeidung von Strafbarkeitslücken, die entstehen würden, wenn das Strafrecht nicht auch das rechtswidrig Erlangte schütze.[389] Unabhängig von der konkreten Begründung sollte jedenfalls „illegalen“ Geheimnissen der Geheimnisschutz nicht auf der Tatbestandsebene abgesprochen werden, sondern erst durch einen gerechtfertigten Notstand gemäß § 34 StGB auf der Rechtfertigungsebene korrigiert werden.[390] Der Vorteil eines weiten Tatbestandes sei nämlich, dass dadurch die Eigenart eines jeden Einzelfalls besser zur Geltung komme.[391] Bei diesem

---

387 Zum Darstellung des Meinungsstands der damals uneindeutigen Rechtsprechung *Schuth*, Die Neuregelung zum Schutz der Geschäftsgeheimnisse und ihre Auswirkungen für das Arbeitsrecht, 2021, 80 ff. m. w. N.

388 Anschaulich *Alexander*, in: Köhler/Bornkamm/Feddersen, UWG, 41. Aufl. 2023, GeschGehG, § 2 Rn. 78a m. w. N.; *Ebert-Weidenfeller*, in: Achenbach/Ransiek/Rönnau, Handbuch Wirtschaftsstrafrecht, 5. Aufl. 2019, Teil 3, Kap. 4, Rn. 75; *Eufinger* WM 2016, 2336, 2338; *Mayer*, GRUR 2011, 884, 887; *Oetker*, in: Grundmann/Merkt/Mülbert, Festschrift für Klaus J. Hopt zum 80. Geburtstag am 24. August 2020, 2020, 901, 906 m. w. N.; *Passarge*, CB 2018, 144, 145 m. w. N.; *Rody*, Der Begriff und die Rechtsnatur von Geschäfts- und Betriebsgeheimnissen unter Berücksichtigung der Geheimnisschutz-Richtlinie, 2019, 118 f.; *Többens*, NStZ 2000, 505, 506; *Ullrich*, NZWiSt 2019, 65, 66; *Westermann*, Handbuch Know-how-Schutz, 2007, Kap. 1 Rn. 52; *Wiese*, Die EU-Richtlinie über den Schutz vertraulichen Know-hows und vertraulicher Geschäftsinformationen, 2018, 34 f.; a. A. *LAG Berlin* BB 1970, 710; *Engländer/Zimmermann*, NZWiSt 2012, 328, 331 ff.; *Hauck*, WRP 2018, 1032, 1034; *Schnabel*, CR 2016, 342, 345 ff.; *Schuth*, Die Neuregelung zum Schutz der Geschäftsgeheimnisse und ihre Auswirkungen für das Arbeitsrecht, 2021, 88 ff.; *Taeger*, Die Offenbarung von Betriebs- und Geschäftsgeheimnissen, 1988, 76 ff. m. w. N.

389 *Malmström*, Schutz von Betriebs- und Geschäftsgeheimnissen im Zivilprozess – Unter besonderer Berücksichtigung des Geheimnisschutzes inter partes, 2013, 48; *Mayer*, GRUR 2011, 884, 887; *McGuire/Joachim/Künzel/Weber*, GRUR Int. 2010, 829, 830; *Ullrich*, NZWiSt 2019, 65, 66.

390 *Eufinger*, WM 2016, 2336, 2338; *Koch*, ZIS 2008, 500, 503; *Rody*, Der Begriff und die Rechtsnatur von Geschäfts- und Betriebsgeheimnissen unter Berücksichtigung der Geheimnisschutz-Richtlinie, 2019, 117 m. w. N.

391 *Rützel*, GRUR 1995, 557, 557.

lösungsfixierten Ansatz wurde sich aber nur wenig mit der Frage auseinandergesetzt, ob ein berechtigtes, wirtschaftliches Interesse an der Geheimhaltung der Informationen überhaupt bestehen konnte. Schließlich war umstritten, ob für das berechtigte wirtschaftliche Interesse schon irgendein Interesse genügte oder ob es sich hierbei um ein rechtlich schützenswertes Interesse handeln musste.

1. Ein „berechtigtes Interesse“ im Strafrecht am Beispiel des § 203 StGB

Schon auf begrifflicher Ebene hätte ein „berechtigtes“, wirtschaftliches Interesse keines sein können, das der Rechtsordnung widerspricht.[392] Grundsätzlich ist ein „berechtigtes Interesse“ im Strafrecht nur eines, das von der Rechtsordnung als schutzwürdig anerkannt wird. Bspw. sind i. R. d. Wahrnehmung eines „berechtigten Interesses“ i. S. d. § 193 StGB Zwecke ausgenommen, die dem Recht oder den guten Sitten zuwiderlaufen.[393] Das gleiche gilt für die Auslegung des berechtigten Interesses i. S. d. § 201 Abs. 2 S. 2 StGB[394] und i. S. d. § 201a Abs. 4 StGB.[395]

So mag zwar ein rechts- oder sittenwidriges Interesse kein berechtigtes, wirtschaftliches Interesse sein, jedoch ist das Interesse an der Geheimhaltung eines Rechtsverstoßes nicht das Interesse an einem Rechtsverstoß selbst. Schließlich gibt es Straftatbestände wie § 203 StGB, die sogar die Geheimhaltung von Rechtsverstößen vorsehen und eine Offenlegung sanktionieren. Hieran zeigt sich, dass „die Rechtsordnung illegalen Geheimnissen nicht per se den Schutz versagt“.[396] Im Vergleich von den §§ 17 ff. UWG a. F. zu § 203 StGB und seinen strafprozessualen Folgen, ist aber zu beachten, dass für § 203 StGB ein Vertrauensverhältnis zwischen der Privatperson und eines dort ausdrücklich und abschließend genannten Berufsgeheimnisträgers vorliegen muss. Bspw. darf ein Rechtsanwalt Inhalte über rechtswidrige Vorgänge, die ihm im Zuge eines Mandats anvertraut wurden, grundsätzlich nicht an die Staatsanwaltschaft übermitteln, wodurch das Geheimhaltungsinteresse nur in Fällen der besonderen Vertrauensbeziehung dem Interesse der Strafverfolgung überwiegt. So sind gemäß § 53 Abs. 1 StPO die in § 203 StGB genannten Berufsgeheimnisträger berechtigt, das Zeugnis zu

392 *RAG* JW 1931, 490; *LAG Berlin* BB 1970, 710; *Brockhaus*, ZIS 2019, 102, 104; *Engländer/Zimmermann*, NZWiSt 2012, 328, 333; *Rützel*, GRUR 1995, 557, 558 f.

393 *Eisele/Schittenhelm*, in: Schönke/Schröder, StGB, 30. Aufl. 2019, § 193 Rn. 9 m. w. N.

394 *Eisele*, in: Schönke/Schröder, StGB, 30. Aufl. 2019, § 201 Rn. 27.

395 *Eisele*, in: Schönke/Schröder, StGB, 30. Aufl. 2019, § 201a Rn. 53.

396 *Schick*, Über die Strafbarkeit von Whistleblowing, 2022, 95.

verweigern. In einem Unternehmen beschäftigte Mitarbeiter, die keine Berufsgeheimnisträger i. S. d. § 203 StGB sind, sind wiederum gemäß § 48 StPO zur Aussage verpflichtet, sofern sie nicht aus anderen Gründen das Zeugnis oder die Auskunft verweigern dürfen.[397] In diesen Fällen wiegt das Interesse an der Strafverfolgung höher als das Interesse an der Geheimhaltung.[398] Demnach dient § 203 StGB nicht dem individuellen Geheimhaltungsinteresse, sondern dem Allgemeininteresse an der Verschwiegenheit in bestimmten Berufen,[399] da die jeweiligen Berufsgeheimnisträger ohne Verschwiegenheitsverpflichtung die Ausübung gesellschaftlich wichtiger Funktionen nicht glaubwürdig garantieren könnten.[400] Dass § 203 StGB die Offenlegung „illegaler" Geheimnisse sanktioniert, lässt sich nur auf gewichtige Gründe des Gemeinwohls zurückführen.

Es zeigt sich, dass es kein allgemeines Geheimhaltungsinteresse im Strafrecht gibt; vor allem nicht, wenn es um Interessen geht, die dem Recht oder den guten Sitten zuwiderlaufen.[401] Das ist ein deutlicher Hinweis darauf, dass ein berechtigtes, wirtschaftliches Interesse gerade nicht gegeben war, wenn es um „illegale" Geheimnisse ging.

2. *Strafbarkeitslücke ohne den Schutz eines rechtswidrigen Zustands?*

Es wurde auch versucht, das berechtigte, wirtschaftliche Interesse an „illegalen" Geheimnissen anhand eines Vergleichs zum „Diebes-Dieb" zu erklären.[402] Beide Konstellationen ähneln sich, was als allgemeines Geheimhaltungsinteresse für Geheimnisse jeder Art hätte verstanden werden können. So wird beim Schutz vor dem „Diebes-Dieb" der Dieb einer bereits gestohlenen Sache bestraft, wodurch der erste Dieb – trotz Schaffung eines rechtswidrigen Zustandes – sogar vor Beeinträchtigungen dieses rechtwidrigen Zustandes geschützt wird. Auch der Inhaber eines „illegalen" Geheimnisses möchte vor der Offenlegung eines rechtswidrigen Zustands geschützt sein.

Dass der Schutz vor dem „Diebes-Dieb" aber nicht auf die §§ 17 ff. UWG a. F. übertragbar und für den Geheimnisschutz nicht aussagekräftig war, zeigt sich am

397 *Brockhaus*, ZIS 2019, 102, 105.

398 *Satzger*, in: Hellmann/Schröder, Festschrift für Hans Achenbach, 2011, 452.

399 *OLG Köln*, Urt. v. 30.11.1982, 3 Zs 126/82 = NStZ 1983, 412, 413; vgl. *Reinfeld*, Das neue Gesetz zum Schutz von Geschäftsgeheimnissen, 2019, § 1 Rn. 76.

400 *Rützel*, GRUR 1995, 557, 558 f.

401 So auch *Schuth*, Die Neuregelung zum Schutz der Geschäftsgeheimnisse und ihre Auswirkungen für das Arbeitsrecht, 2021, 89 ff.

402 *Rützel*, GRUR 1995, 557, 559.

Schutzzweck der jeweiligen Normen. So schützt § 242 StGB insb. den Gewahrsam, den als tatsächliche Sachherrschaft jedermann ohne Weiteres begründen kann.[403] Das bedeutet, dass auch der erste Dieb die Voraussetzung für den Gewahrsamsbruch durch einen zweiten Dieb im Einklang mit der Rechtsordnung schaffen kann. Ob die Voraussetzung für das geheimnisschutzrechtliche Schutzgut bei „illegalen“ Geheimnissen überhaupt bestand, war aber bereits fraglich, weshalb der Vergleich zum „Diebes-Dieb“ bei „illegalen“ Geheimnissen ein Zirkelschluss wäre. Ein Vergleich war also nicht zielführend,[404] da das Schutzgut – im Gegensatz zum Gewahrsam i. R. d. § 242 StGB – kein von der Rechtsordnung bezwecktes allgemeingültiges Schutzgut ist.

Aus demselben Grund überzeugt auch das Argument der vermeintlichen Strafbarkeitslücke bei Fehlen eines Schutzes von „illegalen“ Geheimnisse nicht. Es ist zwar richtig, dass ein Arbeitnehmer straffrei geblieben wäre, wenn er sein Wissen um ein „illegales“ Geheimnis an einen Wettbewerber verkauft hätte, ohne den Willen zu haben, mit seiner Handlung einen Missstand aufzudecken.[405] Allerdings ist das Argument, einen solchen Fall verhindern zu müssen, ebenso ein Zirkelschluss, da eine Strafbarkeitslücke eine Rechtsgutsverletzung bereits voraussetzt. Auch hier lässt sich somit nicht ableiten, dass es ein berechtigtes, wirtschaftliches Interesse für „illegale“ Geheimnisse gegeben haben muss. Sofern zudem die §§ 17 ff. UWG a. F. in den Bereich der Vermögensdelikte einzustufen waren,[406] wären „illegale“ Geheimnisse nur nach dem ökonomischen, nicht aber nach dem überwiegend vertretenen juristisch-ökonomischen Vermögensbegriff schützenswert gewesen,[407] weil nach Letzterem keine geldwerten Güter umfasst sind, die rechtlich missbilligt sind.[408]

3. *Zwischenergebnis*

Dass Geheimnisse über Rechtsverstöße nicht schutzwürdig waren, ist nicht richtig. So verbietet bspw. § 203 StGB eine Offenlegung durch Berufsgeheimnisträger. Hieraus konnte aber nach früherer Rechtslage kein umfassender Schutz

---

403 *Rützel*, GRUR 1995, 557, 559.

404 Vgl. *Schuth*, Die Neuregelung zum Schutz der Geschäftsgeheimnisse und ihre Auswirkungen für das Arbeitsrecht, 2021, 91.

405 Vgl. *Azar*, JuS 2017, 930, 933; *Koch*, ZIS 2008, 500, 503.

406 A. A. *Reinbacher*, KriPoZ 2018, 115, 117 m. w. N.

407 *Aldoney Ramirez*, Der strafrechtliche Schutz von Geschäfts- und Betriebsgeheimnissen, 2009, 348 m. w. N.; *Engländer/Zimmermann*, NZWiSt 2012, 328, 333.

408 Vgl. *Perron*, in: Schönke/Schröder, StGB, 30. Aufl. 2019, § 263 Rn. 82 f.

„illegaler“ Geheimnisse abgeleitet werden. Die Rechtsordnung hätte sich in einen Widerspruch verstrickt, wenn sie Geheimnisse über rechts- oder sittenwidriges Verhalten durch Strafvorschriften umfassend geschützt hätte.[409] Für Behörden ist die Kenntniserlangung über Rechtsverstöße sogar notwendig und „nicht mit strafrechtlichen Mitteln“ zu erschweren,[410] sofern es keine gewichtigen Gemeinwohlgründe gibt, die entgegenstehen. Es hätte dem Sinn und Zweck der §§ 17 ff. UWG a. F. nicht entsprochen, wenn rechtswidrig handelnden Inhabern ein Straftatbestand bereitgestellt worden wäre, um ihr rechtswidriges Handeln zu verbergen.[411] Die §§ 17 ff. UWG a. F. waren nämlich auf den Schutz vor unlauterem Wettbewerb gerichtet und sollten nicht dazu beitragen, wettbewerbswidrige Zustände zu erhalten.[412] Daher konnten Inhaber „illegaler“ Geheimnisse kein berechtigtes, wirtschaftliches Interesse an der Geheimhaltung haben.[413] Entgegen der mehrheitlich vertretenen Ansicht wurden „illegale“ Geheimnisse nicht durch die §§ 17 ff. UWG a. F. geschützt.[414]

III. Auswirkungen der GeschGeh-RL und des GeschGehG

Durch Inkrafttreten der GeschGeh-RL und des GeschGehG wurde aus dem nebenstrafrechtlichen Regelungssystem der §§ 17 ff. UWG a. F. mit Verankerung im Lauterkeitsrecht ein zivilrechtliches Spezialgesetz mit einer größeren Nähe zum Immaterialgüterschutz.[415] Ob sich die zuvor „immanenten Grenzen, die schwere Rechtsbrüche nicht als Geheimnis qualifizieren“, zu einer „Uferlosigkeit“ des Geheimnisschutzes gewandelt haben,[416] ist schon aufgrund der Ausnahmen

---

409 *Erb*, in: Heinrich/Jäger/Schünemann, Festschrift für Claus Roxin zum 80. Geburtstag am 15. Mai 2011, 2011, 1107.

410 *Erb*, in: Heinrich/Jäger/Schünemann, Festschrift für Claus Roxin zum 80. Geburtstag am 15. Mai 2011, 2011, 1107.

411 *RAG* JW 1931, 490.

412 *Rützel*, GRUR 1995, 557, 560; *Taeger*, Die Offenbarung von Geschäfts- und Betriebsgeheimnissen, 1988, 76.

413 Vgl. auch BVerfGE 38, 312, 321.

414 Stellvertretend für die a. A. und mit einer detaillierten Subsumtion der Rechtfertigungslösung *Schick*, Über die Strafbarkeit von Whistleblowing, 2022, 96 ff.

415 Dies als vorteilhaft erachtend und als „Systemwechsel“ bezeichnend *Kalbfus*, in: Obergfell, Beiträge zum Immaterialgüterrecht, 2021, 295, 300 f., 317; vgl. auch *Ohly*, in: Ohly/Sosnitza, Gesetz gegen den unlauteren Wettbewerb, 8. Aufl. 2023, GeschGehG, Vorbemerkungen Rn. 15.

416 *Müllmann*, ZRP 2019, 25, 26.

i. S. d. Art. 5 der GeschGeh-RL und § 5 GeschGehG zu bezweifeln.[417] Bei der Frage, ob „illegale“ Geheimnisse nun vom Geheimnisschutz erfasst werden und einen wirtschaftlichen Wert haben, kommt der richtlinienkonformen Auslegung eine große Bedeutung zu.[418] Sollte der Richtliniengeber „illegalen“ Geheimnissen einen wirtschaftlichen Wert beigemessen haben, würde dies wegen der Mindestharmonisierung auch für das GeschGehG gelten. Im umgekehrten Fall würde die Mindestharmonisierung dem deutschen Gesetzgeber eine Ausweitung auf weitere Geheimnisse erlauben,[419] wofür aber im GeschGehG eindeutige Hinweise bestehen müssten.

Es gibt es zwei verbreitete Auffassungen, wie „illegale“ Geheimnisse i. R. d. GeschGehG zu behandeln sind. Zum einen sei es möglich, die „Ausnahmen“ buchstäblich als Tatbestandsausnahmen auszulegen.[420] Das würde bedeuten, dass „illegale“ Geheimnisse keinen wirtschaftlichen Wert hätten und gar nicht erst in den Schutzbereich fallen würden (Tatbestandslösung). Zum anderen sei es möglich, Art. 5 der GeschGeh-RL und § 5 GeschGehG auf eine andere Ebene zu verorten.[421] Dadurch würde nicht das Vorliegen eines Geschäftsgeheimnisses auf der Tatbestandsebene entfallen, sondern es käme erst eine Rechtfertigung des Handelns in Betracht (Rechtfertigungslösung).[422] Eine Rechtfertigung komme dann aber erst in Betracht, wenn die Definition auf der Tatbestandsebene erfüllt wäre.[423] Ob die Tatbestands- oder die Rechtfertigungslösung vorzuziehen ist, ist anhand der gängigen Auslegungsmethoden zu ermitteln.

---

417 Einen Bedeutungsverlust der früheren Argumentation erkennend *Schick*, Über die Strafbarkeit von Whistleblowing, 2022, 126.

418 So nämlich *Apel*, in: Brammsen/Apel, GeschGehG, 2022, Einl. C Rn. 64; *Alexander*, WRP 2019, 673, 674; *Hauck*, WRP 2018, 1032, 1034; *Schick*, Über die Strafbarkeit von Whistleblowing, 2022, 120.

419 *Kalbfus*, GRUR 2016, 1009, 1011; *Reinbacher*, KriPoZ 2018, 115, 121; *Schreiber*, NZWiSt 2019, 332, 335; für eine verpflichtende Ausweitung des Geheimnisbegriffs vgl. *Ohly*, GRUR 2019, 441, 444.

420 *Hauck*, in: Münchener Kommentar zum Lauterkeitsrecht, 3. Aufl. 2022, § 5 Rn. 1; *Alexander*, WRP 2019, 673, 677; *Boning/Heidfeld*, AuR 2018, 555, 556; *Hauck*, GRUR-Prax 2019, 223, 225; *Reinhardt-Kasperek/Kaindl*, BB 2018, 1332, 1335.

421 Stellvertretend *Apel*, in: Brammsen/Apel, GeschGehG, 2022, Einl. C Rn. 55.

422 Dies mit den Tatbestand erfüllenden, aber gerechtfertigten Handlungen von Ärzten und Tischlern vergleichend *Rönnau*, in: Bublitz/Bung/Grünewald/Magnus/Putzke/Scheinfeld, Festschrift für Reinhard Merkel zum 70. Geburtstag, 2020, 909, 921 m. w. N.

423 *Keller*, in: Keller/Schönknecht/Glinke, GeschGehG, 2021, § 2 Rn. 14; *Alexander*, WRP 2017, 1034, 1038; *Oetker*, ZESAR 2017, 257, 261 f.; *Preis/Seiwerth*, RdA 2019, 351,

1. *Wortlaut*

Obwohl der Schutz „illegaler" Geheimnisse schon lange vor Inkrafttreten der GeschGehG-RL umstritten war, hat der Richtliniengeber davon abgesehen, auf begrifflicher Ebene eine ausdrückliche Entscheidung zu treffen. Eine tatbestandliche Eingrenzung auf „legale" Geheimnisse ist zumindest i. R. d. Definition nicht geschehen.[424] Zwar besteht nach Erwg. 14 der GeschGeh-RL ein wirtschaftlicher Wert auch durch voraussichtliche Schädigungen geschäftlicher oder finanzieller Interessen. Jedoch ist diese Schädigung wörtlich nicht auf rechtmäßige Informationen begrenzt.[425] Das Absehen von einer Begrenzung kann sogar im Umkehrschluss so verstanden werden, dass Geheimnisse – unabhängig davon, ob sie „legaler" oder „illegaler" Art sind – geschützt werden, solange sie einen wirtschaftlichen Wert haben und auch alle anderen Definitionsvoraussetzungen erfüllen.[426] Demgegenüber könnte stehen, dass sich der deutsche Gesetzgeber dazu entschlossen hat, mit einem „berechtigten Interesse" eine – von den meisten anderen Rechtsordnungen abweichende[427] – Voraussetzung zu schaffen, die „illegale" Geheimnisse schon auf der Tatbestandsebene vom Geheimnisschutz ausklammern könnte. Mit Blick auf die abweichende Voraussetzung bleibt fraglich, ob das „berechtigte Interesse" i. S. d. GeschGehG richtlinienkonform ist und was es hinsichtlich des wirtschaftlichen Wertes überhaupt bedeutet.

a) Richtlinienkonformität und Auslegung von § 2 Nr. 1 lit. c GeschGehG

Weshalb der Gesetzgeber von der GeschGeh-RL abgewichen ist, lässt sich nur erahnen. Laut Beschlussempfehlung des Rechtsausschusses des Bundestages sollte die Änderung *„der Vorgabe aus den Erwägungsgründen 14 der Richtlinie"* folgen und *„der Rechtsprechung des Bundesverfassungsgerichtes Rechnung"* tragen.[428] Letzteres wurde nicht konkretisiert, meint aber wohl eine Entscheidung

---

354; *Rody*, Der Begriff und die Rechtsnatur von Geschäfts- und Betriebsgeheimnissen unter Berücksichtigung der Geheimnisschutz-Richtlinie, 2019, 126 ff.; *Schnabel*, CR 2016, 342, 348; *Wiese*, Die EU-Richtlinie über den Schutz von Geschäftsgeheimnissen, 2019, § 1 Rn. 115.

424 So auch *Ullrich*, NZWiSt 2019, 65, 67.

425 *Harte-Bavendamm*, in: Harte-Bavendamm/Ohly/Kalbfus, GeschGehG, 2020, § 2 Rn. 39.

426 *Kalbfus*, GRUR 2016, 1009, 1011; *Ullrich*, NZWiSt 2019, 65, 67; vgl. auch *Schick*, Über die Strafbarkeit von Whistleblowing, 2022, 123; a. A. *Schmitt*, RdA 2017, 365, 369.

427 *Ohly*, in: Schovsbo/Minssen/Riis, The Harmonization and Protection of Trade Secrets in the EU, 2020, 103, 105.

428 BT-Drs. 19/8300, 13 f.

des BVerfG, nach der Geschäftsgeheimnisse „*alle auf ein Unternehmen bezogene Tatsachen, Umstände und Vorgänge*“ sind, „*die nicht offenkundig, sondern nur einem begrenzten Personenkreis zugänglich sind und an deren Nichtverbreitung der Rechtsträger ein berechtigtes Interesse hat*“.[429] Mit dem „berechtigten Interesse“ könnte der Interessentheorie Ausdruck verliehen worden sein, die im Gegensatz zur reinen Willenstheorie ein objektiv überprüfbares Interesse verlangt und den Geheimnisschutz nicht nur vom Willen des Inhabers abhängig macht (Willkürausschluss[430]).[431] Ferner könnte wohl auch der gesetzliche Schutz illegaler Machenschaften verhindert und klargestellt worden sein, dass der investigative Journalismus nicht durch das GeschGehG erschwert werden soll.[432] Insgesamt könnte ein ausufernder Begriff vermieden und sichergestellt worden sein, dass sich insb. Ersatzansprüche und die Strafandrohung, die sich aus der nebenstrafrechtlichen Vorschrift des § 23 GeschGehG ergibt, nur auf objektiv schützenswerte Geheimnisse beschränken.[433]

Doch schon im Gesetzgebungsverfahren wies die Bundesregierung darauf hin, dass „*die beabsichtigte Einführung des in Art. 2 der umzusetzenden Richtlinie nicht enthaltenen Tatbestandsmerkmals eines berechtigten Geheimhaltungsinteresses*“ ggf. richtlinienwidrig ist.[434] Weil Art. 1 Abs. 1 der GeschGeh-RL einen Mindeststandard für den Geheimnisschutz setzt, ist es den EU-Mitgliedstaaten nicht erlaubt, die Legaldefinition des Geschäftsgeheimnisses aus Art. 2 Nr. 1 der GeschGeh-RL einzuschränken. So hebt auch Erwg. 14 der GeschGeh-RL hervor, dass es wichtig ist, „*eine homogene Definition des Begriffs ‚Geschäftsgeheimnis‘ festzulegen, ohne den vor widerrechtlicher Aneignung zu schützenden Bereich einzuengen*“.

Auch in Erwg. 14 der GeschGeh-RL heißt es, dass die Definition derart beschaffen sein soll, dass sie Geschäftsgeheimnisse abdeckt, bei denen „*ein legitimes Interesse an ihrer Geheimhaltung*“ besteht. Dieses legitime Interesse erlaube Gesetzgebern einen gesetzgeberischen Spielraum, den sie nutzen können, um

---

429 *BVerfG*, Beschl. v. 13.03.2006, 1 BvR 2087/03, 1 BvR 2111/03 = NVwZ 2006, 1041, 1042.

430 *Harte-Bavendamm*, in: Ahrens/Bornkamm/Fezer/Koch/McGuire/Würtenberger, Festschrift für Wolfgang Büscher, 2018, 311, 316.

431 So nämlich *Beyerbach*, Die geheime Unternehmensinformation, 97 f.; *Brockhaus*, ZIS 2019, 102, 103.

432 *Lamy/Vollprecht*, IR 2019, 201, 204; *Ohly*, GRUR 2019, 441, 444.

433 *Scheer*, Plenarprotokoll 19/89 des Deutschen Bundestages für die 89. Sitzung am 21.03.2019, 10656.

434 BT-Drs. 19/8300, 12.

die Legaldefinition zu konkretisieren.[435] Dies sei angeblich auch richtlinienkonform durch die Einführung des „berechtigten Interesses" geschehen,[436] wobei ein wirtschaftliches Interesse als berechtigtes Interesse genügen müsste.[437] Das „berechtigte Interesse" sei also als eine widerlegbare Vermutung zu begreifen, wenn die übrigen Voraussetzungen aus § 2 Nr. 1 GeschGehG – insb. der wirtschaftliche Wert – erfüllt sind.[438] So wurde das berechtigte Interesse in einem Urteil des OLG Stuttgart angenommen, nur weil die geheimen Rezepte und Produktionsvorschriften von wirtschaftlichem Wert seien.[439]

Die Auffassung, die die Richtlinienkonformität des berechtigten Interesses annimmt, findet aber in Art. 2 Nr. 1 der GeschGeh-RL keinen Anklang, sondern stützt sich lediglich auf einen nicht-bindenden Erwg. der GeschGeh-RL.[440] Selbst wenn ein Erwg. eindeutig darauf hinweisen würde, dass „illegale" Geheimnisse nicht schützenswert seien, müsste dies zwar zur Auslegung des normativen Teils der GeschGeh-RL berücksichtigt werden. Allerdings wäre ein Widerspruch zwischen Erwg. 14 und dem normativen Teil zugunsten Letzterem zu lösen.[441] Eine Einschränkung der Legaldefinition lässt sich ohne weitere Anhaltspunkte nicht nur durch einen Erwg. realisieren.[442] Eine Anknüpfung an das „legitime Interesse" kann daher auch anders verstanden werden als zuvor dargelegt.

So kann das legitime Interesse zum einen dadurch gewährleistet werden, dass der Schutz sich ausschließlich auf wirtschaftlich wertvolle Geheimnisse bezieht, was einem „berechtigten, wirtschaftlichen Interesse" entspricht;[443] zum anderen

---

435 *Böning/Heidfeld*, AuR 2018, 555, 556; *Hauck*, WRP 2018, 1032, 1034; *Oetker*, in: Grundmann/Merkt/Mülbert, Festschrift für Klaus J. Hopt zum 80. Geburtstag am 24. August 2020, 901, 911.

436 *Brockhaus*, ZIS 2019, 102, 110; *Schreiber*, NZWiSt 2019, 332, 335.

437 *Alexander*, in: Köhler/Bornkamm/Feddersen, UWG, 4041 Aufl. 2023, GeschGehG, § 2 Rn. 77.

438 *Alexander*, in: Köhler/Bornkamm/Feddersen, UWG, 41. Aufl. 2023, GeschGehG, § 2 Rn. 77.

439 *OLG Stuttgart*, Urt. v. 19.11.2020, 2 U 575/19 = WRP 2021, 242, 256.

440 Zur fehlenden Bindung von Erwägungsgründen *EuGH*, Urt. v. 19.06.2014, C-345/13 = GRUR 2014, 774; so auch *Preis/Seiwerth*, RdA 2019, 351, 354.

441 Vgl. *Preis/Seiwerth*, RdA 2019, 351, 354.

442 *Preis/Seiwerth*, RdA 2019, 351, 354.

443 *Hohendorf*, Know-how-Schutz und Geistiges Eigentum, 2020, 46 m. w. N.; *Rönnau*, in: Bublitz/Bung/Grünewald/Magnus/Putzke/Scheinfeld, Festschrift für Reinhard Merkel zum 70. Geburtstag, 2020, 909, 916; *Sebulke*, Zivilprozessualer Geheimnisschutz im Anschluss an das Gesetz zum Schutz von Geschäftsgeheimnissen, 2021, 58; vgl. *Kalbfus*, in: Obergfell, Beiträge zum Immaterialgüterrecht, 2021, 295, 306.

gibt es auch die Möglichkeit, die Einhaltung des „legitimen Interesses“ mit den Ausnahmen i. S. d. Art. 5 der GeschGeh-RL sicherzustellen,[444] wodurch der Sinn einer weiteren Korrektur zweifelhaft ist.[445] Sollten die Ausnahmen keinen Einfluss auf den Geheimnisbegriff haben, sondern als rechtfertigende Schranke zu verorten sein, wäre die „Verschiebung“ des legitimen Interesses auf den Tatbestand richtlinienwidrig. Die Vereinbarkeit des „berechtigten Interesses“ mit der GeschGeh-RL ist somit zu bezweifeln.[446] Die Voraussetzung müsste dann richtlinienkonform ausgelegt werden, sodass das „berechtigte Interesse“ aus § 2 Nr. 1 lit. c GeschGehG unwiderlegbar vermutet wird, wenn die übrigen Voraussetzungen aus § 2 Nr. 1 GeschGehG erfüllt sind.[447] Eine derartige Erweiterung der Definition wäre also nur eine „überflüssige, eher verwirrende ‚Klarstellung‘ oder eine richtlinienwidrige Senkung des Schutzniveaus“,[448] sodass die Voraussetzung treffend als „reine Kosmetik“ oder „kosmetische Veränderung“ bezeichnet werden kann, die aber „keine praktische Bedeutung erlangen wird und darf“.[449]

b) Bedeutung für den wirtschaftlichen Wert

Es wäre vorteilhaft gewesen, die Definition aus der GeschGeh-RL ohne weitere Änderungen zu übertragen,[450] sodass gar nicht erst der „Eindruck einer sachlichen Diskrepanz“ erweckt und die einheitliche europäische Rechtsanwendung

444 *Ohly*, GRUR 2019, 441, 444; *Sebulke*, Zivilprozessualer Geheimnisschutz im Anschluss an das Gesetz zum Schutz von Geschäftsgeheimnissen, 2021, 58.

445 Vgl. *Schreiber*, NZWiSt 2019, 332, 335.

446 So auch *Ohly*, GRUR 2019, 441, 444; *Rönnau*, in: Bublitz/Bung/Grünewald/Magnus/Putzke/Scheinfeld, Festschrift für Reinhard Merkel zum 70. Geburtstag, 2020, 909, 915 ff.; *Strobel*, Reverse Engineering im Spannungsfeld der Sonderschutzrechte, 2022, 82 ff.

447 *McGuire*, in: Ahrens/Büscher/Goldmann/McGuire, Festschrift für Henning Harte-Bavendamm zum 70. Geburtstag, 2020, 367, 373; *Ohly*, GRUR 2019, 441, 445; *Rody*, Der Begriff und die Rechtsnatur von Geschäfts- und Betriebsgeheimnissen unter Berücksichtigung der Geheimnisschutz-Richtlinie, 2019, 269.

448 *Harte-Bavendamm*, in: Harte-Bavendamm/Henning-Bodewig, UWG, 5. Aufl. 2021, GeschGehG, § 2 Rn. 36 m. w. N.; *Kalbfus*, in: Obergfell, Beiträge zum Immaterialgüterrecht, 2021, 295, 306.

449 So nämlich *Kalbfus*, in: Obergfell, Beiträge zum Immaterialgüterrecht, 2021, 295, 306; so auch *Ohly*, in: Ohly/Sosnitza, Gesetz gegen den unlauteren Wettbewerb, 8. Aufl. 2023, GeschGehG, § 5 Rn. 1.

450 Zustimmend *Harte-Bavendamm*, in: Harte-Bavendamm/Ohly/Kalbfus, GeschGehG, 2020, § 2 Rn. 5, 8; *Kalbfus*, in: Obergfell, Beiträge zum Immaterialgüterrecht, 2021, 295, 306.

erschwert wird.[451] So wurde nur in Deutschland die Voraussetzung des „berechtigten Interesses" eingeführt, obwohl nach Erwg. 14 der GeschGeh-RL eine möglichst homogene Definition innerhalb des örtlichen Geltungsbereichs angestrebt wird. Sollte das „berechtigte Interesse" – als Ausdruck eines deutschen „Aktionismus" – den begrifflichen Ausschluss „illegaler" Geheimnisse bewirken, weicht dies nicht nur weitestgehend vom angestrebten einheitlichen Begriff ab, der in den meisten EU-Mitgliedstaaten „wortlautgetreu umgesetzt" wurde.[452] Dies würde auch richtlinienwidrig den Mindestschutz der GeschGeh-RL untergraben.[453]

Letztendlich obliegt die Vereinbarkeit und der Bedeutungsgehalt der Voraussetzung der europäischen Rspr.[454] Ersteres ist aber aufgrund der oben genannten Gründe zu bezweifeln.[455] Zumindest muss die Legaldefinition des Geschäftsgeheimnisses trotz § 2 Nr. 1 lit. c GeschGehG so auslegt werden, dass alle Geheimnisse – auch die, die rechtswidrige Vorgänge dokumentieren – von wirtschaftlichem Wert sind, solange sie einen Wettbewerbsvorteil für Inhaber begründen. Auch wenn die Voraussetzung richtlinienkonform sein sollte, könnte es zwar schwer zu begründen sein, welches berechtigte Interesse am Schutz von „illegalen" Geheimnissen besteht,[456] jedoch würde das nicht bedeuten, dass sie keinen wirtschaftlichen Wert hätten. Auch wenn sie mangels berechtigten Interesses vom Geheimnisschutz ausgenommen sein sollten, würde dies nicht an der Voraussetzung aus § 2 Nr. 1 lit. a GeschGehG liegen, sondern an der aus § 2 Nr. 1 lit. c GeschGehG. Sollte es bereits am wirtschaftlichen Wert fehlen, käme es mangels eigener Bedeutung gar nicht mehr auf die Voraussetzung des berechtigten Interesses an der Geheimhaltung an.[457]

---

451 *Kalbfus*, in: Obergfell, Beiträge zum Immaterialgüterrecht, 2021, 295, 306; *Rody*, Der Begriff und die Rechtsnatur von Geschäfts- und Betriebsgeheimnissen unter Berücksichtigung der Geheimnisschutz-Richtlinie, 2019, 269.

452 Dies als „Ziel eines homogenen Begriffsverständnisses" bezeichnend, aber im Ergebnis auch *Schick*, Über die Strafbarkeit von Whistleblowing, 2022, 129; so auch *Rönnau*, in: Bublitz/Bung/Grünewald/Magnus/Putzke/Scheinfeld, Festschrift für Reinhard Merkel zum 70. Geburtstag, 2020, 909, 916.

453 So auch *Schick*, Über die Strafbarkeit von Whistleblowing, 2022, 130.

454 *Rody*, Der Begriff und die Rechtsnatur von Geschäfts- und Betriebsgeheimnissen unter Berücksichtigung der Geheimnisschutz-Richtlinie, 2019, 269.

455 So auch *Ohly*, GRUR 2019, 441, 444; *Naber/Peukert/Seeger*, NZA 2019, 583, 584 f.

456 *Hauck*, GRUR-Prax 2019, 223, 224.

457 *Hauck*, in: Münchener Kommentar zum Lauterkeitsrecht, 3. Aufl. 2022, GeschGehG, § 2 Rn. 16; *Sebulke*, Zivilprozessualer Geheimnisschutz im Anschluss an das Gesetz zum Schutz von Geschäftsgeheimnissen, 2021, 61.

c) Zwischenergebnis

Insgesamt verbleiben starke Zweifel, ob das „berechtigte Interesse" i. S. d. GeschGehG überhaupt eine richtlinienkonforme Umsetzung der GeschGeh-RL ist. Zumindest liegt es nahe, dass die Voraussetzung den Begriff des Geschäftsgeheimnisses richtlinienwidrig einschränkt.[458] In diesem Fall muss das „berechtigte Interesse" so ausgelegt werden, sodass es stets gegeben ist, wenn ein Geheimnis von wirtschaftlichem Wert ist, was schon wegen des Schädigungspotenzials bei „illegalen" Geheimnissen grundsätzlich der Fall ist. Die Betrachtung des „berechtigten Interesses" kann also keinen Aufschluss darüber geben, ob „illegale" Geheimnisse von wirtschaftlichem Wert sind und geschützt werden. Auch sonst beschränkt der Wortlaut den Geheimnisschutz nicht auf „legale" Geheimnisse. Es ist sogar wegen des langanhaltenden Streites eher davon auszugehen, dass das Weglassen eines „Rechtmäßigkeit"-Erfordernisses zugunsten eines wirtschaftlichen Wertes „illegaler" Geheimnisse spricht, weil der Richtliniengeber dies sonst klargestellt hätte.

2. Sinn und Zweck

Die Erwägungsgründe zeigen „allgemeine Zielsetzungen" der GeschGeh-RL.[459] Obwohl sie für den normativen Teil nicht bindend sind,[460] geben sie Hinweise, ob der Richtliniengeber den Schutz „illegaler" Geheimnisse dem Sinn und Zweck nach befürwortet oder abgelehnt hat und sie einen wirtschaftlichen Wert haben können.

a) Innovationsschutz

Als Ergänzung zum Schutz durch Patent-, Geschmacks- und Urheberrechte dienen Geschäftsgeheimnisse dem Innovationsschutz, was sich insb. an den Erwg. 2, 3, 4, 8, 9, 16, 17 und 21 der GeschGeh-RL zeigt.[461] So werden

---

458 *Harte-Bavendamm*, in: Harte-Bavendamm/Henning-Bodewig, UWG, 5. Aufl. 2021, GeschGehG, § 2 Rn. 36; *Kalbfus*, in: Obergfell, Beiträge zum Immaterialgüterrecht, 2021, 295, 306.

459 *Ohly*, GRUR 2019, 441, 444; *Preis/Seiwerth*, RdA 2019, 351, 354.

460 Zur fehlenden Bindungswirkung von Erwägungsgründen *EuGH*, Urt. v. 19.06.2014, C-345/13 = GRUR 2014, 774; so auch *Preis/Seiwerth*, RdA 2019, 351, 354.

461 *Keller*, in: Keller/Schönknecht/Glinke, GeschGehG, 2021, § 1 Rn. 5; *Hauck*, in: Münchener Kommentar zum Lauterkeitsrecht, 3. Aufl. 2022, GeschGehG, § 2 Rn. 66; *Gündogdu/Hurst*, K & R 2019, 451, 452; *Hauck*, GRUR-Prax 2019, 223, 224; *Hauck*, WRP 2018, 1032, 1035; *Leistner/Antoine/Sagstetter*, Big Data, 2021, 140.

Geschäftsgeheimnisse auch in Erwg. 1 der GeschGeh-RL als „*Währung der wissensbasierten Wissenschaft*“ sowie „*Ergebnisse der Innovation*“ bezeichnet. Vor allem Letzteres basiert auf einem „funktionierenden Wettbewerb“, sodass Inhaber i. d. R. gewillt sind, „effizienter zu arbeiten und Produkte zu entwickeln, die ihnen einen Vorsprung verschaffen“.[462] „Illegale“ Geheimnisse gelten dagegen als „unproduktiv“,[463] sodass es mangels Innovation ggf. am wirtschaftlichen Wert fehlt.[464] Der Schutz „illegaler“ Geheimnisse könnte auch dem Innovationsschutz widersprechen, da rechtswidriges Verhalten zur Manifestation eines gestörten Wettbewerbs führen und rechtmäßige Lösungen hemmen können.[465] Der Nutzen eines „illegalen“ Geheimnisses leite sich schließlich nicht aus einer schöpferischen Tätigkeit oder Innovation ab.[466]

Bspw. kann die Entsorgung von Produktionsabfällen, die gegen Umweltschutzvorschriften verstößt, für einen Inhaber kostengünstiger sein als die rechtmäßige Entsorgung oder die aufwendige FuE eines „bahnbrechenden“ Produkts, durch das nicht so hohe Entsorgungskosten verursacht werden. Dass die Motivation zu rechtmäßigen Lösungen gehemmt wird, ist aber nur eine Vermutung. Weil die Nachhaltigkeit eines Produkts oder Unternehmens eine wachsende Rolle bei Kaufentscheidungen von Kunden und unternehmerischen Perspektiven spielt,[467] ist die Unterstellung, dass sich Unternehmen immer am kostengünstigsten Verhalten orientieren – vor allem, wenn dieses sogar rechtswidrig ist –, nicht ohne Weiteres möglich. Außerdem kann ein rechtmäßiges Handeln für ein Unternehmen langfristig sogar kostengünstiger sein, da es dann

---

462 *Götz*, Der Schutz von Betriebs- und Geschäftsgeheimnissen im Zivilverfahren, 2014, 6 m. w. N.

463 *McGuire*, in: Büscher, Gesetz gegen den unlauteren Wettbewerb, 2. Aufl. 2021, GeschGehG, § 2 Rn. 46; *McGuire*, in: Ahrens/Büscher/Goldmann/McGuire, Festschrift für Henning Harte-Bavendamm zum 70. Geburtstag, 2020, 367, 380.

464 *Harte-Bavendamm*, in: Harte-Bavendamm/Ohly/Kalbfus, GeschGehG, 2020, § 2 Rn. 39; *Alexander*, WRP 2017, 1034, 1039; *Kalbfus*, GRUR 2016, 1009, 1011.

465 *Hauck*, WRP 2018, 1032, 1035; *Letzel*, ZJS 2021, 1, 7; *Steinmann*, WRP 2019, 703, 709.

466 *Steinmann*, WRP 2019, 703, 709.

467 Zum Einfluss der Nachhaltigkeit auf Kaufentscheidungen vgl. *OLG Frankfurt am Main*, Urt. v. 10.11.2022, 6 U 104/22; zum Vorschlag der Europäischen Kommission, „das Greenwashing“ wegen einer größerer werdenden Bedeutung zu verbieten *Europäische Kommission*, Pressemitteilung v. 30. März 2022, Kreislaufwirtschaft: Kommission schlägt neue Verbraucherrechte vor und will Greenwashing verbieten (zuletzt abgerufen am 17.07.2023 unter: https://ec.europa.eu/commission/presscorner/detail/de/ip_22_2098).

erhebliche Geheimhaltungskosten einspart und keine Bußgelder oder Schadensersatzansprüche befürchten muss. Richtig ist aber, dass durch rechtswidriges Verhalten der funktionierende Wettbewerb beeinträchtigt wird, solange es nicht der Öffentlichkeit bekannt wird. Der Wettbewerbsvorteil eines „illegalen“ Geheimnisses ergibt sich dann tatsächlich nicht aus einer Innovation, sondern ausschließlich aus einem Rechtsverstoß.[468]

An den genannten Erwägungsgründen ist zu erkennen, dass der Geheimnisschutz auch dem Innovationsschutz dient.[469] Dieser Zweck drückt sich aber nicht – wie bei Immaterialgüterrechten – in einem normativ verankerten „Innovationserfordernis“ aus (z. B. als Voraussetzung i. R. d. Legaldefinition). Es ist also möglich, dass der Geheimnisschutz entweder nur Innovationen schützen soll oder neben anderen Informationen auch Innovationen schützt. Im letztgenannten Fall wären „illegale“ Geheimnisse nicht ausgeschlossen. So ist nämlich denkbar, dass der von der GeschGeh-RL bezweckte Schutz nicht ausschließlich „innovations- oder forschungsbezogener“ Natur ist,[470] da auch anderweitige Geheimnisse sich auf die Wettbewerbsfähigkeit von Inhabern auswirken können. So ist der wirtschaftliche Wert nicht schon aus Gründen des Innovationsschutzes abzulehnen. Das kann insb. aus Erwg. 14 der GeschGeh-RL abgeleitet werden, in dem sich zeigt, dass Inhaber auch vor negativen Beeinträchtigungen geschäftlicher oder finanzieller Interessen geschützt werden sollen und die GeschGeh-RL sich nicht nur auf „innovations- und forschungsbezogene Informationen“ begrenzt.[471] Der Wille des Richtliniengebers verdeutlicht abermals das weite – über den Innovationsschutz hinausgehende – Potenzialverständnis im Geheimnisschutz, sodass der Innovationsschutz als Sinn und Zweck keinen eindeutigen Aufschluss über den wirtschaftlichen Wert von „illegalen“ Geheimnissen geben kann.

b) Whistleblowing-Aktivitäten

Für den Sinn und Zweck ist auch zu berücksichtigen, dass Whistleblowing-Aktivitäten[472] nicht durch die GeschGeh-RL negativ beeinträchtigt werden sollen.

---

468 So auch *Hauck*, in: Münchener Kommentar zum Lauterkeitsrecht, 3. Aufl. 2022, GeschGehG, § 2 Rn. 66.

469 So auch *Schick*, Über die Strafbarkeit von Whistleblowing, 2022, 127 f.

470 *Schick*, Über die Strafbarkeit von Whistleblowing, 2022, 128.

471 *Schick*, Über die Strafbarkeit von Whistleblowing, 2022, 128

472 Zum Begriff und der faktischen Bedeutung des Whistleblowing *Schick*, Über die Strafbarkeit von Whistleblowing, 2022, 5 ff.

So sieht Erwg. 20 der GeschGeh-RL ausdrücklich vor, dass sich *„der Schutz von Geschäftsgeheimnissen nicht auf Fälle erstrecken“* soll, *„in denen die Offenlegung eines Geschäftsgeheimnisses insoweit dem öffentlichen Interesse dient, als ein regelwidriges Verhalten, ein Fehlverhalten oder eine illegale Tätigkeit von unmittelbarer Relevanz aufgedeckt wird.“* Hierdurch hat der Richtliniengeber zu erkennen gegeben, dass der Geheimnisschutz nicht grenzenlos gilt, sondern Grenzen zieht, wenn es um bestimmte „illegale“ Geheimnisse geht. Whistleblowing-Aktivitäten sollen also nicht nur nicht eingeschränkt, sondern sogar ausdrücklich ermöglicht werden. Hierdurch sollen Inhaber „illegaler Geheimnisse“ abgeschreckt werden, sodass sie von „gesellschaftlich unerwünschten Verhaltensweisen“ absehen, was auch eine „Stärkung des freien Wettbewerbs“ bewirken kann.[473]

Zugleich darf das (ggf. sogar nur augenscheinliche) Whistleblowing nicht als „einseitiges Allheilmittel“ betrachtet werden. Durch die Offenlegung der betroffenen Geheimnisse verursachte Schäden beziehen sich meistens nicht nur auf den Inhaber, sondern wirken sich ggf. auch mittelbar zulasten der (häufig unwissenden) Arbeitnehmer, Kooperationspartner, Kapitalgeber, usw. aus und können sowohl wirtschaftlich als auch gesamtgesellschaftlich größere Schäden hervorrufen, als die Geheimhaltung verursacht. Das Whistleblowing berührt also – trotz eines häufig gut gemeinten Willens – viele verschiedene Interessen, die in Ausgleich gebracht werden müssen. Ein pauschaler und den Einzelfall nicht angemessener Ausschluss ist jedenfalls nicht das effizienteste Mittel, um den angestrebten Zweck zu erreichen.[474]

Auch an Erwg. 20 der GeschGeh-RL zeigt sich, dass das durch den Richtliniengeber anerkannte Whistleblowing an bestimmte Anforderungen geknüpft ist, sodass mangels „*unmittelbarer Relevanz*“ nicht alle „illegalen“ Geheimnisse rechtmäßig offengelegt werden dürfen. Da auch dem Richtliniengeber zufolge „nicht jede durch Whistleblower initiierte Offenlegung von Geschäftsgeheimnissen schutzwürdig ist“,[475] sollten Whistleblowing-Aktivitäten nicht unbegrenzt i. R. d. Geheimnisschutzes erlaubt sein. Das hat zur Folge, dass der bezweckte Schutz von Whistleblowern nicht derart zulasten des wirtschaftlichen Wertes von „illegalen“ Geheimnissen ausgelegt werden kann, sondern die GeschGeh-RL nur in bestimmten Fällen die Möglichkeit gibt, dass sich der Inhaber nicht auf den Geheimnisschutz berufen darf.

473 *Dorner*, Know-how-Schutz im Umbruch, 2013, 467.
474 So auch *Schick*, Über die Strafbarkeit von Whistleblowing, 2022, 132.
475 *Schick*, Über die Strafbarkeit von Whistleblowing, 2022, 132.

Dies ist auch aus Gründen der Effizienz sinnvoll, weil ein allumfassendes und unbeschränktes „Whistleblowing“-Recht Inhaber veranlassen könnte, auf „verstärkte Schutzmaßnahmen, verminderte externe Kooperationen, sowie eine ineffiziente Einstellungspraxis zur Anstellung besonders loyaler Arbeitnehmer“ zu setzen.[476] Dies würde die intendierte Offenlegung rechtswidriger Handlungen weiter erschweren und eine kostenintensive Spirale auf beiden Seiten (einerseits Whistleblower, anderseits Inhaber von „illegalen“ Geheimnissen) auslösen, was der ökonomischen Rechtfertigung des kostensenkenden Geheimnisschutzes – „durch Vermeidung unnötiger Ausgaben“[477] – widersprechen würde.[478]

Demzufolge gebietet auch das auf Whistleblowing-Aktivitäten gerichtete Ziel eine „den Einzelfall berücksichtigende Lösung“,[479] die nicht im ineffizienten Ausschluss aller „illegalen“ Geheimnisse liegt.

c) *Handelbarkeit*

Es mag zwar denkbar sein, einem „illegalen“ Geheimnis (wie die Tatsache, dass ein Inhaber eine Kartellabsprache getroffen hat)[480] den Geheimnisschutz mangels Handelswertes abzusprechen, da Geheimnissen über Gesetzesverstöße mangels Übertragung und Verwertung der Nutzungsrechte kein Handelswert zukomme.[481] Allerdings kommt es i. R. d. GeschGeh-RL gar nicht auf die Handelbarkeit einer Information oder auf einen Vermögenswert an. Es reicht auch schon ein Schädigungspotenzial, um den wirtschaftlichen Wert zu begründen.

---

476 *Dorner*, Know-how-Schutz im Umbruch, 2013, 467 f.

477 Hierzu differenzierend und kritisch *Hohendorf*, Know-how-Schutz und Geistiges Eigentum, 2020, 143 ff., 166 ff.; dies aus Gründen „ökonomischer Effizienz“ befürwortend und als „Vermeidung von Ressourcenverschwendung“ bezeichnend *Wagner*, Know-how. Einordnung in das Zivilrecht, 2016, Rn. 63 ff.; so auch *Leistner/Antoine/Sagstetter*, Big Data, 2021, 141; vgl. *Ohly*, in: Ohly/Sosnitza, Gesetz gegen den unlauteren Wettbewerb, 8. Aufl. 2023, GeschGehG, Vorbemerkungen Rn. 3.

478 Hierzu im Detail *Kalbfus*, Know-how-Schutz in Deutschland zwischen Strafrecht und Zivilrecht – welcher Reformbedarf besteht?, 2011, Rn. 71 ff.

479 *Schick*, Über die Strafbarkeit von Whistleblowing, 2022, 132.

480 Beispiel nach *McGuire*, WRP 2019, 679, 685.

481 So nämlich *McGuire*, in: Büscher, Gesetz gegen den unlauteren Wettbewerb, 2. Aufl. 2021, GeschGehG, § 2 Rn. 46; *McGuire*, in: Ahrens/Büscher/Goldmann/McGuire, Festschrift für Henning Harte-Bavendamm zum 70. Geburtstag, 2020, 367, 379; *Schmitt*, RdA 2017, 365, 369; *Schreiber*, NZWiSt 2019, 332, 335; *Wiese*, Die EU-Richtlinie über den Schutz vertraulichen Know-hows und vertraulicher Geschäftsinformationen, 2018, 137; so auch schon zu den §§ 17 ff. UWG a. F. *Engländer/Zimmermann*, NZWiSt 2012, 328, 331 f.

Die Handelbarkeit eines Geheimnisses darf somit nicht beim Sinn und Zweck berücksichtigt werden.

d) Legitimität

Nach Erwg. 14 der GeschGeh-RL sollen nur solche Informationen geschützt sein, an deren Geheimhaltung ein „legitimes Interesse" als auch die „legitime Erwartung" besteht, dass die Vertraulichkeit gewahrt wird.[482] Dass die Öffentlichkeit und staatliche Behörden an der Aufrechterhaltung rechtswidriger Vorgänge kein „legitimes" Interesse haben, kann für einen daran beteiligten Inhaber nicht überraschend sein,[483] sodass der Geheimnisschutz sogar nicht mal ein „legales" Geheimnis „um jeden Preis schützt, sondern dieses richtigerweise „in bestimmten Konstellationen [...] hinter andere berechtigte Interessen zurückzutreten hat".[484] Es ist jedoch allein am Sinn und Zweck nicht ersichtlich, ob das beabsichtigte „legitime Interesse" so ausgestaltet ist, dass es bei allen „illegalen" Geheimnissen entfallen soll. Wo die Grenze zu ziehen ist, ist eine Sache der konkreten Ausgestaltung durch den Richtlinien- und Gesetzgeber. So ist denkbar, dass zwar grundsätzlich kein „legitimes Interesse" an „illegalen" Geheimnissen besteht, es aber Ausnahmen geben kann. Ob damit eine Tatbestandsausnahme oder ein Rechtfertigungsgrund intendiert ist, kann also nur aus systematischer Sicht beurteilt werden.

e) Rechtssicherheit

Sollten nicht sämtliche „illegalen" Geheimnisse vom Geheimnisschutz ausgeschlossen sein, birgt dies die Gefahr, dass sich vor allem Journalisten und Whistleblowern nie sicher sein können, ob eine Offenlegung gerechtfertigt ist und wann sie es nicht ist. Rechtssicherheit könnte ggf. nur gegeben sein, wenn alle „illegalen" Geheimnisse vom Schutz ausgenommen wären. Erst dann könnten Journalisten und Whistleblower bedenkenlos ihre „gesellschaftlich zugewiesene" Aufgabe erfüllen. Auch Gerichte könnten durch eine eindeutige Klassifizierung von schutzwürdigen und schutzlosen Geheimnissen entlastet werden. Doch diese vermeintliche Rechtssicherheit hat nur augenscheinlich einen größeren

---

482 So zumindest *Goldhammer*, NVwZ 2017, 1809, 1812; *Hauck*, WRP 2018, 1032, 1034 f.; *Kalbfus* GRUR 2016, 1009, 1011, *Schmitt*, RdA 2017, 365, 367; *Schreiber*, NZWiSt 2019, 332, 335.

483 *Oetker*, in: Grundmann/Merkt/Mülbert, Festschrift für Klaus J. Hopt zum 80. Geburtstag am 24. August 2020, 907.

484 *Schick*, Über die Strafbarkeit von Whistleblowing, 2022, 126.

Nutzen als ein sinnvoll ausgestalteter Rechtfertigungsgrund. Erstens würde der neben einer *„rechtswidrigen Handlung“* stehende Offenlegungsgrund des *„sonstigen Fehlverhaltens“* eine unangemessene „Weite und Unschärfe“ eines pauschalen Ausnahmetatbestandes herbeiführen,[485] der – wie *Rönnau* richtigerweise zusammenfasst – in…

> *„… einer pluralistischen Gesellschaft, die gerade in jüngerer Zeit in mannigfaltigen Kontexten zu moralisch aufgeladenen Urteilen neigt und sich schnell empört, ein höchst unpräzises, ja fast ins Beliebige ausuferndes Kriterium, das gerade im auf größtmögliche Bestimmtheit angewiesenen Strafrecht großen Argwohn erwecken muss.“*[486]

Eine derartige Unbestimmtheit wäre unpräzise und bedürfe trotzdem einer Abwägung, für die aber sich ein Rechtfertigungsgrund besser anbieten würde. Zweitens bedarf es auch für die Berücksichtigung von milderen Mitteln, der Schwere von Straftaten oder der Intention des Offenlegenden unbedingt eines Rechtfertigungsgrundes,[487] denn ein begrifflicher Ausschluss würde diesen Umständen keinen angemessenen Raum lassen.[488] Um die Interessen von Journalisten und Whistleblowern auf der einen Seite, aber auch die der Inhaber auf der anderen Seite in Einklang zu bringen, muss es eine Abwägung geben, für die die Ebene der Rechtswidrigkeit der einzig richtige Ort ist.[489] In vielen Fällen dürfte die Offenlegung von „illegalen“ Geheimnissen von einer „Ausnahme“ umfasst sein, sodass Inhaber sich gegenüber Journalisten und Whistleblowern nur selten auf geheimnisschutzrechtliche Maßnahmen berufen können, aber für die Fälle, in denen die Milde einer Gesetzeswidrigkeit nicht im Verhältnis zu einem (drohenden) Schaden steht, muss es eine Möglichkeit geben, den Einzelfall angemessen zu bewerten. Sonst sind auch Ergebnisse denkbar, in denen die Offenlegung zu einem größeren – nicht nur auf den Inhaber bezogenen – Schaden führt, als es ohne Offenlegung der Fall wäre. Der Geheimnisschutz wäre dann ineffizient, was der Richtliniengeber nicht intendiert haben dürfte.

---

485 Zwar als „Rechtfertigungstatbestand“ bezeichnend, aber ebenso kritisch wegen einer drohenden Ausuferung *Hiéramente/Golzio*, Die Reform des Geheimnisschutzes aus Sicht der Compliance-Abteilung – Ein Überblick, CCZ 2018, 262, 264.

486 *Rönnau*, in: Bublitz/Bung/Grünewald/Magnus/Putzke/Scheinfeld, Festschrift für Reinhard Merkel zum 70. Geburtstag, 2020, 909, 922.

487 *Harte-Bavendamm*, in: Harte-Bavendamm/Henning-Bodewig, UWG, 5. Aufl. 2021, GeschGehG, § 2 Rn. 30; *Reinbacher*, KriPoZ 2018, 115, 117.

488 *Harte-Bavendamm*, in: Harte-Bavendamm/Henning-Bodewig, UWG, 5. Aufl. 2021, GeschGehG, § 2 Rn. 30; *Reinbacher*, KriPoZ 2018, 115, 117.

489 *Reinbacher*, KriPoZ 2018, 115, 117.

f) Zwischenergebnis

Insgesamt ist am Sinn und Zweck der GeschGeh-RL zu erkennen, dass der Geheimnisschutz Grenzen hat und vor allem aufgrund des Innovationsschutzes und der Whistleblowing-Aktivitäten nicht so weit gehen soll, dass sämtliche Geheimnisse vom Geheimnisschutz umfasst sein sollen. Ein beeinträchtigter Wettbewerb soll dem Willen des Richtliniengebers nach gerade nicht manifestiert werden, sondern insb. durch eine erlaubte Offenlegung aufgedeckt werden können. Sinn und Zweck gebieten aber nicht, dass alle „illegalen" Geheimnisse wertlos und daher vom Schutz ausgenommen sein sollen. Die Ziele lassen sich nicht nur durch einen begrifflichen Ausschluss erreichen, sondern können auch oder sogar erst recht durch effiziente Einzelfallabwägungen an anderen Stellen verwirklicht werden, um alle berührten Interessen angemessen berücksichtigen zu können.

3. Historische Entwicklung

Obwohl bei der Umsetzung von Art. 5 der GeschGeh-RL im Regierungsentwurf in § 5 GeschGehG noch von „Rechtfertigungsgründen" gesprochen wurde,[490] wurde in der endgültigen Fassung für § 5 GeschGehG der redaktionelle Begriff „Ausnahmen" festgelegt. Dieser Umschwung könnte als gesetzgeberischer Wille ausgelegt werden, § 5 GeschGehG als tatbestandsauschließende Norm zu verstehen.[491] Dies bezeichnete sogar der Rechtsausschuss des Bundestages im Gesetzgebungsverfahren ausdrücklich als Umgestaltung in eine „Tatbestandsausnahme", um den Eindruck zu vermeiden, dass Journalisten und Whistleblower prima facie rechtswidrig handeln würden,[492] weil die Erfüllung eines Verbotstatbestandes auf Journalisten und Whistleblower eine abschreckende Wirkung hätte, selbst wenn im Nachhinein ein weit gefasster Rechtfertigungsgrund eingreifen würde.[493]

Es darf aber nicht vergessen werden, dass das Gesetzgebungsverfahren in Deutschland hauptsächlich von der Debatte geprägt wurde,[494] ob die reine

---

490 BT-Drs. 19/4724, 10, 28.

491 So nämlich *Schick*, Über die Strafbarkeit von Whistleblowing, 2022, 89.

492 BT-Drs. 19/8300, 14.

493 BT-Prot.-Nr. 19/30, Ausschuss für Recht und Verbraucherschutz, 12.12.2018, 17 ff.; 23, 31; *Hauck*, GRUR-Prax 2019, 223, 225; *Reinfeld*, Das neue Gesetz zum Schutz von Geschäftsgeheimnissen, 2019, § 3 Rn. 3.

494 Ausnahmen als „Destillat der intensiv geführten politischen Debatten" bezeichnend *Kalbfus*, in: Obergfell, Beiträge zum Immaterialgüterrecht, 2021, 295, 310; hierzu auch *Schick*, Über die Strafbarkeit von Whistleblowing, 2022, 88 f.

Bezeichnung als Rechtfertigungsgrund für Journalisten und Whistleblower abschreckend wirkt, sodass die redaktionelle Bezeichnung von § 5 GeschGehG genauso eine reine „Begriffskosmetik“ gewesen sein kann und lediglich klarstellen sollte, dass Journalisten und Whistleblower durch das GeschGehG nicht schlechter gestellt werden,[495] was im Übrigen der Zielsetzung des Erwg. 20 der GeschGeh-RL entspricht. Der Entschluss, die Bezeichnung zu ändern, beruhte demnach nur auf der faktischen, aber rechtlich nicht-bindenden Wirkung des redaktionellen Begriffs, sodass dieser für die materielle Rechtslage nicht aussagekräftig ist;[496] zumindest nicht aussagekräftiger als der gesetzgeberische Wille, demzufolge *„auch […] die Offenlegung von Informationen über rechtswidrige Handlungen“* von § 5 Nr. 2 GeschGehG umfasst sein soll, was den grundsätzlichen Schutz „illegaler“ Geheimnisse bedeuten würde.[497]

Obwohl die historische Entwicklung des Gesetzes die Umgestaltung in „Tatbestandausnahmen“ andeutet, bedeutet das nicht, dass das auch geschehen ist und sich materiellrechtlich so ausgewirkt hat, dass „illegale“ Geheimnisse nicht die Legaldefinition erfüllen können. Die historische Entwicklung lässt eher darauf schließen, dass die redaktionelle Umbenennung in „Ausnahmen“ – wohl wie beim „berechtigten Interesse“ – auf einem Aktionismus beruhte, der eher einer Besänftigung der Betroffenen als der hinreichenden Klärung des langanhaltenden Streites um „illegale“ Geheimnisse diente.

4. *Systematik*

Dass der Geheimnisschutz insb. bei „illegalen“ Geheimnissen Grenzen haben muss und diese Grenzen auch gewollt waren, ist bereits deutlich geworden. Ob sie aber anhand des wirtschaftlichen Wertes gezogen werden, konnte weder mit dem Wortlaut, Sinn und Zweck und der historischen Entwicklung überzeugend erklärt werden.[498] Da Einzelfalllösungen angedeutet werden, aber ein begrifflicher Ausschluss ebenso in Betracht kommt, sind die „Ausnahmen“ schließlich auch systematisch auszulegen. Hierdurch kann nämlich gezeigt werden,

495 *Reinfeld*, Das neue Gesetz zum Schutz von Geschäftsgeheimnissen, 2019, § 1 Rn. 115, 165, § 3 Rn. 28.

496 *Reinfeld*, Das neue Gesetz zum Schutz von Geschäftsgeheimnissen, 2019, § 1 Rn. 115, 165, § 3 Rn. 28.

497 Mit dieser Begründung auch *Schick*, Über die Strafbarkeit von Whistleblowing, 2022, 122 f.

498 Vgl. *Kalbfus*, in: Obergfell, Beiträge zum Immaterialgüterrecht, 2021, 295, 311.

an welcher Stelle und inwieweit „illegale" Geheimnisse vom Geheimnisschutz ausgenommen sind.

Art. 5 lit. b der GeschGeh-RL sieht vor, dass der Geheimnisschutz sich nicht auf Fälle erstreckt, die dem Zweck zur *„Aufdeckung eines beruflichen oder sonstigen Fehlverhaltens oder einer illegalen Tätigkeit, sofern der Antragsgegner in der Absicht gehandelt hat, das allgemeine öffentliche Interesse zu schützen"* dienen. Auch nach der Umsetzung in § 5 Nr. 2 GeschGehG fällt eine Handlung nicht unter ein Handlungsverbot gemäß § 4 GeschGehG, wenn sie zum Schutz eines besonderen Interesses erfolgt, was auch *„zur Aufdeckung einer rechtswidrigen Handlung oder eines beruflichen oder sonstigen Fehlverhaltens, wenn die Erlangung, Nutzung oder Offenlegung geeignet ist, das allgemeine öffentliche Interesse zu schützen"* der Fall ist. Es werden also keine Geheimnisse geschützt, an denen ein öffentliches Interesse an der Offenlegung höher wiegt als das Geheimhaltungsinteresse. Dieses öffentliche Interesse erfasst *„jedes von der Rechtsordnung gebilligte Interesse"*, wodurch der Geheimnisschutz im Einzelfall hinter die Belange des Allgemeinwohls zurücktritt.[499]

Fraglich ist aber, was nun aus Art. 5 der GeschGeh-RL und § 5 GeschGehG für den wirtschaftlichen Wert geschlossen werden kann. Die Antwort hängt von der Ausgestaltung und Einordnung der „Ausnahmen" ab.

a) Ausgestaltung der „Ausnahmen" in Art. 5 lit. b der GeschGeh-RL und § 5 Nr. 2 GeschGehG

Durch Art. 5 der GeschGeh-RL und § 5 Nr. 2 GeschGehG könnten alle „illegalen" Geheimnisse „ausgenommen" sein. Die konkrete Ausgestaltung der einzelfallabhängigen „Ausnahmen" vom Verbotstatbestand des § 4 GeschGehG impliziert aber, dass es „illegale" Geheimnisse geben muss, die durch das GeschGehG geschützt werden, sofern eine Ausnahme nicht eingreift.[500] Ansonsten verbliebe den „Ausnahmen" kein Anwendungsbereich mehr, was „keinesfalls" der Intention des Richtlinien- und Gesetzgebers entsprechen kann.[501]

So ist gemäß Art. 5 lit. b der Richtlinie (EU) 2016 eine Absicht erforderlich, zwecks allgemeinen öffentlichen Interesses zu handeln. Erst dadurch handelt es

---

499 BT-Drs. 19/4724, 28.

500 So nämlich *Harte-Bavendamm*, in: Harte-Bavendamm/Ohly/Kalbfus, GeschGehG, 2020, § 2 Rn. 39; *Reinfeld*, Das neue Gesetz zum Schutz von Geschäftsgeheimnissen, 2019, § 1 Rn. 87.

501 *Schick*, Über die Strafbarkeit von Whistleblowing, 2022, 123 f.; *Schnabel*, CR 2016, 342, 348; *Ullrich*, NZWiSt 2019, 65, 67; *Ohly*, GRUR 2019, 441, 443.

sich nicht um eine geheimnisschutzrechtlich verbotene Handlung. Im Umkehrschluss müsste eine Handlung ohne die Absicht – stattdessen bspw. mit eigennützigen Gründen wie als Druckmittel oder zur Rache[502] – von der GeschGeh-RL geschützt sein, obwohl es sich um „illegale“ Geheimnisse handelt. Somit schließt Art. 5 lit. b der GeschGeh-RL Informationen über rechtswidrige Verhaltensweisen nicht vom begrifflichen Verständnis eines Geschäftsgeheimnisses aus. Der Schutz durch die GeschGeh-RL ist nur nicht gegeben, wenn eine dort aufgeführte Ausnahme vorliegt.

Nach Erwg. 10 der GeschGeh-RL können die EU-Mitgliedstaaten bei der Umsetzung abweichen und einen weitergehenden Geheimnisschutz festlegen. So ist auch der Gesetzgeber in § 5 Nr. 2 GeschGehG von Art. 5 lit. b der GeschGeh-RL abgewichen. Es ist umstritten, ob diese Umsetzung eine richtlinienwidrige Einschränkung darstellt.[503] So kommt es im GeschGehG nicht auf die „*Absicht*“, sondern auf die „*Eignung*“ an, das allgemeine öffentliche Interesse mit einer Erlangung, Nutzung oder Offenlegung zu schützen. Durch die Objektivierung sollte wohl eine Gesinnungsprüfung für Whistleblower vermieden,[504] die Missbrauchsgefahr der Ausnahme beschränkt und die sonst schwierigen Beweismöglichkeiten im gerichtlichen Verfahren gestärkt werden.[505] Auch der Richtliniengeber ging – anders als der Wortlaut vermuten lässt – wohl von einer „Mischform“ aus objektiver und subjektiver Voraussetzung aus.[506] So geht aus Erwg. 20 der GeschGeh-RL hervor, dass Whistleblower allen Grund haben müssen, in gutem Glauben davon auszugehen, dass das Verhalten den in der Richtlinie festgelegten (objektiven) angemessenen Kriterien entspricht.[507] Auch unter Berücksichtigung der englisch- („*purpose*“) und französischsprachigen („*le but*“) Fassungen der GeschGeh-RL kann die „Eignung“ als richtlinienkonforme Umsetzung der „Absicht“ ausgelegt werden.[508]

---

502 BT-Drs. 19/4724, 29.

503 Hierzu *Alexander*, AfP 2019, 1, 8; *Hauck*, WRP 2018, 1032, 1034.

504 BT-Drs. 19/8300, 14; *Alexander*, WRP 2019, 673, 677; *Ohly*, GRUR 2019, 441, 448; *Schick*, Über die Strafbarkeit von Whistleblowing, 2022, 174.

505 *Reinhardt-Kasparek*, in: Hoeren/Münker, GeschGehG, 2021, § 5 Rn. 68.

506 So zumindest *Hoeren/Münker*, WRP 2018, 150, 154.

507 Ähnlich argumentierend auch *Kalbfus*, in: Obergfell, Beiträge zum Immaterialgüterrecht, 2021, 295, 311 f. m. w. N.; zu den Kriterien im Detail *Schick*, Über die Strafbarkeit von Whistleblowing, 2022, 159 ff.

508 So auch *Rönnau*, in: Bublitz/Bung/Grünewald/Magnus/Putzke/Scheinfeld, Festschrift für Reinhard Merkel zum 70. Geburtstag, 2020, 909, 920.

Doch auch objektive Kriterien sprechen nicht für einen absoluten Ausschluss durch § 5 Nr. 2 GeschGehG. So wurde die Geeignetheit in der Gesetzesbegründung derart präzisiert, dass es sich um ein *„regelwidriges Verhalten, ein Fehlverhalten oder eine illegale Tätigkeit von unmittelbarer Relevanz"*, also *„von einigem Ausmaß und Gewicht"* handeln muss,[509] was Erwg. 20 der GeschGeh-RL entspricht. Hiervon sind insb. Fälle erfasst, in denen Individualgrundrechte mit großer Intensität betroffen sind wie bspw. bei Arzneimittel- oder Lebensmittelskandalen.[510] Erst wenn eine derartige unmittelbare Relevanz vorliegt, schützt die Regelung Journalisten oder Whistleblower vor den Maßnahmen, die das GeschGehG für Inhaber vorsieht. In allen anderen Fällen, also solchen, in denen ein Geheimnis zwar rechtswidrige Vorgänge dokumentiert, diese aber nicht von unmittelbarer Relevanz sind, ist im Umkehrschluss zunächst vom grundsätzlichen Schutz durch das GeschGehG auszugehen.

Die konkrete Ausgestaltung der „Ausnahmen" zeigt, dass sie an weitere Bedingungen geknüpft sind, sodass „illegale" Geheimnisse, die nicht darunterfallen, wie alle anderen Geheimnisse mit einem Schädigungspotenzial einen wirtschaftlichen Wert haben können.

b) Einordnung der „Ausnahmen"

Ob „illegale" Geheimnisse, die gemäß § 5 Nr. 2 GeschGehG erlangt, genutzt und offengelegt werden dürfen, einen wirtschaftlichen Wert haben, richtet sich danach, ob es sich bei „Ausnahmen" um echte Tatbestandsausnahmen oder Rechtfertigungsgründe handelt. Letztere würden nämlich bedeuten, dass „illegale" Geheimnisse grundsätzlich von wirtschaftlichem Wert sind. So wie *Desaunettes*, *Hilty*, *Knaack* und *Kur* treffend beschreiben, werden Ausnahmen…

> *„… bereits von dem gesetzlichen Verbot nicht erfasst, während Fälle, die einen Rechtfertigungsgrund darstellen, prinzipiell als Verstoß einzuordnen sind und erst auf einer zweiten Stufe als zulässig erklärt werden."*[511]

Schon wegen der Verortung der Regelung ist eine tatbestandsausschließende Wirkung zu bezweifeln. So gibt es keinen ersichtlichen Grund, die tatbestandsbegründende oder -auflösende Voraussetzung in Art. 5 der GeschGeh-RL zu

509 BT-Drs. 19/8300, 14.

510 Beispiele nach *Dann/Markgraf*, NJW 2019, 1774, 1777.

511 *Desaunettes/Hilty/Knaack/Kur*, Stellungnahme zum Referentenentwurf eines Gesetzes zur Umsetzung der GeschGeh-RL zum Schutz von Geschäftsgeheimnissen vor rechtswidrigem Erwerb sowie rechtswidriger Nutzung und Offenlegung vom 17. April 2018, 2018, Rn. 19.

normieren, während alle anderen Voraussetzungen in Art. 2 Nr. 1 der GeschGeh-RL ausdrücklich aufgeführt und auch die sonst rechtmäßigen Handlungen in Art. 3 der GeschGeh-RL vorzufinden sind. Hätte der Richtliniengeber „illegale" Geheimnisse vom Anwendungsbereich der GeschGeh-RL ausschließen wollen, hätte er das schon bei der Definition oder zumindest als rechtmäßige Handlung tun können. Eine „Schutzschranke" in Art. 5 der GeschGeh-RL oder § 5 GeschGehG wäre dann überflüssig.[512]

Weiterhin wäre eine echte Tatbestandsausnahme nur möglich, wenn dadurch der Geheimnisbegriff nicht richtlinienwidrig eingeschränkt wird. Da der Richtliniengeber Art. 5 der GeschGeh-RL erkennbar als Rechtfertigungsgrund ausgestaltet hat und damit „illegale" Geheimnisse zunächst vom allgemeinen Begriff umfasst sind, würde eine Tatbestandsausnahme im GeschGehG dem in Erwg. 14 dargelegten Ziel entgegenstehen, eine „*homogene Definition*" ohne Einschränkung des Anwendungsbereichs zu finden. Ferner stellt dies auch eine Verletzung des Unionsrechts dar. Trotz Umbenennung und Umwidmung des § 5 GeschGehG muss diese Regelung richtlinienkonform ausgelegt werden und als Rechtfertigungsgrund verstanden werden.

c) Zwischenergebnis

Ausgestaltung und Einordnung der Ausnahmen zeigen i. R. d. systematischen Auslegung, dass „illegale" Geheimnisse nicht tatbestandlich ausgeschlossen sind, sodass die Rechtfertigungslösung vorzugswürdig ist. Art. 5 lit. b der GeschGeh-RL und § 5 Nr. 2 GeschGehG grenzen schon deshalb nicht den sachlichen Schutzbereich ein,[513] da die Vorschriften überflüssig wären, sollten „illegale" Geheimnisse nicht auch zunächst von der Legaldefinition umfasst sein.[514] Eine Einschränkung auf Begriffsebene wäre außerdem richtlinienwidrig

---

512 *Apel/Drescher/Lindner*, BB 2022, 1795, 1796; *Dann/Markgraf*, NJW 2019, 1774, 1776; *Hoppe*, in: Hoppe/Oldekop, Geschäftsgeheimnisse, 2020, Kap. 1 Rn. 101; *Ohly*, GRUR 2019, 441, 444 f.; vgl. *Reinfeld*, Das neue Gesetz zum Schutz von Geschäftsgeheimnissen, 2019, § 1 Rn. 115, 165, § 3 Rn. 28; *Rönnau*, in: Bublitz/Bung/Grünewald/Magnus/Putzke/Scheinfeld, Festschrift für Reinhard Merkel zum 70. Geburtstag, 2020, 909, 918; ähnlich auch *Leistner/Antoine/Sagstetter*, Big Data, 2021, 154 f.

513 So auch *Alexander*, in: Köhler/Bornkamm/Feddersen, UWG, 41. Aufl. 2023, GeschGehG, § 2 Rn. 79; *Ullrich*, NZWiSt 2019, 65, 67.

514 So auch *Apel*, in: Brammsen/Apel, GeschGehG, 2022, Einl. C Rn. 48 Fn. 222; *Brammsen*, BB 2018, 2446, 2449; *Dann/Markgraf*, NJW 2019, 1774, 1776; *Letzel*, ZJS 2021, 1, 7; *Ohly*, GRUR 2019, 441, 444; *Reinbacher*, KriPoZ 2018, 115, 119; *Reinfeld*, Das neue Gesetz zum Schutz von Geschäftsgeheimnissen, 2019, § 3 Rn. 28; *Rody*, Der

und auch nicht effizient. Statt „illegalen“ Geheimnissen den Geheimnisschutz pauschal abzuerkennen, ermöglicht die Rechtfertigungslösung, „die Art und Schwere des mutmaßlichen Rechtsverstoßes in die Abwägung einzubeziehen“ und dadurch den Einzelfall[515] hinreichend zu würdigen.[516] Durch die – wegen der Bezeichnung einen falschen Eindruck suggerierenden – „Ausnahmen“ werden auf der Rechtfertigungsebene – trotz einer Ausweitung des Geheimnisbegriffs – „unvertretbare Ergebnisse“ vermieden und eine „widerspruchsfreie Rechtsordnung“ gewährleistet.[517] Ein Rechtfertigungsgrund kann jedenfalls nicht den wirtschaftlichen Wert mindern. Das entspricht auch dem engen Verständnis des rechtfertigenden Notstands gemäß § 34 StGB,[518] der nach früherer Rechtslage als möglicher Rechtfertigungsgrund für Whistleblowing-Aktivitäten in Betracht gezogen wurde.[519] Auch nach heutiger Rechtslage kommt § 34 StGB als Rechtfertigungsgrund in Betracht, vor allem wenn § 5 Nr. 2 GeschGehG nicht einschlägig sein sollte, denn auch hiernach lässt sich eine effiziente einzelfallabhängige Abwägung vornehmen.[520]

5. *Zwischenergebnis*

Im Vergleich zwischen der früheren und heutigen Rechtslage ist bei „illegalen“ Geheimnissen ein Wandel zu verzeichnen. Während das berechtigte, wirtschaftliche Interesse kein Interesse sein konnte, das rechts- oder sittenwidrig war, zeigt die Auslegung der GeschGeh-RL und des GeschGehG, dass ein pauschaler Ausschluss von „illegalen“ Geheimnissen nicht geboten oder zumindest

---

Begriff und die Rechtsnatur von Geschäfts- und Betriebsgeheimnissen unter Berücksichtigung der Geheimnisschutz-Richtlinie, 2019, 267; *Schnabel*, CR 2016, 342, 348; *Wiese*, Die EU-Richtlinie über den Schutz vertraulichen Know-hows und vertraulicher Geschäftsinformationen, 2018, 48; a. A. *Hauck*, in: Münchener Kommentar zum Lauterkeitsrecht, 3. Aufl. 2022, GeschGehG, § 2 Rn. 67.

515 Ebenfalls aus Gründen der Effizienz und dies als „Eigenart der jeweiligen Information“ bezeichnend *Dorner*, Know-how-Schutz im Umbruch, 2013, 468.

516 *Harte-Bavendamm*, in: Harte-Bavendamm/Henning-Bodewig, UWG, 5. Aufl. 2021, GeschGehG, § 2 Rn. 30; *Wiese*, Die EU-Richtlinie über den Schutz vertraulichen Know-hows und vertraulicher Geschäftsinformationen, 2018, 48; a. A. *Hauck*, WRP 2018, 1032, 1034 f.

517 *Letzel*, ZJS 2021, 1, 8; *Schreiber*, NZWiSt 2019, 332, 335.

518 *Dann/Markgraf*, NJW 2019, 1774, 1777.

519 *Rody*, Der Begriff und die Rechtsnatur von Geschäfts- und Betriebsgeheimnissen unter Berücksichtigung der Geheimnisschutz-Richtlinie, 2019, 128.

520 *Schick*, Über die Strafbarkeit von Whistleblowing, 2022, 132 f., 200 f.

nicht zwingend ist. Vor allem durch die – unglücklicherweise als „Ausnahmen“ bezeichneten – Rechtfertigungsgründe wurde aufgrund der Ausgestaltung und Einordnung klargestellt, dass „illegale“ Geheimnisse ebenfalls Geschäftsgeheimnisse sein können, sofern sie alle Voraussetzungen der Legaldefinition erfüllen. Hierbei wird der wirtschaftliche Wert insb. aus erheblichen Nachteilen abgeleitet, die einem Inhaber bei Bekanntwerden der Information drohen, wozu bspw. Bußgelder und Schadensersatzansprüche zählen.

Es ist denkbar, dass die Erlangung, Nutzung oder Offenlegung vieler „illegaler“ Geheimnisse gerechtfertigt ist. Dies setzt jedoch eine Interessenabwägung voraus, die zudem an eine Absicht oder Eignung geknüpft ist, was sich insb. am Vorliegen eines Verstoßes von unmittelbarer Relevanz sowie einigem Ausmaß und Gewicht orientiert. Erst wenn dies erfüllt ist, ist die Erlangung, Nutzung oder Offenlegung eines „illegalen“ Geheimnisses gerechtfertigt, da in diesen Fällen sonst ein „schwerer Wertungswiderspruch“ droht.[521] Die Sorge, dass die Rechtsordnung nun Geheimnisse über missbilligte Verhaltensweisen weitestgehend schütze und es zulasse, dass Inhaber immer alle aus „illegalen“ Geheimnisse resultierenden Nachteile als Schaden ersetzt verlangen könnten,[522] ist wegen dieser Interessenabwägung unbegründet. Gleiches gilt für die Strafbarkeit gemäß § 23 GeschGehG. Hierfür wäre der Vorwurf unbegründet, dass gesetzes- und sittenwidrigen Handlungen strafrechtlich umfassend geschützt wären, da Whistleblower und Journalisten entweder gemäß § 5 Nr. 2 GeschGehG oder § 34 StGB gerechtfertigt sein können. Demnach ist der Geheimnisschutz gerade nicht grenzenlos geworden, sondern hat nur eine nun normativ verankerte Interessenabwägungen hinzugewonnen, durch die Einzelfälle besser entschieden werden können.

Sollte die Erlangung, Nutzung oder Offenlegung gerechtfertigt sein, fehlt für das jeweilige Geheimnis trotzdem nicht der wirtschaftliche Wert. Dieser muss nämlich zunächst bestehen, bevor ein Rechtfertigungsgrund überhaupt zur Anwendung kommen kann. Es wäre wünschenswert, wenn der Richtlinien- und Gesetzgeber in Zukunft ausdrücklich den nach wie vor anhaltenden Streit über „illegale“ Geheimnisse klarstellend regeln könnten. Bis das geschieht, ist zumindest die Rechtfertigungslösung vorzugswürdig, die auch für mögliche Reformbestrebungen zu empfehlen ist.

---

521 Vgl. *Alexander*, in: Köhler/Bornkamm/Feddersen, UWG, 41. Aufl. 2023, GeschGehG, § 2 Rn. 79.

522 *Alexander*, WRP 2017, 1034, 1039.

G. Unternehmens-/Geschäftsbezug

Ein Unterschied zur früheren Rechtslage[523] ist, dass ein Unternehmens-/Geschäftsbezug in § 2 Nr. 1 GeschGehG nicht ausdrücklich vorgesehen ist.[524] Nach früherer Rechtslage wurde ein Bezug „logisch zwingend" vorausgesetzt,[525] wodurch Geheimnisse mit schon ausgeübten oder künftigen Geschäftstätigkeiten in Zusammenhang stehen mussten.[526] An einem solchen Bezug fehlte es insb. bei Geheimnissen aus der Privatsphäre oder Sphäre Dritter.[527] Mangels erwerbswirtschaftlicher Tätigkeiten von öffentlich-rechtlichen Forschungseinrichtungen wurden auch Wissenschaftsgeheimnisse vom Geheimnisschutz ausgenommen.[528] Mit Inkrafttreten des GeschGehG und durch „Herauslösung aus dem wettbewerbsrechtlichen Zusammenhang"[529] könnte der Geheimnisschutz ausgeweitet worden sein.[530] Denkbar ist das vor allem für Wissenschafts- und Privatgeheimnisse.[531]

---

523 *BGH*, Urt. v. 07.11.2002, I ZR 64/00 = GRUR 2003, 356, 358; *BGH*, Urt. v. 15.03.1955, I ZR 111/53 = GRUR 1955, 424, 425; *Götz*, Der Schutz von Betriebs- und Geschäftsgeheimnissen im Zivilverfahren, 2014, 13 m. w. N.; *McGuire/Joachim/Künzel/Weber*, GRUR Int. 2010, 829, 830.

524 Zu unterschiedlichen Bezeichnungen des Unternehmens-/Geschäftsbezugs *Rody*, Der Begriff und die Rechtsnatur von Geschäfts- und Betriebsgeheimnissen unter Berücksichtigung der Geheimnisschutz-Richtlinie, 2019, 58 m. w. N.

525 *Loschelder*, in: Ann/Loschelder/Grosch, Praxishandbuch Know-how-Schutz, 2010, Kap. 1 Rn. 78.

526 *BGH*, Urt. v. 26.02.2009 – I ZR 28/06 = GRUR 2009, 603, 604; *BGH*, Urt. v. 15.03.1955, I ZR 111/53 = GRUR 1955, 424, 426; zustimmend *Alexander*, in: Köhler/Bornkamm/Feddersen, UWG, 41. Aufl. 2023, GeschGehG, § 2 Rn. 83; *Mayer*, GRUR 2011, 884, 885; *McGuire/Joachim/Künzel/Weber*, GRUR Int. 2010, 829, 829 f.; für das TRIPS-Abkommen *Enders*, GRUR 2012, 25, 27.

527 *Klein/Wegener*, GRUR-Prax 2017, 394, 394; *Westermann*, Handbuch Know-how-Schutz, 2007, Kap. 1 Rn. 47 m. w. N.

528 *Ann*, GRUR 2007, 39, 42; *Beyerbach*, Die geheime Unternehmensinformation, 2012, 93

529 *Scherp/Rauhe*, CB 2019, 20, 23.

530 In Bezug auf den Entwurf zur GeschGeh-RL vgl. *Gaugenrieder*, BB 2014, 1987, 1988; a. A. *Redeker/Pres/Gittinger*, WRP 2015, 681, 683.

531 Offen dafür *Hauck*, NJW 2016, 2218, 2221; *Rauer*, GRUR-Prax 2014, 2, 2; zeitlich auch schon vor der GeschGeh-RL und dem GeschGehG denkbar für *Gaugenrieder*, BB 2014, 1987, 1988.

I. Der wirtschaftliche Wert als Nachfolger?

Anders als der Unternehmens-/Geschäftsbezug hat der wirtschaftliche Wert ausdrücklich Einzug ins GeschGehG erhalten. Unter den Voraussetzungen des § 2 Nr. 1 GeschGehG zeigt sich auch nur am wirtschaftlichen Wert, für wen ein Potenzial bedeutsam ist, und woran verschiedene Geheimnisarten auseinandergehalten werden können. Die früher anhand des Unternehmens-/Geschäftsbezugs vorgenommene Zuordnung und Abgrenzung ist also wegen der Inhaberschaft und Belanglosigkeit auch für die heutige Rechtslage entscheidend und könnte nun durch den wirtschaftlichen Wert erfolgen.

1. Zuordnung zu einem Inhaber

Anhand des Unternehmens-/Geschäftsbezugs konnte ein Geheimnis einem Inhaber zugeordnet werden,[532] also dem, dessen Geheimnis verletzt werden kann und die strafrechtliche Antragsbefugnis sowie die zivilrechtliche Aktivlegitimation hat.[533] Nach heutiger Rechtslage ist es nun auch die Obliegenheit des Inhabers,[534] angemessene Geheimhaltungsmaßnahmen i. S. d. § 2 Nr. 1 lit. b GeschGehG zu treffen, sofern er den Schutz durch das GeschGehG begehren will.

Die Zuordnung wurde in der Rspr. und Literatur regelmäßig durch Negativabgrenzungen vorgenommen. Demnach fehlt es am erforderlichen Bezug, wenn ein Geheimnis einem anderen Geschäftstätigen oder allgemeinen Marktverhältnissen zuzurechnen ist.[535] Weil diese „Leerformel" aber keinen näheren Schluss

---

532 *Reinfeld*, Das neue Gesetz zum Schutz von Geschäftsgeheimnissen, 2019, § 1 Rn. 105; *Rody*, Der Begriff und die Rechtsnatur von Geschäfts- und Betriebsgeheimnissen unter Berücksichtigung der Geheimnisschutz-Richtlinie, 2019, 62 m. w. N.; *Sebulke*, Zivilprozessualer Geheimnisschutz im Anschluss an das Gesetz zum Schutz von Geschäftsgeheimnissen, 2021, 41; *Westermann*, Handbuch Know-how-Schutz, 2007, Kap. 1 Rn. 48.

533 *Kalbfus*, Know-how-Schutz in Deutschland zwischen Strafrecht und Zivilrecht – welcher Reformbedarf besteht?, 2011, 74 Rn. 114; *Reinfeld*, Das neue Gesetz zum Schutz von Geschäftsgeheimnissen, 2019, § 1 Rn. 209.

534 *OLG Düsseldorf*, Urt. v. 11.03.2021, I-15 U 6/20 = GRUR-RS 2021, 17483 Rn. 39; *Schick*, Über die Strafbarkeit von Whistleblowing, 2022, 135.

535 *OLG Nürnberg*, Urt. v. 22.01.2016, 1 U 907/14 = GRUR-RR 2016, 173; *OLG Stuttgart*, Urt. v. 30.10.1981, 2 U 43/81 = GRUR 1982, 315, 316; *Ann*, GRUR 2007, 39, 42; *Többens*, NStZ 2000, 505, 506.

zulässt,[536] wann ein Geheimnis außerhalb der geschäftlichen Sphäre liegt oder wodurch sie einer bestimmten geschäftlichen Sphäre zuzurechnen ist,[537] braucht es für die Zuordnung ein positives Kriterium. Wegen Beweisschwierigkeiten und der Komplexität interner Strukturen ist von „subjektiven" Kriterien (bspw. Kenntnis des Geschäftsinhabers)[538] abzusehen.[539] Statt der Kenntnis kommt es mehr auf die (positiven sowie negativen) Auswirkungen eines Geheimnisses an. Hierfür eignet sich vor allem der wirtschaftliche Wert, weil er über die Verwert- und Nutzbarkeit sowie Schädigungsgefahr Auskunft geben kann.[540]

Fraglich ist aber, ob der wirtschaftliche Wert die Zuordnungsfunktion eigenständig erfüllen kann. Möglicherweise ist wie nach früherer Rechtslage ein „Bezugsbereich" erforderlich.[541] Eine Information müsste dann entweder aus dem geschäftlichen Betrieb stammen oder dort vorliegen, was sich nach rechtlichen und tatsächlichen Anhaltspunkten richtet.[542] Tatsächlich muss ein Geheimnis für eine (ggf. auch erst künftige) Geschäftstätigkeit in Frage kommen.[543] Damit ist aber kein räumlicher Bezug zwischen der Information und einem

---

536 *Kalbfus*, Know-how-Schutz in Deutschland zwischen Strafrecht und Zivilrecht – welcher Reformbedarf besteht?, 2011, 74 Rn. 114.

537 Zu „sphährenbezogenen" Lösungen *Rody*, Der Begriff und die Rechtsnatur von Geschäfts- und Betriebsgeheimnissen unter Berücksichtigung der Geheimnisschutz-Richtlinie, 2019, 65; nicht auf Sphären beschränkend *Alexander*, in: Köhler/Bornkamm/Feddersen, UWG, 41. Aufl. 2023, GeschGehG, § 2 Rn. 72.

538 *Kalbfus*, Know-how-Schutz in Deutschland zwischen Strafrecht und Zivilrecht – welcher Reformbedarf besteht?, 2011, 74 Rn. 115.

539 So auch *Brammsen*, in: Brammsen/Apel, GeschGehG, 2022, § 2 Rn. 38; *Keller*, in: Keller/Schönknecht/Glinke, GeschGehG, 2021, § 2 Rn. 16; *Rody*, Der Begriff und die Rechtsnatur von Geschäfts- und Betriebsgeheimnissen unter Berücksichtigung der Geheimnisschutz-Richtlinie, 2019, 68 f.

540 Auf die Verkehrsfähigkeit begrenzend *Brammsen*, in: Brammsen/Apel, GeschGehG, 2022, § 2 Rn. 38; generell *Dorner*, Know-how-Schutz im Umbruch, 2013, 19 ff.; sogar schon für die frühere Rechtslage *v. Stebut*, Geheimnisschutz und Verschwiegenheitspflicht im Aktienrecht, 1972, 51.

541 *Rody*, Der Begriff und die Rechtsnatur von Geschäfts- und Betriebsgeheimnissen unter Berücksichtigung der Geheimnisschutz-Richtlinie, 2019, 75.

542 *Rody*, Der Begriff und die Rechtsnatur von Geschäfts- und Betriebsgeheimnissen unter Berücksichtigung der Geheimnisschutz-Richtlinie, 2019, 78.

543 *OLG Stuttgart*, Urt. v. 19.11.2020, 2 U 575/19 = GRUR-RR 2021, 181; *LAG Düsseldorf*, Urt. v. 03.06.2020, 12 SaGa 4/20 = GRUR-RS 2020, 23408; *Keller*, in: Keller/Schönknecht/Glinke, GeschGehG, 2021, § 2 Rn. 16; *Rody*, Der Begriff und die Rechtsnatur von Geschäfts- und Betriebsgeheimnissen unter Berücksichtigung der Geheimnisschutz-Richtlinie, 2019, 71.

Geschäftsbetrieb gemeint.[544] Genauso wenig muss ein Inhaber ein Geheimnis in irgendeiner Art und Weise „ausgeübt“ haben.[545]

Die Beschränkung auf den „Bezugsbereich“[546] entspricht nicht mehr dem heutigen Verständnis im Geheimnisschutz. So kann auch eine Information, die ihren Ursprung zuerst in der privaten Sphäre einer privaten Person hat, in eine Geschäftstätigkeit übergehen, indem sie eingebracht wird.[547] Es soll dann derjenige Inhaber sein, für den ein Geheimnis einen wirtschaftlichen Wert hat. Dafür genügt das im Zusammenhang mit der Geschäftstätigkeit liegende Potenzial, sich positiv oder negativ auszuwirken. Die Zuordnung ist durch den wirtschaftlichen Wert von Person, Raum und Sphäre entkoppelt worden, was der schnelllebigen und globalisierten Wirtschaft entspricht. Geheimnisse können also jedem zugeordnet werden, für den sie durch Verwertung, Nutzung oder Schädigung potenziell wertvoll sind.

2. *Abgrenzung zu anderen Geheimnisarten*

Neben der Zuordnung wurde anhand des Unternehmens-/Geschäftsbezug zwischen Geheimnisarten abgegrenzt,[548] was von *Brammsen* – in der Wichtigkeit zugespitzt – wie folgt beschrieben wird:

> *„Als Schutzgegenstand in Gestalt eines Rechtsobjektes erhält ein Geschäftsgeheimnis seine gesetzlich festgesetzte gattungsmäßige Charakteristik […] primär von seinem inhaltlichen Sachbezug statt von seinem individuellen Zuordnungsträger.“*[549]

---

544 Vgl. *BayObLG*, Urt. v. 28.08.1990, RReg. 4 St 250/89 = GRUR 1991, 694, 695.

545 *Rody*, Der Begriff und die Rechtsnatur von Geschäfts- und Betriebsgeheimnissen unter Berücksichtigung der Geheimnisschutz-Richtlinie, 2019, 71.

546 Beispielhaft *OLG Stuttgart*, Urt. v. 30.10.1981, 2 U 43/81 = GRUR 1982, 315; zustimmend *Westermann*, Handbuch Know-how-Schutz, 2007, Kap. 1 Rn. 48.

547 *Daub*, Die Verletzung von Unternehmensgeheimnissen im deutschen und US-amerikanischen Recht, 1996, 37; offen auch *Alexander*, in: Köhler/Bornkamm/Feddersen, UWG, 41. Aufl. 2023, GeschGehG, § 2 Rn. 72; zu Zuordnungsschwierigkeiten durch einen Unternehmensbezug *Klein/Wegener*, GRUR-Prax 2017, 394, 394.

548 So auch *Daub*, Die Verletzung von Unternehmensgeheimnissen im deutschen und US-amerikanischen Recht, 1996, 37; *Reinfeld*, Das neue Gesetz zum Schutz von Geschäftsgeheimnissen, 2019, § 1 Rn. 105; *Sebulke*, Zivilprozessualer Geheimnisschutz im Anschluss an das Gesetz zum Schutz von Geschäftsgeheimnissen, 2021, 41.

549 *Brammsen*, in: Brammsen/Apel, GeschGehG, 2022, § 2 Rn. 36 f.

So wurde durch den Bezug insb. zwischen Privat- sowie Wissenschaftsgeheimnissen und solchen geschäftlicher Art differenziert.[550] Der Bezug wurde nach früherer Rechtslage teilweise so lange angenommen wie ein Inhaber ein berechtigtes, wirtschaftliches Interesse an der Geheimhaltung hatte.[551] Hierdurch wurden zwei unterschiedliche Merkmale vermischt.[552] Dadurch, dass das berechtigte, wirtschaftliche Interesse und auch der Unternehmens-/Geschäftsbezug keine ausdrücklichen Voraussetzungen der Legaldefinition wurden, kommt nun nur noch der wirtschaftliche Wert als Abgrenzungskriterium in Betracht. Teilweise wird in der Abgrenzung zu rein wissenschaftlichen Erkenntnissen, ideellen, persönlichen und nicht auf eine wirtschaftliche Betätigung gerichteten Informationen sogar die Hauptfunktion des wirtschaftlichen Wertes gesehen.[553]

Eine solche Abgrenzung lässt sich bspw. mit Blick auf § 203 Abs. 1 StGB auch für das GeschGehG ableiten. Zwar bleibt der berufs- und strafrechtliche Schutz von Geschäftsgeheimnissen, deren unbefugte Offenlegung von § 203 StGB erfasst wird, gemäß § 1 Abs. 3 Nr. 1 GeschGehG unberührt. Jedoch zeigt sich an dieser Norm eindrücklich, wie zwischen verschiedenen Geheimnisarten abgegrenzt werden kann. Schließlich muss wegen des strafausschließenden Einverständnisses und der Antragsbefugnis auch in § 203 Abs. 1 StGB zwischen Geschäftsgeheimnissen und Geheimnissen des persönlichen Lebensbereiches abgegrenzt werden.[554] Hiernach sind Geheimnisse des persönlichen Lebensbereiches solche, die im Gegensatz zu Geschäftsgeheimnissen keinen wirtschaftlichen Wert haben und nicht auf den wirtschaftlichen Lebensbereich bezogen sind.[555] Das bedeutet, dass ein Geheimnis schon dann kein Privatgeheimnis mehr ist, wenn es einen Zusammenhang zu geschäftlichen Tätigkeiten eines Inhabers aufweist und daher von wirtschaftlichem Wert ist. Diese strafrechtliche Abgrenzung lässt sich auch auf die Abgrenzung übertragen, die für das GeschGehG entscheidend ist.

Nicht jede Information, die mit einer geschäftlichen Tätigkeit in Zusammenhang steht, hat einen wirtschaftlichen Wert.[556] Hierbei kann die Wertlosigkeit

---

550 Vgl. *Rody*, Der Begriff und die Rechtsnatur von Geschäfts- und Betriebsgeheimnissen unter Berücksichtigung der Geheimnisschutz-Richtlinie, 2019, 73.

551 RGZ 149, 329, 333.

552 *Rody*, Der Begriff und die Rechtsnatur von Geschäfts- und Betriebsgeheimnissen unter Berücksichtigung der Geheimnisschutz-Richtlinie, 2019, 59 m. w. N.

553 *Harte-Bavendamm*, in: Harte-Bavendamm/Henning-Bodewig, UWG, 5. Aufl. 2021, GeschGehG, § 2 Rn. 30.

554 *Eisele*, in: Schönke/Schröder, StGB, 30. Aufl. 2019, § 203 Rn. 9.

555 *Eisele*, in: Schönke/Schröder, StGB, 30. Aufl. 2019, § 203 Rn. 10.

556 Vgl. *Kraßer*, GRUR 1970, 587, 589.

aus der tatsächlichen Belanglosigkeit für den Wettbewerb resultieren oder auch normativ angeordnet sein.[557] Bspw. ist das gemäß Art. 1 Abs. 3 lit. b der GeschGeh-RL der Fall bei „*Erfahrungen und Fähigkeiten, die Arbeitnehmer im normalen Verlauf ihrer Tätigkeit ehrlich erworben haben*“, obwohl Erfahrungswissen von Arbeitnehmern bei reiner Betrachtung des wirtschaftlichen Wertes als Geschäftsgeheimnis einzuordnen wäre. Jedoch werden solche Informationen trotz eines Zusammenhangs – entweder aus tatsächlichen oder normativen Gründen – sowieso nicht durch das GeschGehG geschützt, da sie nicht von wirtschaftlichem Wert sind.

Auch mit Blick auf die angeblich „denkbaren“ Fälle, in denen „eine natürliche Privatperson eine Information besitzt, die zwar einen wirtschaftlichen Wert aufweist, jedoch in keinem Zusammenhang mit einem Unternehmen steht“,[558] ist es unschlüssig, dem wirtschaftlichen Wert die Eignung zur Abgrenzung zwischen verschiedenen Geheimnisarten abzusprechen. Schließlich sind „rein private“ Geheimnisse mangels Auswirkung auf eine geschäftliche Tätigkeit sowieso nicht von wirtschaftlichem Wert oder Geheimnisse aus der Sphäre von Privatpersonen wirken sich auf geschäftliche Tätigkeiten aus und sind daher doch von wirtschaftlichem Wert. Die Sorge, der wirtschaftliche Wert könne als Kriterium nicht alle schutzwürdigen Informationen einbeziehen, ist daher unbegründet.

Dementsprechend richtet sich die Abgrenzung zwischen schützenswerten und belanglosen Geheimnissen nun ausschließlich nach dem wirtschaftlichen Wert. Ein zusätzliches Kriterium wie eine „Beziehung“ zu einem Geschäftsbetrieb ist nicht erforderlich,[559] da die potenziellen Auswirkungen schon vom wirtschaftlichen Wert umfasst werden. Der Verzicht auf die Wahl einer klarstellenden Bezeichnung wie bspw. „Unternehmensgeheimnis“ oder „Wirtschaftsgeheimnis“ zeugt ebenso davon, dass es dem Richtlinien- und Gesetzgeber gerade nicht daran gelegen war, ein vom wirtschaftlichen Wert abweichendes Kriterium zur Abgrenzung zwischen geschützten und belanglosen Geheimnisarten zu schaffen.

---

557 *McGuire*, in: Ahrens/Büscher/Goldmann/McGuire, Festschrift für Henning Harte-Bavendamm zum 70. Geburtstag, 2020, 367, 374.

558 So nämlich *Rody*, Der Begriff und die Rechtsnatur von Geschäfts- und Betriebsgeheimnissen unter Berücksichtigung der Geheimnisschutz-Richtlinie, 2019, 74 mit Verweis auf *Kraßer*, GRUR 1970, 587, 589.

559 So nämlich *Rody*, Der Begriff und die Rechtsnatur von Geschäfts- und Betriebsgeheimnissen unter Berücksichtigung der Geheimnisschutz-Richtlinie, 2019, 74.

3. *Perspektive der Zuordnung und Abgrenzung*

Bei der Frage nach der Perspektive besteht bei Geheimnissen, die über die geschäftliche Tätigkeit hinaus auch andere Bereiche wie die Privatsphäre betreffen, eine Ambivalenz. Einerseits handelt es sich um Informationen, die mangels wirtschaftlicher Auswirkungen auf den unmittelbaren Träger keinen auf ihn gerichteten wirtschaftlichen Wert haben. Andererseits können dieselben Informationen für einen anderen von – ggf. enormer – wirtschaftlicher Bedeutung sein.

Bspw. werden durch intelligente Messsysteme („smart meter") Nutzerdaten von Stromkunden erhoben, die aus Perspektive des Kunden zu seiner Privatsphäre gehören.[560] Aus Perspektive des Mess-/Versorgungsunternehmens können diese Daten aber zur Optimierung eines Angebots genutzt werden, so einen Vorteil gegenüber anderen Mess-/Versorgungsunternehmen begründen und deshalb von wirtschaftlichem Wert sein.[561] Auch für Händler von Elektronik- oder Möbelwaren können Daten aus der Privatsphäre von Kunden durch Rückschlüsse auf „Home-Office-Aktivitäten" wirtschaftlich wertvoll sein, da sich die Daten fürs „gezielte Bewerben von Equipment für das Home-Office" eignen.[562]

Ein weiteres Beispiel ist ein geheimes Rezept für Kekse, das von einer Person nur für den privaten Heimgebrauch „entwickelt" wird. In der Annahme, dass es sich dabei um eine von einem Gebäckhersteller verkaufte Mischung handelt, die Einzelbestandteile beinhaltet und von Erwerbern eigenständig und nach Belieben zusammengemischt werden können, handelt es sich bei jedem vom Erwerber aus der Mischung „entwickelten" „Rezept" regelmäßig nicht um ein Geschäftsgeheimnis. Jedoch können die „Rezepte" für den Gebäckhersteller von großer wirtschaftlicher Bedeutung sein, um die Mischungen entweder besser an Kundenbedürfnisse anzupassen oder auf dieser Grundlage fertige Kekse für den Verkauf herzustellen.

Da die Legaldefinition eines Geschäftsgeheimnisses offenlässt, für wen ein Geheimnis einen wirtschaftlichen Wert haben muss, ist dieser als „trägerabstrahierender potenzieller" Wert zu begreifen,[563] der nicht nur durch den ursprünglichen Träger realisiert werden muss. Durch einen Perspektivenwechsel kann eine wertvolle Information in den genannten Beispielen auch dem

---

560 Beispiel nach *Alexander*, WRP 2017, 1034, 1038.

561 *Hoppe*, in: Hoppe/Oldekop, Geschäftsgeheimnisse, 2020, Kap. 1 Rn. 66.

562 Beispiel nach *Blankenfeldt/Müller/Weinrich*, in: Vögele, Intangibles, 2. Aufl. 2021, § 2 B. Rn. 43.

563 *Hoppe*, in: Hoppe/Oldekop, Geschäftsgeheimnisse, 2. Aufl. 2022, Kap. 1 Rn. 96 f.

Mess-/Versorgungsunternehmen, Elektronik- oder Möbelhändler und Gebäckhersteller zugeordnet werden. Da es sich hierbei auch um ein Nutzerverhalten oder einen gefragten Geschmack handelt, steht beides im Zusammenhang mit geschäftlichen Tätigkeiten und ist – zumindest aus der Perspektive des Mess-/Versorgungsunternehmens, Elektronik- oder Möbelhändlers und Gebäckherstellers – auch von der Art des Geheimnisses nicht belanglos. Daher können die in den Beispielen beschriebenen Mess- und Aktivitätsdaten und das Keksrezept – trotz privaten Ursprungs – auch einen wirtschaftlichen Wert haben.

Dass der wirtschaftliche Wert sich nicht nur auf die Perspektive des aktuellen oder ursprünglichen Informationsträger beschränken, sondern auch andere erfasst, die von der Erlangung, Nutzung und Offenlegung der Information profitieren könnten, wird teilweise auch für das US-amerikanische Recht gefordert.[564] Jedenfalls zeigt sich an den beschriebenen Beispielen, dass die Perspektive für die Zuordnung und Abgrenzung i. R. d. GeschGehG offen ausgestaltet ist.

4. *Beschränkung durch die übrigen Voraussetzungen und Reichweite ihrer Funktionen*

Da der wirtschaftliche Wert eine sehr offene Zuordnung und Abgrenzung ermöglicht, können alle Geheimnisse, die sich aufgrund eines (noch so kleinen) Verwertungs-, Nutzungs- oder Schädigungspotenzials auf einen Inhaber auswirken, für ihn von wirtschaftlichem Wert sein. Darüber hinaus kommt es für den Geheimnisschutz aber auch noch auf alle anderen Voraussetzungen aus § 2 Nr. 1 GeschGehG an.

So muss eine Information insb. vom Inhaber durch angemessene Geheimhaltungsmaßnahmen geschützt werden. Hieran kann es fehlen, wenn bspw. Kunden im privaten Gebrauch eines Produktes eine Nutzungsmöglichkeit für das Produkt auffällt, die dem Hersteller bisher nicht bekannt war, und diese Information mangels darauf gerichteter Geheimhaltungsmaßnahmen des Herstellers offengelegt wird. Eine weitere Nutzungsmöglichkeit verschafft einem Hersteller einen Vorteil gegenüber Wettbewerbern und ist von wirtschaftlichem Wert. Jedoch würde es mangels eigener Kenntnisse oder Vorkehrungen wohl an angemessenen Geheimhaltungsmaßnahmen fehlen, sodass die Information nicht als Geschäftsgeheimnis geschützt wäre.

Auf die Beispiele mit den Mess- und Aktivitätsdaten und dem Keksrezept bezogen bedeutet das, dass die Daten und das „Rezept“ durch das

564 *Hrdy*, Fordham Law Review 2022, 557, 574.

„trägerabstrahierende Potenzial" von wirtschaftlichem Wert sein können. Jedoch müssten das Mess-/Versorgungsunternehmen, der Elektronik- und Möbelhändler sowie Gebäckhersteller noch hinreichende (Geheimhaltungs-)Vereinbarungen mit den ursprünglichen Geheimnisträgern treffen, sodass erst dadurch der Geheimnisschutz zur Anwendung käme.

Es ist ohnehin fast ausgeschlossen, dass ein Geschäftstätiger alle Informationen, die in irgendeiner Art und Weise seinen Geschäftsbetrieb betreffen, identifizieren und durch (vor allem präventive) Maßnahmen schützen kann.[565] Besonders schwierig gestaltet sich das bei Informationen, die zwar den Geschäftsbetrieb betreffen, aber zunächst den Ursprung bei einer Privatperson haben. Mögliche Inhaber können aus Gründen der Praktikabilität zunächst oft nur auf Informationen achten, die ihnen bereits bekannt sind oder die sie sowieso kontrollieren.[566] Ein allumfassender Schutz aller in Betracht kommenden Informationen wäre auch aus betriebswirtschaftlichen Gründen nicht sinnvoll und könnte wohl auch nicht der „Angemessenheit" der zu treffenden Geheimhaltungsmaßnahmen entsprechen.

Dass der Geheimnisschutz auch von den übrigen Definitionsvoraussetzungen i. S. d. § 2 Nr. 1 GeschGehG abhängig ist, darf nicht vergessen werden. Es würde aber zu weit gehen, wenn im gleichen Zuge auch den angemessenen Geheimhaltungsmaßnahmen – neben ihrer berechtigten Warnfunktion[567] – eine Zuordnungs- und Abgrenzungsfunktion eingeräumt werden würde.[568] Anders als beim wirtschaftlichen Wert entscheiden Geheimhaltungsmaßnahmen nicht darüber, ob Informationen Geschäftsgeheimnisse und für wen es Geschäftsgeheimnisse sein „können", sondern nur, ob wertvolle Informationen – durch das Erfüllen der Obliegenheit – Geschäftsgeheimnisse für den Inhaber „sind".

Zuordnung und Abgrenzung finden also schon durch den wirtschaftlichen Wert statt und müssen nach außen hin „nur noch" durch Geheimhaltungsmaßnahmen manifestiert werden. Ob das auch tatsächlich geschieht, obliegt dem Inhaber. Wäre der Wille zur Geheimhaltung nach früherer Rechtslage nicht vermutet worden, sondern positiv erforderlich gewesen, hätte der Unternehmens-/Geschäftsbezug für sich genommen ebenso wenig für den Schutz einer

---

565 *Kraus/Leister*, CCZ 2021, 111, 112.

566 Vgl. *Kraus/Leister*, CCZ 2021, 111, 112.

567 *Alexander*, in: Köhler/Bornkamm/Feddersen, UWG, 41. Aufl. 2023, GeschGehG, § 2 Rn. 49a.

568 So nämlich *Alexander*, in: Köhler/Bornkamm/Feddersen, UWG, 41. Aufl. 2023, GeschGehG, § 2 Rn. 49a.

Information gereicht. Die Funktionen des Unternehmens-/Geschäftsbezugs sind damit sogar vollständig im wirtschaftlichen Wert aufgegangen.

5. *Zwischenergebnis*

Insgesamt zeigt sich am wirtschaftlichen Wert, ob es sich – in Abgrenzung zu anderen Geheimnisarten – um ein schützenswertes Geheimnis handelt. Zugleich ist anhand des wirtschaftlichen Wertes erkennbar, wer durch ein Geheimnis (positiv oder negativ) betroffen ist und – der Zuordnung halber – Inhaber sein kann. Ob diese Person dann tatsächlich der Inhaber i. S. d. GeschGehG ist, hängt wiederum nicht nur vom wirtschaftlichen Wert, sondern auch von der „Implementierung von Geheimhaltungsmaßnahmen“ ab.[569] Letztere erfüllen aber weder eine Zuordnungs- noch eine Abgrenzungsfunktion. Beides ist nur dem wirtschaftlichen Wert vorbehalten. Der Unternehmens-/Geschäftsbezug hat demnach keine Funktionen erfüllt, die der wirtschaftliche Wert nicht auch erfüllen kann. Als Nachfolger dieses Bezugs ist der wirtschaftliche Wert das entscheidende Kriterium,[570] ob vor allem Wissenschafts- und Privatgeheimnisse die Legaldefinition aus § 2 Nr. 1 GeschGehG erfüllen und durch das GeschGehG geschützt werden können. Eine Ausweitung des Geheimnisschutzes infolge des wirtschaftlichen Wertes liegt damit jedenfalls nahe.

II. Beispiel: Wissenschaftsgeheimnis

Wissenschaftsgeheimnisse sind Geheimnisse von staatlichen Forschungsinstitutionen, Universitäten und ähnlichen Einrichtungen. Nach früherer Rechtslage waren sie wie „vertrauliche politische Vorgänge“ sowie Geheimnisse von staatlichen Einrichtungen („Staats- und Dienstgeheimnisse“) vom Geheimnisschutz grundsätzlich ausgenommen.[571] Nur ausnahmsweise konnten Geheimnisse

569 *Klein/Wegener*, GRUR-Prax 2017, 394, 396.

570 *McGuire*, in: Ahrens/Büscher/Goldmann/McGuire, Festschrift für Henning Harte-Bavendamm zum 70. Geburtstag, 2020, 367, 373, 378.

571 *Aldoney Ramirez*, Der strafrechtliche Schutz von Geschäfts- und Betriebsgeheimnissen, 2009, 32; *Alexander*, WRP 2017, 1034, 1038; *Daub*, Die Verletzung von Unternehmensgeheimnissen im deutschen und US-amerikanischen Recht, 1996, 37; *Greco*, Verwertung von Know-how – Vertragstypologische Zuordnung, Vertragserfüllung und Hinweise zur Vertragsgestaltung, 2010, 19; *Rody*, Der Begriff und die Rechtsnatur von Geschäfts- und Betriebsgeheimnissen unter Berücksichtigung der Geheimnisschutz-Richtlinie, 2019, 61; *Sebulke*, Zivilprozessualer Geheimnisschutz im Anschluss an das Gesetz zum Schutz von Geschäftsgeheimnissen, 2021, 41.

staatlicher Einrichtungen vom Geheimnisschutz erfasst werden; bspw. nämlich, wenn diese – insb. in Form zunehmender Lizenzerteilungen[572] – wirtschaftlich-unternehmerisch tätig waren.[573] Grund für diese Einordnung war der Unternehmens-/Geschäftsbezug, der aber seit Inkrafttreten des GeschGehG nicht mehr vorgesehen ist.

1. Richtlinien- und gesetzgeberischer Wille des Vorfeldschutzes

Obwohl durch das GeschGehG insb. ein „Unternehmensschutz" bezweckt wird,[574] werden nun auch Geheimnisse nicht-kommerzieller Forschungseinrichten erfasst,[575] sofern diese einen potenziellen Wert haben.[576] So werden ebenso nicht-kommerzielle Forschungseinrichtungen in Erwg. 1 der GeschGeh-RL genannt und Forschungsergebnisse von Universitäten ausdrücklich nach dem gesetzgeberischem Willen geschützt,[577] selbst wenn eine Vermarktung zum Zeitpunkt der Bemessung (noch) nicht beabsichtigt ist.[578] Auch in Erwg. 14 der Richtlinie (EU) 2016/43 wird der Schutz dieses wissenschaftlichen Potenzials genannt. Werden Informationen privater Forschungseinrichtungen künftig für unternehmerische Tätigkeiten eingesetzt oder eignen sie für diesen Zweck, unterliegen sie aufgrund ihres potenziellen Wertes einem „Vorfeldschutz".[579]

Wegen eines äquivalenten Potenzials – und einer zunehmenden Kooperationsbereitschaft mit der Privatwirtschaft[580] – darf nichts anderes für Geheimnisse

---

572 *Harte-Bavendamm*, in: Harte-Bavendamm/Ohly/Kalbfus, GeschGehG, 2020, § 2 Rn. 38; zum professionellen Technologietransfer in Form von Lizenzierung an US-amerikanischen Universitäten *Parr*, in: Parr, Intellectual Property. Valuation, Exploitation, and Infringement Damages, 5. Aufl. 2018, 329 ff.

573 Auch für die heutige Rechtslage *Hauck*, in: Münchener Kommentar zum Lauterkeitsrecht, 3. Aufl. 2022, GeschGehG, § 2 Rn. 18 m. w. N.

574 Stellvertretend *Hauck*, NJW 2016, 2218, 2221; *Klein/Wegener*, GRUR-Prax 2017, 394, 395.

575 *Alexander*, WRP 2017, 1034, 1038; *Letzel*, ZJS 2021, 1, 3; a. A. vgl. *Rody*, Der Begriff und die Rechtsnatur von Geschäfts- und Betriebsgeheimnissen unter Berücksichtigung der Geheimnisschutz-Richtlinie, 2019, 78.

576 So auch *Hessel/Leffer*, MMR 2020, 647, 649.

577 BT-Drs. 19/4724, 24.

578 *Ohly*, in: Schovsbo/Minssen/Riis, The Harmonization and Protection of Trade Secrets in the EU, 2020, 103, 107; *Ohly*, GRUR 2019, 441, 443.

579 *Hauck*, in: Münchener Kommentar zum Lauterkeitsrecht, 3. Aufl. 2022, GeschGehG, § 2 Rn. 18; *Hoppe*, in: Hoppe/Oldekop, Geschäftsgeheimnisse, 2020, Kap. 1 Rn. 97.

580 *Rajam*, in: Schovsbo/Minssen/Riis, The Harmonization and Protection of Trade Secrets in the EU, Cheltenhem, 2020, 295, 300 ff., 307 f.

staatlicher Einrichtungen gelten.[581] Eignen sie sich für eine eigene wirtschaftliche Tätigkeit oder stehen sie sogar zur Auswertung durch Dritte zur Verfügung, haben sie einen wirtschaftlichen Wert.[582] Auch wenn nämlich eine gewerbliche Nutzung – bspw. in Form einer Lizenzierung – noch nicht „konkret absehbar“ ist, kann sie durchaus denkbar sein.[583] Durch die richtlinien- und gesetzgeberische Wertung ist ein „trägerabstrahierender potenzieller“ und insb. aus der Sicht von Dritten vorhandener Wert erkennbar.[584] Den Nutzen kann dann nicht nur ein interessierter Dritter geltend machen, sondern auch der Inhaber. In sachlicher Abgrenzung zu belanglosen Geheimnissen eröffnet der wirtschaftliche Wert – getragen durch den richtlinien- und gesetzgeberischen Willen – den Wissenschaftsgeheimnissen einen Zugang zum Geheimnisschutz.

2. *Exkurs: „Teilnahme am Wettbewerb“ als ursprüngliche Voraussetzung im Referentenentwurf zum GeschGehG*

Zwar sah der Referentenentwurf des Bundesministeriums der Justiz und für Verbraucherschutz noch vor, dass *„Forschungsergebnisse von Universitäten, wenn diese am Wettbewerb teilnehmen“*, geheimnisschutzrechtlich geschützt sind, aber *„Informationen, bei denen ein Geheimhaltungsinteresse des Inhabers besteht, dieser aber nicht am Wettbewerb teilnimmt“*, keine Geschäftsgeheimnisse sind.[585] Jedoch hat die „Teilnahme am Wettbewerb“ aus den zuvor genannten Gründen keinen Einzug ins GeschGehG erhalten. Auch im US-amerikanischen Geheimnisschutz wurde das Erfordernis „used in one's business“ abgeschafft, weil Forschungsergebnisse im Frühstadium sonst nicht geschützt werden könnten, obwohl es sich auch ohne geschäftliche Nutzung um eine ähnlich anfällige Phase handelt.[586] Die Beschränkung auf eine „Teilnahme am Wettbewerb“ oder einer ähnlichen Anforderung wurde mit Blick auf universitäre Wissenschaftsgeheimnisse zu

---

581 *Alexander*, WRP 2017, 1034, 1038 mit Verweis auf Erwg. 1 der GeschGeh-RL.

582 *Alexander*, in: Köhler/Bornkamm/Feddersen, UWG, 41. Aufl. 2023, GeschGehG, § 2 Rn. 86; *Sebulke*, Zivilprozessualer Geheimnisschutz im Anschluss an das Gesetz zum Schutz von Geschäftsgeheimnissen, 2021, 51.

583 *Glinke*, in: Keller/Schönknecht/Glinke, GeschGehG, 2021, § 2 Rn. 53; *Alexander*, WRP 2017, 1034, 1038.

584 *Hoppe*, in: Hoppe/Oldekop, Geschäftsgeheimnisse, 2. Aufl. 2022, Kap. 1 Rn. 96 f.

585 *Bundesministerium der Justiz und für Verbraucherschutz*, Entwurf eines Gesetzes zur Umsetzung der GeschGeh-RL zum Schutz von Geschäftsgeheimnissen vor rechtswidrigem Erwerb sowie rechtswidriger Nutzung und Offenlegung, 2018, 19.

586 *Hrdy*, Fordham Law Review 2022, 557, 570 m. w. N.

Recht zurückgewiesen.[587] Doch selbst wenn es eine solche Anforderung gegeben hätte, sprechen zum einen der Wettbewerb zwischen Universitäten um die Vergabe von Förder- und Forschungsgelder, und zum anderen eine zunehmende Amortisation von Wissenschaftsgeheimnissen[588] dafür, den wirtschaftlichen Wert solcher Geheimnisse anzunehmen.[589] Schließlich hat eine Universität in diesem Kontext einen Vorteil gegenüber anderen Universitäten, wenn sie ein faktisches Monopol an bestimmten Geheimnissen hat. Ferner kommt auch ein Wettbewerb bei der Lizenzvergabe in Frage. Somit hätte auch eine „Teilnahme am Wettbewerb" nicht gegen den wirtschaftlichen Wert von Wissenschaftsgeheimnissen gesprochen.

3. Vereinbarkeit mit dem Anwendungsbereich des GeschGehG

Das zum Vorfeldschutz Gesagte könnte mit Blick auf den Anwendungsbereich des GeschGehG überraschen, denn das GeschGehG regelt nach seiner Gesetzesbegründung *„die Rechtsfolgen der Erlangung, Nutzung und Offenlegung von Geschäftsgeheimnissen zwischen Privaten, nicht aber das Verhältnis zwischen Privaten und öffentlichen Stellen"*.[590] So müsste der Geheimnisschutz nur zwischen Privaten gelten und auch öffentlich-rechtliche Ansprüche gehen dem GeschGehG gemäß § 1 Abs. 2 GeschGehG vor. Beides deutet darauf hin, dass der frühere Grundsatz auch für das GeschGehG fortgelten müsste. Universitäten, die Körperschaften des öffentlichen Rechts sind, könnten sich dann bei Geheimnissen nicht auf das GeschGehG berufen, was auch der nach der früheren Rechtslage gemachten Abgrenzung zwischen Geheimnissen der öffentlichen Hand und jenen der Privatwirtschaft entsprechen würde.[591]

Wissenschaftsgeheimnisse waren aber vor Inkrafttreten des GeschGehG ausschließlich wegen der sachlichen Abgrenzung durch den Unternehmens-/Geschäftsbezugs regelmäßig vom Geheimnisschutz ausgeschlossen. Die Ausnahme für wirtschaftlich-unternehmerisch tätige staatliche Einrichtungen galt auch schon nach früherer Rechtslage. Diese Ausnahme wurde im Zuge der neuen Legaldefinition nur erweitert. Dadurch, dass der wirtschaftliche Wert

---

587 So auch *Glinke*, in: Keller/Schönknecht/Glinke, GeschGehG, 2021, § 2 Rn. 53.

588 *Rajam*, in: Schovsbo/Minssen/Riis, The Harmonization and Protection of Trade Secrets in the EU, Cheltenhem, 2020, 307.

589 *Glinke*, in: Keller/Schönknecht/Glinke, GeschGehG, 2021, § 2 Rn. 53.

590 BT-Drs. 19/4724, 23.

591 *Reinfeld*, Das neue Gesetz zum Schutz von Geschäftsgeheimnissen, 2019, § 1 Rn. 105 m. w. N.

eingeführt worden ist, ist die Schwelle für die Ausnahme von einer tatsächlichen Tätigkeit auf ein reines – aber trotzdem plausibles – Potenzial herabgesenkt worden. Die in der Gesetzesbegründung verwendete Formulierung *„zwischen Privaten“* muss also so ausgelegt werden, dass davon auch jede Einrichtung umfasst ist, die schon die Möglichkeit hat, eine – wie nach früherer Rechtslage erforderliche – tatsächliche Tätigkeit aufzunehmen und so „Privater“ i. e. S. zu sein. Dass Wissenschaftsgeheimnisse dadurch Geschäftsgeheimnisse sein können, widerspricht also nicht dem Anwendungsbereich des GeschGehG. Ferner steht dem Vorrang öffentlich-rechtlicher Ansprüche nichts entgegen, sodass sich bspw. auch Universitäten als Inhaber gegen nach dem GeschGehG verbotene Handlungen wehren können, sie – als staatliche Einrichtung – aber anders als rein privatwirtschaftlich tätige Unternehmen zugleich öffentlich-rechtlichen Ansprüchen ausgesetzt sind, die im Verhältnis zum GeschGehG vorrangig sind.

4. „Wettbewerbs“-Vorteil trotz eines „trägerabstrahierenden Potenzials“?

Fraglich ist, ob der Begriff des „Wettbewerbsvorteils“ überhaupt mit dem GeschGehG vereinbar und zur Beschreibung des wirtschaftlichen Wertes zielführend ist. So setzt der Begriff wörtlich einen Wettbewerb voraus. Mit Blick auf das Potenzialverständnis, das auch zukünftige Geschäftsbetätigungen erfasst und unabhängig vom aktuellen Träger („trägerabstrahierend“) zu verstehen ist, ist die Begrenzung des wirtschaftlichen Wertes auf „Wettbewerbs“-Vorteile möglicherweise zweckwidrig. Zielführend könnte eine Erweiterung auf diejenigen sein, die zwar nicht aktuell mit dem Inhaber konkurrieren, aber auch von einer Erlangung, Nutzung und Offenlegung eines Geheimnisses profitieren würden.[592] Bspw. ist es bei Wissenschaftsgeheimnissen denkbar, dass es für Inhaber vor oder zu Beginn einer Tätigkeit noch keine (erkennbaren) Wettbewerber gibt.[593] Das gilt im Übrigen auch für als Geschäftsgeheimnis geschützte maschinengenerierte Daten, die immer häufiger dazu dienen, „neue Geschäftsfelder zu schaffen“.[594]

Obwohl es also nahe liegt, den „Wettbewerbs“-Vorteil eher als „wirtschaftlichen“ Vorteil zu bezeichnen,[595] besteht dafür keine Notwendigkeit. So wie mit

592 Auch für das US-amerikanische Recht vorgeschlagen *Hrdy*, Fordham Law Review 2022, 557, 574.

593 *Hrdy*, Fordham Law Review 2022, 557, 574.

594 *Große-Ophoff/Voget*, GRUR 2022, 1192, 1192.

595 So zumindest für das US-amerikanische Recht *Hrdy*, Fordham Law Review 2022, 557, 574.

dem Begriff der „Privaten“ beim Anwendungsbereich des GeschGehG verfahren wird, genügt auch für den Begriff des „Wettbewerbs“ die Möglichkeit, am Wettbewerb teilzunehmen oder – wenn es noch keinen gibt – einen solchen zu begründen. Da das Potenzialverständnis nun auch ein „trägerabstrahierendes Potenzial“ umfasst, muss auch der Wettbewerb so ausgelegt werden, dass davon ein erst zukünftiger Wettbewerb umfasst ist.

5. *Zwischenergebnis*

An Wissenschaftsgeheimnissen zeigt sich, dass der wirtschaftliche Wert mehr als der Unternehmens-/Geschäftsbezug umfasst. So müssen Geheimnisse nicht mit geschäftlichen Tätigkeiten unmittelbar im Zusammenhang stehen. Für den Anwendungsbereich kommt es nun weniger auf die sachliche Natur des Inhabers und mehr auf das „trägerabstrahierende“ Potenzial eines Geheimnisses an,[596] das i. R. d. wirtschaftlichen Wertes für eine zukünftige geschäftliche Tätigkeit nur denkbar sein muss. Daher können nun auch nicht-kommerzielle Einrichtungen ihre Wissenschaftsgeheimnisse als Geschäftsgeheimnisse schützen. Zu berücksichtigen ist aber, dass gemäß § 1 Abs. 2 GeschGehG öffentlich-rechtliche Ansprüche vorgehen können.

III. Beispiel: Privatgeheimnis

In den meisten Fällen haben Geheimnisse aus dem persönlichen Privatleben keinen wirtschaftlichen Wert,[597] da sie i. d. R. weder für die Öffentlichkeit noch für geschäftliche Tätigkeiten bestimmt oder geeignet sind. Bei „primär persönlichkeitsbezogener Fundierung“ sind auch vermögenswerte Privatgeheimnisse vom Geheimnisschutz ausgenommen.[598] Etwas anderes könnte aber gelten, wenn private Umstände für eine geschäftliche Tätigkeit von unmittelbarer Bedeutung sind,[599] sich also auf die Wettbewerbsfähigkeit

---

596 *Brammsen*, in: Brammsen/Apel, GeschGehG, § 2 Rn. 44; angedeutet auch von *Harte-Bavendamm*, in: Harte-Bavendamm/Ohly/Kalbfus, GeschGehG, 2020, § 2 Rn. 38.

597 *Harte-Bavendamm*, in: Harte-Bavendamm/Ohly/Kalbfus, GeschGehG, 2020, § 2 Rn. 16; *Alexander*, in: Köhler/Bornkamm/Feddersen, UWG, 41. Aufl. 2023, GeschGehG, § 2 Rn. 84.

598 *Brammsen*, BB 2018, 2446, 2448.

599 *Ohly*, GRUR 2019, 441, 442; für eine Überschneidung in Ausnahmefällen offen *Wiese*, Die EU-Richtlinie über den Schutz vertraulichen Know-hows und vertraulicher Geschäftsinformationen, 2018, 50.

und den wirtschaftlichen Erfolg auswirken und so zum Geschäftsgeheimnis werden.[600]

1. Grundsatz

Zunächst ist in der GeschGeh-RL und im GeschGehG ausdrücklich von „*Geschäfts*“-geheimnissen die Rede. Schon diese Begriffswahl zeigt, dass es nach wie vor um Informationen geht, die in irgendeiner Art und Weise eine (ggf. auch nur künftige) geschäftliche Tätigkeit betreffen.[601] Zudem soll nach Erwg. 14 der GeschGeh-RL der Schutz auf geschäftsbezogene Geheimnisse beschränkt werden. Demnach umfassen Geschäftsgeheimnisse „*Know-how, Geschäfts- und technologische Informationen*“, also Informationen, die i. d. R. mit geschäftlichen Tätigkeiten im Zusammenhang stehen.[602] Ein begrifflicher und zweckmäßiger Ausschluss von Privatgeheimnissen liegt somit nahe.[603] Auch nach Erwg. 1 der GeschGeh-RL werden im Zuge der Investitionen in den Erwerb, die Entwicklung und die Anwendung von Know-how und Information vor allem Unternehmen sowie Forschungseinrichtungen, nicht aber auch „Private“ adressiert. Ähnlich wurde im deutschen Regierungsentwurf den Informationen, „*die rein privat und nicht im geschäftlichen Verkehr verwertbar sind*“,[604] der Geheimnisschutz abgesprochen.[605] Grund sei der fehlende wirtschaftliche Wert solcher Informationen.[606] Tatsächlich kommt es wegen der auf den Wettbewerb gerichteten

600 Vgl. *BGH*, Urt. v. 19.12.2002, I ZR 119/00 = GRUR 2003, 453, 454.

601 *Keller*, in: Keller/Schönknecht/Glinke, GeschGehG, 2021, § 2 Rn. 11; *Hauck*, in: Münchener Kommentar zum Lauterkeitsrecht, 3. Aufl. 2022, GeschGehG, § 2 Rn. 17; *McGuire*, in: Büscher, Gesetz gegen den unlauteren Wettbewerb, 2. Aufl. 2021, GeschGehG, § 2 Rn. 43; *Hohendorf*, in: Heinemann/Sattler, Immaterialgüter und Digitalisierung, 2017, 105, 114; *Schick*, Über die Strafbarkeit von Whistleblowing, 2022, 115; *Strobel*, Reverse Engineering im Spannungsfeld der Sonderschutzrechte, 2022, 77.

602 *Koós*, MMR 2016, 224, 225; *Rody*, Der Begriff und die Rechtsnatur von Geschäfts- und Betriebsgeheimnissen unter Berücksichtigung der Geheimnisschutz-Richtlinie, 2019, 57; *Schick*, Über die Strafbarkeit von Whistleblowing, 2022, 115; *Wiese*, Die EU-Richtlinie über den Schutz vertraulichen Know-hows und vertraulicher Geschäftsinformationen, 2018, 50.

603 So nämlich *Schick*, Über die Strafbarkeit von Whistleblowing, 2022, 115; vgl. auch *Redeker/Pres/Gittinger*, WRP 2015, 681, 683.

604 BT-Drs. 19/4724, 24

605 *Alexander*, AfP 2019, 1, 5; *Burghardt-Richter/Bode*, BB 2019, 2697, 2698, *Lamy/Vollprecht*, IR 2019, 201, 202 f.; a. A. *Nebel/Dietrich*, GeschGehG, § 2 Rn. 23.

606 *Hauck*, NJW 2016, 2218, 2221.

Schutzrichtung des GeschGehG auf einen Wettbewerbsvorteil an. Diesen können i. d. R. nur Inhaber haben, die (ggf. künftig) im Wettbewerb miteinander konkurrieren. Wortlaut sowie Sinn und Zweck des reformierten Geheimnisschutzes lassen darauf schließen, dass auch seit Inkrafttreten des GeschGehG ein – wenn auch nur mittelbarer[607] – Zusammenhang zwischen Information und geschäftlicher Tätigkeit erforderlich ist, der aber bei Privatgeheimnissen meist nicht besteht.[608]

2. Ausnahmen

Die im Regierungsentwurf verwendete Bezeichnung *„rein privat und nicht im geschäftlichen Verkehr verwertbar"* spricht nicht zwingend dagegen, dass insb. Privatgeheimnisse doch Geschäftsgeheimnisse sein können. Erstens wird keine Verkehrsfähigkeit vorausgesetzt. Der wirtschaftliche Wert, der im Gegensatz zum Unternehmens-/Geschäftsbezug eine Voraussetzung des GeschGehG geworden ist, umfasst mehr als die Verwertbarkeit im geschäftlichen Verkehr. Zweitens handelt es sich bei der Bezeichnung *„rein privat"* um eine Unterscheidung zwischen verschiedenen Arten von Privatgeheimnissen,[609] also allen Geheimnissen, die die private Sphäre betreffen. Ein Privatgeheimnis muss aber nicht *„rein privat"* sein. So sind Überschneidungen zwischen Privat- und Geschäftsgeheimnissen denkbar, sofern sie von wirtschaftlichem Wert sind.[610] Dann ist nämlich eine differenzierte Betrachtung geboten,[611] die bei Annahme des wirtschaftlichen Wertes eine ausführliche Begründung verlangt.

a) Umstände über Mitarbeiter eines Unternehmens

Zwar sind Geheimnisse aus der Privatsphäre von Unternehmern oder Mitarbeitern grundsätzlich keine, die sich wirtschaftlich auf die geschäftliche Tätigkeit

---

607 *Sebulke*, Zivilprozessualer Geheimnisschutz im Anschluss an das Gesetz zum Schutz von Geschäftsgeheimnissen, 2021, 50.

608 *Preis/Seiwerth*, RdA 2019, 351, 352; *Redeker/Pres/Gittinger*, WRP 2015, 681, 683; *Rody*, Der Begriff und die Rechtsnatur von Geschäfts- und Betriebsgeheimnissen unter Berücksichtigung der Geheimnisschutz-Richtlinie, 2019, 58; *Scherp/Rauhe*, CB 2019, 20, 23.

609 Vgl. *Reinfeld*, Das neue Gesetz zum Schutz von Geschäftsgeheimnissen, 2019, § 1 Rn. 105.

610 Vgl. *Sousa e Silva*, JIPLP 2014, 923, 927 m. w. N.; offen auch *Hoppe*, in: Hoppe/Oldekop, Geschäftsgeheimnisse, 2020, Kap. 1 Rn. 63 f.

611 *Keller*, in: Keller/Schönknecht/Glinke, GeschGehG, 2021, § 2 Rn. 11.

eines Unternehmens auswirken. Allerdings ist es bei bestimmten Personen und Mitarbeitern in einem Unternehmen durchaus möglich, dass ihre Privatgeheimnisse zugleich Geschäftsgeheimnisse sind.[612] Hierfür ist aber erforderlich, dass eine derart „ambivalente“ Information für wirtschaftliche Entscheidungen und den Unternehmenserfolg entscheidend ist.

aa) Unternehmer und leitende Mitarbeiter

Vor allem bei Unternehmern oder leitenden Mitarbeitern (z. B. Geschäftsführung, Vorstand, usw.) ist eine Überschneidung von Privat- und Geschäftsgeheimnissen erwartbar. So verkörpern solche Personen in der Öffentlichkeit regelmäßig das von ihnen geführte Unternehmen, sodass der Unternehmenserfolg in der öffentlichen Wahrnehmung mit ihnen „steht und fällt“. Das Bekanntwerden von „unmoralischen Verfehlungen“ aus der Privatsphäre von Geschäftsführern oder Vorstandsmitgliedern kann zu Umsatzeinbußen und anderen wirtschaftlichen Beeinträchtigungen eines Unternehmens führen,[613] vor allem wenn Stammkunden wegen moralischer Bedenken vom sonst regulären Erwerb des Unternehmensproduktes absehen.

Auch das Absinken des Börsenwertes kann auf private Umstände eines Unternehmers oder leitenden Mitarbeiters zurückgeführt werden. Nachdem bspw. ein Video bekannt wurde, auf dem zu sehen ist, wie Elon Musk (CEO von „Tesla, Inc.“) „vor laufender Kamera Marihuana raucht, rauschte der Kurs der Firmenaktie in den Keller“.[614] Hätte es sich nicht von Anfang an um ein (bewusst) öffentlich gehaltenes Video, sondern um eine geheime Tatsache gehandelt, die gegen den Willen von Elon Musk oder „Tesla, Inc.“ bekannt wird, wäre die Überschneidung von Privat- und Geschäftsgeheimnissen aufgrund des Schädigungspotenzials unzweifelhaft anzunehmen gewesen.

Auch der Gesundheitszustand von Vorstandsmitgliedern, Geschäftsführern, usw. kann von immenser wirtschaftlicher Bedeutung für ein Unternehmen sein, vor allem wenn er zur Abberufung oder zum eigenständigen Ausscheiden führt

---

612 *Keller*, in: Keller/Schönknecht/Glinke, GeschGehG, 2021, § 2 Rn. 11; *Alexander*, in: Köhler/Bornkamm/Feddersen, UWG, 41. Aufl. 2023, GeschGehG, § 2 Rn. 84; *Redeker/Pres/Gittinger*, WRP 2016, 681, 683.

613 *Letzel*, ZJS 2021, 1, 7; a. A. *Harte-Bavendamm*, in: Harte-Bavendamm/Ohly/Kalbfus, GeschGehG, 2020, § 2 Rn. 16.

614 *Hulverscheidt*, in: Süddeutsche Zeitung, 10. September 2018 (zuletzt abgerufen am 17.07.2023 unter: https://www.sueddeutsche.de/wirtschaft/autohersteller-musk-raucht-gras-tesla-aktie-stuerzt-ab-1.4122222).

und dadurch wichtige Erfahrungen und Fähigkeiten verloren gehen würden.[615] Auch dann ist denkbar, dass insb. der Aktienkurs des Unternehmens fällt. In solchen Fällen stellen Privatgeheimnisse zugleich auch Geschäftsgeheimnisse dar, weil sie für die geschäftliche Tätigkeit von unmittelbarer Bedeutung sind und in ihnen ein Potenzial i. S. d. GeschGehG liegt.

bb) Andere, wirtschaftlich bedeutende Mitarbeiter

Informationen müssen nicht nur Unternehmer und leitende Mitarbeiter betreffen, um wirtschaftlich wertvoll zu sein. Darüber hinaus gibt es nämlich auch noch andere, wirtschaftlich bedeutende Mitarbeiter. So kann bspw. auch der Gesundheitszustand eines professionellen Fußballspielers ein Geschäftsgeheimnis sein. Obwohl ärztliche Befunde grundsätzlich zur Privats- oder gar zur Intimsphäre des Patienten gehören,[616] sind sie auch für den geschäftlich tätigen Verein des Profifußballers von Bedeutung. Es ist erwartbar, dass der betroffene Verein unmittelbar vor einem wirtschaftlich bedeutenden Spiel die Verletzung des Spielers – unter Einhaltung aller Mitteilungspflichten – so lange wie möglich geheim halten will. Schließlich würde das Bekanntwerden der Verletzung dem gegnerischen Verein eine auf den Ausfall des Spielers angepasste Vorbereitung auf das wirtschaftlich bedeutende Spiel ermöglichen. Diese Information geheim zu halten, verschafft dem Verein des verletzten Profifußballers einen Wettbewerbsvorteil.

Fraglich ist in diesem Fall, wem das Geheimnis zuzuordnen ist und ob es von belanglosen Informationen abgegrenzt werden kann. Für beide Fragen eignet sich der wirtschaftliche Wert als Kriterium, weil er zeigt, wer durch die Information über die Verletzung einen Nutzen hat und wem bei Bekanntwerden ein Schaden droht.[617] Hier wird die Information über die Verletzung kraft Natur dem Profifußballer, aber aufgrund der wirtschaftlichen Auswirkungen auch seinem Verein zugeordnet, wodurch beide Inhaber sein können. Bei der Abgrenzung zu rein privaten und damit belanglosen Geheimnissen spricht das Schädigungspotenzial zulasten des Vereins für die Einordnung als Geschäftsgeheimnis. Der Verein muss auch angemessene Maßnahmen zur Geheimhaltung

---

615 *Keller*, in: Keller/Schönknecht/Glinke, GeschGehG, 2021, § 2 Rn. 11; *Hauck*, in: Münchener Kommentar zum Lauterkeitsrecht, 3. Aufl. 2022, GeschGehG, § 2 Rn. 17; *Alexander*, AfP 2019, 1, 5.

616 BVerfGE 89, 69, 82 f.; BVerfGE 32, 373, 379 ff.

617 Ähnlich sogar schon *v. Stebut*, Geheimnisschutz und Verschwiegenheitspflicht im Aktienrecht, 1972, 51.

einer Verletzung getroffen haben, bspw. indem er mit dem Profifußballer eine vertragliche Vertraulichkeitsvereinbarung über Verletzungen vereinbart hat. Ist das der Fall, handelt es sich beim Wissen um die Verletzung des Profifußballers auch um ein wirtschaftlich wertvolles Geschäftsgeheimnis dieses Vereins.

Dieses Beispiel zeigt, dass nicht nur Geheimnisse über Unternehmer oder leitende Mitarbeiter einen wirtschaftlichen Wert haben. Das Potenzial erstreckt sich auch auf andere, wirtschaftlich bedeutende Mitarbeiter, sofern ein Geheimnis wettbewerbsrelevant ist.

cc) „Gewöhnliche“ Mitarbeiter

Im Gegensatz zu den bisher genannten Beispielen ist die Kündigungsabsicht „gewöhnlicher“ Mitarbeiter – zumindest nach früherer Rechtslage – nicht als Geschäftsgeheimnis einzustufen.[618] Ein bekanntes Abgrenzungsbeispiel zwischen Privat- und Geschäftsgeheimnissen wurde durch eine gerichtliche Entscheidung aus dem Jahr 1990 geprägt, dem der Sachverhalt zugrunde lag, dass ein Angestellter eines Unternehmens die Absicht hatte, zu kündigen. Das OLG Stuttgart entschied, dass es sich nicht um ein Geschäftsgeheimnis handelte, da die Kündigungsabsicht zum Lebensbereich des Angestellten und nicht zum Geschäftsbetrieb des Unternehmens gehörte.[619] Grundlage dieser Abgrenzung war der Ursprung der Information, der in der Sphäre des Angestellten gelegen habe.[620]

Zwar ist die Anknüpfung an Ursprungssphären nunmehr wegen des trägerabstrahierenden Potenzials des wirtschaftlichen Wertes abzulehnen.[621] Doch auch nach heutiger Rechtslage würde dieses Urteil konsequenterweise bedeuten, dass Geheimnisse über den einen Mitarbeiter (z. B. Geschäftsführer, Vorstandsmitglied, usw.) zwar von wirtschaftlichem Wert, aber Geheimnisse über einen anderen – insb. leicht ersetzbaren – Mitarbeiter („gewöhnlicher“ Mitarbeiter) wertlos wären. In Anbetracht der Auswirkungen, die jeder Mitarbeiter – ob viel oder wenig – für ein Unternehmen hat, und der wohl fehlenden Wertschwelle[622] verblüfft das Ergebnis zunächst. Entweder muss es doch eine

---

618 *OLG Stuttgart*, Urt. v. 02.04.1990, 3 Ss 57/90 = wistra 1990. 277, 278.

619 *OLG Stuttgart*, Urt. v. 02.04.1990, 3 Ss 57/90 = wistra 1990. 277, 278.

620 *OLG Stuttgart*, Urt. v. 02.04.1990, 3 Ss 57/90 = wistra 1990. 277, 278.

621 A. A. *Rody*, Der Begriff und die Rechtsnatur von Geschäfts- und Betriebsgeheimnissen unter Berücksichtigung der Geheimnisschutz-Richtlinie, 2019, 65

622 So nämlich *Hauck*, in: Münchener Kommentar zum Lauterkeitsrecht, 3. Aufl. 2022, GeschGehG, § 2 Rn. 13; *Nebel/Dietrich*, GeschGehG, § 2 Rn. 24; *Koch*, in: Vögele, Intangibles, 2. Aufl. 2021, § 1 B. Rn. 223; auf die GeschGeh-RL bezogen; *Aplin*,

Wertschwelle geben, sodass die Kündigung eines „gewöhnlichen" Mitarbeiters nicht von enormer wirtschaftlicher Bedeutung ist und nur wegen einer normativen Wertung „keinen" wirtschaftlichen Wert hat, oder die Kündigungsabsicht eines „gewöhnlichen" Mitarbeiters hat tatsächlich keinen wirtschaftlichen Wert, weil der Mitarbeiter ohne Schwierigkeiten ausgetauscht werden kann und auch für die Wettbewerbsfähigkeit des Unternehmens belanglos ist.

Hierbei werden zwar keine hohen Anforderungen an den wirtschaftlichen Wert gestellt. Jedoch wird immer ein Wettbewerbsvorteil für den Inhaber vorausgesetzt. Dieser ergibt sich bei Mitarbeitern insb. aus ihren besonderen Fähigkeiten und Erfahrungen, die bei Wettbewerbern gefragt sind, aber nicht existieren. Bei „gewöhnlichen" Aufgaben ist hiervon nicht auszugehen, da das Angebot an möglichen Angestellten für leicht ersetzbare Tätigkeiten deutlich größer ist und Inhaber sowie Wettbewerber jederzeit auf intern schon vorhandene oder neue externe Angestellte zurückgreifen können, die in der Lage sind, „gewöhnliche" Aufgaben zu erfüllen. Anders verhält es sich bei leitenden Tätigkeiten oder solchen mit besonders spezifischen Anforderungen, da es sich meist um Wissen handelt, das ohne großen Aufwand nicht zu ersetzen ist.

Ist einem Wettbewerber bekannt, dass ein wirtschaftlich bedeutender Mitarbeiter das Unternehmen eines Inhabers verlassen möchte, kann der Wettbewerber gezielt auf den Mitarbeiter zugehen und ihn abwerben. Ist Wettbewerbern die Absicht nicht bekannt, hat der Inhaber höhere Chancen, oft auch mehr Zeit und eine bessere Verhandlungsposition, den wirtschaftlich bedeutenden Mitarbeiter entweder zu halten oder rechtzeitig nach einem äquivalenten Ersatz zu suchen. Hierin liegt der wertbegründende Wettbewerbsvorteil, der aber erstens nur bei Informationen über wirtschaftlich bedeutende Mitarbeiter oder bei Unternehmern besteht und zweitens auch durch Geheimhaltungsmaßnahmen geschützt werden muss. Für den Geheimnisschutz spielt dies bei „gewöhnlichen" Mitarbeitern aber keine Rolle.

Obwohl sich IDW S 5.112 auf Technologien bezieht, kann die Wertung auf die hiesigen personellen Angelegenheiten übertragen werden. Demnach ist auch eine Technologie nicht wertvoll, wenn *„alternative Technologien existieren, durch deren Nutzung mindestens gleichartige Vorteile erzielbar sind"*. Vergleichbar sind „gewöhnliche" Mitarbeiter, für die alternative Möglichkeiten existieren.

---

in: Lohsse/Schulze/Staudenmeyer, Trading Data in die Digital Economy: Legal Concepts and Tools, 2017, 59, 65 f.; ebenso *Baranowski/Glaßl*, BB 2016, 2563, 2565.

dd) Zwischenergebnis

Der Unterschied zwischen den Beispielen zeigt die Bedeutung des wirtschaftlichen Wertes bei der Zuordnung zu möglichen Inhabern und Abgrenzung zu rein privaten Geheimnissen. Zwar lässt sich das Urteil des OLG Stuttgart nicht in der Begründung, aber zumindest vom Ergebnis auch auf die heutige Rechtslage übertragen. Schließlich entscheiden wirtschaftliche Auswirkungen des Einzelfalls darüber, ob ein Geheimnis über Mitarbeiter von wirtschaftlichem Wert ist. Jedenfalls gibt es denkbare Fälle, in denen Umstände über Unternehmer und Mitarbeiter Geschäftsgeheimnisse sind, sodass eine Überschneidung zwischen Geschäfts- und Privatgeheimnissen nicht ausgeschlossen ist und auch Letztere vom GeschGehG umfasst sind.

b) Personen des öffentlichen Lebens

Überschneidungen sind auch bei Geheimnissen aus der Privatsphäre von Personen des öffentlichen Lebens denkbar. Beispiele sind Informationen über Verfehlungen prominenter Personen oder geheime „Liebesabenteuer“ von Medienstars,[623] vor allem wenn sie – wie bspw. Influencer, Sportler und Künstler es häufig tun[624] – eigene Persönlichkeitsaspekte vermarkten.[625] Dadurch, dass sich solche Informationen als Gegenstand der öffentlichen Berichterstattung eignen, stellen sie mindestens einen „Anknüpfungspunkt für eine kommerzielle Zweitnutzung“ dar,[626] was Ausfluss eines „trägerabstrahierenden“ Potenzials ist.

Dass geschäftliche Tätigkeiten von Personen des öffentlichen Lebens oft darin bestehen, persönliche Informationen kommerziell zu nutzen,[627] zeigt sich am Beispiel der Schauspieler Michael Douglas und Catherine Zeta-Jones:[628] Beide haben die Daten zu ihrer Hochzeit geheim gehalten, um die exklusiven Bildrechte an das Magazin „OK!“ zu verkaufen. Einem Fotografen ist es aber gelungen,

---

623 *Ohly*, GRUR 2019, 441, 442; *Sousa e Silva*, JIPLP 2014, 923, 927 m. w. N.

624 *Keller*, in: Keller/Schönknecht/Glinke, GeschGehG, 2021, § 2 Rn. 12; *Ohly*, in: Ohly/Sosnitza, Gesetz gegen den unlauteren Wettbewerb, 8. Aufl. 2023, GeschGehG, § 2 Rn. 4; *Hoppe*, in: Hoppe/Oldekop, Geschäftsgeheimnisse, 2020, Kap. 1 Rn. 64.

625 *Alexander*, in: Köhler/Bornkamm/Feddersen, UWG, 41. Aufl. 2023, GeschGehG, § 2 Rn. 84; *Hoppe*, in: Hoppe/Oldekop, Geschäftsgeheimnisse, 2020, Kap. 1 Rn. 64.

626 *Harte-Bavendamm*, in: Harte-Bavendamm/Ohly/Kalbfus, GeschGehG, 2020, § 2 Rn. 16.

627 *Aplin*, A critical Evaluation of the proposed EU Trade Secrets Directive, 2014, 13.

628 Beispiel nach *Aplin*, A critical Evaluation of the proposed EU Trade Secrets Directive, 2014, 12; *Hoppe*, in: Hoppe/Oldekop, Geschäftsgeheimnisse, 2020, Kap. 1 Rn. 57; hierzu kritisch *Trallero Ocaña*, The Notion of Secrecy, 2021, 312.

die geheimen Daten herauszufinden und dadurch Fotos von der Hochzeit zu machen, die er dann gewinnbringend dem Magazin „Hello“ verkauft hat. Die geheimen Informationen über Ort und Zeit der Hochzeit hatten demnach sogar einen verwertbaren Vermögenswert.

Für Geheimnisse aus der Privatsphäre von Personen des öffentlichen Lebens ist es wegen des vorliegenden Potenzialverständnisses unerheblich, ob die Vermarktung bereits begonnen hat oder erst noch ansteht. Ob es sich bei den Informationen um solche rein privater oder ambivalenter Art handelt, ist anhand der Umstände des Einzelfalls festzulegen.[629] Für den wirtschaftlichen Wert sprechen jedenfalls oft die „Breitenwirkung ihrer Tätigkeit“ und die „Reichweite des Kommunikationskanals“.[630] Kein wirtschaftlicher Wert liegt dagegen vor, wenn Informationen „allein das Renommée“ der Person schädigen, sich aber überdies nicht auf die Wettbewerbsfähigkeit auswirken.[631]

3. *Zwischenergebnis*

Da sich der wirtschaftliche Wert als Zuordnungs- und auch als Abgrenzungskriterium eignet, kann auch ein Privatgeheimnis ein Geschäftsgeheimnis sein, sofern es nicht *„rein privat“* und wirtschaftlich wertvoll ist.[632] Zur Abgrenzung von Geheimnissen, die rein privater Natur sind,[633] ist im Einzelfall auf die Nähe zu den geschäftlichen Tätigkeiten und ihrer wirtschaftlichen Bedeutung abzustellen. Ohne Zusammenhang zur Wettbewerbsfähigkeit besteht mangels Vorteils kein wirtschaftlicher Wert.[634] Ein „uferloser“ Schutz von Geheimnissen aus der Privatsphäre ist aufgrund der Rechtfertigungsgründe aus § 5 Nr. 1, Nr. 2 GeschGehG nicht zu befürchten.[635]

IV. Zwischenergebnis

Obwohl das GeschGehG keinen Unternehmens-/Geschäftsbezug voraussetzt, können schützenswerte Geheimnisse weiterhin zugeordnet und abgegrenzt

629 *Keller*, in: Keller/Schönknecht/Glinke, GeschGehG, 2021, § 2 Rn. 12.

630 *Keller*, in: Keller/Schönknecht/Glinke, GeschGehG, 2021, § 2 Rn. 12.

631 *Keller*, in: Keller/Schönknecht/Glinke, GeschGehG, 2021, § 2 Rn. 12.

632 So auch *Letzel*, ZJS 2021, 1, 7.

633 *Reinfeld*, Das neue Gesetz zum Schutz von Geschäftsgeheimnissen, 2019, § 1 Rn. 105.

634 Im Ergebnis mit höheren Anforderungen an diesen Zusammenhang *Harte-Bavendamm*, in: Harte-Bavendamm/Ohly/Kalbfus, GeschGehG, 2020, § 2 Rn. 16.

635 So auch *Letzel*, ZJS 2021, 1, 8.

werden.[636] Dies wird nun durch den wirtschaftlichen Wert gewährleistet, sodass Zuordnung und Abgrenzung nach heutiger Rechtslage umfassender zu verstehen sind. So beschränkt sich die Perspektive aufgrund des trägerabstrahierenden Potenzials nicht mehr auf den ursprünglichen Träger, was sich sowohl an Wissenschafts- als auch an Privatgeheimnissen zeigt.

Bei der neuen Ausgestaltung kommt es nicht darauf an, ob ein Geheimnis tatsächlich verwertbar ist und deshalb von Wettbewerbern in gleicher Weise genutzt werden kann.[637] Auch ein drohender Schaden für den Inhaber ist zu berücksichtigen. Infolge dieser Änderungen wird aber nicht jedes Geheimnis, das Geschäftstätigkeiten zum Gegenstand hat, durch das GeschGehG geschützt. Schließlich muss jedes schützenswerte Geheimnis auch einen wirtschaftlichen Wert haben. Das wird bei den meisten Privatgeheimnissen nicht der Fall sein.[638] Dennoch gibt es zahlreiche Szenarien, in denen Geheimnisse nicht nur rein privater Natur sind, sondern auch einen wirtschaftlichen Wert haben.[639] Nach dem gesetzgeberischen Willen sollen nun auch Wissenschaftsgeheimnisse ausdrücklich geschützt werden.

Der Schutz von Wissenschafts- und Privatgeheimnissen steht sinnbildlich dafür, dass im Vergleich zum früheren Definitionsmerkmal des „Unternehmens-/Geschäftsbezugs“ der wirtschaftliche Wert nun einen umfassenderen Geheimnisschutz gewährleistet.[640]

H. Wertschwelle als rechtssicheres Abgrenzungskriterium?

Nach Erwg. 14 der GeschGeh-RL sollen „belanglose Informationen“ nicht geschützt werden. Obwohl Wertschwellen für das GeschGehG bisher mehrheitlich abgelehnt werden,[641] könnten sie – wie teilweise auch im US-amerikanischen

---

636 So auch *Rody*, Der Begriff und die Rechtsnatur von Geschäfts- und Betriebsgeheimnissen unter Berücksichtigung der Geheimnisschutz-Richtlinie, 2019, 78.

637 So nämlich zur früheren Rechtslage *Kraßer*, GRUR 1970, 587, 588 f.

638 Vgl. *Hauck*, NJW 2016, 2218, 2221.

639 *Alexander*, in: Köhler/Bornkamm/Feddersen, UWG, 41. Aufl. 2023, GeschGehG, § 2 Rn. 84.

640 Kritisch *Brammsen*, in: Brammsen/Apel, GeschGehG, 2022, § 2 Rn. 34 ff.

641 So nämlich *Hauck*, in: Münchener Kommentar zum Lauterkeitsrecht, 3. Aufl. 2022, GeschGehG, § 2 Rn. 13; *Heinzke*, CCZ 2016, 179, 182; *Hoppe*, in: Hoppe/Oldekop, Geschäftsgeheimnisse, 2020, Kap. 1 Rn. 94; *Koch*, in: Vögele, Intangibles, 2. Aufl. 2021, § 1 B. Rn. 223; *Nebel/Dietrich*, GeschGehG, § 2 Rn. 24; auf die GeschGeh-RL bezogen *Baranowski/Glaßl*, BB 2016, 2563, 2565.

Recht diskutiert wird[642] – ein rechtssicheres Abgrenzungskriterium zwischen belanglosen und wirtschaftlich wertvollen Geheimnissen darstellen. Dass bei der Wertbemessung erhöhte Anforderungen an „Grad und Qualität etwaiger Beeinträchtigungen" gestellt werden,[643] ist keine Seltenheit und kann insb. in der öffentlich-rechtlichen und arbeitsrechtlichen Rspr. beobachtet werden.[644] Demzufolge bedarf es einer erhöhten Verletzungswahrscheinlichkeit, -erheblichkeit, -schwere oder -spürbarkeit seitens eines Inhabers.[645] Im Unterschied zur oben genannten Kundenliste mit mehr als 1500 Eintragungen hat bspw. das OLG Celle zu einer Zusammenstellung veröffentlichter Studien entschieden, dass eine vierstündige Recherche, die ungefähr 300 Euro kostet, nicht zur Einordnung als Geschäftsgeheimnis genügt.[646] Demnach kann eine Liste geheim und von wirtschaftlichem Wert sein, selbst wenn alle Daten einzeln im Internet recherchiert werden können. Jedoch müsse der Aufwand der Zusammenstellung groß genug sein. Letzteres könnte ein Hinweis auf eine Wertschwelle sein, die sich als rechtssicheres Abgrenzungskriterium anbietet.

I. Art. 39 Abs. 3 des TRIPS-Abkommens als Vorbild?

So wie die heutige Legaldefinition des Geschäftsgeheimnisses insb. an Art. 39 Abs. 2 des TRIPS-Abkommens angelehnt ist, könnte sich Art. 39 Abs. 3 des TRIPS-Abkommens als Vorbild für eine mögliche Wertschwelle im GeschGehG eignen. Art. 39 Abs. 3 des TRIPS-Abkommens sieht eine echte „de minimis-Schwelle" für Versuchsdaten vor, die zur Marktzulassung pharmazeutischer und agrochemischer Erzeugnisse bei Zulassungsbehörden vorgelegt werden müssen.[647] Demnach muss die Erstellung der Daten einen *„beträchtlichen Aufwand"* verursachen. Bei den Kosten, die sich normalerweise auf einen Betrag zwischen 161 Mio. Euro und 4,5 Mrd. Dollar belaufen,[648] sowie Arbeits- und

642 Stellvertretend *Hrdy*, Fordham Law Review 2022, 557, 562, 593 ff. m. w. N.

643 Kritisch *Brammsen*, in: Brammsen/Apel, GeschGehG, 2022, § 2 Rn. 50.

644 *EuG*, Urt. v. 28.01.2015, T-341/12, T 345/12 = GRUR Int. 2015, 754, 761; BVerwGE 125, 40, 42 f.; BVerwGE 118, 352, 360 f.; *LAG Schleswig-Holstein*, Beschl. v. 20.05.2015, 3 Ta BV 35/14 = NZA-RR 2016, 77, 80.

645 *Brammsen*, in: Brammsen/Apel, GeschGehG, 2022, § 2 Rn. 50 m. w. N.

646 *OLG Celle*, Urt. v. 19.02.2015, 13 U 107/09 = WRP 2015, 1009, 1013; ähnlich auch im US-amerikanischen Recht *Hillenbrand*, Der Begriff des Betriebs- und Geschäftsgeheimnisses, 2017, 61 m. w. N.

647 *Apel*, in: Brammsen/Apel, GeschGehG, 2022, Einl. C Rn. 76.

648 *Schlander/Hernandez-Villafuerte/Cheng/Mestre-Ferrandiz/Baumann*, PharmacoEconomics 2021, 1243, 1246.

Entwicklungsanstrengungen pharmazeutischer oder agrochemischer Forschung ist dies regelmäßig anzunehmen.[649]

Eine derartige Wertschwelle würde geringwertige Geheimnisse vom Geheimnisschutz ausschließen, sodass eine Bagatellisierung wirtschaftlich wenig bis kaum bedeutender Geheimnisse verhindert werden könnte.[650] Jedoch wäre eine Wertschwelle wie in Art. 39 Abs. 3 des TRIPS-Abkommens kein gutes Vorbild für das GeschGehG, da Investitionen in pharmazeutische und agrochemische Erzeugnisse die geforderte Grenze fast immer übersteigen und deshalb uneindeutig ist, was mit einem „*beträchtlichen Aufwand*“ überhaupt gemeint ist.[651] Zwar können Erkenntnisse bei der Medikamentenentwicklung auch Geschäftsgeheimnisse sein, jedoch verursacht die Entwicklung anderer Geschäftsgeheimnisse nicht immer Kosten in vergleichbarer Höhe, was sich mitunter an der Generierung von (Roh-)Daten zeigt.

Eine Übertragung der „de minimis-Schwelle“ aus Art. 39 Abs. 3 des TRIPS-Abkommens eignet sich mangels unzweifelhafter Annahme des „*beträchtlichen Aufwands*“ nicht als rechtssicheres Abgrenzungskriterium für alle Geschäftsgeheimnisse, sondern würde durch die Unbestimmtheit nur weiteren Raum für unterschiedliche Auslegungen schaffen.

II. Vereinbarkeit mit der GeschGeh-RL und dem GeschGehG und Beispiel: Software und Datenzusammenstellungen

Ohnehin ist die Vereinbarkeit von Wertschwellen mit der GeschGeh-RL und dem GeschGehG zu bezweifeln, was sich exemplarisch an Software und Datenzusammenstellungen zeigen lässt.

Zahlreiche Software-Quellcodes bestehen zum Großteil aus Open-Source-Codes.[652] Zwar muss der wirtschaftliche Wert immer aus der Geheimheit resultieren, was bei den Open-Source-Teilen einer Software ausgeschlossen ist. Allerdings genügt schon der geringfügige geheime Teil der Software, der den Open-Source-Teil wertbildend ergänzt. Wenn aber der Aufwand und der Nutzen der geringfügigen Ergänzung nicht groß genug wären, wäre eine Software mit dem entsprechenden Verhältnis nicht mehr vom Geheimnisschutz umfasst.

---

649 *Strauch/Wiebe*, in: Busche/Stoll/Wiebe, TRIPs, 2. Aufl. 2013, Art. 39 Rn. 39.

650 *Scherp/Rauhe*, CB 2019, 20, 23.

651 *Peter/Michaelis*, in: Busche/Stoll/Arend, WTO – Trade-Related Aspects of Intellectual Property Rights, 2009, Art. 39 Rn. 56 m. w. N.

652 *Katyal*, Cornell Law Review 2019, 1183, 1252 m. w. N.

Auch Datenzusammenstellungen bestehen häufig aus öffentlichen und nicht-öffentlichen Daten. Wenn der überwiegende Teil der Daten öffentlicher Natur und somit nur der nicht-öffentliche Rest wegen der Geheimheit geringfügig wertbildend wäre,[653] wären Datenzusammenstellungen mit dem entsprechenden Verhältnis nicht mehr vom Geheimnisschutz umfasst.[654]

Beide Beispiele stehen exemplarisch für alle Geheimnisse und die daraus resultierenden Produkte, die nur geringfügig vom allgemeinen Branchenwissen oder Stand der Technik abweichen.[655] Obwohl der Wert dieser Geheimnisse gerade darin besteht, dass Inhaber – im Gegensatz zu Wettbewerbern – das „letzte Puzzlestück" durch die vermeintlich nur geringfügigen Vorteile haben, würde die Bedeutung des „letzten Puzzlestücks" bei Wertschwellen unterschlagen werden. Da hierin aber der maßgebliche Wettbewerbsvorteil liegt, er auch aus der Geheimheit erwächst und keine hohen Anforderungen an das Potenzial eines Geheimnisses zu stellen sind, sind Wertschwellen nicht mit der GeschGeh-RL und dem GeschGehG vereinbar.

Gegen eine Wertschwelle spricht ferner die für Potenziale ohnehin schon schwierige Abgrenzung zwischen besonders geringwertigen und belanglosen Geheimnissen,[656] weshalb die Belanglosigkeit von Informationen sowieso nur mit enormer Vorsicht anzunehmen ist.[657] In Anbetracht der zu den verschiedenen Geheimnisarten gefundenen Ergebnisse dürfen konsequenterweise keine hohen Anforderungen an den Geheimnisschutz gestellt werden. Nicht die Legaldefinition, sondern die Rechtsfolge ist die richtige Ebene, um Art und Schwere einer Beeinträchtigung angemessen zu berücksichtigen. Es ist daher nicht überraschend, dass eine Wertschwelle weder in der GeschGeh-RL noch im GeschGehG vorgesehen ist. Eine derart gesteigerte Anforderung an die Wertprognose wäre auch richtlinienwidrig.[658]

I. Zeitliche Bezifferung des wirtschaftlichen Wertes

Der Vergleich zur früheren Rechtslage offenbart Änderungen in der materiellen Ausprägung der Wettbewerbsrelevanz von Geheimnissen. Dies würde einen

653 Beispiel nach *Hrdy*, Fordham Law Review 2022, 557, 598.

654 Beispiel nach *Hrdy*, Fordham Law Review 2022, 557, 598.
h, Measuring The Value Of Information: An Asset Valuation Approach, 1999, 8.

655 *Hrdy*, Fordham Law Review 2022, 557, 598.

656 *Apel*, in: Brammsen/Apel, GeschGehG, 2022, Einl. C Rn. 33.

657 *Hoppe*, in: Hoppe/Oldekop, Geschäftsgeheimnisse, 2020, Kap. 1 Rn. 94.

658 Kritisch auch *Brammsen*, in: Brammsen/Apel, GeschGehG, 2022, § 2 Rn. 50.

zusätzlichen Aufwand aber nur verursachen, wenn Inhaber nun auch den wirtschaftlichen Wert ihrer Geheimnisse exakt beziffern und dies zeitlich bereits vor einer Geheimnisverletzung tun müssten.[659] Während der Anwendungsbereich hinsichtlich der Rechtswidrigkeit und dem Unternehmens-/Geschäftsbezug ausgeweitet wurde und damit auch die geheimnisschutzrechtlichen Anforderungen gesunken sind, könnte ein Bezifferungserfordernis die Anforderungen wiederum erhöht haben.

I. Rückblick: Retrospektive Bemessung des berechtigten, wirtschaftlichen Interesses

Die formale Bewertung der durch ein Geschäftsgeheimnis generierten Einnahmen und/oder gesenkten Ausgaben hat stets für eine gute Geschäftspraxis gesprochen und konnte auch die Durchsetzung von Ersatzansprüchen erleichtern.[660] Der Nachweis eines „bestimmten – wohl im Sinne eines objektiv bestimmbaren, gleichsam ‚vorzurechnenden‘ – Vermögenswertes“ war nach früherer Rechtslage aber nicht erforderlich.[661] Vom wirtschaftlichen Betätigungsfeld und Vermögen der Unternehmen ausgehend, zielte ein Geschäftsgeheimnis auf den dauerhaft gesicherten Bestand eines Unternehmens und die notwendige Störungsfreiheit in der Zweckverfolgung, wodurch die Bestandssicherung und der Erhalt der Wettbewerbsfähigkeit die Faktoren zur „Bemessung“ des berechtigten, wirtschaftlichen Interesses waren.[662] Die „Bemessung“ fiel bei Geheimnissen positiv aus, die für den Inhaber oder Dritte „nachvollziehbar und plausibel Wertpotenzial oder Nutzungschancen bieten oder darstellen“.[663] Schließlich mussten Inhaber das berechtigte, wirtschaftliche Interesses nicht beziffern, sondern – wenn überhaupt – nur als Geschädigte retrospektiv den Schaden anhand von drittseitigen Zugriffsversuche bestimmen, was i. d. R. nachträglich durch die Verknüpfung

---

659 *GRUR*, Stellungnahme zum Vorschlag für eine Richtlinie über den Schutz vertraulichen Know-hows und vertraulicher Geschäftsinformationen (Geschäftsgeheimnisse) vor rechtswidrigem Erwerb sowie rechtswidriger Nutzung und Offenlegung, COM (2013) 813 final, 2014, 4; auf die exakte Darlegung im Gerichtsverfahren bezogen *Redeker/Pres/Gittinger*, WRP 2015, 681, 683; ein Bilanzierungserfordernis ablehnend *Reinfeld*, Das neue Gesetz zum Schutz von Geschäftsgeheimnissen, 2019, § 1 Rn. 46.

660 *Hrdy*, Fordham Law Review 2022, 557, 593 m. w. N.

661 *Harte-Bavendamm*, in: Harte-Bavendamm/Ohly/Kalbfus, GeschGehG, 2020, § 2 Rn. 37; auch für die heutige Rechtslage zustimmend *Harte-Bavendamm*, in: Harte-Bavendamm/Henning-Bodewig, UWG, 5. Aufl. 2021, GeschGehG Rn. 30.

662 *Brammsen*, in: Brammsen/Apel, GeschGehG, 2022, § 2 Rn. 47.

663 *Brammsen*, in: Brammsen/Apel, GeschGehG, 2022, § 2 Rn. 47 m. w. N.

von subjektiven und objektiven Umständen gelang.[664] Eine Bezifferung oder tatsächliche Bemessung musste nach früherer Rechtslage nicht vor einer tatsächlichen Geheimnisverletzung (prospektiv) erfolgen.

II. Prospektive Bemessung als Erfordernis des wirtschaftlichen Wertes?

Sofern es nur darauf ankäme, „ob" ein wirtschaftlicher Wert vorliegt,[665] wäre auch nach heutiger Rechtslage die Frage unerheblich, „wie hoch" der wirtschaftliche Wert ist.[666] Doch die Existenz eines wirtschaftlichen Wertes anzunehmen, ohne die Höhe dieses Wertes zu kennen, wäre nur „eine pauschale Schätzung in Gestalt unbelegter Angaben zur Höhe und Intensität" des Potenzials, was den Anforderungen des GeschGehG nicht genügen könnte.[667] Eine prospektive Bemessung ergibt sich wörtlich weder aus der GeschGeh-RL noch aus dem GeschGehG, könnte aber trotzdem erforderlich sein.

1. Gestiegene Anforderungen des GeschGehG

Anders als nach den §§ 17 ff. UWG a. F. wird der Geheimhaltungswille eines Inhabers nicht mehr vermutet. Dieser Wille wurde nämlich durch die objektive Voraussetzung der angemessenen Geheimhaltungsmaßnahmen i. S. d. § 2 Nr. 1 lit. b GeschGehG ersetzt.

Weil Inhaber Geheimhaltungsmaßnahmen implementieren und diese auch regelmäßig überprüfen müssen, sind die Anforderungen für Inhaber seit Inkrafttreten des GeschGehG unmittelbar gestiegen. Doch auch mittelbar sind die Anforderungen infolge des wirtschaftlichen Wertes gestiegen, da es sich bei den Geheimhaltungsmaßnahmen um solche „angemessener" Art handeln muss und die Angemessenheit sich auch nach dem wirtschaftlichen Wert eines Geschäftsgeheimnisses richtet.[668] Das „wirtschaftliche Wertbemessungsgebot" kann nur erfüllt werden, wenn der wirtschaftliche Wert prospektiv bemessen wird.[669] Hierfür ist eine „konkrete Kosten-Nutzen-Analyse, die Fehlanreize

---

664 *Brammsen*, in: Brammsen/Apel, GeschGehG, 2022, § 2 Rn. 48.

665 So nämlich *Sousa e Silva*, JIPLP 2014, 923, 930.

666 Vgl. *Wiese*, Die EU-Richtlinie über den Schutz vertraulichen Know-hows und vertraulicher Geschäftsinformationen, 2018, 44.

667 *Brammsen*, in: Brammsen/Apel, GeschGehG, 2022, § 2 Rn. 54.

668 BT-Drs. 19/4724, 24 f.

669 *Brammsen*, in: Brammsen/Apel, GeschGehG, 2022, § 2 Rn. 55; vgl. auch *Dumont*, BB 2018, 2441, 2443; *Scholtyssek/Judis/Krause*, CCZ 2020, 23, 26 f.

vermeidet“, geboten.[670] Schon vor der Implementierung der Geheimhaltungsmaßnahmen bedarf es eines „Nachweises objektiver Werthaltigkeit“, damit Inhaber ihre Geheimnisse sorgfältig und richtig klassifizieren und in einer dem Wert angemessenen Art und Weise schützen können.[671]

Die unbedingte Notwendigkeit einer prospektiven Bemessung zeigt sich insb. daran, dass Geheimhaltungsmaßnahmen nicht mehr angemessen sind, wenn Inhaber mehr für die Geheimhaltung ausgeben, als ein Geheimnis wirtschaftlich wert ist.[672] Zwar ist die Bemessung nicht für die Erfüllung der Voraussetzung i. S. d. § 2 Nr. 1 lit. a GeschGehG als solche entscheidend. Allerdings resultiert aus der dem wirtschaftlichen Wert gleichrangigen Voraussetzung i. S. d. § 2 Nr. 1 lit. b GeschGehG ein mittelbares Erfordernis, mit dem der Geheimnisschutz „steht und fällt“. Auch dass potenziell schädigende Geheimnisse einen wirtschaftlichen Wert haben können, legt nahe, dass die mögliche Schädigung „dem Grunde wie der Höhe nach […] vorab korrekt zu ermitteln“ ist.[673] Ein Schaden i. S. d. wirtschaftlichen Wertes ließe sich sonst nicht von einem belanglosen Image-„Schaden“ unterscheiden.

Insgesamt sind die Anforderungen des GeschGehG – im Vergleich zum „berechtigten, wirtschaftlichen Interesse“ als früheres Pendant – durch den „wirtschaftlichen Wert“ gestiegen, sodass eine prospektive Bemessung dieses Wertes mittlerweile notwendig geworden ist.

2. *Praktische Vorteile einer prospektiven Bemessung*

Neben dem rechtlichen Erfordernis bietet eine prospektive Bemessung auch praktische Vorteile. Da die separate Betrachtung von Existenz und Höhe des wirtschaftlichen Wertes eine wirksame Durchsetzung des Geheimnisschutzes erschweren würde, bietet es sich schon aus tatsächlichen Erwägungen an,

---

670 *Alexander*, in: Köhler/Bornkamm/Feddersen, UWG, 41. Aufl. 2023, § 2 Rn. 67.

671 Schon vor der GeschGeh-RL als sinnvoll erachtend *Redeker/Pres/Gittinger*, WRP 2015, 681, 685.

672 *Alexander*, in: Köhler/Bornkamm/Feddersen, UWG, 41. Aufl. 2023, § 2 Rn. 67; *Harte-Bavendamm*, in: Ahrens/Bornkamm/Fezer/Koch/McGuire/Würtenberger, Festschrift für Wolfgang Büscher, 2018, 311, 317; so auch im US-amerikanischen Recht *Corgill*, GRUR Int. 2012, 1065, 1076; dies als „nicht […] angebracht“ bezeichnend *Voigt/Herrmann/Grabenschöer*, BB 2019, 142, 143.

673 *Brammsen*, in: Brammsen/Apel, GeschGehG, 2022, § 2 Rn. 54; von „messbarer Schädigung“ spricht auch *Letzel*, ZJS 2021, 1, 3.

prospektiv einen wirtschaftlichen Wert nachvollziehbar und ggf. gerichtsfest zu dokumentieren.[674]

Das LG Frankfurt am Main hat den wirtschaftlichen Wert einer Abbildung mit Auftrags-, Umsatz- und Budgetdaten abgelehnt, weil ein pauschaler Hinweis auf Nachteile bei Verlusten nicht ausreicht.[675] Genauso verhielt es sich in einem ähnlichen Fall aus der US-amerikanischen Rspr.,[676] in dem das Vorbringen des Klägers nicht genügte, dass Segmente seines Quellcodes für im Wettbewerb stehende Programmierer nützlich seien, da sie damit Zeit einsparen könnten. Erforderlich sei vielmehr die konkrete Bemessung der Ersparnis von Zeit, Geld und Arbeit. Hilfreich sind auch Darlegungen über zukünftige Erfolge durch die Nutzung oder Verwertung eines Geheimnisses. Die Annahme des wirtschaftlichen Wertes erfordert schließlich eine Wettbewerbsrelevanz. Diese kann insb. darin liegen, dass Inhaber bestimmte Ressourcen für die Verarbeitung von Daten zu einer Zusammenstellung aufwenden, die für Wettbewerber (erhebliche) wirtschaftliche Investitionen bedeuten würden, wenn diese dieselbe Zusammenstellung erlangen wollen. Nicht schon ein geschätzter Vor- oder Nachteil, sondern erst dieser konkrete Aufwand begründet die Wettbewerbsrelevanz der Zusammenstellung. Einen Nutzen erst retrospektiv zu bemessen, wäre für Inhaber schwieriger als die prospektive Bemessung. Auch bei durchzusetzenden Ersatzansprüchen ist es gemäß § 253 Abs. 2 Nr. 2 ZPO erforderlich, einen bestimmten Antrag zu stellen, für den bei Zahlungsklagen grundsätzlich ein bezifferter Betrag, also die „ungefähre Höhe so genau wie möglich angeben" werden muss.[677]

Folglich ist es nicht nur rechtlich geboten, sondern auch kostensenkend, wenn Inhaber ihre Geheimnisse erst bewerten, diese Erkenntnisse dann zur Implementierung von Geheimhaltungsmaßnahmen und zur Vorbereitung der Durchsetzung von Ansprüchen nutzen und für die regelmäßig notwendigen Überprüfungen der Angemessenheit den wirtschaftlichen Wert eines jeden Geschäftsgeheimnisses neubewerten. Dieses Vorgehen erfüllt nicht nur das sich wiederholende Wertbemessungsgebot für Geheimhaltungsmaßnahmen.[678] Es

---

674 *Böhm/Nestler*, GRUR-Prax 2018, 181, 182; *Hoeren/Münker*, WRP 2018, 150, 151; *Redeker/Pres/Gittinger*, WRP 2015, 681, 683.

675 *LG Frankfurt a.M.*, Beschl. v. 25.08.2020, 2-06 O 247/20.

676 Yields Dynamics, Inc. against TEA Systems Corporation, 154 Cal. App. 4th 547 (2007).

677 *Götz*, Der Schutz von Betriebs- und Geschäftsgeheimnissen im Zivilverfahren, 2014, 66 m. w. N.

678 Zu fortlaufenden Überprüfungen *Alexander*, in: Köhler/Bornkamm/Feddersen, UWG, 41. Aufl. 2023, GeschGehG, § 2 Rn. 69 ff.; vgl. *Leister*, GRUR-Prax 2019, 75,

verringert auch die durch große Zeitintervalle entstehenden Wertdifferenzen, die vor allem bei einer gerichtlichen Durchsetzung von Ansprüchen für erhebliche Schwierigkeiten sorgen können. Ferner können Inhaber, die als Unternehmen bilanzierungspflichtig sind, durch eine prospektive Bemessung des wirtschaftlichen Wertes „zwei Fliegen mit einer Klappe schlagen“. Insgesamt bietet es sich also auch aus ökonomischen Erwägungen an, den wirtschaftlichen Wert von Geschäftsgeheimnissen prospektiv zu bemessen.

3. Vereinbarkeit mit dem Potenzialverständnis des GeschGehG

Trotz aller Gründe, die für das rechtliche Erfordernis und die praktischen Vorteile sprechen, könnte einer prospektiven Wertbemessung das Potenzialverständnis des GeschGehG entgegenstehen. Schließlich können Inhaber den wirtschaftlichen Wert im Bemessungszeitpunkt nur anhand der vorliegenden Anhaltspunkte prognostizieren.

a) Existenz des wirtschaftlichen Wertes

Fraglich ist die Vereinbarkeit zwischen der prospektiven Bemessung und dem Potenzialverständnis insb. im Szenario, in dem ein Dritter ein Geheimnis unbefugt erlangt, das zwar der Inhaber im Bemessungszeitpunkt nicht nutzen oder verwerten kann, aber der Dritte in einem späteren Zeitpunkt mit dem Geheimnis eine bahnbrechende Innovation schafft und dadurch einen enormen Nutzen generiert. Ein wirtschaftlicher Wert wird dann teilweise mangels Wettbewerbsvorteils im Zeitpunkt der Informationserlangung abgelehnt.[679] Es seien dann nur vertrauliche Informationen, aber keine wirtschaftlich wertvollen Geschäftsgeheimnisse, die verletzt werden könnten.[680]

Den wirtschaftlichen Wert derart abzulehnen, würde aber das Potenzialverständnis des GeschGehG untergraben, was bereits die Ergebnisse zu Rohdaten gezeigt haben. Das wertbegründende Nutzungs- und Verwertungspotenzial ergibt sich auch bei ihnen schon aus der Auswertungsmöglichkeit[681] in

---

77; dies als „regelmäßige Evaluierung und Anpassung der Maßnahmen“ bezeichnend *Voigt/Herrmann/Grabenschöer*, BB 2019, 142, 144.

679 So nämlich *Europäische Kommission*, Study on the Legal Protection of Trade Secrets in the context of the Data Economy (GRO/SME/20/F/206) Final Report, 2022, 79; so auch für das US-amerikanische Recht *Hrdy*, Fordham Law Review 2022, 557, 563.

680 *Europäische Kommission*, Study on the Legal Protection of Trade Secrets in the context of the Data Economy (GRO/SME/20/F/206) Final Report, 2022, 79.

681 *Specht*, CR 2016, 288, 289; *Wiebe/Schur*, GRUR Int. 2019, 746, 748.

verschiedenen Kontexten,[682] selbst wenn es für diese im Bemessungszeitpunkt noch kein „Einsatz- oder Anwendungsfeld" gibt.[683] Obwohl sie aufgrund des fehlenden Einsatz- oder Anwendungsfeldes noch einen geringen wirtschaftlichen Wert haben können, der ggf. sogar „kaum zu ermessen" ist,[684] genügt mangels Wertschwelle auch schon dieses geringfügige Potenzial, um die Existenz des wirtschaftlichen Wertes prospektiv anzunehmen.

Solange also im Zuge der großzügigen Wertprognose Wettbewerbsvorteile ermittelt werden können, ist auch für Informationen, die keinen aktuellen Nutzen haben, ein – ggf. geringfügiger, aber existenter – wirtschaftlicher Wert anzunehmen. Hinsichtlich der Existenz des wirtschaftlichen Wertes widerspricht eine prospektive Wertbemessung nicht dem Potenzialverständnis, solange keine zu hohen Anforderungen an die Wertprognose gestellt werden.

b) Höhe des wirtschaftlichen Wertes

Die Vereinbarkeit könnte eher hinsichtlich der Höhe des wirtschaftlichen Wertes bezweifelt werden, was sich insb. an der Wertkompensation durch geheimnisschutzrechtliche Ersatzansprüche zeigt.

Für eine hinreichend sichere Beurteilung, ob Geheimhaltungsmaßnahmen im Verhältnis zum wirtschaftlichen Wert angemessen sind, ist es notwendig, den wirtschaftlichen Wert schon prospektiv zu bemessen und hierbei alle Potenziale zu bestimmen, die sich auf die Wettbewerbsposition des Inhabers auswirken können. Da dazu auch trägerabstrahierende Potenziale zählen, muss ein Inhaber auch prognostizieren, was ein Dritter (ggf. sogar Rechtsverletzer) mit dem Geschäftsgeheimnis erwirtschaften könnte. Hierzu gehört es, die bei der Durchsetzung von Ersatzansprüchen erst retrospektiv eindeutig und hinreichend sicher feststellbare Anspruchshöhe prospektiv zu schätzen, um dem wirtschaftlichen Wertbemessungsgebot zu genügen. Die Schätzung darf aber nicht „einfach pauschal" erfolgen,[685] sondern muss stets auf nachvollziehbaren Grundlagen beruhen.

Es ist nicht auszuschließen, dass ein Rechtsverletzer nach einer Geheimnisverletzung mit dem Geschäftsgeheimnis höhere Gewinne erzielt, als der Inhaber es hätte (erwartbar) tun können. Gewinne, die vom Rechtsverletzer gemäß § 10

682 Vgl. *EuGH*, Urt. v. 29.10.2015, C-490/14 = GRUR Int. 2015, 1161.

683 Vgl. *Alexander*, in: Köhler/Bornkamm/Feddersen, UWG, 41. Aufl. 2023, GeschGehG, § 2 Rn. 28.

684 *Fries/Scheufen*, MMR 2019, 721, 721.

685 *Brammsen*, in: Brammsen/Apel, GeschGehG, 2022, § 2 Rn. 54.

Abs. 2 S. 1 GeschGehG an den Inhaber herauszugeben sind, können also das übersteigen, was der Inhaber vor der Implementierung von Geheimhaltungsmaßnahmen für sein Geschäftsgeheimnis prognostiziert hat. Die Angemessenheit der Geheimhaltungsmaßnahmen und somit auch der Sinn und Zweck einer prospektiven Bemessung wäre zu bezweifeln.

Doch für eine prospektive Bemessung kommt es ausschließlich auf die Anhaltspunkte an, die einem Inhaber im Bemessungszeitpunkt zur Verfügung stehen. Erst wenn konkrete Anhaltspunkte vorliegen, dass Dritte das Geschäftsgeheimnis besser nutzen und/oder verwerten können als der Inhaber, muss er die Prognose und auch die Angemessenheit korrigieren, da dies ein Anhaltspunkt ist, dass das tatsächliche Verwertungs- und Nutzungspotenzial erheblich größer als das von ihm prognostizierte Nutzungspotenzial ist und demzufolge auch der wirtschaftliche Wert deutlich höher zu bemessen ist. Das ist bspw. der Fall, wenn aus Verhandlungen zwischen einem (künftigen) Rechtsverletzer und dem Inhaber hervorgeht, dass der (künftige) Rechtsverletzer das Geschäftsgeheimnis für die eigene Nutzung zu einem deutlich höheren Preis erwerben würde, als der Inhaber bisher dem Geschäftsgeheimnis an Potenzial in Form interner Nutzungen prognostiziert hat.

Ohne derartige Anhaltspunkte muss sich ein Inhaber den nachträglichen Vorwurf nicht gefallen lassen, dass die vom Rechtsverletzer erzielten Gewinne (als Ausdruck des trägerabstrahierenden Potenzials) höher als der prognostizierte wirtschaftliche Wert und deshalb auch die Geheimhaltungsmaßnahmen unangemessen seien. Die prospektive Bemessung des wirtschaftlichen Wertes richtet sich also – ungeachtet nachträglicher Entwicklungen – nur nach dem, was für den Inhaber ersichtlich, nachvollziehbar und plausibel ist. Das darüberhinausgehende Potenzial existiert zwar auch, wird aber nicht vom wirtschaftlichen Wertbemessungsgebot erfasst und kann teilweise – wie bei der Gewinnherausgabe oder umsatzabhängigen Lizenzanalogie – erst nach einer Rechtsverletzung anhand der vom Rechtsverletzer getätigten Handlungen exakt ermittelt werden. Retrospektiv wird das für den Inhaber ersichtliche, nachvollziehbare und plausible Potenzial auch auf Handlungen eines Rechtsverletzers ausgeweitet, sodass der Inhaber – sofern das Geheimnis nach der Verletzung noch ein Geschäftsgeheimnis ist – dann die Erkenntnisse und Anhaltspunkte für eine neue prospektive Bemessung einbeziehen muss.

Auch mit Blick auf die Höhe des wirtschaftlichen Wertes ist also eine prospektive Bemessung mit dem Potenzialverständnis des GeschGehG vereinbar, wenn sich das wirtschaftliche Wertbemessungsgebot nur auf ersichtliche, nachvollziehbare und plausible Annahmen des Inhabers bezieht und er ohne konkrete

Anhaltspunkte keine Szenarien zugrunde legen muss, in denen das Potenzial abweicht.

4. *Exkurs: Präventive Umsetzung der prospektiven Bemessung*

Für das wirtschaftliche Wertbemessungsgebot werden nur ersichtliche, nachvollziehbare und plausible Erkenntnisse vorausgesetzt. Jedoch ist nicht ausgeschlossen, dass ein Rechtsverletzer im Gerichtsverfahren Anhaltspunkte für ein größeres Potenzial hervorbringt, die auch dem Inhaber im Bemessungszeitpunkt hätten bekannt sein müssen. Dies hätte zur Folge, dass die Angemessenheit der Geheimhaltungsmaßnahmen abzulehnen wäre und der Inhaber sich nicht auf den Geheimnisschutz berufen könnte. Mit Blick auf das Szenario, in dem Rechtsverletzer deutlich höhere Gewinne generieren, als der Inhaber seinem Geheimnis an Nutzungspotenzial zuvor zugesprochen hat, oder eine umsatzabhängige Lizenzanalogie das erwartete Nutzungspotenzial deutlich übersteigt, bietet es sich für die Umsetzung einer prospektiven Bemessung an, den wirtschaftlichen Wert nicht zu niedrig zu prognostizieren. Inhaber könnten so nämlich riskieren, dass die Geheimhaltungsmaßnahmen unangemessen sind.

Inhaber sind aus ex ante-Sicht präventiv dazu angehalten, den „Spagat zu schlagen", dass die Geheimhaltungsmaßnahmen weder so intensiv sind, dass die Kosten zu hoch ausfallen, da die dem wirtschaftlichen Wert überschreitenden Geheimhaltungskosten eine Unangemessenheit der Maßnahmen indizieren; noch dürfen die Geheimhaltungsmaßnahmen (vom Schutzniveau her) zu niedrig sein, da sonst hohe Gewinne und Umsätze (eines Rechtsverletzers) ein zu großes Nutzungspotenzial des Geheimnisses bedeuten würden und dieses zuvor nicht angemessen vom Inhaber geschützt worden wäre.

Für die prospektive Bemessung bietet es sich präventiv an, den wirtschaftlichen Wert i. R. d. plausiblen Prognose möglichst großzügig zu schätzen und diesem Schutzniveau zwar entsprechende, aber zugleich möglichst günstige Geheimhaltungsmaßnahmen zu implementieren, deren Kosten jedenfalls nicht den niedrigsten in Betracht kommenden wirtschaftlichen Wert überschreiten.

III. Zwischenergebnis

Widerrechtliche Aneignungen durch Wettbewerber indizieren retrospektiv einen wirtschaftlichen Wert eines Geschäftsgeheimnisses.[686] Doch auch ohne schon erfolgte Verletzung muss ein wirtschaftlicher Wert zur Implementierung

---

686 *Aplin*, A critical Evaluation of the proposed EU Trade Secrets Directive, 2014, 10.

angemessener Geheimhaltungsmaßnahmen hinreichend sicher ermittelt werden können. Zwar lässt sich das Vorliegen eines wirtschaftlichen Wertes („ob“) oft auch ohne exakte Bezifferung nachweisen. Ansonsten wäre es nicht möglich, dass ein potenzieller Wert für den wirtschaftlichen Wert ausreicht. Doch die exakte Bezifferung („wie“ und „wie hoch“) ist deutlich schwieriger, aber mindestens genauso wichtig, um eine geheime Information als Geschäftsgeheimnis schützen zu können. Hierbei muss sich die prospektive Bemessung aber nur an für den Inhaber ersichtlichen, nachvollziehbaren und plausiblen Erkenntnissen orientieren. Das bedeutet, dass der wirtschaftliche Wert schon vor möglichen Gerichtsverfahren und Geheimnisverletzungen beziffert werden muss, weil die Angemessenheit von Geheimhaltungsmaßnahmen sonst nur von einer vagen Schätzung und damit mehr vom Zufall als von einer hinreichend sicheren Grundlage abhinge. Anstelle eines ausschließlich retrospektiv zu ermittelnden „Wettbewerbserhalts“ ist nun also eine prospektive Bemessung getreten, die für den Inhaber sowohl rechtlich erforderlich als auch ökonomisch unerlässlich ist.[687]

J. Zusammenfassung und Schlussfolgerungen

Dass der Gesetzgeber den wirtschaftlichen Wert mit der Geheimheit einer Information in § 2 Nr. 1 lit. a GeschGehG normiert hat, mindert nicht die Eigenständigkeit des wirtschaftlichen Wertes als Voraussetzung des GeschGehG. Wegen des Zusammenhangs zwischen Geheimheit und wirtschaftlichem Wert ist es ausgeschlossen, dass nur triviale Informationen keinen wirtschaftlichen Wert haben.[688]

Informationen ohne Verarbeitungsstufe, „illegale“ Geheimnisse und der Unternehmens-/Geschäftsbezug zeigen, dass im Vergleich zur früheren Rechtslage der Geheimnisschutz nun umfassender ausgestaltet ist und nun mehr Geheimnisse geschützt werden können.[689] So kann bspw. (Roh-)Daten aufgrund

687 So auch *Brammsen*, in: Brammsen/Apel, GeschGehG, 2022, § 2 Rn. 48.

688 So nämlich *Desaunettes/Hilty/Knaack/Kur*, Stellungnahme zum Referentenentwurf eines Gesetzes zur Umsetzung der GeschGeh-RL zum Schutz von Geschäftsgeheimnissen vor rechtswidrigem Erwerb sowie rechtswidriger Nutzung und Offenlegung vom 17. April 2018, 2018, Rn. 6.

689 Aus anderen Gründen auch *Desaunettes/Hilty/Knaack/Kur*, Stellungnahme zum Referentenentwurf eines Gesetzes zur Umsetzung der GeschGeh-RL zum Schutz von Geschäftsgeheimnissen vor rechtswidrigem Erwerb sowie rechtswidriger Nutzung und Offenlegung vom 17. April 2018, 2018, Rn. 6.

des weiten Potenzialverständnisses nicht der Geheimnisschutz pauschal abgesprochen werden.

Zwar sollen nach dem Willen des Richtlinien- und des Gesetzgebers Geheimnisse mit Schädigungspotenzial weiterhin vom Geheimnisschutz umfasst sein, weshalb sich auch der Begriff des „wirtschaftlichen Wertes" besser eignet als der „kommerzielle Wert" aus der GeschGeh-RL. Allerdings haben sowohl der Richtlinien- als der Gesetzgeber es versäumt, eine ausdrückliche Lösung für „illegale" Geheimnisse zu treffen, obwohl schon seit längerer Zeit der „Elefant im Raum" ist. Aus der systematischen Ausgestaltung der „Ausnahmen" gemäß Art. 5 lit. b der GeschGeh-RL und § 5 Nr. 2 GeschGehG und der gewählten Rechtfertigungslösung lässt sich zumindest der überzeugende und effiziente Schluss ziehen, dass auch „illegale" Geheimnisse einen wirtschaftlichen Wert haben und Geschäftsgeheimnisse sein können sowie eine Geheimnisverletzung – wenn überhaupt – nur gerechtfertigt sein kann, aber „illegale" Geheimnisse nicht schon begrifflich vom Geheimnisschutz ausgenommen sind.

Die Ausweitung des Geheimnisschutzes zeigt sich auch am nun fehlenden Unternehmens-/Geschäftsbezug, sodass nun ein trägerabstrahierendes Potenzial für das GeschGehG genügt. Dieses bewirkt, dass auch Wissenschaftsgeheimnisse einen wirtschaftlichen Wert haben können, was dem vom Gesetzgeber beabsichtigten weitreichenden Vorfeldschutzes entspricht. Dies steht auch im Einklang mit dem Anwendungsbereich des GeschGehG, wenn die in der Gesetzesbegründung verwendete Formulierung *„zwischen Privaten"* so verstanden wird, dass davon jede Einrichtung umfasst ist, die bereits die Möglichkeit hat, eine – wie nach früherer Rechtslage erforderliche – tatsächliche Tätigkeit aufzunehmen und so „Privater" i. e. S. zu sein.

Privatgeheimnisse sind grundsätzlich keine Geschäftsgeheimnisse. Doch es kann Überschneidungen geben, nämlich wenn sie sich auf die wirtschaftliche Betätigung auswirken, sodass sie einen Wettbewerbsvorteil für einen Inhaber begründen können.

Für alle vom GeschGehG erfassten Geheimnisarten ist es richtigerweise nicht erforderlich, dass sie eine bestimmte Wertschwelle überschreiten; zumal eine solche Anforderung auch nicht mit der GeschGeh-RL vereinbar wäre.

Insgesamt sind die meisten Anforderungen aufgrund des wirtschaftlichen Wertes gesunken oder zumindest gleichgeblieben. Dies trifft aber nicht hinsichtlich der nun unabdingbaren prospektiven Wertbemessung zu. Die rein retrospektive Bemessung genügt nämlich nicht dem wirtschaftlichen Wertbemessungsgebot, um hinreichend sicher, angemessene Geheimhaltungsmaßnahmen zu implementieren. Inhaber, die die Geheimhaltungsmaßnahmen nicht am prospektiv zu bemessenden wirtschaftlichen Wert ausrichten, gehen Risiken ein, den Geheimnisschutz infolge der zu geringen Intensität der Maßnahmen oder zu hohen Geheimhaltungskosten zu verlieren oder gar nicht erst zu erhalten. Die prospektive Bemessung erhöht also mindestens mittelbar die Anforderungen des GeschGehG, bietet aber auch ökonomische Vorteile.

Teil 3: Ökonomische Bemessung des wirtschaftlichen Wertes

Geschäftsgeheimnisse sind für die Wettbewerbsfähigkeit eines Inhabers so bedeutend, da sie einerseits einen wertbegründenden Nutzen generieren oder erhalten und andererseits ihr wirtschaftlicher Wert aus der Unbekanntheit für die Wettbewerber resultiert.[690] Da solche Informationen aufgrund der Geheimheit oft nur „mittelbar und unscharf erfassbar" seien, wird teilweise angenommen, der wirtschaftliche Wert von Geschäftsgeheimnissen sei nicht zu schätzen und entziehe sich der exakten Bemessung.[691] Da aber in zahlreichen Situationen (z. B. zur hinreichend sicheren Implementierung von angemessenen Geheimhaltungsmaßnahmen oder Durchsetzung von geheimnisschutzrechtlichen Ersatzansprüchen) ein Wert bestimmt werden muss, der insb. ein „wirtschaftlicher" Wert sein muss, kommt es für den Geheimnisschutz auf eine ökonomische Bemessung an. So werden zur effizienten Bemessung des wirtschaftlichen Wertes ausschließlich ökonomische Wertbegriffe und Methoden untersucht.

A. Ökonomische Grundlagen zum wirtschaftlichen Wert

Um sich an für das GeschGehG geeignete Wertbegriffe und Bemessungsmethoden anzunähern, muss zuerst anhand von ökonomischen Grundlagen geklärt werden, was ein „Wert" ist, bevor unter Einbeziehung geheimnisschutzrechtlicher Wertungen die Begrenzung auf bestimmte Wertbegriffe und Methoden vorgenommen werden kann.

I. „Wert" als Subjekt-Objekt-Beziehung

Die objektive Wertlehre, nach der ein Wert eine immanente Eigenschaft eines Objekts und durch Allgemeingültigkeit unabhängig von Subjekten und anderen

---

690 *Picot/Fiedler*, Der ökonomische Wert des Wissens, 2000, 21; *Prinz*, Der Schutz von Betriebs- und Geschäftsgeheimnissen im Informationsfreiheitsrecht, 2014, 56.

691 *Depenheuer*, in: Baumeister/Roth/Ruthig, Staat, Verwaltung und Rechtsschutz. Festschrift für Wolf-Rüdiger Schenke, 2011, 97, 104; vgl. *Picot/Fiedler*, Der ökonomische Wert des Wissens, 2000, 8 f.; von „schwierigen Wertfestsetzungen" spricht auch *Brammsen*, in: Brammsen/Apel, GeschGehG, 2022, § 2 Rn. 40; kritisch auch *Europäische Kommission*, Study on the Legal Protection of Trade Secrets in the context of the Data Economy (GRO/SME/20/F/206) Final Report, 2022, 27.

Objekten sei, gilt als überholt.[692] Vor allem für immaterielle Werte wie Geschäftsgeheimnisse kann die Orientierung an der Beschaffenheit keinen Erkenntnisgewinn leisten, da sich die Werthaltigkeit eines Objekts vor allem auch aus den berechtigten Handlungsmöglichkeiten und -befugnissen des jeweiligen Inhabers ergibt. Zudem fehlt es bei einem rein objektiven Wert an der Berücksichtigung der Knappheit zwischen verschiedenen Subjekten.[693] Was zudem gegen einen immanenten, also rein objektiven Wert spricht, ist, dass Geschäftsgeheimnisse durch das Bekanntwerden vollständig i. S. d. GeschGehG entwertet werden.

Mittlerweile wird ein Wert als Wirkungswert aufgefasst, also als ein „Ausdruck für die Brauchbarkeit eines Mittels zur Erfüllung eines Zwecks".[694] Den verschiedenen ökonomischen Wertbegriffen liegt dabei zugrunde, dass der Wert eine Beziehung beschreibt,[695] in der ein Objekt ein Bedürfnis des Subjekts befriedigen kann.[696] Ohne Bezug auf ein Subjekt kann einem Objekt kein Wert zugewiesen werden. So kann ohne Subjekte nicht berücksichtigt werden, dass dasselbe Objekt einen unterschiedlichen Wert für unterschiedliche Subjekte haben kann. Richtigerweise gibt es „keinen ‚Wert an sich', sondern nur einen Wert für jemanden".[697]

Auch für Geschäftsgeheimnisse resultiert der wirtschaftliche Wert entweder aus dem potenziellen Nutzen für den Inhaber oder für einen Dritten.[698] Hierbei muss sich der Wert im GeschGehG nicht auch bei Dritten entfalten. Sofern er sich nachweislich positiv beim Inhaber auswirkt, genügt dies.[699] Einerseits hängt die Nützlichkeit davon ab, ob ein Subjekt einen Bedarf hat, der durch FuE

---

692 *Obermaier*, in: Tönnes, Festschrift für Bernhard Großfeld zum 85. Geburtstag, 2019, 325, 327.

693 *Winner*, Wert und Preis im Zivilrecht, 2008, 8.

694 *Obermaier*, in: Tönnes, Festschrift für Bernhard Großfeld zum 85. Geburtstag, 2019, 325, 326 m. w. N.

695 *Mankowski/Schreier*, AcP Bd. 208, 2008, 725, 728 m. w. N.; *Winner*, Wert und Preis im Zivilrecht, 2008, 571; *Winner*, JBl 2007, 434, 436; *Wittmann*, Der Wertbegriff in der Betriebswirtschaftslehre, 1956, 62.

696 *Obermaier*, in: Tönnes, Festschrift für Bernhard Großfeld zum 85. Geburtstag, 2019, 325, 326; *Zech*, Information als Schutzgegenstand 2012, 49.

697 *Matschke/Brösel*, Funktionale Unternehmensbewertung, 2014, 1; so auch *Mankowski/Schreier*, AcP Bd. 208, 2008, 725, 729; *Winner*, Wert und Preis im Zivilrecht, 2008, 8; anhand von Daten *Bründl/Matt/Hess*, Wertschöpfung in Datenmärkten, 2015, 11.

698 *Aldoney Ramirez*, Der strafrechtliche Schutz von Geschäfts- und Betriebsgeheimnissen, 241; *Kraßer*, GRUR 1970, 587, 588.

699 *Wiese*, Die EU-Richtlinie über den Schutz vertraulichen Know-hows und vertraulicher Geschäftsinformationen, 2018, 45.

oder durch (entgeltlichen) Erwerb einer Information befriedigt werden kann,[700] sodass ein künftiger Nutzen aus dem Geheimnis gezogen werden kann. Andererseits kann der Nutzen aber auch so ausgestaltet sein, dass es der Vermeidung von Schäden und so dem Erhalt eines status quo dient.

Insgesamt bedeutet das, dass ein Objekt ohne Nutzen für ein Subjekt wertlos ist und keinen „Wert an sich" hat.[701] Auf den Geheimnisschutz übertragen ist ein Geheimnis ohne begründeten Wettbewerbsvorteil belang- und somit wirtschaftlich wertlos.

II. Mehrdeutigkeit des wirtschaftlichen Wertes als Möglichkeit für verschiedene Wertbegriffe?

Anders als bei Patenten, deren Wert sich vorwiegend nach der internen Nutzung und externen Lizenzierung richtet, ist die Wertbegründung im Geheimnisschutz vielschichtiger. So kann die Erforschung von Herstellungsverfahren zur Erkenntnis führen, dass sich eine Entwicklung und Anwendung aus finanziellen Gründen nicht rentiert. Das Geheimnis, an welchen Verfahrensschritten die Umsetzung finanziell scheitert, kann auch für Wettbewerber von Bedeutung sein, sodass es für den Inhaber einen wertvollen Wettbewerbsvorteil darstellt. Schließlich würden Wettbewerber Kosten sparen,[702] wenn sie gar nicht erst mit der Erforschung beginnen. Fraglich ist aber, wie diesen Geheimnissen mangels konkreter Wertgrößen und an einem hypothetischen Verlauf ein konkreter und eindeutiger Wert – in Form einer Preis- oder Schadenshöhe – zugewiesen werden soll.[703]

Es kommt insb. in Betracht, den wirtschaftlichen Wert der zum Herstellungsverfahren bezogenen Information daran zu messen, erstens was Wettbewerber gewöhnlicherweise für die Information zu zahlen bereit wären, zweitens welchen Erfolg in Form von Einnahmenerhöhungen oder Ausgabensenkungen mithilfe der Information möglich sind, drittens welche Aufwendungen für den Inhaber angefallen sind, um zu der geheimen Erkenntnis zu gelangen, viertens welche

---

700 *Rody*, Der Begriff und die Rechtsnatur von Geschäfts- und Betriebsgeheimnissen unter Berücksichtigung der Geheimnisschutz-Richtlinie, 2019, 122.

701 *Obermaier*, in: Tönnes, Festschrift für Bernhard Großfeld zum 85. Geburtstag, 2019, 325, 328.

702 Vgl. *Nordberg*, in: Schovsbo/Minssen/Riis, The Harmonization and Protection of Trade Secrets in the EU, 2020, 192, 200.

703 Fraglich auch für *Brammsen*, in: Brammsen/Apel, GeschGehG, 2022, § 2 Rn. 38; *Glinke*, in: Keller/Schönknecht/Glinke, GeschGehG, 2021, § 2 Rn. 52.

Aufwendungen getätigt werden müssten, um fiktiv dieselbe Information durch Wiederbeschaffung oder Reproduktion zu erlangen oder fünftens zum einen wie hoch die Kosten sind, um Schäden bei Bekanntwerden der Information zu vermeiden und zum anderen welche Schäden der Inhaber bei Bekanntwerden der Information erleiden würde, bspw. weil die Information über das Scheitern am neuen Herstellungsverfahren an der Börse einen Kursverlust verursacht.

Nicht nur einer, sondern mehrere Wertbegriffe könnten aufgrund dieser Mehrdeutigkeit zur effizienten Abbildung eines wirtschaftlichen Wertes denkbar oder gar notwendig sein. Wohlmöglich ist es sogar unabdingbar, auf unterschiedliche Wertbegriffe zurückzugreifen, um der Differenzierung zwischen verschiedenen Geheimnisarten (z. B. Unterschied zwischen positiv verwertbaren sowie nutzbaren und ausschließlich schädigenden Informationen) gerecht werden zu können. Da sich Geheimnisse unterschiedlich auf Inhaber auswirken, gibt es jedenfalls auch keine allgemein anerkannte Methode, um den wirtschaftlichen Wert von Geschäftsgeheimnissen zu bemessen.

Insgesamt muss sich die Geeignetheit eines ökonomischen Wertbegriffs und der entsprechenden Methode sowohl nach der Art eines Geschäftsgeheimnisses als auch nach dem Anlass richten.

B. Ökonomische Wertbegriffe und Methoden zur Bemessung des wirtschaftlichen Wertes

Zwar beschreibt ein Wert zunächst nur die abstrakte Bedeutung, die einem bestimmten Gut beigemessen wird.[704] Doch dadurch, dass ein „rein ideelles Schutzinteresse“ für den Schutz durch das GeschGehG nicht ausreicht,[705] sind für den Geheimnisschutz ausschließlich ökomische Wertbegriffe heranzuziehen.[706] Da es in der Ökonomie wegen unterschiedlicher Ansatzpunkte keinen einheitlichen Wertbegriff gibt,[707] ist zu erörtern, welche sich für die Bemessung des wirtschaftlichen Wertes i. S. d. GeschGehG überhaupt eignen.

---

704 *Nissen*, Der monetäre Wert von Daten im Privatrecht, 2021, 83.

705 *Alexander*, in: Köhler/Bornkamm/Feddersen, UWG, 41. Aufl. 2023, GeschGehG, § 2 Rn. 44.

706 *Böhm/Nestler*, GRUR-Prax 2018, 181, 182.

707 Vgl. *Arbeitsgruppe der IHK München und Oberbayern*, DS 2016, 76, 77 ff.; *Boos*, DS 2019, 69, 69 f.; *Nissen*, Der monetäre Wert von Daten im Privatrecht, 2021, 83; *Obermaier*, in: Tönnes, Festschrift für Bernhard Großfeld zum 85. Geburtstag, 2019, 325, 326; *Winner*, Wert und Preis im Zivilrecht, 2008, 7 ff.; *Winner*, JBl 2007, 434, 436.

Sowohl das GeschGehG als auch die GeschGeh-RL sehen keine bestimmte Art und Weise der Wertermittlung und daher auch keinen bestimmten Wertbegriff vor.[708] Obwohl Erwg. 14 der GeschGeh-RL auf einen prospektiv-schadenszentrierten Begriff deutet,[709] ist – wie auch in anderen Bewertungssituationen – davon auszugehen, dass es nicht „den einen richtigen" Wertbegriff gibt, sondern es sich nach dem Anlass richtet, welcher zu wählen ist (z. B. Rechnungslegung, Durchsetzung von geheimnisschutzrechtlichen Ersatzansprüchen, usw.).[710] So sind neben dem angedeuteten schadenszentrierten auch marktzentrierte, kapitalwertorientierte, investitionszentrierte und kostenorientierte Wertbegriffe für Geschäftsgeheimnisse denkbar.[711]

Für alle Wertbegriffe gilt, dass die Bemessung des wirtschaftlichen Wertes oft schwierig und unsicher möglich ist, da es sich um Informationen handelt, die nicht öffentlich zugänglich sind und für die die Auswirkungen auf den Inhaber häufig schwer vorherzusagen sind.

I. Marktzentriert: Marktwert

Ein in vielerlei Kontexten gebräuchlicher Wertbegriff ist der Marktwert, der auch als „Verkehrswert" oder „objektiver Tauschwert" bezeichnet wird.[712] Dem BGH zufolge ist der Marktwert *„der im gewöhnlichen Geschäftsverkehr für den Gegenstand zu erzielende Preis, also der Verkehrswert und der objektive Tauschwert, den der Gegenstand für jedermann hat"*.[713] Hierfür kommt es auf die Perspektive eines durchschnittlichen Subjekts („jedermann") an, wobei die Konkretisierung von „jedermann" eine normative Entscheidung und nicht i. e. S. objektiv

---

708 So auch *Alexander*, in: Köhler/Bornkamm/Feddersen, UWG, 41. Aufl. 2023, GeschGehG, § 2 Rn. 42.

709 So auch *Aplin*, in: Lohsse/Schulze/Staudenmeyer, Trading Data in die Digital Economy: Legal Concepts and Tools, 2017, 59, 65; *Leistner/Antoine/Sagstetter*, Big Data, 2021, 142; *Sagstetter*, in: Maute/Mackenrodt, Recht als Infrastruktur für Innovation, 2019, 285, 289.

710 Vgl. *BGH*, Urt. v. 09.02.2011, XII ZR 40/09 = NJW 2011, 999, 999; *BGH*, Urt. v. 24.10.1990, XII ZR 101/89 = NJW 1991, 1547, 1548; *BGH*, Urt. v. 26.04.1972, IV ZR 114/70 = NJW 1972, 1269, 1269.

711 *Sagstetter*, in: Maute/Mackenrodt, Recht als Infrastruktur für Innovation, 2019, 285, 289; *Sousa e Silva*, JIPLP 2013, 923, 929 f.

712 BGHZ 39, 198; *Arbeitsgruppe der IHK München und Oberbayern*, DS 2016, 76, 77; *Scholz*, Der objektive Wert als Rechtsbegriff im bürgerlichen Recht, 2003, 19.

713 BGHZ 39, 198, 200; BGHZ 31, 238, 241.

ist.[714] Gleiches gilt für den „gewöhnlichen“ Geschäftsverkehr. Das bedeutet, dass sich der Marktwert – anders als bspw. ein Herstellungs- und Anschaffungswert oder ein subjektiver Tauschwert – nicht ausschließlich danach richtet, was ein Inhaber einem Geheimnis an Wert eigens zuspricht, sondern sich an möglichst „objektiven“ Maßstäben bemisst.

Doch wegen der notwendigen Reduzierung auf bestimmte Transaktionen und Subjekte liegt auch kein „wirklich objektiver“, sondern ein „objektivierter“[715] oder zumindest „intersubjektiv nachvollziehbarer“[716] Wert vor. Gleiches gilt auch für die Wertdefinition, die den Beschaffungspreis zugrunde legt, sodass der Wert der Preis ist, der für ein Gut „angemessen“ ist oder „vernünftigerweise“ angelegt werden kann,[717] und für die des „gemeinen Wertes“, der gemäß § 9 Abs. 2 S. 1 BewG als der Preis definiert wird, der *„im gewöhnlichen Geschäftsverkehr nach der Beschaffenheit des Wirtschaftsgutes bei einer Veräußerung zu erzielen wäre“*. Beide entsprechen dem Marktwert, sodass die für diese Definitionen geltenden Feststellungen auf den Marktwert übertragen werden können.

Der marktzentrierte Wertbegriff wird zur Abbildung des wirtschaftlichen Wertes von Geschäftsgeheimnissen oft als vorzugswürdig erachtet.[718] So könne sich der vom Wettbewerb abhängige Wert an gemeinsamen Vorstellungen der Wettbewerber orientieren und müsse sich nicht nach staatlichen Institutionen richten.[719] Weil die Festlegung von „gerechten Preisen“ sowieso schwierig sei, könne sich das Recht am Markt Hilfe holen und hierdurch die „tatsächlichen Verhältnisse ins Spiel“ bringen.[720] Schließlich lässt sich die „Nutzenpräferenz“ eines Subjekts auch durch einen Preis „greifbar“ abbilden, den ein Subjekt dem Inhaber für das Gut zahlen würde.[721] Die erforderliche Gegenleistung lässt auf den für den Geheimnisschutz vorausgesetzten Wettbewerbsvorteil schließen.

---

714 *Nissen*, Der monetäre Wert von Daten im Privatrecht, 2021, 86 Fn. 22; vgl. *Scholz*, Der objektive Wert als Rechtsbegriff im bürgerlichen Recht, 2003, 79.

715 *Nissen*, Der monetäre Wert von Daten im Privatrecht, 2021, 84.

716 *Krumm*, Steuerliche Bewertung als Rechtsproblem, 2014, 145 ff.

717 *Mertens*, Der Begriff des Vermögensschadens im bürgerlichen Recht, 1967, 70 ff.

718 *Brammsen*, in: Brammsen/Apel, GeschGehG, 2022, § 2 Rn. 48; offen dafür auch *Sagstetter*, in: Maute/Mackenrodt, Recht als Infrastruktur für Innovation, 2019, 285, 290; zumindest als Möglichkeit genannt von *Alexander*, in: Köhler/Bornkamm/Feddersen, UWG, 41. Aufl. 2023, GeschGehG, § 2 Rn. 42; für das US-amerikanische Recht vgl. *Hrdy*, Fordham Law Review 2022, 557, 562.

719 Vgl. *Hrdy*, Fordham Law Review 2022, 557, 593 f. m. w. N.

720 *Mankowski/Schreier*, AcP Bd. 208, 2008, 725, 730.

721 *Mankowski/Schreier*, AcP Bd. 208, 2008, 725, 728.

Um an einem Geschäftsgeheimnis zu partizipieren, ist i. d. R. der durch endgültige Überlassung des Geheimnisses zu erzielende Preis oder die Lizenzgebühr bei temporärer Nutzungsüberlassung entscheidend,[722] wobei beides nur für Geschäftsgeheimnisse mit Verwertungs- und/oder Nutzungspotenzial, nicht aber für Geschäftsgeheimnisse mit ausschließlichem Schädigungspotenzial aussagekräftig ist. Schließlich ist ein Marktwert wegen „absoluter Tauschunwilligkeit" für bestimmte Geschäftsgeheimnisse mit ausschließlichem Schädigungspotential nicht zu ermitteln.[723] Da zudem ein Geschäftsgeheimnis bei der Lizenzierung nicht endgültig zum Lizenznehmer übergeht, wird diese Möglichkeit des Nutzens in dieser Untersuchung nicht als Verwertungs-,[724] sondern nur als Nutzungspotenzial verstanden.[725] Das ist dann nicht dem marktzentrierten, sondern dem kapitalwertorientierten Wertbegriff zuzuordnen, was sich von der teils vorgenommenen Unterscheidung zwischen Verwertung „direkter" (Verkauf und Lizenzierung) und „indirekter" (Einbringung in eine Leistung) Art abweicht.[726]

Der Marktwert ergibt sich nur aus der (hypothetischen) Verwertung durch eine endgültige Überlassung eines Geschäftsgeheimnisses, die einen „kaufvertragsähnlichen Charakter" hat.[727] Für derart verwertbare Güter liegt der Vorteil des Marktwertes gewöhnlicherweise in einer Senkung der Transaktionskosten für Gerichte und Streitparteien, weil individuelle Schuldnerverhältnisse unberücksichtigt bleiben dürfen und dadurch auch im Gerichtsverfahren die Darlegungs- und Beweislastpflichten des Inhabers gesenkt werden.[728] Außerdem

722 *Alexander*, in: Köhler/Bornkamm/Feddersen, UWG, 41. Aufl. 2023, GeschGehG, § 2 Rn. 42.

723 *Brammsen*, in: Brammsen/Apel, GeschGehG, 2022, § 2 Rn. 54.

724 Abweichend hierzu, sämtlichen „Einsatz eines Geheimnisses zur Erreichung der Ziele" als Verwertung bezeichnend *Nienaber*, Bedeutung und Schutz von Geschäftsgeheimnissen im Mittelstand, 2019, Rn. 139; die Lizenzierung ebenso als Verwertung bezeichnend *Parr*, in: Parr, Intellectual Property. Valuation, Exploitation, and Infringement Damages, 5. Aufl. 2018, 175 ff.

725 Zur Einstufung des weitergehenden wirtschaftlichen Erfolgs als Nutzung auch im Bereicherungsrecht vgl. *Mankowski/Schreier*, AcP Bd. 208, 2008, 725, 731; zum Gewinn aus einem Gewerbebetrieb als Nutzung BGHZ 63, 365.

726 Stellvertretend hierfür *Nienaber*, Bedeutung und Schutz von Geschäftsgeheimnissen im Mittelstand, 2019, Rn. 158, 167 ff.

727 *Maaßen*, in: Ann/Loschelder/Grosch, Praxishandbuch Know-how-Schutz, 2010, Kap. 5 Rn. 1.

728 Vgl. *Scholz*, Der objektive Wert als Rechtsbegriff im Bürgerlichen Recht, 2003, 20 f.; *Mankowski/Schreier*, AcP Bd. 208, 2008, 725, 730 m. w. N.

kann ein strategisches Merkmal von Geschäftsgeheimnissen sein, sie an (auch künftige) Kunden zu veräußern,[729] was idealerweise durch eine Marktzentrierung abgebildet werden könnte.

1. *Gewöhnlicher Geschäftsverkehr*

Zunächst eignet sich ein marktzentrierter Wertbegriff zur Abbildung des wirtschaftlichen Wertes nur, wenn es für Geschäftsgeheimnisse einen gewöhnlichen Geschäftsverkehr gibt. Hiermit ist der Handel gemeint, „der sich nach den marktwirtschaftlichen Grundsätzen von Angebot und Nachfrage vollzieht und bei dem jeder Vertragspartner ohne Zwang und nicht aus Not, sondern freiwillig in Wahrung seiner eigenen wirtschaftlichen Interessen zu handeln in der Lage ist".[730]

Dass vor allem Geschäftsgeheimnisse mit einem hohen Individualisierungsgrad nur für einen begrenzten Kreis an potenziellen Nachfragern in Frage kommen und dies den Wiederverkaufswert schmälert,[731] spricht nicht gegen einen gewöhnlichen Geschäftsverkehr.[732] Dieser setzt aber voraus, dass Geschäftsgeheimnisse zwischen Subjekten übertragbar sind. Ferner muss für die Gewöhnlichkeit des Geschäftsverkehrs ein sachlich abgrenzbarer Markt existieren, der einen Preisvergleich vergleichbarer Geschäftsgeheimnisse zulässt. Aufgrund der immateriellen und geheimen Natur von Geschäftsgeheimnissen kann beides nicht ohne Weiteres angenommen werden.

a) *Übertragbarkeit als Voraussetzung des Geschäftsverkehrs*

Dadurch, dass dem Marktwert ein Geschäftsverkehr zugrunde liegt, muss es möglich sein, Geschäftsgeheimnisse durch Erwerb zu übertragen, sie also zwischen Subjekten verschoben werden können.[733] Zur Überlassung von Geschäftsgeheimnissen können sich Vertragsparteien schuldrechtlich durch einen

729 Vgl. *Ollivier/Gorius/Simon/Chapuis*, JLES 2019, 169, 174.

730 *BFH*, Urt. v. 28.11.1980, III R 86/78 = BStBl 1981 II 353; *BFH*, Urt. v. 14.02.1969, III 88/65 = BStBl II 395.

731 Allgemein für immaterielle Werte vgl. *Vögele/Vögele*, in: Vögele, Intangibles, 2. Aufl. 2021, § 4 A. Rn. 36.

732 Vgl. *Halaczinsky*, in: Rössler/Troll, BewG, Werkstand: 35. EL September 2022, BewG, § 9 Rn. 9.

733 *Aldoney Ramirez*, Der strafrechtliche Schutz von Geschäfts- und Betriebsgeheimnissen, 241; *Rody*, Der Begriff und die Rechtsnatur von Geschäfts- und Betriebsgeheimnissen unter Berücksichtigung der Geheimnisschutz-Richtlinie, 2019, 122 f.

Kaufvertrag verpflichten, was wie die Nutzungsüberlassung anerkannt ist.[734] Da Geschäftsgeheimnisse meist nicht als Sache oder Recht gelten,[735] sind sie mangels Rechtsqualität[736] ein „sonstiger Gegenstand" i. S. d. § 453 Abs. 1 BGB.[737] Wie auch bei Patenten oder Gebrauchsmustern[738] begründet der Rechtskauf die Übertragungspflicht.[739] Die entsprechende Dispositionsbefugnis wird – auch wie bei Patenten oder Gebrauchsmustern[740] – gemäß §§ 413, 398, 402 BGB durch Abtretung als Verfügungsgeschäft übertragen,[741] wodurch Geschäftsgeheimnisse in einem Geschäftsverkehr übertragbar sind.[742] Das ist nur nicht möglich,

---

734 *BGH*, Urt. v. 25.01.1955, I ZR 15/53 = GRUR 1955, 388; *Hauck*, in: Münchener Kommentar zum Lauterkeitsrecht, 3. Aufl. 2022, GeschGehG, vor § 1 Rn. 16; *Kalbfus*, in: Ahrens/Büscher/Goldmann/McGuire, Praxis des Geistigen Eigentums, Festschrift für Henning Harte-Bavendamm zum 70. Geburtstag, 2020, 341, 344 m. w. N.; *Zech*, Information als Schutzgegenstand, 2012, 235 f. m. w. N.

735 Stellvertretend *BGH*, Urt. v. 25.01.1955, I ZR 15/53 = GRUR 1955, 388.

736 Als „Immaterialgut", allerdings nicht als „Immaterialgüterrecht" einordnend *Ahrens/McGuire*, Modellgesetz für Geistiges Eigentum, München, 2012, 51.

737 *Alexander*, in: Köhler/Bornkamm/Feddersen, UWG, 41. Aufl. 2023, GeschGehG, Vorbemerkungen Rn. 42, § 1 Rn. 19; *Maaßen*, in: Ann/Loschelder/Grosch, Praxishandbuch Know-how-Schutz, 2010, Kap. 5 Rn. 6 m. w. N.; *Greco*, Verwertung von Know-how – Vertragstypologische, Zuordnung, Vertragserfüllung und Hinweise zur Vertragsgestaltung, 2010, 37 f., 118.

738 *Knerr*, Geistiges Eigentum und Steuerrecht: Patent- und Gebrauchsmusterverwertung aus Sicht des nationalen Ertragssteuerrechts, 2015, 73.

739 *Hauck*, in: Münchener Kommentar zum Lauterkeitsrecht, 3. Aufl. 2022, GeschGehG, vor § 1 Rn. 16; vgl. *Westermann*, in: Münchener Kommentar zum Bürgerlichen Gesetzbuch, 8. Aufl. 2019, § 453 Rn. 6; kritisch gegenüber der Bezeichnung „Übertragung" bei Geschäftsgeheimnisses aus Gründen der Rechtsqualität *Knerr*, Geistiges Eigentum und Steuerrecht: Patent- und Gebrauchsmusterverwertung aus Sicht des nationalen Ertragssteuerrechts, 2015, 76.

740 *Knerr*, Geistiges Eigentum und Steuerrecht: Patent- und Gebrauchsmusterverwertung aus Sicht des nationalen Ertragssteuerrechts, 2015, 68.

741 *Alexander*, in: Köhler/Bornkamm/Feddersen, UWG, 41. Aufl. 2023, GeschGehG, § 1 Rn. 20; für analoge Anwendung *Hauck*, in: Münchener Kommentar zum Lauterkeitsrecht, 3. Aufl. 2022, GeschGehG, vor § 1 Rn. 16; *Zech*, Information als Schutzgegenstand, 2012, 235 f. m. w. N.; zur früheren Rechtslage kritisch *Wagner*, Know-how. Einordnung in das Zivilrecht, 2016, Rn. 619; a. A. *Schur*, Die Lizenzierung von Daten, 2020, 140 f.; zu § 413 BGB als Grundlage der Übertragbarkeit im Detail *Peukert*, Güterzuordnung als Rechtsprinzip, 2008, 546 ff.

742 So schon *Pfister*, Das technische Geheimnis. „Know-how" als Vermögensrecht, 1974, 144 ff.; zur äquivalenten Übertragbarkeit von gewerblichen Schutzrechten *Kiefer*, WRP 2018, 910, 915; *Koch*, in: Vögele, Intangibles, 2. Aufl. 2021, § 1 C. Rn. 1.

wenn ein Geschäftsgeheimnis bspw. als Bestandteil des Geschäfts- oder Firmenwertes so eng im Zusammenhang mit einem gesamten Unternehmen steht, dass es nicht separat aufgefasst werden kann.[743] Ansonsten ist es aber anerkannt, dass die meisten Geschäftsgeheimnisse übertragen werden können,[744] sodass sie i. d. R. einem Geschäftsverkehr zugänglich sind.

b) Existenz eines sachlich abgrenzbaren Marktes

Der Wertbegriff verweist zudem auf den „Markt", also zum ökonomischen Ort,[745] an dem Angebot und Nachfrage aufeinandertreffen. Erst durch den Vergleich der Veräußerungspreise können Geschäftsgeheimnissen Marktwerte zugeordnet werden.[746] Demnach muss es sachlich abgrenzbare Märkte für Geschäftsgeheimnisse geben.[747]

aa) Vergleichbarkeit von Geschäftsgeheimnissen

Zunächst müssen Märkte derart abgrenzbar sein, sodass nur Transaktionen aggregiert werden, in denen Anbieter und Nachfrager Geschäfte über vergleichbare Geschäftsgeheimnisse abschließen. Aufgrund des hohen Individualisierungsgrades zahlreicher Geschäftsgeheimnisse könnte ein Vergleich mit anderen Geheimnissen gleicher oder ähnlicher Art schwierig sein und es daher an einem sachlich abgrenzbaren Markt fehlen.[748]

Dem ist entgegenzusetzen, dass auch Geschäftsgeheimnisse kategorisiert und anhand von Kategorien verglichen werden können. So sind bereits in der Gesetzesbegründung Kategorien aufgelistet, anhand derer eine Vergleichbarkeit sichergestellt werden kann:[749] Herstellungsverfahren, Kunden- und Lieferantenlisten, Kosteninformationen, Geschäftsstrategien, Unternehmensdaten, Marktanalysen, Prototypen, Formeln und Rezepte.

---

743 *Hauck*, in: Münchener Kommentar zum Lauterkeitsrecht, 3. Aufl. 2022, GeschGehG, vor § 1 Rn. 17.

744 Stellvertretend *BGH*, Urt. v. 27.04.2006, I ZR 126/03 = GRUR 2006, 1044, 1046.

745 *Ott*, Grundzüge der Preistheorie, 3. Aufl. 1997, 32.

746 *Aldoney Ramirez*, Der strafrechtliche Schutz von Geschäfts- und Betriebsgeheimnissen, 241.

747 Vgl. *Böning/Heidfeld*, AuR 2018, 555, 556; *Karthaus*, NZA 2018, 1180, 1182; *Scholz*, Der objektive Wert als Rechtsbegriff im bürgerlichen Recht, 2003, 73.

748 Allgemein *Scholz*, Der objektive Wert als Rechtsbegriff im Bürgerlichen Recht, 2003, 73; für Daten vgl. *Nissen*, Der monetäre Wert von Daten im Privatrecht, 2021, 188 f.

749 Kategorien nach BT-Drs. 19/4724, 24.

Zwar müssen Geschäftsgeheimnisse wie die letztgenannten Rezepte ggf. noch unterteilt werden, sodass bspw. die Rezeptur von „Coca-Cola“ nicht vorrangig mit der von „Maggi-Würze“, sondern bspw. zunächst mit Rezepten von anderen „Cola“- oder zumindest Erfrischungsgetränk-Rezepten vergleichen wird, jedoch zeigt schon allein diese Auflistung, dass es trotz der teils sehr individuellen Ausprägungen gelingen kann, Geschäftsgeheimnisse so zu kategorisieren, dass sie sich miteinander vergleichen lassen.

bb) Rechtmäßigkeit als Markterfordernis?

Nicht überraschend werden Geschäftsgeheimnissen – wie vor allem gestohlene geheime Daten – in Zeiten vermehrter Wirtschaftsspionage und insb. Cyberangriffe[750] nicht nur rechtmäßig, sondern auch rechtswidrig gehandelt,[751] sodass „in beiden Bereichen […] eine nicht unerhebliche Wertschöpfung“ erfolgt.[752] Das bedeutet, dass es auch durch rechtswidrigen Handel zu einem geschäftlichen Verkehr kommt, aus dem Transaktionenpreise zu einem Wert aggregiert werden könnten.

Weil die GeschGeh-RL auch vor Diebstahl und Wirtschaftsspionage schützen soll, kann es für i. S. d. GeschGehG verletzte Geheimnisse keinen rechtmäßigen Markt geben.[753] Das führt zur Frage, ob solche Märkte für den Marktwert maßgeblich sein können. Schließlich kann ein gewöhnlicher Geschäftsverkehr mit Blick auf die Übertragbarkeit von Geschäftsgeheimnissen wegen Sittenwidrigkeit bezweifelt werden. Schließlich bleibt der für den Vertrag vereinbarte Preis bei einer Wertermittlung grundsätzlich unbeachtlich, sofern ein Vertrag gemäß § 134 BGB unwirksam ist.[754] Stattdessen sei dann auf die Preise regulärer Märkte abzustellen.

Ebenso spricht für die Rechtmäßigkeit als Markterfordernis, dass auch i. R. d. konkreten Schadensersatzes ein Inhaber keine Kompensation für entgangene Gewinne verlangen kann, die er durch „illegale“ Geheimnisse hätte

---

750 *Bitkom*, Presseinformation v. 05.08.2021, 1 (zuletzt abgerufen am 17.07.2023 unter: https://www.bitkom.org/Presse/Presseinformation/Angriffsziel-deutsche-Wirtschaft-mehr-als-220-Milliarden-Euro-Schaden-pro-Jahr).

751 Für Daten *OECD*, Exploring the Economics of Personal Data: A Survey of Methodologies for Measuring Monetary Value, 2013, 27 f.

752 *Hacker*, Datenprivatrecht, 2020, 52 m. w. N.

753 *Preis/Seiwerth*, RdA 2019, 351, 354 Fn. 29.

754 *Scholz*, Der objektive Wert im Bürgerlichen Recht, 2003, 115; so auch bei gesetzeswidriger Umgehung von Preisvorschriften *Halaczinsky*, in: Rössler/Troll, BewG, Werkstand: 35. EL September 2022, BewG, § 9 Rn. 12.

erwirtschaften können, denn wenn diese mit der Verletzung eines gesetzlichen Verbots einhergehen, handelt es sich nicht um einen entgangenen Gewinn i. S. d. § 252 BGB.[755] Etwas durch „illegale" Geheimnisse zu erlangen, widerspricht dem fairen Wettbewerb und kann aufgrund der Einheit der Rechtsordnung nicht durch eine Kompensation geschützt werden.

Doch dieser Vergleich betrifft nicht die Rechtmäßigkeit als Markterfordernis. Erstens bezieht sich der Ausschluss i. R. d. § 252 BGB auf „illegale" Geheimnisse, aber nicht auf „legale" Geheimnisse, die nur rechtswidrig gehandelt werden. Zweitens sagt der Ausschluss nichts darüber aus, ob der maßgebliche Markt für den marktzentrierten Wertbegriff rechtmäßiger Natur sein muss oder auch rechtswidriger Natur sein kann, sondern nur, ob im Zuge eines schadenszentrierten Wertbegriffs ein Potenzial i. R. d. Ersatzansprüche abgebildet und ersetzt werden kann. Drittens sagt dieser Vergleich auch nichts darüber aus, ob etwas einen Marktwert hat und wie hoch der Marktwert ist. Wären nämlich die Ersatzansprüche der einzige Orientierungspunkt für die Frage, würden sich die Wertungen der konkreten Schadensberechnung und der abstrakten Gewinnherausgabe widersprechen. Genauso wie es für i. S. d. GeschGehG verletzte Geheimnisse keinen legalen Verwertungsmarkt geben kann, kann es für sie auch keine legale Nutzungsmöglichkeit geben. Dennoch stellt § 10 Abs. 2 S. 1 GeschGehG bei der Gewinnherausgabe auf das Nutzungspotenzial ab, welches durch den Rechtsverletzer realisiert wird, obwohl das zugrundeliegende Verhalten ein rechtswidriges ist. Ob also ein verletztes Geschäftsgeheimnis unbefugt verwertet oder – entweder nach eigenhändigem Erlangen vom Inhaber oder nach (mittelbarem) Erhalt vom (unmittelbaren) Rechtsverletzer – unbefugt genutzt wird, kann für das im Geheimnis liegende Potenzial keinen Unterschied machen. Das Verwertungspotenzial würde im Vergleich zum Nutzungspotenzial ungerechtfertigt benachteiligt werden, sofern der rechtswidrige Handel beim Marktwert unberücksichtigt bleibt.

Der Vorteil, den rechtswidrigen Handel einzubeziehen, besteht sogar darin, dass die hiesigen Preise – wie bei personenbezogenen Daten – ggf. bessere Rückschlüsse auf einen Wert zulassen als es bei rechtmäßigem Handel der Fall ist. Das liegt daran, dass die durch die Geheimheit begründete Non-Rivalität von Geschäftsgeheimnissen bei rechtswidrigem Handel weitestgehend aufgehoben ist und entsprechende Märkte sich in diesem Punkt an ein typisches

755 Vgl. BGHZ 162, 246; *BGH*, Urt. v. 28.01.1996, VI ZR 151/84 = NJW 1986, 1486, 1487; *BGH*, Urt. v. 21.02.1964, Ib ZR 108/62 = NJW 1964, 1181, 1183.

Marktverhalten annähern.[756] Zwar können Preise bei rechtswidrigem Handel wegen der Intransparenz nur mit Schwierigkeiten erhoben werden, sodass es bei Stichproben auch zu Verzerrungen kommt.[757] Jedoch ist dies bei Geschäftsgeheimnissen kraft ihrer geheimen Natur auch bei rechtmäßigem Handel der Fall, sodass es für Geschäftsgeheimnisse immer nur mit Schwierigkeiten möglich ist, Preise zu beobachten.

Insgesamt sollte die Rechtmäßigkeit kein Markterfordernis sein, um den Marktwert zu bestimmen. Auch der rechtswidrige Handel muss zur Gleichbehandlung von Verwertungs- und Nutzungspotenzial berücksichtigt werden und bietet ggf. sogar den Vorteil, dass die hiesigen Preise näher am „idealen" marktzentrierten Wert liegen können, als es bei ausschließlich auf rechtmäßigem Handel beruhenden „Geschäftsgeheimnis-Märkten" der Fall wäre.

cc) Transparenz als Markthindernis: Hypothetischer Markt für Geschäftsgeheimnisse?

Geschäftsgeheimnisse werden nicht öffentlich angeboten, sondern qua definitionem geheim gehalten. Das könnte bereits einem Markt für Geschäftsgeheimnisse entgegenstehen.[758] Ferner wäre ein solcher Markt intransparent, selbst wenn es ausreichend Transaktionen gäbe, die aggregiert werden könnten.[759] Um einen marktzentrierten Wert zu ermitteln, bedarf es also bestenfalls eines gängigen und verlässlichen Marktpreises auf aktiven Märkten,[760] so wie es bspw. bei an Börsen gehandelten Wertpapieren oder Finanzinstrumenten[761] sowie Rohstoffen wie Öl und Gold der Fall ist. Doch wegen der Geheimheit handelt es sich bei erworbenen Geschäftsgeheimnissen um nicht-öffentliche oder nicht-beobachtbare Transaktionen, an denen sich der marktzentrierte Wert messen lassen müsste.[762]

---

756 *OECD*, Exploring the Economics of Personal Data: A Survey of Methodologies for Measuring Monetary Value, 2013, 28 f.

757 *OECD*, Exploring the Economics of Personal Data: A Survey of Methodologies for Measuring Monetary Value, 2013, 28 f.

758 *Rody*, Der Begriff und die Rechtsnatur von Geschäfts- und Betriebsgeheimnissen unter Berücksichtigung der Geheimnisschutz-Richtlinie, 2019, 124.

759 Zur Intransparenz als Hindernis bei Daten *Nissen*, Der monetäre Wert von Daten im Privatrecht, 2021, 96.

760 *Nissen*, Der monetäre Wert von Daten im Privatrecht, 2021, 90.

761 *Kirsch/Koelen/Olbrich/Dettenrieder*, WPg 2012, 762, 769.

762 *Olliver/Gorius/Simon/Chapius*, JLES 2019, 169, 173.

Hierbei ist aber nicht berücksichtigt, dass es sich zur Ermittlung eines marktzentrierten Wertes nicht unbedingt um einen wahrnehmbaren, tatsächlich existenten oder sogar „vollkommenen“ Markt handeln muss.[763] Es genügt auch ein hypothetischer Markt für Geschäftsgeheimnisse.[764] Der wirtschaftliche Wert eines Geschäftsgeheimnisses erwächst nämlich gerade nicht aus seiner öffentlichen Wahrnehmbarkeit, sondern aus dem gegenüber Wettbewerbern unbekannten Vorteil. Gibt es somit bei Wettbewerbern ein bestimmtes Bedürfnis, das sie nicht durch eigene FuE befriedigen können oder wollen, kann bereits eine Nachfrage nach der passenden – wenn auch geheimen – Information unterstellt werden. Diese müsste dann erworben oder in einem Tauschgeschäft mit einer Gegenleistung getauscht werden.[765] Nur wenn mangels Bedürfnisses gar keine Nachfrage nach einem Geheimnis bestehen sollte, wäre ein marktzentrierter Wert für dieses Geheimnis abzulehnen. Weil Geschäftsgeheimnisse aber stets einen Wettbewerbsvorteil darstellen müssen, ist eine ökonomische Grundannahme, dass Wettbewerber den Wettbewerbsvorteil aufholen wollen und an der maßgeblichen Information interessiert sind. Demnach ist für Geschäftsgeheimnisse ein – wenn auch hypothetischer – Marktpreis existent und theoretisch ermittelbar.[766] Zudem ist Intransparenz nicht atypisch, sondern betrifft eine Vielzahl – wenn nicht sogar den Großteil – der vorhandenen Märkte.[767]

Allerdings ist ein hypothetischer Markt für Geschäftsgeheimnisse nur rein theoretischer Natur und lässt faktisch keinen Rückschluss zu. Sicherlich mag es genug Transaktionen geben, die hypothetisch miteinander aggregiert werden könnten. Doch das Wissen um diese Tatsache ermöglicht keine tatsächliche Aggregation. Daher werden (insb. bei typisierten) Marktzentrierungen (z. B. bilanzielle Neubewertung i. S. d. IFRS) „aktive“ Märkte vorausgesetzt, die für die

---

763 *Ott*, Grundzüge der Preistheorie, 3. Aufl. 1997, 32 ff.; vgl. auch *Franken/Schulte/Theile*, in: Heuser/Theile, IFRS Handbuch, 6. Aufl. 2019, 8.43.

764 Als „fiktiv“ bezeichnend *Hoppe*, in: Hoppe/Oldekop, Geschäftsgeheimnisse, 2020, Kap. 1 Rn. 98 f.

765 *Kalbfus*, Know-how-Schutz in Deutschland zwischen Strafrecht und Zivilrecht – welcher Reformbedarf besteht?, 2011, 10 f. Rn. 13; *Rody*, Der Begriff und die Rechtsnatur von Geschäfts- und Betriebsgeheimnissen unter Berücksichtigung der Geheimnisschutz-Richtlinie, 2019, 124 f.

766 So auch *Sousa e Silva*, JIPLP 2014, 923, 930.

767 *Götz*, Der Schutz von Betriebs- und Geschäftsgeheimnissen im Zivilverfahren, 2014, 7 m. w. N.; *Scholz*, Der objektive Wert als Rechtsbegriff im bürgerlichen Recht, 2003, 23.

meisten immateriellen Werte nicht vorhanden sind.[768] Vor allem bei Geschäftsgeheimnissen kann es sie nicht geben, was auch. am hohen Individualisierungsgrad[769]/an der „Heterogenität“[770]/am „Alleinstellungsmerkmal“[771] und der Geheimheit der Transaktionen liegt. Demnach werden also auch Geschäftsgeheimnisse gehandelt, aber durch die Seltenheit vergleichbarer Transaktionen sowie der geringen Objektivierung gibt gemäß IAS 38.78 der für ein Geschäftsgeheimnis *„gezahlte Preis möglicherweise keinen ausreichenden substanziellen Hinweis auf den beizulegenden Zeitwert eines anderen“*.

Doch selbst wenn es genügend vergleichbare Transaktionen gäbe, verweist IAS 38.78 aus guten Gründen darauf, dass *„der Öffentlichkeit die Preise oft nicht Verfügung“* stehen. Deshalb verhilft ein hypothetischer Markt nicht über die Aggregationsschwierigkeiten hinweg, die der Ermittlung eines Marktpreises entgegenstehen. Dies gilt nicht nur für den primär aus einem aktiven Markt abzuleitenden Marktpreis, sondern auch für Vergleichswerte, aus denen nach sekundären Analogiemethoden ein Marktpreis abgeleitet wird.[772] Die Anwendung von Analogiemethoden muss ferner sorgfältig begründet werden, was bei immateriellen Werten wie Geschäftsgeheimnissen „nicht sinnvoll“ gelingt.[773]

Mangels notwendiger Transparenz und eines hinreichend sicheren Wertvergleichs eignet sich kein marktzentrierter Wertbegriff bei Geschäftsgeheimnissen, den wirtschaftlichen Wert effizient abzubilden.

---

768 *EFRAG*, Better Information on Intangibles, 2021, 36; dies daher auch als „reine Fiktion“ bezeichnend *Franken/Schulte/Theile*, in: Heuser/Theile, IFRS Handbuch, 6. Aufl. 2019, 8.45.

769 Bei Patenten als „Singularität“ bezeichnend *Huber*, in: Ann/Loschelder/Grosch, Praxishandbuch Know-how-Schutz, 2010, Kap. 1 Rn. 344.

770 *Senger/Kurz*, in: Vögele, Intangibles, 2. Aufl. 2021, § 2 A. Rn. 65.

771 *Menninger*, in: Wurzer/Kaiser, Handbuch Internationaler Know-how-Schutz, 2. Aufl. 2011, 559.

772 *Gawenko/Hinz/Büttner*, PiR 2022, 9, 10 f.; *Moser*, Bewertung immaterieller Vermögenswerte, 2. Aufl. 2017, 32; *Vögele/Braukmann*, in: Vögele, Intangibles, 2. Aufl. 2021, § 4 A. Rn. 97.

773 *Vögele/Braukmann*, in: Vögele, Intangibles, 2. Aufl. 2021, § 4 A. Rn. 97; so auch *Büttner/Gawenko*, BFuP 2021, 200, 206; so auch *Mandl/Königsmaier*, in: Kirsch/Thiele, Rechnungslegung und Wirtschaftsprüfung. Festschrift zum 70. Geburtstag von Prof. Dr. Dr. h.c. Jörg Baetge, 2007, 381, 398 f.

c) Zwischenergebnis

Geschäftsgeheimnisse können übertragen werden, wodurch sie einem Geschäftsverkehr zugänglich sind. Weil Geschäftsgeheimnisse immer einen Wettbewerbsvorteil innehaben müssen, ist davon auszugehen, dass auch bei Wettbewerben eine Nachfrage besteht und die Nachfrage insb. durch Erwerbsvorgänge befriedigt werden soll. Diese Transaktionen bilden die Grundlage zur Aggregation. Durch die Kategorisierung können Geschäftsgeheimnisse sogar miteinander verglichen werden, sodass sie sachlich von anderen Geschäftsgeheimnissen oder immateriellen Werten abgegrenzt werden können. Zur Aggregation müssen dann auch rechtswidrige Transaktionen einbezogen werden.

Doch schon unabhängig von der Rechtmäßigkeit des Handels ist schon die Aggregation als solche nicht möglich, da bei Geschäftsgeheimnissen die Transaktionen meist intransparent sind. Ohne aktiven Markt und beobachtbare Vergleichstransaktionen steht die Transparenz – zwar nicht dem Markt als solchen, aber – einer für den marktzentrierten Wert notwendigen Aggregation zum Preis entgegen. Vor allem bei typisierten Marktzentrierungen stellen solche Märkte keine geeignete Grundlage für eine Bewertung dar.

Ein gewöhnlicher Geschäftsverkehr lässt sich also nicht hinreichend sicher bestimmen, sodass schon die Grundlage für Geschäftsgeheimnisse mit Unsicherheiten behaftet ist, und ein Marktwert keine geeignete Möglichkeit zur Abbildung des wirtschaftlichen Wertes ist.

2. Preis, also Wert für „jedermann"

In der Annahme, dass es doch genug bekannte/beobachtbare Transaktionen für ein Geschäftsgeheimnis gäbe (z. B. durch Berichterstattung oder Offenlegung gezahlter Preise), die einen gewöhnlichen Geschäftsverkehr ergäben, müsste anhand dessen immer noch ein Marktpreis bestimmt werden, der der Wert für „jedermann" wäre.

Der Marktpreis ist laut IDW S 5.17 *„der Preis, der eine Vielzahl von Angeboten und Nachfragen der Marktteilnehmer zum Ausgleich bringt"*. Er liegt also dort, wo Angebot und Nachfrage zueinander im Gleichgewicht stehen. Das bedeutet, dass der Marktwert das abbildet, was Nachfrager zu zahlen bereit wären.[774] Hierbei ist zu beachten, dass es wegen der Zugänglichkeit zu Informationsquellen zu einer methodischen Verzerrung des Preises kommen kann. Um jedenfalls die Höhe des Marktwertes zu bestimmen, müssen Preise einzelner Transaktionen

774 *Mankowski/Schreier*, AcP Bd. 208, 2008, 725, 731.

herangezogen werden.[775] Da es sich aber um einen Wert handelt, den ein Geschäftsgeheimnis für „jedermann" haben muss, kann nicht jeder gezahlte oder zu zahlende Preis berücksichtigt werden. Nur im Rahmen einer konkreten Auswahl ist aus einzelnen Preisen der Marktwert zu bestimmen.

Eine Berücksichtigung des retrospektiv ermittelten Nutzens verbietet sich für den prospektiven Marktwert, da nach dem Erwerb eines Geschäftsgeheimnisses ausschließlich der neue Inhaber das Risiko dafür trägt.[776] Genauso wenig wie ein alter Inhaber am Erfolg der Leistung partizipiert, betreffen ihn i. d. R. auch keine Verluste oder geringeren Erlöse durch die Nutzung des erworbenen Geschäftsgeheimnisses. Der Marktwert richtet sich also nur nach den „vorab"-Preisprognosen der Nachfrager, die im Einklang mit dem „vorab"-Willen des Verkäufers stehen, sodass marktzentrierte Methoden – wenn überhaupt – der prospektiven Bemessung des wirtschaftlichen Wertes dienen würden.

a) Zugänglichkeit zu Informationsquellen als methodische Verzerrung

Schon die unterschiedliche Zugänglichkeit zu Informationsquellen könnte dem marktzentrierten Wert entgegenstehen. Der Wert basiert nämlich auf dem Interesse eines Nachfragers, durch den Erwerb eines Geheimnisses einen Wettbewerbsvorteil zu erlangen oder den eines Wettbewerbers zu nivellieren.[777]

Zwar ergibt sich der wirtschaftliche Wert in dieser Hinsicht aus der Gegenleistung, die für den Erhalt der Information erbracht werden müsste. Doch wegen der Unkenntnis (insb. über tatsächlich geforderte Preise) können die zu aggregierenden Gegenleistungen für dasselbe Geschäftsgeheimnis von Fall zu Fall sehr unterschiedlich ausfallen.[778] Grund hierfür ist insb. die unterschiedliche Zugänglichkeit zu Geschäftsgeheimnissen und die einhergehende Bereitschaft, hierfür eine bestimmte Gegenleistung zu erbringen.[779] So fällt die Gegenleistung i. d. R. niedriger aus, wenn ein Nachfrager nicht nur eine,

---

775 *Scholz*, Der objektive Wert als Rechtsbegriff im bürgerlichen Recht, 2003, 20 f.

776 Vgl. *Mankowski/Schreier*, AcP Bd. 208, 2008, 725, 732.

777 *Kraßer*, GRUR 1970, 587, 588.

778 *Nissen*, Der monetäre Wert von Daten im Privatrecht, 2021, 190; vgl. *Scholz*, Der objektive Wert als Rechtsbegriff im Bürgerlichen Recht, 2003, 20 f.

779 *Kraßer*, GRUR 1970, 587, 588; *Rody*, Der Begriff und die Rechtsnatur von Geschäfts- und Betriebsgeheimnissen unter Berücksichtigung der Geheimnisschutz-Richtlinie, 2019, 123; *Sousa e Silva*, JIPLP 2014, 923, 930.

sondern mehrere Informationsquellen hat und daraus die „günstigste“ wählen kann.[780] Das bedeutet, dass der Preis für einen an der Information interessierten Nachfrager, der nicht viele Informationsquellen hat, i. d. R. höher ist als der, den ein Nachfrager mit einer höheren Zahl an Informationsquellen zahlen müsste.[781] Der vom zu zahlenden Preis abgeleitete Wert schwankt je nach Relation und muss trotz desselben Geschäftsgeheimnisses nicht identisch sein.[782] Diese durch die Geheimheit verursachte Informationsasymmetrie kann zu „Transaktionen im Ungleichgewicht“[783] führen.

Die „bedingte und relative Natur“[784] bestätigt die zuvor dargelegte Notwendigkeit, einen marktzentrierten Wertbegriff nicht als objektiven, sondern als objektivierten Wert anzusehen. Allerdings zeigt der Zusammenhang zwischen Zugänglichkeit zu verschiedenen und unterschiedlich vielen Informationsquellen sowie dem niedrigeren Wert auch auf, dass der marktzentrierte Wertbegriff den wirtschaftlichen Wert i. S. d. GeschGehG nicht immer realitätsnah abbilden kann.

Die Knappheit an Informationsquellen ist mit einem hohen Wert einer Information gleichzusetzen, denn je weniger Informationsquellen es gibt, desto höher kann der Preis für eine Information verlangt werden.[785] Im umgekehrten Fall müsste es theoretisch auch so sein, dass bei vielen Informationsquellen der Wert einer Information sinkt. Das wäre bspw. dadurch möglich, dass ein bereits veräußertes Geschäftsgeheimnis vom Verkäufer oder Käufer anschließend an einen Dritten veräußert oder lizenziert wird und dies dazu führt, dass sich der auch auf der Zugänglichkeit beruhende Wettbewerbsvorteil infolge der größeren Verbreitung verringert.[786]

Für Geschäftsgeheimnisse ist der Marktmechanismus nicht selbstverständlich. Selbst wenn es mehrere Informationsquellen gäbe – bspw., wenn unterschiedliche Inhaber dasselbe Geheimnis unabhängig voneinander durch FuE

---

780 Vgl. *BGH*, Urt. v. 15.03.1955, I ZR 111/53 = GRUR 1955, 424, 424 ff.; *Rody*, Der Begriff und die Rechtsnatur von Geschäfts- und Betriebsgeheimnissen unter Berücksichtigung der Geheimnisschutz-Richtlinie, 2019, 123.

781 *Kraßer*, GRUR 1970, 587, 588.

782 *Kraßer*, GRUR 1970, 587, 588.

783 *Nissen*, Der monetäre Wert von Daten im Privatrecht, 2021, 190.

784 *Kraßer*, GRUR 1970, 587, 588.

785 Zumindest als Indiz *Rody*, Der Begriff und die Rechtsnatur von Geschäfts- und Betriebsgeheimnissen unter Berücksichtigung der Geheimnisschutz-Richtlinie, 2019, 125; *Zech*, Information als Schutzgegenstand 2012, 49.

786 *Nissen*, Der monetäre Wert von Daten im Privatrecht, 2021, 96.

„entdecken" oder durch Kauf entgeltlich erwerben –, bleiben nicht nur die Informationen als solche geheim. Auch das Wissen um die Existenz der Inhaber schafft ein weiteres faktisches Monopol.[787] Dass der marktzentrierte Wert bei einer Existenz mehrerer Informationsquellen sinkt, würde voraussetzen, dass auch die Existenz der Informationsquellen als solche bekannt ist.[788]

Bspw. könnte ein Nachfrager bei ähnlichen Patenten zwischen diesen vergleichen und anhand der vollständigen Zugänglichkeit zu allen verfügbaren Patenten entscheiden. Dies hätte zur Folge, dass bei zunehmender Menge an äquivalenten Informationsquellen der Preis grundsätzlich sinkt. Doch wegen des bei Geschäftsgeheinissen derart intransparenten Marktes ist davon auszugehen, dass ein Inhaber i. d. R. einen höheren Preis verlangen kann als ein durchschnittliches Subjekt bei der Kenntnis aller existenten Informationsquellen im gewöhnlichen Geschäftsverkehr zahlen müsste.[789] Zwar steht die Zugänglichkeit zu Informationsquellen nicht der Aggregation zu einem Markt oder der Preisermittlung als solche entgegen. Allerdings fallen die für ein Geschäftsgeheimnis zu zahlenden Preise im Zuge einer methodischen Verzerrung i. d. R. höher als der Wettbewerbsvorteil aus, den der Inhaber durch das Geschäftsgeheimnis tatsächlich hat. Dadurch entsprechen die Marktpreise i. d. R. nicht den wirklichen Potenzialen.[790]

Mangels realistischer Einschätzung, ob und wie viele Inhaber noch äquivalente Geheimnisse haben, lässt sich die Verzerrung auch nicht hinreichend sicher bereinigen, sodass vom regelmäßig höheren Preis nur willkürliche Differenzen abzuziehen wären.

b) Verhältnis von Wert zu Preis

Obwohl der Preis ein Indikator für den Wert eines Geheimnisses ist und sich der Wert hier sogar aus Preisen ableitet, ist der (wirtschaftliche) Wert – auch unabhängig von der beschriebenen methodischen Verzerrung –, nicht mit dem Preis gleichzusetzen.[791]

---

787 *Greco*, Verwertung von Know-how – Vertragstypologische, Zuordnung, Vertragserfüllung und Hinweise zur Vertragsgestaltung, 2010, 10; *Kraßer*, GRUR 1970, 587, 588.

788 *Kraßer*, GRUR 1970, 587, 588.

789 *Küting/Lauer*, in: Lück, Jahrbuch für Wirtschaftsprüfung, Interne Revision und Unternehmensberatung 2011, München, 2011, 43, 49.

790 Vgl. *Küting/Lauer*, in: Lück, Jahrbuch für Wirtschaftsprüfung, Interne Revision und Unternehmensberatung 2011, München, 2011, 43, 49.

791 So auch *Winner*, Wert und Preis im Zivilrecht, 2008, 6 m. w. N.; *Nissen*, Der monetäre Wert von Daten im Privatrecht, 2021, 85.

Wert und Preis unterscheiden sich insofern, dass der Preis die tatsächliche Höhe einer Transaktion beschreibt und der Wert die Höhe einer zu erwartenden Transaktion prognostiziert.[792] Der Wert und der Preis können also wegen der Privatautonomie stark divergieren.[793] Die Ursache liegt vor allem in der unterschiedlichen Zugänglichkeit zu Informationsquellen, aber auch im „Kontext" und „Verwendungszweck" einer Information.[794] Der „wirkliche" Wert eines Geschäftsgeheimnisses ist also zunächst unabhängig von tatsächlich getätigten Transaktionen zu betrachten. Schließlich sind verlangte, angebotene und gezahlte Preise nur abstrakte Ausdrücke der subjektiven Einschätzungen der Anbieter und Nachfrager.[795]

Bspw. ist ein Käufer – getreu dem angelsächsischen Sprichwort „*Price is what you pay and value is what you get. The idea is to get more value than what you pay.*" – stets gewillt, einen Gegenstand zu einem Preis zu erwerben, der niedriger als sein „wirklicher" Wert ist.[796] Demnach wird teilweise angenommen, dass sich der für ein Geschäftsgeheimnis zu zahlende Preis und der Marktwert hauptsächlich nach der „internen Rechnungslegung" des potenziellen Erwerbers richten,[797] der vor dem Kauf kalkuliert, wie groß der eigene Nutzen (im Sinne von Erträgen oder Zahlungsströmen) nach einem Erwerb des Geschäftsgeheimnisses sein wird. Dies verdeutlicht bereits, dass der marktzentrierte Wert einen weiteren – außerhalb des Wertbegriffs liegenden – Anknüpfungspunkt braucht. Der Verkäufer hingegen möchte sein Geschäftsgeheimnis zu einem Preis verkaufen, der bestenfalls höher als oder zumindest genauso hoch wie sein von ihm eingeschätzter Wert ist.

An diesem Auseinanderfallen knüpft auch die entscheidungstheoretische Lehre an, wonach aus Handlungsmöglichkeiten diejenige gewählt wird, die am besten einen vorgegebenen Zweck erfüllt.[798] Der Maßstab ist also der Grad

---

792 *Obermaier*, in: Tönnes, Festschrift für Bernhard Großfeld zum 85. Geburtstag, 2019, 325, 331; *Winner*, JBl 2007, 434, 436; vgl. *Winner*, Wert und Preis im Zivilrecht, 2008, 6 f. m. w. N.

793 *Winner*, Wert und Preis im Zivilrecht, 2008, 7.

794 *Bründl/Matt/Hess*, 2015, 12.

795 *Mankowski/Schreier*, AcP Bd. 208, 2008, 725, 731; *Obermaier*, in: Tönnes, Festschrift für Bernhard Großfeld zum 85. Geburtstag, 2019, 325, 331; *Scholz*, Der objektive Wert als Rechtsbegriff im Bürgerlichen Recht, 2003, 20 f.; *Winner*, JBl 2007, 434, 436.

796 *Obermaier*, in: Tönnes, Festschrift für Bernhard Großfeld zum 85. Geburtstag, 2019, 325, 331.

797 *Brammsen*, in: Brammsen/Apel, GeschGehG, 2022, § 2 Rn. 40 Fn. 228.

798 *Obermaier*, in: Tönnes, Festschrift für Bernhard Großfeld zum 85. Geburtstag, 2019, 325, 328.

der Brauchbarkeit zur Zweckverfolgung. Durch die Zuordnung von prognostizierten Erträgen oder -Zahlungsströmen zum Objekt und dem Vergleich zu anderen möglichen Handlungsvarianten lässt sich hiernach der (Erfolgs-)Wert des Objekts ermitteln. Im Rahmen dieser Wertlehre wird dann angenommen, dass es für die Übertragung des Objekts meistens nicht den „einen richtigen" Preis gibt.[799] Der Wert drückt sich als „Grenzpreis" aus, zu dem ein Subjekt den Kauf oder Verkauf des Objekts als besser erachtet als eine andere mögliche Handlungsvariante.

Aus der Sicht eines Erwerbers handelt es sich um den Preis, den er höchstens zu zahlen bereit wäre, um nach einem Kauf besser oder zumindest genauso gut dazustehen wie bei seiner sonst besten Handlungsvariante.[800] Aus der Sicht eines Verkäufers muss der Preis aber mindestens so hoch sein, dass er nach einem Verkauf nicht schlechter steht als bei seiner besten Handlungsvariante.[801] Das bedeutet, dass – so wie der Entscheidungswert in IDW S 5.15 beschrieben wird – der „Grenzpreis" beim Käufer die Preisobergrenze („höchstens so viel wert") und beim Verkäufer die Preisuntergrenze („mindestens so viel wert") ist, wodurch ein Geschäft über ein Geschäftsgeheimnis nur innerhalb dieser Grenzen zustande kommt.[802]

Der zu erzielende Preis entspricht nicht zwingend einem Marktwert als eindeutige Zahl, sondern kann auch über eine Spanne erstrecken, die sich je nach Perspektive unterscheidet. Nur in dieser Spanne liegende Preise kommen auch als Marktwert überhaupt in Betracht, sodass innerhalb dieser ein Wert festgelegt werden muss.

c) *Auswahl der gezahlten Preise und „jedermann" als unbestimmter Begriff*

Die notwendige und rechtlich bindende Festlegung, welche Transaktionen und Preise für den marktzentrierten Wert ausschlaggebend sein sollen, ist stets mit einer normativen Wertung verbunden, was aber für den objektivierten Charakter

---

799 *Mankowski/Schreier*, AcP Bd. 208, 2008, 725, 731; zur entscheidungstheoretischen Lehre *Obermaier*, in: Tönnes, Festschrift für Bernhard Großfeld zum 85. Geburtstag, 2019, 325, 328 f.

800 *Obermaier*, in: Tönnes, Festschrift für Bernhard Großfeld zum 85. Geburtstag, 2019, 325, 329.

801 *Obermaier*, in: Tönnes, Festschrift für Bernhard Großfeld zum 85. Geburtstag, 2019, 325, 329.

802 *Mankowski/Schreier*, AcP Bd. 208, 2008, 725, 731; *Winner*, Wert und Preis im Zivilrecht, 2008, 10.

des Wertbegriffs unerlässlich ist.[803] Es muss nämlich ein Wert für „jedermann" sein, was zumindest darauf deutet, dass der Marktwert von subjektiven „Vorlieben und Einschätzungen" der Nachfrager weitgehend unabhängig ist.[804]

aa) „Kleinster gemeinsamer Nenner"?

Zur Preiseingrenzung könnte zunächst rein wörtlich auf den Nutzen des Geschäftsgeheimnisses für „jedermann" abgestellt werden, wonach der niedrigste Preis dem Mindestnutzen für alle Marktteilnehmer entspricht und als „kleinster gemeinsamer Nenner" zwischen ihnen erachtet werden kann.[805] In die gleiche Richtung zielt der dem marktzentrierten Wert entsprechende[806] „gemeine Wert" i. S. d. § 9 Abs. 1 BewG. Dieser meinte ursprünglich mal den Nutzen, „den eine Sache einem jeden Besitzer gewähren kann", was für den „niedrigsten gemeinen Wert" spricht.[807] Nur das, was tatsächlich jeder einzelne Marktteilnehmer als wertvoll erachtet, hätte auch einen wirtschaftlichen Wert. Demnach sei der Marktwert von Geschäftsgeheimnissen der Preis, den auch „der letzte vernünftige" Marktteilnehmer zahlen würde.[808] Schließlich ist der Wert einer Information, die Wettbewerber nicht versuchen zu erlangen, schon zweifelhaft.[809]

Eine rein wörtliche Auslegung von „jedermann" führt aber nur dazu, dass der Nutzen des am wenigsten am Geschäftsgeheimnis interessierten Nachfragers unverhältnismäßig deutlich zum Ausdruck kommen würde. Dass das weder interessengerecht noch zielführend ist, zeigt sich am folgenden Beispiel:

Kundenliste A beinhaltet ein weltweites Netzwerk an Kunden, die außergewöhnlich hohe Erlöse einbringen. Um Kundenliste A ökonomisch zu nutzen, müssen deutsche Inhaber hohe Lieferkosten und Ausfallrisiken auf sich nehmen. Kundenliste B beinhaltet dagegen lediglich ein deutschlandweites Netzwerk an nur durchschnittlich erlösbringenden Kunden, wobei aber die Transportkosten und Ausfallrisiken sehr gering ausfallen. Obwohl die Kundenliste B wegen des geringeren Nutzungspotenzials einen kleineren Wettbewerbsvorteil begründet als die Kundenliste A, ist davon auszugehen, dass das zahlenmäßige

---

803 *Nissen*, Der monetäre Wert von Daten im Privatrecht, 2021, 87.

804 *Scholz*, Der objektive Wert als Rechtsbegriff im bürgerlichen Recht, 2003, 79.

805 *Scholz*, Der objektive Wert als Rechtsbegriff im bürgerlichen Recht, 2003, 80.

806 Vgl. BFHE 159, 505.

807 *Halaczinsky*, in: Rössler/Troll, BewG, Werkstand: 35. EL September 2022, BewG, § 9 Rn. 1, 8.

808 Vgl. *Scholz*, Der objektive Wert als Rechtsbegriff im bürgerlichen Recht, 2003, 80.

809 *Vögele/Saljanin*, in: Vögele, Intangibles, 2. Aufl. 2021, § 2 C. Rn. 22.

Käuferinteresse an der Kundenliste B größer sein wird als bei der Kundenliste A. Der Grund ist, dass nicht jeder Wettbewerber hohe Lieferkosten und Ausfallrisiken auf sich nehmen will oder kann und daher auch nicht jeder Wettbewerber für die Kundenliste A einen Preis zahlen würde. Wegen geringerer Nutzungshürden kann aber Kundenliste B von allen deutschen Wettbewerber genutzt werden, wodurch auch alle deutschen Wettbewerber einen Preis zahlen würden. Würde es auf den letzten vernünftigen Marktteilnehmer ankommen, hätte die Kundenliste A mangels Mindestnutzen für jeden keinen Marktwert, obwohl sie ein höheres Nutzungspotenzial hat. Die den kleineren Wettbewerbsvorteil begründende Kundenliste B hätte hingegen einen Marktwert.

Die beschriebenen Affektionen können bei einem an der Nutzbarkeit eines immateriellen Wertes – vor allem bei an Wettbewerbsvorteilen von Geschäftsgeheimnissen – orientierten Marktwert nicht berücksichtigt werden.[810] Ähnlich verhält es sich bei neuen geheimen Technologien, die hohe Investitionen erfordern und für die die rechtlichen und ökonomischen Möglichkeiten nur schwer einzuschätzen sind.[811] Dass deshalb viele Wettbewerber keine Nachfrage haben, schmälert den potenziellen Nutzen der Technologie nicht. Insgesamt ist ein „kleinster gemeinsamer Nenner" zur Auswahl der gezahlten Preise und zur Konkretisierung von „jedermann" nicht geeignet.

bb) Ausschluss ungewöhnlicher oder persönlicher Verhältnisse

Es ist denkbar, statt den niedrigsten den höchsten Preis als maßgeblich zu erachten, da dieser den vermeintlich größten Nutzen und so auch das größte Potenzial von Geschäftsgeheimnissen widerspiegeln könnte. Doch sogenannte „Mondpreise", also die, die nur auf dem Papier überhöht stehen, um durch Preissenkungen von oben auf das effektive Normalpreisniveau zu gelangen,[812] sind im Zivil- und insb. im – früher für Geschäftsgeheimnisse maßgeblichen – Lauterkeitsrecht i. d. R. unbeachtlich.[813] Aufgrund der Privatautonomie wäre es möglich, dadurch den (wirtschaftlichen) Wert künstlich in die Höhe treiben, obwohl das Ziel eines Marktwertes ist, einen Preis für „jedermann" zu finden. Das sollte aber weder vom Mindestnutzen als „kleinsten gemeinsamen Nenner" noch vom solventesten Nachfrager oder künstlich hohen Preisen abhängig gemacht werden.

---

810 Vgl. *Scholz*, Der objektive Wert als Rechtsbegriff im bürgerlichen Recht, 2003, 80.

811 *Vögele/Saljanin*, in: Vögele, Intangibles, 2. Aufl. 2021, § 2 C. Rn. 22.

812 *Mankowski/Schreier*, AcP Bd. 208, 2008, 725, 731.

813 *OLG Karlsruhe*, Urt. v. 08.11.2006, 6 U 227/05 = WRP 2007, 819.

Diese Wertung findet sich auch für den dem Marktwert entsprechenden[814] „gemeinen Wert“ wieder, für den gemäß § 9 Abs. 2 S. 2 BewG zwar alle Umstände (tatsächlicher, rechtlicher und wirtschaftlicher Art),[815] die den Preis beeinflussen, zu berücksichtigen sind, aber die gemäß § 9 Abs. 2 S. 3 BewG ungewöhnlichen oder persönlichen Verhältnisse bei der Wertbestimmung unberücksichtigt bleiben müssen, sofern sie nicht für die Allgemeinheit gelten.[816] So handelt es bei dem Marktwert insb. nicht um den Preis, der bei einem dringenden „Notverkauf“ oder „sofort erzwungenen Verkauf zu erzielen“ wäre (z. B. Zwangsversteigerungsverfahren und Gegenstände aus Konkursmasse).[817] Nur der in einem üblichen Verkaufsfall erzielbare Erlös ist zugrunde zu legen.[818]

Wie für die Annahme eines gewöhnlichen Geschäftsverkehrs ist die Begrenzung auf einen nur kleinen Kreis an Nachfragern auch für die Preisauswahl kein ungewöhnlicher Umstand,[819] sodass auch Kaufpreise für Geschäftsgeheimnisse mit hohem Individualisierungsgrad für einen marktzentrieren Wert Berücksichtigung finden dürfen.

cc) Durchschnittliche Nutzbarkeit und Wertungen des BewG und der IFRS

Der marktzentrierte Wert muss nicht einem Durchschnitt der Preise entsprechen.[820] Doch weil weder die höchsten noch die niedrigsten Preise in Betracht kommen, liegt es bei der Preiseingrenzung nahe, dass es sich um einen in einem durchschnittlichen Rahmen zu zahlenden Preis handelt.[821] Dieser normativen Begrenzung liegt die zutreffende Überlegung zugrunde, dass es auf die durchschnittliche Nutzbarkeit des Gutes für Marktteilnehmer ankommt.[822] Diese Vorgehensweise komme der „gemeinsamen […] Schätzung des Wertes durch

814 Vgl. BFHE 159, 505.

815 *Halaczinsky*, in: Rössler/Troll, BewG, Werkstand: 35. EL September 2022, BewG, § 9 Rn. 1, 11.

816 *Halaczinsky*, in: Rössler/Troll, BewG, Werkstand: 35. EL September 2022, BewG, § 9 Rn. 1, 13.

817 *Halaczinsky*, in: Rössler/Troll, BewG, Werkstand: 35. EL September 2022, BewG, § 9 Rn. 1, 9, 14.

818 *Halaczinsky*, in: Rössler/Troll, BewG, Werkstand: 35. EL September 2022, BewG, § 9 Rn. 8.

819 BFHE 128, 254.

820 *Mankowski/Schreier*, AcP Bd. 208, 2008, 725, 731.

821 RGZ 117, 131, 133.

822 *Scholz*, Der objektive Wert als Rechtsbegriff im bürgerlichen Recht, 2003, 80.

die Marktteilnehmer am nächsten".[823] Auch für das Reichgericht war der einem Marktwert entsprechende[824] „gemeine Wert" der „im Handelsverkehr zu erzielende Durchschnittspreis".[825]

In Anbetracht der in Betracht kommenden Preise muss der durchschnittlich gezahlte Preis noch konkretisiert werden. Sowohl die Berechnung mit arithmetischen Mitteln als auch die Annäherung über den Median sind denkbar.[826] Regelmäßig genügt der rechnerische Mittelwert,[827] wobei jedoch Preise unberücksichtigt bleiben müssen, die nicht plausibel[828] sind und „ganz aus dem Rahmen fallen".[829] Die gerichtliche Schätzung i. S. d. § 287 ZPO dient dann insb. dazu, solche Affektionen im Zuge der Wertermittlung zu bereinigen. Dadurch bleiben die höchsten und niedrigsten ermittelten Preise unberücksichtigt, um sich dem durchschnittlich gezahlten Preis anzunähern, der in der Annahme der durchschnittlichen Meinung und Schätzung der Marktteilnehmer entspricht.[830]

Doch auch mit einer Begrenzung auf einen Mittelwert zwischen dem höchsten und niedrigsten Preis der Spanne verbleibt die Schwierigkeit, zwischen welchen Preisen sich diese Spanne erstrecken soll, da davon abhängt, welcher Preis dem Mittelwert entspricht.[831] Obwohl es sich bei dem marktzentrierten Wert um einen Grenzpreis handelt, für den es keine exakte und eindeutige Zahl bedarf, braucht es aber mindestens eine Wertspanne, in der sich der Durchschnittspreis einpendelt. Um die Spanne zu bestimmen und sich dem Marktwert anzunähern, braucht es wiederum einen Orientierungspunkt, an dem sich auch Nachfrager orientieren, wenn sie ein Geschäftsgeheimnis erwerben möchten. Hierzu kann insb. auf die Wertungen des BewG und der IFRS zurückgegriffen werden.[832]

---

823 *Scholz*, Der objektive Wert als Rechtsbegriff im bürgerlichen Recht, 2003, 80.

824 BFHE 195, 166; so auch *Ehmcke/Krumm*, in: Brandis/Heuermann, Ertragssteuerrecht, Werkstand: 166. EL 2023, EStG, § 6 Rn. 30.

825 RGZ 96, 124, 125.

826 Vgl. *Scholz*, Der objektive Wert als Rechtsbegriff im bürgerlichen Recht, 2003, 80 f.

827 Stellvertretend BGHZ 94, 98, 104.

828 Vgl. *BGH*, Urt. v. 28.09.1964, II ZR 181/62 = NJW 1964, 2301.

829 Beispiel nach *Scholz*, Der objektive Wert als Rechtsbegriff im bürgerlichen Recht, 2003, 81 Fn. 11.

830 *Scholz*, Der objektive Wert als Rechtsbegriff im bürgerlichen Recht, 2003, 80.

831 So auch *Mankowski/Schreier*, AcP Bd. 208, 2008, 725, 731.

832 Daher zur Ermittlung des wirtschaftlichen Wertes ebenso auf „vertiefte Kenntnisse des Bewertungsrechts" sowie den „Preisbemessungsregeln zum Veräußerungs- oder gemeinen Wert iSd. [sic!] § 9 Abs. 2 BewG" verweisend *Brammsen*, in: Brammsen/Apel, GeschGehG, 2022, § 2 Rn. 55.

Dem BewG zufolge entspricht ein einmal tatsächlich erzielter Preis nicht zwingend dem erzielbaren Preis, wobei aber von „nicht […] lange vorher oder nachher" gezahlten Preisen eine Indizwirkung für den gemeinen Wert ausgeht.[833] Dies begrenzt die Preisauswahl nicht nur der Höhe nach, sondern auch zeitlich. Dass der Wert von zeitnahen Preisen abweicht, bedarf sogar triftiger Gründe.[834] Zeitnahe[835] Verkaufspreise bieten nämlich i. d. R. eine hinreichend sichere Gewähr dafür, dass im Verkaufsfall für ein Gut gleicher Art der gleiche Preis erzielt werden kann.[836] Dieser an den Vergleichswert (und auch an den für Bewertungen gängigen Analogiemethoden) angelehnte Ansatz eignet sich zur Wertbestimmung aber nur bei einer ausreichenden Zahl an tatsächlich getätigten (und ggf. beobachten) Transaktionen, die „eindeutig als im gewöhnlichen Geschäftsverkehr zustanden gekommen anzusehen sind"[837] und daher miteinander in einen angemessenen Vergleich gesetzt werden können. Mit Blick auf den nur hypothetischen Markt für Geschäftsgeheimnisse und dem hohen Individualisierungsgrad wird ein unmittelbarer Vergleich für die meisten Geschäftsgeheimnisse nicht zielführend möglich sein. In diesen Fällen ist einem zahlungsbereiten Nachfrager zu unterstellen, dass er einen angemessenen Preis für ein Geschäftsgeheimnis zahlt und dieser auch dem marktzentrierten Wert entspricht,[838] da der Preis zugleich die vom Nachfrager (intern und vorab) ermittelten Nutzungsmöglichkeiten eines Gutes widerspiegelt.[839] Für den Geheimnisschutz bedeutet das, dass sich der Marktwert eines Geschäftsgeheimnisses überwiegend am prognostizierten Zukunftserfolgswert bemisst, der das Nutzungspotenzial darstellt.

Auch der BFH lehnt es zur Bewertung von Erfindungen, Patenten und ähnlichen „nicht vergleichbaren" Wirtschaftsgütern – wie wohl auch

---

833 *Halaczinsky*, in: Rössler/Troll, BewG, Werkstand: 35. EL September 2022, BewG, § 9 Rn. 8.

834 *Halaczinsky*, in: Rössler/Troll, BewG, Werkstand: 35. EL September 2022, BewG, § 9 Rn. 8.

835 Zur zeitlichen Nähe *Halaczinsky*, in: Rössler/Troll, BewG, Werkstand: 35. EL September 2022, BewG, § 9 Rn. 18 ff. m. w. N.

836 BFHE 150, 453.

837 *Halaczinsky*, in: Rössler/Troll, BewG, Werkstand: 35. EL September 2022, BewG, § 9 Rn. 17 m. w. N.

838 Vgl. *Halaczinsky*, in: Rössler/Troll, BewG, Werkstand: 35. EL September 2022, BewG, § 9 Rn. 23 m. w. N.; Bestätigung als gemeiner Wert durch Feststellungen eines amtlichen Sachverständigen vgl. BFHE 94, 498.

839 BFHE 99, 313; BFHE 98, 553.

Geschäftsgeheimnissen – ab, den gemeinen Wert unmittelbar durch den Veräußerungspreis zu ermitteln[840] und erkennt ausschließlich „Ertragswertüberlegungen durch Kapitalisierung der Reinerträge“[841] als zielführend an. Der kapitalwertorientierte Erfolgswert und damit auch die „interne Rechnungslegung“ eines Erwerbers[842] füllen demnach die leere Hülle des marktzentrierten Wertbegriffs und sind ein maßgeblicher Orientierungspunkt für den Marktwert.

Die Vorgehensweise wird auch i. R. d. Bewertungshierarchie i. S. d. IFRS 13 für die Ermittlung des – möglichst am Markt orientierten – beizulegenden Zeitwertes angewendet. Bei fehlenden beobachtbaren Marktpreisen („mark to market“) oder beobachtbaren Transaktionspreisen für vergleichbare Vermögenswerte kann oder muss sogar der Abgangspreis mithilfe von kapitalwertorientierten Verfahren (IFRS 13B10) berechnet werden („mark to model“).[843] Auch hier wird die Höhe des theoretisch marktzentrierten Wertes durch den kapitalwertorientierten Erfolgswert ermittelt. Nur mit Vorsicht darf aber davon ausgegangen werden, dass der marktzentrierte Wert exakt dem kapitalwertorientierten Erfolgswert entspricht. Da besondere Umstände (z. B. Notverkauf) für die Berechnungen nicht berücksichtigt werden dürfen, ist davon auszugehen, dass ein ökonomisch rational handelnder Inhaber sein Geschäftsgeheimnis nur verwerten würde, wenn das Verwertungspotenzial für ihn größer als das Nutzungspotenzial für eine weitere eigene Nutzung ist. Ein ökonomisch rational handelnder Erwerber würde das Geschäftsgeheimnis jedoch nur erwerben, wenn das von ihm prognostizierte Nutzungspotenzial größer als das Verwertungspotenzial des Inhabers ist, da ansonsten kein Zahlungsüberschuss durch das Geschäftsgeheimnis generiert werden kann.[844]

Folglich wird der marktzentrierte Wert nicht anhand kapitalwertorientierter Methoden exakt bestimmt, sondern „nur“ weitestgehend angenähert.

---

840 BFHE 99, 313; BFHE 98, 553.

841 *Halaczinsky*, in: Rössler/Troll, BewG, Werkstand: 35. EL September 2022, BewG, § 9 Rn. 28.

842 *Brammsen*, in: Brammsen/Apel, GeschGehG, 2022, § 2 Rn. 40 Fn. 228.

843 *Senger/Kurz*, in: Vögele, Intangibles, 2. Aufl. 2021, § 2 A. Rn. 65.

844 *Küting/Lauer*, in: Lück, Jahrbuch für Wirtschaftsprüfung, Interne Revision und Unternehmensberatung 2011, München, 2011, 43, 49; *Moser*, Bewertung immaterieller Vermögenswerte, 2. Aufl. 2017, 19 f.

3. Zwischenergebnis

An der relativen Wirkung von Geschäftsgeheimnissen auf verschiedene Wettbewerber zeigt sich, dass es im geschäftlichen Verkehr tatsächlich keinen „objektiven“, sondern grundsätzlich nur einen „objektivierten“ Wert geben kann,[845] der sich an einer repräsentativen Zahl an (ggf. erst künftigen) Wettbewerbern messen lässt und an einen tatsächlichen oder zumindest gedachten Wirtschaftsvorgang anknüpft.[846] Diese Objektivierung ist erforderlich, um Abweichungen zu korrigieren.

Wegen der Intransparenz des hypothetischen Marktes für Geschäftsgeheimnisse ist es nicht zielführend, auf den „gewöhnlichen Geschäftsverkehr“ abzustellen. Erschwerend kommt hinzu, dass in Bezug auf einen Wert für „jedermann“ der marktzentrierte Wert sich nur in Relation zu (möglichen) Nachfragern feststellen lässt.[847] Dies wird aber schon dadurch konterkariert, dass Nachfrager unterschiedliche Zugänge zu Inhabern haben. Obwohl die zu erbringende Gegenleistung ein Indiz ist, hat das zur Folge, dass die Gegenleistung im einen Verhältnis nur eine geringe Aussagekraft für die Gegenleistung im anderen Verhältnis hat.[848]

Im Gegensatz zu vollkommenen Märkten (z. B. Börsenplätze für Rohstoffe oder Wertpapiere) oder immerhin transparenten Märkten (z. B. Patente) kann es auf einem hypothetischen Markt für Geschäftsgeheimnisse keinen eindeutigen Preis geben.[849] Für einen marktzentrierten Wert ist also das faktische Monopol entscheidend, welches zu einer wesentlichen Erhöhung des wirtschaftlichen Wertes führt. Daher ist anzunehmen, dass der Marktpreis bei einer rein materiellen Bemessung höher ausfällt als der tatsächliche Vorteil, den ein Inhaber gegenüber seinen Wettbewerbern hat. Diese Differenz zu bereinigen, ist – sofern ein Verfahren angestrengt wird – ggf. Aufgabe der gerichtlichen Wert- und Schadensschätzung.

Doch auch eine solche Differenz ließe sich zugunsten des separat zu bestimmenden marktzentrierten Wertes – bei Fehlen eines aktiven Marktes – nur

---

845 *Nissen*, Der monetäre Wert von Daten im Privatrecht, 2021, 84; a. A. *Krumm*, Steuerliche Bewertung als Rechtsproblem, 2014, 145 ff.

846 *Scholz*, Der objektive Wert als Rechtsbegriff im Bürgerlichen Recht, 2003, 17 ff. m. w. N.; *Wittmann*, Der Wertbegriff in der Betriebswirtschaftslehre, 1956, 60 f.

847 *Kraßer*, GRUR 1970, 587, 588.

848 *Kraßer*, GRUR 1970, 587, 588; vgl. *Küting/Lauer*, in: Lück, Jahrbuch für Wirtschaftsprüfung, Interne Revision und Unternehmensberatung 2011, München, 2011, 43, 49.

849 Vgl. *Scholz*, Der objektive Wert als Rechtsbegriff im bürgerlichen Recht, 2003, 23.

verlässlich ermitteln, wenn zeitnahe sowie vergleichbare Veräußerungspreise für ein bestimmtes Geschäftsgeheimnis bekannt wären oder hinreichend sicher abgeleitet werden könnten.

Demnach ist es für die meisten Geschäftsgeheimnisse nicht möglich, einen marktzentrierten Wert ohne kapitalwertorientierte Methoden zu bestimmen, was insb. auch der bilanziellen Bestimmung beizulegender (Zeit-)Werte entspricht, die „vielfach mit Hilfe von Bewertungskalkülen, wie DCF-Verfahren, erst konstruiert werden müssen".[850] Auch der BFH wendet für den gemeinen Wert von Erfindungen, Patenten und ähnlichen „nicht vergleichbaren" Wirtschaftsgütern Methoden an, die denen zur Ermittlung eines Erfolgswertes entsprechen. Aufgrund der ähnlichen Rechtsnatur lässt sich dies auf Geschäftsgeheimnisse übertragen.

Allein für sich betrachtet eignet sich der Marktwert nicht zur Bemessung des wirtschaftlichen Wertes i. S. d. GeschGehG, weil hinreiche Bewertungsgrundlagen fehlen, die erst durch den kapitalwertorientieren Wertbegriff ausgeglichen werden können. Für Zwecke, in denen das Verwertungspotenzial von Geschäftsgeheimnissen bestimmt werden müssen und ein Marktwert notwendig ist (z. B. Bilanzierung, Kaufverhandlung, usw.), orientiert sich der Marktwert am Erfolgswert, wobei sich beide Werte nicht exakt entsprechen müssen, sondern es sich nur um eine weitestgehende Annäherung handelt.

II. Kapitalwertorientiert: Erfolgswert

Dass Geschäftsgeheimnisse nur ein Teil von Wertschöpfungsprozessen, aber nicht ihre Endprodukte seien,[851] trifft nicht zu. Die Ergebnisse zum marktzentrierten Wertbegriff zeigen, dass es auch für Geschäftsgeheimnisse es einen (hypothetischen) Markt für die Überlassung von Geschäftsgeheimnissen gibt. Doch für die Ermittlung geeigneter Wertbegriffe und Bemessungsmethoden ist auch der Blick auf Wertschöpfungsketten unabdingbar, in denen Geschäftsgeheimnisse nicht (nur) als Endprodukt verwertet, sondern auch von Inhabern genutzt und durch die Nutzung künftige Überschüsse erwirtschaftet werden.[852] So sollten auch die „Erfolgsaussichten" von Geschäftsgeheimnissen „integraler Bestandteil der Bewertung" sein.[853]

---

850 *Mandl/Königsmaier*, in: Kirsch/Thiele, Rechnungslegung und Wirtschaftsprüfung. Festschrift zum 70. Geburtstag von Prof. Dr. Dr. h.c. Jörg Baetge, 2007, 381, 385.

851 So nämlich *Heitto*, CRi 2015, 140, 143.

852 *Moser*, Bewertung immaterieller Vermögenswerte, 2. Aufl. 2017, 18.

853 *Huber*, in: Ann/Loschelder/Grosch, Praxishandbuch Know-how-Schutz, 2010, Kap. 1 Rn. 302.

Das Nutzungspotenzial von Geschäftsgeheimnissen zeigt sich insb. darin, dass Inhaber eine neuentwickelte Technologie nutzen können, um eigene Produkte zu verbessern oder gänzlich neue Produkte auf den Markt zu bringen. Auch die Kenntnisse über die Produktionsprozesse eines Inhabers können Wettbewerber nutzen, um eigene Prozesse zu optimieren und so Kosten zu sparen. Um also zu ermitteln, wie groß das Nutzungspotenzial des Objekts für ein Subjekt ist, sind Einnahmen und Ausgaben sinnvolle Anknüpfungspunkte.[854] So bestimmt sich auch der Wert i. S. d. IDW S 5.14 *„nach dem erwarteten zukünftigen finanziellen Nutzen, den ein Erwerber aus dem Vermögenswert ziehen kann"*. Für eine kapitalwertorientierte Herangehensweise konkretisiert IDW S 5.22, dass sich der Wert *„aus dessen Eigenschaft ergibt, künftige Erfolgsbeiträge in Form von Cashflows zu erwirtschaften"*. Demnach richtet sich der kapitalwertorientierte Erfolgswert nach den abgezinsten Überschüssen, also was als Erfolg durch die Nutzung des Geschäftsgeheimnisses erwartbar ist.[855]

Dadurch, dass der kapitalwertorientierte Wertbegriff sich nicht an bereits vorhandenen, sondern an künftigen Vorteilen orientiert, ist er ein Zukunftserfolgswert.[856] Dieser könnte dem weiten Potentialverständnis des GeschGehG gerecht werden und eine effiziente Abbildung des wirtschaftlichen Wertes ermöglichen.

1. Unterschied zwischen prospektivem und retrospektivem Erfolgswert

Der kapitalwertorientierte Erfolgswert dient nur einer prospektiven Bemessung des Nutzungspotenzials, da für die retrospektive Bemessung mangels Zukunftsbezugs keine Diskontierung erforderlich ist. So muss insb. zur Durchsetzung bestimmter Ersatzansprüche (z. B. Gewinnherausgabe und umsatzabhängige Lizenzanalogie) nicht diskontiert werden, weil sich die herauszugebenden Positionen sowieso auf geschehene Ereignisse beziehen und nachträglich auch ohne weitere Annahmen (z. B. Nutzungsdauer, Diskontierung, Eintrittswahrscheinlichkeit) mit einem Nutzungspotenzial gleichgesetzt werden können. Der Erfolgswert muss sich somit nur prospektiv mittels kapitalwertorientierter Methoden bemessen lassen, bspw. wenn ein Inhaber den wirtschaftlichen Wert eines Geschäftsgeheimnisses zur Implementierung angemessener Geheimhaltungsmaßnahmen hinreichend sicher prognostizieren möchte.

---

854 *Mankowski/Schreier*, AcP Bd. 208, 2008, 725, 729.

855 *Arbeitsgruppe der IHK München und Oberbayern*, DS 2016, 76, 77; *Olliver/Gorius/Simon/Chapius*, JLES 2019, 169, 173.

856 *Nissen*, Der monetäre Wert von Daten im Privatrecht, 2021, 88.

2. *Erfolg durch interne Nutzung und/oder externe Lizenzierung*

Die Nutzung von Geschäftsgeheimnissen soll zur Verbesserung oder zumindest zum Erhalt der Wettbewerbsposition von Inhabern beitragen. Das Nutzungspotenzial von Geschäftsgeheimnissen zeigt sich i. d. R. darin, dass mit der Nutzung „ein Gewinn erwirtschaftet werden kann oder der [Inhaber] von Dritten eine Vergütung für die Nutzung verlangen kann".[857] Die für den Erfolgswert maßgeblichen Einnahmenerhöhungen sowie Ausgabenverringerungen[858] müssen sich nicht nur aus der internen Nutzung (z. B. Kostensenkung durch die Nutzung eines geheimen Herstellungsverfahren, Differenzierungsvorteile durch die Nutzung eines geheimen Rezepts für einen „charakteristischen Geschmack von Lebensmitteln", usw.)[859] ergeben, sondern können auch aus der externen Lizenzierung eines Geschäftsgeheimnisses resultieren.[860] Neben der endgültigen Überlassung, an die der marktzentrierte Wertbegriff anknüpft, ist es auch möglich, den immateriellen Wert zu lizenzieren,[861] sodass ggf. auch mehrere Personen dasselbe Geschäftsgeheimnis gleichzeitig nutzen kann.[862] Art. 14 Abs. 2 UAbs. 2 der GeschGeh-RL zeigt, dass eine Lizenzierung auch für Geschäftsgeheimnisse vorgesehen ist.[863] So wie bei Immaterialgüterrechten ist die Einräumung eines wirtschaftlichen Nutzungsrechts als Lizenz durch formfreie, vertragliche Vereinbarungen möglich, die in jeder Hinsicht (sachlich, räumlich, zeitlich) beschränkbar sind.[864] Die externe Lizenzierung stellt damit eine Erfolgsmöglichkeit für den Inhaber dar, auf Grund der er während und nach Ende der Überlassung auf das Geschäftsgeheimnis (ggf. wieder) zugreifen und selbst nutzen kann. Während die interne Nutzung Einnahmen erhöhen und Ausgaben verringern kann, ist die externe Lizenzierung ausschließlich auf die reine Einnahmenerhöhung

---

857 *Stieper*, WRP 2010, 624, 626.

858 Hierzu *Vögele/Vögele*, in: Vögele, Intangibles, 2. Aufl. 2021, § 4 A. Rn. 53.

859 *Moser*, Bewertung immaterieller Vermögenswerte, 2. Aufl. 2017, 14.

860 *Alexander*, in: Köhler/Bornkamm/Feddersen, UWG, 41. Aufl. 2023, GeschGehG, § 2 Rn. 42.

861 Zur grundsätzlichen Möglichkeit bei gewerblichen Schutzrechten *Dicken/Henssler*, Bilanzrecht, 2. Aufl. 2021, Rn. 297; *Koch*, in: Vögele, Intangibles, 2. Aufl. 2021, § 1 C. Rn. 8.

862 Hierzu und zu weiteren Gründen für eine Lizenzvergabe *Parr*, in: Parr, Intellectual Property. Valuation, Exploitation, and Infringement Damages, 5. Aufl. 2018, 212, 217.

863 *Ohly*, in: Harte-Bavendamm/Ohly/Kalbfus, GeschGehG, 2020, Einl. Rn. 26; *Alexander*, WRP 2017, 1034, 1035 f.; ähnlich *Koch*, in: Vögele, Intangibles, 2. Aufl. 2021, § 1 C. Rn. 8.

864 *Koch*, in: Vögele, Intangibles, 2. Aufl. 2021, § 1 C. Rn. 8.

gerichtet, sofern es sich um eine ausschließliche Lizenz handelt. Für die dem Erfolgswert zugänglichen Bemessungsverfahren sind die interne Nutzung sowie die externe Lizenzierung zugrunde zu legen.

3. Quantifizierung des Erfolgs

Die Quantifizierung des Erfolgs basiert aus prospektiver Perspektive auf zukünftigen Zahlungsüberschüssen, die anhand eines Zinssatzes auf den heutigen Wert diskontiert werden. Diese Vorgehensweise ist für die Bewertung von gesamten Unternehmen, aber auch von einzelnen immateriellen Werten möglich und weit verbreitet.[865]

a) Schwierigkeiten bei Geschäftsgeheimnissen

In Bezug auf Geschäftsgeheimnisse ist eine Quantifizierung mit einigen Schwierigkeiten behaftet. Das liegt insb. an der Art der Nutzenentfaltung und den Annahmen, die bei der Berechnung zu treffen sind. Beides kann die Präzision des Erfolgswertes beeinträchtigen.

aa) Art der Nutzenentfaltung

Die Art, mit der Geschäftsgeheimnisse zum ökonomischen Nutzen beitragen, kann die Quantifizierung eines Erfolgs erschweren. So schaffen Geschäftsgeheimnisse – wie auch viele andere immaterielle Werte – durch ihr Nutzungspotenzial keine separaten Zahlungsüberschüsse, sondern tun dies häufig nur in Verbindung mit anderen Werten.[866] Es kommt somit auf wertbeeinflussende Synergien und Netzwerkeffekte an, für die nicht unmittelbar der Anteil am Erfolg zu erkennen ist.[867] Selbst wenn kapitalwertorientierte Verfahren das präziseste Bewertungskonzept sein sollten,[868] ist zu beachten, dass ein einzelner immaterieller Wert nie der einzige Grund für einen Zahlungsüberschuss aus einem Absatzgeschäft ist.[869] Umso schwieriger ist die Quantifizierung, wenn es

865 Stellvertretend *Vögele/Braukmann*, in: Vögele, Intangibles, 2. Aufl. 2021, § 4 A. Rn. 81.

866 *Moser*, Bewertung immaterieller Vermögenswerte, 2. Aufl. 2017, 30; *Parr*, in: Parr, Intellectual Property. Valuation, Exploitation, and Infringement Damages, 5. Aufl. 2018, 101, 107; vgl. *EFRAG*, Better Information on Intangibles, 2021, 30.

867 *Huber*, in: Ann/Loschelder/Grosch, Praxishandbuch Know-how-Schutz, 2010, Kap. 1 Rn. 303 f.; *Moser*, Bewertung immaterieller Vermögenswerte, 2. Aufl. 2017, 32.

868 Zustimmend in Form des Ertragswert *Baetge/Kirsch/Thiele*, Bilanzen, 16. Aufl. 2021, 214.

869 *Baetge/Kirsch/Thiele*, Bilanzen, 16. Aufl. 2021, 214.

sich um Geschäftsgeheimnisse handelt, die nicht unmittelbar auf Zahlungsmittelflüsse gerichtet sind. So tragen insb. Erfahrungswerte, Zwischenstände oder Prognosen nur mittelbar zum Erfolg eines Inhabers bei.

Die Schwierigkeit liegt darin, den Anteil eines einzelnen Geschäftsgeheimnisses zu isolieren, was aufgrund der Geheimheit, aber auch wegen des Zusammenwirkens verschiedener Werte nicht ohne Weiteres möglich ist und bspw. auch i. R. d. Bilanzierung hinsichtlich des Einzelbewertungsgrundsatzes kritisch gesehen werden kann.[870] Daher müssen bei der Quantifizierung Allokationen vorgenommen werden, um den Erfolg von Geschäftsgeheimnissen bemessen zu können. Die Allokationen sind innerhalb der Einheiten durchzuführen, in denen ein Geschäftsgeheimnis (im Zusammenwirken mit anderen Werten) einen Nutzen entfaltet.[871] Ähnlich wird bei bilanziellen Abschreibungen verfahren, bei denen ein Wert einer CGU zugeordnet wird, die gemäß IAS 36.6. *„die kleinste identifizierbare Gruppe von Vermögenswerten"* ist, *„die Mittelzuflüsse erzeugen, die weitestgehend unabhängig von den Mittelzuflüssen anderer Vermögenswerte oder anderer Gruppen von Vermögenswerten sind"*. So muss auch nach der Isolation eines Erfolgs dieser auf verschiedene kausale Bestandteile aufgeteilt werden, um den Anteil zu bemessen, den ein Geschäftsgeheimnis zu diesem Erfolg beiträgt. Hierbei können die Wertungen der bilanziellen Aufteilung innerhalb einer CGU berücksichtigt werden.

Weiterhin sehen auch die verschiedenen Methoden, um zukünftige Zahlungsströme eines immateriellen Wertes zu ermitteln, sinnvolle Möglichkeiten vor, den Erfolg von Geschäftsgeheimnissen zu isolieren. Am Ende verbleibt dann ein wirtschaftlicher Wert, der nur auf das zu bewertende Geschäftsgeheimnis zurückzuführen ist.

bb) Fehlerhaftigkeit der Annahmen und Beispiel: Geheimhaltung

Da sich (vor allem technologiebasierte) Geschäftsgeheimnisse häufig auf Neuheiten beziehen, liegt es in der Natur der Sache, dass viele Projekte über die Zeit auch scheitern, aufgegeben werden und nur einen geringen oder gar keinen künftigen Erfolg bringen.[872] Vor allem wenn sich die FuE auf derzeit noch nicht

---

870 *Baetge/Kirsch/Thiele*, Bilanzen, 16. Aufl. 2021, 214.

871 *Parr*, in: Parr, Intellectual Property. Valuation, Exploitation, and Infringement Damages, 5. Aufl. 2018, 107.

872 *EFRAG*, Better Information on Intangibles, 2021, 30; dies anhand von Beispielen darstellend *Parr*, in: Parr, Intellectual Property. Valuation, Exploitation, and Infringement Damages, 5. Aufl. 2018, 147.

vorhandene Produkte oder Dienstleistungen richtet, können Höhe und Zeitpunkt eines Erfolgs nur mit erheblichen Schwierigkeiten bestimmt werden.[873]

Da es sich bei kapitalwertorientierten Verfahren um auf die Zukunft gerichtete Berechnungen handelt, besteht immer eine gewisse Unsicherheit, ob ein Erfolg im Sinne eines Überschusses tatsächlich eintreten und wie lange er bestehen wird. Auch wenn hierfür angenommen wird, dass ein Unternehmen – in diesem Fall: die geschäftliche Tätigkeit des Inhabers – dauerhaft besteht, entspricht dies kaum der Realität. Genauso wenig ist davon auszugehen, dass ein Geschäftsgeheimnis dauerhaft geschützt und genutzt werden kann, denn mit Blick auf die Beibehaltung der Geheimheit einer Information ist zu berücksichtigen, dass mit einer Geheimnisverletzung ein rechtlicher sowie ökonomischer Wertverlust einhergeht. Je besser ein Geheimnis geschützt ist, desto wahrscheinlicher ist ein (anhaltender) Erfolg; je schlechter das Geheimnis geschützt ist, desto unwahrscheinlicher ist ein (anhaltender) Erfolg.[874]

Die Wahrscheinlichkeit, dass ein Geschäftsgeheimnis innerhalb der (erwarteten) Nutzungsdauer geheim bleibt, lässt sich mit einem sogenannten „Sechs-Faktoren-Tests" überprüfen:[875] 1. Bekanntheit der Information außerhalb der Inhabersphäre (z. B. Vertrags- und Kooperationspartner); 2. Bekanntheit der Information innerhalb der Inhabersphäre (z. B. Mitarbeiter); 3. Art und Ausmaß der Geheimhaltungsmaßnahmen; 4. Ökonomische Bedeutung für Inhaber und Wettbewerber; 5. Aufwand zur Erlangung der Information; 6. Zugänglichkeit und Leichtigkeit der rechtmäßigen Erlangung und Vervielfältigung der Information. Je niedriger die Faktoren 1, 2 und 6 und umso höher die Faktoren 3, 4 und 5 sind, desto höher ist die Wahrscheinlichkeit des Geheimbleibens und Erfolgs eines Geschäftsgeheimnisses. Anhand dieser Faktoren lässt sich die Fehlerhaftigkeit der Annahme, wie lange ein Geschäftsgeheimnis geschützt und nutz- sowie verwertbar bleibt, verringern. Das Ergebnis des Produkts wirkt sich bei kapitalwertorientieren Berechnungen entweder mindernd oder erhöhend für die Nutzungsdauer aus.

Trotz einer solchen Berücksichtigung lassen sich fehlerhafte Annahmen nicht vermeiden, da sich Erfolgswerte in kapitalwertorientierten Verfahren nur mit

---

873 *EFRAG*, Better Information on Intangibles, 2021, 30.

874 Vgl. *Parr*, in: Parr, Intellectual Property. Valuation, Exploitation, and Infringement Damages, 5. Aufl. 2018, 517.

875 Hierzu *Halligan*, The economic valuation of trade secret assets, in: Reuters Legal News, 30. August 2022 (zuletzt abgerufen am 17.07.2023 unter: https://www.reuters.com/legal/legalindustry/economic-valuation-trade-secret-assets-2022-08-30/).

„ausgeprägter Subjektivität und hoher Parameterintensitivität“[876] ermitteln lassen.[877] Dies kann insb. mit Blick auf die Verlässlichkeit von kapitalwertorientierten Verfahren für die Bilanzierung kritisch gesehen werden.[878] Doch für die ökonomische Bemessung des wirtschaftlichen Wertes ist die Verlässlichkeit im bilanziellen Sinne nicht zwingend. Wegen des Zukunfts- und Nutzenbezugs des geheimnisschutzrechtlichen Potenzials geht es mehr (um die – um im Kontext von Bilanzen zu bleiben – Entscheidungsnützlichkeit und somit) um ein „vorrangiges Interesse an prognostischen Informationen“.[879]

Größere Unsicherheiten als bei einem reinen Vergangenheitsbezug sind unvermeidbar und denkbare fehlerhafte Annahmen in Kauf zu nehmen, sodass überhaupt erst eine hinreichend fundierte Aussage über kausale zukünftige Zahlungsströme getroffen werden kann.

b) *Ertragswertverfahren und DCF-Verfahren*

Um das Nutzungspotenzial eines Geschäftsgeheimnisses abzuleiten und dadurch den wirtschaftlichen Wert zu messen, bieten sich (die auch i. R. d. Bilanzierung gängigen) Ertragswert- und DCF-Verfahren an, die auch für einzelne immaterielle Werte anwendbar sind.[880]

Obwohl in Deutschland traditionell das Ertragswertverfahren für Bewertungsanlässe bevorzugt wurde,[881] erlangen DCF-Verfahren eine immer größere – wenn nicht sogar schon die größere – Bedeutung. Das zeigte sich auch daran, dass DCF-Verfahren in IDW S 1 als zum Ertragswertverfahren

876 *Mandl/Königsmaier*, in: Kirsch/Thiele, Rechnungslegung und Wirtschaftsprüfung. Festschrift zum 70. Geburtstag von Prof. Dr. Dr. h.c. Jörg Baetge, 2007, 381, 385; zu Unsicherheiten auch *Großfeld/Egert*, Cashflow in der Unternehmensbewertung, in: Baetge/Börner/Forster/Schruff, Rechnungslegung, Prüfung und Beratung. Festschrift für Rainer Ludewig, 1996, 365, 379 f.

877 *Moser*, Bewertung immaterieller Vermögenswerte, 2. Aufl. 2017, 35.

878 Zur Verlässlichkeit der Fair Value-Bewertung *Thiele*, in: Kirsch/Thiele, Rechnungslegung und Wirtschaftsprüfung. Festschrift zum 70. Geburtstag von Prof. Dr. Dr. h.c. Jörg Baetge, 2007, 625, 638 ff.; kritisch zur Verlässlichkeit von WACC i. R. d. Nutzungswertes *Kirsch/Koelen/Köhling*, KoR 2010, 200, 204 ff.

879 *Künnemann*, in: Kirsch/Thiele, Rechnungslegung und Wirtschaftsprüfung. Festschrift zum 70. Geburtstag von Prof. Dr. Dr. h.c. Jörg Baetge, 2007, 937, 944.

880 *Vögele/Braukmann*, in: Vögele, Intangibles, 2. Aufl. 2021, § 4 A. Rn. 81

881 *Großfeld/Egert*, Cashflow in der Unternehmensbewertung, in: Baetge/Börner/Forster/Schruff, Rechnungslegung, Prüfung und Beratung. Festschrift für Rainer Ludewig, Düsseldorf, 1996, 365, 367 m. w. N.

äquivalente Bewertungsmethoden anerkannt wurden. Beide Verfahren haben gemein, dass sich der Wert an zukünftigen Überschüssen orientiert und die Kapitalwertmethode als mathematische Basis zugrunde gelegt wird. Dadurch können Zahlungen, die zu unterschiedlichen Zeitpunkten entstehen, miteinander verglichen werden. Durch die laufzeit- und risikoäquivalente Diskontierung wird berücksichtigt, dass der heutige Wert einer Zahlung umso niedriger ist, je später sie anfällt.[882] So wird ein durch ein Ertragswertverfahren bestimmter Wert als Summe der abgezinsten zukünftigen Erfolge definiert.[883] Hierbei werden die erzielbaren Erträge zugrunde gelegt, die aus der Nutzung eines Objekts resultieren.

Für DCF-Verfahren sind dagegen Barwerte von abgezinsten Zahlungsströmen entscheidend, wonach der Erfolgswert die Summe der Zahlungsströme ist, die durch die Nutzung innerhalb einer (erwartbaren) Nutzungsdauer künftig erzielt werden. Abgezinste Erträge und Zahlungsströme müssen sich zwar nicht, aber können sich unterscheiden.[884] Im Gegensatz zu Zahlungsströmen erfassen Erträge auch fiktive Ausgaben wie bilanzielle Abschreibungen oder Rückstellungen. Da DCF-Verfahren ausschließlich auf tatsächlichen Zahlungen basieren und weniger (bilanzpolitische) Gestaltungsmöglichkeiten zulassen, ist ihnen im Vergleich eine größere Objektivität und Aussagekraft zugunsten einer Werthaltigkeit einzuräumen. Für diese Untersuchung werden daher DCF-Verfahren bevorzugt.

Für DCF-Verfahren ist anzunehmen, dass durch die Nutzung eines Geschäftsgeheimnisses künftige Zahlungsströme erwirtschaftet werden. Der Erfolg beträgt die Summe der erzielbaren Zahlungsströme, die aus der Nutzung in der (noch) erwartbaren Nutzungsdauer (und einem möglichen Abgang) generiert werden. Die ökonomische Bedeutung für den Inhaber liegt gemäß IDW S 5.111 darin, dass er entweder durch Preis- oder Mengenprämien höhere Zahlungsüberschüsse generieren oder durch Produktivitätsvorteile Kosten senken kann.[885]

---

882 *Parr*, in: Parr, Intellectual Property. Valuation, Exploitation, and Infringement Damages, 5. Aufl. 2018, 73; *Vögele/Vögele*, in: Vögele, Intangibles, 2. Aufl. 2021, § 4 A. Rn. 72.

883 *Matschke*, in: Lück, Lexikon der Betriebswirtschaft, 6. Aufl. 2004, 187.

884 *Großfeld/Egert*, Cashflow in der Unternehmensbewertung, in: Baetge/Börner/Forster/Schruff, Rechnungslegung, Prüfung und Beratung. Festschrift für Rainer Ludewig, 1996, 365, 370.

885 Am Beispiel von patentgeschützten Technologien *Moser*, Bewertung immaterieller Vermögenswerte, 2. Aufl. 2017, 38 f.

Vor allem für technologiebasierte Geschäftsgeheimnisse (z. B. Erfindungen, Prozesse, Rezepturen, Datensammlungen, Computerprogramme, usw.)[886] bieten sich kapitalwertorientierte Verfahren an. Das gilt auch für alle Geschäftsgeheimnisse mit Lizenzeinnahmen, anhand derer sich das externe Nutzungspotenzial messen lässt.

Der entsprechende Wert ist in DCF-Verfahren das Ergebnis einer Division, in der der Erfolg der Quotient aus den Zahlungsströmen und dem Diskontierungsfaktor ist. Der Dividend ist der Betrag des künftigen Zahlungsstroms in einer Nutzungsperiode (z. B. ein Jahr). Ähnlich wie bei Patenten bemisst sich der Betrag daran, was durch ein Geschäftsgeheimnis in der Nutzungsperiode mehr erzielt werden kann, verglichen mit dem Umstand, dass die Information öffentlich wäre (Vergleich: bei Patenten nicht ausschließlich geschützt wäre). Zur Ermittlung des Betrags werden die tatsächlichen Einnahmen und Ausgaben des Geschäftsgeheimnisses gegenübergestellt, sodass die Differenz als Dividend zugrunde zu legen ist. Der Divisor ist der Diskontierungssatz. Hierdurch wird ein gegenwärtiger Wert einer künftigen Geldmenge bestimmt, um eine aussagekräftigere Angabe zu ermitteln, als es bei einer bloßen Summierung aller Beiträge der Nutzungsperioden der Fall wäre. In der Annahme, dass eine Nutzungsperiode ein Jahr beträgt, lautet die Berechnungsformel für den Erfolgswert eines Geschäftsgeheimnisses für eine Nutzungsperiode:

Erfolgswert = (tatsächliche Einnahmen durch ein Geschäftsgeheimnis in Jahr „n" abzüglich tatsächliche Ausgaben durch ein Geschäftsgeheimnis in Jahr „n") geteilt durch ((1 summiert mit Diskontierungssatz) potenziert mit „n") oder kürzer ausgedrückt:

$$DCF = CF1 / (1 + WACC)^1 + CF2 / (1 + WACC)^2 + (\ldots)$$

aa) Nutzungsdauer

Die Schätzung der Nutzungsdauer unterliegt bei immateriellen Werten erheblichen Beurteilungsspielräumen, da sie meistens besonders „unternehmens- und verwendungsspezifisch" sind.[887] Um die Nutzungsdauer zu ermitteln, können Wertungen aus Rechnungslegungssystemen berücksichtigt werden, weil es auch i. R. d. bilanziellen Folgebewertung (z. B. § 253 Abs. 4 HGB, IAS 38.89) auf die Nutzungsdauer ankommt. Die Nutzungsdauer i. S. d. IAS 38.88 ist der Zeitraum, über den voraussichtlich zukünftige Zahlungsüberschüsse unter Einsatz eines

---

886 Beispiele nach IDW S 5.109.

887 *Senger/Kurz*, in: Vögele, Intangibles, 2. Aufl. 2021, § 2 A. Rn. 33.

immateriellen Vermögenswertes erzielt werden können. Das entspricht der Nutzungsdauer i. S. d. DCF-Verfahren.

Die Nutzung von immateriellen Werten führt – anders als bei materiellen Werten – nicht zur „Abnutzung" i. e. S.[888] oder einem „physischen Verschleiß",[889] sondern kann bspw. bei (Roh-)Daten sogar ihren Wert steigern.[890] Dennoch kann die Nutzungsdauer begrenzt sein, was sich bspw. bei Lizenzen an der Vertragslaufzeit[891] oder an Patenten am schutzrechtlichen Zeitablauf zeigt.[892] Die Nutzungsdauer wird bei immateriellen Werten vor allem durch rechtliche und wirtschaftliche Faktoren bestimmt (IAS 38.90 und IAS 38.95),[893] die vorgeben, wie lange aus der Nutzung noch Zahlungsüberschüsse generiert werden können. Erst wenn dies zeitlich nicht eingrenzbar ist, ist eine unbegrenzte Nutzungsdauer anzunehmen.

Die Nutzungsdauer ist insb. unbegrenzt,[894] wenn erstens die zeitliche Nutzbarkeit nicht schon von Beginn an eingeschränkt ist, zweitens es auch keine wirtschaftlichen Anhaltspunkte gibt, die der Generierung neuer Zahlungsströme entgegenstehen und drittens das Subjekt den Wert dauerhaft nutzen will (z. B. Rezept von „The Coca-Cola Company"). Die Annahme der unbegrenzten Nutzungsdauer darf jedenfalls nicht allein aufgrund von Schätzungsunsicherheiten erfolgen,[895] sondern muss (zumindest bei der Bilanzierung) hinreichend begründet werden. Auch für DCF-Verfahren ist bei einer „typischen Kurzlebigkeit immaterieller" Werte nicht ohne weitere Anhaltspunkte anzunehmen,[896] dass die Nutzungsdauer von Geschäftsgeheimnissen unbegrenzt ist, was auch der gewöhnlichen planmäßigen Abschreibung von immateriellen Werten entsprechen würde.[897]

---

888 Hierzu *Müller*, PiR 2018, 347, 348.

889 *Mujkanovic*, StuB 2014, 751, 751.

890 *Moody/Walsh*, Measuring The Value Of Information: An Asset Valuation Approach, 1999, 5 f.

891 Besondere Bedeutung bei geheimer Software vgl. *Zimmermann/Dorn/Bieschewski*, NWB 2020, 3098, 3104.

892 *Senger/Kurz*, in: Vögele, Intangibles, 2. Aufl. 2021, § 2 A. Rn. 45.

893 *Vögele/Braukmann*, in: Vögele, Intangibles, 2. Aufl. 2021, § 4 A. Rn. 90 mit einer Aufteilung in technologische, wirtschaftliche, nutzungsbedingte, rechtliche und produktzyklische Aspekte.

894 Anhaltspunkte nach *Mujkanovic*, StuB 2014, 751, 752.

895 *Müller*, PiR 2018, 347, 348.

896 *Mujkanovic*, StuB 2014, 751, 752.

897 *v. Keitz*, in: Kirsch/Thiele, Rechnungslegung und Wirtschaftsprüfung. Festschrift zum 70. Geburtstag von Prof. Dr. Dr. h.c. Jörg Baetge, 2007, 321, 346.

Anhand rechtlicher und wirtschaftlicher Faktoren sowie statistischen Schätzungen ist die Nutzungsdauer von Geschäftsgeheimnissen im Folgenden exemplarisch zu untersuchen.

(1) Rechtliche Faktoren

Anhand des normativ vorgegebenen Rahmen könnte die Nutzungsdauer von Geschäftsgeheimnissen eingrenzt werden oder zumindest ein Rückschluss auf die Nutzungsdauer möglich sein.

(a) Gesetzliche Schutzdauer

Die Nutzungsdauer der meisten Immaterialgüterrechte ist begrenzt.[898] Das trifft insb. auf von Anfang an zeitlich durch gesetzliche Schutzdauern begrenzte Patente[899] und Urheberrechte zu, deren Nutzungsdauer insb. gemäß IAS 38.94 die gesetzlich zugesicherte Dauer nicht überschreiten kann. So richtet sich die Nutzungsdauer bspw. auch bei der Ermittlung von Verrechnungspreisen nach Art und Dauer des zugrunde liegenden gesetzlichen Schutzes („*nature and duration of the legal protections*"), was sich aus 6.175 der OECD-Verrechnungspreisrichtlinien von 2022 ergibt. Doch auch die gesetzliche Schutzdauer darf nicht mit der Nutzungsdauer gleichgesetzt werden, da bspw. ein Patent schon vor Ablauf der Schutzdauer nutzlos werden kann, insb. wenn andere Technologien zu einem früheren Zeitpunkt als dem Ablaufdatum frei verfügbar sind, oder weil der Zweck eines Patents[900] mittlerweile nicht mehr nur in der Generierung von Zahlungsüberschüssen liegt. Somit darf die gesetzliche Schutzdauer nur als Begrenzung der Nutzungsdauer nach oben verstanden werden.

Anders als der Patent- oder Urheberrechtsschutz ist der Geheimnisschutz nicht von Anfang zeitlich limitiert.[901] Die fehlende „rechtliche Einschränkung der zeitlichen Nutzbarkeit" von Geschäftsgeheimnissen könnte für eine unbegrenzte Nutzungsdauer sprechen.[902] Schließlich können Informationen, solange

---

898 *Baetge/Kirsch/Thiele*, Bilanzen, 16. Aufl. 2021, 259; *Senger/Kurz*, in: Vögele, Intangibles, 2. Aufl. 2021, § 2 A. Rn. 38.

899 Vgl. *BFH*, Urt. v. 05.06.1970 – III R 82/67, BStBl 1970 II 594.

900 Hierzu *Vögele/Siegert*, in: Vögele, Intangibles, 2. Aufl. 2021, § 4 B. Rn. 715.

901 Kritisch *Hrdy*, Fordham Law Review 2022, 557, 604 f.

902 *Mujkanovic*, StuB 2014, 751, 752; so auch in einem Vergleich mit Patenten *Huber*, in: Ann/Loschelder/Grosch, Praxishandbuch Know-how-Schutz, 2010, Kap. 1 Rn. 365.

sie geheim bleiben, theoretisch sogar ewig von wirtschaftlichem Wert sein und für den Inhaber Nutzen generieren. Dies spricht zwar zunächst dafür, dass die Nutzungsdauer von Geschäftsgeheimnissen unbegrenzt ist oder sie zumindest unbegrenzt sein kann. Eine fehlende gesetzliche Schutzdauer eröffnet aber nicht nur einerseits die Möglichkeit eines hypothetisch ewigen Schutzes durch das GeschGehG, sondern andererseits auch eine hohe Sensibilität durch jederzeit mögliche Verletzungen,[903] die wegen der Irreversibilität der Geheimheit nur zu einem – im Vergleich zu Immaterialgüterrechten – niedrigen Schutzniveau führt. Die rechtliche Schutzdauer – oder bei Geschäftsgeheimnissen besser: nicht-existente rechtliche Schutzdauer – ist somit nicht nur einer Auslegung als dauerhaft nutzbarer Wert, sondern gerade auch als schnell verletzbarer Wert mit sehr kurzer Nutzungsdauer zugänglich. Letzteres ist bspw. auch bei der Ermittlung von Verrechnungspreisen gemäß 6.119 der OECD-Verrechnungspreisrichtlinien von 2022 ausdrücklich für Geschäftsgeheimnisse zu berücksichtigen.

Allein anhand der Ausgestaltung des zeitlichen Schutzes kann keine Aussage über die Nutzungsdauer getroffen werden. Zudem würde die alleinige Zugrundelegung auf die (bei Geschäftsgeheimnissen nicht-existente) rechtliche Schutzdauer weitere rechtliche Faktoren wie die Regulierung unberücksichtigt lassen.

(b) Regulierung

Die Nutzungsdauer von immateriellen Werten, die nicht schon normativ vorbestimmt ist, ist aufgrund von Unsicherheiten hinsichtlich des künftigen Nutzens vorsichtig zu schätzen. Das gilt nicht nur für die Bilanzierung, sondern auch für eine – wie hier bei DCF-Verfahren – davon losgelöste Bewertung, weil insb. die Regulierung die Nutzungsdauer von bestimmten Geschäftsgeheimnissen erheblich verkürzen oder sogar vollständig ausschließen kann.

Bspw. dürfen KI-Unternehmen nicht davon ausgehen, dass alle Algorithmen (z. B. „ChatGPT“, das von der italienischen Datenschutzbehörde für einige Wochen gesperrt wurde)[904] wertvoll sein werden. Je nachdem, wie eingriffsintensiv KI-Systeme in Zukunft reguliert werden, können bestimmte Algorithmen nur noch restriktiv oder gar nicht mehr genutzt werden. Das würde sich wertmindernd auswirken und die Nutzungsdauer beschränken. Schätzungen zufolge wären mindestens 19 % der KI-Systeme von einem Verbot oder starken

---

903 So schon *Ann/Kuck*, in: Ann/Loschelder/Grosch, Praxishandbuch Know-how-Schutz, 2010, Kap. 9 Rn. 187.

904 Hierzu https://www.zdf.de/nachrichten/digitales/chat-gpt-italien-100.html (zuletzt abgerufen am 17.07.2023).

Restriktionen (bei Hochrisiko-KI-Systemen) durch eine von der Europäischen Kommission vorgeschlagenen KI-Verordnung[905] betroffen.[906] Auch bei geheimen Daten, die zugleich personenbezogene Daten sind, kann die Durchsetzung eines Anspruchs auf unverzügliche Löschung gemäß Art. 18 DSGVO die Nutzungsdauer auf den Zeitpunkt der Löschung beschränken, wodurch auch der wirtschaftliche Wert für Inhaber in diesem Zeitpunkt entfallen würde.[907]

Insgesamt ist es nicht zielführend, die rechtlichen Faktoren bloß auf die durch ein Gesetz garantierte oder bei Geschäftsgeheimnissen unlimitierte Schutzdauer zu beschränken. Regulatorische Maßnahmen können als rechtlicher Faktor die erwartbare Nutzungsdauer von Geschäftsgeheimnissen erheblich verkürzen.

(2) Wirtschaftliche Faktoren

Neben rechtlichen Faktoren wie der Vertrags- und Schutzdauer oder Regulierung kommt es gemäß DRS 24.97 und IDW S 5.133 auch auf wirtschaftliche Faktoren an, wofür DRS 24.98 unterschiedliche Beispiele nennt:

a) voraussichtliche Nutzung eines immateriellen Wertes unter Berücksichtigung der unternehmensindividuellen Gegebenheiten,
b) Produktlebenszyklen vergleichbarer und ähnlich genutzter immaterieller Werte,
c) technische, technologische oder andere Arten der Veralterung,
d) wirtschaftliche Stabilität der Branche, in der der immaterielle Wert zum Einsatz kommt,
e) Abhängigkeit der Nutzungsdauer des immateriellen Wertes von der Nutzungsdauer anderer Werte des Unternehmens.

Diese Faktoren richten sich nach den Umständen des Einzelfalls und eröffnen ein umfangreiches eigenes Ermessen. Auch den IFRS zufolge wird die Nutzungsdauer von immateriellen Vermögenswerten durch die in IAS 38.90 exemplarisch genannten wirtschaftlichen und rechtlichen Faktoren begrenzt, wovon aber gemäß IAS 38.95 im Zweifel der faktorspezifisch kürzere Zeitraum für eine Abschreibung zugrunde zu legen ist. Die Beurteilung dieses Zeitraums richtet sich – im Gegensatz zu einer Bewertung nach IFRS 13 – nicht nach der

---

905 Vorschlag der Europäischen Kommission für eine KI-Verordnung zur Regulierung *Europäische Kommission*, COM/2021/206 final.

906 *Liebl/Klein*, AI Act: Risikoklassifizierung von KI-Anwendungen aus der Praxisperspektive, 2023, 12 f.

907 Für die Gesamtheit der Inhaberdaten nur als „hypothetisches Szenario" bezeichnend *Blankenfeldt/Müller/Weinrich*, in: Vögele, Intangibles, 2. Aufl. 2021, § 2 B. Rn. 46.

Perspektive der Marktteilnehmer, sondern nach dem unternehmensspezifischen Einsatz des Inhabers.[908] Bei gewerblichen Schutzrechten und vergleichbaren faktischen Positionen wie Geschäftsgeheimnissen ist sogar davon auszugehen, dass weniger die rechtlichen und mehr die wirtschaftlichen Faktoren von Bedeutung für die Nutzungsdauer sind,[909] da in einem „zunehmend dynamischen Marktumfeld" vor allem der rechtliche Schutz als „ineffizient" erachtet werden kann.[910] Wirtschaftliche Faktoren können sowohl interner als auch externer Natur sein.

Ein besonders wichtiger interner Faktor ist die Nutzungsabsicht von Inhabern, die ausschließlich vom eigenen Ermessen abhängt. Dieses Ermessen ist nur bei beschlossenen „Exit-Szenarien" auf Null reduziert.[911] Ohne konkrete Pläne, die Nutzung eines Geschäftsgeheimnisses aufzugeben, ist die Nutzungsdauer unbestimmt, sofern es durch kontinuierliche Erhaltungsaufwendungen – hier: Geheimhaltungsmaßnahmen – gelingen kann, die Zahlungsüberschüsse auf unbestimmte Zeit aufrechtzuerhalten und sich aus keinen anderen Faktoren einer kürzere Nutzungsdauer ergibt.[912]

Doch auch die bestmöglichen Geheimhaltungsmaßnahmen und eine fortdauernde Nutzungsabsicht des Inhabers können den Werterhalt nicht garantieren. Neben einer internen Absicht wirken sich auch externe Faktoren auf die zeitliche Begrenzung der Zahlungsüberschüsse aus.[913] Dazu gehören der technologische Fortschritt,[914] die Abhängigkeit vom Einsatz anderer Vermögenswerte, die Nachfrage- und Trendentwicklung und deren Beeinflussbarkeit durch Marketinganstrengungen und die Entwicklung von Wettbewerbskräften unter Einschluss vor- und nachgelagerter Märkte.[915] Hierdurch kann der für das Geschäftsgeheimnis erforderliche Wettbewerbsvorteil nivelliert und die Nutzungsdauer begrenzt werden. Ferner fließt hier auch die Wahrscheinlichkeit der Geheimhaltung mit ein, sodass insb. ein Wertverlust bei schwächeren Geheimhaltungsmaßnahmen eher eintritt als bei stärkeren. Der „Sechs-Faktoren-Test" kann Aufschluss geben, ob die (bisherige) Geheimhaltung durch den Inhaber sich mindernd oder erhöhend auf die Nutzungsdauer auswirkt.

---

908 *Müller*, PiR 2018, 347, 348.

909 *Müller*, PiR 2018, 347, 349.

910 *Vögele/Siegert*, in: Vögele, Intangibles, 2. Aufl. 2021, § 4 B. Rn. 715.

911 *Müller*, PiR 2018, 347, 349.

912 *Müller*, PiR 2018, 347, 349.

913 *Müller*, PiR 2018, 347, 349.

914 So auch für die Ermittlung von Verrechnungspreisen vgl. 6.175 der OECD-Verrechnungspreisrichtlinien von 2022.

915 Beispiele nach *Müller*, PiR 2018, 347, 349.

Dass sich der wirtschaftliche Wert durch die genannten Faktoren verringern oder sogar auflösen kann, bestätigt die begrenzte und vorsichtig zu schätzende Nutzungsdauer von Geschäftsgeheimnissen.

(a) Beispiel: technologiebasierte Geschäftsgeheimnisse

Dass die Nutzungsdauer von technologiebasierten Geschäftsgeheimnisse nicht unbegrenzt oder großzügig zu schätzen ist, zeigt sich exemplarisch an (auch für den Geheimnisschutz in Frage kommenden) „ERP-Systemen". Als abnutzbares Wirtschaftsgut werden sie in einer Steuerbilanz über die Nutzungsdauer von fünf Jahren linear abgeschrieben.[916] Obwohl IDW RS HFA 11 n. F. keine konkrete Nutzungsdauer für die Handelsbilanz vorsieht, beträgt die betriebsgewöhnliche Nutzungsdauer von ERP-Systemen auch handelsrechtlich oft drei Jahre. Generell ist – mit einer Wertung aus IAS 38.92 – bei Software anzunehmen, dass sie *„angesichts des durch die Vergangenheit belegten rasanten Technologiewandels […] technischer Veralterung ausgesetzt"* sind und deshalb *„ihre Nutzungsdauer oftmals kurz sein wird"*. Das entspricht auch dem Gedanken, dass gewöhnlicherweise nach ungefähr drei Jahren eine „Rundumerneuerung" notwendig ist,[917] was auch zur Abschreibungsdauer von Software von drei bis maximal zehn Jahr passt.[918] Auch bei Basistechnologie ist i. d. R. von einer Nutzungsdauer von acht Jahren auszugehen.[919]

An den Beispielen zeigt sich die auch über die Bilanzierung hinausgehende Wertung, dass technologiebasierte Geschäftsgeheimnisse – insb. im Gegensatz zu „komplexen Rezepturen" – wegen der „technischen Fortentwicklung" häufig nur eine begrenzte und sogar vergleichsweise kurze Nutzungsdauer haben.[920] Zwar mag für die individuelle Analyse des Lebenszyklus einer Technologie nach IDW S 5.133 der rechtliche Schutz (IDW S 5.134) dem GeschGehG zufolge unbeschränkt möglich sein. Allerdings kann ein Geschäftsgeheimnis durch eine neue, qualitativ überlegene Technologie abgelöst werden. Aufgrund des

---

916 *BMF*, Schreiben v. 18.11.2005, BStBl 2005 I 1025 Rn. 22.

917 *Koch/Gersbacher-Volz*, BC 2017, 128, 136; dies am Beispiel von „Fifth Generation Systems" zur Sicherung von Festplatten darstellend *Parr*, in: Parr, Intellectual Property. Valuation, Exploitation, and Infringement Damages, 5. Aufl. 2018, 92 f.

918 *v. Keitz*, in: Kirsch/Thiele, Rechnungslegung und Wirtschaftsprüfung. Festschrift zum 70. Geburtstag von Prof. Dr. Dr. h.c. Jörg Baetge, 2007, 321, 348; fünf Jahre annehmend *Moser*, Bewertung immaterieller Vermögenswerte, 2. Aufl. 2017, 365.

919 Vgl. *Moser*, Bewertung immaterieller Vermögenswerte, 2. Aufl. 2017, 473.

920 *Ann/Kuck*, in: Ann/Loschelder/Grosch, Praxishandbuch Know-how-Schutz, 2010, Kap. 9 Rn. 63.

technologischen Fortschritts ist gemäß IDW S 5.135 sogar ausdrücklich *„von einer begrenzten technologischen Nutzungsdauer auszugehen“*, wenn es sich insb. um ungeschützte Erfindungen, Software, Datensammlungen, technische Prozesse und vergleichbares Know-how handelt.[921]

Bei Geschäftsgeheimnissen, die einen besonders hohen Individualisierungsgrad haben, ist ggf. eine längere Nutzungsdauer anzunehmen.[922] Ihr Wert verflüchtigt sich nämlich nicht zwingend durch einen sonst üblichen technologischen Fortschritt. Jedoch finden sich – zur Gegenprobe – in den Geschäftsberichten der DAX-Unternehmen keine technologiebasierten Werte, deren Nutzungsdauer unbestimmt ist. Das entspricht auch der handels- und steuerbilanziellen Praxis.[923]

Auch nach den IFRS (vgl. IAS 38.90 lit. c) sind für die voraussichtliche Nutzung von Vermögenswerten *„technische, technologische, kommerzielle oder andere Arten der Veralterung“* zugrunde zu legen. Daher ist zu berücksichtigen, dass auch ein Inhaber selbst sein Geschäftsgeheimnis künftig offenlegen könnte, da es voraussichtlich Alternativen geben wird, die den Wettbewerbsvorteil eines Geheimnisses nivellieren und sich eine Geheimhaltung nicht mehr für den Inhaber rentiert. Letzteres entspricht auch dem in IAS 38.90 lit. f genannten Faktor.

Hinsichtlich einer Veraltung beschreibt IAS 38.92, dass Computersoftware und viele andere immaterielle Vermögenswerte *„angesichts des durch die Vergangenheit belegten rasanten Technologiewandels […] technologischer Veralterung ausgesetzt“* sind, wodurch die Nutzungsdauer oft nicht unbegrenzt sein kann, sondern zumeist nur kurz ist. Der durch Geheimhaltung theoretisch bis in Ewigkeit mögliche Schutz eines wirtschaftlichen Wertes durch das GeschGehG wird in der Rechnungslegung mit der Wertung begegnet, dass die Nutzungsdauer aus Vorsicht vor Veraltung zurückhaltend zu schätzen ist.

Außerdem sind auch gemäß IAS 38.90 lit. e *„voraussichtliche Handlungen seitens der Wettbewerber oder potenzieller Konkurrenten“* zu berücksichtigen, was für Geschäftsgeheimnisse bedeutet, wie wahrscheinlich es ist, dass Wettbewerber ein Geheimnis durch lautere Mittel (z. B. „Reverse Engineering“) offenlegen, und wann dies geschehen könnte.

Zwar hat der Unterschied zu zeitlich begrenzten Patenten und Urheberrechten zunächst auf eine unbegrenzte Nutzungsdauer von Geschäftsgeheimnissen gedeutet. Allerdings hat der Unterschied hier erneut gezeigt, dass ein

921 Beispiele nach *Müller*, PiR 2018, 347, 349.
922 *Müller*, PiR 2018, 347, 351.
923 *Müller*, PiR 2018, 347, 349 m. w. N.

Geschäftsgeheimnis auch durch lautere Mittel entwertet werden kann, was bei gewerblichen Schutzrechten grundsätzlich ausgeschlossen ist.[924] Mit einer solchen Entwertung müssen Inhaber aber rechnen, was auch dazu beiträgt, dass die Nutzungsdauer von (vor allem technologiebasierten) Geschäftsgeheimnissen begrenzt und eher kurz als lang zu schätzen ist.

(b) Beispiel: kundenorientierte Geschäftsgeheimnisse

Vor allem bei kundenorientierten Werten wie geheimen Kundenlisten besteht i. d. R. ein Abschmelzungsprozess, sodass eine Begrenzung der Nutzungsdauer schon kraft ihrer Natur indiziert ist. So mag es laut IDW S 5.99 zwar das Ziel eines Inhabers sein, „*einen kundenorientierten immateriellen Wert dauerhaft aufrecht zu erhalten*". Allerdings steht der unbegrenzten Nutzungsdauer entgegen, dass bestehende Kunden verloren gehen und neue Kunden, zu denen bisher keine Beziehung bestand, künftig hinzugewonnen werden. Bei kundenorientierten Geschäftsgeheimnissen können demnach „*die folgenden Faktoren als Indikatoren zur Bestimmung der Nutzungsdauer*" zugrunde gelegt werden:

> *„Vertragslaufzeiten und erwartete Vertragsverlängerungen; rechtliche, regulatorische, wirtschaftliche und technologische Aspekte; typische Produktlebenszyklen und Informationen über geschützte Nutzungsdauern ähnlicher Werte, technische, technologische, wirtschaftliche oder andere Arten der Veralterung der Produkte oder Dienstleistungen; Stabilität der Branche; voraussichtliche Handlungen von Wettbewerbern und potenzieller Konkurrenzen; Höhe der Erhaltungsaufwendungen, die zur Bindung des Kunden oder der Verlängerung von Verträgen notwendig sind; Zeitraum der Abhängigkeit des Kunden; demografische/biometrische Aspekte der Kundenstruktur."*

Durch den bedingten Abschmelzungsprozess ist die Nutzungsdauer auch bei kundenorientierten Geschäftsgeheimnisse begrenzt. Diese dürfte aber aufgrund des in IDW S 5.99 ersichtlichen Ziels der dauerhaften Aufrechterhaltung i. d. R. länger sein als bei technologiebasierten Geschäftsgeheimnissen, sofern keine konkreten Anhaltspunkte für eine im Vergleich dazu kürzere Nutzungsdauer sprechen.

---

924 Zu (mit lauteren Mitteln vergleichbaren) Ausnahmen *Kiefer*, Das Geschäftsgeheimnis nach dem Referentenentwurf zum Geschäftsgeheimnisgesetz: ein Immaterialgüterrecht, WRP 2018, 910.

(3) Statistische Schätzungen und Beispiel: Rezepte

Es ist deutlich geworden, dass die Nutzungsdauer von Geschäftsgeheimnissen vorsichtig – und sogar „vorsichtiger als bei gewerblichen Schutzrechten“[925] – zu schätzen ist und trotz eines theoretisch ewig möglichen Schutzes oft nur kurz ausfällt. So beträgt die gewöhnliche Nutzungsdauer von Geschäftsgeheimnissen i. d. R. drei bis fünf Jahre.[926] Darüber hinaus bestehen aber größere Ambivalenzen bei der exakten Schätzung der Nutzungsdauern.[927]

Mit statistischen Ansätzen, die in den USA schon frühzeitig vor allem durch die Iowa State University vorangetrieben wurden („Iowa Curves“), können Unsicherheiten verringert und die rechtlichen sowie wirtschaftlichen Faktoren bei der Schätzung hinreichend sicher berücksichtigt werden.[928] Obwohl sich die Ermittlung dieser „statistischen Überlebenswahrscheinlichkeiten“ auf materielle Werte bezog, können die gewonnen Erkenntnisse zu statistischen Schätzungen auch auf Geschäftsgeheimnisse übertragen werden, sofern ausreichend Daten für ähnliche immaterielle Werte vorhanden sind. Am folgenden Beispiel zeigt sich, dass statistische Schätzungen auch bei Geschäftsgeheimnissen zielführend sein können:[929]

Ein Inhaber hat drei ähnliche und noch in Nutzung befindliche Rezepte (A seit 29 Jahren, B seit 12 Jahren und C seit 14 Jahren), die für seine geschäftliche Tätigkeit maßgebliche Werttreiber sind. Um seine Informationen nicht der Öffentlichkeit preisgeben zu müssen, verzichtet der Inhaber auf einen immaterialgüterrechtlichen Schutz und nutzt die Rezepte als Geschäftsgeheimnisse i. S. d. GeschGehG. Anhand von fünf früher genutzten und bereits eingestellten Rezepten (D, E, F, G, H) kann der Inhaber folgende tatsächliche Nutzungsdauern (Zeitraum = Jahr der Nutzungseinstellung abzüglich Jahr der Einführung) beobachten: D 30 Jahre, E 24 Jahre, F 13 Jahre, G 3 Jahre und H 6 Jahre. Auf der Grundlage aller acht (nur früher und auch jetzt noch genutzten) Rezepte kann eine durchschnittliche Nutzungsdauer von 16,375 Jahren des Inhabers

---

925 *Knerr*, Geistiges Eigentum und Steuerrecht: Patent- und Gebrauchsmusterverwertung aus Sicht des nationalen Ertragssteuerrechts, 2015, 376.

926 *Knerr*, Geistiges Eigentum und Steuerrecht: Patent- und Gebrauchsmusterverwertung aus Sicht des nationalen Ertragssteuerrechts, 2015, 376.

927 *Vögele/Siegert*, in: Vögele, Intangibles, 2. Aufl. 2021, § 4 B. Rn. 713.

928 *Vögele/Siegert*, in: Vögele, Intangibles, 2. Aufl. 2021, § 4 B. Rn. 714, 717; hierzu auch *Parr*, in: Parr, Intellectual Property. Valuation, Exploitation, and Infringement Damages, 5. Aufl. 2018, 509 ff. m. w. N.

929 Beispiel nach *Vögele/Siegert*, in: Vögele, Intangibles, 2. Aufl. 2021, § 4 B. Rn. 718.

und eine durchschnittliche Nutzungsdauer von 15,2 Jahren für die bereits nicht mehr in Verwendung befindlichen Rezepte festgestellt werden. Beide Jahresangaben sind jedoch nicht dafür geeignet, die (vollständige, also auch noch verbleibende) Nutzungsdauer der Rezepte A, B und C zu prognostizieren. So hätte eine Begrenzung auf die schon eingestellten Rezepte D, E, F, G und H und die damit einhergehende Durchschnittsbildung von 15,2 Jahren eine Selektions-Verzerrung zur Folge. Die immer noch verwendeten Rezepte würden keine Berücksichtigung finden, obwohl es gerade um die Prognose ihrer Nutzungsdauer und nicht die, der schon eingestellten Rezepte, geht. Auch bei der Durchschnittsbildung zu 16,375 Jahren liegt die Annahme zugrunde, dass die Nutzung im Zeitpunkt der Prognose eingestellt werden würde, was aber ohne Anhaltspunkte nicht anzunehmen ist. Eine derartige „Rechtszensur“[930] hat Verzerrungen zur Folge. Aufgrund der Verzerrungen und fortlaufenden Verwendung der Rezepte dürfen beide Durchschnittswerte in ihrer Reinform nur als Untergrenze der Nutzungsdauer erachtet werden.

Um eine solche „Rechtszensur“ zu bereinigen und die Restnutzungsdauer der Rezepte A, B und C zu ermitteln, können – auch für medizinische und pharmazeutischen Studie häufig notwendige – Ereigniszeitanalysen angewendet werden, in denen die Zeit bis zum Eintritt eines Ereignisses anhand ihrer Wahrscheinlichkeit gemessen wird.[931] Die Wahrscheinlichkeit kann anhand der „Hazard-Rate“ bemessen werden, für die es unterschiedliche Modelle gibt.[932] Bei geheimen Rezepten eignet sich zumindest die Annahme eines konstanten „Hazard-Modells“ am meisten, weil die Einstellung eines älteren Rezepts nicht wahrscheinlicher ist als die Einstellung eines neuen Rezepts. Das zeigt sich insb. an langanhaltenden Rezepten wie von „The Coca-Cola Company“ oder „Maggi Würze“, die durch ihre Beständigkeit sogar ggf. eine größere Konsumentenbindung entfalten als jüngere Rezepte. Unabhängig von der bisherigen Nutzungsdauer ist eine Einstellung vorwiegend „unvorhersehbaren Änderungen im Konsumentengeschmack“ geschuldet, was keinen anderen Schluss zulässt, als grundsätzlich eine gleichbleibende Wahrscheinlichkeit anzunehmen.[933]

---

930 Zum Begriff *Vögele/Siegert*, in: Vögele, Intangibles, 2. Aufl. 2021, § 4 B. Rn. 719 Fn. 330.

931 Im Detail *Vögele/Siegert*, in: Vögele, Intangibles, 2. Aufl. 2021, § 4 B. Rn. 720 f., die dies angelehnt an medizinische und pharmazeutische Studien auch als „Überlebenszeitanalyse“ bezeichnen.

932 Hierzu im Detail *Vögele/Siegert*, in: Vögele, Intangibles, 2. Aufl. 2021, § 4 B. Rn. 721.

933 *Vögele/Siegert*, in: Vögele, Intangibles, 2. Aufl. 2021, § 4 B. Rn. 722.

Zur Berechnung können weitere Variablen ergänzt werden, sodass bspw. aus dem sogenannten „Sechs-Faktoren-Test“ zur Geheimhaltung eine Variable zwischen 0 (starker Geheimnisschutz) und 1 (schwacher Geheimnisschutz) oder wegen einer Zensierung eine Variable zwischen 0 (nicht zensiert) und 1 (zensiert) ergänzt werden kann. Auch weitere Variablen, die durch andere rechtliche sowie wirtschaftliche Faktoren begründet werden, sind denkbar, wie z. B. die Berücksichtigung der TRL-Skala („Technology Readiness Level“) bei Geschäftsgeheimnissen, die aus FuE hervorgehen.[934] Durch Variablen kann jedenfalls sichergestellt werden, dass mögliche Verzerrungen und Unsicherheiten bei der statistischen Schätzung berücksichtigt, aber auch möglichst bereinigt werden.

Im beschriebenen Rezept-Beispiel führte die Berücksichtigung der Zensierung jedenfalls zu einer prognostizierten Nutzungsdauer von ungefähr 26 Jahren,[935] was einen deutlich längeren Zeitraum als bei unbereinigten Durchschnittsbildungen ergibt. Mithilfe dieser statistischen Schätzungen kann also die Nutzungsdauer von Geschäftsgeheimnissen hinreichend sicher prognostiziert werden.

(4) Zwischenergebnis

Trotz des weiten Ermessensspielraums und eines theoretisch ewig möglichen Geheimnisschutzes ist die Nutzungsdauer von Geschäftsgeheimnissen nicht unbegrenzt. Das liegt zwar im Vergleich zu den von vornherein zeitlich begrenzten Patenten und Urheberechten nicht an der gesetzlich festgelegten Schutzdauer. Jedoch ist auch bei theoretisch lebenslangen Nutzungsrechten aufgrund rechtlicher und wirtschaftlicher Faktoren nur eine begrenzte Nutzungsdauer zu erwarten.[936] Daher sind bspw. auch zeitlich unbegrenzte Marken in einer Bilanz über 15 Jahre abzuschreiben. Bei Marken ist das zwar der Tatsache geschuldet, dass für sie bilanzielle Nutzungsdauerfiktionen eintreten können, die nur für die Bilanzierung gelten und vom Sinn und Zweck her nicht auch auf die Nutzungsdauer für DCF-Verfahren übertragbar sind. Doch selbst Patente, die die gesetzliche Schutzdauer 20 Jahre nicht überschreiten können, werden auch ohne bilanzielle Nutzungsdauerfiktion über eine durchschnittliche Nutzungsdauer von acht Jahren abgeschrieben.[937] Das zeigt, wie intensiv vor allem wirtschaftliche Faktoren zur vorsichtigen Schätzung der Nutzungsdauer von – vor allem,

---

934 *Ollivier/Gorius/Simon/Cahpuis*, JLES 2019, 169, 174.

935 *Vögele/Siegert*, in: Vögele, Intangibles, 2. Aufl. 2021, § 4 B. Rn. 722.

936 *Zimmermann/Dorn/Bieschewski*, NWB 2020, 3098, 3106.

937 *BFH*, Urt. v. 05.06.1970 – III R. 82/67, BStBl 1970 II 594.

aber nicht nur – technologiebasierten (und ggf. patentfähigen) Geschäftsgeheimnissen beitragen können.

Auch Erfahrungswerte und Informationen zu vergleichbaren immateriellen Werten können sinnvolle Anhaltspunkte für die Nutzungsdauer eines Geschäftsgeheimnisses sein, insb. wenn anhand von Bilanzen die Abschreibungsrate und der Abschreibungsausgangswert eines Geschäftsgeheimnisses gegengerechnet und – soweit das möglich ist – auf das zu bewertende Geschäftsgeheimnis übertragen werden. Dieses Vorgehen ist aber nur bei einer linearen Abschreibung ohne weitere außerplanmäßige Abschreibungen möglich,[938] wofür es zudem genügend Informationen geben muss. Ansonsten kann eine Nutzungsdauer unter Berücksichtigung der beschriebenen Faktoren mithilfe von statistischen Schätzungen i. R. d. für die „Investitionsrechnung" gängigen Verfahren[939] berechnet werden, sodass hierbei sämtliche rechtliche und wirtschaftlichen Faktoren berücksichtigt werden können, die Einfluss auf die Nutzungsdauer entfalten.

Obwohl die Nutzungsdauer bisher oft aus „Mutmaßungen" resultierte, ist es aufgrund ihrer Bedeutung und der „hohen Bewertungsunsicherheiten" geboten, die beschriebenen statistischen Schätzungen zur Bestimmung der Nutzungsdauer von Geschäftsgeheimnissen anzuwenden.[940]

bb) Zukünftige Zahlungsströme

Nachdem nun feststeht, wie lange ein Geschäftsgeheimnis erwartbar genutzt werden kann, müssen die für diesen Zeitraum zugrunde zu legenden Zahlungsströme ermittelt werden. Wie bei allen immateriellen Werten ist dies mit „erheblichen Unsicherheiten verbunden", insb. wenn es um einen einzelnen Wert geht.[941] So ist es auch nach IDW S 5.24 eine „*wesentliche Aufgabe bei der Bewertung einzelner Vermögenswerte*", einen spezifischen Zahlungsstrom zu isolieren, der zum bewertenden immateriellen Wert zuzurechnen ist. Hierbei handele „*es sich um eine Art ‚Mehrwert' gegenüber denjenigen Cashflows, die ohne diesen spezifischen Vermögenswert realisiert werden könnten*". Um diesen Mehrwert zu isolieren, bieten sich bei DCF-Verfahren vor allem vier Methoden an, deren Eignung sich je nach Art des Geschäftsgeheimnisses unterscheiden dürfte.

938 *Petersen/Zwirner/Busch*, PiR 2010, 7, 11.
939 *Baetge/Kirsch/Thiele*, Bilanzen, 16. Aufl. 2021, 261.
940 *Vögele/Siegert*, in: Vögele, Intangibles, 2. Aufl. 2021, § 4 B. Rn. 723.
941 *Vögele/Braukmann*, in: Vögele, Intangibles, 2. Aufl. 2021, § 4 A. Rn. 91.

(1) Methode der unmittelbaren Cashflow-Prognose

Zunächst nennt IDW S 5.30 die Methode der unmittelbaren Cashflow-Prognose (als direkte Methode), nach der direkt zurechenbare Zahlungsströme mit einem vermögenswertspezifischen risikoadjustierten Diskontierungssatz abgezinst werden.

Die Voraussetzung und gleichzeitige Schwierigkeit der Methode ist die Ermittlung der einem Geschäftsgeheimnis eindeutig und direkt zurechenbaren Zahlungsströme. Doch diese lassen sich nur selten so zu einem Geschäftsgeheimnis zuordnen, wenn sie anders als bei einer externen und ausschließlich auf ein einzelnes Geschäftsgeheimnis bezogenen Lizenzierung mit anderen Werten genutzt werden, um Zahlungsströme zu generieren.[942] Daher wäre es für die meisten Geschäftsgeheimnisse notwendig, sie zusammen mit anderen Werten einheitlich zu erfassen, sodass sich für die Einheit ein Zahlungsstrom zuordnen lässt und dann im Rahmen einer Allokation der Anteil des Geschäftsgeheimnisses für diesen Zahlungsstrom abgeleitet wird.

Für Geschäftsgeheimnisse bietet sich also die Methode der unmittelbaren Cashflow-Prognose meistens nicht an. Nur ausnahmsweise ist das der Fall, wenn es „von zentraler Bedeutung im Leistungsangebotsprozess" für den Inhaber ist.[943] Ein Beispiel ist die Lizenzgebühr aus einer ausschließlichen Lizenzvereinbarung über ein Geschäftsgeheimnis, das der Inhaber nicht selbst nutzt. Der unmittelbare Zahlungsstrom kann dann zielführend zugrunde gelegt werden.[944] Solche Ausnahmen[945] bestätigen aber nur die Regel, dass sich die Methode für Geschäftsgeheimnisse i. d. R. nicht anbietet.[946]

(2) Methode der Lizenzpreisanalogie

Für die Bewertung von Know-how wird in der Praxis wohl am häufigsten die Methode der Lizenzpreisanalogie angewendet.[947] Hierfür sind gemäß IDW

942 *Büttner/Gawenko*, BFuP 2021, 200, 208.

943 *Vögele/Braukmann*, in: Vögele, Intangibles, 2. Aufl. 2021, § 4 A. Rn. 99.

944 *Moser*, Bewertung immaterieller Vermögenswerte, 2. Aufl. 2017, 64.

945 Ausdrücklich von „Ausnahmefällen" spricht auch *Theile/Behling*, in: Heuser/Theile, IFRS Handbuch, 6. Aufl. 2019, 36.162.

946 A. A. und anhand eines Beispiels von Software darstellend *Büttner/Gawenko*, BFuP 2021, 200, 209 ff.; a. A. und anhand eines allgemeinen Beispiels für immaterielle Werte darstellend *Gawenko/Hinz/Büttner*, PiR 2022, 9, 12 ff.

947 *Huber*, in: Ann/Loschelder/Grosch, Praxishandbuch Know-how-Schutz, 2010, Kap. 1 Rn. 338; *Menninger*, in: Wurzer/Kaiser, Handbuch Internationaler Know-how-Schutz, 2. Aufl. 2011, 562.

S 5.31 fiktive Lizenzentgelte eines Inhabers maßgeblich, die er sich durch die Inhaberschaft erspart, aber sonst für das Geschäftsgeheimnis oder einen nutzenäquivalenten Vergleichswert bei fiktiven Dritten als Lizenzentgelt zahlen müsste. Für diese Methode wird also angenommen, dass ein Dritter der fiktive Inhaber des zu bewertenden Geschäftsgeheimnisses wäre, und der wirkliche Inhaber an ihn Lizenzgebühren zahlen müsste.[948]

Die fiktiven Lizenzgebühren werden gemäß IDW S 5.32 aus marktüblichen Lizenzraten abgeleitet,[949] die sich bspw. auf Umsatzerlöse beziehen.[950] Für eine Lizenzpreisanalogie muss es zum Bewertungsgegenstand vergleichbare Werte geben,[951] „die regelmäßig zwischen sachverständigen, vertragswilligen und unabhängigen Geschäftspartnern lizenziert werden", sodass hierfür eine Art „Marktüblichkeit" vorausgesetzt wird.[952]

Für technologiebasierte Geschäftsgeheimnisse eignet sich die Methode am besten, vor allem wenn sie mit Patenten vergleichbar sind, für die eine öffentlich nachvollziehbare Lizenzgebühr gezahlt wird. Obwohl sich der Wert eines Patents nicht nur aus seiner Lizenzierung und eigenen Nutzung, sondern auch aus der exklusiven Schutz- und Sperrfunktion gegenüber Wettbewerbern ergibt, reicht die Vergleichbarkeit zwischen Patenten und technologiebasierten Geschäftsgeheimnissen für eine Lizenzpreisanalogie aus, da auch bei einem Patent der Fokus hauptsächlich auf dem Nutzungspotenzial liegt und Prämien erst durch die interne Nutzung oder externe Lizenzierung erzielt werden.

Um eine marktübliche Lizenzrate zur ermitteln, kann ergänzend auf gewerbliche Datenbanken (z. B. „ktMINE", „MARKABLES", „RoyaltySource", „RoyaltStat", „Royalty Range", „recap" oder mittelbar durch „TP

948 *Moser*, Bewertung immaterieller Vermögenswerte, 2. Aufl. 2017, 44; *Parr*, in: Parr, Intellectual Property. Valuation, Exploitation, and Infringement Damages, 5. Aufl. 2018, 101 f.

949 Hierzu kritisch *Büttner/Gawenko*, BFuP 2021, 200, 207; zum Einfluss von Lizenzraten auf das Bewertungsergebnis *Moser*, Bewertung immaterieller Vermögenswerte, 2. Aufl. 2017, 178 f.

950 So zwar auch, aber kritisch wegen der Fehlerhaftigkeit der Annahmen *Huber*, in: Ann/Loschelder/Grosch, Praxishandbuch Know-how-Schutz, 2010, Kap. 1 Rn. 333 ff.

951 Zur Vergleichbarkeit von Vergleichs- und Bewertungsobjekt *Moser*, Bewertung immaterieller Vermögenswerte, 2. Aufl. 2017, 179 f.

952 *Moser*, Bewertung immaterieller Vermögenswerte, 2. Aufl. 2017, 47; *Vögele/Braukmann*, in: Vögele, Intangibles, 2. Aufl. 2021, § 4 A. Rn. 100.

953 Anschaulich *Crüger*, in: Vögele, Intangibles, 2. Aufl. 2021, § 7 J. Rn. 2 ff.

Catalyst“953),[954] Gerichtsentscheidungen sowie Veröffentlichungen zurückgegriffen werden.[955]

Aufgrund der einfachen Handhabung ist die Methode der Lizenzpreisanalogie in der Praxis sehr beliebt,[956] sodass es sich für (vor allem technologiebasierte) Geschäftsgeheimnisse oft anbietet, die zukünftigen Zahlungsströme anhand einer Lizenzpreisanalogie zu ermitteln. Welche Faktoren die Höhe einer angemessenen (auch fiktiven) Lizenzgebühr beeinflussen können, ist Untersuchungsgegenstand der Lizenzanalogie.

Da vor allem technologiebasierte, aber auch viele andere Geschäftsgeheimnisse mit Patenten vergleichbar sind, überrascht es nicht, dass die Erkenntnisse zur Lizenzanalogie bei Geschäftsgeheimnissen denen bei Patenten entsprechen, sodass sich die Lizenzanalogie für die Quantifizierung des Erfolgs meist eignet und zur Isolation des Mehrwertes bevorzugt werden sollte.[957]

(3) Mehrgewinnmethode

Bei der Mehrgewinnmethode werden gemäß IDW S 5.33 „*die Zukünftige erwarteten Cashflows aus dem Unternehmen einschließlich dem zu bewertenden immateriellen Vermögenswert mit dem entsprechenden Cashflow aus einem fiktiven Vergleichsunternehmen ausschließlich des entsprechenden Vermögenswertes verglichen*“.

Sofern neben den Zahlungsströmen des Geschäftsgeheimnisses alle anderen Zahlungsströme beider Objekte übereinstimmen oder weitestgehend vergleichbar sind, ist die ermittelte Vergleichsdifferenz zwischen beiden ein Mehrgewinn in Form von höheren Umsatzerlösen oder Kostenersparnissen der zu isolierenden Zahlungsströme.[958] Dafür müssen aber nicht nur alle Zahlungsströme übereinstimmen oder weitestgehend vergleichbar sein, sondern Zahlungsströme eines fiktiven Objekts überhaupt verlässlich ermittelbar sein. Die Daten des fiktiven Objekts müssen zugänglich sein, was i. d. R. nicht der Fall ist. Untersuchungen zu möglichen Synergieeffekten zwischen materiellen und immateriellen

---

954 Zur gebotenen Vorsicht bei der Nutzung von gewerblichen Datenbanken auch für die Ermittlung von Verrechnungspreisen vgl. 6.130 der OECD-Verrechnungspreisrichtlinien von 2022.

955 *Moser*, Bewertung immaterieller Vermögenswerte, 2. Aufl. 2017, 46 m. w. N.

956 *Castadello/Beyer*, BFuP 2009, 151, 156; so auch in der Automobilbranche *Oswald*, in: Vögele, Intangibles, 2. Aufl. 2021, § 7 A. Rn. 24.

957 So nämlich auch *Huber*, in: Ann/Loschelder/Grosch, Praxishandbuch Know-how-Schutz, 2010, Kap. 1 Rn. 346, 352 f., 363.

958 *Vögele/Braukmann*, in: Vögele, Intangibles, 2. Aufl. 2021, § 4 A. Rn. 101.

Werten sind außerhalb der Markenbewertung nur sehr selten möglich.[959] Der Anwendungsbereich dieser Methode ist bei immateriellen Werten auf eine geringe Zahl an Fällen beschränkt.[960] Neben Marken gibt es aber auch denkbare Fälle bei Patenten, in denen die Mehrgewinnmethode zielführend ist (z. B. Verfahrenspatente, die Produktionskosten senken, und pharmazeutische Patente, durch die im Vergleich zu Generika Preisprämien erzielt werden können).[961]

Sofern das – wie in den beiden genannten Beispielen – auch auf Geschäftsgeheimnisse übertragbar ist, eignet sich die Mehrgewinnmethode zur Isolation der zukünftigen Zahlungsströme von Geschäftsgeheimnissen. Ansonsten ist für Geschäftsgeheimnisse in dem meisten Fällen von der Mehrgewinnmethoden abzusehen.

(4) Residualwertmethode

Wie aus IDW S 5.37 hervorgeht, ist die Grundannahme der Residualwertmethode, dass immaterielle Werte i. d. R. erst im Verbund mit anderen materiellen und/oder immateriellen Werten Zahlungsströme generieren. Demzufolge liege *„häufig nur eine Planung auf Basis von Zahlungsüberschüssen für eine Gesamtheit“* von unterschiedlichen Werten vor. Daher empfiehlt es sich, zunächst eine möglichst „kleine Geschäftseinheit“ zu bilden,[962] zu dem das zu bewertende Geschäftsgeheimnis zugeordnet werden kann. Innerhalb dieser Einheit muss abgesehen vom Geschäftsgeheimnis jeder Wert „identifizierbar und bewertbar sein“. Das bedeutet, dass „ihr Beitrag zum Gesamteinkommen der Geschäftseinheit bestimmbar ist“.[963]

Zur Isolation des Anteils eines Geschäftsgeheimnisses an den Zahlungsüberschüssen einer Gesamtheit sind gemäß IDW S 5.37 die fiktiven Auszahlungen für die dem Geschäftsgeheimnis nur unterstützenden Werte abzuziehen,[964] sodass ein gemäß IDW S 5.39 noch zu versteuernder Residualwert verbleibt, der das Nutzungspotenzial des Geschäftsgeheimnisses darstellt.[965] In diesem Sinne

959 *Büttner/Gawenko*, BFuP 2021, 200, 207 f.; *Theile/Behling*, in: Heuser/Theile, IFRS Handbuch, 6. Aufl. 2019, 36.164.

960 *Castadello/Beyer*, BFuP 2009, 151, 156; *Gawenko/Hinz/Büttner*, PiR 2022, 9, 12; *Moser*, Bewertung immaterieller Vermögenswerte, 2. Aufl. 2017, 37, 39 f.

961 Beispiele nach *Vögele/Braukmann*, in: Vögele, Intangibles, 2. Aufl. 2021, § 4 A. Rn. 102.

962 *Vögele/Braukmann*, in: Vögele, Intangibles, 2. Aufl. 2021, § 4 A. Rn. 103.

963 *Vögele/Braukmann*, in: Vögele, Intangibles, 2. Aufl. 2021, § 4 A. Rn. 103.

964 Hierzu im Detail *Theile/Behling*, in: Heuser/Theile, IFRS Handbuch, 6. Aufl. 2019, 36.165, 36.169.

965 Hierzu *Moser*, Bewertung immaterieller Vermögenswerte, 2. Aufl. 2017, 54 ff., 85 ff.

entsprechen die fiktiven Auszahlungen gemäß IDW S 5.37 dem fiktiven Nutzungsentgelt, das der Inhaber an einen Dritten zahlen müsste, um die unterstützenden Werte zusammen mit dem Geschäftsgeheimnis zur Generierung von Zahlungsströmen nutzen zu können.

Die Residualwertmethode eignet sich gemäß IDW S 5.40, wenn ein Geschäftsgeheimnis der hauptsächliche Werttreiber ist und *„einen erheblichen Einfluss"* auf die Zahlungsströme hat, sodass alle anderen Werte nur unterstützend wirken und daher – sofern sie identifizierbar und bewertbar sind – leicht herausgerechnet werden können. Das ist insb. der Fall, wenn alle anderen Werte „austauschbare Routinefunktionen" haben.[966] Wegen der vom Geschäftsgeheimnis abgesehen sonst für alle Werte notwendigen Verlässlichkeit ist aber von der Residualwertmethode abzusehen. In der Praxis wird sie meist nur zur Bewertung von Kundenbeziehungen angewendet.[967] Daneben ist die Anwendung zwar auch bei einzelnen Marken oder Patenten denkbar, sofern bei Letzteren die „Technologie von grundlegender Bedeutung" ist.[968] Allerdings bestätigen solche Ausnahmen die Regel, sodass sich die Residualwertmethode zur Isolation der Zahlungsströme von den meisten Geschäftsgeheimnissen nicht eignet.

cc) Diskontierungssatz

Abschließend fehlt es noch am Diskontierungssatz, dessen Bedeutung hervorzuheben ist.[969] Zwar gibt es keine einheitlichen Messgrößen, worauf auch in 6.1721 der OECD-Verrechnungspreisrichtlinien von 2022 für die Auswahl des Diskontierungssatzes zur Ermittlung von Verrechnungspreisen hingewiesen wird. Jedoch bemisst sich der Diskontierungssatz gemäß IDW S 5.41 nach der oft angewendeten Risikozuschlagsmethode[970] an den

---

966 *Vögele/Vögele*, in: Vögele, Intangibles, 2. Aufl. 2021, § 4 A. Rn. 48.

967 *Castadello/Beyer*, BFuP 2009, 151, 156; *Huber*, in: Ann/Loschelder/Grosch, Praxishandbuch Know-how-Schutz, 2010, Kap. 1 Rn. 339; *Moser*, Bewertung immaterieller Vermögenswerte, 2. Aufl. 2017, 37, 60.

968 *Vögele/Braukmann*, in: Vögele, Intangibles, 2. Aufl. 2021, § 4 A. Rn. 105.

969 *Vögele/Braukmann*, in: Vögele, Intangibles, § 4 A. Rn. 121; so auch bei der Ermittlung von Verrechnungspreisen, wofür gemäß 6.1720 der OECD-Verrechnungspreisrichtlinien von 2022 geringfügige Abweichungen bei der Auswahl von Diskontierungssätzen zu großen Abweichungen des zu berechneten Wertes führen.

970 *Menninger*, in: Wurzer/Kaiser, Handbuch Internationaler Know-how-Schutz, 2. Aufl. 2011, 560; zu einer Gegenüberstellung der Sicherheitsäquivalenzmethode und Risikozuschlagsmethode *Mandl/Königsmaier*, in: Kirsch/Thiele, Rechnungslegung und Wirtschaftsprüfung. Festschrift zum 70. Geburtstag von Prof. Dr. Dr. h.c. Jörg Baetge, 2007, 381, 386 f.

WACC,[971] die sich aus Eigenkapital- und Fremdkapitalkosten zusammensetzen und mit ihrem Anteil am Gesamtunternehmenswert gewichtet werden.[972]

Die Fremdkapitalkosten werden gemäß IDW S 5.44 nach den in IDW S 1 enthaltenen Überlegungen ermittelt. Die vermögenswertspezifischen Eigenkapitalkosten richten sich gemäß IDW S 5.43 in Anlehnung an das CAPM nach einem risikolosen Basiszinssatz und einer an den spezifischen immateriellen Wert angepassten – ggf. pauschal gewählten[973] oder an bekannten Werten anderer möglichst vergleichbarer Unternehmen ausgerichteten und mathematisch bereinigten[974] – Marktrisikoprämie.[975] Bei immateriellen Werten – und vor allem

---

971 *Moser*, Bewertung immaterieller Vermögenswerte, 2. Aufl. 2017, 65; *Parr*, in: Parr, Intellectual Property. Valuation, Exploitation, and Infringement Damages, 5. Aufl. 2018, 119; *Vögele/Vögele*, in: Vögele, Intangibles, 2. Aufl. 2021, § 4 A. Rn. 44; ebenso als üblich erachtend *Vögele/de Homont*, in: Vögele, Intangibles, 2. Aufl. 2021, § 4 B. Rn. 10; zu einer Gegenüberstellung von Nettoverfahren („Flow to Equity") und WACC-Verfahren *Mandl/Königsmaier*, in: Kirsch/Thiele, Rechnungslegung und Wirtschaftsprüfung. Festschrift zum 70. Geburtstag von Prof. Dr. Dr. h.c. Jörg Baetge, 2007, 381, 387; so auch für die Ermittlung des beizulegenden Zeitwertes abzüglich Veräußerungskosten und des Nutzungswertes *Kirsch/Wege/v. Friedolsheim*, IRZ 2021, 429, 430.

972 *Vögele/Braukmann*, in: Vögele, Intangibles, 2. Aufl. 2021, § 4 A. Rn. 124; zur Ableitung der WACC *Mandl/Königsmaier*, in: Kirsch/Thiele, Rechnungslegung und Wirtschaftsprüfung. Festschrift zum 70. Geburtstag von Prof. Dr. Dr. h.c. Jörg Baetge, 2007, 381, 388 ff.; hierzu auch *Großfeld/Egert*, Cashflow in der Unternehmensbewertung, in: Baetge/Börner/Forster/Schruff, Rechnungslegung, Prüfung und Beratung. Festschrift für Rainer Ludewig, 1996, 365, 376; kritisch zur Verlässlichkeit von WACC i. R. d. Nutzungswertes *Kirsch/Koelen/Köhling*, KoR 2010, 200, 204 ff.

973 *Beyer/Mackenstedt*, WPg 2008, 338, 346.

974 *Großfeld/Egert*, Cashflow in der Unternehmensbewertung, in: Baetge/Börner/Forster/Schruff, Rechnungslegung, Prüfung und Beratung. Festschrift für Rainer Ludewig, 1996, 365, 374 f.

975 Hierzu *Gawenko/Hinz/Büttner*, PiR 2022, 9, 11; *Großfeld/Egert*, Cashflow in der Unternehmensbewertung, in: Baetge/Börner/Forster/Schruff, Rechnungslegung, Prüfung und Beratung. Festschrift für Rainer Ludewig, 1996, 365, 372 ff.; *Mandl/Königsmaier*, in: Kirsch/Thiele, Rechnungslegung und Wirtschaftsprüfung. Festschrift zum 70. Geburtstag von Prof. Dr. Dr. h.c. Jörg Baetge, 2007, 381, 387; *Moser*, Bewertung immaterieller Vermögenswerte, 2. Aufl. 2017, 66, 103 ff., 345 ff.; *Vögele/Braukmann*, in: Vögele, Intangibles, 2. Aufl. 2021, § 4 A. Rn. 125 f.; zur Verwendung einer Länderrisikoprämie zur Anpassung der Eigenkapitalkosten *Kirsch/Wege/v. Friedolsheim*, IRZ 2021, 429, 432 ff.

denen, die wie Geschäftsgeheimnisse mit FuE stark zusammenhängen,[976] – fällt das Risiko typischerweise höher aus als bei materiellen Werten.[977] Daher ist bei Geschäftsgeheimnissen unbedingt ein für die Kapitalkosten angemessener Diskontierungssatz zu wählen,[978] für den – im Vergleich zu Immaterialgüterrechten – insb. der fehlende garantierte Schutz zu berücksichtigen ist.[979]

Doch mit Blick auf mögliche Variablen, die schon i. R. d. prognostizierten Nutzungsdauer einbezogen wurden (z. B. „Sechs-Faktoren-Test" bezüglich Geheimhaltung), darf für den an unternehmensspezifischen Umständen und auch an der Art des zu bewertenden Geschäftsgeheimnisses ausgerichteten Diskontierungssatzes kein Risiko doppelt erfasst werden.[980] Dann wäre nämlich der errechnete Wert geringer, als das Nutzungspotenzial eines Geschäftsgeheimnisses an künftigem Erfolg verspricht. Sofern ein wertspezifischer Diskontierungssatz nicht bestimmt werden kann, insb. da ein risikoloser Basiszinssatz mangels Transparenz oder aufgrund eines hohen Individualisierungsgrades nicht ermittelbar ist, kann zur Annäherung hilfsweise der Diskontierungssatz der dem Geschäftsgeheimnis angehörigen Geschäftseinheit zur Ermittlung herangezogen werden.[981]

Weil das wertspezifische Risiko eines Geschäftsgeheimnisses meist höher oder zumindest anders sein dürfte als das der anderen (vor allem materiellen) Werte, können im CAPM Summanden ergänzt werden,[982] die eine Korrekturfunktion erfüllen. Für Summanden sind mangels Marktdaten auch „Erfahrungswerte" sowie „Plausibilitätsüberlegungen" entscheidend.[983]

---

976 Zu hohen Diskontierungssätzen bei immateriellen Werten im Frühstadium *Parr*, in: Parr, Intellectual Property. Valuation, Exploitation, and Infringement Damages, 5. Aufl. 2018, 148 f.

977 Hierzu *Moser*, Bewertung immaterieller Vermögenswerte, 2. Aufl. 2017, 68; *Vögele/Braukmann*, in: Vögele, Intangibles, 2. Aufl. 2021, § 4 A. Rn. 125.

978 *Moser*, Bewertung immaterieller Vermögenswerte, 2. Aufl. 2017, 21 m. w. N.; *Vögele/Vögele*, in: Vögele, Intangibles, 2. Aufl. 2021, § 4 A. Rn. 44.

979 Hierzu und dies als „Rechtsbeständigkeit" bezeichnend *Huber*, in: Ann/Loschelder/Grosch, Praxishandbuch Know-how-Schutz, 2010, Kap. 1 Rn. 358 ff.

980 So auch bei der Ermittlung von Verrechnungspreisen vgl. 6.173 der OECD-Verrechnungspreisrichtlinien von 2022; an einem Beispiel darstellend *Parr*, in: Parr, Intellectual Property. Valuation, Exploitation, and Infringement Damages, 5. Aufl. 2018, 126 f.

981 *Moser*, Bewertung immaterieller Vermögenswerte, 2. Aufl. 2017, 35.

982 *Vögele/Braukmann*, in: Vögele, Intangibles, 2. Aufl. 2021, § 4 A. Rn. 126 f.

983 *Vögele/Braukmann*, in: Vögele, Intangibles, 2. Aufl. 2021, § 4 A. Rn. 126.

4. *Zwischenergebnis*

Es ist zielführend, den wirtschaftlichen Wert in Form des Nutzungspotenzials anhand erwartbarer Einnahmenerhöhungen und Kosteneinsparungen zu bemessen, die aus der Nutzung eines Geschäftsgeheimnisses resultieren. Sowohl die externe Lizenzierung als auch interne Nutzung eines Geschäftsgeheimnisses können den wirtschaftlichen Wert begründen, der in dieser Form durch den kapitalwertorientierten Erfolgswert abgebildet werden kann.

Bedeutung erlangt der kapitalwertorientierte Erfolgswert i. R. d. geheimnisschutzrechtlichen Ersatzansprüche beim entgangenen Gewinn gemäß § 252 BGB und bei der Lizenzanalogie gemäß § 10 Abs. 2 S. 2 GeschGehG. Er ist auch für die bilanziellen Bewertung maßgeblich, wenn es um den beizulegenden (auch Zeit-)Wert geht und ein solcher durch kapitalwertorientierte Verfahren zu bestimmen ist, insb. wenn es an einem Marktpreis fehlt. Ferner wird der Erfolgswert in Form möglicher Überschüsse nicht immer nur als eigenständiger Wert verstanden, sondern auch herangezogen, um der marktzentrierten Wertbestimmung Abhilfe zu leisten.[984] Für mögliche Nachfrager – die ggf. nur für ein Objekt zahlungsbereit sind, wenn sie mit dem Objekt in einer absehbaren Zeit Überschüsse in Höhe des Kaufpreises erwirtschaften können – ist der Erfolgswert ein wichtiger Anknüpfungspunkt für die Nützlichkeit eines Kaufobjekts und daher ein Indiz für die Angemessenheit eines Kaufpreises.[985] Gleiches gilt umgekehrt, sodass der Erfolgswert auch ein Indiz für den Inhaber als Verkäufer ist, ob sich ein Verkauf mehr lohnt als die weitere Nutzung des Geschäftsgeheimnisses.

Beim kapitalwertorientierten Erfolgswert darf einschränkend nicht darüber hinweggesehen werden, dass er sich zwar für die Bemessung des Nutzungspotenzials eignet, er aber von Annahmen wie der Nutzungsdauer, künftigen Zahlungsüberschüsse und einem Diskontierungssatz abhängig ist. Aufgrund der Ausrichtung auf zukünftige Ereignisse sind die Prognosen für erhebliche Ungenauigkeiten anfällig. Außerdem eignen sich DCF-Verfahren im geschäftlichen Bereich für ältere und kontinuierlich wachsende Unternehmen als Inhaber besser als für junge Unternehmen, die ggf. noch volatile Umsätze genieren, da die Schätzgrößen bei Letzteren meist unpräziser sind.

---

984 *Nissen*, Der monetäre Wert von Daten im Privatrecht, 2021, 88 m. w. N.

985 *Mankowski/Schreier*, AcP Bd. 208, 2008, 725, 729; vgl. *Halaczinsky*, in: Rössler/Troll, BewG, Werkstand: 35. EL September 2022, BewG, § 9 Rn. 1; *Nissen*, Der monetäre Wert von Daten im Privatrecht, 2021, 91.

Eine solche Berechnung ist aber weder zu risikoreich noch zu unkonkret.[986] Sie kann durch bestimmte Annäherungen (z. B. plausible Werteingrenzung anhand einer Durchschnittsbildung unterschiedlicher Szenarien und Diskontierungssätze) wichtige Erkenntnisse zu der Höhe des wirtschaftlichen Wertes i. S. d. Nutzungspotenzials liefern. Da das Nutzungspotenzial Rückschlüsse auf das Verwertungspotenzial zulässt oder ihm sogar weitestgehend entspricht, kommt dem kapitalwertorientierten Erfolgswert eine übergeordnete – und wenn nicht sogar die größte – Bedeutung bei der Bemessung des wirtschaftlichen Wertes zu, für die nicht schon wegen der genannten Schwierigkeiten auf diese Bemessungsmethode verzichtet werden sollte. Viel eher sollten sich Inhaber bei der Bemessung eines wirtschaftlichen Wertes sogar hauptsächlich nach dem kapitalwertorientierten Erfolgswert richten, um den Zukunftsbezug der Potenziale erfassen zu können. All das Gesagte gilt aber nur für Geschäftsgeheimnisse mit Verwertungs- und/oder Nutzungspotenzial, nicht aber auch für solche mit ausschließlichem Schädigungspotenzial, weil zur Darstellung von Letzteren dieser Wertbegriff nicht geeignet ist.

III. Investitionszentriert: Herstellungs- und Anschaffungswert

Eine insb. von *Sousa e Silva* vorgeschlagene Herangehensweise, die insb. bei der bilanziellen Zugangsbewertung eine größere Bedeutung erlangt, knüpft an die Herstellungs- und Anschaffungskosten an:

> *„One option is to measure the investment put into the creation and gathering of the trade secrets.“*[987]

Im Gegensatz zu den bisher untersuchten Wertbegriffen stützt sich die investitionszentrierte Bemessung nicht auf abstrakte Annahmen, die einer prospektiven Bemessung dienen. Sie knüpft ausschließlich an Vorgänge der Vergangenheit an. Dem Herstellungs- und Anschaffungswert liegt die Überlegung zugrunde, dass ein nicht unerheblicher Aufwand und Kosteneinsatz (Investition) für eine Wettbewerbsrelevanz sprechen und dem wirtschaftlichen Wert entsprechen.[988] Dieser könnte also anhand der getätigten Investition bemessen werden. Das würde

---

986 So auch *Halligan*, The economic valuation of trade secret assets, in: Reuters Legal News, 30. August 2022 (zuletzt abgerufen am 17.07.2023 unter: https://www.reuters.com/legal/legalindustry/economic-valuation-trade-secret-assets-2022-08-30/).

987 *Sousa e Silva*, JIPLP 2013, 923, 929 f.

988 So auch *Hoppe*, in: Hoppe/Oldekop, Geschäftsgeheimnisse, 2020, Kap. 1 Rn. 98 f.; *Sagstetter*, in: Maute/Mackenrodt, Recht als Infrastruktur für Innovation, 2019, 285, 290.

bedeuten, dass sich der wirtschaftliche Wert ggf. auch aus der Zugangsbewertung einer Bilanz ableiten ließe.

1. *Aufwendungen zur Herstellung*

Der Herstellungswert ist auf die Aufwendungen zurückzuführen, die zur Herstellung eines Gutes notwendig waren, wobei in Bezug auf immaterielle Werte meist von Entwicklung und Entwicklungskosten gesprochen wird (vgl. § 255 Abs. 2a HGB). Sollten von der Entwicklung abweichende Faktoren für den Wettbewerbsvorteil ursächlich sein und dadurch das Potenzial des Geschäftsgeheimnisses beeinflussen, müssen sie als äußere Einflüsse grundsätzlich beim Herstellungswert außer Acht gelassen werden, da sich dieser Wertbegriff lediglich nach den auf die Entwicklung bezogenen Kosten richtet.

Entwicklungskosten sind jedoch für bestimmte Geschäftsgeheimnisse – wie bspw. Daten – nicht aussagekräftig, weil die Erstellung oder Erhebung nicht kostenintensiv ist.[989] Generell kann die Wertung aus IDW S 5.131, die sich theoretisch nur auf technologiebasierte Werte bezieht, übertragen werden, sodass *„die Summe der Entwicklungskosten regelmäßig keinen Bezug zum potenziellen wirtschaftlichen Wert aufweist"*. Auch die immateriellen Werte, deren Wert mit anhaltender Nutzung steigt (z. B. Software oder Algorithmen für Social-Media-Plattformen), können meist nicht anhand der ursprünglichen Investitionen gemessen werden.[990]

Doch auch für Geschäftsgeheimnisse, bei denen der Herstellungswert dem Potenzial i. S. d. GeschGehG entsprechen sollte, stellt die Trennbarkeit zwischen den Aufwendungen eine weitere Schwierigkeit dar. Aufgrund der internen Wechselwirkung unterschiedlicher Prozesse und Synergien müssen die Herstellungskosten für ein zu bewertendes Geschäftsgeheimnis und anderen Werten auseinandergehalten werden. Das bereitet insb. dann Schwierigkeiten, wenn im Rahmen eines Entwicklungsprozesses für ein bestimmtes Geschäftsgeheimnis (ohne Absicht) mehrere Geschäftsgeheimnisse entstehen, sodass bspw. auch die bilanzrechtlich erforderliche Abgrenzung zwischen den verschiedenen Phasen von FuE nicht eindeutig ist.

Auch kann es sein, dass die Entwicklung eines Geschäftsgeheimnisses vom Inhaber nicht forciert wurde, sondern über instinktiv oder gewohnheitsmäßig entstanden ist. Ein Beispiel für Letzteres ist eine wachsende Kundenliste, die

---

989 *Nissen*, Der monetäre Wert von Daten im Privatrecht, 2021, 91, 192.
990 *EFRAG*, Better Information on Intangibles, 2021, 23.

durch jahrelangen Vertrieb bei der geschäftlichen Tätigkeit „einfach so" durch die Geschäftstätigkeit über eine längere Zeit zustande kommt. Wie bei Daten, für deren Entwicklung teilweise kaum Aufwendungen getätigt werden müssen und daher der Herstellungswert nicht dem für das GeschGehG erforderlichen Wettbewerbsvorteil entspricht, können auch bei der genannten Kundenliste die Aufwendungen zur Herstellung nicht zwingend mit dem wirtschaftlichen Wert i. S. d. GeschGehG gleichgesetzt werden. Die geleisteten Aufwendungen können nicht eindeutig der Kundenliste zugeordnet werden, da es sich hierbei ursprünglich auch um laufende Kosten für die allgemeine Geschäftstätigkeit gehandelt haben könnte.

Die Beispiele dürften (mindestens) in der bilanziellen (Zugangs-)Bewertung eine Schwäche des Herstellungswertes sein,[991] aber stellen überdies auch die allgemeine Geeignetheit dieses Wertbegriffs für die Bemessung des wirtschaftlichen Wertes in Frage. So wie in IDW S 5.131 ersichtlich wird, kann der Herstellungswert allenfalls als Grundlage für Plausibilitätsüberlegungen bei die Entscheidung zwischen Kauf und Selbstentwicklung oder auch als Untergrenze bei der Ermittlung von Wertschwellen für Transaktionsverhandlungen dienen. Er gibt aber keinen sicheren Aufschluss über das Nutzungs- und/oder Verwertungspotenzial, das der Inhaber nach der Entwicklung seines Geschäftsgeheimnisses hat.

2. *Aufwendungen zur Anschaffung*

Für den Anschaffungswert kommt es auf den konkreten Erwerb eines Geschäftsgeheimnisses an. Das, was als Preis nicht nur prognostiziert, sondern tatsächlich gezahlt wurde, ist der Anschaffungswert für den neuen Inhaber.

Im Vergleich zum Herstellungswert wird – zumindest im Bilanzrecht – unterstellt, dass der Anschaffungswert durch den Vorgang des entgeltlichen Erwerbs belastbar und objektiviert ist. Daher können – oder müssen sogar wegen des Vollständigkeitsgebots – grundsätzlich mehr entgeltlich erworbene als selbstgeschaffene Geschäftsgeheimnisse in einer Bilanz aktiviert werden. Von Prinzip sind sowohl Herstellung als auch Anschaffung erfolgsneutrale Vorgänge.[992] Die Grundannahme ist also, dass sich bei der Anschaffung schon eine hinreichend konkrete Prognose über den Nutzen und die Bedarfsdeckung eines

---

991 So auch *Vögele/Saljanin*, in: Vögele, Intangibles, 2. Aufl. 2 § 2 C. Rn. 29.

992 *Dicken/Henssler*, Bilanzrecht, 2. Aufl. 2021, Rn. 693; zur Erfolgsneutralität des Herstellungsvorgangs und dem dahingehenden Unterschied zwischen Voll- und Teilaufwand *Baetge*, in: Baetge/Börner/Forster/Schruff, Rechnungslegung, Prüfung und Beratung. Festschrift für Rainer Ludewig, 1996, 53, 57 ff.

Geschäftsgeheimnisses manifestiert, wohingegen dies bei der teilweise noch unsicheren und uneindeutigen Herstellung nicht der Fall ist. Schließlich bezeugt der durch Angebot und Nachfrage zustande gekommene Kaufpreis – oder eine ihm anderweitig entsprechende Gegenleistung –, dass der Erwerber i. d. R. davon ausgeht, zeitnah Überschüsse in Höhe des Kaufpreises generieren zu können. Dadurch könnte ggf. eine fundierte Aussage über die Existenz und Höhe eines wirtschaftlichen Wertes getroffen werden.[993]

Der Anschaffungswert knüpft damit zwar unmittelbar an tatsächliche Umstände in Form von Angebot und Nachfrage an. Dass sie aber nicht zwingend den wirtschaftlichen Wert entsprechen müssen, zeigt sich abermals am Beispiel einer Kundenliste. Der Wettbewerbsvorteil einer solchen Liste ergibt sich insb. aus dem Nutzungspotenzial, mit Kontaktaufnahme und gezielter Werbung den Vertrieb bestimmter Produkte oder Dienstleistungen zu fördern und dadurch höhere Überschüsse zu erzielen.[994] Der zuvor als Anschaffungswert gezahlte Preis entspricht aber nicht dem Vorteil, sollte die Kundenliste vom Inhaber zu einem höheren oder geringeren Preis die Kundenliste angeschafft haben.[995] Wegen der Geheimheit kommt hinzu, dass sich die Qualität von Geschäftsgeheimnissen nicht schon vor der Anschaffung überprüfen lässt. Anders als bei öffentlich eingetragenen Patenten können bspw. geheime (Roh-) Daten schon eher fehlerhaft, unzuverlässig oder ungenau sein, was als Risiko in den Anschaffungspreis einfließt und so den wirklichen Wettbewerbsvorteil verzerren kann.[996] Doch wie auch beim Herstellungswert müssen äußere Einflüsse zunächst unberücksichtigt bleiben, wenn es um den Wert als solchen geht, da sich dieser ausschließlich nach den dafür notwendigen Aufwendungen richtet.

Ob eine effiziente Abbildung des wirtschaftlichen Wertes durch den Anschaffungswert möglich ist, ist – trotz einer größeren Objektivierung als beim Herstellungswert – zu bezweifeln.

3. Differenz zwischen Aufwendungen und Wettbewerbsvorteil

Trotz der genannten Schwierigkeiten kann der investitionszentrierte Wert zumindest die Existenz eines wirtschaftlichen Wert i. S. d. GeschGehG indizieren. Wenn bspw. ein – auch in der Gesetzesbegründung exemplarisch

---

993 *Vögele/Saljanin*, in: Vögele, Intangibles, 2. Aufl. 2 § 2 C. Rn. 29.

994 *Glinke*, in: Keller/Schönknecht/Glinke, GeschGehG, 2021, § 2 Rn. 47.

995 Vgl. *Glinke*, in: Keller/Schönknecht/Glinke, GeschGehG, 2021, § 2 Rn. 47.

996 *OECD*, Exploring the Economics of Personal Data: A Survey of Methodologies for Measuring Monetary Value, 2013, 27.

genanntes[997] – Herstellungsverfahren bewusst vom Inhaber entwickelt wird, erhofft sich dieser einen dem Herstellungswert entsprechenden oder über diesen hinausgehenden Nutzen, damit sich die Entwicklung für ihn überhaupt rentiert. Für den Inhaber ist der Herstellungswert – und bei einem Erwerbsvorgang der Anschaffungswert – also die Bezugsgröße, die mindestens dem Nutzungspotenzial des Geschäftsgeheimnisses entsprechen soll. Das bedeutet jedoch auch, dass ein investitionszentrierter Wert in derartigen Fällen i. d. R. unter dem wirtschaftlichen Wert liegt, sollte das aus der Sicht des Inhabers ökonomisch beste Szenario eintreffen. Doch auch im umgekehrten Fall – nämlich, wenn mehr zur Herstellung oder Anschaffung aufgewendet wurde als das Geschäftsgeheimnis schließlich an Nutzen bringt – unterscheiden sich der investitionszentrierte Wert und das Nutzungspotenzial.

Abweichungen in beide Richtungen zeigen, dass der investitionszentrierte Wert künstlich durch den Inhaber beeinflussbar ist. Zwar kann der investitionszentrierte Wert mit dem wirklichen Potenzial übereinstimmen. Doch weder ist er ein Nachweis dem Grunde nach noch der Höhe nach, sondern stellt – wenn überhaupt – nur ein Indiz für die Existenz des wirtschaftlichen Wertes dar, sofern der Inhaber ökonomisch rational handelt. Der Wille dazu darf unterstellt werden, doch ob der Wille mit der Wirklichkeit übereinstimmt, lässt sich nicht hinreichend sicher anhand der Investitionen beantworten.

Trotz der Indizwirkung und der bei der Bilanzierung teils unterstellten Objektivierung sind Investitionen wegen der Möglichkeit der eigens geschaffenen Differenzen nur mit Vorsicht als Beurteilungsgrundlage für den wirtschaftlichen Wert zu berücksichtigen.

4. *Zwischenergebnis*

Einerseits sind der Herstellungs- und Anschaffungswert konkret und erfolgsneutral. Andererseits kommt es bei der Höhe der Aufwendungen ausschließlich auf das Subjekt an, da es bspw. im Vergleich zum marktzentrierten Wertbegriff an Objektivierungen durch den Wert für „jedermann“ fehlt. Auch im Vergleich zum kapitalwertorientierten Erfolgswert werden die das Nutzungspotenzial entsprechenden Überschüsse zwar vor einer der Herstellung/Anschaffung vom Entwickler/Erwerber und im Nachhinein bei Investitionskontrollen[998] meist berücksichtigt – oder sollten zumindest aus ökonomischen Gründen

997 BT-Drs. 19/4724, 24.

998 Hierzu *Siegel*, in: Kirsch/Thiele, Rechnungslegung und Wirtschaftsprüfung. Festschrift zum 70. Geburtstag von Prof. Dr. Dr. h.c. Jörg Baetge, 2007, 589, 614 f.

berücksichtigt werden –, aber müssen weder zugrunde gelegt werden noch müssen die berücksichtigten Prognosen mit den getätigten Investitionen übereinstimmen. Deshalb weisen insb. die Entwicklungskosten technologiebasierter Geschäftsgeheimnisse gemäß IDW S 5.131 „*regelmäßig keinen Bezug zu potenziellen wirtschaftlichen Wert*" auf.

Aufwendungen zur Herstellung und Anschaffung sind als Investitionen des Inhabers zwar für den wirtschaftlichen Wert indiziell, aber entsprechen nicht zwingend das den wirtschaftlichen Wert begründende Verwertungs- und/oder Nutzungspotenzial.[999] Für Plausibilitätsüberlegungen vor der den Herstellungs- und Anschaffungswert begründenden Investition müssen die Potenziale zunächst eher durch kapitalwertorientierte Methoden bestimmt werden, sodass erst auf dem Ergebnis basierend ein Geschäftsgeheimnis entwickelt oder erworben wird. Doch wegen unterschiedlich großer Differenzen zwischen den Aufwendungen und dem Wettbewerbsvorteil verbietet sich ein Rückschluss vom Herstellungs- und Anschaffungswert (als vermeintliche Untergrenze) auf den wirtschaftlichen Wert.

Trotzdem sollen laut der Gesetzesbegründung auch die Entwicklungskosten von Geschäftsgeheimnissen für die Angemessenheit der Geheimhaltungsmaßnahmen berücksichtigt werden,[1000] sodass der investitionszentrierte Wert auch im Zuge des wirtschaftlichen Wertbemessungsgebot eine nicht hinwegzudenkende Rolle spielt. Auch bei der Bilanzierung sind die Kosten zur Herstellung und Anschaffung von erheblicher Bedeutung, was sich nicht nur an der bilanziellen Zugangs-, sondern auch – sofern die ursprünglichen Kosten fortgeführt und abgeschrieben werden – an der Folgebewertung von Geschäftsgeheimnissen zeigt.

IV. Kostenorientiert: Wiederbeschaffungs- und Reproduktionswert

Kostenorientiert würde der wirtschaftliche Wert eines Geschäftsgeheimnisses anhand der Kosten bemessen werden, die einem Inhaber hypothetisch

---

999 Im Ergebnis auch *Europäische Kommission*, Study on the Legal Protection of Trade Secrets in the context of the Data Economy (GRO/SME/20/F/206) Final Report, 2022, 78.

1000 BT-Drs. 19/4824, 25; zustimmend *Alexander*, in: Köhler/Bornkamm/Feddersen, UWG, 41. Aufl. 2023, GeschGehG, § 2 Rn. 67 m. w. N.; so auch im US-amerikanischen Geheimnisschutz vgl. USM Corp. against Marson Fastener Corp., 379 Mass. 90, 101 n. 12 393 N.E. 2d 895, 902 (1979) n. 9.

entstehen würden, die „exakte Kopie“ oder einen „nutzenäquivalenten“[1001] Wert zu erlangen.[1002] Der kostenorientierten Methode liegt zugrunde, dass erstens ein Inhaber nur Kosten für ein Geschäftsgeheimnis eingehen würde, wenn sie den wirtschaftlichen Wert nicht übersteigen.[1003] Das bedeutet, dass die notwendigen Kosten mindestens die Wertuntergrenze sein sollen.[1004] Auch im Bewertungsrecht wird zur Ermittlung des gemeinen Wertes auf die Wiederbeschaffungskosten indiziell zurückgegriffen.[1005] Zweitens würde ein Inhaber für ein Geschäftsgeheimnis nur so viel zahlen, wie er für den äquivalenten Wert zahlen müsste, der dasselbe Potenzial hat.[1006]

Die Kosten können unterschiedlich quantifiziert werden.[1007] Zum einen ist ein äquivalenter Ersatz durch eine Wiederbeschaffung möglich, für die die Kosten maßgeblich sind, um einen dem zu bewertenden Geschäftsgeheimnis äquivalenten Nutzen zu erlangen. Zum anderen kommt eine Reproduktion in Betracht, für die es auf die Kosten einer exakten Duplikation eines Geschäftsgeheimnisses ankommt. Zum Vergleich können auch die Kosten für einen ähnlichen immateriellen Wert berücksichtigt werden.[1008]

Doch all diese Überlegungen ähneln denen zum investitionszentrierten Wert. Zwischen den fiktiven Kosten und dem wirklichen Wettbewerbsvorteil können Differenzen liegen, die einer getreuen Abbildung des Potenzials entgegenstehen.[1009] Ferner dürfte es mangels eines tatsächlichen Marktes für die

---

1001 Offen auch für einen ähnlichen immateriellen Wert als Vergleichswert *Baetge/Kirsch/Thiele*, Bilanzen, 16. Aufl. 2021, 212, 215, 280.

1002 *Vögele/Braukmann*, in: Vögele, Intangibles, 2. Aufl. 2021, § 4 A. Rn. 109; dies als „Substitution“ bezeichnend und im Detail *Moser*, Bewertung immaterieller Vermögenswerte, 2. Aufl. 2017, 23 m. w. N., 365 ff.

1003 *Moody/Walsh*, Measuring The Value Of Information: An Asset Valuation Approach, 1999, 11.

1004 *Vögele/Vögele*, in: Vögele, Intangibles, 2. Aufl. 2021, § 4 A. Rn. 57.

1005 *Halaczinsky*, in: Rössler/Troll, BewG, Werkstand: 35. EL September 2022, BewG, § 9 Rn. 26.

1006 *Moser*, Bewertung immaterieller Vermögenswerte, 2. Aufl. 2017, 23.

1007 *Vögele/Vögele*, in: Vögele, Intangibles, 2. Aufl. 2021, § 4 A. Rn. 57; zur Ableitung eines kostenorientierten Wertes im Detail *Moser*, Bewertung immaterieller Vermögenswerte, 2. Aufl. 2017, 25 ff.

1008 *Baetge/Kirsch/Thiele*, Bilanzen, 16. Aufl. 2021, 212, 215, 280; *Moser*, Bewertung immaterieller Vermögenswerte, 2. Aufl. 2017, 23; *Vögele/Vögele*, in: Vögele, Intangibles, 2. Aufl. 2021, § 4 A. Rn. 57.

1009 *Parr*, in: Parr, Intellectual Property. Valuation, Exploitation, and Infringement Damages, 5. Aufl. 2018, 85 f.

Wiederbeschaffung[1010] überaus schwierig und nur in seltenen Fällen möglich sein, die (deshalb fiktiven) Kosten hinreichend sicher zu bemessen, was schon die (häufig unzureichende) Abgrenzbarkeit von (auch fiktiven) Entwicklungskosten bei „proprietären Lösungen“[1011] zeigt.

Auch die „Nachentwicklung“ eines Geschäftsgeheimnisses verdeutlicht die wesentliche Schwierigkeit bei dieser Bemessungsmethode. Wenn sich ein Geschäftsgeheimnis nach dem für immaterielle Werte bekannten „trial-and-error-Prinzip“ messen lassen muss,[1012] ist nicht ersichtlich, inwiefern sich Kosten bei nicht-linearen Entwicklungen zur fiktiven Herstellung eindeutig zuordnen lassen, insb. wenn zahlreiche Versuche bei der Schaffung des Geschäftsgeheimnisses scheitern und nur „selten klar dokumentiert“ werden.[1013] So übersteigen die Kosten für einen Inhaber, der bspw. erst nach fünf Entwicklungsversuchen zur Erkenntnis gelangt, dass das Ausbleiben eines Entwicklungserfolgs ein kostensparendes Geheimnis für künftige Entwicklungen ist, die Kosten eines Inhabers, der bspw. schon nach einem einzigen Entwicklungsversuch zu derselben Erkenntnis kommt oder bestenfalls kommen kann.

Für eine „Reproduktion“ des Erkenntnisgewinns besteht die Schwierigkeit in der Festlegung der Kosten. Zwar könnte unterstellt werden, dass für einen Inhaber theoretisch nur ein Versuch erforderlich wäre. Dies würde allerdings nicht der Wirklichkeit entsprechen, wenn er tatsächlich fünf Versuche gebraucht hat. Durch eine solche „Idealisierung“ des Reproduktionsvorgangs fänden die tatsächlichen Kosten keine Berücksichtigung. Doch auch die Berücksichtigung der maximalen Anzahl an Versuchen wäre in diesem Fall nicht zielführend. Für eine „Nachentwicklung“ wäre nämlich nicht zwingend die hohe Anzahl an Versuchen erforderlich gewesen. Eine Berücksichtigung würde (künstlich) zu einem zu höheren Wert führen, was den Wettbewerbsvorteil des Inhabers überspannen würde. Anders als bei materiellen Gegenständen würde ein kostenorientiertes Verfahren Inhabern – so wie bei einer investitionszentrierten Herangehensweise – ermöglichen, ihren Geschäftsgeheimnissen einen wirtschaftlichen Wert zuzuschreiben, der sich mangels eindeutiger Festlegungen von den tatsächlichen

---

1010 *Parr*, in: Parr, Intellectual Property. Valuation, Exploitation, and Infringement Damages, 5. Aufl. 2018, 76.

1011 *Moser*, Bewertung immaterieller Vermögenswerte, 2. Aufl. 2017, 32.

1012 *Vögele/Vögele*, in: Vögele, Intangibles, 2. Aufl. 2021, § 4 A. Rn. 69; dies aber für maßgeschneiderte Software als denkbar erachtend *Parr*, in: Parr, Intellectual Property. Valuation, Exploitation, and Infringement Damages, 5. Aufl. 2018, 75.

1013 *Vögele/Vögele*, in: Vögele, Intangibles, 2. Aufl. 2021, § 4 A. Rn. 69.

Kosten unterscheidet, oder einen größeren Wettbewerbsvorteil vorzugeben als der, der wirklich besteht.

Dass viele Wege einer „Nachentwicklung“ ans Ziel führen können, deutet bereits darauf hin, dass kostenorientierte Methoden nicht konkret genug sind, um einen eindeutigen wirtschaftlichen Wert abzubilden. Zur Hilfe könnten identifizierte Ineffizienzen unberücksichtigt bleiben. So sind diese auch gemäß IAS 38.67 keine Bestandteile der Herstellungskosten. Dies gilt an sich zwar nur für die bilanzielle Zugangsbewertung, zeigt aber, dass durch derartige Typisierungen mögliche Kosten zielführend begrenzt werden können.

Zur Bemessung des wirtschaftlichen Wertes i. S. d. GeschGehG eignet sich ein kostenorientierter Wertbegriff trotzdem nicht, weil der Wiederbeschaffungs- und Reproduktionswert von Geschäftsgeheimnissen weder nutzen- noch zukunftsorientiert ist.[1014] Wenn überhaupt spiegelt er zufällig das exakte Potenzial für Inhaber wider und stellt nur eine „Untergrenze des angestrebten Wertes“[1015] dar. Da hinzukommt, dass eine Wiederbeschaffung oder Reproduktion bei Geschäftsgeheimnissen nicht immer möglich und deshalb praktisch auch nicht messbar ist, kommt einem kostenorientierten Wertbegriff häufig nur eine Hilfsfunktion zu.[1016] Auch IDW S 5.48 zufolge eignet sich ein kostenorientiertes Verfahren zwar für Plausibilitätsüberlegungen,[1017] aber mangels hinreichender Objektivierung insb. nicht auch für die externe Berichterstattung. Schließlich kann der Nutzen eines Geschäftsgeheimnisses im kostenorientierten Verfahren mangels Verwertung gegenüber Dritten oder Zahlungsüberschüssen aus eigener Nutzung nur mittelbar und unpräzise abgebildet werden. Laut IDW S 5.131 besteht vor allem bei technologiebasierten Geschäftsgeheimnissen i. d. R. kein sicherer Bezug zum *„potenziellen wirtschaftlichen Wert“*, wodurch kostenorientierte Verfahren nur ausnahmsweise in Betracht kommen und gegenüber kapitalwertorientierten (und marktpreisorientierten) Verfahren nachrangig sind.

1014 *Gawenko/Hinz/Büttner*, PiR 2022, 9, 11; *Menninger*, in: Wurzer/Kaiser, Handbuch Internationaler Know-how-Schutz, 2. Aufl. 2011, 561.

1015 *Vögele/Vögele*, in: Vögele, Intangibles, 2. Aufl. 2021, § 4 A. Rn. 57.

1016 *Moser*, Bewertung immaterieller Vermögenswerte, 2. Aufl. 2017, 28; so auch für den beizulegenden Zeitwert in Bilanzen vgl. *Cohen/O'Connell*, Trade Secret Valuation, in: Practical Law, Thomson Reuters, 2019, 6 (zuletzt abgerufen am 17.07.2023 unter: https://content.next.westlaw.com/practical-law/document/I2b76251439bb11e99687ad62ac048e9b/Trade-Secret-Valuation?).

1017 So auch *Menninger*, in: Wurzer/Kaiser, Handbuch Internationaler Know-how-Schutz, 2. Aufl. 2011, 561.

Insgesamt entfaltet ein kostenorientierter Wert – so wie ein investitionszentrierter Wert – höchstens eine indizielle Wirkung für den wirtschaftlichen Wert, aber enthält keine fundierte Aussage über das Potenzial von Geschäftsgeheimnissen.

V. Schadenszentriert: Subjektiver Wert

Von objektivierten Werten sind „subjektive" Werte zu unterscheiden. Es handelt sich bei einem „subjektiven" Wert um einen rein von persönlichen Kriterien geprägten Wert, der nur für ein konkretes Subjekt von Bedeutung ist, intersubjektiv nicht übertragen werden kann und daher für eine repräsentative Anzahl an Personen bedeutungslos ist.[1018] Vor allem bei der Schadensberechnung erlangen „subjektive" Werte eine Bedeutung.[1019]

Auch für das GeschGehG sind „subjektive" Werte von Bedeutung. So ist auch ein Geheimnis mit einem ausschließlichen Schädigungspotenzial für den Inhaber von wirtschaftlichem Wert. Jedoch betrifft die drohende Schädigung nur einen konkreten Inhaber und ist – im Gegensatz zum Nutzungs- und Verwertungspotenzial – nicht „trägerabstrahierend". Deshalb darf der Wert im GeschGehG nicht nur „objektiviert" aufgefasst werden, sondern weist in solchen Fällen einen subjektiven Charakter auf.

Anders als ein negativer „subjektiver" Wert kommt für das GeschGehG kein positiver „subjektiver" Wert in Betracht, da dieser einen Wettbewerbsvorteil darstellen müsste. Wenn aber ein Geheimnis im Vergleich zu Wettbewerbern keinen Vorteil bringt oder zumindest der Vermeidung eines Nachteils dient, sondern nur einen persönlichen positiven „Nutzen" für den Inhaber hat, fehlt ihm die wertbegründende Wettbewerbsrelevanz. Das Geheimnis wäre dann belanglos. Daher kann sich ein „subjektiver Wert" im Geheimnisschutz nur auf einen potenziellen Schaden beziehen. Um diesen zu bemessen, kommen zwei unterschiedlichen Anknüpfungspunkte in Betracht.

1. Geheimhaltungskosten als subjektiver Tauschwert

Ein denkbarer – sowohl retrospektiver als auch prospektiver – Ansatz ist es, den wirtschaftlichen Wert anhand der Geheimhaltungskosten als „subjektiven Tauschwert" zu begreifen. Hierdurch werde nämlich ersichtlich, wie groß das

---

1018 *Scholz*, Der objektive Wert als Rechtsbegriff im bürgerlichen Recht, 2003, 19; *Winner*, Wert und Preis im Zivilrecht, 2008, 13.

1019 *Nissen*, Der monetäre Wert von Daten im Privatrecht, 2021, 88 m. w. N.

wirtschaftliche Verlangen eines jeweiligen Inhabers an der Geheimhaltung einer Information ist, also wie viel es dem Inhaber konkret „Wert“ war und sein wird, eine Information geheim zu halten.[1020] Der wertbegründende Nutzen durch Erhalt des status quo würde demnach durch die Kosten widergespiegelt werden, die bisher und künftig erforderlich waren und sein werden, damit keine durch ein Bekanntwerden der Information kausalen Schäden tatsächlich beim Inhaber eintreten.

Dass eine Abhängigkeit zwischen Wert und Schutzmaßnahmen nicht ungewöhnlich, sondern in der Rechtsordnung sogar anerkannt ist, zeigt sich insb. am (Mit-)Verschulden.[1021] So muss sich ein Geschädigter anrechnen lassen, wenn er „bei wertvollen Gütern spezielle Schutzvorkehrungen unterlässt oder eine überflüssige Gefahrenlage schafft“.[1022] Dieser Grundsatz ist auch auf das GeschGehG übertragbar, weil sich der Zusammenhang durch die Objektivierung des Geheimnisschutzes auch nach außen ausdrücken muss. Ferner lässt ein Zusammenhang auch Raum für die Vermutung zu, dass die Kosten für Geheimhaltungsmaßnahmen als Grenzkosten i. d. R. niedriger als der wirtschaftliche Nachteil sein dürften, den Inhaber durch das Bekanntwerden ihrer Geschäftsgeheimnisse erleiden würden.[1023]

Dem liegen zwei ökonomische Annahmen zugrunde: Erstens rentiert sich eine Geheimhaltung für Inhaber nur, wenn die Geheimhaltungskosten niedriger sind als der erwartete Nachteil bei Bekanntwerden des Geheimnisses.[1024] So gehen Geheimhaltungsmaßnahmen nicht nur im US-amerikanischen Recht zu weit, wenn die hiesigen Kosten den wirtschaftlichen Nachteil der Offenbarung übersteigen,[1025] sondern auch für die GeschGeh-RL und das GeschGehG ist das konsequenterweise anzunehmen.[1026] Zweitens spielt das für den Inhaber nur

---

1020 *Rody*, Der Begriff und die Rechtsnatur von Geschäfts- und Betriebsgeheimnissen unter Berücksichtigung der Geheimnisschutz-Richtlinie, 2019, 124; denkbar auch für *Wiebe/Schur*, GRUR Int. 2019, 746, 748.

1021 *Alexander*, in: Köhler/Bornkamm/Feddersen, UWG, 41. Aufl. 2023, GeschGehG, § 2 Rn. 67.

1022 Beispiel nach *Alexander*, in: Köhler/Bornkamm/Feddersen, UWG, 41. Aufl. 2023, GeschGehG, § 2 Rn. 67.

1023 *Taeger*, Die Offenbarung von Betriebs- und Geschäftsgeheimnissen, 1988, 68.

1024 Vgl. *Landes/Posner*, The Economic Structure of Intellectual Property Law, 2003, 369.

1025 *Corgill*, GRUR Int. 2012, 1065, 1076 f. m. w. N.; mit dem Hinweis auf die trotzdem fehlende exakte Wertbestimmung *Redeker/Pres/Gittinger*, WRP 2015, 681, 684.

1026 *Alexander*, in: Köhler/Bornkamm/Feddersen, UWG, 41. Aufl. 2023, § 2 Rn. 67; *Harte-Bavendamm*, in: Ahrens/Bornkamm/Fezer/Koch/McGuire/Würtenberger, Festschrift für Wolfgang Büscher, 2018, 311, 317.

eine Rolle, wenn er als „homo oeconomicus“[1027] rational und nutzenmaximierend handelt.

Fraglich ist in Anbetracht dessen, ob sich der „subjektive Tauschwert“ durch die Anknüpfung an Geheimhaltungskosten zur Bemessung des wirtschaftlichen Wertes eignet.

a) *Angemessene Geheimhaltungsmaßnahmen gemäß § 2 Nr. 1 lit. b GeschGehG*

Nach früherer Rechtslage wurde ein erkennbarer subjektiver Willen zur Geheimhaltung vorausgesetzt,[1028] der sich in objektiven Umständen manifestieren musste,[1029] aber zugleich vermutet wurde.[1030] Es galt, dass alle innerbetrieblichen Kenntnisse und Vorgänge geheim gehalten werden wollen, wodurch keine konkreten Maßnahmen getroffen werden mussten.[1031]

Im Gegensatz dazu setzt § 2 Nr. 1 lit. b GeschGehG „angemessene Geheimhaltungsmaßnahmen“ voraus, die nicht als rein subjektive, sondern als objektive und „konkret bestimmbare“ Voraussetzung verstanden werden müssen und für die der Inhaber im Streitfall beweisbelastet ist.[1032] Kommt der Inhaber der Obliegenheit nicht nach, steht ihm kein Schutz i. S. d. GeschGehG zu.[1033] Anders als nach früherer Rechtslage ist es erforderlich, dass Inhaber „proaktiv“ handeln und „in Vorleistung treten“.[1034] Diese Umkehr wird mit der Erkennbarkeit des

1027 Hierzu *Dorner*, Know-how-Schutz im Umbruch, 2013, 326 ff.; *Eidenmüller*, Effizienz als Rechtsprinzip, 4. Aufl. 2015, 28 ff.

1028 *BGH* GRUR 1969, 341, 343; *BGH*, Urt. v. 01.07.1960, I ZR 72/59 = GRUR 1961, 40, 43; *BGH*, Urt. v. 15.03.1955, I ZR 111/53 = GRUR 1955, 424, 425.

1029 *BGH*, Urt. v. 10.07.1963, Ib ZR 21/62 = GRUR 1964, 31.

1030 *BGH*, Urt. v. 18.02.1977, I ZR 112/75 = GRUR 1977, 539, 540; *Kalbfus*, GRUR Prax 2017, 391, 391; *Reinfeld*, Das neue Gesetz zum Schutz von Geschäftsgeheimnissen, 2019, § 1 Rn. 108 ff.

1031 *Heinzke*, CCZ 2016, 179, 182.

1032 BT-Drs. 19/4724, 24; *Gündogdu/Hurst*, K&R 2019, 451, 452 f.; *Reinfeld*, Das neue Gesetz zum Schutz von Geschäftsgeheimnissen, 2019, § 1 Rn. 150 f.; *Rody*, Der Begriff und die Rechtsnatur von Geschäfts- und Betriebsgeheimnissen unter Berücksichtigung der Geheimnisschutz-Richtlinie, 2019, 267; *Scherp/Rauhe*, CB 2019, 20, 23; *Scholtyssek/Judis/Krause*, CCZ 2020, 23, 25; *Trebeck/Schulte-Wissermann*, NZA 2018, 1175, 1177; *Voigt/Herrmann/Grabenschöer*, BB 2019, 142, 143.

1033 *Ohly*, GRUR 2019, 441, 443.

1034 *Scholtyssek/Judis/Krause*, CCZ 2020, 23, 29; so auch *Alexander*, in: Köhler/Bornkamm/Feddersen, UWG, 41. Aufl. 2023, GeschGehG, § 2 Rn. 49; *Leister*, GRUR-Prax 2019, 75, 75 f.

Haftungsrisikos gerechtfertigt,[1035] für die Erwg. 14 der GeschGeh-RL zufolge die *„legitime Erwartung"* offenkundig sein muss, *„dass die Vertraulichkeit gewahrt wird"*. Die Geheimhaltungsmaßnahmen müssen aber – zur Vermeidung von ineffizienten „Überinvestitionen" im Geheimnisschutz[1036] – keinen „optimalen Schutz" oder eine „extreme Sicherheit" bieten.[1037] Die Geheimhaltungsmaßnahmen müssen nicht „absolut, möglichst ideal oder unumgehbar", sondern lediglich angemessen sein.[1038]

Beim Schutz sind insb. wirtschaftliche Faktoren zu berücksichtigen, sodass stets nach dem ökonomischen Sinn der Maßnahmen zu fragen ist.[1039] Das ist auch der Grund dafür, dass die einen wirtschaftlichen Wert übersteigenden Geheimhaltungskosten die Angemessenheit der Maßnahmen überspannen. Um die Grenzen der Angemessenheit einzuhalten, müssen Inhaber ihre Geheimnisse in einer Risikoanalyse klassifizieren, wodurch es im Zuge von Kosten-Nutzen-Abwägungen (als Ausfluss des wirtschaftlichen Wertbemessungsgebots) darauf ankommt, wie groß der Wertverlust und Schaden für einen Inhaber bei Bekanntwerden seines Geheimnisses wäre.[1040]

b) Zusammenhang als Rückschluss auf den wirtschaftlichen Wert?

Geheimhaltungsmaßnahmen indizieren die Existenz des wirtschaftlichen Wertes.[1041] Schließlich wäre es – zwar nicht unmöglich, aber oft – widersprüchlich, wenn ein Inhaber Geheimhaltungskosten auf sich nimmt, ohne dass er dadurch einen Vorteil hat oder einen Nachteil vermeidet. Genauso ist denkbar, dass anhand der Kosten der Geheimhaltungsmaßnahmen die Höhe des

---

1035 *Kalbfus*, in: Obergfell, Beiträge zum Immaterialgüterrecht, 2021, 295, 304; vgl. auch *Ohly*, GRUR 2019, 441, 443; dies als „Warnfunktion" bezeichnend *Ohly*, in: Ohly/Sosnitza, Gesetz gegen den unlauteren Wettbewerb, 8. Aufl. 2023, GeschGehG, § 2 Rn. 12.

1036 Stellvertretend und aus Erwg. 9 der GeschGeh-RL herleitend *Kalbfus*, in: Obergfell, Beiträge zum Immaterialgüterrecht, 2021, 295, 298, 304 m. w. N.

1037 *OLG Düsseldorf*, Urt. v. 11.03.2021, I-15 U 6/20 = GRUR-RS 2021, 17483 Rn. 38 m. w. N.; *OLG Stuttgart*, Urt. v. 19.11.2020, 2 U 575/19 = GRUR-RR 2021, 181.

1038 *Alexander*, WRP 2017, 1032, 1034; *Kalbfus*, GRUR-Prax 2017, 391, 392; *Maaßen*, GRUR 2019, 352, 358 f.

1039 *Kalbfus*, GRUR-Prax 2017, 391, 392; *Thiel*, WRP 2019, 700, 701.

1040 *Brammsen*, in: Brammsen/Apel, GeschGehG, 2022, § 2 Rn. 55; vgl. *Dumont*, BB 2018, 2441, 2443; Leister, GRUR-Prax 2019, 75, 77; *Rosenthal/Hamann*, NJ 2019, 321, 325; *Scholtyssek/Judis/Krause*, CCZ 2020, 23, 26 f.

1041 Kritisch *Hrdy*, Fordham Law Review 2022, 557, 580.

wirtschaftlichen Wertes bemessen werden kann.[1042] So sieht auch der Gesetzgeber vor, dass der das Schädigungspotenzial umfassende (wirtschaftliche) Wert bei der Frage berücksichtigt werden muss, ob Geheimhaltungsmaßnahmen angemessen sind.[1043] Ohne Berücksichtigung des wirtschaftlichen Wertes wäre jedenfalls der gesetzgeberische Wille zugunsten einer Objektivierung und Erkennbarkeit der Geheimhaltung untergraben.[1044] Es sei kein Zufall, dass der (wirtschaftliche) Wert eines Geschäftsgeheimnisses in der Gesetzesbegründung an erster Stelle aufgeführt ist,[1045] denn je größer ein potenzieller Schaden und damit der Wettbewerbsvorteil ist, desto umfangreicher müssen die Geheimhaltungsmaßnahmen spiegelbildlich sein.[1046] So ist auch nach außen erkennbar, dass es sich hierbei um sensible und wertvolle Geheimnisse handelt. Wenn also die Kosten der Geheimhaltungsmaßnahmen dem wirtschaftlichen Wert entsprechen,[1047] würde sich auch der „subjektive Tauschwert" als Wertbegriff für das GeschGehG eignen.

aa) Wortlaut

Dem Wortlaut von Art. 2 Nr. 1 lit. b der GeschGeh-RL und § 2 Nr. 1 lit. a GeschGehG nach besteht zwar zwischen dem wirtschaftlichen Wert und der Geheimheit eine Abhängigkeit, aber nicht auch zwischen dem wirtschaftlichen Wert und den Geheimhaltungsmaßnahmen. Begrifflich deutet also nichts darauf, dass die Kosten der Geheimhaltungsmaßnahmen dem wirtschaftlichen Wert entsprechen.

bb) Sinn und Zweck

Ferner entspricht eine solche Abhängigkeit auch nicht dem Sinn und Zweck von „angemessenen" Geheimhaltungsmaßnahmen, was anhand einer Kundenliste veranschaulicht werden kann. Selbst wenn diese von existenziellem Wert für

---

1042 *Europäische Kommission*, Study on the Legal Protection of Trade Secrets in the context of the Data Economy (GRO/SME/20/F/206) Final Report, 2022, 80 mit Verweis auf den US-amerikanischen Geheimnisschutz.

1043 BT-Drs. 19/4724 f.

1044 Eine Nichtberücksichtigung gefordert von *Lauck*, GRUR 2019, 1132, 1132 f.; wegen „Zirkelschlüssigkeit" auch von *Passarge/Scherbarth*, CB 2021, 49, 50 f.

1045 *Rosenkötter/Seeger*, NZBau 2019, 619, 621.

1046 *Maaßen*, GRUR 2019, 352, 358 f.; *Reinfeld*, Das neue Gesetz zum Schutz von Geschäftsgeheimnissen, 2019, § 1 Rn. 184; *Rosenthal/Hamann*, NJ 2019, 321, 325; a. A. *Lauck*, GRUR 2019, 1132, 1132 f.; *Weigert*, NZA 2020, 209, 212 ff.

1047 Ablehnend *Lang/Bollinger*, WM 2022, 2218, 2220.

einen Inhaber wäre, könnte sie aus praktischen Gründen „nicht mit höchster Sicherheitsstufe im Tresor eingesperrt werden" und permanent intensiv überwacht werden, wenn zahlreiche Mitarbeiter i. R. d. Beschäftigung auf sie (ggf. auch mobil) zugreifen müssen.[1048] Dieses Beispiel zeigt, dass der wirtschaftliche Wert nur eines von mehreren entscheidenden Faktoren für die Angemessenheit der Geheimhaltungsmaßnahmen sein kann und ein Umkehrschluss nicht zielführend ist.[1049] Auch andere Faktoren können die Angemessenheit der Geheimhaltungsmaßnahmen beeinflussen und den Umfang der Geheimhaltungsmaßnahmen entgegen dem Anschein des wirtschaftlichen Wertes sogar verringern, sofern organisatorische oder technische Umstände dies gebieten.

Selbst wenn der wirtschaftliche Wert der einzige Faktor wäre, nach dem sich die Auswahl der Geheimhaltungsmaßnahmen richtet, fehlt der unmittelbare, lineare Zusammenhang zu den Geheimhaltungskosten. Umfangreichere Geheimhaltungsmaßnahmen können nämlich nicht zwingend mit höheren Geheimhaltungskosten gleichgesetzt werden. So kann eine umfangreiche Schutzmaßnahme – insb. wegen standardisierten/automatisierten Schutzes – kostengünstiger sein als eine weniger umfangreiche Geheimhaltungsmaßnahme.[1050]

Ferner trifft deshalb die Kritik nicht zu,[1051] der wirtschaftliche Wert würde i. R. d. angemessenen Geheimhaltungsmaßnahmen zum Paradoxon führen, dass wertvollere Geschäftsgeheimnisse durch höhere Anforderungen des GeschGehG schwächer geschützt seien als weniger wertvolle Geschäftsgeheimnisse.[1052] Das würde nämlich ein festes „Wert-Kosten-Verhältnis" voraussetzen,[1053] doch weil es diese Linearität nicht gibt, ist ein hinreichend sicherer Umkehrschluss auf den wirtschaftlichen Wert weder möglich noch zielführend.

1048 Beispiel nach *McGuire*, IPRB 2018, 202, 203 f.; so auch *Sebulke*, Zivilprozessualer Geheimnisschutz im Anschluss an das Gesetz zum Schutz von Geschäftsgeheimnissen, 2021, 71.

1049 *Alexander*, in: Köhler/Bornkamm/Feddersen, UWG, 41. Aufl. 2023, GeschGehG, § 2 Rn. 67.

1050 *Hrdy*, Fordham Law Review 2022, 557, 581 m. w. N.

1051 So auch *Alexander*, in: Köhler/Bornkamm/Feddersen, UWG, 41. Aufl. 2023, GeschGehG, § 2 Rn. 67.

1052 So nämlich *Lauck*, GRUR 2019, 1132, 1132 f.; *Passarge/Scherbath*, CB 2021, 49, 50 f.

1053 *Alexander*, in: Köhler/Bornkamm/Feddersen, UWG, 41. Aufl. 2023, GeschGehG, § 2 Rn. 67; *Lang/Bollinger*, WM 2022, 2218, 2220.

cc) Systematik

Auch aus systematischer Sicht wird der wirtschaftliche Wert vor den Geheimhaltungsmaßnahmen aufgeführt. So wird der wirtschaftliche Wert in der Gesetzesbegründung als Kriterium für die Angemessenheit genannt.[1054] Jedoch kommt dies nicht auch in umgekehrter Reihenfolge vor. Dass der Richtlinien- und Gesetzgeber den umgekehrten Fall nicht festlegen können, liegt an einem Zirkelschluss.[1055] Wenn der wirtschaftliche Wert in Form eines Schädigungspotenzials den Geheimhaltungskosten entsprechen würde und die Angemessenheit der Geheimhaltungsmaßnahmen sich zugleich nach dem wirtschaftlichen Wert richten müsste, gäbe es eine beidseitige Abhängigkeit. Es würde dann an einer unabhängigen Variable fehlen, die den wirklichen Wettbewerbsvorteil abbildet. Um zu gewährleisten, dass das GeschGehG keine belanglosen Informationen schützt, darf es keine beidseitige, sondern nur eine einseitige Abhängigkeit geben. Von den Geheimhaltungskosten kann also nicht hinreichend sicher auf den wirtschaftlichen Wert geschlossen werden.[1056]

c) Kategorische Klassifizierung von Geschäftsgeheimnissen

Dem gesetzgeberischen Willen nach ist es nicht erforderlich, jedes Geheimnis einzeln und gesondert zu schützen. So genügen einheitliche Geheimhaltungsmaßnahmen für Kategorien von Geschäftsgeheimnissen.[1057] Meist wird zur Kategorisierung ein 3-Stufen-Modell gewählt, das an den die VSA angelehnt ist:[1058] Kategorie 1 mit existenzbedrohenden Informationen („Schlüsselinformationen"), Kategorie 2 mit Informationen, deren Offenlegung einen dauerhaften wirtschaftlichen Nachteil bedeuten („wichtige Informationen") und Kategorie 3 mit Informationen, deren Offenlegung einen kurzfristigen Nachteil erzeugen („sonstige sensible Informationen").

1054 Kritisch *Lauck*, GRUR 2019, 1132, 1132 f.; kritisch auch *Passarge/Scherbarth*, CB 2021, 49, 50; kritisch aus Gründen der Feststellbarkeit des wirtschaftlichen Wertes *Apel/Drescher/Lindner*, BB 2022, 1795, 1796.

1055 Zur sprachlichen Schwierigkeit der Gesetzesbegründung *Reinfeld*, Das neue Gesetz zum Schutz von Geschäftsgeheimnissen, 2019, § 1 Rn. 156.

1056 So auch im US-amerikanischen Recht vgl. *Hrdy*, Fordham Law Review 2022, 557, 578.

1057 BT-Drs. 19/4724, 24.

1058 *Brammsen*, in: Brammsen/Apel, GeschGehG, 2022, § 2 Rn. 80; *Jansen/Hofmann*, BB 2020, 259, 260; *Kalbfus*, in: Obergfell, Beiträge zum Immaterialgüterrecht, 2021, 295, 305; *Scholtyssek/Judis/Krause*, CCZ 2020, 23, 27; so auch *Voigt/Herrmann/Grabenschöer*, BB 2019, 142, 143.

Die absteigende Reihenfolge geht mit einem absteigenden Wettbewerbsvorteil einher. Während eine gänzlich fehlende Klassifizierung der Angemessenheit der Geheimhaltungsmaßnahmen nicht gerecht werden würde,[1059] birgt auch eine „zu differenzierte Schutzstruktur" die Gefahr einer fehlerhaften Klassifizierung.[1060] Wegen der Fehleranfälligkeit und des zu großen organisatorischen Aufwands bietet es sich nicht an, jedes Geschäftsgeheimnis exakt linear zum wirtschaftlichen Wert schützen. Daher kann der „subjektive Tauschwert" auch nicht innerhalb einer Kategorie die voneinander abweichenden Wettbewerbsvorteile abbilden. Es besteht nur im Verhältnis der Kategorien zueinander eine Linearität.

Durch die Klassifizierung kommt ein einheitlicher Tauschwert für in derselben Kategorie befindliche – zwar teilweise nur geringfügig, aber doch – unterschiedlich wertvolle Geschäftsgeheimnisse zustande. Auch deshalb wäre ein Rückschluss von Geheimhaltungskosten auf den wirtschaftlichen Wert unpräzise.[1061]

d) Differenz zwischen Geheimhaltungskosten und Wettbewerbsvorteil

Der über die Geheimhaltungskosten begründete Ansatz legt zwar zugrunde, dass die Kosten niedriger sind als der wirtschaftliche Nachteil, der durch das Bekanntwerden droht, aber nicht, um wie viel niedriger die Geheimhaltungskosten sind.

Die Differenz kann sich von einem Inhaber zum nächsten unterscheiden, auch wenn es sich um dasselbe Geheimnis handelt. Selbst wenn das Bekanntwerden derselben schädigenden Information bei unterschiedlichen Inhabern zum selben Nachteil führen würde, hieße das nicht zwingend, dass beide Inhaber genauso viel in die Geheimhaltung investieren würden.[1062] Wären Geheimhaltungskosten der einzige Anknüpfungspunkt, hätte die schädigende Information bei dem einen Inhaber einen niedrigeren wirtschaftlichen Wert als beim anderen, obwohl beide durch die Information dieselben Schädigungen zu befürchten hätten.[1063] Da das GeschGehG aber i. R. d. Ersatzansprüche einen Wertverlust kompensieren soll, darf der wirtschaftliche Wert nicht unterschiedlich ausfallen, wenn es

1059 *Jansen/Hofmann*, BB 2020, 259, 260.

1060 *Scholtyssek/Judis/Krause*, CCZ 2020, 23, 27.

1061 Zu unpräzisen Werten vgl. *Meitner*, in: Tönnes, Festschrift für Bernhard Großfeld zum 85. Geburtstag, 2019, 257, 258 f.

1062 Vgl. *Obermaier*, in: Tönnes, Festschrift für Bernhard Großfeld, 2019, 325, 327.

1063 Kritisch zur interpersonellen Übertragbarkeit von Nutzenvorstellungen *Eidenmüller*, Effizienz als Rechtsprinzip, 4. Aufl. 2015, 45 f.

hypothetisch um denselben Vorteil mit denselben Auswirkungen geht. Daher kann die Anknüpfung an Geheimhaltungskosten als „subjektiver Tauschwert" ein Indiz für die untere Grenze des wirtschaftlichen Wertes eines Geheimnisses sein. Jedoch sind auch die Geheimhaltungskosten nicht mit dem wirtschaftlichen Wert gleichzusetzen.

Handelt ein Inhaber darüber hinaus – abweichend von einem „homo oeconomicus" – nicht nur rational und nutzenmaximierend, entsprechen die Geheimhaltungskosten nicht dem Wettbewerbsvorteil. Darüber hinaus stellen sie nicht einmal eine sichere Untergrenze eines wirtschaftlichen Wertes dar. Die indizielle Wirkung von Geheimhaltungskosten wäre gar nicht erst gegeben, wenn die Geheimhaltungskosten nicht niedriger, sondern sogar höher als der Vorteil gegenüber Wettbewerbern sind, bspw. da ein Inhaber die Schädigung (zu) großzügig kalkuliert oder außerhalb des Wertes liegende Gründe eine Rolle spielen. Wenn ein Inhaber – auch den normativen Anforderungen nach[1064] – unangemessen viel, also mehr als notwendig in die Geheimhaltung investiert, würde das nach dieser Herangehensweise dazu führen, dass der wirtschaftliche Wert eines Geheimnisses größer als der in ihr liegende Wettbewerbsvorteil wäre. Im Zweifelsfall würde das sogar bedeuten, dass ein Geheimnis, das überhaupt keinen Wettbewerbsvorteil begründet, durch eigens initiierte Kosten des Inhabers einen wirtschaftlichen Wert erhält und so ein belangloses Geheimnis i. S. d. GeschGehG geschützt werden müsste.

Doch selbst wenn der Wert nicht künstlich begründet oder gesteigert wird, legt dieser Wertbegriff zugrunde, dass die Geheimhaltungskosten i. d. R. niedriger sind als der drohende wirtschaftliche Nachteil.[1065] Der „subjektive Tauschwert", der sich an den Geheimhaltungskosten bemisst, ist somit nicht mehr als ein Indiz zur Bemessung des wirtschaftlichen Wertes. Er eignet sich jedoch nicht zur Abbildung oder zum Nachweis des Schädigungspotenzials.

2. *Wettbewerbsnachteil als subjektiver Schadenswert*

Weil eine (potenzielle) Schädigung nicht auf andere Personen übertragbar ist, bedarf es für solche Geschäftsgeheimnisse eines anderen „subjektiven" Wertbegriffs. Statt an die selbst zu treffenden Geheimhaltungsmaßnahmen und den entsprechenden Geheimhaltungskosten anzuknüpfen, ist es für den subjektiven Wert zielführender, einen (potenziellen) Wettbewerbsnachteil als Schadenswert

---

1064 *Lang/Bollinger*, WM 2022, 2218, 2220.

1065 *Taeger*, Die Offenbarung von Betriebs- und Geschäftsgeheimnissen, 1988, 68.

zu begreifen. Auch der Erhalt des status quo erfüllt für den Inhaber einen wertbegründenden Nutzen, da Schäden vermieden werden können, die bei Bekanntwerden des Geschäftsgeheimnisses eintreten würden. Alle Nachteile einer Geheimnisverletzung können quantifiziert werden, indem insb. bilanzielle Abwertungen, Kursverluste, behördliche Strafen oder Ersatzforderungen von Dritten zugrunde gelegt werden.

Im Unterschied zur Gewinnherausgabe und Lizenzanalogie, die nur den wirtschaftlichen Wert von Geschäftsgeheimnissen mit Nutzungs- und/oder Verwertungspotenzialen adressieren, kann i. R. d. dreifachen Schadensberechnung ausschließlich durch den konkreten Schadensersatz ein Wert von schädigenden Geschäftsgeheimnissen abgebildet und kompensiert werden. Zum konkreten Schaden gehört auch der entgangene Gewinn, durch den das Verwertungs- und/oder Nutzungspotenzial ersetzt werden kann. Doch beim „subjektiven Schadenswert" geht es nur um einen positiven Schaden, also um die Minderung eines vorhandenen Vermögens, das sich schon zum Bemessungszeitpunkt im Bestand des Inhabers befindet.[1066]

Um das Schädigungspotenzial eines Geschäftsgeheimnisses zu bemessen, ist es also notwendig, auch den „subjektiven Schadenswert" als geeigneten Wertbegriff zur Bemessung des wirtschaftlichen Wertes heranzuziehen, wobei es Unterschiede zwischen der prospektiven und retrospektiven Bemessung gibt.

a) *Prospektive Bemessung*

Für Geschäftsgeheimnisse mit ausschließlichem Schädigungspotenzial müssen die Schäden, die ein Inhaber bei einer Geheimnisverletzung erleiden würde, insb. zur Implementierung der angemessenen Geheimhaltungsmaßnahmen prognostiziert werden. Weil sich diese Schäden noch auf die Zukunft beziehen, müssen sie – wie auch beim Zukunftserfolgswert – diskontiert werden, wobei das bei ausschließlich schädigenden Geschäftsgeheimnissen einfacher sein kann, als es für Geschäftsgeheimnisse mit Nutzungspotenzial ist. So lassen sich zukünftige Schäden besser auf ein einzelnes Geschäftsgeheimnis zurückführen als bspw. bei positiven Geschäftsgeheimnissen der Fall ist, die in einem Produktionsprozess mit unzähligen anderen Werten zusammenwirken und deren Zahlungsströme daher zunächst noch isoliert werden müssen.

Bspw. kann die Entwendung von personenbezogenen Kundendaten datenschutzrechtliche Ersatzansprüche gegen den Inhaber hervorrufen, was

---

1066 Vgl. *Goldmann*, in: Harte-Bavendamm/Henning-Bodewig, UWG, 5. Aufl. 2021, UWG, § 9 Rn. 116 f. m. w. N.

ausschließlich auf den Geheimnisverlust zurückzuführen wäre. Im Gegensatz dazu ist es ohne weitere Annahmen nicht ersichtlich, welchen exakten Nutzen eine geheime Kundenliste bei einem Inhaber hervorruft, weil insb. auch das Verkaufsgeschick, die Qualität der vertriebenen Produkte und die spezifischen Marketingmaßnahmen auf den Erfolg Einfluss nehmen.

Das Pendant zur „Nutzungsdauer" von ausschließlich schädigenden Geschäftsgeheimnissen richtet sich bei behördlichen Strafen und Ersatzansprüchen von Dritten nach den einschlägigen Verjährungsfristen, für die der Zeitpunkt der letzten Widrigkeit entscheidend ist. Der Zeitraum, in dem Reputations- oder Kursverluste eintreten können, ist aber deutlich länger, wobei durch die Diskontierung spätere Schäden aus heutiger Sicht geringer sind, je weiter sie in der Zukunft liegen, wenn sie durch eine längere Zeit der Rechtswidrigkeit und Summierung nicht zunehmen.

Abschließend kann auch bei Schäden eine Variable zur Berücksichtigung der Wahrscheinlichkeit der Geheimhaltung einbezogen werden, sodass das Risiko des Bekanntwerdens auch für die Diskontierung berücksichtigt wird. Das Ergebnis ist ein für das Schädigungspotenzial prognostizierter „Schadenswert", der intersubjektiv nicht übertragbar ist und nur für den Inhaber gilt.

b) Retrospektive Bemessung

Eine Diskontierung ist nur vorzunehmen, wenn es sich um eine prospektive Ermittlung eines „subjektiven Schadenswertes" handelt. Anders verhält es sich bspw. bei der gerichtlichen Durchsetzung eines auf das Schädigungspotenzial gerichteten Ersatzanspruchs. Wenn eine Geheimnisverletzung also schon erfolgt ist und Schäden bereits eingetreten sind, beziehen sich die für die Bemessung maßgeblichen Ereignisse auf die Vergangenheit. Mangels Zukunftsbezugs ist eine Diskontierung oder Ermittlung der Eintrittswahrscheinlichkeit nicht mehr notwendig. Zwar ist nicht auszuschließen, dass zum Zeitpunkt eines gerichtlichen Vorgehens noch nicht alle Schäden sichtbar oder messbar sind, die kausal auf die Geheimnisverletzung des Rechtsverletzers zurückzuführen sind und vom Schädigungspotenzial umfasst sind. Allerdings bietet sich hierfür eine Stufenklage durch den Inhaber an, sodass zunächst festgestellt werden kann,[1067] ob der Anspruch überhaupt dem Grunde nach besteht und sodann erst – bei hinreichender Sicherheit – über die Höhe des Anspruchs entschieden wird, die im

1067 Hierzu schon *Grosch*, in: Ann/Loschelder/Grosch, Praxishandbuch Know-how-Schutz, 2010, Kap. 6 Rn. 66 f.

Fall einer Wertkompensation dem vollständigen subjektiven Schadenswert des Geschäftsgeheimnisses entspricht.

c) Zwischenergebnis

Der „subjektive Schadenswert“ erfüllt eine Doppelfunktion. Einerseits stellt er prospektiv das dar, was ein Inhaber im Fall einer (künftigen) Geheimnisverletzung an Schäden erwarten kann, wodurch die Schäden aber auch diskontiert werden müssen. Andererseits umfasst der „subjektive Schadenswert“ retrospektiv alle Schäden, die nach der Geheimnisverletzung schon eingetreten sind. Unabhängig vom Anwendungsfall ist es zumindest der einzige Wertbegriff, anhand dessen das Schädigungspotenzial sowohl ex ante als auch ex post zielführend bemessen werden kann.

3. Zwischenergebnis

Es ist vor allem wegen Erwg. 14 der GeschGeh-RL unumgänglich, auch einen „subjektiven“ Wert zugrunde zu legen. Das bedeutet aber nicht, dass das, was ein Inhaber für den Schutz eines Geheimnisses aufwendet, auch dem wirtschaftlichen Wert entspricht. Aufgrund der einseitigen Beeinflussungsmöglichkeit und der gemeinsamen Kategorisierung unterschiedlich wertvoller Informationen darf sich der wirtschaftliche Wert nicht an den Geheimhaltungskosten orientieren.

Nur weil ein Inhaber bestimmte Kosten zum Schutz eines Geheimnisses auf sich nimmt, bedeutet das nicht, dass das Geheimnis ein genauso großes oder überhaupt ein Schädigungspotenzial verkörpert.[1068] Auch im umgekehrten Fall – in dem die Geheimhaltungskosten niedriger sind, als der Wettbewerbsvorteil zu bemessen ist – würde sich der wirtschaftliche Wert als subjektiver Tauschwert jeweils nach Intensität und Priorität der Geheimhaltung richten, selbst wenn es um dasselbe Geheimnis ginge. Die Differenz zwischen Geheimhaltungskosten und Wettbewerbsvorteil zeigt, dass die Anknüpfung an die Geheimhaltungskosten in vielen Fällen willkürlich ist.

Die Kritik,[1069] ein solcher Wert würde sich i. S. d. subjektiven Wertlehre ausschließlich „im Lichte der Lust“ eines jeweiligen Inhabers beurteilen,[1070] trifft beim „subjektiven Tauschwert“ vollständig zu. Daher kann anhand der

---

1068 Vgl. *Lauck*, GRUR 2019, 1132, 1133.

1069 *Obermaier*, in: Tönnes, Festschrift für Bernhard Großfeld zum 85. Geburtstag, 2019, 325, 329.

1070 *Wittmann*, Der Wertbegriff in der Betriebswirtschaftslehre, 1956, 62.

Geheimhaltungskosten kein hinreichend sicherer Nachweis über die Existenz und Höhe des wirtschaftlichen Wertes erbracht werden.[1071]

Der „subjektive" Wert von Geschäftsgeheimnissen liegt im Wettbewerbsnachteil, der zwar nicht intersubjektiv zu einem Schaden, aber sich beim Inhaber wirtschaftlich nachteilig auswirken würde (z. B. bilanzielle Abwertung, Kursverluste, behördliche Strafen oder Ersatzforderungen Dritter).[1072] Der „subjektive" Wert muss sich daran messen lassen, was der Inhaber bei rechtswidrigem Bekanntwerden erleidet und vom Rechtsverletzer ersetzen lassen kann. Daher stellt der konkrete Schadensersatz i. R. d. geheimnisschutzrechtlichen Ersatzansprüche für den „subjektiven Schadenswert" den Hauptanwendungsfall dar. Andere Anknüpfungspunkte sind für den „subjektiven Schadenswert" nicht von Bedeutung.

C. Zusammenfassung und Schlussfolgerungen

Nicht jeder ökonomische Wertbegriff eignet sich zur Bemessung des wirtschaftlichen Wertes i. S. d. GeschGehG. Je nachdem, welche Art eines Potenzials abgebildet werden soll, sind unterschiedliche Wertbegriffe zu wählen.

Trotz Schwierigkeiten hinsichtlich des gewöhnlichen Geschäftsverkehrs ermöglicht der auf das Verwertungspotenzial gerichtete Marktwert eine hypothetische Berücksichtigung von dem, was Wettbewerber bei einer Verwertung „objektiviert" für ein Geschäftsgeheimnis zu zahlen bereit sind.[1073] Weil das Bedürfnis nach einem solchen Geschäftsgeheimnis bei Wettbewerbern vorhanden ist, lässt der Marktwert einen unmittelbaren Schluss zu, was im Wettbewerb als Vorteil erachtet wird und wie werthaltig er ist. Doch mangels Transparenz und wegen normativ vorzunehmender Preiseingrenzungen lässt sich ein Marktwert nur mit Berücksichtigung eines zusätzlichen Anhaltspunktes bestimmen. Daher orientieren sich Anbieter und Nachfrager zur Bestimmung eines dem Verwertungspotenzial entsprechenden Preises i. d. R. daran, wie groß ein Erfolg aus fortgesetzter (Anbieter) oder baldiger Nutzung (Nachfrager) ist. In der Einschätzung des Anbieters muss der Transaktionspreis am Ende höher als der von ihm geschätzte Erfolgswert sein. Nachfrager orientieren sich bei ihrer

1071 Vgl. *Europäische Kommission*, Study on the Legal Protection of Trade Secrets in the context of the Data Economy (GRO/SME/20/F/206) Final Report, 2022, 80.

1072 Vgl. *Taeger*, Die Offenbarung von Betriebs- und Geschäftsgeheimnissen, 1988, 65 ff.

1073 Vgl. *Hauck*, in: Münchener Kommentar zum Lauterkeitsrecht, 3. Aufl. 2022, GeschGehG, § 2 Rn. 13.

Preisobergrenze an dem, was sie durch den Erwerb eines Geschäftsgeheimnisses an künftigem Nutzen erwarten können. In der Einschätzung des Nachfragers muss der Preis niedriger als der von ihm geschätzte Erfolgswert sein. Der Marktwert wird somit hauptsächlich durch Erfolgswerte begrenzt und konkretisiert. Für sich betrachtet – und vom Erfolgswert losgelöst – eignet sich der Marktwert nur selten, da intransparente Märkte, unterschiedlich zugängliche Informationsquellen und die Auswahl der gezahlten Preise eine zielführende Aggregation im Geheimnisschutz nicht zulassen. Durch den Erfolgswert wird die „leere Hülle" des Marktwertes „gefüllt", sodass das Verwertungspotenzial sich vor allem nach dem prognostizierten Nutzungspotenzials eines Erwerbers richtet. Das zeigt sich, wenn bei einer Bilanzierung der beizulegende (Zeit-)Wert eines Geschäftsgeheimnisses anhand der Marktzentrierung ermittelt werden soll, dazu aber hilfsweise auf den Erfolgswert zurückgegriffen werden muss.

Für den Erfolgswert kommt es bei Geschäftsgeheimnissen mit Nutzungspotenzial auf die interne Nutzung und externe Lizenzierung an. Die kausalen Erfolge lassen sich mit DCF-Verfahren quantifizieren. Dafür müssen zwar Annahmen getroffen werden (z. B. Nutzungsdauer, zukünftige Zahlungsströme, Diskontierungssatz und ggf. weitere Variablen), die fehlerhaft sein können. Jedoch stellen DCF-Verfahren durch die Ausrichtung auf Zahlungsüberschüsse ein zielführendes Mittel zum Nachweis und zur Abbildung von Nutzungspotenzialen dar. Bei der Ermittlung können rechtliche sowie wirtschaftliche Faktoren bei der Nutzungsdauer berücksichtigt und Unsicherheiten durch statistische Schätzungen größtenteils bereinigt werden. Je nach Art des Geschäftsgeheimnisses bieten sich unterschiedliche Methoden an, um die Zahlungsströme zu isolieren, wobei der Methode der Lizenzpreisanalogie die größte Bedeutung zukommt. Abschließend müssen diese Erfolge diskontiert werden, wofür auf die WACC zurückgegriffen wird und ggf. weitere Variablen (z. B. Produkt des sogenannten „Sechs-Faktoren-Tests") ergänzt werden. Große Bedeutung erlangt ein so ermittelter Erfolgswert insb. bei der bilanziellen (Folge-)Bewertung, aber auch beim entgangenen Gewinn oder bei der Lizenzanalogie. Zur prozessualen Durchsetzung solcher Ansprüche kann die Erkenntnis aus der US-amerikanischen Rspr. übertragen werden,[1074] dass es für Inhaber am sinnvollsten ist, den wirtschaftlichen Wert anhand möglicher Lizenzierungen oder

1074 Zu den Gründen einer Übertragbarkeit vgl. *Europäische Kommission*, Study on the Legal Protection of Trade Secrets in the context of the Data Economy (GRO/SME/20/F/206) Final Report, 2022, 95 f.

erhöhter Zahlungsüberschüsse in Folge eigener Nutzungen darzulegen,[1075] was am effizientesten durch DCF-Verfahren gelingt.

Bei Geschäftsgeheimnissen mit Schädigungspotenzial ermöglicht der „subjektive Schadenswert“ die präziseste Abbildung von dem, was dem Inhaber nicht nützt, sondern ihm bei Bekanntwerden kostet. Da auch das Schädigungspotenzial in den wirtschaftlichen Wert einbezogen werden muss, ist diese Form eines „subjektiven“ Wertes ebenso als Wertbegriff geeignet und als einzige zielführende Möglichkeit zur Abbildung des wirtschaftlichen Wertes solcher Geschäftsgeheimnisse zwingend zu beachten. Der „subjektive Schadenswert“ drückt sich vor allem im konkreten Schadensersatz aus.

Zwar indizieren der Herstellungs- und Anschaffungswert den Vorteil, den ein Inhaber gegenüber den Wettbewerbern hat. Allerdings sind beide Wertbegriffe für den wirtschaftlichen Wert mit der gebotenen Vorsicht zu behandeln. Grund dafür ist, dass sie es dem Inhaber ermöglichen, den Wert eigenständig zu beeinflussen und künstlich in die Höhe zu treiben oder überhaupt erst zu schaffen, indem (zu hohe) Aufwendungen getätigt werden, obwohl das Geschäftsgeheimnis keinen zu den Aufwendungen äquivalenten Nutzen hat.

Ebenso wenig eignet sich daher eine Anknüpfung an die Geheimhaltungskosten, die den „subjektiven Tauschwert“ begründen. Das liegt nicht nur an der rein subjektiven Wertzuweisung, sondern auch an der kategorischen Klassifizierung unterschiedlich wertvoller Geschäftsgeheimnisse.

Generell ist festzuhalten, dass immer, wenn selbstbestimmte Kosten einen Wert begründen sollen, die Geeignetheit zur Bemessung eines wirtschaftlichen Wertes abzulehnen ist. Dies zeigt auch anhand der Wirksamkeit geheimnisschutzrechtlicher Ersatzansprüche. So ist der Schutz künstlich aufgewerteter, aber für Wettwerber belangloser Informationen gemäß Erwg. 14 der GeschGeh-RL richtigerweise vom Geheimnisschutz ausgeklammert. Der Schutz solcher Informationen würde nämlich insb. die Haftung auf „Verletzungen“ von Geheimnissen ohne Wettbewerbsvorteil ausweiten. Der Sinn und Zweck des Schadensersatzes gemäß § 10 Abs. 1 S. 1 GeschGehG ist die Folgenbeseitigung, die sich auf den Vergleich der Wettbewerbssituation und des Erfolgs vor und nach dem schädigenden Ereignis richtet.[1076] Es geht um die Kompensation eines

1075 *Europäische Kommission*, Study on the Legal Protection of Trade Secrets in the context of the Data Economy (GRO/SME/20/F/206) Final Report, 2022, 78.

1076 *Krbetschek*, in: Münchener Kommentar zum Lauterkeitsrecht, 3. Aufl. 2022, GeschGehG, § 10 Rn. 9.

vernichteten Vorteils,[1077] der gerade nicht der Höhe der Kosten entspricht, wenn diese vom Inhaber ökonomisch irrational in die Höhe getrieben wurden. Demnach kann ein durch Inhaber eigens zugeführter „Wert" kein wirtschaftlicher Wert i. S. d. GeschGehG sein. Immer, wenn es zwischen dem wertbegründenden Potenzial und den Aufwendungen oder den Geheimhaltungskosten auch nur geringfügige Differenzen gibt, läuft die Anknüpfung an Kosten dem Ziel der Rechtsbehelfe zuwider. Der Herstellungs-, Anschaffungs- und subjektive Tauschwert sind daher zur Bemessung des wirtschaftlichen Wertes ungeeignet und – wenn überhaupt – nur Indizien für seine Existenz und Höhe.

Auch der Wiederbeschaffungs- und Reproduktionswert eignen sich mangels eindeutiger Zuordnung und Prognose von Potenzialen nicht zur Bemessung eines wirtschaftlichen Wertes i. S. d. GeschGehG.

Insgesamt ist es zwar nicht auszuschließen, dass die aus den ungeeigneten Wertbegriffen zu bemessenden Werte dem wirtschaftlichen Wert eines Geschäftsgeheimnisses entsprechen. Allerdings ist dies mehr eine Vermutung und weniger ein Nachweis. Nur, wenn es sich bei Inhabern ausnahmsweise um junge Unternehmen mit ggf. noch volatilen Umsätzen (z. B. Start-Ups) oder gar nicht um Unternehmen (z. B. Universitäten und Forschungseinrichtungen) handelt, kommt den Wertbegriffen mit einer Nähe zu (ggf. fiktiven) Aufwendungen und Kosten eine Auffangfunktion zu, da es mangels vorheriger Ereignisse sonst (fast) keine sinnvollen Annahmen für DCF-Verfahren sowie prognostizierte Schäden gibt. Abgesehen davon wird es für die meisten Geschäftsgeheimnisse möglich sein, mit DCF-Verfahren einen Erfolgswert (und damit mittelbar auch Marktwert) oder anhand konkreter Schäden einen „subjektiven Schadenswert" zu ermitteln.

An den unterschiedlichen Ausprägungen der Wertbegriffe und Bemessungsmethoden zeigt sich, dass Aufwand und Kosten, um eine Information (ggf. fiktiv) zu erlangen und/oder geheim zu halten, eine Wettbewerbsrelevanz indizieren, aber nicht mit einem wirtschaftlichen Wert gleichzusetzen sind. Ein Wettbewerbsvorteil ist nämlich eher als Möglichkeit zu verstehen, durch die eine Information überhaupt erst wirtschaftlich wertvoll sein kann, und somit für den wirtschaftlichen Wert unabdingbar. Es handelt sich aber nicht um ein unmittelbares Äquivalent.[1078] Der wirtschaftliche Wert richtet sich danach,

---

1077 *Krbetschek*, in: Münchener Kommentar zum Lauterkeitsrecht, 3. Aufl. 2022, GeschGehG, § 10 Rn. 7.

1078 Für den Wettbewerbsvorteil als wesentlichen Bestandteil des wirtschaftlichen Wertes vgl. *Peter/Michaelis*, in: Busche/Stoll/Arend, WTO – Trade-Related Aspects of Intellectual Property Rights, 2009, Art. 39 Rn. 24.

welches Potenzial sich für einen Inhaber oder Rechtsverletzer aus der Information ergibt, also nach dem, was andere (ggf. hypothetisch) auf einem Markt für das Geheimnis zahlen würden (Marktwert), nach den Überschüssen durch interne Nutzung oder externe Lizenzierung (Erfolgswert) oder nach potenziellen Schäden, die ein Inhaber bei Bekanntwerden des Geheimnisses erleiden würde („subjektiver Schadenswert“). Herstellung, Anschaffung, Wiederbeschaffung, Reproduktion und Geheimhaltung sind im Gegensatz dazu nur Indizien, „ob“ ein wirtschaftlicher Wert besteht und „wie hoch“ dieser ist. Doch auch die zuvor genannten geeigneten Wertbegriffe und Bemessungsmethoden richten sich nach dem Anwendungsfall. Inwieweit die geeigneten Wertbegriffe eine effiziente Abbildung und den Nachweis des wirtschaftlichen Wertes i. S. d. ermöglichen, zeigt sich an der Wertbestimmung von Geschäftsgeheimnissen insb. bei der Bilanzierung (Teil 4), der Wertbestimmung von Geschäftsgeheimnissen für Ersatzansprüche (Teil 5) und der Wertbestimmung von Geschäftsgeheimnissen in Gerichtsverfahren (Teil 6).

Teil 4: Wertbestimmung bei der Bilanzierung

Es ist denkbar, dass der wirtschaftliche Wert von Geschäftsgeheimnissen im Zuge der Bilanzierung abgebildet oder zumindest abgeleitet werden kann. So verweisen insb. *Hoeren* und *Münker* für den Nachweis des wirtschaftlichen Wertes auf die Bilanzierung:

> *„Nunmehr wird es [...] erforderlich sein, die Werthaltigkeit einer Information gerichtsfest dokumentieren zu können. Das setzt [...] eine Bilanzierung von Geschäftsgeheimnissen voraus.“*[1079]

Schließlich sollen Bilanzen i. S. d. externen Rechnungswesen die vermögensrelevanten Umstände und Vorgänge in Unternehmen darstellen, indem Gesamtunternehmen und einzelnen Unternehmenspositionen Geldwerte zugeordnet werden.[1080] So soll ein handelsrechtlicher Abschluss alle Vermögensgegenstände enthalten, was Ausdruck des Vollständigkeitsgebots ist und einem Wertnachweis von Geschäftsgeheimnissen entgegenkommen könnte. Obwohl im Zuge des wissenschaftlichen und technischen Fortschritts immaterielle Werte (Unternehmenswert abzüglich des Nettobetrags des materiellen Vermögens)[1081] eine immer größerer Rolle bei der Bilanzierung einnehmen,[1082] bestehen immer noch für zahlreiche Werte (z. B. Daten),[1083] die nicht nur materieller Natur sind, einige Schwierigkeiten, den in ihnen innewohnenden Vermögensvorteil objektiv nachzuweisen und abzubilden.[1084] Dass auch Kapitalisierungen häufig deutlich höher

---

1079 *Hoeren/Münker*, WRP 2018, 150, 151.

1080 *Baetge/Kirsch/Thiele*, Bilanzen, 16. Aufl. 2021, 191; *Nissen*, Der monetäre Wert von Daten im Privatrecht, 2021, 151; *Theile*, in: Heuser/Theile, IFRS Handbuch, 6. Aufl. 2019, 43.1.

1081 *Senger/Kurz*, in: Vögele, Intangibles, 2. Aufl. 2021, § 2 A. Rn. 1 f.; für eine Auflistung von immateriellen *Maul/Menninger*, DB 2000, 529, 533.

1082 *Moody/Walsh*, Measuring The Value Of Information: An Asset Valuation Approach, 1999, 1; *Naumann*, IRZ 2017, 189, 189; *Senger/Kurz*, in: Vögele, Intangibles, 2. Aufl. 2021, § 2 A. Rn. 3; *Vögele/Saljanin*, in: Vögele, Intangibles, 2. Aufl. 2021, § 2 C. Rn. 2.

1083 *Moody/Walsh*, Measuring The Value Of Information: An Asset Valuation Approach, 1999, 2.

1084 *Almeling*, BTLJ 2012, 1091, 1093; *Dicken/Henssler*, Bilanzrecht, 2. Aufl. 2021, Rn. 273, 296; *Senger/Kurz*, in: Vögele, Intangibles, 2. Aufl. 2021, § 2 A. Rn. 4; *Zimmermann/Dorn/Bieschewski*, NWB 2020, 3098, 3098; auf die externe sowie interne Berichterstattung bezogen *Arbeitskreis Immaterielle Werte im Rechnungswesen der*

als Buchwerte ausfallen, lässt darauf schließen, dass die externe Rechnungslegung sich bei vor allem bei immateriellen Werten nicht immer zur Darstellung aller relevanten Verhältnisse eignet.[1085] Das hat ggf. zur Folge, dass ihnen auch intern (z. B. zur Implementierung angemessener Geheimhaltungsmaßnahmen) zu wenig Aufmerksamkeit geschenkt wird.[1086] So nehme einer Studienauswertung der *EFRAG* nach die Aussagekraft von Abschlüssen ab, was hauptsächlich auf immaterielle Werte zurückzuführen sei:

> *„EFRAG's commissioned literature review [...] identified academic studies showing that the value relevance of financial statements is decreasing and that this could be due to financial statements not reflecting information about intangibles, which has become more important for more entities than previously. Insufficient information on intangibles could affect the company's market value due to information asymmetry, result in an inefficient capital allocation in society and make assessment of the management's stewardship difficult."*[1087]

Zwar wird die „Erklärungslücke zwischen Marktwert und Buchwert"[1088] oft mit der Auffangposition des Geschäfts- oder Firmenwertes erklärt.[1089] Allerdings verbirgt sich hinter diesem Erklärungsansatz häufig auch die fehlende Bereitschaft, umfassend zu bilanzieren, oder sogar die eigene Unkenntnis über wettbewerbsrelevantes und wertvolles Wissen,[1090] das theoretisch separat vom Geschäfts- oder Firmenwert identifiziert und bewertet werden könnte.[1091] Der bilanzielle Wertnachweis von immateriellen Werten ist so schwierig, weil sie oft nur „schwer greifbar" sind,[1092] sich i. d. R. nur mittelbar auswirken und sie

---

Schmalenbach-Gesellschaft für Betriebswirtschaft, Freiwillige externe Berichterstattung über immaterielle Werte, DB 2003, 1233, 1233.

1085 Vgl. *Senger/Kurz*, in: Vögele, Intangibles, 2. Aufl. 2021, § 2 A. Rn. 3; *Vögele/Saljanin*, in: Vögele, Intangibles, 2. Aufl. 2021, § 2 C. Rn. 6.

1086 *Moody/Walsh*, Measuring The Value Of Information: An Asset Valuation Approach, 1999, 15.

1087 *EFRAG*, Better Information on Intangibles, 2021, 21.

1088 *North*, Wissensorientierte Unternehmensführung, 2021, 212; als „Trend im Rahmen der digitalen Transformation" bezeichnend *Naumann*, IRZ 2017, 189, 189; ähnlich schon *Moxter*, BB 1979, 1102, 1102; so auch *Vögele/Saljanin*, in: Vögele, Intangibles, 2. Aufl. 2021, § 2 C. Rn. 1 ff.

1089 Am Beispiel von „SAP" *Naumann*, IRZ 2017, 189, 189.

1090 *Moody/Walsh*, Measuring The Value Of Information: An Asset Valuation Approach, 1999, 6.

1091 *North*, Wissensorientierte Unternehmensführung 2021, 212; anhand von Beispielen darstellend *Menninger*, in: Wurzer/Kaiser, Handbuch Internationaler Know-how-Schutz, 2. Aufl. 2011, 563 f.

1092 *Zimmermann/Dorn/Bieschewski*, NWB 2020, 3098, 3098.

ihre Wirkung nur mit anderen Nutzungspotenzialen entfalten,[1093] was Unsicherheiten über die Existenz und Höhe des bilanziellen Wertes erzeugt.[1094] So unterliegen immaterielle Werte tendenziell größeren Wertrisiken als materielle Werte,[1095] sodass ihr Wert zumindest aus bilanzieller Sicht meist weniger verlässlich ist.

Zu allgemeinen Schwierigkeiten kommt bei Geschäftsgeheimnissen hinzu, dass es – bspw. im Vergleich zu Patenten – aufgrund ihrer Geheimheit kaum zugängliche Marktpreise oder Vergleichswerte gibt. Selbst wenn also offensichtlich ist, dass in einem Geschäftsgeheimnis ein vermögensrelevanter Vorteil liegt, kann die exakte Werthaltigkeit dieses Vorteils nicht ohne Weiteres und ohne Abstriche bei der Verlässlichkeit der Information bestimmt werden.[1096] Weil auch der künftige Nutzen und die Auswirkungen eines Geschäftsgeheimnisses nur unter Annahmen vorhergesagt werden können, besteht eine gewisse Unsicherheit, ob die für sie getätigten Aufwendungen aus geschäftlicher Sicht erfolgsversprechend sind.[1097] Mit Blick auf die Restriktionen der Rechnungslegungssysteme lässt dies an einer dem Potenzial entsprechenden Abbildung in Bilanzen zweifeln.[1098] Schließlich bleibe bei fehlgeschlagenen Investitionen in die Schaffung von immateriellen Werten ggf. nicht einmal ein den Aufwendungen (teils) kompensierender „Schrottwert" übrig, sodass es sich bei den Aufwendungen um „versunkene" Kosten handeln kann,[1099] was dem Verständnis von *Vögele* und *Saljanin* entspricht:

> *„Etwas formal-trockener formuliert: für Tangibles meist einen Sekundärmarkt, während dies für Intangibles nicht so häufig der Fall ist, zumindest nicht im gleichen Ausmaß."*[1100]

Doch ungeachtet aller Schwierigkeiten darf im selben Atemzug nicht unerwähnt bleiben, dass – wie *Hoeren* und *Münker* sagen – die Bilanzierung trotz

---

1093 *EFRAG*, Better Information on Intangibles, 2021, 21; *Senger/Kurz*, in: Vögele, Intangibles, 2. Aufl. 2021, § 2 A. Rn. 4.

1094 *Baetge/Kirsch/Thiele*, Bilanzen, 16. Aufl. 2021, 245 f.

1095 *Baetge/Kirsch/Thiele*, Bilanzen, 16. Aufl. 2021, 302.

1096 *Küting/Lauer*, in: Lück, Jahrbuch für Wirtschaftsprüfung, Interne Revision und Unternehmensberatung 2011, München, 2011, 43, 48.

1097 *Greco*, Verwertung von Know-how – Vertragstypologische, Zuordnung, Vertragserfüllung und Hinweise zur Vertragsgestaltung, 2010, 4.

1098 *Vögele/Saljanin*, in: Vögele, Intangibles, 2. Aufl. 2021, § 2 C. Rn. 7; vgl. *Vögele/Vögele*, in: Vögele, Intangibles, 2. Aufl. 2021, § 4 A. Rn. 1.

1099 *EFRAG*, Better Information on Intangibles, 2021, 21.

1100 *Vögele/Saljanin*, in: Vögele, Intangibles, 2. Aufl. 2021, § 2 C. Rn. 19.

der genannten Schwierigkeiten bei der Bemessung des wirtschaftlichen Wertes hilfreich sein kann. So wie auch das GeschGehG eine Plausibilitätskontrolle hinsichtlich des Potenzials verlangt, werden bei der Bilanzierung Werthaltigkeit und Unsicherheiten miteinander abgewogen, sodass erst bei einem positiven Ergebnis eine hinreichend sichere bilanzielle Wertzuweisung erfolgt. Zudem können bei der Bilanzierung der Höhe nach kapitalwertorientierte Verfahren angewendet werden, die auch für Geschäftsgeheimnisse zielführend sind. Wegen dieser Ähnlichkeiten ist es denkbar, dass sowohl die Bilanzierung Aufschluss über den wirtschaftlichen Wert geben als auch in umgekehrter Richtung Informationen zur Bemessung des wirtschaftlichen Wertes bei der Bilanzierung berücksichtigt werden können. Eine „Konvergenz" zwischen interner und externer Rechnungslegung wurde in den IFRS bereits mit der „verstärkt zukunftsorientierten Rechnungslegung" teilweise vorangetrieben, sodass für die externe Rechnungslegung schon vermehrt auf interne Daten zurückgegriffen wird (z. B. „Management Approach" in den IFRS oder Bewertung von Vermögenswerten zum „Fair Value").[1101] Hierdurch kann die Entscheidungsnützlichkeit und -akzeptanz erhöht werden,[1102] was den Wünschen der meisten Bilanzsubjekte entspricht.[1103] Auch für bilanzierungspflichtige Geheimnisinhaber wäre eine weitgehende „Konvergenz" kostensparend und effizienter als eine doppelte Bewertung.[1104] So würde es sich insb. anbieten, die Implementierung von Geheimhaltungsmaßnahmen und regelmäßige Überprüfung der Angemessenheit gemeinsam mit einer Bilanzierung durchzuführen oder auch bei der gerichtlichen Durchsetzung von Ersatzansprüchen auf die Bilanzierung zu verweisen, was nichts anderes als eine Konvergenz der internen zugunsten der externen Rechnung bedeuten

---

1101 *Kirsch/Ewelt*, in: vom Brocke/Becker, Einfachheit in Wirtschaftsinformatik und Controlling, München, 2008, 307, 307 f. m. w. N.; *Kirsch/Koelen/Köhling*, KoR 2010, 200, 200 f.; *Kirsch/Steinhauer*, Zeitschrift für Planung und Unternehmenssteuerung 2003, 415, 416.

1102 *Kirsch/Ewelt*, in: vom Brocke/Becker, Einfachheit in Wirtschaftsinformatik und Controlling, München, 2008, 307, 317; *Kirsch/Steinhauer*, Zeitschrift für Planung und Unternehmenssteuerung 2003, 415, 431 f.; vgl. auch *Müller/Peskes*, BB 2006, 819, 822 f.; zur ebenso höheren Verlässlichkeit *Kirsch/Koelen/Köhling*, KoR 2010, 200, 202 f.

1103 *Haring/Pranter*, Controlling 2005, 147, 151.

1104 Allgemein zu Vorteilen der Konvergenz zwischen interner und externer Rechnungslegung *Kirsch/Koelen/Köhling*, KoR 2010, 200, 200; *Kirsch/Steinhauer*, Zeitschrift für Planung und Unternehmenssteuerung 2003, 415, 432 ff.; so auch *Müller/Peskes*, BB 2006, 819, 822 f.

würde.[1105] Je weitreichender die bilanzielle Wertzuweisung von Geschäftsgeheimnissen anhand der Rechnungslegungssysteme möglich ist, desto effizienter kann die Bemessung des wirtschaftlichen Wertes erfolgen. Ob und inwieweit dies der Fall ist, ist im Folgenden anhand der Rechnungslegung nach dem Handelsrecht, Steuerrecht und den IFRS zu untersuchen.

A. Bilanzierung dem Grunde nach: Aktivierung von Geschäftsgeheimnissen

Die bilanzielle Wertzuweisung erfolgt in allen untersuchten Rechnungslegungssystemen in zwei Schritten: Zunächst ist dem Grunde nach und anschließend der Höhe nach zu bilanzieren.[1106] Zuerst ist zu ermitteln, ob ein Geschäftsgeheimnis überhaupt aktiviert werden kann (Aktivierungsfähigkeit). Hieran zeigt sich, „ob" der wirtschaftliche Wert zwingend mit einem bilanziellen Wert einhergeht. Erst im nächsten Schritt kann dann ein konkreter Geldbetrag als bilanzieller Wert zugewiesen werden (Bewertung). Sollte schon die Bilanzierung dem Grunde nach eine Wertzuweisung ausschließen, kann bei der Bilanzierung keine vollständige Konvergenz zugunsten des wirtschaftlichen Wertes hergestellt werden. Dies richtet sich danach, ob Geschäftsgeheimnisse die grundsätzlichen Aktivierungsvoraussetzungen erfüllen und – sofern das der Fall ist –, ob darüber hinaus Aktivierungsverbote (z. B. § 248 Abs. 2 S. 2 HGB und IAS 38.63) der Aktivierung von Geschäftsgeheimnissen entgegenstehen.

I. Aktivierungsvoraussetzungen

Fraglich ist, ob jedes Geschäftsgeheimnis ein Vermögensgegenstand (HGB), Wirtschaftsgut (EStG) oder Vermögenswert (IFRS) ist. Hierfür müssen die jeweiligen Definitionen erfüllt sein, zu denen weitere Aktivierungsvoraussetzungen hinzukommen können. So sollen Bilanzen insb. dem Gläubigerschutz oder der Entscheidungsfindung dienen und dürfen je nach Zweck nur immaterielle Werte umfassen, die gewissermaßen objektiviert sind und für die eine Bewertungswillkür ausgeschlossen ist.[1107] Weil zwischen den einzelnen Definitionen Unterschiede bestehen, muss für jedes Rechnungslegungssystem separat geklärt

---

1105 *Kirsch/Ewelt*, in: vom Brocke/Becker, Einfachheit in Wirtschaftsinformatik und Controlling, München, 2008, 307, 312 ff.

1106 *Dicken/Henssler*, Bilanzrecht, 2. Aufl. 2021, Rn. 603.

1107 *Senger/Kurz*, in: Vögele, Intangibles, 2. Aufl. 2021, § 2 A. Rn. 5.

werden, welchen Geschäftsgeheimnissen überhaupt ein bilanzieller Wert überhaupt zugewiesen werden kann.

1. Handelsrecht: Vermögensgegenstand

Der Begriff „Vermögensgegenstand“ wird zwar im HGB vorausgesetzt,[1108] aber nicht definiert. Er ist anhand der GoB auszulegen.[1109] Für die „statistisch geprägte Aktivierungskonzeption“[1110] des Handelsrechts ist anerkannt, dass es auf die Schuldendeckungsfähigkeit eines Gutes ankommt, was sich insb. aus dem Wortlaut des § 242 Abs. 1 S. 1 HGB ergibt.[1111] Dass es hierbei um „wirtschaftlich nutzbares Potential [sic!]“ geht, dient vor allem dem Gläubigerschutz als Hauptfunktion der Handelsbilanz.[1112] Ein Gut muss also gegenüber Dritten irgendwie monetarisiert werden können,[1113] was jedoch innerhalb derselben Aktivierungskonzeption unterschiedlich ausgelegt wird. Erfüllt ein Gut die Anforderungen, die an die Schuldendeckungsfähigkeit gestellt werden, ist es abstrakt aktivierungsfähig.

Von der abstrakten Aktivierungsfähigkeit unterscheidet sich die konkrete Aktivierungsfähigkeit, also den Regeln, die vom Aktivierungsgrundsatz abweichen (§ 246 Abs. 1 S. 1 HGB: *„soweit nichts anderes bestimmt ist“*).[1114] Obwohl also gemäß § 246 Abs. 1 S. 1 HGB grundsätzlich ein Vollständigkeitsgebot besteht, führt die abstrakte Aktivierungsfähigkeit allein nicht zu einer bilanziellen Erfassung eines Vermögensgegenstandes. Konkret aktivierungsfähig ist ein Geschäftsgeheimnis erst, wenn es auch subjektiv zurechenbar ist und objektiv zum Betriebsvermögen gehört.[1115] Ferner darf kein Aktivierungsverbot wie § 248 Abs. 2 S. 2 HGB entgegenstehen, was die Aktivierung bestimmter selbstgeschaffener Geschäftsgeheimnisse hindern könnte. Da das Aktivierungsverbot aus § 248 Abs. 2 S. 2 HGB auch in derselben Form in der Rechnungslegung nach

---

1108 *Merkt*, in: Hopt, HGB, 42. Aufl. 2023, § 246 Rn. 3.

1109 *Senger/Kurz*, in: Vögele, Intangibles, 2. Aufl. 2021, § 2 A. Rn. 18.

1110 Begriff nach *Baetge/Kirsch/Thiele*, Bilanzen, 16. Aufl. 2021, 161 f.

1111 Stellvertretend *Kirsch/Kurz*, in: Lück, Jahrbuch für Wirtschaftsprüfung, Interne Revision und Unternehmensberatung 2011, 2011, 61, 65.

1112 *Baetge/Kirsch/Thiele*, Bilanzen, 16. Aufl. 2021, 162.

1113 Zur Darstellung und Differenzierung insb. *v. Keitz*, Immaterielle Güter in der internationalen Rechnungslegung. Grundsätze für den Ansatz von immateriellen Gütern in Deutschland im Vergleich zu den Grundsätzen in den USA und nach IASC, 1997, 20 ff.

1114 *Baetge/Kirsch/Thiele*, Bilanzen, 16. Aufl. 2021, 160.

1115 *Merkt*, in: Hopt, HGB, 42. Aufl. 2023, § 246 Rn. 14 ff., 24.

den IFRS besteht, wird es nicht schon bei den Aktivierungsvoraussetzungen, sondern erst in einem separaten Schritt gemeinsam mit dem entsprechenden Aktivierungsverbot aus den IFRS untersucht.

Neben der Schuldendeckungsfähigkeit, subjektiven Zurechenbarkeit und objektiven Zugehörigkeit werden bei der handelsrechtlichen Aktivierungsfähigkeit von Geschäftsgeheimnissen – anders als in den IFRS (IAS 38) – keine weiteren Anforderungen auf die Immaterialität gestellt, sodass Geschäftsgeheimnisse ausschließlich die genannten Voraussetzungen erfüllen müssen, um für die bilanzielle Wertzuweisung in Betracht zu kommen.

a) Schuldendeckungsfähigkeit

Das HGB sieht keine ausdrücklichen Anforderungen für die Schuldendeckungsfähigkeit vor. Die handelsrechtliche Literatur kritisiert hierzu häufig die steuerrechtliche Konzeption des BFH[1116] („dynamisch geprägte Aktivierungskonzeption"),[1117] weil sie in Anbetracht des Gläubigerschutzes zu ausufernd sei.[1118] So komme es im Handelsrecht mehr auf eine nach außen mögliche Monetarisierung als Beitrag zur Schuldendeckung an.[1119] Fraglich ist daher, ob Geschäftsgeheimnisse einen solchen Beitrag erbringen können und was diese Anforderung für bestimmte Geschäftsgeheimnisse bedeutet.

aa) Streitstand

Für die Schuldendeckungsfähigkeit kommen im Wesentlichen vier Bezugspunkte in Betracht:[1120]

Am restriktivsten ist es, wenn ein Gut der Zwangsvollstreckung zugänglich sein müsste.[1121] Unabhängig davon, dass Geschäftsgeheimnisse grundsätzlich zwangsvollstreckt werden können,[1122] sollte dies keine Voraussetzung sein, weil

1116 Stellvertretend *BFH*, Urt. v. 28.03.1990, II R 30/89 = BStBl 1990 II 569.

1117 Begriff nach *Baetge/Kirsch/Thiele*, Bilanzen, 16. Aufl. 2021, 160, 165.

1118 *Dicken/Henssler*, Bilanzrecht, 2. Aufl. 2021, Rn. 259 m. w. N.

1119 *Arbeitskreis Immaterielle Werte im Rechnungswesen der Schmalenbach-Gesellschaft für Betriebswirtschaft*, DB 2001, 989, 991; *Baetge/Kirsch/Thiele*, Bilanzen, 2021, 128, 162; *Dicken/Henssler*, Bilanzrecht, 2. Aufl. 2021, Rn. 259; *Senger/Kurz*, in: Vögele, Intangibles, 2. Aufl. 2021, § 2 A. Rn. 5.

1120 Darstellung nach *Baetge/Kirsch/Thiele*, Bilanzen, 2021, 162 f.

1121 Stellvertretend *Tiedchen*, Der Vermögensgegenstand im Handelsbilanzrecht, 1991, 44 ff.

1122 So nämlich *Alexander*, in: Köhler/Bornkamm/Feddersen, UWG, 41. Aufl. 2023, GeschGehG, § 1 Rn. 22; *Hauck*, in: Münchener Kommentar zum Lauterkeitsrecht, 3. Aufl. 2022, GeschGehG, vor § 1 Rn. 17, 19; *Kiefer*, WRP 2018, 910, 916 m. w. N.;

der Vermögensausweis dann unvollständig sein kann und auch der Auflistung der Vermögensgegenstände in § 266 Abs. 2 A. I. 1., 2. HGB widerspricht.[1123]

Ebenso restriktiv und abzulehnen ist die Voraussetzung, dass keine gesetzlichen oder vertraglichen Verbote der konkreten Veräußerung im Rechtsverkehr entgegenstehen dürfen,[1124] da auch dann die Gefahr des unvollständigen Vermögensausweises bestehen würde.[1125]

Weniger restriktiv ist es, wenn es auf die abstrakte Veräußerungsmöglichkeit ankäme, sodass Verfügungsbeschränkungen der abstrakten Aktivierungsfähigkeit – im Gegensatz zur konkreten Veräußerbarkeit – nicht entgegenstehen, sofern der Wert der Natur nach veräußerbar ist.[1126]

Zu ähnlichen Ergebnissen führt der Bezugspunkt der selbstständigen Verwertbarkeit, wonach es nicht auf die konkrete Art und Weise der Verwertungsmöglichkeiten gegenüber Dritten ankäme.[1127] Der Unterschied zur abstrakten Einzelveräußerbarkeit liegt darin, dass die Monetarisierung nicht nur durch eine

---

offen dafür aus Gründen der Einzelbewertbarkeit *Peters*, in: Münchener Kommentar zur Insolvenzordnung, 4. Aufl. 2019, § 35 Rn. 400; so zumindest ab dem Zeitpunkt der eigenbetrieblichen Nutzung *Slawik*, in: Brammsen/Apel, GeschGehG, 2022, Einl. D Rn. 58; so auch schon nach früherer Rechtslage *BGH*, Urt. v. 25.01.1955, I ZR 15/53 = GRUR 1955, 388, 390; so auch zur früheren Rechtslage *Hauck*, in: Ann/Loschelder/Grosch, Praxishandbuch Know-how-Schutz, 2010, Kap. 8 Rn. 8 f.; so auch schon *Maaß*, Information und Geheimnis im Zivilrecht, 1970, 111; vgl. auch *Stumpf*, Der Know-how-Vertrag, 3. Aufl. 1977, Rn. 215a ff.; differenzierend *Dorner*, Know-how-Schutz im Umbruch, 2013, 288 ff.; differenzierend auch *Wagner*, Know-how. Einordnung in das Zivilrecht, 2016, Rn. 371, 633; zur Ausnahme von Geschäftsgeheimnissen als Bestandteil des Geschäfts- oder Firmenwertes *Hauck*, in: Münchener Kommentar zum Lauterkeitsrecht, 3. Aufl. 2022, GeschGehG, vor § 1 Rn. 17; restriktiver *Berger/Tunze*, ZIP 2020, 52, 56; a. A. *Peukert*, Güterzuordnung als Rechtsprinzip, 2008, 608 ff.

1123 Mit Beispiel eines Kundenstamms *v. Keitz*, Immaterielle Güter in der internationalen Rechnungslegung. Grundsätze für den Ansatz von immateriellen Gütern in Deutschland im Vergleich zu den Grundsätzen in den USA und nach IASC, 1999, 26 ff., 58 ff.; am Beispiel eines Urheberrechts *Dicken/Henssler*, Bilanzrecht, 2. Aufl. 2021, Rn. 264.

1124 Stellvertretend *Knapp*, DB 1971, 1121 ff.; *Maul*, ZfbF 1973, 16, 26; früher auch *Moxter*, BB 1978, 821, 823.

1125 Am Beispiel eines Nießbrauchs und Urheberrechts *Baetge/Kirsch/Thiele*, Bilanzen, 16. Aufl. 2021, 163.

1126 Stellvertretend *Merkt*, in: Hopt, HGB, 42. Aufl. 2023, § 246 Rn. 5 m. w. N.

1127 Stellvertretend *Lamers*, Aktivierungsfähigkeit und Aktivierungspflicht immaterieller Werte, 1981, 205 ff.

Veräußerung erfolgen, sondern – wie auch aus der Gesetzesbegründung zum BilMoG ersichtlich wird[1128] – auch durch Verarbeitung, Verbrauch, Erteilung von Nutzungsrechten oder bedingten Verzicht geschehen kann.[1129] Dadurch wollte der Gesetzgeber das wirtschaftliche Potenzial und die Verwertbarkeit als zentrale Merkmale von Vermögensgegenständen anerkennen.[1130] Es kommt also nur darauf an, dass das Gut nach außen hin sich monetarisieren lässt.[1131] Die ausschließlich interne und nur auf das Subjekt bezogene Nutzbarkeit des selbstgeschaffenen Gutes genügt wiederum nicht,[1132] wobei bei Geschäftsgeheimnissen ein interner Nutzen im Zusammenhang mit dem wertbegründenden Wettbewerbsvorteil vermuten lässt, dass auch Dritte das Geschäftsgeheimnis gewinnbringend nutzen könnten/wollen und auch bereit wären, eine Gegenleistung zu erbringen. Für Geschäftsgeheimnisse bedeutet das, dass die Aktivierung eine „gewisse Marktreife" im Bewertungszeitpunkt erfordert,[1133] sodass sie im Deckungsfall Dritten in irgendeiner Form sinnvoll angeboten werden können und dadurch erst ein Beitrag zur Schuldendeckung geleistet werden kann.

Zwischen den beiden letztgenannten Bezugspunkten ist die selbstständige Verwertbarkeit vorzugswürdig, was auch dem bei der BilMoG-Reform ersichtlichen gesetzgeberischen Willen entspricht.[1134] Dadurch werden also nicht nur Güter erfasst, die veräußert werden können, sondern auch die, für die ggf. anderen Verwertungsformen in Frage kommen. Schließlich soll eine Handelsbilanz zeigen, ob wirtschaftlich verwertbares Potenzial existiert und dieses zur Schuldendeckung herangezogen werden kann.[1135] Da ein wirtschaftlicher Vorteil sich nicht nur anhand einer Veräußerung zeigt, sind auch andere Formen geeignet, was sich bei Geschäftsgeheimnissen bspw. an einer Lizenzierung als Form der

---

1128 BT-Drs. 16/10067, 50.

1129 *Dicken/Henssler*, Bilanzrecht, 2. Aufl. 2021, Rn. 262; *Senger/Kurz*, in: Vögele, Intangibles, 2. Aufl. 2021, § 2 A. Rn. 27.

1130 *Dicken/Henssler*, Bilanzrecht, 2. Aufl. 2021, Rn. 248.

1131 *Senger/Kurz*, in: Vögele, Intangibles, 2. Aufl. 2021, § 2 A. Rn. 27.

1132 *Kirsch/Kurz*, in: Lück, Jahrbuch für Wirtschaftsprüfung, Interne Revision und Unternehmensberatung 2011, 2011, 61, 68.

1133 *Senger/Kurz*, in: Vögele, Intangibles, 2. Aufl. 2021, § 2 A. Rn. 27; als „aktuelle externe Möglichkeit" bezeichnend *Kirsch/Kurz*, in: Lück, Jahrbuch für Wirtschaftsprüfung, Interne Revision und Unternehmensberatung 2011, 2011, 61, 67.

1134 BT-Drs. 16/10067, 50; so aber auch schon vor dem BilMoG *Kirsch/Steinhauer*, Zeitschrift für Planung und Unternehmenssteuerung 2003, 415, 421.

1135 *Baetge/Kirsch/Thiele*, Bilanzen, 2021, 128, 164 m. w. N.

Nutzungserteilung[1136] zeigt. Trotzdem ist einzuräumen, dass es wertvolle Güter gibt, die ein wirtschaftlich verwertbares Potenzial darstellen, für die aber eine Veräußerung, Nutzungsüberlassung oder ein (vertraglich bedingter) Verzicht nicht möglich ist (z. B. Softwareverträge).[1137] Für diese seltenen Fälle ist es zielführend, die selbstständige Verwertbarkeit nicht nur auf eine freiwillige Verwertung zu beschränken, sondern auf die Zwangsvollstreckung auszuweiten.[1138] Da dies i. d. R. bei Geschäftsgeheimnissen möglich ist,[1139] liegt es nahe, dass die meisten Geschäftsgeheimnisse einen Beitrag zur Schuldendeckung leisten können.

bb) Bedeutung für Geschäftsgeheimnisse

Zwar können Immaterialgüterrechte wie Patente oder Marken einen Beitrag zur Schuldendeckung leisten.[1140] Jedoch lässt sich das nicht vollständig auf alle Geschäftsgeheimnisse übertragen. Obwohl der wirtschaftliche Wert i. S. d. GeschGehG über die Verwertung hinaus das Nutzungs- und Schädigungspotenzial umfasst, offenbart schon die Schuldendeckungsfähigkeit im handelsrechtlichen Sinne einen Unterschied zwischen Geheimnisschutz und handelsrechtlicher Bilanzierung, was der effizienten Konvergenz entgegenstehen könnte.

(1) Ausschließliches Schädigungspotenzial

Geschäftsgeheimnisse mit ausschließlichem Schädigungspotenzial sind nicht verwertbar und daher auch nicht abstrakt aktivierungsfähig.[1141] Richtigerweise sind diese Geschäftsgeheimnisse für die bilanzielle Wertbestimmung nicht von Bedeutung, weil einen *„positiven Wert wird man solchen Informationen gerade nicht beimessen können“*.[1142] Allenfalls können derartige Geschäftsgeheimnisse vom negativen Geschäfts- oder Firmenwert umfasst sein, was aber erst nach

---

1136 *Brebeck/Herrmann*, in: Kirsch/Thiele, Rechnungslegung und Wirtschaftsprüfung. Festschrift zum 70. Geburtstag von Prof. Dr. Dr. h.c. Jörg Baetge, 2007, 63, 69.

1137 Beispiel nach *Baetge/Kirsch/Thiele*, Bilanzen, 16. Aufl. 2021, 165.

1138 Vgl. *v. Keitz*, Immaterielle Güter in der internationalen Rechnungslegung. Grundsätze für den Ansatz von immateriellen Gütern in Deutschland im Vergleich zu den Grundsätzen in den USA und nach IASC, 1999, 31; *Tiedchen*, Der Vermögensgegenstand im Handelsbilanzrecht, 1991, 58 f.

1139 *Hauck*, in: Münchener Kommentar zum Lauterkeitsrecht, 3. Aufl. 2022, GeschGehG, vor § 1 Rn. 17, 19; *Kiefer*, WRP 2018, 910, 916 m. w. N.

1140 *North*, Wissensorientierte Unternehmensführung, 2021, 214.

1141 So auch *Koch*, in: Vögele, Intangibles, 2. Aufl. 2021, § 1 B. Rn. 225.

1142 *Koch*, in: Vögele, Intangibles, 2. Aufl. 2021, § 1 B. Rn. 225.

einem Erwerb i. R. d. derivativen Geschäfts- oder Firmenwertes möglich ist, sich aber – wenn überhaupt – nur auf eine Passivierung bezieht. Eine vorherige Aktivierung ist mangels Verwertbarkeit zur Schuldendeckung ausgeschlossen. Das Wertverständnis von Geheimnisschutz und Handelsbilanzierung stehen hier nicht miteinander im Einklang. Dadurch, dass Handelsbilanzen nur verwertbare Positionen ausweisen, sind Geschäftsgeheimnisse mit ausschließlichem Schädigungspotenzial von einer Aktivierung ausgeschlossen.

(2) Nutzungs- und/oder Verwertungspotenzial

Sofern sie – auch mittelbar durch das Nutzungspotenzial – kein Verwertungspotenzial begründen, können auch ausschließlich intern genutzte Geschäftsgeheimnisse nicht bilanziell aktiviert werden.[1143]

Da Geschäftsgeheimnisse aber immer einen Wettbewerbsvorteil begründen müssen und deshalb anzunehmen ist, dass sie grundsätzlich auch für Wettbewerber in einem Deckungsfall nützlich sein würden, ist bei Geschäftsgeheimnisse mit Nutzungspotenzial i. d. R. von einer Verwertbarkeit i. S. d. handelsrechtlichen Rechnungslegung auszugehen. Das trifft aber nur eingeschränkt auf die Fälle zu, in denen der Erfolg durch die Nutzung des Geschäftsgeheimnisses noch nicht hinreichend absehbar ist (z. B. Rohdaten).[1144] Da der wirtschaftliche Wert nicht nur als realer Wert zu verstehen ist und sich noch nicht konkret manifestiert haben muss, genügt bereits das Potenzial.[1145] Der Geheimnisschutz findet also schon weit vor der Marktreife Anwendung. Innovationen und entsprechende Investitionen werden angemessen früh abgesichert, sodass bspw. der ggf. angestrebte Patentschutz seine Wirkung überhaupt erst noch entfalten kann.

Weil die Verwertbarkeit im handelsrechtlichen Sinne aber so auszulegen ist, dass eine „gewisse Marktreife" zur Aktivierung erforderlich ist,[1146] sind die

---

1143 Vgl. *Kirsch/Kurz*, in: Lück, Jahrbuch für Wirtschaftsprüfung, Interne Revision und Unternehmensberatung 2011, 2011, 61, 68.

1144 Offen für eine Aktivierung von Rohdaten als Wirtschaftsgut *Holsten*, DB 2019, 1697, 1698.

1145 *Hauck*, in: Münchener Kommentar zum Lauterkeitsrecht, 3. Aufl. 2022, GeschGehG, § 2 Rn. 13; *Nebel/Dietrich*, GeschGehG, § 2 Rn. 23; *Aplin*, in: Lohsse/Schulze/Staudenmeyer, Trading Data in the Digital Economy: Legal Concepts and Tools, 2017, 59, 65; *Böhm/Nestler*, GRUR-Prax 2018, 181, 182; *Reinfeld*, Das neue Gesetz zum Schutz von Geschäftsgeheimnissen, 2019, § 1 Rn. 145.

1146 *Senger/Kurz*, in: Vögele, Intangibles, 2. Aufl. 2021, § 2 A. Rn. 27; als „aktuelle externe Möglichkeit" bezeichnend *Kirsch/Kurz*, in: Lück, Jahrbuch für Wirtschaftsprüfung, Interne Revision und Unternehmensberatung 2011, 2011, 61, 67.

Hürden für eine handelsbilanzielle Wertzuweisung höher als die im Geheimnisschutz. Das liegt auch daran, dass die Prognose an einen künftigen Nutzen im GeschGehG berücksichtigt, dass es künftig eine Nutzung oder Verwertung geben „kann", es aber bei einer Bilanzierung einen Beitrag zur Schuldendeckung leisten können „muss". So haben bspw. Rohdaten im Zeitalter von „Big Data" zwar wegen des Wettbewerbsvorteils ein Nutzungs- und/oder Verwertungspotential. Jedoch kann auch Letzteres nicht unmittelbar mit einer Verwertbarkeit gleichgesetzt werden, da an die für das Potenzial gestellte Prognose keine hohen Anforderungen zu stellen sind;[1147] zumindest nicht solche, dass Geschäftsgeheimnisse einen Beitrag zur Schuldendeckung leisten können. Auch die Geschäftsgeheimnisse, die nicht extern, sondern nur intern „verwertet" werden können, haben keinen handelsbilanziellen Wert.[1148]

cc) Zwischenergebnis

Durch die Schuldendeckungsfähigkeit sind bestimmte Geschäftsgeheimnisse von einer (handels-)bilanziellen Wertzuweisung entweder ganz ausgeschlossen (z. B. Geschäftsgeheimnisse mit ausschließlichem Schädigungspotenzial) oder sie können nur teilweise aktiviert werden (z. B. Geschäftsgeheimnisse mit stark auf die Zukunft oder spezifisch auf einen bestimmten Inhaber ausgerichtetem Potenzial). Für die meisten Geschäftsgeheimnisse mit positivem (Nutzungs- und/oder Verwertungs-)Potenzial dürfte aber die Verwertbarkeit der Aktivierung nicht entgegenstehen, da Wettbewerbsvorteile nicht immer, aber meist mit einem Interesse von Dritten gleichgesetzt werden können, (spätestens) im Deckungsfall ein Geschäftsgeheimnis erwerben zu wollen oder dies für sie einen Nutzen darstellen würde.

b) Subjektive Zurechenbarkeit

Für die Aktivierung ist nicht das rechtliche Eigentum wesentlich, das sich nach dem Zivilrecht richtet.[1149] Zwar werden Vermögensgegenstände i. d. R. beim rechtlichen Eigentümer bilanziert. Allerdings kommt es für die Bilanzierung auf eine wirtschaftliche Betrachtungsweise an, die dazu führen kann,

---

1147 *Alexander*, in: Köhler/Bornkamm/Feddersen, UWG, 41. Aufl. 2023, GeschGehG, § 2 Rn. 43.

1148 *Kirsch/Kurz*, in: Lück, Jahrbuch für Wirtschaftsprüfung, Interne Revision und Unternehmensberatung 2011, 2011, 61, 68.

1149 *Merkt*, in: Hopt, HGB, 42. Aufl. 2023, § 246 Rn. 14.

dass rechtliches und wirtschaftliches Eigentum auseinanderfallen.[1150] So ist ein Vermögensgegenstand gemäß § 246 Abs. 1 S. 2 HGB wirtschaftlich demjenigen zuzurechnen, der die Chancen und Risiken aus der dauerhaften Nutzung und Wertschwankung des Gutes trägt.[1151] Das ist i. d. R. der Fall, wenn derjenige die tatsächliche Herrschaft so ausübt, dass er den rechtlichen Eigentümer von einer Einwirkung auf den Vermögensgegenstand ausschließen kann.[1152]

Als Faustregel gilt, dass ein Vermögensgegenstand dem zuzurechnen ist, bei dem Besitz, Gefahr, Nutzen und Lasten liegen.[1153] Das ist bei Geschäftsgeheimnissen i. d. R. der Inhaber. Doch wenn der Inhaber sein Geschäftsgeheimnis lizenziert und es sich um eine ausschließliche Lizenz[1154] handelt, kann der Lizenznehmer den Lizenzgeber von der Nutzung des Geschäftsgeheimnisses verdrängen.[1155] Das Geschäftsgeheimnis würde beim Lizenznehmer als wirtschaftlichen „Eigentümer" statt beim Lizenzgeber aktiviert werden, wodurch das Nutzungspotenzial in Form der Lizenzierung keine bilanzielle Bedeutung beim Lizenzgeber erlangt. Bei einer einfachen Lizenz muss das Geschäftsgeheimnis beim Lizenzgeber als rechtlichen „Eigentümer" aktiviert werden, wofür insb. die Gefahren und Lasten sprechen, die den Lizenzgeber i. R. d. Rechtsverfolgung treffen.[1156]

Da das wirtschaftliche Eigentum bei der ausschließlichen Lizenz mit dem rechtlichem Eigentum auseinanderfällt, erfolgt die bilanzielle Wertzuweisung nicht auch beim Lizenzgeber als (mindestens Mit-)Inhaber, sondern nur beim Lizenznehmer. Der bilanzielle Wert wird also nicht immer dem zugeordnet, der auch vom Potenzial des Geschäftsgeheimnisses profitiert und für den es wirtschaftlich wertvoll ist. Die subjektive Zurechenbarkeit steht dann einer zielführenden Abbildung des wirtschaftlichen Wertes bei der Bilanzierung entgegen. In allen anderen Fällen ist aber davon auszugehen, dass die bilanzielle Wertzuweisung bei dem erfolgt, der auch der Inhaber ist.

1150 *Baetge/Kirsch/Thiele*, Bilanzen, 16. Aufl. 2021, 244; *Senger/Kurz*, in: Vögele, Intangibles, 2. Aufl. 2021, § 2 A. Rn. 28.

1151 *Baetge/Kirsch/Thiele*, Bilanzen, 16. Aufl. 2021, 244.

1152 *Merkt*, in: Hopt, HGB, 42. Aufl. 2023, § 246 Rn. 14.

1153 *Baetge/Kirsch/Thiele*, Bilanzen, 16. Aufl. 2021, 174.

1154 Hierzu *Schur*, Die Lizenzierung von Daten, 2020, 113 ff.; dies auch als „ausschließliche Lizenz" bezeichnend und kritisch zu Know-how-Verträgen mangels „(quasi-) dinglicher Wirkung" *Greco*, Verwertung von Know-how – Vertragstypologische, Zuordnung, Vertragserfüllung und Hinweise zur Vertragsgestaltung, 2010, 142 ff.

1155 *Glinke*, in: Keller/Schönknecht/Glinke, GeschGehG, 2. Aufl. 2021, § 10 Rn. 51.

1156 Vgl. *Glinke*, in: Keller/Schönknecht/Glinke, GeschGehG, 2. Aufl. 2021, § 10 Rn. 49.

c) *Objektive Zugehörigkeit*

Es dürfen nur Güter aktiviert werden, die sachlich einem Betrieb zugeordnet werden. Daher ist das Betriebs- vom Privatvermögen eines Subjekts abzugrenzen.[1157] Dies gilt gemäß der §§ 4 Abs. 1, 5 EStG auch für die steuerrechtliche Aktivierung.[1158] Bedeutung erlangt dies beim gewillkürten Betriebsvermögen, zu dem Privatgeheimnisse gehören können, die Überschneidungen zum Geheimnisschutz aufweisen. Für die objektive Zugehörigkeit muss ein Geschäftsgeheimnis im objektiven Zusammenhang mit einem Betrieb stehen und ihn zu fördern bestimmt und geeignet sein.[1159] Zudem richtet sie sich nach der subjektiven Zuordnungsentscheidung eines Inhabers.[1160] Um auf Personen, die ihre Persönlichkeitsaspekte vermarkten, und auf das Beispiel der Hochzeit von Michael Douglas und Catherine Zeta-Jones zurückzukommen, haben solche Informationen einen wirtschaftlichen Wert und können trotz persönlichkeitsbezogener Umstände der unternehmerischen Tätigkeit zugeordnet werden. Es handelt sich i. S. d. objektiven Zugehörigkeit nicht mehr um Privat-, sondern wegen der Verwertungsabsicht um Betriebsvermögen. Wenn Geheimnisse einen wirtschaftlichen Wert haben, ist – wie bei der oben erfolgten Abgrenzung zu anderen Geheimnisarten – davon auszugehen, dass die objektive Zugehörigkeit einer Aktivierung nicht entgegensteht, sodass die als Geschäftsgeheimnis geschützten persönlichen Umstände einer Person einen bilanziellen Wert haben können.

2. *Steuerrecht: Wirtschaftsgut*

Nach dem Grundsatz der Maßgeblichkeit aus § 5 Abs. 1 EStG werden handelsrechtliche Vorschriften auch auf die Steuerbilanz übertragen.[1161] Die GoB sind somit grundsätzlicher Bestandteil des Bilanzsteuerrechts, entfalten auch dort eine unmittelbare Wirkung und bilden die Grundlage zur Aktivierung und Bewertung von Geschäftsgeheimnissen als Wirtschaftsgüter.[1162] Die nach dem HGB bilanzierten Vermögensgegenstände sind aber nur insoweit zu

---

1157 *Merkt*, in: Hopt, HGB, 42. Aufl. 2023, § 246 Rn. 24; *Senger/Kurz*, in: Vögele, Intangibles, 2. Aufl. 2021, § 2 A. Rn. 19.

1158 *Merkt*, in: Hopt, HGB, 42. Aufl. 2023, § 246 Rn. 24.

1159 *Merkt*, in: Hopt, HGB, 42. Aufl. 2023, § 246 Rn. 24.

1160 *Merkt*, in: Hopt, HGB, 42. Aufl. 2023, § 246 Rn. 24.

1161 *Baetge/Kirsch/Thiele*, Bilanzen, 16. Aufl. 2021, 160; *Senger/Kurz*, in: Vögele, Intangibles, 2. Aufl. 2021, § 2 A. Rn. 19, 34; *Zimmermann/Dorn*, NWB 2020, 2462, 2464 f.

1162 *Baetge/Kirsch/Thiele*, Bilanzen, 16. Aufl. 2021, 160 f.; *Zimmermann/Dorn*, NWB 2020, 2462, 2465.

übernehmen, sofern dem Grundsatz der Maßgeblichkeit keine steuerrechtlichen Vorschriften entgegenstehen oder für sie in steuerlichen Wahlrechten nichts anderes vorgesehen ist.[1163] Obwohl auch der im HGB genutzte Begriff Vermögensgegenstand grundsätzlich mit dem steuerrechtlichen Begriff Wirtschaftsgut übereinstimmt,[1164] haben sich in der finanzgerichtlichen Rspr. und handelsrechtlichen Literatur verschiedene Aktivierungskonzeptionen (Handelsrecht: „statisch geprägt"; Steuerrecht: „dynamisch geprägt")[1165] entwickelt. Diese stimmen überwiegend überein, führen aber bei einzelnen Werten zu unterschiedlichen Ergebnissen. So ist für eine Steuerbilanz nicht entscheidend, ob eine Monetarisierung eines Gutes möglich ist, sondern es verlangt „nur" eine Übertragbarkeit des Gutes zusammen mit dem Betrieb.[1166] Neben Sachen und Rechten i. S. d. BGB werden demnach nach auch die Werte erfasst, die noch nicht zu zivilrechtlichen Positionen erstarkt sind, wie es bei tatsächlichen Zustände und konkreten Möglichkeiten der Fall ist.[1167] Doch da bei Gesamtbetriebsveräußerungen fast alle vorhanden Sachen, Rechte und wirtschaftlichen Vorteile auf Erwerber übergehen können, geht es dem BFH zufolge einschränkend vor allem um die bilanzielle Greifbarkeit und selbstständige Bewertbarkeit.[1168] Die Aktivierung als Wirtschaftsgut ist an die nachfolgenden Kriterien geknüpft.[1169]

a) Vermögensvorteil

Erstens muss es sich um einen einen Nutzen bringenden Vermögensvorteil handeln, dessen Erlangung für einen Betrieb etwas kosten würde.[1170] Hierfür kann bei Geschäftsgeheimnissen auf den Vorteil verwiesen werden, den Inhaber

---

1163 *Senger/Kurz*, in: Vögele, Intangibles, 2. Aufl. 2021, § 2 A. Rn. 34.

1164 *BFH (Grs)*, Beschl. v. 07.08.2000, GrS 2/99 = NJW 2000, 3804, 3806; *BFH*, Urt. v. 26.02.1975, I R 72/73 = BStBl 1976 II 13; *Baetge/Kirsch/Thiele*, 16. Aufl. 2021, 183 m. w. N.; *Knerr*, Geistiges Eigentum und Steuerrecht: Patent- und Gebrauchsmusterverwertung aus Sicht des nationalen Ertragssteuerrechts, 2015, 206; *Zimmermann/Dorn/Bieschewski*, NWB 2020, 3098, 3098 m. w. N.

1165 Begriffe nach *Baetge/Kirsch/Thiele*, Bilanzen, 16. Aufl. 2021, 161.

1166 *BFH*, Urt. v. 22.07.1988, III R 175/85 = BStBl 1988 II 995.

1167 *BFH (GrS)*, Beschl. v. 07.08.2000, GrS 2/99 = NJW 2000, 3804, 3806; *BFH*, Beschl. v. 16.02.1990, III B 90/88 = BStBl 1990 II 794.

1168 *BFH*, Urt. v. 28.03.1990, II R 30/89 = BStBl 1990 II 569; *Moxter*, Bilanzrechtsprechung, 6. Aufl. 2007, 11 ff.

1169 *BFH (GrS)*, Beschl. v. 07.08.2000, GrS 2/99 = NJW 2000, 3804, 3806; *BFH*, Urt. v. 29.11.2012, IV R 47/09 = BStBl 2013 II, 324.

1170 *BFH*, Urt. v. 09.07.1986, I R 218/82 = BStBl 1987 II 14.

gegenüber Wettbewerbern haben. Um diesen Vorteil zu nivellieren und das Geheimnis zu erlangen, müssten Wettbewerber Zeit, Kosten und Mühe aufwenden.[1171] So fußt ein wirtschaftlicher Wert auch darauf, was Inhabern an Aufwand für den bestehenden Zugang erspart bleibt.[1172] Der Nutzen spiegelt sich zumeist im Verwertungs- und Nutzungspotenzial von Geschäftsgeheimnissen wider, was jedoch nicht für Geschäftsgeheimnisse mit ausschließlichem Schädigungspotenzial gilt.

Aufgrund des Vorsichtsprinzips muss es sich bei immateriellen Wirtschaftsgütern um objektiv werthaltige Positionen handeln. Dies hat der BFH für einige typische Geschäftsgeheimnisse wie Computerprogramme[1173] oder Rezepturen[1174] schon angenommen. Dasselbe gilt für Datensammlungen, die ausschließlich für ein Subjekt erhoben werden und auch nur von diesem genutzt und verwertet werden dürfen.[1175] Das trifft jedoch nicht auf Datenbestände zu, die allgemein bekannt und für jedermann zugänglich sind.[1176] Da aber eine Geheimheit vorausgesetzt wird, fallen letztgenannte Daten ohnehin nicht in den Anwendungsbereich des GeschGehG. Nur bei geheimen Rohdaten ist es entscheidend, ob sie ausschließlich vom Inhaber genutzt und verwertet werden dürfen. Schließlich ist es für in der Umwelt vorhandene Daten theoretisch möglich, dass sie durch jedermann sicht- und nutzbar gemacht werden können. Dass sie trotzdem als wirtschaftlich wertvolle Informationen geschützt sein können, zeigen die Ergebnisse zu Informationen ohne Verarbeitungsstufe.

Generell begründet der Geheimnisschutz zwar nur eine faktische Exklusivität.[1177] Allerdings reicht auch diese bereits für die Erfassung als einen Nutzen bringenden Vermögensvorteil aus,[1178] sodass keine vollwertige Rechtsposition für ein immaterielles Wirtschaftsgut notwendig ist. So stellen wirtschaftlich (positiv) wertvolle Geschäftsgeheimnisse für die steuerrechtliche Rechnungslegung relevante Vermögensvorteile dar.

1171 *Rody*, Der Begriff und die Rechtsnatur von Geschäfts- und Betriebsgeheimnissen unter Berücksichtigung der Geheimnisschutz-Richtlinie, 2019, 101.

1172 *Krüger/Wiencke/Koch*, GRUR 2020, 578, 581.

1173 *BFH*, Urt. v. 03.07.1987, III R 7(86 = BStBl 1987 II 728.

1174 *BFH*, Urt. v. 08.09.2011, IV R 5/09 = BStBl 2012 II 122.

1175 *BFH*, Urt. v. 30.10.2008, III R 82/06 = BStBl 2009 II 421.

1176 *BFH*, Urt. v. 02.09.1998, III R 38/84 = BStBl 1989 II 160.

1177 Zur Einordnung als „Zugangsschutz“ stellvertretend *Ann*, GRUR 2007, 39, 41.

1178 Vgl. *BFH*, Urt. v. 30.10.2008, III R 82/06 = BStBl 2009 II 421.

b) Bilanzielle Greifbarkeit

Zweitens muss der Vermögensvorteil bei der Gesamtbetriebsveräußerung als Einzelheit ins Gewicht fallen und darf sich nicht ins Allgemeine verflüchtigen, also in etwa Bestandteil des Geschäfts- oder Firmenwertes sein („bilanzielle Greifbarkeit").[1179] Materielle Werte fallen immer als Einzelheit ins Gewicht und sind bilanziell greifbar. Dasselbe gilt aber nicht ohne Weiteres für immaterielle Werte, die nicht als Recht konkretisiert sind, weil mögliche Erwerber sie anders als bei Patenten oder Urheberrechten nicht zwingend bei einer Kaufpreisbemessung berücksichtigen müssten.[1180] Da sich Geschäftsgeheimnisse i. d. R. auch im Verborgenen auswirken und ihr Anteil daher nur schwierig zu ermitteln ist, lässt sich vermuten, dass sich ihr Anteil verflüchtigt. Es darf jedoch nicht missachtet werden, dass Geschäftsgeheimnisse häufig den Grund eines Erwerbs darstellen.[1181] Sie fallen als wesentliche Werttreiber meist doch ins Gewicht und verflüchtigen sich nicht, sondern werden beim Erwerbsvorgang bewusst adressiert. Denkbar ist aber bspw., dass kleine Sammlungen an (noch nicht sinnvoll verwendbaren) Rohdaten oder ein in einen komplexen und oft durch Patente geschützten Herstellungsprozess einbezogenes Geschäftsgeheimnis nicht als einzelner Wert ins Gewicht fallen, sondern nur mit anderen Werten verknüpft werden. Die Ausprägungen in beide Richtungen zeigen, dass es maßgeblich auf den Einzelfall ankommt und sich dieser sowohl nach dem Wettbewerbsvorteil als auch nach der Abgrenzbarkeit zu anderen Werten richtet. Hinsichtlich Letzterem zeigen aber schon die für die angemessenen Geheimhaltungsmaßnahmen erforderliche Identifizierung sowie Abgrenzung zwischen verschiedenen Geschäftsgeheimnissen, dass sie für Inhaber grundsätzlich auch als Einzelheit ins Gewicht fallen und sich gerade nicht in anderen Bestandteilen verflüchtigen.

1179 So schon *RFH*, Urt. v. 21.10.1931, VI A 2002/29 = RStBl 1932, 305; so später auch *BFH*, Urt. v. 28.03.1990, II R 30/89 = BStBl 1990 II 569; stellvertretend für die Literatur *Baetge/Kirsch/Thiele*, Bilanzen, 16. Aufl. 2021, 166.

1180 Vgl. *Baetge/Kirsch/Thiele*, Bilanzen, 16. Aufl. 2021, 166.

1181 Zu geheimer Software sowie geheimen Algorithmen und Kundeninformationen als mutmaßliche Gründe des Erwerbs von Flaschenpost durch die Oetker-Gruppe, *Wenzel*, in: RND, 02.11.2020 (zuletzt abgerufen am 17.07.2023 unter: https://www.rnd.de/wirtschaft/start-up-flaschenpost-oetker-ubernimmt-lieferdienst-fur-eine-milliarde-euro-J3SJI6UDS5F3JHU5CXNO4A4JMI.html).

c) Übertragbarkeit

Drittens muss der Vermögensvorteil übertragen werden können. Bei Geschäftsgeheimnissen können sich Vertragsparteien grundsätzlich schuldrechtlich durch einen Rechtskauf zur Überlassung eines Geschäftsgeheimnisses verpflichten. Auch die entsprechende Dispositionsbefugnis kann sachenrechtlich durch Abtretung übertragen werden. Nur ausnahmsweise ist das nicht möglich, wenn Geschäftsgeheimnisse insb. als Bestandteil des Geschäfts- oder Firmenwertes so eng im Zusammenhang mit einem gesamten Unternehmen stehen, dass sie nicht separat aufgefasst werden können.[1182] Da aber für das steuerrechtliche Kriterium keine Einzelveräußerbarkeit nötig ist, genügt es, wenn ein Vorteil in Verbindung mit dem Betrieb übertragen werden kann. Daher sind selbst Geschäftsgeheimnisse, die Bestandteil des Geschäfts- oder Firmenwertes sind, spätestens im Zusammenhang mit dem Betrieb übertragbar und erfüllen dieses Kriterium.

d) Selbstständige Bewertbarkeit

Viertens muss der Vermögensvorteil selbstständig bewertet werden können, was vor allem bei Geschäftsgeheimnisses als „schwierigstes Merkmal" gilt.[1183] Immer, wenn Geschäftsgeheimnisse erworben werden, besteht im Zugangszeitpunkt durch den objektivierten Vorgang der Anschaffung eine Gegenleistung, die die Bewertbarkeit indiziert.[1184] Auch zu späteren Zeitpunkten lassen sich Geschäftsgeheimnisse meistens „im Wege der Schätzung bewerten",[1185] was sich nach den Methoden zur Bestimmung eines Zeitwertes richtet. Doch weil sich dieses Kriterium aus dem Grundsatz der Einzelbewertung gemäß § 252 Abs. 1 Nr. 3 HGB ergibt,[1186] muss jeder Vermögensvorteil einzeln, also ohne Verrechnung mit anderen Vermögensvorteilen bewertet werden können. Dies erfordert, dass ein Wert jeweils dokumentiert, nachgewiesen und begründet werden kann,[1187] was mangels hinrei-

---

1182 *Hauck*, in: Münchener Kommentar zum Lauterkeitsrecht, 3. Aufl. 2022, GeschGehG, vor § 1 Rn. 17.

1183 *Knerr*, Geistiges Eigentum und Steuerrecht: Patent- und Gebrauchsmusterverwertung aus Sicht des nationalen Ertragssteuerrechts, 2015, 355.

1184 *Baetge/Kirsch/Thiele*, Bilanzen, 16. Aufl. 2021, 166; *Knerr*, Geistiges Eigentum und Steuerrecht: Patent- und Gebrauchsmusterverwertung aus Sicht des nationalen Ertragssteuerrechts, 2015, 355.

1185 *Baetge/Kirsch/Thiele*, Bilanzen, 16. Aufl. 2021, 166.

1186 *Moxter*, Bilanzrechtsprechung, 6. Aufl. 2007, 8.

1187 *Baetge/Kirsch/Thiele*, Bilanzen, 16. Aufl. 2021, 125 f.

chender Trennschärfe zu der bilanziellen Greifbarkeit gewisse Überschneidungen aufweist.[1188]

Von diesem Grundsatz darf gemäß § 252 Abs. 2 HGB nur in begründeten Ausnahmefällen abgewichen werden, was gemäß IDW S 5.12 bspw. bei zusammenhängenden immateriellen Bestandteilen der Fall ist, wenn sie eine Bewertungseinheit bilden oder wenn die Einzelbewertung aus andersgelagerten Gründen wirtschaftlich nicht sinnvoll erscheint. So können mehrere technologiebasierte Geschäftsgeheimnisse gemäß IDW S 5.117 vereinfachend zu einem Bewertungsobjekt zusammengefasst werden. Bedeutung erlangt das insb., wenn sie gemäß IDW S 5.118 lit. b eine zahlenmäßig große Grundgesamtheit von einzeln nicht signifikanten Technologien bilden, bei denen eine Einzelbewertung aus Gründen der Praktikabilität ausscheidet. Als Beispiel werden Rezepturen genannt. Auch auf Datensammlungen trifft das zu. Ferner ist die Zusammenfassung gemäß IDW S 5.118 lit. c bei Technologien angezeigt, *„deren wirtschaftlicher Wert in der gemeinsamen Nutzung liegt und bei denen eine Schlüsselung auf die einzelnen Bestandteile nur artifiziell möglich wäre“*. Als für Geschäftsgeheimnisse bedeutendes Beispiel werden patentierte sowie nicht patentierte Technologien genannt, *„die gemeinsam zur Herstellung eines Produkts genutzt werden“*.[1189]

Der Grundsatz der Einzelbewertung garantiert somit i. d. R., dass einem Geschäftsgeheimnis ein separater bilanzieller Wert zugewiesen werden kann, der ggf. dem wirtschaftlichen Wert entspricht. Doch selbst wenn Geschäftsgeheimnisse nicht einzeln, sondern nur in einer Einheit bewertet werden können, lässt sich der ermittelte Wert mit einer Allokation auf ein einzelnes Geschäftsgeheimnis aufteilen. Damit ist gemeint, dass im Rahmen von „Top-Down Approaches“ zunächst ein den Wert des Geschäftsgeheimnisses beinhalteten Gesamtwert ermittelt wird und durch Isolation aller anderen Werte ein Residualwert verbleibt, der dem Wert des zu ermittelnden Geschäftsgeheimnisses entspricht.[1190]

> Dementsprechend können Geschäftsgeheimnisse i. d. R. selbständig bewertet werden.

1188 *Schülke*, DStR 2010, 992, 995.
1189 So auch für die IFRS *Castedello/Beyer*, BFuP 2009, 152, 155.
1190 So auch für die Ermittlung eines Verrechnungspreises *Vögele/Vögele*, in: Vögele, Intangibles, 2. Aufl. 2021, § 4 A. Rn. 39.

3. *IFRS: Vermögenswert*

Das Rechnungslegungssystem des IASB setzt sich aus den IFRS i. e. S., IAS und den IFRIC zusammen. In deutscher Fassung werden alle Standards und Interpretationen zusammengefasst als „IFRS" bezeichnet. Für sie besteht mit dem CF ein Rahmenkonzept als konzeptionelle Grundlage zur Erarbeitung und Anwendung der Rechnungslegungsvorschriften. Die grundsätzliche Aktivierungskonzeption eines Vermögenswertes folgt aus den Vorschriften des CF,[1191] wonach ein Gut der Definition des Vermögenswert aus CF.4.3 f. entsprechen muss. Hiernach muss es sich um eine gegenwärtige, wirtschaftliche Ressource handeln, die durch das Unternehmen als Resultat vergangener Ereignisse kontrolliert wird. Hinzu kommt, dass IAS 38 spezifisch auf immaterielle Vermögenswerte ausgerichtet ist, die aus dem CF bekannten Voraussetzungen konkretisiert (IAS 38.8. und IAS 38.13–23) und mit der Voraussetzung der Identifizierbarkeit ergänzt (IAS 38.11 f.). Ein immaterieller Vermögenswert wird also gemäß IAS 38.8 als *„identifizierbarer, nicht monetärer Vermögenswert ohne physische Substanz"* definiert. Hierunter fallen gemäß IAS 38.9 i. d. R. ausdrücklich auch Geschäftsgeheimnisse wie Kundenlisten oder Computersoftware. IAS 38.21 zufolge ist ein immaterieller Vermögenswert aber erst zu aktivieren, wenn *„es wahrscheinlich ist, dass dem Unternehmen der erwartete künftige wirtschaftliche Nutzen aus dem Vermögenswert zufließen wird"* und *„die Anschaffungs- oder Herstellungskosten des Vermögenswerts verlässlich bewertet werden können"*. Fraglich ist nun, ob Geschäftsgeheimnisse als immaterielle Vermögenswerte aktiviert werden können und auch i. R. d. IFRS eine umfassende Wertzuweisung möglich ist.

a) *Gegenwärtige, wirtschaftliche Ressource*

Eine Ressource ist – sowohl materieller als auch immaterieller Art – gemäß CF.4.4 ein Recht, das Potenzial hat, einen zukünftigen wirtschaftlichen Nutzen zu erzeugen (*„a right that has he potential to produce economic benefits"*). Zwar sind Geschäftsgeheimnisse keine Rechte i. e. S., werden aber wegen ihrer Ähnlichkeit zu Immaterialgüterrechten vom Begriff i. S. d. CF.4.4 erfasst. Das „Recht" ist nicht im juristischen Sinne zu verstehen,[1192] sondern gemäß CF.4.6 f. als Verfügungsmacht aufzufassen, die vorliegen kann, selbst wenn sie rechtlich nicht umfassend abgesichert ist. Dies kommt der faktischen Exklusivität entgegen,

---

1191 *Baetge/Kirsch/Thiele*, Bilanzen, 16. Aufl. 2021, 185.

1192 *Theile*, in: Heuser/Theile, IFRS Handbuch, 6. Aufl. 2019, 7.27.

die keine Ausschlusswirkung begründet, sodass auch Geschäftsgeheimnisse ein Recht i. S. d. IFRS sein können.

Das Potenzial, zukünftig einen wirtschaftlichen Nutzen erzeugen zu können, zeigt sich im Anstieg positiver oder in der Senkung negativer Zahlungsströme.[1193] An dieses Potenzial werden (wie im GeschGehG) keine hohen Anforderungen gestellt, sodass ein Nutzenzufluss nicht schon tatsächlich eingetreten und es auch nicht sicher sein muss, dass das Recht zu einem konkreten wirtschaftlichen Nutzen führt. Es muss gemäß CF.4.14 nur in mindestens in einem denkbaren Szenario zu einem wirtschaftlichen Nutzen führen, der für das Unternehmen größer ist als für alle anderen. Ein Recht kann also gemäß CF.4.15 einen Vermögenswert darstellen, selbst wenn die Wahrscheinlichkeit eines wirtschaftlichen Nutzens gering, aber zumindest existent ist,[1194] was insb. an das noch unabsehbare Potenzial von geheimen Rohdaten erinnert und ihrer Bilanzierung entgegenkommen dürfte. Wie wahrscheinlich ein wirtschaftlicher Nutzen ist, ist nicht an dieser Stelle, sondern erst für IAS 38.21 lit. a von Bedeutung.

Für den wirtschaftlichen Nutzen kann der Zufluss von Zahlungsmitteln oder Zahlungsmitteläquivalenten direkter sowie indirekter Art sein.[1195] Der Nutzen i. S. d. IFRS umfasst internen sowie externen Nutzen für ein Unternehmen, wobei es hauptsächlich um den Anstieg künftiger positiver (Einnahmen) und um die Senkung negativer Zahlungsströme (Ausgaben) geht. So führt die Nutzung von immateriellen Vermögenswerten gemäß IAS 38.17 beim Herstellungsprozess oft zur Reduktion zukünftiger Herstellungskosten. CF.4.16 zufolge kann jedenfalls ein Nutzen angenommen werden, wenn vertragliche Zahlungsströme oder andere wirtschaftliche Ressourcen erhalten werden, wenn wirtschaftliche Ressourcen zu vorteilhaften Bedingungen getauscht werden, Zahlungseingänge erzeugt oder Geldabflüsse vermieden werden, Zahlungsströme oder andere wirtschaftliche Ressourcen durch den Verkauf der wirtschaftlichen Ressource erhalten bleiben oder eine Schuld durch Übertragung der wirtschaftlichen Ressource getilgt wird.[1196] Dadurch wird also gleichlaufend zum Geheimnisschutz

---

1193 *Kirsch/Kurz*, in: Lück, Jahrbuch für Wirtschaftsprüfung, Interne Revision und Unternehmensberatung 2011, 2011, 61, 66, 68.

1194 *Lübbig/Kühnel*, in: Brune/Driesch/Schulz-Danso/Senger, Beck'sches IFRS-Handbuch, 6. Aufl. 2020, B. I. § 2 Rn. 124.

1195 *Baetge/Kirsch/Thiele*, Bilanzen, 16. Aufl. 2021, 186.

1196 *Lübbig/Kühnel*, in: Brune/Driesch/Schulz-Danso/Senger, Beck'sches IFRS-Handbuch, 6. Aufl. 2020, B. I. § 2 Rn. 124.

bilanziell das erfasst, was bei Geschäftsgeheimnissen mit Nutzungs- und/oder Verwertungspotenzial einen wirtschaftlichen Wert begründet.

Ein Nutzen kann sowohl durch einen Vermögenswert selbst als auch in Kombination mit anderen Vermögenswerten generiert werden. So kann der Nutzen auch darin liegen, dass der Wert „nur“ als Produktionsfaktor für ein anderes Produkt verwendet oder gegen ein anderes Produkt getauscht wird.[1197] Dieser weite Nutzenbegriff kommt der bilanziellen Wertzuweisung von Geschäftsgeheimnissen entgegen, da auch Geschäftsgeheimnisse häufig nur als Bestandteil einer wertbildenden Kombination zur wirtschaftlichen Geltung kommen. Dass die Voraussetzung einer gegenwärtigen, wirtschaftlichen Ressource so weit gefasst ist, liegt am primären Zweck der IFRS, entscheidungsnützliche Informationen vor allem für Kapitalgeber bereitzustellen,[1198] was insb. an CF.1.2 und CF.1.10 zu erkennen ist. Dass Kapitalgeber dadurch Informationen einbeziehen können, die sich nur potenziell und/oder erst (weit) in der Zukunft auswirken, ist im Vergleich zur deutschen Rechnungslegung umfassender.[1199] So müssen Geschäftsgeheimnisse i. R. d. IFRS keine „Marktreife“ erreichen, um einen Beitrag zur Schuldendeckung leisten zu können. Das Potenzialverständnis i. S. d. IFRS entspricht somit weitestgehend dem weiten Potenzialverständnis des GeschGehG.

CF.4.18 zeigt, dass die für die Herstellung oder Anschaffung eines Wertes getätigten Aufwendungen wegen einer wirtschaftlich begründeten Ausgabeentscheidung ein Indiz für einen zukünftigen Nutzen sind. Jedoch sind Aufwendungen – wie schon zum investitionszentrierten Wertbegriff festgestellt – kein eindeutiger Beweis, dass ein Vermögenswert vorliegt.[1200] Auch im umgekehrten Fall bedeutet also das Fehlen von Aufwendungen nicht, dass kein Vermögenswert

---

1197 Beispiel nach *Baetge/Kirsch/Thiele*, Bilanzen, 16. Aufl. 2021.

1198 *Baetge/Kirsch/Thiele*, Bilanzen, 2021, 143 f.; *Kirsch*, in: Kirsch/Thiele, Rechnungslegung und Wirtschaftsprüfung. Festschrift zum 70. Geburtstag von Prof. Dr. Dr. h.c. Jörg Baetge, 2007, 359, 363; *Kirsch/Steinhauer*, Zeitschrift für Planung und Unternehmenssteuerung 2003, 415, 418; *Küting/Lauer*, in: Lück, Jahrbuch für Wirtschaftsprüfung, Interne Revision und Unternehmensberatung 2011, München, 2011, 43, 46, 52 f.; *Theile*, in: Heuser/Theile, IFRS Handbuch, 6. Aufl. 2019, 6.20; zur Entscheidungsnützlichkeit von vergangenheitsorientierten Informationen *Hepers*, Entscheidungsnützlichkeit der Bilanzierung von Intangible Assets in den IFRS – Analyse der Regelungen des IAS 38 unter besonderer Berücksichtigung der ergänzenden Regelungen des IAS 36 sowie des IFRS 3, 2005, 88 ff.

1199 *Kirsch/Steinhauer*, Zeitschrift für Planung und Unternehmenssteuerung 2003, 415, 421.

1200 *Baetge/Kirsch/Thiele*, Bilanzen, 2021, 186.

vorliegt,[1201] da auch geschenkte/unentgeltlich gewährte Geschäftsgeheimnisse können gemäß CF.4.18 auch Vermögenswerte sein.

Demzufolge können Geschäftsgeheimnisse mit einem Nutzungs- und/oder Verwertungspotenzial gegenwärtige, wirtschaftliche Ressourcen sein. Nur Geschäftsgeheimnisse, die ausschließlich ein Schädigungspotenzial haben, sind keine Vermögensvorteile und können nicht i. S. d. IFRS aktiviert werden.

b) Kontrolle als Resultat vergangener Ereignisse

CF.4.19 nach muss ein Subjekt die wirtschaftliche Ressource kontrollieren, was gemäß CF.4.20 der Fall ist („*controlled by the entity*"), wenn es über die Verwendung der Ressource bestimmen und den wirtschaftlichen Nutzen aus ihr ziehen kann. Damit ist eine Verfügungsmacht des Inhabers gemeint.[1202]

Für die Zuordnung kommt es auf eine „wirtschaftliche Betrachtungsweise" an,[1203] wofür das rechtliche Eigentum gemäß CF.4.22 ein Indiz ist. Entscheidend ist aber gemäß CF.4.20 und IAS 38.13, dass ein Unternehmen selbst den Nutzen ziehen und den Zugriff Dritter ausschließen kann. Dies basiert zwar gemäß CF.4.22 und IAS 38.13 normalerweise auf Ansprüchen, wofür insb. die §§ 6 ff. GeschGehG in Frage kommen oder – wie IAS 38.14 zeigt – die Verfügungsmacht bei technologiebasierten Geschäftsgeheimnissen auch durch Vertraulichkeitspflichten für Arbeitnehmer begründet werden kann.[1204] Doch weil die Durchsetzbarkeit eines Rechts demnach keine notwendige Voraussetzung für die Verfügungsmacht ist, ist die Verfügungsmacht auch offen für andere Weisen, sodass auch der faktische Ausschluss des Inhabers gegenüber Dritten ausreicht. Das zeigt sich ausdrücklich in CF.4.22 daran, dass ein Unternehmen ein Recht zur Nutzung von Know-how beherrschen kann, wenn es Zugang zum Know-how hat und in der Lage ist, das Know-how geheim zu halten, selbst wenn dieses Know-how nicht durch ein eingetragenes Patent geschützt ist.[1205] Über ein Geschäftsgeheimnis kann somit ausdrücklich Verfügungsmacht ausgeübt werden, auch wenn dies ggf. schwierig nachzuweisen ist.[1206]

1201 *Baetge/Kirsch/Thiele*, Bilanzen, 2021, 186.
1202 *Theile*, in: Heuser/Theile, IFRS Handbuch, 6. Aufl. 2019, 7.24.
1203 *Theile*, in: Heuser/Theile, IFRS Handbuch, 6. Aufl. 2019, 7.24.
1204 *Ann/Kuck*, in: Ann/Loschelder/Grosch, Praxishandbuch Know-how-Schutz, 2010, Kap. 9 Rn. 54.
1205 *Moser*, Bewertung immaterieller Vermögenswerte, 2. Aufl. 2017, 7.
1206 *EFRAG*, Better Information on Intangibles, 2021, 21, 26.

Aus CF.4.20 ergibt sich, dass, wenn eine Partei die wirtschaftliche Ressource kontrolliert, keine andere Partei die Ressource kontrollieren darf. Dies wirft zumindest die Frage nach der Verfügungsmacht über unabhängig voneinander entdeckte und entwickelte Geschäftsgeheimnisse auf, denn der Geheimnisschutz sieht von vorherein keinen absoluten Schutz einer geheimen Information vor, sondern „nur" den Schutz vor bestimmten Handlungen um das Wissen über eine Information. Weil die Verfügungsmacht über Geschäftsgeheimnisse sogar ausdrücklich in CF.4.22 vorgesehen ist, steht ein unabhängig vom Geschäftsgeheimnis „entdecktes" und entwickeltes äquivalentes Geschäftsgeheimnis der Verfügungsmacht des Subjekts nicht entgegen. Die Zuordnung der Verfügungsmacht entspricht also weitestgehend der subjektiven Zurechenbarkeit i. S. d. handelsrechtlichen Rechnungslegung, sodass die dortigen Ergebnisse übertragen werden können. Das bedeutet, dass ein Geschäftsgeheimnis grundsätzlich vom Inhaber aktiviert werden kann, weil dieser die Verfügungsmacht hat.

Etwas anderes gilt nur, wenn bspw. eine ausschließliche Lizenz erteilt wurde, sodass der Lizenznehmer den Lizenzgeber von der Nutzung ausschließen kann und das Geschäftsgeheimnis somit nur beim Lizenznehmer aktiviert wird. Ferner partizipiert der Lizenzgeber bei solchen Lizenzen meist nicht mehr unmittelbar oder mittelbar am wirtschaftlichen Erfolg des Lizenznehmers, wodurch eine Verfügungsmacht gemäß CF.4.23 ausgeschlossen ist. Dieser Umstand verhindert, dass das Nutzungspotenzial in Form der Lizenzierung beim Lizenzgeber umfassend bilanziert werden kann.

Mit der Ergänzung, dass eine Ressource das Ergebnis vergangener Geschäftsvorfälle oder anderer vergangener Ereignisse sein muss („*as a result of past events*"), sollen nur Ressourcen von der Aktivierung ausgeschlossen werden, die noch nicht zugegangen sind, sondern bspw. noch erworben werden müssen.[1207] Für bestehende Geschäftsgeheimnisse ist dies nicht von Bedeutung.

c) Identifizierbarkeit

Neben den Voraussetzungen aus dem CF müssen Geschäftsgeheimnisse identifizierbar sein, was im Wesentlichen der Greifbarkeit entspricht.[1208] Das bedeutet, dass sich ein Geschäftsgeheimnis gemäß IAS 38.11 vom Geschäfts- oder Firmenwert abgrenzen lassen muss, um als immaterieller Vermögenswert aktiviert werden zu können. Das ist gemäß IAS 38.12 der Fall, wenn es entweder separierbar

---

1207 *Baetge/Kirsch/Thiele*, Bilanzen, 16. Aufl. 2021, 186; *Theile*, in: Heuser/Theile, IFRS Handbuch, 6. Aufl. 2019, 7.25.

1208 *Theile*, in: Heuser/Theile, IFRS Handbuch, 6. Aufl. 2019, 13.23.

ist, also vom Unternehmen getrennt und verkauft, übertragen, lizenziert, vermietet oder getauscht werden kann, was einzeln oder auch in Verbindung mit einem Vertrag, einem identifizierbaren Vermögenswert oder einer identifizierbaren Schuld unabhängig davon erfolgen kann, ob das Unternehmen dies zu tun beabsichtigt; oder er aus vertraglichen oder anderen gesetzlichen Rechten entsteht, unabhängig davon, ob die Rechte vom Unternehmen oder von anderen Rechten und Verpflichtungen übertragbar oder separierbar sind.

Anders als bei öffentlich eingetragenen Rechten ist bei Geschäftsgeheimnissen nicht ohne Weiteres anzunehmen, dass sie identifizierbar sind, da dafür eine hinreichende Dokumentation zwingend erforderlich wäre. Doch schon für die Implementierung von angemessenen Geheimhaltungsmaßnahmen müssen Geschäftsgeheimnisse kategorisiert werden. Ferner zeigen die Ergebnisse zur Übertragbarkeit als Voraussetzung des Geschäftsverkehrs und zum Erfolg durch interne Nutzung und/oder externe Lizenzierung, dass die meisten Geschäftsgeheimnisse separierbar sind, sofern sich ein Geschäftsgeheimnis „zur Lizenzierung an Dritte eignet" oder auch anderweitig überlassen werden kann.[1209] Sofern ein Inhaber Geheimhaltungsmaßnahmen für sein Geheimnis implementiert hat, stellt sich auch nicht die Frage nach der Verfügungsmacht.

Demzufolge handelt es sich auch bei Geschäftsgeheimnissen um immaterielle Vermögenswerte i. S. d. IFRS. Sogar für Informationen, die nicht alle Voraussetzungen der Legaldefinition des GeschGehG erfüllen, ist es möglich, dass sie als immaterielle Vermögenswerte aktiviert werden können. Einzig der Nachweis darüber dürfte sich mangels angemessener Geheimhaltungsmaßnahmen und Lizenzierungen schwieriger gestalten als bei Geschäftsgeheimnissen.

d) Wahrscheinlichkeit des Nutzenzuflusses

Ein Geschäftsgeheimnis darf gemäß IAS 38.21 lit. a als immaterieller Vermögenswert nur aktiviert werden, wenn es „*wahrscheinlich ist, dass dem Unternehmen der erwartete künftige wirtschaftliche Nutzen aus dem Vermögenswert zufließen wird*". Es ist davon auszugehen, dass der Konzeption der IFRS nach der Nutzenzufluss wahrscheinlich ist, wenn mehr dafür als dagegen spricht. Dies ist mit der Eintrittswahrscheinlichkeit i. H. v. mehr als 50 % der Fall.

Werden Geschäftsgeheimnisse erworben, wird die Wahrscheinlichkeit des Nutzenzuflusses (gemäß IAS 38.33 für den Unternehmenszusammenschluss)

1209 *Ann/Kuck*, in: Ann/Loschelder/Grosch, Praxishandbuch Know-how-Schutz, 2010, Kap. 9 Rn. 53; *Theile/Behling*, in: Heuser/Theile, IFRS Handbuch, 6. Aufl. 2019, 36.122; vgl. auch *Wagner*, Know-how. Einordnung in das Zivilrecht, 2016, Rn. 362.

vermutet, da sich dieser bereits in den Anschaffungskosten widerspiegelt. Das gilt sowohl für einzeln erworbene Geschäftsgeheimnisse als auch für solche, die im Zuge eines Unternehmenserwerbs übergehen, selbst wenn es dadurch zu Schätzungsunsicherheiten kommt.[1210] Ist ein Geschäftsgeheimnis durch Tausch übergegangen oder wurde es selbst geschaffen, ist die Prüfung der Wahrscheinlichkeit erforderlich. Bei getauschten Geschäftsgeheimnissen ist das von der wirtschaftlichen Substanz gemäß IAS 38.46 abhängig, wohingegen es bei selbstgeschaffenen Geschäftsgeheimnissen auf die Anforderungen von IAS 38.57 lit. a–e ankommt.[1211]

e) Verlässliche Bewertung der Anschaffungs- und Herstellungskosten

Eine Aktivierung ist gemäß CF.5.22. und IAS 38.21 lit. b ausgeschlossen, wenn zwar qua definitionem ein immaterieller Vermögenswert vorliegt, er sich aber nicht verlässlich bewerten lässt.[1212]

Grundsätzlich schließen Schätzgrößen eine verlässliche Bewertung nicht aus, sodass die Aktivierung von Vermögenswerten sogar erfolgen kann, wenn Bewertungsunsicherheiten bestehen.[1213] Diese müssen gemäß CF.2.12. aber deutlich und präzise beschrieben und erklärt werden. Ist trotz zusätzlicher Erklärungen keine Bewertungsmethode verlässlich, darf der Vermögenswert nicht aktiviert werden. Mitunter kommt das vor, wenn niedrige Geldzuflüsse und ein breites Spektrum an Bewertungsergebnissen zusammenfallen.[1214]

Zwar erfüllen Geschäftsgeheimnisse wegen einer weiten Auslegung oft die Aktivierungsvoraussetzungen i. R. d. IFRS. Allerdings sind Unsicherheiten nicht ausgeschlossen, die eine verlässliche Bewertung verhindern. Denkbar ist das vor allem bei Geschäftsgeheimnissen, die zum Bilanzierungszeitpunkt noch keine „Marktreife" erlangt haben und sich nur künftig und potenziell auswirken, sodass Aufwendungen für laufende Erlöse nicht hinreichend von solchen für künftige Erlöse getrennt werden können.[1215]

1210 *Senger/Kurz*, in: Vögele, Intangibles, 2. Aufl. 2021, § 2 A. Rn. 70.

1211 *Kirsch/Kurz*, in: Lück, Jahrbuch für Wirtschaftsprüfung, Interne Revision und Unternehmensberatung 2011, 2011, 61, 67.

1212 Zum Begriff, zur Bedeutung und zum historischen Wandel der Verlässlichkeit im CF *Kirsch/Koelen/Olbrich/Dettenrieder*, WPg 2012, 762, 762 ff.

1213 *Lübbig/Kühnel*, in: Brune/Driesch/Schulz-Danso/Senger, Beck'sches IFRS-Handbuch, 6. Aufl. 2020, B. I. § 2 Rn. 128.

1214 *Lübbig/Kühnel*, in: Brune/Driesch/Schulz-Danso/Senger, Beck'sches IFRS-Handbuch, 6. Aufl. 2020, B. I. § 2 Rn. 128.

1215 *EFRAG*, Better Information on Intangibles, 2021, 39.

Meistens sind erworbene Geschäftsgeheimnisse IAS 38.26 und IAS 38.33 zufolge wegen des im Erwerbsvorgang gezahlten Preises zuverlässig bewertbar. Für getauschte Geschäftsgeheimnisse ist dies gesondert zu prüfen, wodurch es auf die verlässliche Bestimmung eines beizulegenden Zeitwertes des Geschäftsgeheimnisses oder des Tauschgegenstandes ankommt. Das ist gemäß IAS 38.47 der Fall, wenn „*die Schwankungsbrandbreite der sachgerechten Bemessungen des beizulegenden Zeitwerts für diesen Vermögenswert nicht signifikant ist oder die Eintrittswahrscheinlichkeiten der verschiedenen Schätzungen innerhalb dieser Bandbreite vernünftig geschätzt und bei der Bemessung des beizulegenden Zeitwerts verwendet werden können.*" Die zuverlässige Bewertbarkeit ist auch für selbstgeschaffene Geschäftsgeheimnisse gesondert zu prüfen, was sich aus IAS 38.57 lit. f ergibt und maßgeblich von der Dokumentation der Abgrenzung zwischen FuE-Kosten abhängt.

Ein Einzelbewertungsgrundsatz ist in den IFRS nicht ausdrücklich niedergelegt. Er ergibt sich aber aus Regelungen wie CF.4.48 ff., wobei auch hier Ausnahmen bestehen. So können Erwerber gemäß IAS 38.37 „*eine Gruppe von ergänzenden immateriellen Vermögenswerten als einen einzigen Vermögenswert ansetzen*". Das betrifft auch Geschäftsgeheimnisse, sodass ggf. Kundenlisten mit vertraglichen Kundenbeziehungen einheitlich betrachtet werden müssen.[1216] Ähnliches geschieht i. R. d. Folgebewertung beim Werthaltigkeitstest, für den Geschäftsgeheimnisse in CGUs gemäß IAS 36.65 ff. zusammen mit anderen Werten bewertet werden könnten.

Wie auch in der steuerbilanziellen Aktivierungskonzeption steht eine Einzelbewertung aber grundsätzlich nicht der Aktivierung von Geschäftsgeheimnissen entgegen, sodass die bilanzielle Wertzuweisung für Geschäftsgeheimnisse mit Nutzungs- und/oder Verwertungspotenzial in den IFRS vergleichsweise umfassend möglich ist.

4. *Vergleich der Aktivierungsvoraussetzungen*

In einem Vergleich zwischen handels- und steuerrechtlicher Rechnungslegung umfassen Vermögensgegenstände weniger als Wirtschaftsgüter. So sind selbstständig verwertbare Güter nämlich „stets auch bewertbar und bilanziell greifbar, während umgekehrt bewertbare und bilanziell greifbare Güter nicht notwendig auch selbstständig verwertbar sein müssen".[1217] Der Unterschied wirkt sich

1216 *Castedello/Beyer*, BFuP 2009, 152, 155.
1217 *Baetge/Kirsch/Thiele*, Bilanzen, 16. Aufl. 2021, 167.

vor allem auf die Geschäftsgeheimnisse aus, die Bestandteil des derivativen Geschäfts- oder Firmenwertes sind. Dieser ist nämlich nach finanzgerichtlicher Rspr. aktivierungsfähig.[1218] Doch da er ohne das gesamte Unternehmen oder einen wesentlichen Anteil nicht verwertet werden kann, kann er nicht dem handelsrechtlichen Zweck der Schuldendeckungsfähigkeit erfüllen und wäre demnach kein Vermögensgegenstand.[1219] Nur durch eine Fiktion aus § 246 Abs. 1 S. 4 HGB *„gilt"* der derivative Geschäfts- oder Firmenwert *„als zeitlich begrenzt nutzbarer Vermögensgegenstand"*, wodurch die darin enthaltenen Geschäftsgeheimnisse auch handelsrechtlich vom Vollständigkeitsgebot i. S. d. § 246 Abs. 1 S. 1 HGB erfasst werden und aktivierungsfähig sowie -pflichtig sind. Aufgrund des Grundsatzes der Maßgeblichkeit und da sich die handels- und steuerrechtliche Rechnungslegung bei der Aktivierung von Geschäftsgeheimnissen derart ähneln, werden beide Rechnungslegungssysteme zusammen behandelt, sofern es keine steuerrechtlichen Ausnahmen – wie insb. beim Aktivierungsverbot für selbstgeschaffene Geschäftsgeheimnisse – gibt. Daher richtet sich die Frage, ob ein wirtschaftlicher Wert auch in einer Steuerbilanz effizient abgebildet werden kann, weitgehend nach der handelsrechtlichen Wertzuweisung.

Für die handelsrechtliche Rechnungslegung ist davon auszugehen, dass viele Geschäftsgeheimnisse, die wegen eines Verwertungs- und Nutzungspotenzials auch für Wettbewerber von Bedeutung sind, die Aktivierungsvoraussetzungen erfüllen. Da eine mögliche Schuldendeckung aber zugleich eine gewisse „Marktreife" des Geschäftsgeheimnisses oder zumindest hinreichende Verwendungsmöglichkeiten für Dritte erfordert, darf nicht schon wegen des wirtschaftlichen Wertes i. S. d. GeschGehG vermutet werden, dass dadurch auch eine Verwertbarkeit im handelsbilanziellen Sinne zwingend gegeben sein muss. Vor allem bei Rohdaten und Geschäftsgeheimnissen mit hohem Individualisierungsgrad und ausgeprägter unternehmensspezifischer Nutzung ist die Plausibilität der Verwertbarkeit zweifelhaft.[1220] Dahingehend sind die Anforderungen an eine gegenwärtige, wirtschaftliche Ressource i. R. d. IFRS weniger restriktiv[1221] und entsprechen mehr dem weitreichenden Potenzialverständnis des GeschGehG. Der Grund hierfür ist, dass es in den IFRS nicht auf eine Verwertbarkeit

1218 *BFH*, Urt. v. 24.03.1987, I R 202/83 = BStBl 1987 II 705; *Moxter*, Bilanzrechtsprechung, 6. Aufl. 2007, 22.

1219 *Baetge/Kirsch/Thiele*, Bilanzen, 16. Aufl. 2021, 167.

1220 Dies anhand eines Beispiels von maßgeschneiderter Software *Parr*, in: Parr, Intellectual Property. Valuation, Exploitation, and Infringement Damages, 5. Aufl. 2018, 111.

1221 *Theile*, in: Heuser/Theile, IFRS Handbuch, 6. Aufl. 2019, 7.32.

ankommt, sondern „nur" ein künftiger Nutzen zugrunde gelegt wird, der sich sowohl direkt als auch indirekt ausdrücken kann.[1222] So kommt selbst für die zuvor genannten Zweifelsfälle immer mindestens ein denkbares Szenario in Betracht, in dem ein jeweiliges Geschäftsgeheimnis einen größeren Vorteil darstellt als für andere. Hierdurch kann es dazu kommen, dass Geschäftsgeheimnisse, die zwar in der Rechnungslegung nach den IFRS separat aktivierungsfähig sind, im Handels- und Steuerrecht zum Geschäfts- oder Firmenwert gezählt werden, was Auswirkungen auf die Nutzungs- und Abschreibungsdauer und latente Steuern haben kann.[1223]

Der umfassende Nutzenbegriff i. R. d. IFRS ist der Entscheidungsnützlichkeit geschuldet[1224] und kommt so einer vollständigen Abbildung des wirtschaftlichen Wertes näher, als es in der handels- und steuerrechtlichen Rechnungslegung möglich wäre, weil diese durch die GoB einen größeren Fokus auf den Gläubigerschutz legen. Ansonsten gleichen sich alle untersuchten Rechnungslegungssysteme dergestalt, dass Geschäftsgeheimnisse mit ausschließlichem Schädigungspotenzial keine Vermögensgegenstände, Wirtschaftsgüter oder Vermögenswerte sind und für einen effizienten Wertnachweis anhand der Bilanzierung nicht in Frage kommen.

II. Aktivierungsverbot für bestimmte selbstgeschaffene Geschäftsgeheimnisse

Obwohl selbstgeschaffene Geschäftsgeheimnisse oft die abstrakten Aktivierungsvoraussetzungen erfüllen,[1225] ermöglichen die hiesigen Rechnungslegungssysteme nur eine restriktive Wertzuweisung. Der Bilanzierung stehen Aktivierungsverbote entgegen, sodass die bilanzielle Wertzuweisung gar nicht oder nur unvollständig möglich ist.

Im Gegensatz zum entgeltlichen Erwerb, der sowohl bei Einzel- als auch Unternehmenserwerb in allen Rechnungslegungssystemen zur Aktivierungspflicht führt, sind einige selbstgeschaffene Geschäftsgeheimnisse von einer Bilanzierung sogar vollständig ausgeschlossen, da sie nicht objektivierbar sind

---

1222 *Kirsch/Kurz*, in: Lück, Jahrbuch für Wirtschaftsprüfung, Interne Revision und Unternehmensberatung 2011, 2011, 61, 68.

1223 *Senger/Kurz*, in: Vögele, Intangibles, 2. Aufl. 2021, § 2 A. Rn. 72.

1224 *Kirsch/Kurz*, in: Lück, Jahrbuch für Wirtschaftsprüfung, Interne Revision und Unternehmensberatung 2011, 2011, 61, 67 f.

1225 Allgemein für immaterielle Werte *Dicken/Henssler*, Bilanzrecht, 2. Aufl. 2021, Rn. 301.

oder für die eine willkürliche Bewertung nicht ausgeschlossen werden kann.[1226] Das führt insb. dazu, dass selbstgeschaffene Geschäftsgeheimnisse oft nicht zum unmittelbaren Bilanzvermögen gezählt, sondern erst nach einem entgeltlichen Erwerb aktiviert werden können und dann erst einen bilanziellen Wert erhalten. Weil § 5 Abs. 2 EStG sogar alle selbstgeschaffenen Geschäftsgeheimnisse von einer Aktivierung ausnimmt, besteht ermöglichen nur das HGB und die IFRS eine – wenn auch restriktive – Aktivierung selbstgeschaffener Geschäftsgeheimnisse.

Es ist von Belang, dass die Aktivierung bestimmter selbstgeschaffener Geschäftsgeheimnisse wie bspw. Kundenlisten und mit ihnen vergleichbaren Werten gemäß § 248 Abs. 2 S. 2 HGB ausdrücklich verboten ist, was eine Ausprägung des handelsbilanziellen Vorsichtsprinzips sowie Einzelbewertungsgrundsatzes darstellt.[1227] Obwohl die dort aufgeführten immateriellen Vermögensgegenstände in vielen Fällen selbstständig verwertbar sind,[1228] liegt dem Verbot der Gedanke zugrunde, dass die Trennung zwischen den aktivierungsfähigen und nicht-aktivierungsfähigen Aufwendungen für die generelle Fortentwicklung eines Unternehmens in der Gesamtheit nicht immer zweifelsfrei möglich ist.[1229] Diese Abgrenzungsschwierigkeiten führen meist dazu, dass solche Aufwendungen dem nicht-aktivierungsfähigen originären Geschäfts- oder Firmenwert zugeordnet werden.[1230] Im Gegensatz dazu wird nur der derivative Geschäfts- oder Firmenwert durch eine gesetzliche Fiktion aus § 246 Abs. 1 S. 4 HGB einem (zeitlich begrenzt abnutzbaren) Vermögensgegenstand gleichgestellt, obwohl er die Voraussetzung der selbstständigen Verwertbarkeit nicht erfüllt.[1231]

Auch in der Rechnungslegung nach den IFRS besteht dasselbe Aktivierungsverbot. Handelt es sich um einen eigenständigen immateriellen Vermögenswert, ist er grundsätzlich zu aktiveren.[1232] Es dürfen aber gemäß IAS 38.63 selbstgeschaffene immaterielle Vermögenswerte wie „*Kundenlisten sowie ihrem Wesen*

1226 Vgl. *Senger/Kurz*, in: Vögele, Intangibles, 2. Aufl. 2021, § 2 A. Rn. 5.

1227 BT-Drs. 16/10067, 50.

1228 *Baetge/Kirsch/Thiele*, Bilanzen, 16. Aufl. 2022, 169.

1229 BT-Drs. 16/10067, 50; *Cremer*, NWB 2018, 38, 41 f.; *Dicken/Henssler*, Bilanzrecht, 2. Aufl. 2021, Rn. 300; *Senger/Kurz*, in: Vögele, Intangibles, 2. Aufl. 2021, § 2 A. Rn. 28.

1230 *Baetge/Kirsch/Thiele*, Bilanzen, 16. Aufl. 2022, 170.

1231 *Merkt*, in: Hopt, HGB, 42. Aufl. 2023, § 246 Rn. 8; *Baetge/Kirsch/Thiele*, Bilanzen, 16. Aufl. 2021, 33.

1232 *Baetge/Kirsch/Thiele*, Bilanzen, 16. Aufl. 2021, 188.

nach ähnliche Sachverhalte" aufgrund der kaum möglichen Trennbarkeit vom Geschäfts- oder Firmenwert nicht aktiviert werden.[1233]

Das Aktivierungsverbot aus dem HGB und den IFRS schränkt die bilanzielle Wertzuweisung für Geschäftsgeheimnisse erheblich ein, wodurch der wirtschaftliche Wert dieser Geschäftsgeheimnisse nicht anhand der Bilanzierung abgebildet und nachgewiesen werden kann.

1. Abgrenzung zwischen Anlage- und Umlaufvermögen

Das Aktivierungsverbot bezieht sich ausschließlich auf das Anlagevermögen. § 248 Abs. 2 S. 2 HGB, § 5 Abs. 2 EStG und IAS 38.63 gelten nicht für Geschäftsgeheimnisse des Umlaufvermögens, sodass diese sogar wegen ihrer Nähe zum Absatzmarkt handels- und steuerrechtlich verpflichtend zu aktivieren sind. Das ergibt sich aus dem allgemeinen Aktivierungsgebot aus § 246 Abs. 1 S. 1 HGB.[1234]

Vor allem ist das – und in Bezug auf den Geheimnisschutz nahezu ausschließlich[1235] – für Inhaber von Bedeutung, die Geschäftsgeheimnisse durch Auftragsforschung entwickeln, um sie an einen vertraglich gebundenen Kunden gewinnbringend abzusetzen. Das betrifft insb. Softwarehersteller, die ihre – zunächst auch als Geschäftsgeheimnis zu schützenden – Programme übertragen. In solchen Fällen ist dann nicht nur das Verfahren, wie eine Software herzustellen ist, sondern auch eine Software selbst ein Geschäftsgeheimnis. Es hat dann nicht nur ein Potenzial, das in der Nutzung der Software liegt, sondern auch eines, das sich aus der Verwertung ergibt. Der Grund für die Aktivierungspflicht ist jedenfalls, dass sich aufgrund einer Nähe zum (Absatz-)Markt ein „objektivierter Wert" eines Geschäftsgeheimnisses ermitteln lässt, der die Aktivierung rechtfertigt.

Das bedeutet, dass für alle erworbenen Geschäftsgeheimnisse des Anlagevermögens, aber auch für alle Geschäftsgeheimnisse des Umlaufsvermögens (unabhängig vom Erwerb) ein Aktivierungsgebot besteht und sich das Aktivierungsverbot nur auf selbstgeschaffene Geschäftsgeheimnisse des Anlagevermögens bezieht, wobei Letzteres den Regelfall darstellt.

1233 *Lübbig/Kühnel*, in: Brune/Driesch/Schulz-Danso/Senger, Beck'sches IFRS-Handbuch, 6. Aufl. 2020, B. I. § 2 Rn. 122; ergänzend *Senger/Kurz*, in: Vögele, Intangibles, 2. Aufl. 2021, § 2 A. Rn. 40.

1234 *Zimmermann/Dorn/Bieschewski*, NWB 2020, 3098, 3101.

1235 *Ann/Kuck*, in: Ann/Loschelder/Grosch, Praxishandbuch Know-how-Schutz, 2010, Kap. 9 Rn. 42.

Das Anlage- und Umlaufvermögen wird im Handels- und Steuerrecht sowie in den IFRS sehr ähnlich voneinander abgegrenzt. So ist ein Vermögenswert gemäß IAS 1.66 dem Umlaufvermögen zuzurechnen, wenn er zum Verkauf oder Verbrauch gehalten oder primär für Handelszwecke gehalten oder eine Realisation innerhalb der nächsten zwölf Monate erwartet wird. Nur wenn dies nicht der Fall ist, ist der Vermögenswert dem Anlagevermögen zuzurechnen. Auch handels- und damit steuerrechtlich bezieht sich das Anlagevermögen gemäß § 247 Abs. 2 HGB auf Vermögensgegenstände, die *„bestimmt sind, dauernd dem Geschäftsbetrieb zu dienen"*, also nicht verbraucht oder weiterveräußert werden sollen.[1236] In Abgrenzung dazu ist das Umlaufvermögen der Teil des Gesamtvermögens, der nicht dauerhaft im Geschäftsbetrieb bleibt und insb. dem Verbrauch, Verkauf, der Verarbeitung oder Rückzahlung dient.

Die Zuordnung zum Anlagevermögen erfolgt anhand der wirtschaftlichen Zweckbestimmung, die sich einerseits aus der objektiven Art des immateriellen Wertes und andererseits aus dem subjektiven Willen des Kaufmanns ergibt:[1237]

Soll ein immaterieller Wert seiner Funktionen und Nutzungseigenschaften nach weiterverarbeitet oder -verkauft werden, müssen sie dem Anlagevermögen zugeordnet werden.[1238] Doch allein aus der Eigenart kann bei einigen immateriellen Werten wie Geschäftsgeheimnissen keine unmittelbare Erkenntnis abgeleitet werden, ob sie dauernd genutzt oder aber weiterverarbeitet oder -verkauft werden. Sie können nämlich sowohl zum Anlage- als auch zum Umlaufvermögen gehören.[1239] So zeigt das oben dargestellte Beispiel der Rohdaten einerseits auf, dass sie sich i. R. d. weitreichenden Analysemethoden dazu eignen, auch ohne ursprüngliche Nutzung zu verbleiben und erst zu einem späteren Zeitpunkt mit anderen Daten aggregiert zu werden. Andererseits gibt es aber auch einen Markt für Rohdaten und auf die Datengenerierung spezialisierte Unternehmen, wodurch sie sich auch für einen unmittelbaren Weiterverkauf eignen. Das verdeutlicht, dass es weder zwingend auf die Art noch auf die tatsächliche zeitliche Dauer, sondern am meisten auf die Zwecksetzung des Inhabers im Zeitpunkt des Stichtags ankommt.[1240]

Im beschriebenen Beispiel von Rohdaten entscheidet vor allem der subjektive Willen. Auch langlebige Geschäftsgeheimnisse wie die Rezepte von „Coca-Cola",

---

1236 *Zimmermann/Dorn/Bischewski*, NWB 2020, 3098, 3101.

1237 *Baetge/Kirsch/Thiele*, Bilanzen, 16. Aufl. 2021, 239.

1238 *Baetge/Kirsch/Thiele*, Bilanzen, 16. Aufl. 2021, 239.

1239 Vgl. *Zimmermann/Dorn/Bieschewski*, NWB 2020, 3098, 3100.

1240 *Dicken/Henssler*, Bilanzen, 2. Aufl. 2021, Rn. 728.

„Maggi-Würze“ oder „Nutella“ sollen erkennbar nicht veräußert, sondern zur dauerhaften Betriebsnutzung im Unternehmen gehalten werden. Anders könnte es sich jedoch bei einem Unternehmen verhalten, das darauf spezialisiert ist, neue kulinarische Kreationen zu (er-)finden und die Rezepte unmittelbar gewinnbringend an größere Lebensmittelunternehmen zu verkaufen. Ähnliches ist beim Verkauf von Spezialsoftware denkbar.[1241] Auch für einen Handel mit Kundenlisten wäre eine Zuordnung zum Umlaufvermögen geboten.[1242] In diesen Fällen ist nämlich der Wille offenkundig, dass der immaterielle Wert nicht „dauernd“ dem Geschäftsbetrieb dienen soll.

Mit „dauernd“ i. S. d. § 247 Abs. 2 HGB ist gemeint, dass ein Vermögensgegenstand „über eine gewisse Zeit – i. d. R. mehr als ein Jahr – ununterbrochen oder zumindest mehrfach Nutzen stiftet“.[1243] Dies entspricht IAS 1.66 lit. c, wonach ein Vermögenswert schon deshalb zum Umlaufvermögen gehört, wenn die „*Realisation innerhalb von zwölf Monaten nach dem Bilanzstichtag erwartet wird*“. Nicht erforderlich ist dagegen die Absicht der dauerhaften oder ewigen Nutzung. Weil aber Geschäftsgeheimnisse im Gegensatz zu herkömmlichen Immaterialgüterrechten nicht auf eine Nutzungsdauer beschränkt sind,[1244] ist davon auszugehen, dass die bewusste Wahrnehmung des Geheimnisschutzes in den meisten Fällen das Vorliegen der Voraussetzung indiziert. Schließlich versprechen sich Inhaber geheimer Kundenlisten, „einzigartiger“ Rezepte, Algorithmen oder Markt- sowie Geschäftsstrategien langfristige Erfolge, die konterkariert werden würden, wenn sie nicht dauernd dem Geschäftsbetrieb dienen sollten. Solche Geschäftsgeheimnisse sind also dem Anlagevermögen zuzuordnen. Mit Blick auf ambivalente und schnelllebig gehandelte Geschäftsgeheimnisse wie (Roh-)Daten bietet es sich an, die Abgrenzung ausschließlich subjektiv vorzunehmen.

Zusammenfassend können Geschäftsgeheimnisse sowohl Bestandteil des Anlage- als auch des Umlaufvermögens sein. In vielen Fällen ist die Abgrenzung anhand eines subjektiven Kriteriums vorzunehmen. Sollten Geschäftsgeheimnisse dem Umlaufvermögen zuzuordnen sein, haben sie hinsichtlich der bilanziellen Wertzuweisung den Vorteil, dass sie nicht vom Aktivierungsverbot gemäß § 248 Abs. 2 S. 2 HGB und IAS 38.63 betroffen und daher sogar umfassend

---

1241 *Zimmermann/Dorn/Bieschewski*, NWB 2020, 3098, 3100.

1242 *Theile*, in: Heuser/Theile, IFRS Handbuch, 6. Aufl. 2019, 13.70.

1243 *Baetge/Kirsch/Thiele*, Bilanzen, 16. Aufl. 2021; vgl. *Federmann/Müller*, Bilanzierung nach Handelsrecht, Steuerrecht und IFRS, 13. Aufl. 2018, 329 f.

1244 Kritisch *Hrdy*, Fordham Law Review 2022, 557, 604 f.

aktivierungspflichtig sind. Werden aber Geschäftsgeheimnisse dem Anlagevermögen zugeordnet, kann die bilanzielle Wertzuweisung durch das Aktivierungsverbot eingeschränkt sein, was einer kostensparenden Zusammenfassung der Bewertung entgegenstehen würde.

2. *Abgrenzung zwischen Sachanlage- und immateriellem Anlagevermögen*

Das Aktivierungsverbot bezieht sich nur auf „immaterielle" Werte, also die, die nicht körperlich fassbar sind.[1245] „Immaterielle" Vermögensgegenstände werden zwar im HGB nicht definiert, aber bspw. in § 266 Abs. 2 HGB und § 248 Abs. 2 HGB vorausgesetzt. Weil sich die Aktivierung von Sachanlagevermögen ausschließlich nach den allgemeinen Aktivierungsvoraussetzungen richtet, ist das Sachanlagevermögen aktivierungspflichtig.[1246] Da dies für immaterielles Anlagevermögen mit Blick auf § 248 Abs. 2 S. 2 HGB nicht gilt – und das über das hiesige Aktivierungsverbot hinaus auch für § 5 Abs. 2 EStG entscheidend ist –, muss zwischen Sachanlage- und immateriellem Anlagevermögen abgegrenzt werden. Auch für die Abgrenzung zwischen der Anwendung von IAS 16 (Sachanlagen) und IAS 38 (Immaterielle Vermögenswerte) ist das entscheidend.

Obwohl sich vermuten lässt, dass es sich bei Geschäftsgeheimnissen immer um immaterielles Anlagevermögen handeln müsste, ist das nicht ohne Weiteres anzunehmen. Einerseits werden in bestimmten Rechnungslegungssystemen wie den IFRS weitere Voraussetzungen für die Aktivierungsfähigkeit von immateriellen Werten gestellt und andererseits kann die Perpetuierung von immateriellen Werten zu funktionale Einheiten führen. Zum einen zeigt sich das faktisch an Fahrzeugen, Maschinen und Anlagen, für die kaum noch vorstellbar ist, wie sie ohne Einsatz von immateriellen Werten überhaupt funktionieren sollen;[1247] zum anderen rechtlich an der nach IAS 38.4 geforderten „*Feststellung, ob ein Vermögenswert, der sowohl immaterielle als auch materielle Elemente in sich vereint, gemäß IAS 16 […] oder als immaterieller Vermögenswert gemäß dem vorliegenden Standard zu behandeln ist*". Nur wenn Letzteres bei Geschäftsgeheimnissen der Fall ist, greift das Aktivierungsverbot ein.

1245 *Baetge/Kirsch/Thiele*, Bilanzen, 16. Aufl. 2021, 245.
1246 *Baetge/Kirsch/Thiele*, Bilanzen, 16. Aufl. 2021, 249.
1247 *Theile*, in: Heuser/Theile, IFRS Handbuch, 6. Aufl. 2019, 13.25.

a) *Funktionale Einheit*

Weil immaterielle Werte häufig in irgendeiner Form perpetuiert sind, aber voneinander verschiedene Güter grundsätzlich getrennt zu aktivieren sind, helfen Negativabgrenzungen wie in der Definition aus DRS 24.8 nicht über die Abgrenzungsschwierigkeiten zwischen Sachanlage- und immateriellem Anlagevermögen hinweg. Aufgrund moderner Cloud-Lösungen und einer allgemein fortschreitenden Digitalisierung werden immer weniger Geschäftsgeheimnisse analog übertragen und gesichert. Doch die Geschäftsgeheimnisse, auf die das noch oder sogar aufgrund bewusster Entscheidungen zutrifft, bilden mit ihren jeweiligen physischen Trägern (Papierakte, CD-ROM, Festplatte, USB-Stick, usw.) eine funktionale Einheit.[1248]

Wegen der funktionalen Einheit zwischen dem Geschäftsgeheimnis und seinem Träger müssen beide Güter gemäß DRS 24.10 als einheitlicher Vermögensgegenstand behandelt werden. Zur Einordnung kommt es – wie auch in IAS 38.4 für immaterielle Vermögenswerte i. S. d. IFRS – primär auf die Wesentlichkeit und das wirtschaftliche Interesse des Inhabers an, also bspw., ob es im Fall eines Erwerbs dem Erwerber eher auf den materiellen oder immateriellen Gehalt eines Wertes angekommen ist und wofür er den Preis gezahlt hat.[1249]

Zwischen immateriellen und materiellen Werten wird grundsätzlich in allen untersuchten Rechnungslegungssystemen auf die gleiche Art und Weise abgegrenzt. Dient ein Erwerb immaterieller Bestandteile im Grunde einer Sachanlage (z. B. Systemsoftware einer computergesteuerten Werkzeugmaschine, die ohne Software nicht betriebsfähig ist oder Steuerungssoftware eines Fahrzeugs),[1250] sind die Ausgaben nicht als eigenständige, immaterielle Werte, sondern als Anschaffungsnebenkosten des Sachanlagegutes zu aktivieren.[1251] Überwiegt in der „Wertrelation" der wirtschaftliche Wert des Geschäftsgeheimnisses, ist die funktionale Einheit ein immaterieller Wert,[1252] da für das wirtschaftliche Interesse des Erwerbers vermutet wird, es sei ihm auf das Wesentliche angekommen.[1253] Ohne Schwierigkeiten ist dies bei Geschäftsgeheimnissen wie auf Papier festgehaltenen Rezepten oder auf einem USB-Stick gespeicherten Kundenlisten

---

1248 *Baetge/Kirsch/Thiele*, Bilanzen, 16. Aufl. 2021, 246.

1249 *Merkt*, in: Hopt, HGB, 42. Aufl. 2023, § 246 Rn. 4; *Cremer*, NWB 2018, 38, 40.

1250 Beispiele nach *Theile*, in: Heuser/Theile, IFRS Handbuch, 6. Aufl. 2019, 13.26.

1251 *Baetge/Kirsch/Thiele*, Bilanzen, 16. Aufl. 2021, 248; *Zimmermann/Dorn*, NWB 2020, 2462, 2464 f.

1252 *Baetge/Kirsch/Thiele*, Bilanzen, 16. Aufl. 2021, 246; *Eggert*, BBK 2019, 218, 220.

1253 *Zimmermann/Dorn/Bieschewski*, NWB 2020, 3098, 3100.

anzunehmen, weil die Verkörperung in solchen Fällen nur eine reine Trägereigenschaft erfüllt.[1254] So verliere der Datenträger nach Übertragung der Daten die Bedeutung und sei allenfalls nur mit einer „schützenden Verpackung" zu vergleichen.[1255] Wegen der vom Träger losgelösten Anwendbarkeit gilt das auch für Anwendungssoftware.[1256]

Bei Rohdaten, für die es wegen einer fehlenden Wertschwelle keine hohen Hürden zum Geheimnisschutz gibt, ist es nicht ausgeschlossen, dass sie in der Wertrelation zur teilweise hochkomplexen Dateninfrastruktur noch eine untergeordnete Rolle spielen. Die Verkörperung kann in derartigen Fällen eine eigenständige Bedeutung erlangen, indem sie über die Datenspeicherung hinaus noch weitere wertbegründende Funktionen erfüllt (z. B. Sicherheit, Aggregation, Rechenleistung, usw.). So gelten „Trivialprogramme" gemäß EStR R 5.5 Abs. 1 S. 2 als abnutzbare bewegliche und selbstständig nutzbare Wirtschaftsgüter i. S. d. steuerrechtlichen Rechnungslegung, aber nicht als immaterielle Wirtschaftsgüter. Auch Computerprogramme, deren Anschaffungskosten nicht mehr als 410 Euro betragen, sind gemäß EStR R 5.5 Abs. 1 S. 3 wie Trivialprogramme zu behandeln. Für wenig wertvolle Geschäftsgeheimnisse lässt sich die bilanzielle Zuordnung als eigenständiger immaterieller Wert bezweifeln. Für solche Zweifelsfälle kann aber trotzdem auf die „Transport- und Übertragungsfunktion" abgestellt werden,[1257] da hierin nicht nur die Intention eines Inhabers nicht zur Geltung kommt, sondern auch die steuerrechtliche Zuordnung lediglich eine „großzügige Regelung zu Gunsten [sic!] der Steuerpflichten, aber [keine] systematisch begründete Festlegung" für die Rechnungslegung an sich ist.[1258] Das, was für den Inhaber den wesentlichen Wert darstellt, ist trotz der in diesen Fällen nicht eindeutigen Wertrelation die immaterielle Komponente und nicht der materielle Träger. Auch in einer funktionalen Einheit mit einer Perpetuierung ist also davon auszugehen, dass Geschäftsgeheimnisse die Eigenschaft als immaterieller Wert behalten, weil ihr wirtschaftlicher Wert in der Wertrelation höher ist und/oder der Perpetuierung nur eine Trägerfunktion zukommt.

Auch bei Prototypen, die im Rahmen von FuE-Projekten für ein Geschäftsgeheimnis entstehen, bleibt gemäß IAS 38.5 die Einordnung als Bestandteil eines

---

1254 *Merkt*, in: Hopt, HGB, 42. Aufl. 2023, § 246 Rn. 4; *Zimmermann/Dorn/Bieschewski*, NWB 2020, 3098, 3100.

1255 *Eggert*, BBK 2019, 218, 220.

1256 *Theile*, in: Heuser/Theile, IFRS Handbuch, 6. Aufl. 2019, 13.26

1257 *Eggert*, BBK 2019, 218, 220.

1258 *Eggert*, BBK 2019, 218, 220.

immateriellen Wertes bestehen, da ein Prototyp trotz der physischen Substanz im Verhältnis zum auf einen immateriellen Wert gerichteten Gesamtprojektes nur unwesentlich ist.[1259] Erst recht gilt dies gemäß IAS 38.59 lit. c für den Entwurf, die Konstruktion und den Betrieb einer Pilotanlage, „*die von ihrer Größe her für eine kommerzielle Produktion wirtschaftlich ungeeignet ist*". Der materielle Anteil würde erst überwiegen und damit wesentlich sein, wenn die Pilotanlage sich für eine kommerzielle Produktion eignen würde.[1260] Letzteres zeigt, wie sehr es bei der Abgrenzung im Rahmen einer funktionalen Einheit auch auf den Stand im Bewertungszeitpunkt ankommt.

b) Exkurs: Einordnung in § 266 Abs. 2 A. I. HGB

Im Handelsrecht werden immateriellen Vermögensgegenstände aufgelistet, die gemäß § 266 Abs. 2 A. I. HGB dem Anlagevermögen der Aktivseite zugeordnet und kategorisiert werden. Unter den in 1. und 2. genannten gewerblichen Schutzrechten werden technisch verwertbare geistige Leistungen wie Patente, Warenzeichen, Marken-, Urheber- und Verlagsrechte sowie Geschmacks- und Gebrauchsmuster verstanden.[1261] Das entspricht den in Erwg. 1 der GeschGeh-RL bezeichneten „*Rechten des geistigen Eigentums*", die genutzt werden, „*um sich Ergebnisse ihrer Tätigkeiten im Innovationsbereich anzueignen, wenn eine freie Zugänglichkeit nicht die volle Nutzung ihrer Investitionen in Forschung und Innovation erlaubt.*" Geschäftsgeheimnisse stehen als „*weiteres Mittel*" neben den Rechten.

Die Zuordnung als gewerbliches Schutzrecht verbot sich nach früherer Rechtslage. Während gewerbliche Schutzrechte ein angemessenes Schutzniveau und effektive Maßnahmen bei möglichen Verletzungen vorwiesen, wurde dies bei Geschäftsgeheimnissen bezweifelt.[1262] Die vom Lauterkeitsrecht

---

1259 *Theile*, in: Heuser/Theile, IFRS Handbuch, 6. Aufl. 2019, 13.27; so auch für die deutsche Rechnungslegung *Schubert/Hutzler*, in: Grottel/Justenhoven/Schubert/Störk, Beck'scher Bilanz-Kommentar, 13. Aufl. 2022, § 255 Rn. 458.

1260 *Theile*, in: Heuser/Theile, IFRS Handbuch, 6. Aufl. 2019, 13.27.

1261 *Baetge/Kirsch/Thiele*, Bilanzen, 16. Aufl. 2021, 246; *Dicken/Henssler*, Bilanzrecht, 2. Aufl. 2021, Rn. 297.

1262 *Ann*, GRUR 2007, 39, 39 ff. m. w. N.; *Knerr*, Geistiges Eigentum und Steuerrecht: Patent- und Gebrauchsmusterverwertung aus Sicht des nationalen Ertragssteuerrechts, 2015, 67; *Redeker/Pres/Gittinger*, WRP 2015, 681, 682; *Wagner*, Know-how. Einordnung in das Zivilrecht, 2016, Rn. 414 ff. m. w. N.

geprägten[1263] §§ 17 ff. UWG a. F. schützten vor Inkrafttreten der GeschGeh-RL und des GeschGehG vor allem die unternehmerische Geheimnissphäre und das Unternehmen.[1264] Aufgrund des nur faktisch exklusiven Schutzes[1265] sah auch die Rspr. im Geheimnisschutz nur eine dem gewerblichen Rechtsschutz angenäherte Rechtsposition,[1266] was durch den Großteil der Literatur bestätigt wurde, wonach Geschäftsgeheimnisse ein „unvollkommenes Immaterialgut" oder „unvollkommenes Immaterialgüterrecht" waren, aber mangels ausschließlicher[1267] Zuweisung[1268] nicht den gewerblichen Schutzrechten gleichgestellt wurden.[1269]

Nun zielen Geschäftsgeheimnisse aber nicht mehr nur in eine den gewerblichen Schutzrechten ähnliche Richtung.[1270] Angleichungen gibt es insb. bei den für den gewerblichen Rechtsschutz bekannten Maßnahmen und Rechtsfolgen bei Verletzungen.[1271] Der Geheimnisschutz weist mittlerweile mindestens eine

---

1263 Vgl. hierzu auch *Kalbfus*, in: Ahrens/Büscher/Goldmann/McGuire, Praxis des Geistigen Eigentums, Festschrift für Henning Harte-Bavendamm zum 70. Geburtstag, 2020, 341, 345 ff.

1264 *McGuire*, GRUR 2016, 1000, 1006.

1265 *Peukert*, Güterzuordnung als Rechtsprinzip, 2008, 166.

1266 Stellvertretend *BGH*, Urt. v. 18.02.1977, I ZR 112/75 = GRUR 1977, 539, 542.

1267 Zu Ausschließlichkeitsrechten im Detail *Peukert*, Güterzuordnung als Rechtsprinzip, 2008, 56 ff.

1268 Zu den Voraussetzungen externer Güterzuweisung im Detail *Peukert*, Güterzuordnung als Rechtsprinzip, 2008, 443 ff.

1269 *Ahrens/McGuire*, Modellgesetz für Geistiges Eigentum, München, 2012, 51; *Kalbfus*, in: Ahrens/Büscher/Goldmann/McGuire, Praxis des Geistigen Eigentums, Festschrift für Henning Harte-Bavendamm zum 70. Geburtstag, 2020, 341, 341 ff.; *Kalbfus*, Know-how-Schutz in Deutschland zwischen Strafrecht und Zivilrecht, 2011, Rn. 403 ff.; *McGuire/Joachim/Künzel/Weber*, GRUR Int. 2010, 829, 835; *Ohly*, GRUR 2014, 1, 4 m. w. N.; *Peukert*, Güterzuordnung als Rechtsprinzip, 2008, 821; *Raue*, Die dreifache Schadensberechnung, 2017, 593; *Zech*, Information als Schutzgegenstand, 2012, 230, 237 m. w. N.; so schon *Stumpf*, Der Know-how-Vertrag, 3. Aufl. 1977, Rn. 12.

1270 *McGuire*, GUR 2015, 424, 426; *Rody*, Der Begriff und die Rechtsnatur von Geschäfts- und Betriebsgeheimnissen unter Berücksichtigung der Geheimnisschutz-Richtlinie, 2019, 224 f.

1271 *Kalbfus*, in: Ahrens/Büscher/Goldmann/McGuire, Praxis des Geistigen Eigentums, Festschrift für Henning Harte-Bavendamm zum 70. Geburtstag, 2020, 341, 348; *Gärtner*, NZG 2014, 650, 651; *Kalbfus*, in: Obergfell, Beiträge zum Immaterialgüterrecht, 2021, 295, 302; *McGuire*, GRUR 2015, 424, 426.

dogmatische Verwandtschaft zu gewerblichen Schutzrechten auf.[1272] Doch auch wenn sich durch die GeschGeh-RL und das GeschGehG der Geheimnis- und gewerbliche Rechtsschutz formell und inhaltlich angenähert haben,[1273] werden Geschäftsgeheimnisse nach wie vor nur selten als gewerbliches Schutzrecht anerkannt.[1274] So ordnet auch der Gesetzgeber den Geheimnisschutz weder den Marktverhaltensregeln des UWG noch den „vollständigen Immaterialgüterrechten" zu.[1275] Dass er an anderer Stelle davon spricht, dass es sich *„in gewisser Weise um Immaterialgüterrechte handelt"*,[1276] muss in Anbetracht der nach wie vor „nur" faktischen Exklusivität von Geschäftsgeheimnissen,[1277] die insb. als Umkehrschluss aus § 3 Abs. 1 Nr. 1, Abs. 2 Nr. 2 GeschGehG abgeleitet werden kann,[1278] als sprachliche Ungenauigkeit verstanden werden, der keine dogmatische Bedeutung zuzumessen ist. Auch Erwg. 16 der GeschGeh-RL nach sollen Geschäftsgeheimnisse *„keine Exklusivrechte"* begründen. Ferner zeigt sich in Erwg. 1 der GeschGeh-RL, dass der Geheimnisschutz eine „Ergänzung" oder „Alternative" zu Immaterialgüterrechten sein soll, sodass es sich eher um ein „aliud" handelt, was auch der historischen Entwicklung der Richtlinie entspricht.[1279] Im Gegensatz zu Immaterialgüterrechten handelt es sich bei Geschäftsgeheimnissen nach dem Verständnis des Gesetzgebers – der aufgrund der Mindestharmonisierung sogar einen immaterialgüterrechtlichen Schutz hätte einführen können[1280] – nicht um ein

---

1272 *Hauck*, in: Münchener Kommentar zum Lauterkeitsrecht, 3. Aufl. 2022, GeschGehG, vor § 1 Rn. 6 m. w. N.; *Hauck*, WRP 2018, 1034, 1035 f.; so auch im internationalen Kontext *Schovsbo/Riis*, EIPR 2019, 401, 401 ff.

1273 *Europäischer Wirtschafts- und Sozialausschuss*, Stellungnahme des Europäischen Wirtschafts- und Sozialausschusses vom 25.03.2014, 2014/C 226/09, Ziffer 1.5; *Ohly*, in: Harte-Bavendamm/Ohly/Kalbfus, GeschGehG, 2020, Einl. Rn. 26; differenzierend *Alexander*, in: Köhler/Bornkamm/Feddersen, UWG, 41. Aufl. 2023, GeschGehG, Vorbemerkungen Rn. 73 ff.; vgl. *Heinzke*, CCZ 2016, 179, 180.

1274 Stellvertretend *Hauck*, WRP 2018, 1034, 1034 ff.; a. A. *Kiefer*, WRP 2018, 910, 910 ff.; im internationalen Kontext differenzierend *Schovsbo/Riis*, EIPR 2019, 401, 401 ff.

1275 BT-Drs. 19/4724, 20.

1276 BT-Drs. 19/4724, 26.

1277 Als „reinen Zugangsschutz" bezeichnend *Schur*, Die Lizenzierung von Daten, 2020, 79.

1278 *Kalbfus*, in: Obergfell, Beiträge zum Immaterialgüterrecht, 2021, 295, 307 f.

1279 *Kalbfus*, in: Ahrens/Büscher/Goldmann/McGuire, Praxis des Geistigen Eigentums, Festschrift für Henning Harte-Bavendamm zum 70. Geburtstag, 2020, 341, 349 f. m. w. N.

1280 *Kalbfus*, in: Ahrens/Büscher/Goldmann/McGuire, Praxis des Geistigen Eigentums, Festschrift für Henning Harte-Bavendamm zum 70. Geburtstag, 2020, 341, 350 f.

Ausschließlichkeitsrecht.[1281] Das zeigt sich insb. an irreversiblen Geheimnisverletzungen oder am „verhaltensorientierten Schutz",[1282] der eher dem des lauterkeitsrechtlichen UWG ähnelt.[1283] Geschäftsgeheimnisse sind also keine gewerblichen Schutzrechte; auch nicht solche im handelsbilanziellen Sinne.

Für die Aktivierung ist das unschädlich. Dass nicht nur gewerbliche Schutzrechte, sondern auch „*ähnliche Rechte und Werte*" zusammen mit ihnen bilanziert werden, verdeutlicht, dass nicht nur gewerblichen Schutzrechten als Ausschließlichkeitsrechte bilanzielle Werte zugewiesen werden können, sondern auch den Positionen, die „‚lediglich' einen wirtschaftlichen Wert haben" und nicht auch durch eine Rechtsposition geschützt sind.[1284] Hiervon umfasst sind insb. als Erfindungen, Know-how, Kundenlisten oder Rezepte,[1285] deren Lizenzen gemäß § 266 Abs. 2 A. I. 2. ebenfalls immaterielle Vermögensgegenstände sein können.[1286] Daneben kommt auch in Betracht, dass Geschäftsgeheimnisse Bestandteile des Geschäfts- oder Firmenwertes sind. Wenn nämlich Geschäftsgeheimnisse entgeltlich erworben werden, können sie unter bestimmten Voraussetzungen auch als derivativer Geschäfts- oder Firmenwert aktiviert werden und gelten dann gemäß § 246 Abs. 1 S. 4 HGB als zeitlich begrenzt nutzbarer Vermögensgegenstand.[1287] Jedenfalls handelt es sich bei Geschäftsgeheimnissen mangels Ausschließlichkeit und Rechtsqualität zwar nicht um gewerbliche

---

1281 Stellvertretend *Schilling*, in: Ahrens/Bornkamm/Fezer/Koch/McGuire/Würtenberger, Festschrift für Wolfgang Büscher, 2018, 383, 384; so auch und im Detail *Hohendorf*, Know-how-Schutz und Geistiges Eigentum, 2020, 82 ff.; differenzierend zur Ausschlusswirkung und zum Zuweisungsgehalt *Kalbfus*, in: Ahrens/Büscher/Goldmann/McGuire, Praxis des Geistigen Eigentums, Festschrift für Henning Harte-Bavendamm zum 70. Geburtstag, 2020, 341, 351 ff.; a. A. *Deuring*, Datenmacht, 2021, 150.

1282 *Schur*, Die Lizenzierung von Daten, 2020, 80.

1283 So auch *Schuth*, Die Neuregelung zum Schutz der Geschäftsgeheimnisse und ihre Auswirkungen für das Arbeitsrecht, 2021, 114.

1284 *Baetge/Kirsch/Thiele*, Bilanzen, 16. Aufl. 2021, 246.

1285 *Dicken/Henssler*, Bilanzrecht, 2. Aufl. 2021, Rn. 297; *Eggert*, BBK 2019, 218, 219 f.; vgl. auch *Wagner*, Know-how. Einordnung in das Zivilrecht, 2016, Rn. 357.

1286 Zur bilanziellen Behandlung der Lizenzierung von immateriellen Gütern *Brebeck/Herrmann*, in: Kirsch/Thiele, Rechnungslegung und Wirtschaftsprüfung. Festschrift zum 70. Geburtstag von Prof. Dr. Dr. h.c. Jörg Baetge, 2007, 63, 73 ff.

1287 *Baetge/Kirsch/Thiele*, Bilanzen, 16. Aufl. 2021, 247; als für Geschäftsgeheimnisse bedeutendes Beispiel nennt *Dicken/Henssler*, Bilanzrecht, 2. Aufl. 2021, Rn. 334 „besonderes Know-how".

Schutzrechte, aber trotzdem um mit ihnen vergleichbare immaterielle Vermögensgegenstände, sodass sie dem Anlagevermögen der Aktivseite zugeordnet werden.

c) Zwischenergebnis

An Geschäftsgeheimnissen zeigt sich eindrücklich, dass die im BGB übliche Unterscheidung zwischen Sachen und Rechten nicht der Unterscheidung zwischen bilanziellem Sachanlage- und immateriellem Vermögen entspricht. Obwohl Geschäftsgeheimnisse keine (gewerblichen Schutz-)Rechte sind, handelt es sich bei ihnen aufgrund ihrer Ähnlichkeit ebenso um immaterielle Vermögensgegenstände. Selbst wenn sie mit materiellen Gütern funktionale Einheiten bilden, überwiegt oft ihr wirtschaftlicher Wert in der Wertrelation und/oder der Perpetuierung kommt nur eine Trägerfunktion zu. Entsprechendes gilt auch für die Abgrenzung zwischen der Materialität und Immaterialität bei Wirtschaftsgütern und Vermögenswerten.

3. Ausweitung der Aktivierung auf alle selbstgeschaffenen Geschäftsgeheimnisse?

Zwar mögen selbstgeschaffene Kundenlisten und vergleichbare Geschäftsgeheimnisse i. S. d. GeschGehG wirtschaftlich wertvoll sein. Allerdings ist die bilanzielle Wertzuweisung aufgrund § 248 Abs. 2 S. 2 HGB und IAS 38.63 nicht möglich. Das liegt oft daran, dass die Herstellungskosten für die dort genannten Werte nicht eindeutig abgrenzbar oder auch einer alternativen Zuordnung zu anderen Werten zugänglich sind.[1288]

Für die Ausweitung der Aktivierungsfähigkeit auf Kundenlisten und vergleichbare Geschäftsgeheimnissen spricht, dass sie als wertvolle Güter – wie im Handelsrecht gefordert – auch im Deckungsfall einen Beitrag zur Schuldendeckung leisten könnten.[1289] Auch aus der Sicht von Investoren können solche Werte eine entscheidende Rolle spielen, vor allem wenn sie besonders innovativ sind und ggf. den Hauptgrund für eine Investition darstellen. So würde eine Ausweitung bewirken, dass die Kosten mit den Einnahmen eines Geschäftsgeheimnisses besser verknüpft werden können.[1290] Ferner könnte die Ausweitung

---

1288 *Zimmermann/Dorn/Bischewski*, NWB 2020, 3098, 3101.

1289 *Naumann*, IRZ 2017, 189, 189 mit Software und Patente als Beispiele; den Zweck der Schuldendeckung hinterfragend *IDW Arbeitsgruppe Trendwatch*, Weiterentwicklung des externen Reportings kapitalmarktorientierter Unternehmen, 2018, 17.

1290 Vgl. *EFRAG*, Better Information on Intangibles, 2021, 28.

der Aktivierung bilanzielle Unternehmenswerte wieder näher an tatsächliche Unternehmenswerte rücken, die im Gegensatz zum 20. Jahrhundert heutzutage meist durch immaterielle Werte und nicht mehr vorrangig durch materielle Werte geprägt wird.[1291] Im Unterschied zu Geschäftsgeheimnissen, die nur ein ausschließliches Schädigungspotenzial haben, ist also zunächst nicht ersichtlich, weshalb einige selbstgeschaffene Geschäftsgeheimnisse mit positivem Nutzungs- oder Verwertungspotenzial von der bilanziellen Wertzuweisung ausgenommen sind.

In einem Szenario, in dem ein organisch wachsendes Unternehmen dasselbe Geschäftsgeheimnis hat wie ein ausschließlich durch Akquisition wachsendes Unternehmen, wäre es für Letzteres möglich, das durch den Unternehmenserwerb zugegangene Geschäftsgeheimnis zu aktivieren.[1292] Jedoch wäre eine bilanzielle Wertzuweisung für das organisch wachsende Unternehmen nicht möglich und damit ein Anreiz, sich mit dem Wert des Geschäftsgeheimnisses auseinanderzusetzen, nicht gegeben. Dasselbe Nutzungs- und/oder Verwertungspotenzial würde bei der Aktivierung ungleich behandelt werden,[1293] was sich ggf. nicht vernünftig rechtfertigen lässt.[1294]

Eine Ausweitung auf alle selbstgeschaffenen Geschäftsgeheimnisse könnte die bilanzielle Vergleichbarkeit zwischen erworbenen und selbstgeschaffenen Geschäftsgeheimnissen und die Zwecke der Rechnungslegung (Gläubigerschutz durch Ausweisung der Schuldendeckungsfähigkeit und Entscheidungsnützlichkeit für Investitionen) auch für immaterielle Werte fördern.[1295] Hierfür könnten Aktivierungswahlrechte und/oder -pflichten den „nächsten logischen Schritt" darstellen,[1296] für die die „objektive Überprüfbarkeit der Kriterien" – durch einen „staatlichen anerkannten Sachverständiger [sic!] oder Wirtschafsprüfer" – garantiert werden könnte.[1297]

1291 *Naumann*, IRZ 2017, 189, 189; *Parr*, in: Parr, Intellectual Property. Valuation, Exploitation, and Infringement Damages, 5. Aufl. 2018, 496 ff. m. w. N.

1292 Vgl. hierzu *Parr*, in: Parr, Intellectual Property. Valuation, Exploitation, and Infringement Damages, 5. Aufl. 2018, 504.

1293 *Wagner*, Know-how. Einordnung in das Zivilrecht, 2016, Rn. 669.

1294 Vgl. *Vögele/Saljanin*, in: Vögele, Intangibles, 2. Aufl. 2 § 2 C. Rn. 29.

1295 *EFRAG*, Better Information on Intangibles, 2021, 35; *Vögele/Saljanin*, in: Vögele, Intangibles, 2. Aufl. 2 § 2 C. Rn. 29.

1296 *Naumann*, IRZ 2017, 189, 189 f.

1297 So zumindest ein Vorschlag von *Wagner*, Know-how. Einordnung in das Zivilrecht, 2016, Rn. 670.

Im Vergleich zu materiellen Werten, die keinem solchen Aktivierungsverbot unterliegen, könnte der Unterschied zwischen materiellen und immateriellen Werten insb. durch die Verwertbarkeit einzelner Wertbestandteile erklärt werden. So könnten – auch wenn eine selbstgeschaffene Sachanlage nicht wie beabsichtigt funktioniert – zumindest einzelne Bestandteile bspw. als „Schrott" monetarisiert werden,[1298] sodass trotz eines Misserfolgs immerhin noch ein „Wert" besteht. Doch nicht ohne Grund haben auch Geheimnissen über das „Nichtfunktionieren" eines Verfahrens einen wirtschaftlichen Wert i. S. d. GeschGehG, weil auch diese Informationen für Wettbewerber bspw. aufgrund vermeidbarer Kosten von Belang sein können. Nur durch Zeit- oder Kosteneinsatz können Wettbewerber ebenso an die Information gelangen. Dieses Verwertungspotenzial, das zwar geringer als das Nutzungspotenzials eines Geheimnisses über ein funktionierendes Verfahren sein dürfte, begründet einen dem materiellen „Schrottwert" vergleichbaren Wert für selbstgeschaffene Geschäftsgeheimnisse. Damit auch derartige Geschäftsgeheimnisse aktiviert werden können, könnte das Verbot aufgehoben werden. In den IFRS wäre es dazu noch erforderlich, die Identifizierbarkeit, Wahrscheinlichkeit des Nutzenzuflusses und Verlässlichkeit der Bewertung zu lockern,[1299] für die sowieso das vermutete Vorliegen beim Unternehmenserwerb ggf. eine ungerechtfertigte Bevorzugung gegenüber der eigenen Entwicklung darstellt. Schließlich lässt auch das alleinige Vorhandensein des (durch den Vorgang an sich objektivierten) Kaufpreises nicht zwingend darauf schließen, dass eine Allokation auf einzelne Geschäftsgeheimnisse verlässlicher sein muss als die Bewertung eines selbstgeschaffenen Geschäftsgeheimnisses.[1300]

Doch so verständlich eine Lockerung der Kriterien – nicht nur, aber auch für eine Konvergenz zwischen bilanziellem und wirtschaftlichem Wert – zunächst wirkt, würde dies unzureichend den von *Paulisch* beschriebenen Interessenkonflikt berücksichtigen:

> *„Der Kontext der Aktivierung selbst erstellter immaterieller Vermögenswerte steht dabei im Spannungsverhältnis von Relevanz und glaubwürdiger Darstellung bzw. [sic!] Objektivität, wenn Jahresabschlüsse einerseits die tatsächlichen wirtschaftlichen Verhältnisse abbilden und andererseits die in den Jahresabschlüssen veröffentlichten Daten auch glaubwürdig und objektiv sein sollen."*[1301]

1298 *EFRAG*, Better Information on Intangibles, 2021, 28 f.

1299 *EFRAG*, Better Information on Intangibles, 2021, 29.

1300 *EFRAG*, Better Information on Intangibles, 2021, 29.

1301 *Paulitsch*, Bilanzielle Behandlung selbst erstellter immaterieller Vermögenswerte in den IAS/IFRS, 2019, 234.

Schon die Identifizierbarkeit zeigt einen großen Unterschied zwischen materiellen und immateriellen Werten, der darin liegt, dass materielle Werte bereits rein physisch voneinander getrennt werden können, während die Trennung bei immateriellen Werten anderweitig erforderlich ist.[1302] Es müssen zwar auch Geschäftsgeheimnisse zur Geheimhaltung unterschieden und kategorisiert werden, sodass es bspw. möglich ist, Kundenlisten getrennt vom Unternehmen zu übertragen. Doch die Trennung zwischen Ausgaben für andere Werte – vor allem, wenn es sich um laufende Ausgaben handelt – wird – auch für Sachverständige oder Wirtschaftsprüfer – nur unter großen Schwierigkeiten oder sogar gar nicht möglich sein.[1303] Ferner können solche Geschäftsgeheimnisse häufig nicht verlässlich bewertet werden, was einer bilanzieller Wertzuweisung widerspricht. So kann bei Kundenlisten, die ohne beabsichtigte, unmittelbare und messbare Anstrengungen im Laufe der Zeit „einfach so" entstehen, nicht verlässlich zwischen den Aufwendungen differenziert werden, die dem generellen Fortkommen eines gesamten Unternehmens oder speziell der Schaffung der Kundenlisten dienten.

Das Kriterium der verlässlichen Bewertung zu lockern oder gar zu streichen, würde nur dazu führen, dass eine Bilanz weniger aussagekräftig wäre und die Entscheidungsnützlichkeit als Zweck der IFRS eben nicht erfüllt werden könnte. Allgemein ist das der Fall, wenn die Bilanzierung zwecks Darstellung künftiger Potenziale mehr auf dem Ermessen als auf erfolgsneutralen Vorgängen beruht.[1304] Die bilanzielle Wertzuweisung auf solche Geschäftsgeheimnisse auszuweiten, würde nur dazu führen, dass auch bilanzielle Ungenauigkeiten ausgeweitet werden würden. Dies hätte vor allem willkürliche Abschreibungen oder spätere Wertminderungen zur Folge.[1305] Zwar wäre hierdurch überhaupt erst eine bilanzielle Abbildung des wirtschaftlichen Wertes möglich. Allerdings ist ein hinreichend sicherer Nachweis anhand der Bilanzierung wegen der hiesigen Ungenauigkeiten zu bezweifeln.

Erschwerend kommt hinzu, dass auch das Fehlen eines (beobachtbaren) Marktpreises die Zuverlässigkeit einer Bewertung beeinträchtigt. Daher sind auch Geheimnisse über das „Nichtfunktionieren" nicht mit materiellen Werten vergleichbar, für die ein „Schrottwert" vergleichsweise verlässlich ermittelt

---

1302 *EFRAG*, Better Information on Intangibles, 2021, 30.

1303 Vgl. *EFRAG*, Better Information on Intangibles, 2021, 30.

1304 *Kirsch/Steinhauer*, Zeitschrift für Planung und Unternehmenssteuerung 2003, 415, 423.

1305 *EFRAG*, Better Information on Intangibles, 2021, 35.

werden kann; zumal derartige Geschäftsgeheimnisse meist auch einen hohen Individualisierungsgrad haben, keinen Nutzen für eine Vielzahl an Wettbewerbern darstellen und daher die Nachfrage nach ihnen überschaubar sein dürfte.

Auch können – anders als bei einem Erwerb – bei solchen selbstgeschaffenen Geschäftsgeheimnissen die anfallenden Kosten nicht immer anhand der internen Kosten zugeordnet werden.[1306] So wie auch bei selbstgeschaffenen Marken verhindert ein schleichender und unbewusster Entwicklungsprozess die eindeutige Zuordnung, wodurch auch der bilanzielle Wert bei einer an Bedingungen (z. B. Überprüfung durch Sachverständige oder Wirtschaftsprüfer)[1307] gekoppelte Ausweitung auf alle Geschäftsgeheimnisse nicht willkürfrei ermittelt werden könnte. Das würde sowohl den Zwecken der Rechnungslegung als auch der Idee widersprechen, einen wirtschaftlichen Wert anhand der Bilanzierung hinreichend sicher ableiten oder nachweisen zu wollen. Auch subjektivere Aktivierungskriterien (z. B. zu Beginn der Entwicklung „schätzbare" Ausgaben oder zu Beginn der Entwicklung „erwartbare" Deckung der Ausgaben)[1308] anstelle des Aktivierungsverbotes heranzuziehen, wäre nicht zielführend.

Zwar würden weniger Restriktionen tendenziell der getreueren Abbildung des wirtschaftlichen Wertes bei der Bilanzierung entgegenkommen. Allerdings sind auch Ausgaben und Erwartungen, die Ausgaben würden durch Erfolg gedeckt werden, nicht zwingend mit dem wirtschaftlichen Wert gleichzusetzen, wodurch die Effizienz einer Ausweitung auch mit Blick auf die Abbildung und den Nachweis des wirtschaftlichen Wertes zu bezweifeln wäre.

4. *Zwischenergebnis*

Da das handelsrechtliche Rechnungslegungssystem dem Gläubigerschutz dient und das Realisierungsrisiko verringern soll, bedarf es einer gewissen Objektivierung.[1309] Auch für die Entscheidungsnützlichkeit i. S. d. IFRS muss zumindest ein „Mindestmaß" an Verlässlichkeit gegeben sein.[1310] Aus beiden Gründen sind

---

1306 *EFRAG*, Better Information on Intangibles, 2021, 23.

1307 So nämlich *Wagner*, Know-how. Einordnung in das Zivilrecht, 2016, Rn. 670.

1308 Für weitere Beispiele *EFRAG*, Better Information on Intangibles, 2021, 31.

1309 *Senger/Kurz*, in: Vögele, Intangibles, 2. Aufl. 2021, § 2 A. Rn. 5.

1310 *Kirsch/Koelen/Olbrich/Dettenrieder*, WPg 2012, 762, 768; die Verlässlichkeit als „nicht verhandelbare Forderung" bezeichnend *Küting/Lauer*, in: Lück, Jahrbuch für Wirtschaftsprüfung, Interne Revision und Unternehmensberatung 2011, München, 2011, 43, 47 f.; zum allgemeinen Konflikt zwischen Relevanz und Verlässlichkeit der Bilanzierung *Baetge*, Möglichkeiten der Objektivierung des Jahreserfolges, 1970, 167 ff., *Naumann*, ZfB 2006, Ergänzungsheft 6, 43, 47 ff.

für das HGB und die IFRS bestimmte selbstgeschaffene immaterielle Vermögensgegenstände und Vermögenswerte von der bilanziellen Wertzuweisung ausgeschlossen. Hiervon sind auch Geschäftsgeheimnisse wie Kundenlisten betroffen, die meist erst bilanziert werden können, wenn sie erworben wurden und sich ein objektivierter Wert aus dem Anschaffungsvorgang ermitteln lässt. Dass bilanzieller und wirtschaftlicher Wert bei selbstgeschaffenen Geschäftsgeheimnissen auseinanderfallen, muss zwecks Gläubigerschutzes und Entscheidungsnützlichkeit hingenommen werden. Eine Ausweitung auf alle selbstgeschaffenen Geschäftsgeheimnisse kommt nicht in Betracht, weshalb der wirtschaftliche Wert von einigen Geschäftsgeheimnissen wegen des Aktivierungsverbots nicht vollständig abgebildet und nachgewiesen werden kann.

III. Zwischenergebnis

Bei der handels- und steuerrechtlichen Rechnungslegung kann die Aktivierung von Geschäftsgeheimnissen erfolgen, wenn diese einen Beitrag zur Schuldendeckung leisten können. Weil das aber eine gewisse „Marktreife" oder zumindest hinreichende Verwendungsmöglichkeiten für Dritte erfordert, bedeutet ein wirtschaftlicher Wert i. S. d. GeschGehG nicht zwingend, dass dieser auch anhand einer Handels- und Steuerbilanz abgebildet und nachgewiesen werden kann. Weniger restriktiv sind die Anforderungen der IFRS,[1311] für die lediglich ein wahrscheinlicher künftiger Nutzen zugrunde gelegt wird.[1312] Daher ist auch anzunehmen, dass eher die bilanzielle Wertzuweisung durch die IFRS dem Potenzialverständnis i. S. d. GeschGehG entspricht und sich daher besser für die bilanzielle Abbildung und den Nachweis des wirtschaftlichen Wertes eignet.

Worin sich alle untersuchten Rechnungslegungssysteme ähneln, ist, dass die Aktivierung von Geschäftsgeheimnissen mit ausschließlichem Schädigungspotenzial nicht möglich ist. Wenig zielführend ist auch die Abbildung und der Nachweis aller selbstgeschaffenen Geschäftsgeheimnisse anhand der steuerrechtlichen Rechnungslegung, da sie gemäß § 5 Abs. 2 EStG ausgeschlossen sind, und bestimmter selbstgeschaffener Geschäftsgeheimnisse, die gemäß § 248 Abs. 2 S. 2 HGB und IAS 38.63 nicht aktiviert werden dürfen. Das Aktivierungsverbot betrifft geheime Kundenlisten und vergleichbare Geschäftsgeheimnisse des Anlagevermögens, wohingegen Geschäftsgeheimnisse des Umlaufvermögens

1311 *Kirsch/Steinhauer*, Zeitschrift für Planung und Unternehmenssteuerung 2003, 415, 423.

1312 *Kirsch/Kurz*, in: Lück, Jahrbuch für Wirtschaftsprüfung, Interne Revision und Unternehmensberatung 2011, 2011, 61, 67 f.

vollständig bilanziert werden können. Durch die Einschränkung, für die eine Ausweitung auf alle selbstgeschaffenen Geschäftsgeheimnisse zwecks Gläubigerschutz und Entscheidungsnützlichkeit nicht zielführend ist, findet der wirtschaftliche Wert einiger selbstgeschaffener Geschäftsgeheimnisse keinen Eingang in den bilanziellen Bewertungsvorgang.

Ein effizienter Nachweis der Existenz des wirtschaftlichen Wertes kommt anhand von Bilanzen „nur" für Geschäftsgeheimnisse mit Nutzungs- und/oder Verwertungspotenzial in Betracht, die nicht vom Aktivierungsverbot erfasst werden (und daher bestenfalls entgeltlich erworben wurden oder für die sich die Kosten einfach zuordnen lassen) und zumindest i. R. d. Handelsbilanz schon eine „Marktreife" haben, was aber für eine Bilanz i. S. d. EStG und der IFRS nicht notwendig ist.

B. Bilanzierung der Höhe nach: Bewertung von Geschäftsgeheimnissen

Nachdem geklärt ist, ob und welche Geschäftsgeheimnisse für eine Bilanzierung überhaupt in Frage kommen, kann diesen nun auch ein bilanzieller Wert zugewiesen werden. Die Bewertungsmaßstäbe sind die Anschaffungskosten, Herstellungskosten und der beizulegende (Zeit-)Wert. Handelsrechtlich ergeben sie sich aus § 255 HGB, können wegen des Maßgeblichkeitsprinzips auf die steuerbilanzielle Bewertung übertragen werden[1313] und gelten für das Anlage- sowie für das Umlaufvermögen.[1314] Die allgemeinen Wertmaßstäbe für die IFRS (Historische Kosten und Zeitwerte) ergeben sich aus CF.6.4–6.22 und werden in den einzelnen Standards für die Bilanzierung der Höhe nach unterschiedlich angewendet. In allen untersuchten Rechnungslegungssystemen wird im Zugangszeitpunkt (Zugangsbewertung) und dann zu späteren Stichtagen (Folgebewertung) bewertet.

I. Zugangsbewertung

In der Zugangsbewertung sind zugegangene Geschäftsgeheimnisse – zur Objektivierung[1315] – gemäß § 253 Abs. 1, 255 HGB, § 6 Abs. 1 Nr. 1 S. 1 EStG

1313 *Baetge/Kirsch/Thiele*, Bilanzen, 16. Aufl. 2021, 194.

1314 *Schubert/Hutzler*, in: Grottel/Justenhoven/Schubert/Störk, Beck'scher Bilanz-Kommentar, 13. Aufl. 2022, § 255 Rn. 1.

1315 *Kirsch*, in: Kirsch/Thiele, Rechnungslegung und Wirtschaftsprüfung. Festschrift zum 70. Geburtstag von Prof. Dr. Dr. h.c. Jörg Baetge, 2007, 359, 364.

und IAS 38.24 höchstens mit den Anschaffungs- oder Herstellungskosten zu bewerten. Dafür ist es erforderlich, dass die Kosten den Geschäftsgeheimnissen einzeln zugeordnet werden. Wegen des Einzelbewertungsprinzips ist der Gesamtkaufpreis bei einem entgeltlichen Erwerb auf jedes Geschäftsgeheimnis, das mit anderen Geschäftsgeheimnissen oder Gütern erworben wurde, aufzuteilen.[1316] Sollte der Kaufpreis schon vertraglich aufgeteilt worden sein, ist dieser Aufteilung zu folgen, sofern „sie wirtschaftlich vernünftig und nicht willkürlich erscheint".[1317] Fehlt eine Aufteilung oder entspricht sie nicht den Anforderungen, sieht das Handelsrecht keine bestimmte Methode, aber eine angemessene sowie willkürfreie Aufteilung vor. Sie kann sich an der steuerrechtlichen Aufteilung orientieren, wonach die Anschaffungskosten als Teilwerte i. S. d. § 6 Abs. 1 Nr. 1 S. 3 EStG und § 10 BewG aufzuteilen sind,[1318] wobei Teilwerte i. d. R. dem Marktwert entsprechen.[1319] Aus Gründen der Priorisierung wird auf eine Untersuchung des unentgeltlichen Erwerbs (z. B. Erbschaft, Schenkung, usw.)[1320] und der Zuwendung der öffentlichen Hand[1321] verzichtet. Der Fokus richtet sich auf den entgeltlichen Erwerb und die Herstellung.

1. Abgrenzung zwischen Anschaffung und Herstellung anhand des Herstellungsrisikos und Beispiel: Standard- und Individualsoftware

Die Bilanzierung richtet sich stets nach dem Bilanzierungsanlass.[1322] Wegen unterschiedlicher Bewertungsnormen, der Einbeziehung von Kosten und der Nutzung des Wahlrechts ist zwischen selbstgeschaffenen und erworbenen Geschäftsgeheimnissen zu unterscheiden.[1323]

1316 *Schubert/Hutzler*, in: Grottel/Justenhoven/Schubert/Störk, Beck'scher Bilanz-Kommentar, 13. Aufl. 2022, § 255 Rn. 72.

1317 *Schubert/Hutzler*, in: Grottel/Justenhoven/Schubert/Störk, Beck'scher Bilanz-Kommentar, 13. Aufl. 2022, § 255 Rn. 73 m. w. N.

1318 *Baetge/Kirsch/Thiele*, Bilanzen, 16. Aufl. 2021, 254.

1319 *Küting/Lauer*, in: Lück, Jahrbuch für Wirtschaftsprüfung, Interne Revision und Unternehmensberatung 2011, München, 2011, 43, 45.

1320 Hierzu *Schubert/Hutzler*, in: Grottel/Justenhoven/Schubert/Störk, Beck'scher Bilanz-Kommentar, 13. Aufl. 2022, § 255 Rn. 90 ff.

1321 Hierzu *Heckeler/Kühnel*, in: Brune/Driesch/Schulz-Danso/Senger, Beck'sches IFRS-Handbuch, 6. Aufl. 2020, B. I. § 4 Rn. 87 f.

1322 *Matschke/Brösel*, Funktionale Unternehmensbewertung, 2014, 11.

1323 *Schubert/Hutzler*, in: Grottel/Justenhoven/Schubert/Störk, Beck'scher Bilanz-Kommentar, 13. Aufl. 2022, § 255 Rn. 27, 30, 110; *Theile*, in: Heuser/Theile, IFRS Handbuch, 6. Aufl. 2019, 13.34.

Die Abgrenzung zwischen Anschaffung und Herstellung erlangt bei Geschäftsgeheimnissen insb. Bedeutung, wenn Inhaber die FuE teilweise auslagern.[1324] Dies ist aber nicht immer mit einer Anschaffung gleichzusetzen, sondern kann auch eine Herstellung sein. Im Einzelfall kommt es auf die Verteilung der Risiken an, also wer die Chancen und Risiken der FuE trägt (Unterschied zwischen echter und unechter Auftragsproduktion[1325]),[1326] sodass Geschäftsgeheimnisse aus unechter Auftragsproduktion – anders als bei echter Auftragsproduktion – nicht entgeltlich erworben werden.[1327] In Anbetracht größerer Restriktionen bei der Entwicklung ist eine hinreichend sichere bilanzielle Wertzuweisung nur möglich, wenn wesentliche Aufgaben bei der Entwicklung eines Geschäftsgeheimnisses abgegeben werden.

Vor allem bei geheimer Software stellt sich oft die Frage,[1328] ob das Subjekt eine Software selbst geschaffen oder durch Erwerb von einem Softwareanbieter angeschafft hat. Ersteres ist der Fall, wenn die Software unter Einsatz eigener personeller und materieller Ressourcen entwickelt wird.[1329] Ein Indiz ist die Vereinbarung und Zahlung einer erfolgsunabhängigen Vergütung, die bloß die dem Softwareanbieter entstanden Aufwendungen erstattet, aber keine Gegenleistung für die Software darstellt.[1330] Doch auch wenn eine Software durch einen Dritten (Softwareanbieter) hergestellt wird, ist die Einordnung als selbstgeschaffener Wert – sogar beim Werkvertrag[1331] – nicht ausgeschlossen. Es kommt stets auf das Herstellungsrisiko an,[1332] das nicht zwingend beim Softwareanbieter liegen muss. Durch die Federführung oder Projektleitung kann dieses auch beim Softwareanwender liegen, wodurch ein Aktivierungswahlrecht gemäß § 248 Abs. 2 S. 1 HGB bestehen würde.

1324 *Theile*, in: Heuser/Theile, IFRS Handbuch, 6. Aufl. 2019, 13.35.

1325 *Schubert/Hutzler*, in: Grottel/Justenhoven/Schubert/Störk, Beck'scher Bilanz-Kommentar, 13. Aufl. 2022, § 255 Rn. 30, 236.

1326 *Blankenfeldt/Müller/Weinrich*, in: Vögele, Intangibles, 2. Aufl. 2021, § 2 B. Rn. 58.

1327 So auch *Zimmermann/Dorn/Bieschewski*, NWB 2020, 3098, 3105.

1328 *Blankenfeldt/Müller/Weinrich*, in: Vögele, Intangibles, 2. Aufl. 2021, § 2 B. Rn. 59; hierzu auch *Scharfenberg/Marquardt*, DStR 2004, 195.

1329 *Grundmann/Hempel*, BBK 2011, 381, 382.

1330 *Blankenfeldt/Müller/Weinrich*, in: Vögele, Intangibles, 2. Aufl. 2021, § 2 B. Rn. 59.

1331 A. A. *Schubert/Hutzler*, in: Grottel/Justenhoven/Schubert/Störk, Beck'scher Bilanz-Kommentar, 13. Aufl. 2022, § 255 Rn. 30.

1332 *Schubert/Hutzler*, in: Grottel/Justenhoven/Schubert/Störk, Beck'scher Bilanz-Kommentar, 13. Aufl. 2022, § 255 Rn. 464; *Grundmann/Hempel*, BBK 2011, 381, 382 f.; *Mujkanovic*, PiR 2013, 331, 334.

Eindrücklich zeigt sich dies an der Abgrenzung zwischen geheimer Standard- und Individualsoftware, wofür das Herstellungsrisiko das Kriterium ist. Nach DRS 24.27 besteht es *„in der Unsicherheit, ob der Entwicklungs- bzw. [sic!] Herstellungsprozess zu einem einzeln verwertbaren immateriellen Vermögensgegenstand führt“*. Wird eine geheime Standardsoftware entgeltlich erworben, sind die Anschaffungskosten handels- sowie steuerrechtlich verpflichtend zu aktivieren. Auch der Aufwand, der bei der Implementierung der Software als Herstellung der Betriebsbereitschaft entsteht, ist in Form von Anschaffungsnebenkosten zu aktivieren. Dazu zählt auch der Aufwand für das „Customizing“.[1333] Nur wenn die geheime Software als „Wesensänderung“ neukonzipiert wird,[1334] geht das Herstellungsrisiko für die Software auf den Anwender über. Dadurch würde ein neuer Wert entstehen,[1335] dessen bilanzieller Wert sich an Herstellungskosten bemessen lassen müsste. Dies ist vor allem der Fall, wenn durch die Programmierung oder Änderung eines Softwarequellcodes umfangreiche Modifikationen vorgenommen oder neue Funktionen geschaffen werden und dadurch der Anwendungsbereich der Software erweitert wird.[1336] Von einer wesentlichen Änderung am Quellecode ist i. d. R. auszugehen, wenn die Änderungen Auswirkung „auf die zivilrechtliche Gewährleistung des Software-Herstellers“ haben.[1337]

Eine Wesensänderung von Standard- zu Individualsoftware hat also Auswirkungen auf die Aktivierungsfähigkeit. Für Letztere besteht zwar ein handelsrechtliches Aktivierungswahlrecht, aber auch ein steuerrechtliches Aktivierungsverbot.[1338] Ob Geschäftsgeheimnissen wie geheimer Software ein bilanzieller Wert zugewiesen werden kann, hängt vom Herstellungsrisiko ab. Geht dieses auf den Anwender über, ist die Aktivierung steuerrechtlich ausgeschlossen und auch handelsrechtlich keine Pflicht und zudem auch noch restriktiv.

Obwohl der wirtschaftliche Wert derartiger Geschäftsgeheimnisse durch eigene Verbesserungen sogar erheblich steigen kann, muss die Wertsteigerung und der Wert als solcher nicht auch bilanziell abgebildet werden. So fehlt es

---

1333 *BMF*, Schreiben v. 18.11.2005, BStBl 2005 I 1025 Rn. 3 f., 6; differenzierend *Scharfenberg/Marquardt*, DStR 2004, 195, 199 f.

1334 *Blankenfeldt/Müller/Weinrich*, in: Vögele, Intangibles, 2. Aufl. 2021, § 2 B. Rn. 59; *Scharfenberg/Marquardt*, DStR 2004, 195, 197.

1335 *BMF*, Schreiben v. 18.11.2005, BStBl 2005 I 1025 Rn. 9; *Zimmermann/Dorn/Bischewski*, NWB 2020, 3098, 3109.

1336 *BMF*, Schreiben v. 18.11.2005, BStBl 2005 I 1025 Rn. 8.

1337 *BMF*, Schreiben v. 18.11.2005, BStBl 2005 I 1025 Rn. 4, 13.

1338 *BMF*, Schreiben v. 18.11.2005, BStBl 2005 I 1025 Rn. 11.

durch den Übergang des Herstellungsrisikos an einer bilanziellen Objektivierbarkeit dieses Wertes. Soll der wirtschaftliche Wert eines Geschäftsgeheimnisses anhand der Bilanzierung nachgewiesen werden, könnte es sich anbieten, nicht die Federführung oder Projektleitung zu übernehmen, sondern das Herstellungsrisiko beim Softwareanbieter verbleiben zu lassen oder auf ihn zu übertragen, sodass durch den entgeltlichen Erwerb die Software zwingend in der Höhe der Anschaffungskosten zu aktivieren ist.

Doch ob ein höherer Wert auch in der Steuerbilanz erwünscht ist, ist aufgrund einer potenziell größeren Steuermasse zu bezweifeln. Der bilanzielle Wertnachweis kann zumindest schon durch das handelsrechtliche Aktivierungswahlrecht gelingen und bedarf keiner zwingenden Aktivierung in der Steuerbilanz. Mit Blick auf eine größere Steuermasse bietet es sich für den Inhaber in Abgrenzungsfällen eher an, das Herstellungsrisiko selbst zu tragen. Auch dann wäre zumindest eine handelsbilanzielle Wertzuweisung möglich, anhand der der wirtschaftliche Wert des Geschäftsgeheimnisses nachgewiesen werden kann. Ob aber der handelsbilanzielle Wert dem wirtschaftlichen Wert entspricht und so eine effiziente Konvergenz hergestellt werden kann, hängt davon ab, in welcher Höhe die Herstellungskosten von Geschäftsgeheimnissen bilanziell bemessen werden können und ob die Anschaffungskosten nicht doch einen höheren und dadurch effizienteren Rückschluss auf den wirtschaftlichen Wert ermöglichen.

2. *Anschaffungskosten*

Geschäftsgeheimnisse können entweder als Bestandteil eines Unternehmens oder einzeln erworben werden.[1339] Anders als für selbstgeschaffene Geschäftsgeheimnisse gibt es im HGB kein Aktivierungsverbot für erworbene immaterielle Vermögensgegenstände des Anlagevermögens. Das bedeutet, dass alle entgeltlich erworbenen Geschäftsgeheimnisse i. S. d. Vollständigkeitsgebots nach § 246 Abs. 1 HGB verpflichtend zu aktivieren sind.[1340] Im Steuerrecht ist der entgeltliche Erwerb gemäß § 5 Abs. 2 EStG sogar das entscheidende Kriterium, um die Zugangsbewertung vornehmen zu können. So sind alle selbstgeschaffenen Geschäftsgeheimnisse des Anlagevermögens von einer Aktivierung ausgenommen. In der Rechnungslegung nach den IFRS richtet sich die Aktivierung entgeltlich erworbener Geschäftsgeheimnisse nach den allgemeinen Voraussetzungen gemäß IAS 38.8. Sind diese erfüllt und steht kein spezifisches Verbot der

---

1339 *BGH*, Urt. v. 27.04.2006, I ZR 126/03 = GRUR 2006, 1044, 1046; *OLG Düsseldorf*, Urt. v. 11.03.2021, I-15 U 6/20 = WRP 2021, 1080, 1085.

1340 Vgl. *Baetge/Kirsch/Thiele*, Bilanzen, 16. Aufl. 2021, 249.

Aktivierung entgegen, müssen sie aktiviert werden.[1341] Durch einen entgeltlichen Erwerb hat sich die sowieso schon „schwierige Wertmessung" objektiviert, weil sich die für ein Geschäftsgeheimnis aufgewendete Gegenleistung als Bewertungsgrundlage eignet.[1342]

Ein immaterielles Wirtschaftsgut gilt gemäß EStR R 5.5 Abs. 2 S. 2 als entgeltlich erworben, wenn Leistungen mit Dritten ausgetauscht wurden.[1343] Auch im Handelsrecht ist der Erwerb entgeltlich, wenn Ausgaben oder Ausgabenäquivalente im Gegenzug zum Übergang des immateriellen Gutes geleistet worden sind.[1344] Ein Geschäftsgeheimnis ist also erworben, wenn das Subjekt Ausgaben oder Ausgabenäquivalente als Gegenleistung erbracht hat, damit das Geschäftsgeheimnis aus dem Vermögen eines Dritten in das eigene Vermögen übergeht.[1345] Dies kann mitunter durch Kauf, Tausch, Erwerb gegen Erbringung einer Dienstleistung oder auch durch die Erbringung einer Sacheinlage geschehen.[1346] Kein Erwerb liegt vor, wenn Aufwendungen nur „entstanden", aber nicht auch „getätigt" wurden,[1347] bspw. wenn (rein innerbetriebliche) Aufwendungen im Zusammenhang mit der Herstellung oder Anschaffung eines (Sach-)Anlagegutes angefallen sind und es daher an einer Leistung an Dritte fehlt.[1348] Bspw. begründen die für die Erbringung von Forschungstätigkeiten an Mitarbeiter gezahlte Aufwendungen keinen entgeltlichen Erwerb.[1349] Ein Erwerb liegt auch nicht vor, wenn ein laufendes oder zeitanteiliges Entgelt für die Nutzung eines Geschäftsgeheimnisses gezahlt wird,[1350] was vor allem bei einer Lizenzierung der Fall ist.

1341 *Senger/Kurz*, in: Vögele, Intangibles, 2. Aufl. 2021, § 2 A. Rn. 41.

1342 *Baetge/Kirsch/Thiele*, Bilanzen, 16. Aufl. 2021, 249 f.; *Senger/Kurz*, in: Vögele, Intangibles, 2. Aufl. 2021, § 2 A. Rn. 29 f.

1343 *Senger/Kurz*, in: Vögele, Intangibles, 2. Aufl. 2021, § 2 A. Rn. 37; *Zimmermann/Dorn/Bieschewski*, NWB 2020, 3098, 3105.

1344 *Baetge/Kirsch/Thiele*, Bilanzen, 16. Aufl. 2021, 170.

1345 *Baetge/Kirsch/Thiele*, Bilanzen, 16. Aufl. 2021, 250.

1346 *Baetge/Kirsch/Thiele*, Bilanzen, 16. Aufl. 2021, 250.

1347 *Zimmermann/Dorn/Bieschewski*, NWB 2020, 3098, 3099.

1348 *Baetge/Kirsch/Thiele*, Bilanzen, 16. Aufl. 2021, 170.

1349 *Baetge/Kirsch/Thiele*, Bilanzen, 16. Aufl. 2021, 250.

1350 *Senger/Kurz*, in: Vögele, Intangibles, 2. Aufl. 2021, § 2 A. Rn. 29 f.; *Zimmermann/Dorn/Bieschewski*, NWB 2020, 3098, 3099.

a) *Einzelerwerb*

Die bilanzielle Erfassung des Einzelerwerbs von Geschäftsgeheimnissen ist mit größeren Schwierigkeiten behaftet als von Sachanlagevermögen. Maßgebliche Gründe dafür sind die erforderliche Einlagefähigkeit und die Abgrenzbarkeit zu anderen Bilanzposten, vor allem wenn zusammen mit Geschäftsgeheimnissen weitere Werte erworben werden. Dies steht einer Bilanzierung nicht entgegen, sofern eine „sachgerechte und nachvollziehbare Aufteilung des Gesamtkaufpreises" auf die Geschäftsgeheimnisse möglich ist.[1351]

Nach einem entgeltlichen Erwerb sind im Handels- und Steuerrecht gemäß § 253 Abs. 1 HGB die Anschaffungskosten in Höhe des Anschaffungspreises zuzüglich Anschaffungsnebenkosten sowie nachträglichen Anschaffungskosten maßgeblich.[1352] Sollte der Marktwert die Anschaffungskosten sogar übersteigen, wäre dieser wegen des Realisationsprinzips gemäß § 252 Abs. 1 Nr. 4 HGB für die Zugangsbewertung unbeachtlich,[1353] sodass die Anschaffungskosten – im Zuge des Vorsichtsprinzips gemäß § 252 Abs. 1 Nr. 4 HGB als strenge Wertobergrenze[1354] – die Grundlage für die Folgebewertung darstellen. Unter Anschaffungskosten sind gemäß § 255 Abs. 1 HGB die Aufwendungen zu verstehen, die vom Erwerber geleistet wurden, um den Vermögensgegenstand zu erwerben und ihn betriebsbereit zu machen.[1355] Auch gemäß IAS 38.27 sind die Anschaffungskosten die Summe aus Erwerbspreis, Anschaffungsnebenkosten und Kosten für die Vorbereitung auf die beabsichtigte Nutzung. Die Anschaffungsnebenkosten umfassen alle Ausgaben, die im (auch zeitlichen) Zusammenhang mit der Beschaffung stehen und erforderlich sind, um einen Gegenstand in einen betriebsbereiten Zustand zu versetzen.[1356] Hohe Anschaffungsnebenkosten können sich bspw. bei der Implementierung von geheimer Software ergeben.[1357]

1351 *Senger/Kurz*, in: Vögele, Intangibles, 2. Aufl. 2021, § 2 A. Rn. 31.

1352 *Dicken/Henssler*, Bilanzrecht, 2. Aufl. 2021, Rn. 674; *Senger/Kurz*, in: Vögele, Intangibles, 2. Aufl. 2021, § 2 A. Rn. 32.

1353 *Schubert/Andrejewski*, in: Grottel/Justenhoven/Schubert/Störk, Beck'scher Bilanz-Kommentar, 13. Aufl. 2022, § 253 Rn. 1; *Merkt*, in: Hopt, HGB, 42. Aufl. 2023, § 253 Rn. 1.

1354 *v. Keitz*, in: Kirsch/Thiele, Rechnungslegung und Wirtschaftsprüfung. Festschrift zum 70. Geburtstag von Prof. Dr. Dr. h.c. Jörg Baetge, 2007, 321, 329.

1355 *Dicken/Henssler*, Bilanzrecht, 2. Aufl. 2021, Rn. 674; *Zimmermann/Dorn/Bieschweski*, NWB 2020, 3098, 3102.

1356 *Baetge/Kirsch/Thiele*, Bilanzen, 16. Aufl. 2021, 199 mit Beispielen.

1357 *Zimmermann/Dorn/Bieschewski*, NWB 2020, 3098, 3107; für mögliche Aufwendungen vgl. *BMF*, Schreiben v. 18.11.2005, BStBl 2005 I 1025 Rn. 7.

Werden mehrere oder auch einzelne Geschäftsgeheimnisse mit mehreren immateriellen Werten gemeinsam erworben, ist der Kaufpreis wegen des Grundsatzes der Einzelbewertung aus § 252 Abs. 1 Nr. 3 HGB im Rahmen einer Kaufpreisallokation aufzuteilen und eine separate Bilanzierung vorzunehmen.[1358] Die Aufteilung erfolgt nicht in Höhe der Zeitwerte, sondern im Verhältnis der Zeitwerte.[1359] Die Vorgehensweise entspricht der zur Ermittlung des Teilwerts, der gemäß § 10 S. 2 BewG und § 6 Abs. 1 Nr. 1 S. 3 EStG der Betrag ist, den ein Erwerber des ganzen Betriebs i. R. d. Gesamtkaufpreises für ein einzelnes Wirtschaftsgut ansetzen würde. Durch eine Allokation sollen die einzelnen erworbenen Posten identifiziert, abgegrenzt und bewertet werden.

Mit Blick auf das GeschGehG ist es nicht deckungsgleich, dass die für die einen Einzelerwerb maßgeblichen Anschaffungskosten nicht das Nutzungs- und Verwertungspotenzial eines Geschäftsgeheimnisses widerspiegeln müssen. So können sich Vertragsparteien im Rahmen der Vertragsfreiheit mit einem großen Spielraum auf einen vom Potenzial abweichenden Erwerbspreis einigen, was sogar die Missachtung der gängigen Wertermittlungsverfahren zulässt.[1360] I. d. R. ist aber davon auszugehen, dass der Kaufpreis dem Erfolgswert eines Geschäftsgeheimnisses möglichst entspricht.[1361] Dies zeigt sich insb. an IAS 38.25, wonach der *„Preis, den ein Unternehmen für den gesonderten Erwerb eines immateriellen Vermögenswerts zahlt, […] normalerweise die Erwartungen über die Wahrscheinlichkeit widerspiegelt, dass der voraussichtliche künftige Nutzen aus dem Vermögenswert dem Unternehmen zufließen wird. Mit anderen Worten: das Unternehmen erwartet, dass ein Zufluss von wirtschaftlichem Nutzen entsteht, selbst wenn der Zeitpunkt oder die Höhe des Zuflusses unsicher sind*“. Schließlich geht der Erwerber Kosten i. d. R. nur mit einer zukunftsorientierten Bewertungsperspektive ein.[1362] Aufgrund der Erfolgsneutralität[1363] eines Beschaffungsvorgangs ist also davon auszugehen, dass Erwerber Geschäftsgeheimnisse nur in

---

1358 *Senger/Kurz*, in: Vögele, Intangibles, 2. Aufl. 2021, § 2 A. Rn. 11; *Siegel*, in: Kirsch/Thiele, Rechnungslegung und Wirtschaftsprüfung. Festschrift zum 70. Geburtstag von Prof. Dr. Dr. h.c. Jörg Baetge, 2007, 589, 611.

1359 *Schubert/Hutzler*, in: Grottel/Justenhoven/Schubert/Störk, Beck'scher Bilanz-Kommentar, 13. Aufl. 2022, § 255 Rn. 75; *Baetge/Kirsch/Thiele*, Bilanzen, 16. Aufl. 2021, 196.

1360 Vgl. *Nissen*, Der monetäre Wert von Daten im Privatrecht, 2021, 158.

1361 *Senger/Kurz*, in: Vögele, Intangibles, 2. Aufl. 2021, § 2 A. Rn. 43.

1362 *Nissen*, Der monetäre Wert von Daten im Privatrecht, 2021, 157.

1363 *Siegel*, in: Kirsch/Thiele, Rechnungslegung und Wirtschaftsprüfung. Festschrift zum 70. Geburtstag von Prof. Dr. Dr. h.c. Jörg Baetge, 2007, 589, 601.

der Erwartung erwerben, um mit ihnen künftige Überschüsse zu erzielen,[1364] die mindestens so hoch sind wie die Anschaffungskosten. Für eine Prognose über Möglichkeiten und Entwicklungen werden regelmäßig das Ertragswertverfahren und DCF-Verfahren herangezogen.[1365] Die vom Erwerber prognostizierten Potenziale sind dann mit den von ihm getätigten Anschaffungskosten gleichzusetzen, was nichts anderes bedeutet, als dass sich der zu zahlende Anschaffungspreis tatsächlich „primär nach der ‚internen Rechnungslegung' (des potenziellen Erwerbers)" richtet.[1366]

Demzufolge kann zumindest ein Zusammenhang zwischen den für den Erwerb des Geschäftsgeheimnisses getätigten Anschaffungskosten und dem durch das Nutzungspotenzial bestimmten wirtschaftlichen Wert vermutet werden, der sich aber wiederum kapitalwertorientiert bestimmt. Hinreichend sicher ist dies aber nicht, weil sich die Anschaffungskosten – wie schon zum investitionszentrierten Wertbegriff festgestellt wurde – vom Nutzungs- und/oder Verwertungspotenzial unterscheiden können. Beim Einzelerwerb sind sie also nur ein Indiz für den wirtschaftlichen Wert, aber für die Abbildung und den Nachweis nicht hinreichend sicher. Erwerber können sich aber hierzu auf die Überlegungen stützen, die sie vorm Erwerb angestellt haben, was sowohl die Bilanzierung als auch die auch auf den Geheimnisschutz gerichtete interne Rechnungslegung erleichtern kann.

b) Unternehmenserwerb

In vielen – wenn nicht sogar in den meisten[1367] – Fällen gehen Geschäftsgeheimnisse als Bestandteil eines Unternehmens über.[1368] So sind das im Unternehmen vorhandene Know-how, die angewandten Fertigungsverfahren und die Geheimrezepturen oft die entscheidenden Motivationsfaktoren für Unternehmenserwerbe.[1369] So wecken als geheime Software, Algorithmen und Kundeninformationen regelmäßig das Interesse von Erwerbern, was sich bspw. an der Übernahme des Start-Ups „Flaschenpost" durch die „Oetker-Gruppe" zum Preis

---

1364 *Baetge/Kirsch/Thiele*, Bilanzen, 16. Aufl. 2021, 130.

1365 *Boos/Siewert*, DS 2018, 265, 265; *Nissen*, Der monetäre Wert von Daten im Privatrecht, 2021, 157.

1366 *Brammsen*, in: Brammsen/Apel, GeschGehG, 2022, § 2 Rn. 40 Fn. 228.

1367 *Parr*, in: Parr, Intellectual Property. Valuation, Exploitation, and Infringement Damages, 5. Aufl. 2018, 87 f.

1368 *Senger/Kurz*, in: Vögele, Intangibles, 2. Aufl. 2021, § 2 A. Rn. 12.

1369 *Senger/Kurz*, in: Vögele, Intangibles, 2. Aufl. 2021, § 2 A. Rn. 58.

von einer Mrd. Euro zeigte.[1370] Auch die Übernahme von „Callidus Software Inc." durch die „SAP AG" verdeutlichte, wie geheimes Know-how der Hauptgrund von Übernahmen sein kann.[1371] Wegen der notwendigen Identifizierbarkeit ist es aber bei derartigen Unternehmenserwerben erforderlich, immaterielle Werte zu bewerten und exakt zwischen ihnen differenzieren zu können.[1372]

aa) Neubewertung zum beizulegenden Zeitwert

Geht ein Geschäftsgeheimnis im Zuge eines Unternehmenserwerbs über, entsprechen die Anschaffungskosten dem beizulegenden Zeitwert. Damit ist eine verpflichtende Neubewertung[1373] für bereits bilanzierte und neu in die Bilanz aufzunehmende Geschäftsgeheimnisse im Erwerbszeitpunkt gemeint. So ist eine Neubewertungsbilanz für das erworbene Unternehmen zu erstellen, in der alle vermögensrelevanten Werte zum beizulegenden Wert bewertet werden.[1374] Daher sind auch die bisherigen Buchwerte nicht mehr von Bedeutung,[1375] wodurch die Annäherung an einen Erfolgswert besser gelingen kann als bei einer festen Begrenzung auf die Gegenleistung.

Bei der Bestimmung des beizulegenden Zeitwertes entsprechen sich alle untersuchten Rechnungslegungssysteme,[1376] wobei die IFRS im Vergleich zum Handels- und Steuerrecht deutlich detaillierte Vorgaben enthalten. Nach IFRS 13.61 ist *„die Verwendung maßgeblicher, beobachtbar Inputfaktoren möglichst hoch und jene nicht beobachtbarer Inputfaktoren möglichst gering zu halten"*, was auch aus IFRS 13.67 hervorgeht. Hierbei ist zu berücksichtigen, dass die Ermittlung eines beizulegenden Zeitwertes – im Gegensatz zum Nutzungswert i. R. d. Werthaltigkeitstests – „theoretisch unabhängig von den konkreten Vorstellungen des Bilanzierenden" ist,[1377] da auf marktübliche Bedingungen zwischen

1370 Zu geheimer Software sowie geheimen Algorithmen und Kundeninformationen als mutmaßliche Gründe des Erwerbs https://www.rnd.de/wirtschaft/start-up-flaschenpost-oetker-ubernimmt-lieferdienst-fur-eine-milliarde-euro-J3SJI6UDS5F3JHU5CXNO4A4JMI.html (zuletzt abgerufen am 17.07.2023).

1371 Beispiel nach *Büttner/Gawenko*, BFuP 2021, 200, 200 f.

1372 *Koch*, in: Vögele, Intangibles, 2. Aufl. 2021, § 1 B. Rn. 235.

1373 *Senger/Kurz*, in: Vögele, Intangibles, 2. Aufl. 2021, § 2 A. Rn. 61 ff.

1374 Zum Vorgehen im Detail und anhand eines Beispiels darstellend *Moser*, Bewertung immaterieller Vermögenswerte, 2. Aufl. 2017, 395 ff.

1375 *Senger/Kurz*, in: Vögele, Intangibles, 2. Aufl. 2021, § 2 A. Rn. 64.

1376 *Senger/Kurz*, in: Vögele, Intangibles, 2. Aufl. 2021, § 2 A. Rn. 64, 71.

1377 *Castadello/Beyer*, BFuP 2009, 151, 156; so auch *Franken/Schulte/Theile*, in: Heuser/Theile, IFRS Handbuch, 6. Aufl. 2019, 8.41.

sachverständigen, vertragswilligen und unabhängigen Geschäftspartnern abzustellen ist. Da aber bei heterogenen immateriellen Werten wie Geschäftsgeheimnissen „keine größere Anzahl beobachtbarer Dritter" herangezogen werden kann, werden in der Praxis i. d. R. die Verwendungsabsicht und die Erwartungen des Erwerbers zugrunde gelegt,[1378] sodass auch subjektive Komponenten bei der Ermittlung des beizulegenden Zeitwertes von Geschäftsgeheimnissen Berücksichtigung finden.

Zur Ermittlung des beizulegenden Zeitwertes wurde insb. in IFRS 13.72 Hierarchie festgelegt, wonach Preisen auf aktiven Märkten die höchste Priorität eingeräumt wird (Inputfaktoren der Stufe 1), darauf beobachtbare, aber korrigierte Vergleichswerte folgen (Inputfaktoren der Stufe 2) und schließlich auf nichtbeobachtbare wie bspw. unternehmenseigene Daten zurückgegriffen werden sollen (Inputfaktoren der Stufe 3). Da es bei Geschäftsgeheimnissen meist an Inputfaktoren der Stufe 1 und 2 fehlt, richtet sich der Zeitwert i. d. R. nach internen Annahmen und Prognosen als Inputfaktoren der Stufe 3. Diese stellen die Grundlage für die in IFRS 13.62 genannten und verbreiteten Verfahren markt-, kosten- und einkommensbasierte Art dar, wobei für Geschäftsgeheimnisse nur Letztere in Betracht kommen. Schließlich gibt es für Geschäftsgeheimnisse weder einen öffentlich ermittelbaren oder beobachtbaren Marktpreis, noch können die hypothetischen Kosten der Potenziale hinreichend sicher wiedergeben werden, für die Geschäftsgeheimnisse unter aktuellen Marktbedingungen am Bemessungsstichtag im geordneten Geschäftsvorfall gezahlt werden würde.[1379] Nur mit kapitalwertorientierten Verfahren und Inputfaktoren der Stufe 3 kann für Geschäftsgeheimnisse hinreichend sicher ein beizulegender Zeitwert ermittelt werden,[1380] der unmittelbar dem Nutzungs- und mittelbar dem Verwertungspotenzial des Geschäftsgeheimnisses beim Inhaber entspricht.

Demnach ist zur Ermittlung des beizulegenden Zeitwertes nach Unternehmenserwerben regelmäßig der kapitalwertorientierte Erfolgswert von Geschäftsgeheimnissen sachgerecht und bei der Zugangsbewertung anzuwenden. Durch den Unternehmenserwerb lässt sich der wirtschaftliche Wert also auch anhand

1378 *Castadello/Beyer*, BFuP 2009, 151, 156 f.

1379 *Büttner/Gawenko*, BFuP 2021, 200, 206 f.

1380 Kapitalwertorientierte Verfahren für Unternehmenszusammenschlüsse auch schon bevorzugt von *Castedello/Beyer*, BFuP 2009, 152, 155; so auch *Menninger*, in: Wurzer/Kaiser, Handbuch Internationaler Know-how-Schutz, 2. Aufl. 2011, 558; zum Wandel der Verlässlichkeit durch Manifestation der Inputfaktoren der Stufe 3 *Kirsch/Koelen/Olbrich/Dettenrieder*, WPg 2012, 762, 770 f.

der Bilanzierung abbilden und nachweisen. Zeitwertgutachten von Sachverständigen können hier den Gleichlauf zwischen bilanz- und geheimnisschutzrechtlichem Werteverständnis bekräftigen.[1381]

bb) Derivativer Geschäfts- oder Firmenwert

Nach einer Neubewertung können sich Kaufpreis und Buchwert unterscheiden. Die Differenz ist der derivative Geschäfts- oder Firmenwert, der insb. dadurch entsteht, dass ein erworbenen Unternehmen mit kapitalwertorientierten Verfahren neubewertet wird, dabei aber ein „Mehrwert" verbleibt, der über die Summe aller einzelnen (aktivierungsfähigen) Werte und so über den Kaufpreis hinausgeht.[1382]

Im Gegensatz zu einem originären ist ein derivativer Geschäfts- oder Firmenwert gemäß § 246 Abs. 1 S. 4 HGB (aus einem „asset deal") oder § 301 Abs. 3 S. 1 HGB (aus einem „share deal") und IFRS 3.32 in eine Bilanz aufzunehmen. Vor allem vor einem Unternehmenserwerb nicht-aktivierungsfähige Werte können nach dem Erwerb entweder als eigenständige Position oder zumindest durch den derivativen Geschäfts- oder Firmenwert bilanziert werden.[1383] Dies ist vor allem für die Geschäftsgeheimnisse von Bedeutung, die zuvor im erworbenen Unternehmen selbst geschaffen wurden und wegen Aktivierungsverbote wie § 248 Abs. 2 S. 2 HGB und IAS 38.63 nicht aktiviert werden konnten.[1384] Geschäftsgeheimnisse, die immer noch nicht von anderen Werten abgrenzbar sind, können – auch nach einem entgeltlichen Erwerb – nicht einzeln bilanziert werden, sondern werden mit allen nicht-abgrenzbaren Positionen im Geschäfts- oder Firmenwert zusammengefasst und bewertet.[1385]

Für den Nachweis anhand der Bilanzierung bietet es sich bei einigen Geschäftsgeheimnissen und vor allem für FuE-starke Unternehmen an, bilanzpolitisch motivierte Erwerbsvorgänge durchzuführen, weil solche Geschäftsgeheimnisse erst aktiviert werden können, wenn sie erworben wurden und der Kaufpreis höher als der Buchwert ist.[1386] Wegen des Auffangcharakters ermöglicht

---

1381 *Franken/Schulte/Theile*, in: Heuser/Theile, IFRS Handbuch, 6. Aufl. 2019, 8.65; *Senger/Kurz*, in: Vögele, Intangibles, 2. Aufl. 2021, § 2 A. Rn. 65.

1382 *Dicken/Henssler*, Bilanzrecht, 2. Aufl. 2021, Rn. 334; *Moser*, Bewertung immaterieller Vermögenswerte, 2. Aufl. 2017, 510.

1383 *Senger/Kurz*, in: Vögele, Intangibles, 2. Aufl. 2021, § 2 A. Rn. 24, 59, 70.

1384 *Senger/Kurz*, in: Vögele, Intangibles, 2. Aufl. 2021, § 2 A. Rn. 13.

1385 *Dicken/Henssler*, Bilanzrecht, 2. Aufl. 2021, Rn. 334 mit dem für Geschäftsgeheimnisse bedeutendem Beispiel „besonderes Know-how".

1386 *Senger/Kurz*, in: Vögele, Intangibles, 2. Aufl. 2021, § 2 A. Rn. 5, 24.

der derivative Geschäfts- oder Firmenwert zumindest, dass alle erworbenen Geschäftsgeheimnisse mit Nutzungs- und/oder Verwertungspotenzial bewertet werden, sodass der bilanzielle Wertnachweis zumindest nach dem Zeitpunkt möglich ist. Das, was als Schwierigkeit verbleibt, ist die Abgrenzung zwischen unterschiedlichen Bestandteilen und der exakten Wertzuweisung der Höhe nach. Dabei können mithilfe von kapitalwertorientierten Verfahren die Erfolgswerte einzelner Bestandteile ermittelt oder geschätzt, sodann in ein Verhältnis gesetzt und anhand dieser Quote insb. auf die noch im derivativen Geschäfts- oder Firmenwert enthaltenen Geschäftsgeheimnisse verteilt werden.[1387]

Es ist nicht auszuschließen, dass bei einem Unternehmenserwerb der Kaufpreis niedriger als der Buchwert ist. Dann entsteht ein negativer Geschäfts- oder Firmenwert, der darauf schließen lässt, dass so auch Geschäftsgeheimnisse mit ausschließlichem Schädigungspotenzial bilanziell abgebildet und nachgewiesen werden können. Schließlich ist es möglich, dass sie als Investitionsrisiko und kausaler Grund für die schlechte Ertragsaussicht den Kaufpreis gesenkt haben und hierdurch erst ein negativer Geschäfts- oder Firmenwert entstanden ist. Ein negativer Geschäfts- oder Firmenwert darf nicht als „Anschaffungsgewinn" bilanziert werden,[1388] sodass die negative Differenz grundsätzlich auf die erworbenen Aktiva mittels Kürzung aufgeteilt werden muss („Abstockung").[1389] Weil aber liquide Mittel von der „Abstockung" ausgenommen sind und es ggf. an sonst zu kürzenden Positionen fehlt, kann es sein, dass die vollständige Kürzung des negativen Geschäfts- oder Firmenwertes unmöglich ist und eine Restdifferenz verbleibt, die passiviert werden muss.[1390] Während die Passivierung gemäß IFRS 3.34 ff. verboten ist, sodass die Differenz – nach einer Überprüfung i. S. d. IFRS 3.36 – *„im Gewinn und Verlust zu erfassen"* ist, ist es im Handelsrecht möglich, den negativen Geschäfts- oder Firmenwert zu passivieren. Doch ob dieser nur zufällig (z. B. wegen unplausibler Annahmen) entstanden ist oder sich auf ein Geschäftsgeheimnis mit ausschließlichem Schädigungspotenzial zurückführen lässt, ist oft nicht eindeutig ermittelbar. Nur wenn das Schädigungspotenzial eines Geschäftsgeheimnisses ausdrücklich als negative Ertragsaussicht für einen

1387 Hierzu im Detail *Moser*, Bewertung immaterieller Vermögenswerte, 2. Aufl. 2017, 518 ff.

1388 *Schubert/Hutzler*, in: Grottel/Justenhoven/Schubert/Störk, Beck'scher Bilanz-Kommentar, 13. Aufl. 2022, § 255 Rn. 17; *Dicken/Henssler*, Bilanzrecht, 2. Aufl. 2021, Rn. 337.

1389 *Baetge/Kirsch/Thiele*, Bilanzen, 16. Aufl. 2021, 253.

1390 *Dicken/Henssler*, Bilanzrecht, 2. Aufl. 2021, Rn. 337; *Pusecker/Schruff*, BB 1996, 735, 740 ff.

Kaufpreis berücksichtigt wurde, kann der wirtschaftliche Wert eines ausschließlich schädigenden Geschäftsgeheimnisses anhand der Bilanzierung abgebildet und nachgewiesen werden. Die Höhe eines von einem solchen Geschäftsgeheimnis begründeten Anteils am negativen Geschäfts- oder Firmenwert entspricht dann dem, was dem Inhaber bei einer Geheimnisverletzung an Schaden droht, falls das Geheimnis bekannt wird.

Insgesamt ermöglicht der derivative Geschäfts- oder Firmenwert je nach Rechnungslegungssystem eine umfassende bilanzielle Abbildung eines wirtschaftlichen Wertes. Während Geschäftsgeheimnisse mit Nutzungs- und/oder Verwertungspotenzial – sofern sie nicht sowieso schon einzeln aktivierungsfähig sind – als Bestandteil des derivativen Geschäfts- oder Firmenwertes der bilanziellen Wertzuweisung zugänglich sind, kann der wirtschaftliche Wert von Geschäftsgeheimnissen mit ausschließlichem Schädigungspotenzial ggf. aus dem negativen derivativen Geschäfts- oder Firmenwert abgeleitet werden, was jedoch nicht für die IFRS gilt. Die Abbildung und der Nachweis anhand von Bilanzen sind jedoch nur zielführend, wenn sich die Passivierung eindeutig und kausal auf das Schädigungspotenzial eines Geschäftsgeheimnisses zurückführen lässt. Ansonsten gleichen sich die Überlegungen zum negativen Geschäfts- oder Firmenwert nicht mit denen zum Schädigungspotenzial, was für Inhaber weiterhin eine doppelte Bewertung zur Folge hätte.

c) Besonderheit: Tauschgeschäft und Beispiel: Daten gegen Datendienst

Zur Bestimmung von Anschaffungskosten ist es vorteilhaft, wenn Transaktionen geldwirtschaftlich ausgestaltet sind. Jedoch werden einige Geschäftsgeheimnisse (z. B. geheime Daten) nicht über sonst übliche geldwirtschaftliche Transaktionen abgewickelt,[1391] sondern sind häufig auch Gegenstand tauschwirtschaftlicher Strukturen.[1392]

Ein Beispiel aus dem B2B-Bereich ist, dass Inhaber geheime Daten austauschen und die Erkenntnisse des jeweils anderen nutzen,[1393] vor allem um gemeinsame Produkte zu entwickeln oder bestehende Prozesse zu optimieren. In solchen Fällen ist es nicht möglich, einen gezahlten Preis als Gegenleistung heranzuziehen. Auch im B2C-Bereich wird immer häufiger auf tauschwirtschaftliche Elemente gesetzt, indem geheime, vor allem personenbezogene Daten gegen die Nutzung

---

1391 *Nissen*, Der monetäre Wert von Daten im Privatrecht, 2021, 24 f.

1392 *Hacker*, Datenprivatrecht, 2020, 49 m. w. N.; *Nissen*, Der monetäre Wert von Daten im Privatrecht, 2021, 90 f.

1393 *Hacker*, Datenprivatrecht, 2020, 49 f.

eines digitalen Dienstes getauscht werden.[1394] Dabei werden auch Vergütungsmodelle angewendet, die nach Grad der Datenüberlassung differenzieren oder sogar gänzlich von einem monetären Preis absehen.[1395] Geld als Nominalgut spielt in solchen Fällen nur eine untergeordnete Rolle, was zeigt, dass nicht ausschließlich ein bestimmter Maßstab vorausgesetzt werden darf.[1396] Die Leistungen müssen ggf. in Geld umgerechnet werden, um die Anschaffungskosten von Geschäftsgeheimnissen ausdrücken zu können. Für die Entgeltlichkeit einer Anschaffung ist jedenfalls keine Geldzahlung erforderlich. Es genügt auch schon eine andere vermögenswerte Gegenleistung, sofern sie einen aktivierungsfähigen Tauschgegenstand darstellt.[1397] Handelt es sich bspw. um geheime Daten, genügt auch schon das Bereitstellen eines datenbezogenen digitalen Dienstes als Gegenleistung, um die Aktivierungspflicht zu begründen.[1398] Da geheime Daten aber oft (noch) nicht selbstständig bewertbar und verkehrsfähig sind, unterblieb eine Aktivierung bisher meist wegen des Vorsichtsprinzips.[1399] Doch je mehr Daten in Zukunft kommerzialisiert werden, desto eher können sie auch bilanziell erfasst werden.

Sollten Geschäftsgeheimnisse durch ein Tauschgeschäft übergehen, entsprechen die Anschaffungskosten dem beizulegenden Zeitwert der Gegenleistung.[1400] Dieser darf nicht dem Zeitwert der Leistung übersteigen.[1401] Für die IFRS kommt hinzu, dass die Zugangsbewertung eines getauschten Geschäftsgeheimnisses zum beizulegenden Zeitwert gemäß IAS 16.24 ff. und IAS 38.45 ff. nur zulässig ist, wenn das Tauschgeschäft über wirtschaftliche Substanz verfügt und entweder der beizulegende Zeitwert des erhaltenen oder des hingegebenen Vermögenswertes verlässlich bestimmt werden kann, wobei bei Vorliegen beider

1394 *Nissen*, Der monetäre Wert von Daten im Privatrecht, 2021, 190.

1395 *Hacker*, Datenprivatrecht, 2020, 50.

1396 Kritisch zu einem Maßstab *Apel*, in: Brammsen/Apel, GeschGehG, 2022, Einl. C Rn. 33.

1397 *Merkt*, in: Hopt, HGB, 42. Aufl. 2023, § 248 C.

1398 *Nissen*, Der monetäre Wert von Daten im Privatrecht, 2021, 153 f.

1399 *Nissen*, Der monetäre Wert von Daten im Privatrecht, 2021, 153 f.

1400 BFHE 251, 326; *Ehmcke/Krumm*, in: Brandis/Heuermann, Ertragssteuerrecht, 166. EL 2023, EStG, § 6 Rn. 30; *Schubert/Hutzler*, in: Grottel/Justenhoven/Schubert/Störk, Beck'scher Bilanz-Kommentar, 13. Aufl. 2022, § 255 Rn. 32 f.; *Baetge/Kirsch/Thiele*, Bilanzen, 16. Aufl. 2021, 196 f., 223; *Zimmermann/Dorn/Bieschewski*, NWB 2020, 3098, 3106.

1401 *Schubert/Hutzler*, in: Grottel/Justenhoven/Schubert/Störk, Beck'scher Bilanz-Kommentar, 13. Aufl. 2022, § 255 Rn. 32.

Werte der beizulegende Zeitwert des hingegebenen Vermögenswertes vorzugswürdig ist. Nur wenn der beizulegende Zeitwert des erhaltenen Geschäftsgeheimnisses verlässlicher bestimmt werden kann, ist für die Zugangsbewertung auf diesen abzustellen. Sollten die Voraussetzungen nicht erfüllt sein, sind die Anschaffungskosten des getauschten Geschäftsgeheimnisses hilfsweise mit dem Buchwert des hingebenden Wertes gleichzusetzen.[1402]

Zwar mag es für geheime Daten wegen existenter „Datenmärkte“[1403] plausibel erscheinen, dass der beizulegende Zeitwert der erhaltenen Daten verlässlicher bestimmt werden kann als der der hingegebenen Gegenleistung. Allerdings kann der Zeitwert insb. bei personenbezogen Daten wegen der Kontextbezogenheit und möglichen Synergieeffekte erheblich variieren.[1404] So können Nutzungsmöglichkeiten eines nur einzeln nutzbaren Datensatzes (z. B. Telefonnummern) beim einen Inhaber geringer sein als beim anderen, da bspw. Letzterer den Datensatz mit anderen Datensätzen aggregieren (z. B. Telefonnummer, Einkommensniveau, Interessen, etc.) und so einen größeren Nutzen ziehen kann.[1405] Da sich also die lineare Hochrechnung des Wertes verbietet, ist die Ermittlung des Zeitwertes von (vor allem personenbezogenen) Daten für Schätzungsfehler anfällig.[1406] Zudem muss für die beobachtbaren Werte immer auch der Kontext des Inhabers berücksichtigt werden.[1407] Aus diesen Gründen ist davon auszugehen, dass für die Zugangsbewertung getauschter geheimer Daten entweder der beizulegende Zeitwert oder zumindest der Buchwert der hingegebenen Gegenleistung zugrunde zu legen ist.

Insgesamt drücken sich die Anschaffungskosten bei getauschten Geschäftsgeheimnissen i. d. R. durch den beizulegenden Zeitwert der Gegenleistung aus.

1402 *Siegel*, in: Kirsch/Thiele, Rechnungslegung und Wirtschaftsprüfung. Festschrift zum 70. Geburtstag von Prof. Dr. Dr. h.c. Jörg Baetge, 2007, 589, 608; vgl. *Kirsch/Koelen/Olbrich/Dettenrieder*, WPg 2012, 762, 770.

1403 *Bründl/Matt/Hess*, Wertschöpfung in Datenmärkten, 2015, 11; *Vögele/Raab*, in: Vögele, Intangibles, 2. Aufl. 2021, § 5 A. Rn. 620; *Wiebe/Schur*, GRUR Int. 2019, 746, 748.

1404 *OECD*, Exploring the Economics of Personal Data: A Survey of Methodologies for Measuring Monetary Value, 2013, 25.

1405 *OECD*, Exploring the Economics of Personal Data: A Survey of Methodologies for Measuring Monetary Value, 2013, 25, 27.

1406 *OECD*, Exploring the Economics of Personal Data: A Survey of Methodologies for Measuring Monetary Value, 2013, 27.

1407 *OECD*, Exploring the Economics of Personal Data: A Survey of Methodologies for Measuring Monetary Value, 2013, 25.

So liegt es nahe, dass das Äquivalent dem wirtschaftlichen Wert entspricht. Jedoch entfaltet dieses nur eine indizielle Wirkung, aber lässt – wie schon bei der Zugangsbewertung nach dem Einzelerwerb – keinen sicheren Rückschluss auf die Höhe des wirtschaftlichen Wertes zu, sodass Abbildung und Nachweis anhand der Bilanzierung nicht hinreichend sicher wären. Anders wäre es, wenn die Ermittlung des beizulegenden Zeitwertes des Geschäftsgeheimnisses verlässlicher wäre als bei der Gegenleistung. Dann könnten nämlich auch zur Bemessung des wirtschaftlichen Wertes geeignete kapitalwertorientierte Verfahren angewendet werden.

d) Zwischenergebnis

Für die Frage, ob sich anhand der für die Zugangsbewertung maßgeblichen Anschaffungskosten der wirtschaftliche Wert von Geschäftsgeheimnissen hinreichend sicher nachweisen und abbilden lässt, kommt es im Wesentlichen auf die Art der Anschaffung an.

Bei einem Einzelerwerb wird dies aufgrund der hauptsächlichen Orientierung am Kaufpreis meist nur indiziell möglich sein, sodass wegen der zukunftsorientierten Bewertungsperspektive des Erwerbers vermutet werden kann, dass der Preis die Höhe des wirtschaftlichen Wertes widerspiegelt. Schließlich richtet sich der Anschaffungspreis „primär nach der ‚internen Rechnungslegung' (des potenziellen Erwerbers)".[1408] Doch wie die Ergebnisse zum investitionszentrierten Wert zeigen, kann es zwischen den reinen Anschaffungskosten und einem Erfolgswert Abweichungen geben, die einen hinreichend sicheren Rückschluss vom bilanziellen auf den wirtschaftlichen Wert nicht zulassen, sondern einen Zusammenhang lediglich indizieren.

Ähnlich verhält es sich bei getauschten Geschäftsgeheimnissen. So bemessen sich die Anschaffungskosten beim Tauschgeschäft primär am beizulegenden Zeitwert der Gegenleistung, es sei denn die Ermittlung des beizulegenden Zeitwertes des Geschäftsgeheimnisses ist zuverlässiger. Da sich Letzteres nach kapitalwertorientierten Verfahren richtet, entspricht der typisierte bilanzielle Wert dann mehr dem wirtschaftlichen Wert des Geschäftsgeheimnisses.

So lässt sich auch der wirtschaftliche Wert bei einem Unternehmenserwerb abbilden und nachweisen. Bei diesem entsprechen die Anschaffungskosten dem beizulegenden Zeitwert im Erwerbszeitpunkt, was bedeutet, dass Geschäftsgeheimnisse in einer Neubewertungsbilanz anhand von kapitalwertorientierten Verfahren bewertet werden. Auch durch den positiven derivativen

---

1408 *Brammsen*, in: Brammsen/Apel, GeschGehG, 2022, § 2 Rn. 40 Fn. 228.

Geschäfts- oder Firmenwert können Geschäftsgeheimnisse Eingang in eine Bilanz finden, wobei ihr wirtschaftlicher Wert aber aus einer Differenz abgeleitet, also der derivative Geschäfts- oder Firmenwert auf die enthaltenen Geschäftsgeheimnisse aufgeteilt werden muss. Im Fall eines negativen derivativen Geschäfts- oder Firmenwertes ist es zwar für die Rechnungslegung nach den IFRS ausgeschlossen, aber für die Handels- und Steuerbilanz möglich, diesen zu passivieren. Hieraus lässt sich auch ein ausschließliches Schädigungspotenzial ableiten, sofern es bei der Anschaffung ausdrücklich als negative Ertragsaussicht zugrunde gelegt wurde und für die Differenz kausal geworden ist.

Ob und wie getreu nach einer Anschaffung schon i. R. d. Zugangsbewertung der wirtschaftliche Wert abgebildet und nachgewiesen werden kann, hängt also maßgeblich von der konkreten Art der Anschaffung ab, die vor allem bei Unternehmenserwerben, aber teilweise auch bei Einzelerwerben und Tauschgeschäften für eine effiziente Konvergenz der Werte geeignet ist.

3. *Herstellungskosten*

Ein erheblicher Anteil der immateriellen Werte wird nicht durch entgeltlichen Erwerb erlangt, sondern geht aus FuE hervor,[1409] was sich auch daran zeigt, dass die deutschlandweiten Aufwendungen für FuE für das Jahr 2018 auf 104,8 Mrd. Euro und 3,1 % des Bruttoinlandsprodukt geschätzt wurden.[1410] Bspw. kostet die FuE von im Vorfeld oft als Geschäftsgeheimnis geschützten Medikamenten meist zwischen 161 Mio. und 4,5 Mrd. Dollar.[1411] Auch in der Automobilbranche ließen sich schon vorm Jahr 2010 bis zu 70 % der immateriellen Werte auf Entwicklungskosten zurückführen.[1412] Investitionen in FuE sind somit eine der wichtigsten und effektivsten Möglichkeiten, sich wertvolle Wettbewerbsvorteile zu verschaffen.[1413]

Um diese Wettbewerbsvorteile auch rechtlich „abzusichern“, kommt insb. der Geheimnisschutz in Betracht. So können schon Zwischenstände und Prognosen

---

1409 *Senger/Kurz*, in: Vögele, Intangibles, 2. Aufl. 2021, § 2 A. Rn. 15.

1410 *Destatis*, Ausgaben für Forschung und Entwicklung, (zuletzt abgerufen am 17.07.2023 unter: https://www.destatis.de/DE/Presse/Pressemitteilungen/2020/02/PD20_062_217.html).

1411 *Schlander/Hernandez-Villafuerte/Cheng/Mestre-Ferrandiz/Baumann*, PharmacoEconomics 2021, 1243, 1246.

1412 *Petersen/Zwirner/Busch*, PiR 2010, 7, 10.

1413 *Hrdy*, Fordham Law Review 2022, 557, 567 m. w. N.; *Petersen/Zwirner/Busch*, PiR 2010, 7, 7 ff., 12 f.; *Porter*, Competitive Advantage, 1985, 20.

sowohl technischer als auch geschäftlicher Art Geschäftsgeheimnisse sein, worunter insb. der Status von Dienstleistungen und Produkten in ihrer Entwicklung, voraussichtliche Veröffentlichungsdaten von Produkten und Einzelheiten zu Neuheiten gefasst sind. Gleiches gilt für Erfahrungswerte, also Informationen, die in FuE aufzeigen, ob etwas funktioniert. Auch umgekehrt kann das „Nichtfunktionieren eines Konzepts, Produkts oder einer Methode" und das Wissen über Fehlerquellen, Gefahren und Risiken als Geschäftsgeheimnis vom GeschGehG geschützt sein.[1414]

Jedenfalls begründet die zunehmende Bedeutung von FuE im „voranschreitenden Wandel der Technikgesellschaft hin zu einer Wissensgesellschaft" auch eine wachsende Bedeutung selbstgeschaffener immaterieller Werte bei der Bilanzierung.[1415] Seit Inkrafttreten des BilMoG ist eine solche Entwicklung auch in der deutschen Rechnungslegung zu verzeichnen. Zuvor galt i. R. d. § 248 Abs. 2 HGB a. F. ein striktes Aktivierungsverbot für immaterielles Anlagevermögen, das nicht entgeltlich erworben wurde. Dies wurde mit dem Vorsichtsprinzip und Gläubigerschutz begründet, da ein objektiver Wert selbstgeschaffener immaterieller Werte wegen der Unkörperlichkeit, der regelmäßig nicht eindeutigen Zurechenbarkeit, unsicheren künftigen Nutzungsdauer und der oft nicht möglichen Abgrenzung zu Entwicklungskosten nur schwer zu beziffern gewesen sei.[1416] Nach geltender Rechtslage sieht jedenfalls § 248 Abs. 2 S. 1 HGB ein Aktivierungswahlrecht vor, sodass auch selbstgeschaffene Geschäftsgeheimnisse in der Höhe ihrer Entwicklungskosten bilanziert können werden, die die in § 255 Abs. 2a S. 1 HGB und IAS 38.66 aufgeführten Aufwendungen umfassen. Entwicklungskosten sind demnach die bei der Entwicklung von selbstgeschaffenen immateriellen Vermögensgegenständen anfallenden Aufwendungen, wobei sich auch diese nach dem Begriff der Herstellungskosten aus § 255 Abs. 2 HGB und der dafür maßgeblichen Berechnung richten.[1417]

Die Entwicklung selbstgeschaffener Geschäftsgeheimnisse endet entweder mit Absatz- oder Nutzungsreife, was meist ohne größere Schwierigkeiten bestimmt werden kann. Schwieriger ist es dagegen, die Entwicklungsphase zeitlich von

---

1414 *Apel*, in: Brammsen/Apel, GeschGehG, 2022, Einl. C Rn. 48 Fn. 221; *Hoppe*, in: Hoppe/Oldekop, Geschäftsgeheimnisse, 2020, Kap. 1 Rn. 97; *Alexander*, in: Köhler/Bornkamm/Feddersen, UWG, 41. Aufl. 2023, GeschGehG, § 2 Rn. 28; so auch fürs US-amerikanische Recht *Hrdy*, Fordham Law Review 2022, 557, 571 f.

1415 *Petersen/Zwirner/Busch*, PiR 2010, 7, 7.

1416 BT-Drs. 16/10067, 49 f.; *Merkt*, in: Hopt, HGB, 42. Aufl. 2023, § 248 Rn. 3; *Christian/Kern*, PiR 2014, 168, 168.

1417 *Dicken/Henssler*, Bilanzrecht, 2. Aufl. 2021, Rn. 736.

der vorausgehenden Forschung abzugrenzen. Zwar kann Geschäftsgeheimnissen schon in der Entwicklungsphase ein bilanzieller Wert zugewiesen werden, weil laut IDW S 5.114 bereits „*belastbare Überlegungen zum relevanten Markt, zu den Kunden, den Kosten und voraussichtlich erzielbaren Preisen*“ vorliegen. Allerdings trifft das nicht schon auf Geschäftsgeheimnisse zu, die aus einem Zeitraum hervorgehen, zu dem die Konzeption noch nicht abgeschlossen ist. So können Forschungskosten gemäß § 255 Abs. 2 S. 4 HGB und IAS 38.54 nicht bilanziert werden, weil entweder ein künftiger wirtschaftlicher Nutzen noch nicht nachgewiesen werden kann oder sich die Kosten nicht verlässlich bestimmen lassen, was sich insb. an IAS 38.51 zeigt, wonach sie nicht von den Kosten unterschieden werden können, „*die mit der Erhaltung oder Erhöhung des selbst geschaffenen Geschäfts- oder Firmenwerts des Unternehmens oder mit dem Tagesgeschäft in Verbindung stehen*“. Forschungskosten sind daher im Zeitpunkt des Auftretens als Aufwand zu berücksichtigen und werden auch nicht nachträglich bei der Bewertung einbezogen. Da nicht nur die Kosten der Forschungsphase, sondern auch die, für die sich die Phasen von FuE nicht verlässlich trennen lassen, gemäß § 255 Abs. 2a S. 4 HGB und IAS 38.53 von der Zugangsbewertung ausgeschlossen sind,[1418] ist die Abgrenzung zwischen den Phasen von FuE von überragender Bedeutung für die bilanzielle Wertzuweisung selbstgeschaffener Geschäftsgeheimnisse.[1419]

a) Abgrenzung zwischen den Phasen von FuE

Forschung ist gemäß § 255 Abs. 2 S. 3 HGB „*die eigenständige und planmäßige Suche nach neuen wissenschaftlichen oder technischen Erkenntnissen oder Erfahrungen allgemeiner Art, über deren technische Verwertbarkeit und wirtschaftliche Erfolgsaussichten grundsätzlich keine Aussagen gemacht werden können*“, was auch der Definition aus IAS 38.8 entspricht. Typische Beispiele für Forschung sind der Gesetzesbegründung des BilMoG und IAS 38.56 nach insb. Aktivitäten, die auf die Erlangung neuer Tätigkeiten ausgerichtet sind; die Suche nach sowie die Beurteilung und endgültige Auswahl von Anwendungen für Forschungsergebnisse und für anderes Wissen; die Suche nach Alternativen für Materialien, Vorrichtungen, Produkte, Verfahren, Systeme oder Dienstleistungen; die Formulierung, der Entwurf sowie die Abschätzung und endgültige Auswahl von

---

1418 Zum Nachteil, FuE-Aktivitäten potenziellen Kapitalgebern nicht in der Bilanz zeigen zu können *Henckel/Ludwig/Lüdke*, DB 2008, 196 ff.

1419 Vgl. BT-Drs. 16/10067, 60.

Alternativen für neue oder verbesserte Materialien, Vorrichtungen, Produkte, Verfahren, Systeme oder Dienstleistungen.[1420]

Demgegenüber steht die Entwicklung gemäß § 255 Abs. 2 S. 2 HGB als „*Anwendung von Forschungsergebnissen oder von anderem Wissen für die Neuentwicklung von Gütern oder Verfahren oder die Weiterentwicklung von Gütern oder Verfahren mittels wesentlicher Änderungen*“, was nicht wortwörtlich, aber sinngemäß der Definition aus IAS 38.8 entspricht. Die Entwicklung ist die erste Phase, in der nicht mehr systematisch nach etwas gesucht, sondern in der Erkenntnisse ausprobiert werden, und ein selbstgeschaffenes Geschäftsgeheimnis bilanziert werden kann.[1421] Die Entwicklungsphase beruht meist auf der vorausgegangenen Forschungsphase und konkretisiert ein Produkt oder eine Leistung. Beispiele sind gemäß IAS 38.59 der Entwurf, die Konstruktion und das Testen von Prototypen und Modellen vor Beginn der Produktion oder Nutzung; der Entwurf von Werkzeugen, Spannvorrichtungen, Prägestempeln und Gussformen unter Verwendung neuer Technologien; der Entwurf, die Konstruktion und der Betrieb einer Pilotanlage, die von ihrer Größe her für eine kommerzielle Produktion wirtschaftlich ungeeignet ist; und der Entwurf, die Konstruktion und das Testen einer ausgewählten Alternative für neue oder verbesserte Materialien, Vorrichtungen, Produkte, Verfahren, Systeme oder Dienstleistungen.

Der wesentliche Unterschied zwischen den beiden Phasen liegt – wie insb. IAS 38.58 voraussetzt – darin, dass die Entwicklungsphase weiter vorangeschritten ist, sodass oft schon hinreichend sichere Annahmen über den voraussichtlichen künftigen wirtschaftlichen Nutzen getroffen werden können. Während der bilanzielle Ausschluss der Forschungsphase der noch geringen Aussagekraft über künftige wirtschaftliche Vorteile geschuldet ist,[1422] darf die Bilanzierung auch nicht erst erfolgen, wenn bereits ein fertiges Endprodukt vorliegt und die Nutzungsphase begonnen hat.[1423] Dies würde nämlich den zeitlichen Rahmen der Forschung zu weit ausdehnen und die Entwicklungsphase ad absurdum führen. So findet insb. gemäß IAS 38.8 die Entwicklung schon „*vor Beginn der kommerziellen Produktion oder Nutzung statt*“. Auch in IDW S 5.114 wird trotz der noch erheblichen Restrisiken auf die Beendigung der Konzeptionsphase abgestellt. Da die Definition der Entwicklung die Neuentwicklung von Gütern und Verfahren zugrunde legt, ist der Begriff der Entwicklung weit auszulegen, denn

---

1420 BT-Drs. 16/10067, 60.

1421 Vgl. *Senger/Kurz*, in: Vögele, Intangibles, 2. Aufl. 2021, § 2 A. 83.

1422 *Zimmermann/Dorn/Bieschewski*, NWB 2020, 3098, 3103.

1423 BT-Drs. 16/10067, 60; *Dicken/Henssler*, Bilanzrecht, 2. Aufl. 2021, Rn. 310.

insb. Materialien, Produkte, geschützte Rechte und auch ungeschütztes Know-how sind hiervon umfasst. Mit hohem Neuigkeits- und Komplexitätsgrad geht aber auch in der Entwicklungsphase eine Unsicherheit einher, ob aus einer Entwicklung ein Erfolg hervorgeht.[1424] Das resultierende Ermessen des Subjekts[1425] unterliegt jedoch hinreichenden „Dokumentationserfordernissen".[1426]

Sollte es Abgrenzungszweifel zwischen Aufwendungen beider Phasen geben, ist gemäß § 255 Abs. 2a S. 4 HGB und IAS 38.53 eine Bilanzierung nicht möglich, sodass hiervon betroffene Geschäftsgeheimnisse ohne bilanzielle Wertzuweisung bleiben könnten.[1427] Pauschale Aufteilungen, die möglicherweise nur auf Erfahrungswerten beruhen, sind jedenfalls unzulässig,[1428] denn der Übergang von der Forschung zur Entwicklung ist einzelfallabhängig festzustellen.[1429]

aa) Handelsrecht und „Ausstrahlungswirkung" der IFRS

Es ist zwar denkbar, dass Kosten für die handelsrechtliche Zugangsbewertung erst berücksichtigt werden, wenn Projekte so weit entwickelt sind, dass sie einen Nutzen entfalten.[1430] Allerdings würde das dem gesetzgeberischen Willen widersprechen, demzufolge es genügen soll, wenn mit *„hoher Wahrscheinlichkeit"* davon ausgegangen werden kann, *„dass ein einzeln verwertbarer immaterieller Vermögensgegenstand des Anlagevermögens zur Entstehung gelangt"*.[1431] In der Gesetzesbegründung zum BilMoG wurden Indikatoren genannt, die auf den Übergang von Forschungs- zu Entwicklungsphase hinweisen, und der Abgrenzung von FuE wurde eine „entscheidende Bedeutung" zugewiesen.[1432] Doch trotzdem hat der Gesetzgeber es versäumt, die Frage nach einem maßgeblichen Zeitpunkt ausdrücklich und eindeutig zu klären und zu definieren, was mit „hoher Wahrscheinlichkeit" der voraussichtlichen Entstehung gemeint ist.

1424 *Senger/Kurz*, in: Vögele, Intangibles, 2. Aufl. 2021, § 2 A. Rn. 85.

1425 Als „Zukunftsprognose des bilanzierungspflichtigen Unternehmens" bezeichnend BT-Drs. 16/10067, 60.

1426 *Senger/Kurz*, in: Vögele, Intangibles, 2. Aufl. 2021, § 2 A. Rn. 85.

1427 Vgl. *Nissen*, Der monetäre Wert von Daten im Privatrecht, 2021, 156.

1428 *Senger/Kurz*, in: Vögele, Intangibles, 2. Aufl. 2021, § 2 A. Rn. 94.

1429 BT-Drs. 16/10067, 61.

1430 Vgl. BT-Drs. 16/12407, 8.

1431 BT-Drs. 16/10067, 60; so auch *Dicken/Henssler*, Bilanzrecht, 2. Aufl. 2021, Rn. 310 f.; kritisch zu einer Anknüpfung an die Wahrscheinlichkeit *Schülke*, DStR 2010, 992, 998.

1432 BT-Drs. 16/10067, 60 f.

Hilfsweise kann auf die Wertung aus DRS 24 zurückgegriffen werden, sodass der Zeitpunkt erst eintritt, wenn die kumulativen Voraussetzungen des DRS 24.45 erfüllt sind.[1433] Die in DRS 24.45 geforderte „hohe Wahrscheinlichkeit" wird in DRS 24.50 so konkretisiert, dass die Fertigstellung des immateriellen Vermögensgegenstands technisch realisierbar sein muss, für die Fertigstellung des immateriellen Vermögensgegenstands technische, finanzielle und sonstige Ressourcen verfügbar sein müssen und die Fertigstellung des immateriellen Vermögensgegenstands beabsichtigt sein muss.

Das DRSC orientierte sich an IAS 38.57, worin sogar dieselben (und ferner sogar mehr) Anforderungen gestellt werden. Es liegt nahe, dass sich die handelsrechtliche Abgrenzung zwischen den Phasen nach der Abgrenzung i. S. d. IFRS richtet. Während nämlich im HGB FuE nicht näher definiert werden, ist die Konzeption der IFRS konkreter und kasuistischer.[1434] Da sich die handelsrechtliche Rechnungslegung der nach den IFRS angenähert hat, ist auch der Begriff der Entwicklung für § 255 Abs. 2a HGB und IAS 38.8 faktisch unterschiedslos geworden.[1435] Aufgrund des Vorsichtsprinzips sind die Voraussetzungen aus IAS 38.57 ff. in der handelsrechtlichen Rechnungslegung zumindest zu berücksichtigen.[1436] Der Gesetzgeber hat den Begriff des Vermögensgegenstands nicht durch den Begriff des Vermögenswertes ersetzt oder die Rechnungslegungssysteme in anderer Art und Weise miteinander verknüpft. Da aber beide Begriffe meistens zu denselben Ergebnissen führen und der Gesetzgeber – vor allem durch die Aufhebung des Aktivierungsverbots für selbstgeschaffene immaterielle Vermögensgegenstände[1437] – versucht hat, die deutsche Rechnungslegung an die der IFRS anzunähern, ist eine „Ausstrahlungswirkung auf die Auslegung handelsrechtlicher Regelungen" anzunehmen.[1438] Dem EuGH nach ist es möglich,

1433 *Zimmermann/Dorn/Bieschewski*, NWB 2020, 3098, 3103.

1434 *Kirsch/Kurz*, in: Lück, Jahrbuch für Wirtschaftsprüfung, Interne Revision und Unternehmensberatung 2011, 2011, 61, 63 f. m. w. N.

1435 BT-Drs. 16/10067, 59; so auch *Heckeler/Kühnel*, in: Brune/Driesch/Schulz-Danso/Senger, Beck'sches IFRS-Handbuch, 6. Aufl. 2020, B. I. § 4 Rn. 168.

1436 *Heckeler/Kühnel*, in: Brune/Driesch/Schulz-Danso/Senger, Beck'sches IFRS-Handbuch, 6. Aufl. 2020, B. I. § 4 Rn. 168.

1437 *Arbeitskreis Immaterielle Werte im Rechnungswesen der Schmalenbach-Gesellschaft für Betriebswirtschaft*, DB 2008, 1813, 1815 f.; *Rammert/Thies*, WPg 2009, 34 ff.

1438 *Blankenfeldt/Müller/Weinrich*, in: Vögele, Intangibles, 2. Aufl. 2021, § 2 B. Rn. 11; so auch *Theile*, in: Heuser/Theile, IFRS Handbuch, 6. Aufl. 2019, 5.15; kritisch hinsichtlich einer Konkretisierung *Moxter*, WPg 2009, 7, 9; kritisch hinsichtlich einer undifferenzierten Übernahme der Kriterien aus IAS 38 *Kirsch/Kurz*, in: Lück, Jahrbuch

dass die nationale Rechnungslegung anhand der IFRS ausgelegt wird,[1439] sofern IFRS-Regelungen nicht unbestimmter Natur sind, den Zwecken der nationalen Rechnungslegung entgegenstehen[1440] und nicht der einzige oder zwingende Auslegungsmaßstab für das HGB sind.[1441]

Die präziseren Anforderungen aus IAS 38.57 ff. eignen sich grundsätzlich für die bilanzielle Wertzuweisung bei FuE als Auslegungshilfe, wodurch der Abgrenzungszeitpunkt zwischen FuE auch mithilfe der IFRS konkretisiert werden kann.[1442] Zwar gibt es auch Ausnahmen, sodass bspw. die Anforderung des künftigen wirtschaftlichen Nutzens gemäß IAS 38.57 lit. d nicht unmittelbar auf die handelsrechtliche Rechnungslegung übertragbar ist, weil es im Handelsrecht auf die wahrscheinliche Entstehung ankommt. Allerdings deutet ein künftiger wirtschaftlicher Nutzen darauf hin, dass ein immaterieller Wert verwertbar ist oder sein wird und ist auch für die handelsrechtliche Rechnungslegung ein gewichtiges Indiz.[1443] Für die Trennung zwischen bilanziell wertvollen und wertlosen Geschäftsgeheimnissen aus FuE orientiert sich die handelsrechtliche Rechnungslegung also an der Differenzierung i. S. d. IFRS.[1444]

bb) Anforderungen aus IAS 38.57

Die Einordnung von Entwicklungskosten erfordert i. R. d. IFRS konkrete Umsetzungspläne und die eindeutige Zurechenbarkeit zu Gütern oder Prozessen.[1445] Ob ein Geschäftsgeheimnis einen künftigen, wirtschaftlichen Nutzen erfüllt, damit in der Entwicklungsphase ist und anhand dieser Kosten bewertet werden kann, ist anhand von IAS 38.57 festzustellen. Das Erfüllen der Anforderungen ist durch den Inhaber nachzuweisen und steht daher in seinem Ermessen.[1446] So

---

für Wirtschaftsprüfung, Interne Revision und Unternehmensberatung 2011, 2011, 61, 70 f.; kritisch auch *Hennrichs*, DB 2008, 537, 537 ff.

1439 *EuGH*, Urt. v. 07.01.2003, C-306/99.

1440 *Moxter*, WPg 2009, 7, 9.

1441 *Arbeitskreis Immaterielle Werte im Rechnungswesen der Schmalenbach-Gesellschaft für Betriebswirtschaft*, DB 2008, 1813, 1813.

1442 A. A. *Moxter*, WPg 2009, 7, 9.

1443 *Blankenfeldt/Müller/Weinrich*, in: Vögele, Intangibles, 2. Aufl. 2021, § 2 B. Rn. 19.

1444 *Blankenfeldt/Müller/Weinrich*, in: Vögele, Intangibles, 2. Aufl. 2021, § 2 B. Rn. 70; als „sachgerecht" bezeichnend *Mujkanovic*, PiR 2013, 331, 333 f.

1445 *Senger/Kurz*, in: Vögele, Intangibles, 2. Aufl. 2021, § 2 A. Rn. 92.

1446 *Kirsch/Steinhauer*, Zeitschrift für Planung und Unternehmenssteuerung 2003, 415, 427; als „ermessensbehaftet und i. S. einer bilanzpolitischen Manövriermasse missbrauchsanfällig" bezeichnend *Christian/Kern*, PiR 2014, 168, 169; dies aber nicht als Nachweiswahlrecht auffassend *Christian/Kern*, PiR 2014, 168, 173.

muss er anhand eigener Erwägungen bestimmen, ob beide Phasen überhaupt getrennt werden können, und, wenn das möglich ist, wann der Übergangszeitpunkt zwischen ihnen eintritt.[1447]

(1) Fähigkeit zur Fertigstellung

Der Inhaber müsste technisch (IAS 38.57 lit. a) und wirtschaftlich (IAS 38.57 lit. e) fähig sein, ein Geschäftsgeheimnis fertigzustellen.

Für Geschäftsgeheimnisse kann die technische Fähigkeit zur Fertigstellung vor allem bei neuartigen Projekten schwierig sein (Neuentwicklung), da die Aussagekraft dann nicht so groß ist wie bei einer Weiterentwicklung existenter Produkte.[1448] So kann bei neuen Modellreihen eines bereits existenten Autos mit geheimen Neuerungen die technische Realisierbarkeit vergleichsweise gut eingeschätzt werden, was sich auch daran zeigt, dass in der Automobilbranche ungefähr 50 % der Entwicklungskosten bilanziell erfasst werden.[1449] Schließlich sei der Erfolg „besser und zeitlich früher" belegbar als bspw. „das wirtschaftliche Potenzial eines neuen Medikaments".[1450] So kann sogar schon mit Abschluss der Absichtserklärung zwischen einem Automobilzulieferer und einem Automobilhersteller die Entwicklungsphase begonnen werden, sofern keine weiteren erheblichen Risiken bestehen.[1451]

Doch auch für Geschäftsgeheimnisse im Rahmen von Neuentwicklungen kann die technische Realisierbarkeit durch Konstruktionspläne, Programmdesigns, Modelle, Verfahrens- oder Produktbeschreibungen, sachverständige Einschätzungen oder die „interne Genehmigung des Pflichtenhefts" nachgewiesen werden.[1452] Machbarkeitsstudien, Projektpläne und Zeitgutachten können auch hilfreich sein.[1453] Zwar können Erfahrungen vergangener FuE-Projekte beachtet

---

1447 *Christian/Kern*, PiR 2014, 168, 169.

1448 Zur Unterscheidung zwischen Neu- und Weiterentwicklungen i. R. d. Zweckforschung *Schubert/Hutzler*, in: Grottel/Justenhoven/Schubert/Störk, Beck'scher Bilanz-Kommentar, 13. Aufl. 2022, § 255 Rn. 458.

1449 *Blankenfeldt/Müller/Weinrich*, in: Vögele, Intangibles, 2. Aufl. 2021, § 2 B. Rn. 36 m. w. N., § 2 B. Rn. 148; *Eppinger/Hägele/Orterer*, IRZ 2013, 421, 423 m. w. N.; *Petersen/Zwirner/Busch*, PiR 2010, 7; vgl. auch *Christian/Kern*, PiR 2014, 168, 171.

1450 So auch *v. Keitz*, in: Kirsch/Thiele, Rechnungslegung und Wirtschaftsprüfung. Festschrift zum 70. Geburtstag von Prof. Dr. Dr. h.c. Jörg Baetge, 2007, 321, 343.

1451 Hierzu *Blankenfeldt/Müller/Weinrich*, in: Vögele, Intangibles, 2. Aufl. 2021, § 2 B. Rn. 38 f.

1452 *Christian/Kern*, PiR 2014, 168, 171.

1453 *Eppinger/Hägele/Orterer*, IRZ 2013, 421, 424.

werden, sodass die erfolgreiche Fertigstellung ähnlicher Geschäftsgeheimnisse oder immaterieller Werte ein Indiz für die technische Realisierbarkeit einer geheimen Neuentwicklung ist.[1454] Allerdings müssen die Unterschiede zwischen Geschäftsgeheimnissen und anderen immateriellen Werten hinreichend berücksichtigt werden. Jedenfalls genügt es zum Erfüllen dieser Anforderung, dass es wahrscheinlich ist, dass ein Projekt technisch realisiert werden kann, sodass die technische Fähigkeit zur Fertigstellung keine „abschließende Sicherheit" erfordert.[1455] Denkbar ist trotzdem, dass die technische Fähigkeit zur Fertigstellung bei manchen Geschäftsgeheimnissen (z. B. Software) „erst kurz vor der Marktreife […] erreicht wird",[1456] sodass der bilanzierungsfähige Zeitraum ggf. sehr kurz ist.

Der Nachweis der wirtschaftlichen Fähigkeit zur Fertigstellung kann vor allem für kleine und junge Unternehmen schwierig sein,[1457] vor allem wenn die Entwicklung des angestrebten Geschäftsgeheimnisses oder der darauf basierenden Produkte kostenintensiv ist (z. B. Biotechnologie).[1458] Dass angemessene Ressourcen verfügbar sind, lässt sich aber gemäß IAS 38.61 insb. an Unternehmens-, Budgets- oder Einsatzplänen nachweisen.[1459] Sollte ferner noch Fremdkapital für den Abschluss der Entwicklung benötigt werden, können Finanzierungszusagen von Dritten beim Nachweis unterstützen.[1460] Neben diesen finanziellen Ressourcen können für die wirtschaftliche Fähigkeit der Fertigstellung auch Arbeitsressourcen entscheidend sein, sodass es für die Bilanzierung nachteilig wäre, wenn die „Weiterbeschäftigung von für die Entwicklung entscheidenden Mitarbeitern" nicht sichergestellt ist (z. B. wegen Kündigungen oder zeitlicher Begrenzungen von Dienst- und Kooperationsverträgen).[1461]

(2) Absicht zur Fertigstellung

Der Inhaber muss gemäß IAS 38.57 lit. b beabsichtigen, einen immateriellen Vermögenswert fertig zu stellen und ihn zu nutzen oder zu verkaufen. Obwohl eine

---

1454 *Blankenfeldt/Müller/Weinrich*, in: Vögele, Intangibles, 2. Aufl. 2021, § 2 B. Rn. 16; *Christian/Kern*, PiR 2014, 168, 171.

1455 *Blankenfeldt/Müller/Weinrich*, in: Vögele, Intangibles, 2. Aufl. 2021, § 2 B. Rn. 16.

1456 *Christian/Kern*, PiR 2014, 168, 171.

1457 *Theile*, in: Heuser/Theile, IFRS Handbuch, 6. Aufl. 2019, 13.48.

1458 *Christian/Kern*, PiR 2014, 168, 173.

1459 *Eppinger/Hägele/Orterer*, IRZ 2013, 421, 424.

1460 *Christian/Kern*, PiR 2014, 168, 173.

1461 *Christian/Kern*, PiR 2014, 168, 173; ebenso das Personal als Ressource nennend *Theile*, in: Heuser/Theile, IFRS Handbuch, 6. Aufl. 2019, 13.48.

Absicht als Anforderung ein bilanzpolitisches Ermessen eröffnet, ist (als Vermutung) grundsätzlich davon auszugehen, dass Unternehmen ihre angefangenen Entwicklungen – wegen bereits erfolgter Investitionen – auch beenden, entweder um sie selbst zu nutzen oder um sie zu verkaufen.[1462] Ausnahmen kommen aber vor allem in Betracht, wenn für die Entwicklung bestimmte Zeit- und/oder Kostenrahmen vorgesehen sind, die bei Nichteinhalten zur Einstellung der Entwicklung führen. Investitions-, Entwicklungs- und projektbezogene Finanzierungspläne sowie Protokolle und Beschlüsse von Entscheidungsgremien oder eines zuständigen Projektteams können hierüber Aufschluss geben.[1463]

(3) Künftiger wirtschaftlicher Nutzen durch Nutzung oder Verkauf

Da ein Geschäftsgeheimnis als immaterieller Vermögenswert einen künftigen wirtschaftlichen Nutzen erfüllen muss, muss der Inhaber gemäß IAS 38.57 lit. c in der Lage sein, einen immateriellen Vermögenswert zu nutzen oder zu verkaufen. Für die Nutzung und den Verkauf genügen nicht nur abstrakte Möglichkeiten. So müssen Erfolge auch rational sein und ökonomisch Sinn ergeben,[1464] sodass für IAS 38.57 lit. d insb. der Nachweis erbracht werden muss, inwieweit ein Geschäftsgeheimnis eine Effizienzsteigerung konkret fördert (z. B. in Form künftiger Erträge oder Reduzierung von Kosten[1465]).[1466]

„*Um zu zeigen, wie ein immaterieller Vermögenswert einen voraussichtlichen künftigen wirtschaftlichen Nutzen erzeugen wird*", können gemäß IAS 38.60 die Grundsätze von IAS 36 angewendet werden. Das bedeutet nichts anderes, als den wirtschaftlichen Nutzen so zu ermitteln, wie es für den Nutzungswert üblich ist, und ihn auch Rahmen von CGUs zu bestimmen,[1467] wenn keine direkt zurechenbaren Zahlungsströme vorliegen.[1468] Da sich das vor allem auf kapitalwertorientierte Verfahren stützt, kann mithilfe der Bemessung des Erfolgswertes anhand von DCF-Verfahren diese Anforderung erfüllt werden. Weil sich auch die Verwertung von Geschäftsgeheimnissen hieran orientieren würde und die

---

1462 *Blankenfeldt/Müller/Weinrich*, in: Vögele, Intangibles, 2. Aufl. 2021, § 2 B. Rn. 17; *Christian/Kern*, PiR 2014, 168, 172.

1463 *Eppinger/Hägele/Orterer*, IRZ 2013, 421, 424.

1464 *Blankenfeldt/Müller/Weinrich*, in: Vögele, Intangibles, 2. Aufl. 2021, § 2 B. Rn. 18; *Christian/Kern*, PiR 2014, 168, 172.

1465 *Kirsch/Steinhauer*, Zeitschrift für Planung und Unternehmenssteuerung 2003, 415, 422.

1466 *Eppinger/Hägele/Orterer*, IRZ 2013, 421, 424.

1467 *Theile*, in: Heuser/Theile, IFRS Handbuch, 6. Aufl. 2019, 13.33.

1468 *Mujkanovic*, PiR 2013, 331, 333.

Verwertung von auf Geschäftsgeheimnissen basierenden Produkten sich durch Marktstudien belegen lässt,[1469] kann die Anforderung bei positiven Ergebnissen aus DCF-Verfahren und Marktstudien als erfüllt erachtet werden. Dies ist aber bei besonders innovativen und neuartigen Geschäftsgeheimnissen mit größeren Unsicherheiten behaftet als bei einer Weiterentwicklung von etablierten Werten.

Ein Nachweis ist auch bei regulierungsrechtlich relevanten Produkten mit Schwierigkeiten behaftet, die auf Geschäftsgeheimnissen basieren (z. B. Medikamente). Aufgrund behördlicher Genehmigungen (z. B. zur Typzulassung, Gebrauchstüchtigkeit, Sicherheit, Umweltverträglichkeit, usw.) ist es nämlich nicht hinreichend sicher, ob die Produkte zugelassen und vertrieben werden dürfen.[1470] Vor allem in Chemie- und Pharmaunternehmen zeigt sich, dass trotz der relativ eindeutigen Phasentrennung im Vergleich nur wenig Entwicklungskosten für neue Produkte oder Verfahren[1471] – sondern wenn überhaupt nur für selbstgeschaffene Software für die eigene Nutzung[1472] – bilanziert werden, da der wirtschaftlichen Nutzen maßgeblich von der staatlichen Zulassung abhängt und deshalb nicht hinreichend sicher prognostiziert werden kann.[1473] Sofern ein Produkt zugelassen werden sollte, ist die Entwicklungsphase in diesem Zeitpunkt aber bereits beendet. Das bedeutet, dass Geschäftsgeheimnisse zwar während der klinischen Entwicklungsphase unmittelbar vor einer Zulassung bilanziert werden könnten, dies aber weitestgehend von Erfahrungswerten abhängen würde und wohl deshalb in der Praxis nicht weit verbreitet ist.[1474] So zeigt auch eine Studie aus dem Jahr 2010, dass Chemie- und Pharmaunternehmen trotz hoher FuE-Investitionen nur ungefähr 5 % ihrer Entwicklungskosten bilanzieren.[1475] In derartigen Fällen kommt nicht dem Abschluss an sich, sondern verknüpften Informationsquellen eine größere Bedeutung zu.[1476] Das zeigt

---

1469 *Christian/Kern*, PiR 2014, 168, 172; *Eppinger/Hägele/Orterer*, IRZ 2013, 421, 424.

1470 Beispiele nach *Christian/Kern*, PiR 2014, 168, 171, wobei diese dort zur technischen Realisierbarkeit zugeordnet werden.

1471 *v. Keitz*, in: Kirsch/Thiele, Rechnungslegung und Wirtschaftsprüfung. Festschrift zum 70. Geburtstag von Prof. Dr. Dr. h.c. Jörg Baetge, 2007, 321, 342.

1472 *Theile*, in: Heuser/Theile, IFRS Handbuch, 6. Aufl. 2019, 13.47.

1473 *Behrendt-Geisler/Weißenberger*, KoR 2012, 56, 59; *Christian/Kern*, PiR 2014, 168, 171; *Duscher*, IRZ 2014, 149, 153; *Eppinger/Hägele/Orterer*, IRZ 2013, 421, 422; *Haller/Froschhammer/Groß*, DB 2010, 681, 689; *v. Keitz*, in: Kirsch/Thiele, Rechnungslegung und Wirtschaftsprüfung. Festschrift zum 70. Geburtstag von Prof. Dr. Dr. h.c. Jörg Baetge, 2007, 321, 345.

1474 *Eppinger/Hägele/Orterer*, IRZ 2013, 421, 422.

1475 *Haller/Froschhammer/Groß*, DB 2010, 681, 681 ff.

1476 *Eppinger/Hägele/Orterer*, IRZ 2013, 421, 422.

sich insb. in § 285 Nr. 22 HGB oder IAS 38.126 daran, dass der Gesamtbetrag der FuE-Kosten des Geschäftsjahres im Anhang anzugeben ist, oder gemäß §§ 289 Abs. 2 Nr. 2, 315 Abs. 2 Nr. 2 HGB – konkretisiert durch DRS 20.48 ff., 20.88 und 20.107 – auf den Bereich FuE einzugehen ist, sodass die Höhe der Entwicklungskosten, der Anteil von FuE und die Abschreibung anzugeben ist.

Im Übrigen ist der Nachweis des künftigen wirtschaftlichen Nutzens für „illegale" Geheimnisse, die neben ihrem Schädigungspotenzial noch ein positives Potenzial verkörpern, überhaupt nicht möglich, da die Nutzung und Verwertung von Letzteren nicht durch die Rechtsordnung gestattet sind.

(4) Verlässlichkeit der Bewertung und Dokumentation

Abschließend muss ein Inhaber gemäß IAS 38.57 lit. f in der Lage sein, die dem immateriellen Vermögenswert während der Entwicklung zurechenbaren Ausgaben verlässlich zu bewerten. Eine verlässliche Bewertung erfordert insb. ein „leistungsfähiges"[1477] internes Kostenrechnungssystem,[1478] für das bestenfalls „Projektstellen existieren, direkte Kontierungen der anfallenden Entwicklungskosten auf die Projekte erfolgen und eine eindeutige Zuordnung der Entwicklungskosten zu den einzelnen Projekten über Zeit- und Mengenschlüssel möglich sind".[1479] Derartige Kostenrechnungssysteme entsprechen jedenfalls auch den Dokumentationserfordernissen gemäß DRS 24.51 und IAS 38.62, wonach vorgesehen ist, dass alle Ausgaben während der Entwicklungsphase zugeordnet werden können.[1480]

Die Dokumentationserfordernisse erfüllen mit Blick auf „erhebliche Ermessensspielräume"[1481] wichtige Objektivierungsfunktionen.[1482] So sieht auch DRS 24.52 vor, *„jeden in der Entstehung befindlichen selbst geschaffenen immateriellen Vermögensgegenstand des Anlagevermögens einzeln nachzuweisen und hinreichend genau zu dokumentieren"*. Dazu bieten sich gemäß DRS 24.53 insb. Geschäftsleitungsbeschlüsse, Projekt-, Finanz-, Personalberichte und -pläne, Marktanalysen oder Machbarkeitsstudien an. Auch Checklisten und Protokolle

---

1477 *Schubert/Hutzler*, in: Grottel/Justenhoven/Schubert/Störk, Beck'scher Bilanz-Kommentar, 13. Aufl. 2022, § 255 Rn. 465; *Eppinger/Hägele/Orterer*, IRZ 2013, 421, 424.

1478 *Christian/Kern*, PiR 2014, 168, 173.

1479 *Christian/Kern*, PiR 2014, 168, 173.

1480 Anhand eines Beispiels einer Dokumentationsprüfung *Gersbacher-Volz/Koch*, BC 2017, 66, 70 ff.

1481 *Petersen/Zwirner/Busch*, PiR 2010, 7, 9; a. A. *Christian/Kern*, PiR 2014, 168, 173.

1482 *Senger/Kurz*, in: Vögele, Intangibles, 2. Aufl. 2021, § 2 A. Rn. 85.

für Mitarbeiter können hilfreich sein, anhand derer die Phasen „nachvollziehbar und plausibel dokumentiert werden“.[1483]

Je besser die Dokumentation der Abgrenzung und Kosten ist, desto eher kann der wirtschaftliche Wert anhand der Bilanzierung abgebildet und nachgewiesen werden. So kann eine effiziente Konvergenz hergestellt werden, sodass die Dokumentation auch zur Implementierung von Geheimhaltungsmaßnahmen nützlich sein kann, für deren Angemessenheit schließlich auch die Entwicklungskosten zu berücksichtigen sind.[1484] Sollten Inhaber gewillt sein, die in der Entwicklungsphase befindlichen oder aus ihr resultierenden Geschäftsgeheimnisse so gut wie möglich anhand des für den wirtschaftlichen Wert indiziellen Herstellungswertes in der Bilanzierung nachzuweisen und abzubilden, empfiehlt sich ein umfangreiches FuE-Management und -Controlling mit den genannten Maßnahmen.[1485]

cc) Beispiel: „Project Life Cycle Systems“ in der Automobilbranche

Um den Nachweis der Anforderungen auch für Dritte nachvollziehbar zu erbringen, werden bspw. in der – der Bilanzierung von Entwicklungskosten zugeneigten[1486] – Automobilbranche sogenannte „Project Life Cycle Systems“ genutzt, innerhalb derer der gesamte Ablauf des Entwicklungsprojekts aufgeteilt wird. Ein neuer Ablaufschritt kann erst durch Erreichen bestimmter Punkte („Gates“) begonnen werden, die aber an objektive Voraussetzungen oder entsprechend Freigaben geknüpft sind.[1487] So beginnt die bilanzierfähige Entwicklung bei Automobilzulieferern erst, wenn das „Gate“ erreicht ist, für das „die technische Realisierbarkeit des Entwicklungsprodukts bescheinigt und zugleich die Zulieferfirma als Lieferant für das Produkt seitens eines Automobilherstellers nominiert“ werden muss, und endet bei Erreichen des „Gates“, das „die endgültige Freigabe für die unbegrenzte Serienfertigung bescheinigt“.[1488]

Sofern ein Inhaber zur Einschätzung gelangt, dass sowohl die technische als auch die wirtschaftliche Prognose nicht positiv ist, kann er sein

1483 *Eppinger/Hägele/Orterer*, IRZ 2013, 421, 423 m. w. N.

1484 BT-Drs. 19/4724, 24 f.

1485 Aus allgemeinen Erwägungen auch *Eppinger/Hägele/Orterer*, IRZ 2013, 421, 423; vgl. auch *Christian/Kern*, PiR 2014, 168, 173.

1486 *Theile*, in: Heuser/Theile, IFRS Handbuch, 6. Aufl. 2019, 13.51.

1487 *Oswald*, in: Vögele, Intangibles, 2. Aufl. 2021, § 7 A. Rn. 15; dies als „Meilensteinplanung“ bezeichnend *Menninger*, in: Wurzer/Kaiser, Handbuch Internationaler Know-how-Schutz, 2. Aufl. 2011, 555.

1488 *Oswald*, in: Vögele, Intangibles, 2. Aufl. 2021, § 7 A. Rn. 15.

Geschäftsgeheimnis nicht bilanzieren. Das hat insb. bei Automobilzulieferern zur Folge, dass der Anteil bilanzierter Entwicklungskosten im Verhältnis zu allen tatsächlichen Entwicklungskosten nur ungefähr 10 % beträgt.[1489] Mit Blick auf den wirtschaftlichen Wert ist dies zweischneidig. Einerseits kann die Rechnungslegung hinsichtlich der Prognose zeigen, ob überhaupt der Inhaber selbst in der Information ein Verwertungs- oder Nutzungspotenzial sieht. Gelingt ihm der Nachweis nicht, könnte dies bedeuten, dass die Information auch i. S. d. GeschGehG nicht von wirtschaftlichem Wert ist. Andererseits können Informationen einen wirtschaftlichen Wert bereits haben, selbst wenn die Realisierbarkeit oder der Nutzenzufluss noch unabsehbar sind. Die bilanzielle Prognose ist nur bedingt aussagekräftig und kann auch dem Potenzial fernliegenden Gründen geschuldet sein. So ist im letzten Beispiel davon auszugehen, dass nicht nur der 10 % große Anteil der Entwicklungskosten einen wirtschaftlichen Wert indiziert, sondern auch darüberhinausgehende Aufwendungen zumindest indiziell für einen wirtschaftlichen Wert sprechen.

dd) Zwischenergebnis

Für die Abbildung und den Nachweis eines wirtschaftlichen Wertes würde sich eine möglichst umfassende Bilanzierung von Kosten eines selbstgeschaffenen Geschäftsgeheimnisses anbieten. Doch dem steht bereits die Differenzierung zwischen den Phasen von FuE entgegen, sodass es sogar einfacher ist, FuE-Kosten von Geschäftsgeheimnissen gar nicht erst zu berücksichtigen, als sie – beim auf Effizienz gerichteten bilanzpolitischen Willen – zu bilanzieren.[1490]

Erstens können sämtliche Kosten der Forschungsphase bei der Bilanzierung nicht berücksichtigt werden, die gleichfalls sinnvolle Indizien für einen wirtschaftlichen Wert sein können.

Zweitens werden für die Bilanzierung von Entwicklungskosten gemäß IAS 38.57 und DRS 24.50 höhere Anforderungen gestellt, als das GeschGehG für den wirtschaftlichen Wert eines Geschäftsgeheimnisses vorsieht. Zwar muss die finale Form eines angestrebten Endproduktes auch für die bilanzielle Zugangsbewertung nicht vorliegen, sodass es genügt, wenn ein Zwischenprodukt zur internen Nutzung oder externen Verwertung ausgereift ist.[1491] Allerdings sind die bilanziellen Anforderungen deutlich restriktiver, was sich in einem Vergleich

1489 *Oswald*, in: Vögele, Intangibles, 2. Aufl. 2021, § 7 A. Rn. 16 m. w. N.

1490 So auch *Christian/Kern*, PiR 2014, 168, 174; *Paulitsch*, Bilanzielle Behandlung selbst erstellter immaterieller Vermögenswerte in den IAS/IFRS, 2019, 235.

1491 *Blankenfeldt/Müller/Weinrich*, in: Vögele, Intangibles, 2. Aufl. 2021, § 2 B. Rn. 10.

der Wertprognosen zwischen den untersuchten Rechnungslegungssystemen und dem GeschGehG mitunter daran zeigt, dass Geheimnisse auch schon wegen eines trägerabstrahierenden Potenzials einen wirtschaftlichen Wert haben können, selbst wenn eine Fertigstellung oder Vermarktung zum maßgeblichen Zeitpunkt noch nicht beabsichtigt wird.[1492] Ebenso ist ein Geheimnis i. S. d. GeschGehG schon wirtschaftlich wertvoll, wenn noch nicht feststeht, ob es sinnvoll genutzt oder vermarktet werden kann.[1493] Gleiches gilt, wenn technische Rahmenbedingungen noch nicht bestehen oder ihr Einsatz zu kostenaufwendig ist,[1494] da es im Geheimnisschutz nicht auf eine praxistaugliche Nutz- und Verwertbarkeit ankommt,[1495] sondern es nur um den Vorteil geht, den Wettbewerber lediglich mit der Investition von Zeit, Geld oder Mühe aufholen können.[1496] Beides steht nicht im Einklang mit den Anforderungen aus IAS 38.57 und DRS 24.50, die sowieso schon bei immateriellen Werten für sehr späte Bilanzierungszeitpunkte in Projektzyklen sorgen.[1497] Eine Anknüpfung an diese Anforderungen würde den „Vorfeldschutz" wirtschaftlich wertvoller Geschäftsgeheimnissen erheblich untergraben, da insb. geheime Zwischenstände und Prognosen bereits einen wertbegründenden Wettbewerbsvorteil darstellen können.

Drittens kommt hinzu, dass Investitionen für die Entwicklung gemäß IAS 38.65 erst ab dem Zeitpunkt als Entwicklungskosten behandelt werden dürfen, in dem die Voraussetzungen gemäß IAS 38.21, 38.22 und 38.57 nachweislich erfüllt sind. Das bedeutet, dass Geschäftsgeheimnisse an sich bereits in der Entwicklung sein können, aber wenn bspw. die Kosten der Entwicklung nicht hinreichend dokumentiert sind, keinen oder einen zu geringen bilanziellen Wert erhalten. Dass keine „Nachaktivierung von Aufwendungen, die vor der Erfüllung aller Ansatzkriterien angefallen sind", möglich ist,[1498] hat zur Folge, dass

---

1492 BT-Drs. 19/4724, 24.

1493 *Alexander*, WRP 2017, 1034, 1038; *Ohly*, GRUR 2019, 441, 443.

1494 *Alexander*, in: Köhler/Bornkamm/Feddersen, UWG, 41. Aufl. 2023, GeschGehG, § 2 Rn. 28.

1495 So auch *Alexander*, in: Köhler/Bornkamm/Feddersen, UWG, 41. Aufl. 2023, GeschGehG, § 2 Rn. 28; *Böhm/Nestler*, GRUR-Prax 2018, 181, 182; *Dann/Markgraf*, NJW 2019, 1774, 1775; so auch für das US-amerikanische Recht *Hrdy*, Fordham Law Review 2022, 557, 570, 572 m. w. N.

1496 *Krüger/Wiencke/Koch*, GRUR 2020, 578, 582.

1497 *Paulitsch*, Bilanzielle Behandlung selbst erstellter immaterieller Vermögenswerte in den IAS/IFRS, 2019, 236.

1498 *Paulitsch*, Bilanzielle Behandlung selbst erstellter immaterieller Vermögenswerte in den IAS/IFRS, 2019, 227.

der aus den Entwicklungskosten resultierende bilanzielle Wert nicht nur alle ohnehin nicht-bilanzierungsfähigen Kosten der Forschung ausschließt, sondern auch solche der Entwicklung. Die in der Rechnungslegung zwecks Objektivierbarkeit gestellten Anforderungen lassen sich daher nicht einmal indiziell mit dem weiten Potenzialverständnis des GeschGehG in Einklang bringen.

Insgesamt ist die Wertprognose in allen untersuchten Rechnungslegungssystemen deutlich restriktiver als im Geheimnisschutz. Selbst wenn Inhaber nach ihrer „internen Rechnungslegung"[1499] die Entwicklung von Geschäftsgeheimnissen dem tatsächlichen Nutzen entsprechend kalkulieren und die Investitionen daher für den wirtschaftlichen Wert indiziell sind, werden viele selbstgeschaffene Geschäftsgeheimnisse vollständig oder zumindest teilweise ausgeschlossen, wodurch der wirtschaftliche Wert selbstgeschaffener Geschäftsgeheimnisse nicht einmal indiziell für alle Investitionen i. R. d. Bilanzierung abgebildet und nachgewiesen werden kann.

b) *Besonderheit: Unterschied zwischen sequenziellem und iterativem Ablauf und Beispiel: Software*

Über die Anforderungen hinaus erkannte der Gesetzgeber bereits im Zuge des BilMoG die allgemeine Schwierigkeit, dass die Abgrenzung zwischen den Phasen von FuE uneindeutig sein könnte, wenn *„der […] sequentielle [sic!] Ablauf – erst Forschung, dann Entwicklung – nicht eingehalten wird. Denkbar ist bspw. auch, dass Forschungs- und Entwicklungsprozesse alternierend verlaufen."*[1500] Die Abgrenzung zwischen den Phasen und der entsprechende Nachweis sollen die Zuordnung und Bilanzierung von Aufwendungen sicherstellen, die sowohl Bestandteil der Forschung als auch der Entwicklung sein können, auch wenn ein strukturierter Plan nicht immer schon im Vorhinein aufgestellt werden kann. Zwar beruht die Konzeption von FuE darauf, dass die Entwicklung erst beginnt, wenn anhand der in der Forschungsphase erlangten Erkenntnisse „projektbezogene Tätigkeiten" auf die Erstellung eines immateriellen Wertes ausgerichtet werden und die „notwendigen Ressourcen und organisatorischen Rahmenbedingungen feststehen".[1501] Allerdings stößt die herkömmliche Abgrenzung bei iterativen Prozessen sowohl im HGB als auch in den IFRS an ihre Grenzen.[1502]

1499 *Brammsen*, in: Brammsen/Apel, GeschGehG, 2022, § 2 Rn. 40 Fn. 228.

1500 BT-Drs. 16/10067, 61.

1501 *Blankenfeldt/Müller/Weinrich*, in: Vögele, Intangibles, 2. Aufl. 2021, § 2 B. Rn. 29; so auch *Theile*, in: Heuser/Theile, IFRS Handbuch, 6. Aufl. 2019, 13.41.

1502 *Schubert/Hutzler*, in: Grottel/Justenhoven/Schubert/Störk, Beck'scher Bilanz-Kommentar, 13. Aufl. 2022, § 255 Rn. 462; *Christian/Kern*, PiR 2014, 168, 169 f.;

Das liegt auch daran, dass es an einem allgemeingültigen Abgrenzungskriterium für den zeitlichen Übergang fehlt,[1503] obwohl FuE häufig kein „geradliniger Prozess“ und das Prinzip „zwei Schritte nach vorne und dann doch wieder ein Schritt zurück“ nicht atypisch ist.[1504]

Ein dafür bedeutendes Beispiel ist die Softwareentwicklung. Zunächst ist zwischen denen zu differenzieren, deren Geschäftsmodell nicht auf die Softwareentwicklung gerichtet ist und die nur problemorientiert eine Software herstellen (z. B. für den Eigengebrauch im Unternehmen), und denen, deren Geschäftsmodell hauptsächlich auf die Softwarenentwicklung (insb. zum Verkauf und zur Lizenzierung) gerichtet ist. Erstere können regelmäßig ihre Entwicklungskosten aktivieren, da die Vorgehensweise meist an eine „spezifische Aufgabenstellung“ geknüpft ist und sich daraus ein sequenzieller Ablauf ergibt, der eine umfassende bilanzielle Wertzuweisung zulässt.[1505] Die, die hauptsächlich Software zum Verkauf und zur Lizenzierung entwickeln, müssen aber meistens wegen alternierender Abläufe von der Bilanzierung der Entwicklungskosten absehen.[1506] So ist es zwar bei selbstgeschaffener Software denkbar, entweder den Prozess in die typischen Phasen „Projektbegründung, Ist-Analyse, Soll-Konzept, Entwurf, Realisierung, Einführung“ aufzuteilen, sodass die Kosten ab dem Abschlusszeitpunkt des Soll-Konzepts der Entwicklung zuzurechnen sind, da zuvor die Software als Endprodukt nur umrissen wird, und spätestens im Zeitpunkt der Einführung endet,[1507] oder alle Kosten, die zeitlich „nach Erstellung eines Grobkonzepts und einer Machbarkeitsstudie“ anfallen, der Entwicklungsphase zuzuordnen.[1508] Solche Aufteilungen können aber meistens nicht zielführend auf komplexe und variable Softwareprojekte übertragen werden, weil Schritte regelmäßig zusammenfallen oder sich wiederholen.[1509] Obwohl der maßgebliche Zeitpunkt im Übergang „vom systematischen Suchen zum Erproben und Testen der gewonnenen Erkenntnisse oder Fertigkeiten“ anzusehen ist, kann ein solcher Zeitpunkt für komplexe Projekten oft nicht eindeutig ermittelt werden, wenn

---

Eppinger/Hägele/Orterer, IRZ 2013, 421, 424; *Paulitsch*, Bilanzielle Behandlung selbst erstellter immaterieller Vermögenswerte in den IAS/IFRS, 2019, 228.

1503 *Grundmann/Hempel*, BBK 2011, 381, 383; *Kirsch/Kurz*, in: Lück, Jahrbuch für Wirtschaftsprüfung, Interne Revision und Unternehmensberatung 2011, 2011, 61, 63.

1504 *Christian/Kern*, PiR 2014, 168, 170.

1505 *Eppinger/Hägele/Orterer*, IRZ 2013, 421, 423; vgl. *Christian/Kern*, PiR 2014, 168, 170.

1506 *Eppinger/Hägele/Orterer*, IRZ 2013, 421, 423.

1507 *Grundmann/Hempel*, BBK 2011, 381, 383 f.

1508 *Mujkanovic*, PiR 2013, 331, 337.

1509 *Koch/Gersbacher-Volz*, BC 2017, 128, 129; *Mujkanovic*, PiR 2013, 331, 332.

neben der Projektentwicklung parallel auch Grundlagenforschung betrieben und sie nachträglich – z. B. bei Reife oder Notwendigkeit – in die Entwicklung integriert wird.[1510] Bspw. wiederholen sich beim „extreme programming“ die Schritte „Festlegung von Teilzielen“, „Umsetzung in Programmcode“, „Testen“ und „Anpassung der Vorgaben und Setzung weiterer Teilziele“.[1511] Die Geheimnisse, die zwar erst in einem späteren Schritt eingebunden werden, haben aber schon im Zeitpunkt des Entstehens ein wertbegründendes Potenzial i. S. d. GeschGehG, weil keine aktuelle Verwendungsmöglichkeit für sie bestehen muss. Schließlich können sogar Erfahrungswerte aus Fehlversuchen Geschäftsgeheimnisse sein, die im Nachhinein die Grundlage von neuen Projekten darstellen.[1512]

Kosten aus iterativen Verfahren finden mangels nachvollziehbarer und plausibler Trennung zwischen FuE und eines sonst ungewöhnlich hohen Dokumentationsaufwands häufig keinen Eingang in eine Bilanz.[1513] Für Inhaber von Geschäftsgeheimnissen kann es möglich sein, sowohl für die Annahme eines sequenziellen als auch eines iterativen Verfahrens Argumente zu finden, sodass dies – bei der Absicht einer Phasentrennung – teilweise im eigenen bilanzpolitischen Ermessen liegt.[1514] Dies würde „ein intaktes Projektmanagement sowie entsprechend leistungsfähiges Kostenrechnungs- und Controllingsystem voraussetzen“,[1515] was für einen Inhaber einen höheren Aufwand darstellt, als wenn er pauschal einen sequenziellen Ablauf annehmen würde. Ob dieser Aufwand zugunsten einer Konvergenz effizient wäre, hängt maßgeblich von der Kosten-Nutzen-Abwägung eines Einzelfalls ab, lässt sich aber nicht für die Gesamtheit aller FuE-Verfahren beantworten; zumal sich dies sowieso nur anbietet, wenn Projekte nicht zu komplex und vielschichtig sind, sodass sich Abläufe bspw. nur einmal wiederholen oder nur wenige Erkenntnisse nachträglich integriert werden. Daher scheiden die Abbildung und der Nachweis des für den wirtschaftlichen Wert indiziellen Herstellungswertes solcher Geheimnisse oftmals von vornherein aus.

1510 *Blankenfeldt/Müller/Weinrich*, in: Vögele, Intangibles, 2. Aufl. 2021, § 2 B. Rn. 5; *Eppinger/Hägele/Orterer*, IRZ 2013, 421, 423; so auch bei datenproduzierenden Geschäftsmodellen *Nissen*, Der monetäre Wert von Daten im Privatrecht, 2021, 156.

1511 *Mujkanovic*, PiR 2013, 331, 332.

1512 *Blankenfeldt/Müller/Weinrich*, in: Vögele, Intangibles, 2. Aufl. 2021, § 2 B. Rn. 5.

1513 *Blankenfeldt/Müller/Weinrich*, in: Vögele, Intangibles, 2. Aufl. 2021, § 2 B. Rn. 30 f.; *Christian/Kern*, PiR 2014, 168, 169 f.; daher für eine „funktionale“ und „unternehmenseinheitliche“ Trennung *Mujkanovic*, PiR 2013, 331, 332.

1514 Als „faktisches Wahlrecht“ bezeichnend *Christian/Kern*, PiR 2014, 168, 170.

1515 Am Beispiel von Software *Christian/Kern*, PiR 2014, 168, 170.

Obwohl iterative Verfahren keine Seltenheit sind, werden sequenzielle Verfahren, in denen auf eine existente und abgeschlossene Forschungs- eine Entwicklungsphase folgt, von den untersuchten Rechnungslegungssystemen nach wie vor zugrunde gelegt.[1516] Das soll nicht bedeuten, dass Aufwendungen aus iterativen Verfahren keinen wirtschaftlichen Wert indizieren könnten. Doch trotzdem können die Aufwendungen nach den Rechnungslegungssystemen – insb. wegen des Vorsichtsprinzips[1517] – nicht bilanziert werden, da sie nicht hinreichend objektivierbar und zurechenbar sind. Es fehlt dann meist ein konkreter Zusammenhang zwischen Aufwendungen und einer späteren Nutzung und/oder Verwertung.[1518] Eine auf den wirtschaftlichen Wert gerichtete Konvergenz ist für solche Geschäftsgeheimnisse also häufig nicht zielführend möglich.

c) Ausweitung der Zugangsbewertung auf die Forschungsphase?

Durch zusätzliche Anforderungen an selbstgeschaffene Geschäftsgeheimnisse ist ihre bilanzielle Wertzuweisung nur sehr restriktiv möglich,[1519] was auch den „zahlreichen Unwägbarkeiten" bei einer Abgrenzung zwischen den Phasen von FuE geschuldet ist.[1520] Die daraus resultierende Ungleichbehandlung zu erworbenen Geschäftsgeheimnissen lässt sich aber weder rechtlich noch ökonomisch einwandfrei rechtfertigen,[1521] was zumindest die Frage nach einer Ausweitung der Zugangsbewertung auf die Forschungsphase aufwirft. So könnte eine Ausweitung über den sowieso gemäß § 285 Nr. 22 HGB und IAS 38.126 notwendigen Ausweis des Gesamtbetrags der während einer Periode als Aufwand erfassten FuE-Kosten hinaus eine präzisere Zurechnung von Kosten zu einzelnen Werten wie Geschäftsgeheimnissen ermöglichen.

So erfordern die Zwecke der Rechnungslegungssysteme einen bestimmten Grad an Verlässlichkeit der bereitgestellten Informationen zur Werthaltigkeit des Wertes oder des gesamten Unternehmens,[1522] sodass i. R. d. Gleichgewichts zwischen relevanter Information und getreuer Wertdarstellung mögliche Bewertungsunsicherheiten nicht überwiegen dürfen.[1523] Ob „die Unterdrückung des

---

1516 *Arbeitskreis Immaterielle Werte im Rechnungswesen der Schmalenbach-Gesellschaft für Betriebswirtschaft*, DB 2008, 1813, 1816; *Kirsch/Kurz*, in: Lück, Jahrbuch für Wirtschaftsprüfung, Interne Revision und Unternehmensberatung 2011, 2011, 61, 63.

1517 BT-Drs. 16/10067, 61.

1518 *Senger/Kurz*, in: Vögele, Intangibles, 2. Aufl. 2021, § 2 A. 84.

1519 *Vögele/Saljanin*, in: Vögele, Intangibles, 2. Aufl. 2021, § 2 C. Rn. 29.

1520 *Haaker/Lüdenbach*, PiR 2010, 110, 110.

1521 *Vögele/Saljanin*, in: Vögele, Intangibles, 2. Aufl. 2021, § 2 C. Rn. 29.

1522 *Haaker/Lüdenbach*, PiR 2010, 110, 110.

1523 *EFRAG*, Better Information on Intangibles, 2021, 38.

Potenzialausweises durch den Ausschluss der Forschungskosten" für diese Zwecke nützlich ist,[1524] darf bereits mit Blick auf den Wettbewerbsvorteil geheimer Forschungsergebnisse bezweifelt werden. So wird in der Gesetzesbegründung zum GeschGehG nicht grundlos auf das wissenschaftliche Potenzial verwiesen, sodass auch Forschungsergebnisse wirtschaftlich wertvoll sind und daher geschützt werden sollen.[1525] Der wirtschaftliche Wert manifestiert sich im Geheimnisschutz bereits in der Forschungsphase, was aber dem bilanziellen Verständnis widerspricht. Obwohl sich FuE – wie sich auch schon beim alternierenden Ablauf gezeigt hat – oft genug nicht verlässlich trennen lassen, wird die Trennung meist als „unabdingbar" angesehen.[1526] Dabei lässt die bilanzielle Konkretisierung von Nutzungspotenzialen auch in der Entwicklungsphase zu wünschen übrig, wodurch IAS 38.57 und DRS 24.50 überhaupt eine Bedeutung erhalten. Demnach können Entwicklungskosten erst bei erfolgreichem Nachweis zusätzlicher Anforderungen bilanziert werden. Ein solcher Nachweis kann aber auch für Forschungskosten denkbar sein, weshalb die Ungleichbehandlung zwischen FuE nicht zwingend erscheint.

Bei Geschäftsgeheimnissen der Forschungsphase besteht mangels Nutzbarkeit und wirtschaftlicher Nutzenvorhersage kein Bezug zu konkreten Produkten oder Produktionsverfahren,[1527] wodurch die für FuE getätigten Aufwendungen häufig nur schwer bewertbar sind[1528] und eine marktorientierte Bewertung für geheime Forschungsergebnisse deswegen sogar ausgeschlossen ist.[1529] Obwohl § 255 Abs. 2a S. 3 HGB und IAS 38.55 normativ vorgeben, dass während der Forschungsphase noch keine Aussage über den technischen und wirtschaftlichen Erfolg getroffen werden kann, ist es aus ökonomischer Sicht möglich, mit kapitalwertorientierten Modellen die Risiken bei Investitionsentscheidungen für solche Geschäftsgeheimnisse zu berücksichtigen. So unterscheiden sich Entscheidungen unter Risiko von Entscheidungen mit Ungewissheit insofern, dass sich nur für Letztere keine brauchbaren Erfolgswahrscheinlichkeiten ermitteln lassen.[1530] Bspw. umfassen Entscheidungen mit Ungewissheit die abstrakt-theoretische Grundlagenforschung (vgl. § 51 Abs. 1 Nr. 2 lit. u sublit. aa EStG),

1524 Kritisch auch *Haaker/Lüdenbach*, PiR 2010, 110, 110.
1525 BT-Drs. 19/4724, 24.
1526 Stellvertretend *Petersen/Zwirner/Busch*, PiR 2010, 7, 9.
1527 Vgl. *Baetge/Kirsch/Thiele*, Bilanzen, 16. Aufl. 2021, 255.
1528 *Petersen/Zwirner/Busch*, PiR 2010, 7, 7.
1529 *Baetge/Kirsch/Thiele*, Bilanzen, 16. Aufl. 2021, 255.
1530 *Blankenfeldt/Müller/Weinrich*, in: Vögele, Intangibles, 2. Aufl. 2021, § 2 B. Rn. 22 ff.

bei der der langfristige Ertrag vollständig ungewiss ist.[1531] Da bei Entscheidungen unter Risiko – so wie es bei kapitalwertorientierten Bewertungsmethoden üblich ist – immerhin objektivierte Annahmen zu erwartbaren Zahlungsströmen getroffen werden können, wäre nur die Grundlagenforschung von einer Bilanzierung ausgenommen. Das gilt nicht für die konkret-zielgerichtete Forschung oder „angewandte Forschung", die alle Aktivitäten umfasst, die auf „die Gewinnung neuer wissenschaftlicher Erkenntnisse gerichtet sind, aber im Gegensatz zur Grundlagenforschung[1532] konkrete praktische Ziele verfolgen".[1533] Daher wäre es durch die Anknüpfung an den Kapitalwert möglich, die Bilanzierung auf solche Forschungsergebnisse auszuweiten und somit mehr Geschäftsgeheimnissen, die vom geheimnisschutzrechtlichen Vorfeldschutz erfasst werden, einen bilanziellen Wert zuzuweisen.

Für die Ausweitung der Zugangsbewertung auf die Forschungsphase würde zwar die vollständige Streichung der Phasentrennung[1534] oder von zusätzlichen Anforderungen wie dem künftigen wirtschaftlichen Nutzenzufluss den maßgeblichen Bilanzierungszeitpunkt für selbstgeschaffene Geschäftsgeheimnisse vorverlagern, sodass mehr Kosten bilanziert werden könnten.[1535] Allerdings würde beides sowohl dem Gläubigerschutz als auch der Entscheidungsnützlichkeit als Zwecke der Rechnungslegungssysteme widersprechen, da bei einer Streichung nicht mehr sichergestellt werden könnte, dass ausschließlich (objektiviert) wertvolle Positionen bilanziert werden.

Eine Bilanzierungspflicht für sämtliche Kosten aus FuE könnte dazu beitragen, die Aussagekraft von Bilanzen zu erhöhen und das Stigma zu beseitigen, Inhaber würden hauptsächlich in einer schwierigen Lage vom Wahlrecht der Entwicklungskosten Gebrauch machen.[1536]

1531 BVerfGE 111, 333.

1532 Hierzu *Wurzer*, in: Wurzer/Kaiser, Handbuch Internationaler Know-how-Schutz, 2. Aufl. 2011, 405.

1533 *Christian/Kern*, PiR 2014, 168, 170; dies als „Zweckforschung" bezeichnend *Schubert/Hutzler*, in: Grottel/Justenhoven/Schubert/Störk, Beck'scher Bilanz-Kommentar, 13. Aufl. 2022, § 255 Rn. 458.

1534 Denkbar für *Christian/Kern*, PiR 2014, 168, 174; vor allem mit Blick auf iterative Prozesse auch *Paulitsch*, Bilanzielle Behandlung selbst erstellter immaterieller Vermögenswerte in den IAS/IFRS, 2019, 237.

1535 *Blankenfeldt/Müller/Weinrich*, in: Vögele, Intangibles, 2. Aufl. 2021, § 2 B. Rn. 73.

1536 *IDW Arbeitsgruppe Trendwatch*, Weiterentwicklung des externen Reportings kapitalmarktorientierter Unternehmen, 2018, 17; zum FuE-Reporting als „zentrales rechnungslegungspolitisches Instrumentarium", das durch die „eingeschränkte Objektivierbarkeit zur positiven Selbstdarstellung eingesetzt werden" kann

Eine andere, nicht so weitgehende Möglichkeit wäre, die Zugangsbewertung derart auf Forschungskosten auszuweiten, dass diese bei selbstgeschaffenen Geschäftsgeheimnissen nur mit der Erfüllung zusätzlicher Bedingungen berücksichtigt werden dürfen. Diese können entweder voraussehend oder rückwirkend ausgestaltet sein.

Für Ersteres könnte das im pharmazeutischen Bereich übliche Prozedere als Vorbild dienen, die Herstellung von Vorräten – in der Erwartung der Zulassung – zu beginnen, bevor die entwickelten Arzneimittel überhaupt zugelassen wurden. Vorräte würden gemäß IAS 2 zunächst als Vermögenswert aktiviert, aber sofort auf Null berichtigt werden, wenn das Subjekt bei der Herstellung feststellt, dass es nicht wahrscheinlich ist, dass die Kosten gedeckt werden können.[1537] Dass ein solches Vorgehen für immaterielle Werte wie Geschäftsgeheimnisse mit dem Gläubigerschutz und der Entscheidungsnützlichkeit vereinbar wäre, ist aber nur schwer vorstellbar. Im Bewertungszeitpunkt könnten weder die Schuldendeckung noch künftige Verwendbarkeit hinreichend sicher garantiert werden; zumal im Bewertungszeitpunkt auch für die meisten Geschäftsgeheimnisse kein Wettbewerbsvorteil mehr zu erwarten ist.

Zielführender wäre eine rückwirkende Bedingung (z. B. die Feststellung eines künftigen wirtschaftlichen Nutzenzuflusses), die nicht bereits von Anfang an erfüllt sein muss, sondern sich nach einer kontinuierlichen Prüfung beurteilen würde.[1538] Das ist entweder – so wie bei der derzeitigen Trennung von FuE – so möglich, dass Ausgaben nach dem Zeitpunkt berücksichtigt werden können, in dem die Anforderungen erfüllt sind (Entwicklungsphase), oder dann auch Ausgaben vor diesem Zeitpunkt rückwirkend einbezogen werden können.[1539] Letzteres würde nicht bewirken, dass Geschäftsgeheimnisse, die ausschließlich aus der Forschungsphase hervorgehen oder darauf bezogen sind, bilanziert werden können. Jedoch könnten zumindest Forschungskosten nachträglich berücksichtigt werden, wenn ein Geschäftsgeheimnis aus der Entwicklungsphase hervorgeht oder sich in dem Stadium befindet. Ein Vorbild stammt aus der Öl- und Gasindustrie, wonach Aufwendungen für Erforschungsbohrungen grundsätzlich Aufwand darstellen, bis zusätzliche und vor allem belastbare Informationen über den künftigen Nutzen vorliegen.[1540] Die Kosten können dann bei fehlendem

---

Blankenfeldt/Müller/Weinreich, in: Vögele, Intangibles, 2. Aufl. 2021, § 2 B. Rn. 104; vgl. *Velte*, IRZ 2011, 355, 355 ff.

1537 *EFRAG*, Better Information on Intangibles, 2021, 32.

1538 *EFRAG*, Better Information on Intangibles, 2021, 32.

1539 *EFRAG*, Better Information on Intangibles, 2021, 32.

1540 *EFRAG*, Better Information on Intangibles, 2021, 33.

Nutzen als Aufwand verbucht oder bei künftigem Nutzen zum Vermögenswert umklassifiziert werden.[1541] Für Forschungskosten von Geschäftsgeheimnissen würde das bedeuten, dass sie zwar grundsätzlich Aufwand sind, aber nach dem Zeitpunkt der Entwicklung rückwirkend einbezogen werden können.

Während derzeit eine sofortige und aufwandswirksame Erfassung von Forschungskosten vorgesehen ist und hohe Anforderungen an die Aktivierung von Entwicklungskosten gestellt werden, könnte die zuletzt beschriebene Möglichkeit einer Ausweitung dazu beitragen, dass Erträge und Aufwendungen mehr miteinander übereinstimmen.[1542] Der Abbildung des wirtschaftlichen Wertes, der sich bei positiven Potenzialen zwar überwiegend nach dem Erfolgswert richtet, für den der Herstellungswert aber zumindest indiziell ist, würde dies entgegenkommen. Die Gefahr, dass – wie beim Vorschlag, sämtliche FuE-Kosten zu bilanzieren – immer alle Kosten berücksichtigt werden, würde nicht bestehen, da eine solche Ausweitung auch eine Entwicklung oder zumindest den Entwicklungsbeginn voraussetzen würde. Hierin läge ein zielführender Kompromiss. Zum einen würde hierdurch ein ausschließlich aus der Forschungsphase resultierender wirtschaftlicher Wert bilanziell immer noch abgebildet werden können, jedoch würde die Berücksichtigung von mehr Kosten das Indiz des bilanziellen Herstellungswertes für den wirtschaftlichen Wert und ggf. für weitere interne Maßnahmen sowie Planung erhöhen. Zum anderen wäre auch der bilanzielle Informationsgehalt hinreichend sicher gegeben, weil die (teilweise erheblichen) Forschungskosten durch die Kopplung an die Entwicklung erst einbezogen werden dürften, wenn – dem Beispiel der „Project Life Cycle Systems" folgend – ein bestimmtes „Gate" erreicht worden ist. Eine solche Ausweitung würde auch dem ursprünglichen Zweck des BilMoG entsprechen, der immer größer werdenden Bedeutung von immateriellen Werten Rechnung zu tragen[1543] und – ähnlich wie in der Gesetzesbegründung zum GeschGehG – auf den Wandel zur „wissensbasierten Gesellschaft" zu reagieren.[1544] Im gleichen Zuge ist auch zu beachten, dass die Reform das rechtspolitische Ziel hatte, *„die Forschung und Entwicklung in Deutschland zu fördern"* und Start-Ups zu ermöglichen, *„ihre Außendarstellung zu verbessern"*.[1545] Diese Ziele konnten bisher nicht flächendeckend erreicht

1541 *EFRAG*, Better Information on Intangibles, 2021, 33.
1542 *EFRAG*, Better Information on Intangibles, 2021, 33.
1543 BT-Drs. 16/10067, 50.
1544 BT-Drs. 16/10067, 49.
1545 BT-Drs. 16/10067, 49.

werden,[1546] sodass eine Ausweitung der Zugangsbewertung auf die Forschungsphase sogar unabhängig von Geschäftsgeheimnissen zielführend ist.

Doch auch mit Blick auf den Geheimnisschutz würde vor allem für Start-Ups, deren Innovationen noch nicht durch gewerbliche Schutzrechte geschützt sind oder geschützt werden können, sondern sich ihr Wert insb. in der Anfangszeit überwiegend aus „erforschten" Geschäftsgeheimnissen ergibt, die den Potenzialen der Geschäftsgeheimnisse entsprechende Wertzuweisung eine erheblich bessere Außendarstellung ermöglichen.[1547] Infolge dessen würde die Ausweitung auch dem weiten Vorfeldschutz entgegenkommen und die hiervon erfassten Geschäftsgeheimnisse der bilanziellen Wertzuweisung zugänglich machen. Sofern dies als Wahlrecht und nicht als Pflicht ausgestaltet ist, würde es auch nicht die Subjekte beeinträchtigen, für die selbstgeschaffene immaterielle Werte nur untergeordnete Rollen spielen,[1548] wobei mit Wahlrechten typischerweise „Unsicherheiten und Vergleichsschwierigkeiten" einhergehen.[1549] Dies wäre in Anbetracht einer hinzugewonnenen potenzialgetreueren Abbildungsmöglichkeit hinnehmbar. Schließlich könnte die Nachvollziehbarkeit einer ausgeweiteten Zugangsbewertung durch Anforderungen an die Dokumentation sichergestellt werden, die sich an den bisherigen Anforderungen der IFRS orientieren, aber weniger restriktiv sind.

d) Zwischenergebnis

Seit Inkrafttreten des BilMoG haben sich das HGB und die IFRS hinsichtlich selbstgeschaffener immaterieller Werte weitgehend angenähert.[1550] Durch das eingeführte Wahlrecht haben sich auch in der handelsrechtlichen Rechnungslegung „bilanzpolitische Spielräume" ergeben, durch die ein Subjekt nicht nur für den „Ausweis eines möglichst hohen Eigenkapitals und/oder eines möglichst hohen Jahresergebnisses" für eine positive Außendarstellung von dem Wahlrecht Gebrauch machen sollte.[1551] Es kann auch Sinn ergeben, möglichst viele Kosten aus FuE zu bilanzieren, um einen (indiziellen) Wertnachweis selbstgeschaffener

1546 Für biotechnologische Unternehmen so auch *Duscher*, IRZ 2014, 149, 153.

1547 Zu den Schwierigkeiten von Start-Ups bei der Bilanzierung *Blankenfeldt/Müller/Weinrich*, in: Vögele, Intangibles, 2. Aufl. 2021, § 2 B. Rn. 40 f.

1548 BR-Drs. 344/08, 7 f.

1549 *Paulitsch*, Bilanzielle Behandlung selbst erstellter immaterieller Vermögenswerte in den IAS/IFRS, 2019, 234 f.

1550 *Stibi/Fuchs*, DB Beilage 5 zu Heft 23 v. 05.06.2009, 9, 14 f.

1551 *Petersen/Zwirner/Busch*, PiR 2010, 7, 12 f.

Geschäftsgeheimnisse anhand der – für viele Inhaber notwendigen – Bilanzierung erbringen zu können.

Die restriktiven Anforderungen aus IAS 38.57 und DRS 24.50, die an die Zugangsbewertung von selbstgeschaffenen Geschäftsgeheimnissen gestellt werden, entsprechen nicht dem weiten Potenzialverständnis des GeschGehG. Inhaber müssen nämlich für die Bilanzierung schon konkretere Vorstellungen i. S. d. technischen und wirtschaftlichen Realisierbarkeit haben und sogar die Fertigstellung beabsichtigen. Für Geschäftsgeheimnisse, die die Schwelle überschritten haben und sich in der bilanziellen Entwicklungsphase befinden, ist die Berücksichtigung der Aufwendungen durch eine hinreichende Dokumentation möglich,[1552] die ferner der Erfüllung des wirtschaftlichen Wertbemessungsgebots zugutekommt, wodurch „zwei Fliegen mit einer Klappe geschlagen" werden. Trotzdem können nicht alle Geschäftsgeheimnisse i. R. d. Zugangsbewertung berücksichtigt werden, wenn sie sich noch in der bilanziellen Forschungsphase befinden, trotz faktischen Erreichens der Entwicklungsphase nicht hinreichend dokumentiert sind oder sich wegen des alternierenden Ablaufs nicht eindeutig von der Forschungsphase unterscheiden lassen.

Insgesamt ist die Abbildung und der Nachweis für viele i. S. d. GeschGehG wirtschaftlich wertvolle Forschungs- und Wissenschaftsgeheimnisse mangels bilanzieller Objektivierbarkeit nicht zielführend. So finden die bei der originären Entstehung von Geschäftsgeheimnissen anfallenden Aufwendungen nur in begrenztem Umfang Eingang in die Zugangsbewertung. Erworbene Geschäftsgeheimnisse können hingegen separat oder als Bestandteil des derivativen Geschäfts- oder Firmenwertes vollständig bilanziert werden.

Diese Ungleichbehandlung ist zwar normativ vorgegeben, entspricht aber nicht zwingenden ökonomischen Erwägungen, sodass eine teilweise Ausweitung der Zugangsbewertung auf die Forschungsphase unter Beachtung kapitalwertorientierter Modelle möglich wäre, so dass mehr Geschäftsgeheimisse bilanziert werden könnten. Hierfür würde es sich anbieten, wenn die Kosten der Forschungsphase bedingt rückwirkend berücksichtigt werden können, damit bestimmte Anforderungen wie der Nachweis eines künftigen wirtschaftlichen Nutzenzuflusses nicht schon zu Beginn erbracht werden müssen. Im Zeitpunkt des Vorliegens würde dies aber bewirken, dass auch alle Kosten, die vor dem Eintritt der Bedingung angefallen sind, einbezogen werden können. Demnach würden Forschungskosten für Geschäftsgeheimnisse zunächst als

1552 Kritisch zu einem erhöhten Dokumentationsaufwand *Grundmann/Hempel*, BBK 2011, 381, 387.

Aufwand verbucht werden, könnten aber nachträglich umklassifiziert werden. Nicht nur die Ziele des BilMoG würden besser erreicht werden; auch für Inhaber von selbstgeschaffenen Geschäftsgeheimnissen wäre es dann möglich, die Dokumentationsergebnisse auch für die Implementierung und Überprüfung von angemessenen Geheimhaltungsmaßnahmen zu verwenden und den für den wirtschaftlichen Wert indiziellen Herstellungswert anhand von Bilanzen abzubilden und nachzuweisen.

Ohne Ausweitung der Zugangsbewertung entsprechen die bilanziellen Herstellungskosten jedenfalls nicht einmal dem vollständigen Herstellungswert des Geschäftsgeheimnisses, der mehr ein Indiz und weniger ein Nachweis für den wirtschaftlichen Wert ist.

4. *Abgrenzung zwischen nachträglichen Kosten und dem Erhaltungsaufwand und Beispiel: angemessene Geheimhaltungsmaßnahmen*

Aufwendungen, die sachlich im Zusammenhang stehen, aber erst nach dem Anschaffungs- oder Herstellungsvorgang anfallen, dürfen unter bestimmten Bedingungen bilanziert werden. Solche nachträglichen Kosten sind zu den unmittelbar anfallenden Anschaffungs- und Herstellungskosten hinzuzurechnen und von einem reinen „Erhaltungsaufwand" für den Wert abzugrenzen. Es handelt sich um nachträgliche Kosten, wenn durch die Ausgaben das Nutzungspotenzial eines Geschäftsgeheimnisses „gestärkt" wird,[1553] also entweder faktisch ein neuer Wert geschaffen wird oder durch sie der angeschaffte oder hergestellte Wert wesentlich verbessert oder erweitert wird.[1554] Das kann insb. bei der deutlich verlängerten Nutzungsdauer eines immateriellen Wertes der Fall sein.[1555] Denkbar ist dies bei geheimer Software, wenn später neue, potenzialsteigernde Funktionen ergänzt werden, die die bestehende Software erweitern.[1556] Im Gegensatz dazu sind reine Instandhaltungskosten nicht zu bilanzieren.

Für immaterielle Werte spielen nachträgliche Kosten meistens nur eine untergeordnete Rolle.[1557] Das zeigt sich insb. an der widerlegbaren Vermutung aus

---

1553 *Theile*, in: Heuser/Theile, IFRS Handbuch, 6. Aufl. 2019, 13.95.

1554 *Baetge/Kirsch/Thiele*, Bilanzen, 16. Aufl. 2021, 208, 254; *Dicken/Henssler*, Bilanzrecht, 2. Aufl. 2021, Rn. 676.

1555 *Baetge/Kirsch/Thiele*, Bilanzen, 16. Aufl. 2021, 254 m. w. N.

1556 Im Detail *Mujkanovic*, PiR 2013, 331, 335.

1557 Allgemein und am Beispiel von Software *Schubert/Hutzler*, in: Grottel/Justenhoven/Schubert/Störk, Beck'scher Bilanz-Kommentar, 13. Aufl. 2022, § 255 Rn. 466; am Beispiel von Software *Mujkanovic*, PiR 2013, 331, 334.

IAS 38.20, wonach „*die meisten nachträglichen Ausgaben wahrscheinlich eher den erwarteten künftigen wirtschaftlichen Nutzen eines bestehenden immateriellen Vermögenswertes erhalten*" und immaterielle Werte „*von Natur aus dergestalt*" sind, „*dass es in vielen Fällen keine Erweiterungen*" gibt. Es gibt aber auch Beispiele für bilanzierungsfähige nachträgliche Kosten bei immateriellen Werten. Hat bspw. ein Inhaber ein Herstellungsverfahren entwickelt, das die Effizienz der Herstellung erheblich steigert, hierfür aber zunächst auf die Eintragung zugunsten des Patentschutzes verzichtet, können die Kosten für die spätere Patentanmeldung als nachträgliche Kosten bilanziert werden, da diese für einen gesicherten Schutz über eine bestimmte Dauer ursächlich sind und daher zu einer Potenzialsteigerung geführt haben.[1558]

Ähnlich könnte es sich im Geheimnisschutz mit Geheimhaltungskosten verhalten. Damit eine Information durch das GeschGehG geschützt wird, müssen angemessene Geheimhaltungsmaßnahmen (meist administrativer, rechtlicher und technischer Art) durch den Inhaber implementiert werden, deren Kosten für ihn Aufwand bedeuten. Dieser Aufwand fällt erstmalig im Moment des Erwerbs oder der FuE oder spätestens unmittelbar danach an. Entweder handelt es sich dabei um Aufwand, der einer reinen Erhaltung eines Geschäftsgeheimnisses dient, oder es sind nachträgliche Kosten, die mit den Anschaffungs- und Herstellungskosten zu bilanzieren sind. Durch die Implementierung der Maßnahmen könnte ein Geschäftsgeheimnis wesentlich verbessert werden. So können Geheimhaltungsmaßnahmen dazu beitragen, die Wahrscheinlichkeit einer Geheimnisverletzung zu senken, wodurch sich die faktische (und sogar bilanzielle) Nutzungsdauer für den Inhaber verlängern kann. Stellen Geheimhaltungskosten nachträgliche Kosten dar, würde die Zugangsbewertung neben dem investitionszentrierten auch den subjektiven Tauschwert eines Geschäftsgeheimnisses umfassen.

Eine derartige Summierung ist aber abzulehnen. Schon die Tatsache, dass Geheimhaltungsmaßnahmen qua definitionem vorausgesetzt werden und bereits die Grundlage für die Existenz eines Geschäftsgeheimnisses sind, zeigt, dass durch die dafür aufgewendeten Kosten keine Verbesserung des Wertes bewirken. Hierdurch wird nur ein status quo (Schutz des faktischen Zugangs) geschaffen und dann erhalten. Der Geheimnisschutz wird also nur instandgehalten und nicht erweitert. Ferner sind Geschäftsgeheimnisse – im Unterschied zu Patenten – kraft ihrer Rechtsnatur darauf ausgelegt, gerade nicht in der Nutzungsdauer begrenzt zu sein. Anders als alle materiellen Werte (z. B. Gebäude

1558 Beispiel nach *Theile*, in: Heuser/Theile, IFRS Handbuch, 6. Aufl. 2019, 13.96.

oder Gebäudeteile, die im Laufe der Zeit Instandhaltung- und Modernisierungsmaßnahmen bedürfen, um nicht zu verfallen) und die meisten immateriellen Werte (z. B. automatischer Ablauf eines Patentes nach maximal 20 Jahren) können Geschäftsgeheimnisse dauerhaft geschützt sein und sind daher für eine darüberhinausgehende Verlängerung nicht zugänglich. Angemessene Maßnahmen sollen also nur den schon auf Dauer angelegten Geheimnisschutz erhalten. Die einhergehenden Kosten, die einen subjektiven Tauschwert für Inhaber begründen, sind also keine nachträglichen Anschaffungs-/Herstellungskosten im bilanziellen Sinne. Sie stellen nur einen Erhaltungsaufwand für das Potenzial dar,[1559] der i. R. d. Zugangsbewertung nicht berücksichtigt werden darf. „Allenfalls im Einzelfall" komme für Geschäftsgeheimnisse eine Bilanzierung als nachträgliche Kosten in Betracht,[1560] was aber meist abzulehnen ist.

5. *Zwischenergebnis*

Der investitionszentrierte Wertbegriff erlangt i. R. d. Zugangsbewertung eine übergeordnete Bedeutung.[1561] Zur Objektivierung stützt sich die Zugangsbewertung auch bei vor allem auf die Zukunft gerichteten Geschäftsgeheimnissen auf „die vergangenen und damit sicheren Zahlungen", da bei einem rational handelnden Kaufmann davon auszugehen ist, dass er „höchstens soviel [sic!] investiert wie er als Rückfluss erwartet".[1562] Eine derartige „Mindesteinzahlungserwartung"[1563] drückt sich in den Anschaffungs- und Herstellungskosten aus, wobei hierzwischen unterschieden werden muss, da sich beides mit Blick auf den wirtschaftlichen Wert erheblich unterscheidet.

So finden die Anschaffungskosten für ein Geschäftsgeheimnis unabhängig von der Form des Erwerbs umfassenden Eingang in eine Bilanz. Dies eröffnet Inhabern die Möglichkeit, das wertbegründende Verwertungs- und/oder

---

1559 Im Ergebnis auch *Ann/Kuck*, in: Ann/Loschelder/Grosch, Praxishandbuch Know-how-Schutz, 2010, Kap. 9 Rn. 49.

1560 *Ann/Kuck*, in: Ann/Loschelder/Grosch, Praxishandbuch Know-how-Schutz, 2010, Kap. 9 Rn. 49.

1561 *Schubert/Hutzler*, in: Grottel/Justenhoven/Schubert/Störk, Beck'scher Bilanz-Kommentar, 13. Aufl. 2022, § 255 Rn. 1.

1562 *Kirsch*, in: Kirsch/Thiele, Rechnungslegung und Wirtschaftsprüfung. Festschrift zum 70. Geburtstag von Prof. Dr. Dr. h.c. Jörg Baetge, 2007, 359, 364; dies kritisch als „konservativ" bezeichnend *Huber*, in: Ann/Loschelder/Grosch, Praxishandbuch Know-how-Schutz, 2010, Kap. 1 Rn. 371.

1563 *Oerdelheide*, in: Hax/Kern/Schröder, Zeitaspekte in betriebswirtschaftlicher Theorie und Praxis, 1989, 21, 27.

Nutzungspotenzial entweder unmittelbar bei der Bilanzierung abzubilden (z. B. Neubewertung zum beizulegenden Zeitwert bei Unternehmenserwerben oder wenn bei Tauschgeschäften der Zeitwert des Geschäftsgeheimnisses verlässlicher bestimmt werden kann als der Zeitwert der Gegenleistung), es indiziell abzubilden (z. B. Gegenleistung als Indiz beim Erwerb und Tauschgeschäft) oder es mittelbar abzuleiten (z. B. als Bestandteil aus dem derivativen Geschäfts- oder Firmenwert). Anhand des derivativen Geschäfts- oder Firmenwertes ist es ggf. sogar möglich, den wirtschaftlichen Wert von Geschäftsgeheimnissen mit ausschließlichem Schädigungspotenzial abzubilden und nachzuweisen, sofern das Schädigungspotenzial des Geschäftsgeheimnisses ausdrücklich als schlechte Ertragsaussicht zugrunde gelegt wurde und kausal den negativen Geschäfts- oder Firmenwert verursacht hat. Insgesamt lässt die Zugangsbewertung nach der Anschaffung einen vergleichsweise zielführenden Rückschluss auf den wirtschaftlichen Wert zu.

Anhand der Herstellungskosten kann hingegen nicht einmal der indizielle Herstellungswert eines Geschäftsgeheimnisses vollständig abgebildet und nachgewiesen werden. Das ist dem geschuldet, dass erstens bei der Abgrenzung zwischen den Phasen von FuE Anforderungen mit technischen und wirtschaftlichen Bezügen gestellt werden, die deutlich restriktiver sind als die Wertprognose i. S. d. GeschGehG und insb. nicht dem weiten Vorfeldschutz des Geheimnisschutzes entsprechen. Zweitens kommt die bilanzielle Abgrenzung schon unabhängig von Geschäftsgeheimissen – aber auch sie betreffend (z. B. Entwicklung von geheimer Software) – an ihre Grenzen, wenn es um alternierende statt um sequenzielle Abläufe in der Entwicklung geht. Dadurch haben Geschäftsgeheimnisse wie Zwischenstände, Prognosen, „negative" Erfahrungswerte, usw. keinen bilanziellen Wert. Drittens ist normativ vorgegeben, dass alle Kosten der Forschungsphase bei der Zugangsbewertung nicht berücksichtigt werden dürfen. Hierdurch kann der Herstellungswert geheimer Forschungsergebnisse und insb. Wissenschaftsgeheimnisse nicht in einer Bilanz abgebildet und nachgewiesen werden. Letzteres wird vor allem damit begründet, dass gemäß IDW S 5.114 noch *„belastbare Überlegungen zum relevanten Markt, zu den Kunden, den Kosten und voraussichtlich erzielbaren Preisen"* fehlen oder gemäß IAS 38.51 die Forschungskosten nicht von den Kosten unterschieden werden können, *„die mit der Erhaltung oder Erhöhung des selbst geschaffenen Geschäfts- oder Firmenwerts des Unternehmens oder mit dem Tagesgeschäft in Verbindung stehen"*. Hierbei wird jedoch missachtet, dass die nach geltender Rechtslage restriktive Zugangsbewertung unter ökonomischen Erwägungen zukünftig auch auf die Forschungskosten ausgeweitet werden könnte. Es wäre eine zielführende Möglichkeit, die Forschungskosten bedingt rückwirkend einzubeziehen. Dies würde auch mehr den Zielen des BilMoG entsprechen und darüber hinaus auch Inhabern von selbstgeschaffenen Geschäftsgeheimnissen ermöglichen, den für den wirtschaftlichen Wert indiziellen Herstellungswert anhand von Bilanzen besser abzubilden und nachzuweisen. Bleibt es beim status quo, entsprechen die bilanziellen Herstellungskosten aber noch nicht einmal dem vollständigen Herstellungswert eines Geschäftsgeheimnisses.[1564]

Inhaber, die beabsichtigen, den wirtschaftlichen Wert von Geschäftsgeheimnissen bilanziell abzubilden und nachzuweisen, sind dazu angehalten, eher auf einen Erwerb statt auf eine Entwicklung zu setzen. Aus bilanzpolitischen Gründen könnte es sich auch anbieten, entwickelte Geschäftsgeheimnisse (ggf. auch konzernintern an ein dafür gegründetes Tochterunternehmen) zu veräußern und wieder zu lizenzieren oder zu erwerben, was auch als „Sale and Licence back“- oder „Sale and Lease back“-Modell bekannt ist.[1565] Insgesamt ist i. R. d. Zugangsbewertung jedenfalls hinzunehmen, dass die Anschaffungs- und Herstellungskosten meist nur indiziellen Aufschluss über den wirtschaftlichen Wert geben können, wobei sogar dies nicht zwingend der Fall ist.[1566] Je nach Rechnungslegungssystem könnte es aber i. R. d. Folgebewertung möglich sein, den wirtschaftlichen Wert dem „wirklichen“ Potenzial von Geschäftsgeheimnissen entsprechend abzubilden und nachzuweisen.

II. Folgebewertung

Im zweiten Bewertungsschritt ist i. R. d. Folgebewertung zu prüfen, ob der Buchwert und die Abschreibung beizubehalten oder ob außergewöhnliche Umstände hinzugekommen sind, die eine Wertkorrektur veranlassen.[1567] Da in der Folgebewertung nicht mehr nur auf den investitionszentrierten Wert abzustellen ist, könnte das die Möglichkeit eröffnen, anhand der Bilanzierung doch noch den wirtschaftlichen Wert getreu den Potenzialen abbilden und nachweisen zu können. Hierfür kommt es auf die vorgesehenen Abschreibungen und Wertaufholungen sowie Zuschreibungen an.

1564 So auch *Paulitsch*, Bilanzielle Behandlung selbst erstellter immaterieller Vermögenswerte in den IAS/IFRS, 2019, 235.

1565 *Wagner*, Know-how. Einordnung in das Zivilrecht, 2016, Rn. 669; zur Vereinbarkeit solche Modelle mit § 42 AO *Knerr*, Geistiges Eigentum und Steuerrecht: Patent- und Gebrauchsmusterverwertung aus Sicht des nationalen Ertragssteuerrechts, 2015, 419 f.

1566 *EFRAG*, Better Information on Intangibles, 2021, 23, 39.

1567 *Baetge/Kirsch/Thiele*, Bilanzen, 16. Aufl. 2021, 192.

1. Nutzungsdauer von Geschäftsgeheimnissen

Wie aus § 253 Abs. 4 HGB und IAS 38.89 hervorgeht, beruht die Folgebewertung von immateriellen Werten auf der Nutzungsdauer, sodass für die Abschreibung zunächst zwischen begrenzter und unbegrenzter Nutzungsdauer eines Geschäftsgeheimnisses unterschieden werden muss. Sofern sie begrenzt ist, ist ein Geschäftsgeheimnis über die voraussichtliche Nutzungsdauer planmäßig abzuschreiben, wodurch bereits im Zeitpunkt der Zugangsbewertung die Nutzungsdauer geschätzt und die in den nächsten Perioden anzuwendende Abschreibungsmethode festgestellt werden muss.[1568] Bei unbegrenzter Nutzungsdauer können Geschäftsgeheimnisse nicht planmäßig abgeschrieben werden. Sie müssen insb. i. R. d. IFRS einem jährlichen, anlassunabhängigen Wertminderungstest i. S. d. IAS 36 und gemäß IAS 38.109 einer Überprüfung unterzogen werden, ob die Nutzungsdauer weiterhin unbegrenzt ist.

Dementsprechend werden Geschäftsgeheimnisse nur planmäßig abgeschrieben, wenn die Nutzungsdauer insb. wegen technischen Fortschritts oder Abnutzung begrenzt ist.[1569] Wie schon die Erkenntnisse zu kapitalwertorientierten Methoden zeigen, führt die Nutzung von Geschäftsgeheimnissen nicht zu einer „Abnutzung" i. e. S.[1570] Allerdings differenziert insb. IAS 38.89 nicht grundlos zwischen immateriellen Vermögenswerten begrenzter und unbegrenzter Nutzungsdauer. Die Nutzungsdauer kann begrenzt sein, was gemäß IAS 38.95 an rechtlichen und wirtschaftlichen Faktoren liegt. Nur wenn diese die Nutzung zeitlich nicht eingrenzen, ist die bilanzielle Nutzungsdauer von Geschäftsgeheimnissen ausnahmsweise unbegrenzt, wobei „unbegrenzt" gemäß IAS 38.91 nicht dieselbe Bedeutung wie „endlos" hat. Damit ist nur gemeint, dass die Nutzungsdauer unbekannt ist, das Ende der Nutzung und der erwartbare Zahlungsüberschuss nicht absehbar sind[1571] und daher auch kein planmäßiger Werteverzehr angenommen werden kann.[1572] Die Annahme einer unbegrenzten Nutzungsdauer ist begründungsbedürftig und nicht nur mit Schätzungsunsicherheiten zu erklären.

Wie schon zu DCF-Verfahren festgestellt, ist die Nutzungsdauer der meisten Geschäftsgeheimnisse begrenzt, sodass sie wie gewerbliche Schutzrechte grundsätzlich planmäßig abzuschreiben sind. Zur Ermittlung einer exakten

1568 *Senger/Kurz*, in: Vögele, Intangibles, 2. Aufl. 2021, § 2 A. Rn. 46.
1569 *Baetge/Kirsch/Thiele*, Bilanzen, 16. Aufl. 2021, 211, 257.
1570 *Müller*, PiR 2018, 347, 348.
1571 *Müller*, PiR 2018, 347, 348.
1572 *Baetge/Kirsch/Thiele*, Bilanzen, 16. Aufl. 2021, 257.

Nutzungsdauer kann – auch für Geschäftsgeheimnisse des Geschäfts- oder Firmenwertes[1573] – auf die Ergebnisse zu DCF-Verfahren verwiesen werden, wobei eine vorsichtige Schätzung zu wählen ist, für die die rechtlichen und wirtschaftlichen Faktoren maßgeblich sind und dem Inhaber ein Ermessen eröffnen.

a) Nutzungsdauerfiktionen im Handels- und Steuerrecht

Das Ermessen wird bei der bilanziellen Schätzung für immaterielle Werte mangels Nutzungsdauertabellen nach dem Vorbild der steuerrechtlichen AfA-Tabellen – die ohnehin nicht verbindlich, sondern nur indiziell sind – grundsätzlich nicht korrigiert. Es gibt aber handels- und steuerrechtliche Fiktionen für die Nutzungsdauer, wenn sie nicht verlässlich geschätzt werden kann.[1574] So kann in Ausnahmefällen[1575] eine einheitliche Abschreibung sichergestellt werden.[1576] Hier unterscheiden sich das Handels- und Steuerrecht geringfügig.

Die Nutzungsdauer selbstgeschaffener Geschäftsgeheimnisse wird gemäß § 253 Abs. 3 S. 3 HGB auf zehn Jahre festgelegt, wenn im Einzelfall keine Anhaltspunkte für eine kürzere Nutzungsdauer bestehen.[1577] Wann die Schätzung nicht verlässlich und daher auf die Fiktion zurückzugreifen ist, wurde durch den Gesetzgeber nicht konkretisiert. Nach DRS 24.100 ist das der Fall, wenn die einer Schätzung zugrunde liegenden Faktoren nicht plausibel, nachvollziehbar und willkürfrei bestimmt werden können. So – und auf Geschäftsgeheimnisse (z. B. Herstellungsverfahren) übertragbar – beschreibt DRS 24.101 das Szenario, dass mehrere Basistechnologien (z. B. Elektro-, Hybrid-, Wasserstoffantrieb von Autos) entwickelt werden, aber nicht absehbar ist, welche Technologie sich künftig durchsetzen wird. Dann wären die (ggf. geheimen) Technologien handelsrechtlich wegen der Fiktion über zehn Jahre abzuschreiben. Auch die Geschäftsgeheimnisse, die Bestandteil des derivativen Geschäfts- oder Firmenwert sind, gelten gemäß § 246 Abs. 1 S. 4 HGB als zeitlich begrenzt abnutzbare Vermögensgegenstände, sodass sie planmäßig abzuschreiben sind.[1578] § 253 Abs. 3 S. 4 HGB zufolge gilt bei Schätzungsschwierigkeiten die

1573 Zu Anhaltspunkten, die die Nutzungsdauer des Geschäfts- oder Firmenwertes betreffen *Moser*, Bewertung immaterieller Vermögenswerte, 2. Aufl. 2017, 564 ff.

1574 Zur Verlässlichkeit der Schätzung der individuellen betrieblichen Nutzungsdauer des Geschäfts- oder Firmenwertes *Moser*, Bewertung immaterieller Vermögenswerte, 2. Aufl. 2017, 564 ff.

1575 Hierzu *Senger/Kurz*, in: Vögele, Intangibles, 2. Aufl. 2021, § 2 A. Rn. 67.

1576 Vgl. BT-Drs. 18/5256, 80.

1577 Vgl. BR-Drs. 23/15, 67.

1578 *Merkt*, in: Hopt, HGB, 42. Aufl. 2023, § 246 Rn. 8, 10.

Fiktion i. S. d. § 253 Abs. 3 S. 3 HGB auch für den derivativen Geschäfts- oder Firmenwert, sodass er dann planmäßig auf zehn Jahre abzuschreiben ist. Grund für die zeitliche Begrenzung ist, dass sich Bestandteile des Geschäfts- oder Firmenwertes „schnell wieder verflüchtigen können".[1579] Eine fünf Jahre übersteigende Abschreibungsdauer des Geschäfts- oder Firmenwertes ist gemäß § 285 Nr. 13 HGB im Anhang zu begründen.

Im Steuerrecht wird die Nutzungsdauer in solchen Fällen und auch für alle Geschäftsgeheimnisse, die Bestandteil des Geschäfts- oder Firmenwertes sind, gemäß § 7 Abs. 1 S. 3 EStG auf 15 Jahre festgelegt. Zwar kann der Unterschied durch die Übertragung der steuerrechtlichen Dauer auf die Handelsbilanz aufgelöst werden. Für die Begründung des Zeitraums i. S. d. § 285 Nr. 13 HGB genügt es aber nicht, nur auf die längere Dauer im Steuerrecht zu verweisen.[1580] Die vom Steuerrecht unabhängige Beurteilung dient nämlich der Bestimmung der tatsächlichen Nutzungsdauer und muss daher eine von der Vermutung losgelösten Begründung enthalten.

b) „impairment-only"-Ansatz in den IFRS

Seitdem die maximale Nutzungsdauer i. H. v. 20 Jahren nicht mehr in IAS 38 widerlegbar vermutet wird,[1581] gibt es in den IFRS – anders als im HGB und EStG – keine Fiktionen für die Nutzungsdauer. Daher werden Geschäftsgeheimnisse, die Bestandteil des Geschäfts- oder Firmenwert sind, nicht planmäßig abgeschrieben. Es wird – wie für alle Geschäftsgeheimnisse mit unbegrenzter Nutzungsdauer – ein „impairment-only"-Ansatz verfolgt.[1582] Werthaltigkeitstests sind regelmäßig sowie bei Vorliegen von Anhaltspunkten durchzuführen. Durch diesen Ansatz kann die Entwicklung eines (insb. volatilen) wirtschaftlichen Wertes zeitlich getreu und effizienter als bei einer Handels- oder Steuerbilanzierung abgebildet werden, was den Nachweis der Höhe nach bei den Geschäftsgeheimnissen erleichtert, die Bestandteil des Geschäfts- oder Firmenwertes sind. Hiervon abgesehen ähneln sich die Rechnungslegungssysteme

---

1579 *Dicken/Henssler*, Bilanzrecht, 2. Aufl. 2021, Rn. 338.

1580 *v. Keitz*, in: Kirsch/Thiele, Rechnungslegung und Wirtschaftsprüfung. Festschrift zum 70. Geburtstag von Prof. Dr. Dr. h.c. Jörg Baetge, 2007, 321, 329; *Senger/Kurz*, in: Vögele, Intangibles, 2. Aufl. 2021, § 2 A. Rn. 67.

1581 *v. Keitz*, in: Kirsch/Thiele, Rechnungslegung und Wirtschaftsprüfung. Festschrift zum 70. Geburtstag von Prof. Dr. Dr. h.c. Jörg Baetge, 2007, 321, 327.

1582 *Moser*, Bewertung immaterieller Vermögenswerte, 2. Aufl. 2017, 561; *Senger/Kurz*, in: Vögele, Intangibles, 2. Aufl. 2021, § 2 A. Rn. 49.

bei der Berücksichtigung der rechtlichen und wirtschaftlichen Faktoren zur Ermittlung der Nutzungsdauer, sodass Geschäftsgeheimnisse i. d. R. wegen ihrer begrenzten Nutzungsdauer planmäßig abzuschreiben sind.

c) Zwischenergebnis

Das Handels- und Steuerrecht sieht Fiktionen (zehn und 15 Jahre) für nicht-verlässlich schätzbare Nutzungsdauern und die von Geschäftsgeheimnissen, die Bestandteil des Geschäfts- oder Firmenwertes sind, vor. Solche Geschäftsgeheimnisse sind planmäßig abzuschreiben. In den IFRS wird in solchen Fällen ausschließlich ein „impairment-only"-Ansatz verfolgt, der sowohl betriebswirtschaftlich vorzugswürdig ist,[1583] als auch eine potenzialgetreuere Abbildung des wirtschaftlichen Wertes ermöglicht. Es mag zwar sein, dass einige Geschäftsgeheimnisse die vom Handels- und Steuerrecht vorgegebene Nutzungsdauer tatsächlich erreichen. Allerdings kann eine so lange Nutzungsdauer für „rechtlich nicht geschütztes Know-how" wegen der „Flüchtigkeit" meist nicht überzeugen.[1584] Abgesehen von nicht-verlässlich schätzbaren Nutzungsdauern ist trotz des weiten Ermessen und der fehlenden gesetzlichen Schutzdauer anzunehmen, dass die meisten Geschäftsgeheimnisse – wie andere immaterielle Werte[1585] – eine begrenzte Nutzungsdauer haben,[1586] sodass sie i. d. R. planmäßig abzuschreiben sind.

2. Planmäßige Abschreibung: fortgeführte Anschaffungs-/Herstellungskosten

Dass für die meisten Geschäftsgeheimnisse die Anschaffungs-/Herstellungskosten fortzuführen sind, ergibt sich aus § 253 Abs. 1 S. 1 HGB und aus § 6 Abs. 1 Nr. 1 S. 1 EStG. Der Abschreibungsplan verteilt gemäß § 253 Abs. 3 S. 2 HGB die Kosten auf die Geschäftsjahre, in denen das Geschäftsgeheimnis voraussichtlich genutzt werden kann. Auch steuerrechtlich richtet sich die planmäßige Abschreibung gemäß § 7 Abs. 1 S. 2 EStG nach der Nutzungsdauer eines Geschäftsgeheimnisses. Das Anschaffungskostenmodell („Cost Model") i. S. d. IAS 38.74 ähnelt der für die handels- und steuerrechtliche Rechnungslegung gebräuchlichen Vorgehensweise, sodass ein Geschäftsgeheimnis in Höhe der

---

1583 *Mujkanovic*, StuB 2014, 751, 753 f.
1584 *Mujkanovic*, StuB 2014, 751, 754.
1585 *Mujkanovic*, StuB 2014, 751, 752 f.
1586 *Senger/Kurz*, in: Vögele, Intangibles, 2. Aufl. 2021, § 2 A. Rn. 33.

Anschaffungs-/Herstellungskosten zu bilanzieren und bei begrenzter Nutzungsdauer die fortgeführten Kosten durch planmäßige Abschreibungen abzuschreiben sind.[1587]

Die Höhe der fortgeführten Anschaffungs-/Herstellungskosten bemisst sich am Abschreibungsausgangswert, -zeitraum und an der gewählten -methode,[1588] die alle so zu wählen sind, dass möglichst der tatsächliche „Nutzenverbrauch" widergespiegelt wird.[1589] In den IFRS sind zum Ende eines Geschäftsjahres – bis auf die feststehenden Anschaffungs-/Herstellungskosten – sogar alle Angaben gemäß IAS 38.102 ff. zu überprüfen und „bei wesentlichen Abweichungen vor vorangegangen Schätzungen gemäß IAS 8 prospektiv anzupassen".[1590] Diese Überprüfung kann idealerweise mit der Überprüfung der Angemessenheit der Geheimhaltungsmaßnahmen einhergehen, da auch hierfür die Wertentwicklung eine wesentliche Rolle spielt.

Der Abschreibungsausgangswert entspricht den Anschaffungs-/Herstellungskosten und muss im Fall eines für das Ende der Nutzungsdauer erwartbaren erheblichen Restwertes („residual value") um diesen korrigiert werden (vgl. IAS 38.101).[1591] Kann der Restwert nicht hinreichend sicher beziffert werden oder ist er – wie bei immateriellen Werten üblich[1592] – nicht von Bedeutung, bleibt es für den Abschreibungsausgangwert bei den Anschaffungs-/Herstellungskosten. Ein Restwert ist gemäß IAS 38.100 nur ausnahmsweise beachtlich, wenn bspw. ein Dritter sich für den Endzeitpunkt der Nutzung zum Erwerb des Wertes verpflichtet hat oder ein aktiver Markt besteht. Von Letzterem kann bei Geschäftsgeheimnissen i. d. R. abgesehen werden. Zwar ist Ersteres für Geschäftsgeheimnisse nicht zwingend ausgeschlossen, weil Geheimnisse ohne Wettbewerbsvorteil keinen wirtschaftlichen Wert i. S. d. GeschGehG haben, aber noch einen faktischen Nutzen haben können. Allerdings besteht ohne Wettbewerbsvorteil i. d. R. kein Restwert mehr, weil die Zahl an Interessenten deutlich geringer sein dürfte oder sogar gar nicht existent ist.

1587 *Baetge/Kirsch/Thiele*, Bilanzen, 16. Aufl. 2021, 230; *Senger/Kurz*, in: Vögele, Intangibles, 2. Aufl. 2021, § 2 A. Rn. 44.

1588 *Baetge/Kirsch/Thiele*, Bilanzen, 16. Aufl. 2021, 258; *Kirsch/Steinhauer*, Zeitschrift für Planung und Unternehmenssteuerung 2003, 415, 425.

1589 *v. Keitz*, in: Kirsch/Thiele, Rechnungslegung und Wirtschaftsprüfung. Festschrift zum 70. Geburtstag von Prof. Dr. Dr. h.c. Jörg Baetge, 2007, 321, 329.

1590 *Baetge/Kirsch/Thiele*, Bilanzen, 16. Aufl. 2021, 300.

1591 *Baetge/Kirsch/Thiele*, Bilanzen, 16. Aufl. 2021, 259 m. w. N.

1592 *Theile*, in: Heuser/Theile, IFRS Handbuch, 6. Aufl. 2019, 13.106.

Wenn der Abschreibungsplan nicht nachträglich korrigiert wird, entspricht der Abschreibungszeitraum der Nutzungsdauer,[1593] wofür die Ergebnisse zum DCF-Verfahren verwendet werden können.

Da sie keine beweglichen Wirtschaftsgüter sind, werden Geschäftsgeheimnisse bei einer planmäßigen Abschreibung gemäß § 7 Abs. 1 EStG üblicherweise linear abgeschrieben. Handelsrechtlich ist keine Abschreibungsmethode vorgeben, jedoch muss sie den GoB entsprechen und „darf den wirtschaftlichen Gegebenheiten [...] nicht vollständig widersprechen".[1594] In Frage kommt sowohl eine „Zeitabschreibung" als auch „Leistungsabschreibung".[1595] Auch IAS 38.98 zufolge können immaterielle Vermögenswerte mit begrenzter Nutzungsdauer zeitlich linear, zeitlich degressiv und leistungsabhängig abgeschrieben werden. Die gewählte Methode soll *„auf der Grundlage des zu erwarteten Verlaufs des Verbrauchs des künftigen wirtschaftlichen Nutzens dieses Vermögenswertes ausgewählt"* werden, was auch dem wirtschaftlichen Nutzungsverlauf im Sinne von DRS 24.102 entspricht. Kann der Verlauf nicht verlässlich bestimmt werden, ist gemäß IAS 38.97 und DRS 24.102 im Zweifel die lineare Abschreibungsmethode zu wählen, was auch die in der Praxis – und auch für Geschäftsgeheimnisse[1596] – am häufigsten verwendete Abschreibungsmethode ist.[1597] Eine degressive Abschreibungsmethode kommt zugunsten des Vorsichtsprinzips – wenn überhaupt – nur bei technologiebasierten Geschäftsgeheimnissen in Frage,[1598] weil diese durch den dynamischen Fortschritt schnell an Wert verlieren können. Hierdurch würde der bilanzielle Wert zum Bilanzstichtag den wirtschaftlichen Wert als Erfolgswert präziser abbilden können. Doch auch für solche Geschäftsgeheimnisse kann eine lineare Abschreibung zielführend sein, da sich die Zahlungsüberschüsse auf die erwartbare Nutzungsdauer erstrecken und die Durchschnittsbildung für eine erleichterte Vergleichbarkeit zwischen den Perioden hingenommen werden kann. Im Gegensatz zu den beiden bereits genannten Abschreibungsmethoden bietet sich die leistungsabhängige Abschreibung nicht an, da eine unterschiedlich hohe Beanspruchung – im

---

1593 *Baetge/Kirsch/Thiele*, Bilanzen, 16. Aufl. 2021, 260; *Senger/Kurz*, in: Vögele, Intangibles, 2. Aufl. 2021, § 2 A. Rn. 67.

1594 *Baetge/Kirsch/Thiele*, Bilanzen, 16. Aufl. 2021, 263 m. w. N.

1595 *Baetge/Kirsch/Thiele*, Bilanzen, 16. Aufl. 2021, 263.

1596 *Ann/Kuck*, in: Ann/Loschelder/Grosch, Praxishandbuch Know-how-Schutz, 2010, Kap. 9 Rn. 66.

1597 *Baetge/Kirsch/Thiele*, Bilanzen, 16. Aufl. 2021, 264, 300.

1598 *Ann/Kuck*, in: Ann/Loschelder/Grosch, Praxishandbuch Know-how-Schutz, 2010, Kap. 9 Rn. 66.

Gegensatz zur Fahrzeugnutzung oder Rohstoffgewinnung[1599] – sich nicht zwingend auf den Wert eines Geschäftsgeheimnisses auswirkt. Eine planmäßige Abschreibung von Geschäftsgeheimnissen zu fortgeführten Anschaffungs-/ Herstellungskosten ist also meistens linear durchzuführen, wobei teilweise auch die degressive Abschreibung zugunsten einer präziseren Abbildung bevorzugt werden kann. Bei der linearen Abschreibung können die realisierten und unrealisierten Erträge i. S. d. Durchschnittskostenprinzips periodisch aufgeteilt werden, indem der Abschreibungsausgangswert mit der geplanten Nutzungsdauer dividiert wird.[1600]

Der Abschreibungsplan ist bei Geschäftsgeheimnissen zu korrigieren, insb. wenn ein Geschäftsgeheimnis wegen der Abschreibungsmethode dauerhaft überbewertet wird oder die Nutzungsdauer fehlgeschätzt wurde. Inhaber sind zur Korrektur nur verpflichtet, wenn die Nutzungsdauer zu lang geschätzt wurde, nicht aber, wenn sie kurz ausfällt. Letzteres kann bewirken, dass nur die Abschreibungsmethode angepasst wird. Eine Zuschreibung erfolgt nicht, weil diese handelsrechtlich nur bei vorheriger außerplanmäßiger Abschreibung möglich ist und auch gegen den Grundsatz der Willkürfreiheit verstoßen würde.[1601] Ebenso würde es dem Grundsatz der Stetigkeit widersprechen, die planmäßige Abschreibung für eine präzisiere Abbildung des wirtschaftlichen Wertes zunächst auszusetzen und erst wieder zu beginnen, wenn der Buchwert ihm entspricht.[1602] In diesem Fall lässt sich der wirtschaftliche Wert eines Geschäftsgeheimnisses der Höhe nach nicht anhand einer Bilanz abbilden.

Insgesamt ist die planmäßige Abschreibung hinsichtlich des wirtschaftlichen Wertes von Geschäftsgeheimnissen wegen der bilanziellen Zwecksetzung sehr restriktiv ausgestaltet und ermöglicht sogar trotz der Korrektur des Abschreibungsplans keine präzise Abbildung des wirtschaftlichen Wertes, sodass von einem linearen Verlauf abweichende Schwankungen nicht berücksichtigt werden können.

3. *Außerplanmäßige Abschreibung*

Geschäftsgeheimnisse sind außerplanmäßig abzuschreiben, sofern ihr Wert unter die fortgeführten Anschaffungs-/Herstellungskosten sinkt. Außerdem ist die außerplanmäßige Abschreibung für Werte, deren Nutzung zeitlich nicht

---

1599 Beispiele nach *Baetge/Kirsch/Thiele*, Bilanzen, 16. Aufl. 2021, 271 f.

1600 *Baetge/Kirsch/Thiele*, Bilanzen, 16. Aufl. 2021, 262 ff.

1601 Beispielhaft *Baetge/Kirsch/Thiele*, Bilanzen, 16. Aufl. 2021, 276 ff.

1602 *Baetge/Kirsch/Thiele*, Bilanzen, 16. Aufl. 2021, 278 m. w. N.

begrenzt ist und daher nicht planmäßig abzuschreiben ist, die einzig mögliche Abschreibungsart. So gilt auch für immaterielle Vermögenswerte mit unbegrenzter Nutzungsdauer gemäß IAS 38.107 ein „impairment-only"-Ansatz, sodass planmäßige Abschreibungen ausgeschlossen sind. Ein Werthaltigkeitstest ist dann nicht nur bei Anhaltspunkten für Wertminderungen, sondern auch anlasslos regelmäßig durchzuführen. Auch der wirtschaftliche Wert kann infolge der teils unvorhersehbaren Entwicklung stark schwanken, was möglicherweise durch die entsprechende Anpassung des bilanziellen Wertes i. R. d. außerplanmäßigen Abschreibungen abgebildet werden könnte.

a) Handels- und Steuerrecht

Im Handels- und Steuerrecht muss bei einer außerplanmäßigen Abschreibung zwischen dem Anlage- und Umlaufvermögen unterschieden werden. So ist für Geschäftsgeheimnisse des Umlaufvermögens eine Abschreibung gemäß § 253 Abs. 4 HGB auch ohne dauerhafte Wertminderung verpflichtend (strenges Niederstwertprinzip). Der Wert ist dann auf den niedrigeren Börsen- oder Marktpreis und, falls dieser nicht feststellbar ist, auf den niedrigeren beizulegenden Wert abzuschreiben.[1603] Dies entspricht im Grunde auch der steuerrechtlichen Teilwertabschreibung, wobei diese nicht verpflichtend ist, sondern nur eine Möglichkeit ist, um den Buchwert an den niedrigeren Teilwert anzunähern. Die Bewertungshierarche soll das Subjekt dazu anhalten, einen „möglichst objektiven Wertmaßstab zugrunde zu legen".[1604] Jedoch sind Börsen- und Marktpreise für Geschäftsgeheimnisse kaum verlässlich zu ermitteln. Daher richtet sich die außerplanmäßige Abschreibung von Geschäftsgeheimnissen des Umlaufvermögens im Handelsrecht regelmäßig nach dem beizulegenden Wert. Grund für die Abschreibungspflicht beim Umlaufvermögen ist, dass aufgrund ggf. kurzfristiger Veräußerungen negative Erfolgsbeiträge durch Abschreibungen antizipiert werden müssen.[1605] Hierdurch kann der wirtschaftliche Wert als kapitalwertorientierter Erfolgswert im Fall einer Wertminderung grundsätzlich immer (und auch zeitlich zielführend) bilanziell abgebildet und nachgewiesen werden.

Geschäftsgeheimnisse, die zum Anlagevermögen zählen, können gemäß § 253 Abs. 3 S. 5 HGB nur bei voraussichtlich dauernder Wertminderung

---

1603 *Baetge/Kirsch/Thiele*, Bilanzen, 16. Aufl. 2021, 216 f.; *Dicken/Henssler*, Bilanzrecht, 2. Aufl. 2021, Rn. 640, 719.

1604 *Baetge/Kirsch/Thiele*, Bilanzen, 16. Aufl. 2021, 217.

1605 *Baetge/Kirsch/Thiele*, Bilanzen, 16. Aufl. 2021, 212.

abgeschrieben werden (gemildertes Niederstwertprinzip).[1606] Für vorübergehende Wertminderungen ist die Abschreibung ausgeschlossen, da Geschäftsgeheimnisse des Anlagevermögens gemäß § 247 Abs. 2 HGB dem Geschäftsbetrieb dauernd dienen, nicht unmittelbar verkauft werden sollen und der Nutzen für den Inhaber i. d. R. nicht eingeschränkt wird. Eine vorübergehende Wertminderung ist zudem nicht mit einem Wertverlust gleichzusetzen, da entweder von der Erholung auszugehen ist oder die Wertminderung sowieso durch die planmäßige Abschreibung sowieso schrittweise ausgeglichen wird.[1607] Für Geschäftsgeheimnisse des Anlagevermögens kommt es also auf eine dauernde Wertminderung und – sofern eine solche vorliegt – so wie beim Umlaufvermögen auf eine Abschreibung auf den niedrigeren beizulegen Wert/Teilwert an.

aa) Dauernde Wertminderung

Außerplanmäßige Abschreibungen sind gemäß § 253 Abs. 3 S. 5 HGB ohne „*Rücksicht darauf, ob ihre Nutzung zeitlich begrenzt ist, […] bei voraussichtlich dauernder Wertminderung*“ vorzunehmen. Nach DRS 24.113 ist das der Fall, wenn eine Wertminderung voraussichtlich über mehr als die Hälfte der Restnutzungsdauer oder mehr als fünf Jahre bestehen bleibt.[1608] Anhaltspunkte für die Notwendigkeit einer außerplanmäßigen Abschreibung können neue Erkenntnisse über Verwendungsmöglichkeiten oder der Wegfall von Umsätzen sein, die bei der Bestimmung des Kaufpreises zugrunde gelegt wurden.[1609] So können neue regulatorische Anforderungen die Verwendungsmöglichkeiten von KI-Anwendungen und Algorithmen beschränken, sodass es dadurch zur dauerhaften Wertminderung kommt. Fraglich ist ferner, ob ein Geschäftsgeheimnis zu einem bestimmten Zeitpunkt überhaupt noch verwendet oder es aus anderen Gründen (z. B. Innovationen anderer)[1610] wertlos sein wird. So kann insb. eine Software durch technologische Neuerungen überholt werden, wodurch der Wert dauerhaft gemindert wird. Hierauf geht auch § 7 Abs. 1 S. 7 EStG ein, wonach „*Absetzungen für außergewöhnliche technische oder wirtschaftliche Abnutzung*“ für zulässig erklärt werden. So ermöglicht auch § 6 Abs. 1 Nr. 1 S. 2 EStG bei

---

1606 Für ein Abschreibungsverbot im Falle einer voraussichtlich vorübergehenden *Baetge/Kirsch/Thiele*, Bilanzen, 16. Aufl. 2021, 212.

1607 *Baetge/Kirsch/Thiele*, Bilanzen, 16. Aufl. 2021, 212, 215, 280.

1608 Die Verlässlichkeit von Daten für den Zeitraum über fünf Jahre bezweifelnd *Baetge/Kirsch/Thiele*, Bilanzen, 16. Aufl. 2021, 280 f.

1609 *Cremer*, NWB 2018, 38, 46.

1610 Allgemein *Eggert*, BBK 2019, 218, 222.

dauernder Wertminderung eine Abschreibung auf den niedrigeren Teilwert, was das steuerrechtliche Pendant zu § 253 Abs. 3 S. 5 HGB darstellt.

bb) Beizulegender Wert/Teilwert

Der beizulegende Wert und der ihm entsprechende Teilwert[1611] werden gesetzlich nicht konkretisiert. Sie richten sich im Einzelfall nach dem „Normzweck".[1612] Da der beizulegende Wert i. R. d. Folgebewertung als Korrekturwert dient, wenn er unter den Anschaffungs-/Herstellungskosten liegt und eine Handelsbilanz auf die Schuldendeckungsfähigkeit abstellt, kommen nur Werte in Betracht, die Aufschluss geben, inwieweit das Geschäftsgeheimnis noch zur Schuldendeckung verwertet werden kann. Da dies hypothetisch durch einen marktzentrierten Wert am besten aufgezeigt werden kann, ist der beizulegende Zeitwert heranzuziehen. Dabei muss insb. berücksichtigt werden, dass der Zweck des Imparitätsprinzips sichergestellt wird,[1613] woraus sich auch eine Bewertungshierarchie ergeben kann. So entspricht der beizulegende Zeitwert aus Gründen der Objektivierung gemäß § 255 Abs. 4 S. 1 HGB vorrangig dem Marktpreis.

Erst wenn kein aktiver Markt vorhanden ist, anhand dessen sich der Marktpreis ermitteln lässt, ist der beizulegende Zeitwert gemäß § 255 Abs. 4 S. 2 HGB mithilfe allgemeiner anerkannter Bewertungsmethoden zu bestimmen. Das bedeutet, dass zur Ermittlung neben dem marktpreisorientierten auch kapitalwertorientierte und kostenorientierte Verfahren in Frage kommen.[1614] Die Anwendung der Bewertungsmethoden dient dem Gesetzgeber nach dazu, *„den beizulegenden Zeitwert angemessen an den Marktpreis anzunähern, wie er sich am Bewertungsstichtag zwischen unabhängigen Geschäftspartnern bei Vorliegen normaler Geschäftsbedingungen ergeben hätte"*.[1615] Hierdurch kann also sichergestellt werden, dass sich der beizulegende Zeitwert von Geschäftsgeheimnissen hinreichend sicher ermitteln lässt. Nur wenn das ausnahmsweise nicht möglich ist, sind gemäß § 255 Abs. 4 S. 3 HGB die Anschaffungs- und Herstellungskosten fortzuführen. Dementsprechend kann zur Ermittlung eines beizulegenden Wertes/Teilwertes die bereits bekannte Bewertungshierarche angewendet werden.

Sowohl § 255 Abs. 4 S. 1 HGB als auch IDW S 5.19 setzen zur Anwendung des marktpreisorientierten Verfahrens einen aktiven Markt voraus. Dieser liegt

1611 *Baetge/Kirsch/Thiele*, Bilanzen, 16. Aufl. 2021, 215, 217.
1612 *Dicken/Henssler*, Bilanzrecht, 2. Aufl. 2021, Rn. 720 zufolge „kein bestimmter Wert".
1613 *Baetge/Kirsch/Thiele*, Bilanzen, 16. Aufl. 2021, 212.
1614 *Senger/Kurz*, in: Vögele, Intangibles, 2. Aufl. 2021, § 2 A. Rn. 101 ff.
1615 BT-Drs. 16/10067, 61.

gemäß IDW S 5.20 vor, wenn die auf dem Markt gehandelten Güter homogen sind, vertragswillige Käufer und Verkäufer i. d. R. jederzeit gefunden werden können und Preise öffentlich bekannt sind. Geschäftsgeheimnisse werden jedoch – wie die meisten anderen immateriellen Werte – gemäß IDW S 5.21 regelmäßig nicht auf aktiven Märkten gehandelt. Doch weil auch „*adäquate Daten aus Vergleichstransaktionen selten ermittelbar sind*", helfen auch Analogiemethoden mithilfe von anderen Geschäftsgeheimnissen oder anders geschützten Informationen wie Patente nicht weiter, für die „*ein Vergleich zwischen dem beobachtbaren Preis für ein Vergleichsobjekt und dem gesuchten Wert*" angestellt werden müsste.

Zielführender ist es, anhand kapitalwertorientierter Verfahren den Erfolgswert zu ermitteln, der den Potenzialen des Geschäftsgeheimnisses am ehesten entspricht und den Wert als beizulegenden (Zeit-)Wert zu erachten. Da mittels DCF-Verfahren hinreichend sicher der beizulegende Zeitwert von Geschäftsgeheimnissen ermittelt werden kann, bedarf es keines kostenorientierten Wertes mehr, der sich sowieso nur für Plausibilitätsüberlegungen eignet und eher eine Untergrenze als die exakte Höhe des wirtschaftlichen Wertes darstellt.

b) IFRS: Vergleich mit dem erzielbaren Betrag (Werthaltigkeitstest)

Auch i. R. d. IFRS müssen Geschäftsgeheimnisse – unabhängig von der voraussichtlichen Dauer einer Wertminderung[1616] – abgeschrieben werden. Für die Überprüfung ist ein Werthaltigkeitstest gemäß IAS 36 durchzuführen, der gemäß IAS 38.108 in Verbindung mit IAS 36.10 sowie IAS 36.23 sogar jährlich erforderlich ist,[1617] wenn ein Geschäftsgeheimnis eine unbestimmte Nutzungsdauer hat oder Bestandteil des derivativen Geschäfts- oder Firmenwertes ist. Ferner können zusätzliche Wertminderungstests notwendig sein, wenn Anlass für Wertminderungsbedarf besteht, wofür IAS 36.12 exemplarisch (und nicht abschließend) verschiedene externe und interne Anhaltspunkte nennt, wovon insb. „*signifikante Veränderungen mit nachteiligen Folgen für das Unternehmen im technischen, marktbezogenen, ökonomischen oder gesetzlichen Umfeld*", „*Hinweise für eine Überalterung*", „*signifikante Veränderungen mit nachteiligen Folgen für das Unternehmen in dem Umfang oder der Weise, in dem bzw. [sic!] der der Vermögenswert genutzt wird oder aller Erwartung nach genutzt werden*

1616 *Baetge/Kirsch/Thiele*, Bilanzen, 16. Aufl. 2021, 309.

1617 Kritisch zur Kosteneffizienz einer regelmäßigen statt einer ausschließlich auf Anhaltspunkten beruhenden Bewertung *EFRAG*, Better Information on Intangibles, 2021, 39.

wird" und „*Hinweise dafür, dass die wirtschaftliche Ertragskraft eines Vermögenswertes schlechter ist oder sein wird als erwartet*" für Geschäftsgeheimnisse besonders bedeutend sind. Bspw. ist eine die Nutzungsdauer beschränkende KI-Regulierung ein Anhaltspunkt, der die erwartete Nutzbarkeit eines geheimen Algorithmus beeinträchtigen und den Wert mindern könnte. Ob der bilanzielle Wert dann vermindert werden müsste, wäre anhand eines Werthaltigkeitstests zu überprüfen und gemäß IAS 36.59 anzunehmen, wenn der erzielbare Betrag niedriger als die fortgeführten Anschaffungs-/Herstellungskosten wäre. Der erzielbare Betrag ist entweder der beizulegende Zeitwert abzüglich der Veräußerungskosten („*fair value less costs of disposal*") oder ihr Nutzungswert („*value in use*"); je nachdem, welcher von beiden Werten der höhere ist, da anzunehmen ist, dass sich rationale Inhaber stets an der vorteilhafteren Handlungsalternative orientieren würde.[1618] Wenn der Buchwert am Bilanzstichtag höher als der erzielbare Betrag ist, muss der Wert gemäß IAS 36 um die entsprechende Differenz gemindert und die planmäßige Abschreibung neu festgelegt werden.

aa) Beizulegender Zeitwert abzüglich Veräußerungskosten

Beim Werthaltigkeitstest sind vom beizulegenden Zeitwert die Veräußerungskosten abzuziehen. Der beizulegende Zeitwert ist gemäß IAS 36.6 „*der Preis, der in einem geordneten Geschäftsvorfall zwischen Marktteilnehmern am Bemessungsstichtag für den Verkauf eines Vermögenswerts eingenommen bzw. [sic!] für die Übertragung einer Schuld gezahlt würde*", wobei schließlich auch auf IFRS 13 verwiesen wird und die Definition auch der aus IFRS 13.9 entspricht. Für das intersubjektive Wertverständnis des beizulegenden Zeitwertes sieht IFRS 13.72 sieht eine dreistufige Bewertungshierarchie vor:

Auf der 1. Stufe stehen gemäß IFRS 13.176 beobachtbare Marktpreise, die für identische Vermögenswerte auf einem aktiven Markt am Bilanzstichtag gezahlt werden. Dies eignet sich zwar für an Börsen gehandelte Wertpapiere oder Rohstoffe,[1619] aber nicht auch für Geschäftsgeheimnisse, für die kein aktiver Markt vorhanden ist.

Da beobachtbare Marktpreise meist nicht vorliegen, können gemäß IFRS 13.81 auf der 2. Stufe allenfalls auf dem Markt beobachtbare vergleichbare Transaktionen als Vergleichspreise herangezogen werden. Zwar ermöglicht die Analogiemethode durch einen Vergleich mit beobachtbaren Preisen für Vergleichsobjekte theoretisch die Bestimmung des gesuchten Wertes. Allerdings

---

1618 *Baetge/Kirsch/Thiele*, Bilanzen, 16. Aufl. 2021, 234.
1619 *Baetge/Kirsch/Thiele*, Bilanzen, 16. Aufl. 2021, 233.

sind auch zeitnahe und vergangene Preise für ähnliche Vermögenswerte ebenso wenig öffentlich zugänglich und ferner können sich die preisbildenden Parameter zwischen Vergleichsobjekten erheblich unterscheiden, sodass auch Vergleichspreise für Geschäftsgeheimnisse i. d. R. keinen Aufschluss über den beizulegenden Zeitwert von ihnen geben.

Weil sich die ersten beiden Stufen bei Geschäftsgeheimnissen nicht eignen,[1620] kommen aus der Bewertungshierarchie nur Schätzwerte i. S. d. IFRS 13.86 in Betracht, die durch an Zahlungsströmen orientierte Bewertungsmodelle wie DCF-Verfahren ermittelt werden.[1621] Diese sind oft die einzige Möglichkeit, um den (fiktiven) Zeitwert zu bestimmen. Hieran wird wieder deutlich, dass der marktzentrierte Wert von Geschäftsgeheimnissen im Wesentlichen auf den kapitalwertorientierten Erfolgswert zurückzuführen ist. In Abgrenzung zum subjektivieren Nutzungswert ist jedoch von spezifischen Umständen des Inhabers möglichst abzusehen und für die Zahlungsströme ausschließlich auf Umstände am Markt abzustellen, sodass eine möglichst hohe Allgemeingültigkeit sichergestellt werden kann. Es ist daher davon auszugehen, dass weder das niedrigste noch das höchste Nutzungspotenzial eines Erwerbers widergespiegelt wird, sondern wie bei dem marktzentrierten Wert eine Durchschnittsbildung vorgenommen werden muss, um das am „allgemeinen Nutzungspotenzial" orientierte Verwertungspotenzial zu bestimmen. Es handelt sich um durch Objektivierungen angepasste kapitalwertorientierte Werte, die für den beizulegenden Zeitwert zugrunde zu legen sind, wobei es wegen der Homogenität auch an „aus dem Markt abgeleiteten, einfließenden Paramatern einer Marktobjektivierung" fehlen kann.[1622]

Nur wenn sich Geschäftsgeheimnisse nicht einmal für kapitalwertorientierte Bewertungsmodelle eignen, müssen sie kostenbasiert bewertet werden, was aber wegen der allgemeinen Geeignetheit der DCF-Verfahren für Geschäftsgeheimnisse nicht anzunehmen ist.

bb) Nutzungswert

Der Nutzungswert ist gemäß IAS 36.6 „*der Barwert der künftigen Cashflows, der voraussichtlich aus einem Vermögenswert oder einer zahlungsmittelgenerierenden Einheit abgeleitet werden kann.*" Demnach sind auch zur Ermittlung des

---

1620 So auch allgemein für immaterielle Werte *Theile/Behling*, in: Heuser/Theile, IFRS Handbuch, 6. Aufl. 2019, 36.160.

1621 *Senger/Kurz*, in: Vögele, Intangibles, 2. Aufl. 2021, § 2 A. Rn. 65.

1622 *Kirsch/Koelen/Tinz*, KoR 2008, 88, 93.

Nutzungswertes kapitalwertorientierte Verfahren anzuwenden, wobei der Nutzungswert aber den individuellen Nutzen beschreibt,[1623] den sich ein Inhaber vom Geschäftsgeheimnis verspricht. Dadurch ist der Nutzungswert subjektiver als der beizulegende Zeitwert, eröffnet dem Subjekt ein größeres Ermessen und gibt ihm die Möglichkeit, auf interne Planungen und Prognosen zurückzugreifen,[1624] was in Anbetracht der effizienten Konvergenz kein Nachteil sein muss.[1625]

Obwohl sowohl der beizulegende Zeitwert als auch der Nutzungswert von Geschäftsgeheimnissen mithilfe von DCF-Verfahren – und bei CGUs zwecks Objektivierung ggf. mit dem Kriterium des eingeleiteten Geschäfts[1626] – bestimmt werden, unterscheiden sich die Anknüpfungspunkte für die Zahlungsströme beider Werte. Während der beizulegende Zeitwert einen möglichst allgemeingültigen Ansatz verfolgt und ein „allgemeines Nutzungspotenzial" von Wettbewerbern und Inhaber als Verwertungspotenzial des Inhabers zugrunde legt, kommt es für den Nutzungswert ausschließlich auf das eigene Nutzungspotenzial des Inhabers an.

Erstens dürfte der Nutzungswert vor allem bei Geschäftsgeheimnissen mit hohem Individualisierungsrad höher als der beizulegende Zeitwert sein. Immer dann, wenn der Markt berücksichtigt oder sich diesem durch Objektivierung angenähert werden soll, bereinigt eine Durchschnittsbildung die höchsten und niedrigsten prognostizierten Potenziale und Preise. Um auf das zum marktzentrierten Wertbegriff genannte Beispiel der Kundenliste zurückzukommen, ermöglicht der Nutzungswert der lukrativen, aber wegen hoher Risiken für nicht so viele Wettbewerber attraktive Kundenliste eine höhere und dem individuellen Nutzungspotenzial eines Inhabers entsprechende Wertzuweisung. Umgekehrt besteht nur selten Anlass dafür, dass der beizulegende Zeitwert höher als der Nutzungswert ist. Viel eher erfüllt der beizulegende Zeitwert als marktpreisorientierter Wert ggf. eine Auffangfunktion, wenn sich für Geschäftsgeheimnisse keine „höherwertigen Verwendungsmöglichkeiten" ergeben. Schließlich hätte ein Inhaber immer noch die Möglichkeit, das Geschäftsgeheimnis am Markt

---

1623 Zur Verlässlichkeit des Nutzungswertes infolge des „management approach" und mit Empfehlungen zur Erhöhung der Verlässlichkeit *Kirsch/Koelen/Köhling*, KoR 2010, 200, 205 f.

1624 *Baetge/Kirsch/Thiele*, Bilanzen, 16. Aufl. 2021, 222 m. w. N.; *Kirsch/Koelen/Tinz*, KoR 2008, 88, 90.

1625 Differenzierend und kritisch *Kirsch/Koelen/Köhling*, KoR 2010, 200, 203 ff.

1626 Hierzu *Kirsch*, in: Kirsch/Thiele, Rechnungslegung und Wirtschaftsprüfung. Festschrift zum 70. Geburtstag von Prof. Dr. Dr. h.c. Jörg Baetge, 2007, 359, 370 ff.

„unter Wert" – oder in diesem Kontext: unter dem Nutzungspotenzial des Inhabers – zu veräußern.[1627]

Zweitens zeigt der beizulegende Zeitwert mitunter, womit bei unmittelbarer Veräußerung gerechnet werden kann. Dies mag vor allem für Finanzinstrumente und fertige Erzeugnisse bedeutend sein. Doch für Geschäftsgeheimnisse, die durch einen Inhaber – als Ausdruck des Nutzungspotenzials – ausschließlich zur Generierung künftiger Zahlungsströme genutzt werden, ist das „für den Normalfall völlig nebensächlich".[1628] Auch das zeigt, dass es bei der bilanziellen Wertbestimmung von Geschäftsgeheimnissen meistens mehr auf den – i. d. R. höheren – subjektiveren kapitalwertorientierten Erfolgswert ankommt und der an die Objektivierung angelehnte Erfolgswert dem Nutzungspotenzial nahekommt, aber hierfür nicht so aussagekräftig wie der Nutzungswert sein dürfte.

Ist ein beizulegender Zeitwert abzüglich Veräußerungskosten nicht ermittelbar, entspricht der erzielbare Betrag gemäß IAS 36.20 ohnehin dem Nutzungswert. Weil der subjektivere Nutzungswert i. d. R. höher als der durch den Markt objektivierte beizulegende Zeitwert ist, besteht häufig erst ein Anhaltspunkt für Wertminderungsbedarf, wenn der Nutzungswert niedrigerer als der Buchwert ist.[1629] Anders kann es insb. sein, wenn der Nutzen für den Inhaber zwar gering ist, ein Geschäftsgeheimnis, aber aufgrund eines trägerabstrahierenden Potenzials bei Wettbewerbern ein größeren Nutzen entfaltet.

cc) *Unterschied zwischen einzelnen Geschäftsgeheimnissen und solchen in CGU und Beispiel: Geschäftsgeheimnisse als Bestandteile des derivativen Geschäfts- oder Firmenwertes*

Der Wertminderungstest ist für Geschäftsgeheimnisse einzeln durchzuführen. Wenn der dafür maßgebliche erzielbare Betrag nicht geschätzt werden kann, ist der Wertminderungstest gemäß IAS 36.66 i. R. d. CGU durchzuführen, zu der das Geschäftsgeheimnis zugeordnet ist. Eine für die CGU festgestellte Wertminderung ist dann auf alle Bestandteile aufzuteilen.

IAS 36.67 zufolge kann der erzielbare Betrag insb. nicht bestimmt werden, *„wenn der Nutzungswert des Vermögenswerts nicht nah an seinem beizulegenden Zeitwert abzüglich der Kosten der Veräußerung geschätzt werden kann"* und *„der Vermögenswert keine Mittelzuflüsse erzeugt, die weitestgehend unabhängig*

1627 Vgl. *Winner*, Wert und Preis im Zivilrecht, 2008, 14.

1628 *Küting/Lauer*, in: Lück, Jahrbuch für Wirtschaftsprüfung, Interne Revision und Unternehmensberatung 2011, München, 2011, 43, 48 f.

1629 *Kirsch/Koelen/Köhling*, KoR 2010, 200, 203 m. w. N.

von denen anderer Vermögenswerte sind". Besondere Bedeutung erlangt dies vor allem für Geschäftsgeheimnisse, die – ggf. aufgrund einer unternehmensspezifischen Ausrichtung – für Wettbewerber kaum Bedeutung haben, die Bestimmung eines beizulegenden Zeitwertes nicht möglich ist und erst durch Zusammenwirken mit anderen Werten für den Inhaber Zahlungsüberschüsse generieren. Die Zuordnung zu einzelnen Vermögenswerten ist dann häufig nicht zielführend möglich.

Auch Geschäftsgeheimnisse, die Bestandteile des derivativen Geschäfts- oder Firmenwertes sind, sind mangels eigener Zahlungsmittelflüsse nicht einzeln bewertbar, sodass diese gemäß IAS 36.80 bereits im Zeitpunkt des Erwerbs den CGUs zuzuordnen sind, „*die aus den Synergien des Zusammenschlusses Nutzen ziehen sollen*". Die CGUs sind gemäß IAS 36.90 jährlich und immer bei Anhaltspunkten (z. B. i. S. d. IAS 36.12) auf Wertminderungsbedarf zu überprüfen. Obwohl eine CGU gemäß IAS 36.80 die „*niedrigste Ebene innerhalb des Unternehmen darzustellen*" hat, „*auf der der Geschäfts- oder Firmenwert für interne Managementzwecke überwacht wird*", und deshalb eine möglichst differenzierte und kleinteilige Verteilung des Geschäfts- oder Firmenwertes geboten ist,[1630] muss dieser oft auf „relativ hoch aggregierte" CGU verteilt werden, weil meistens mehrere CGUs von den Synergien eines Erwerbs profitieren.[1631] Ist eine direkte Zurechnung nicht möglich, kann der Geschäfts- oder Firmenwert – im Unterschied zur handelsrechtlichen Abschreibung Rechnungslegung[1632] – proportional auf verschiedene CGUs nachvollziehbar aufgeteilt werden.[1633] Dadurch ist es möglich, dass sich der wirtschaftliche Wert eines Geschäftsgeheimnisses als Bestandteil des derivativen Geschäfts- oder Firmenwertes verflüchtigt. So können Wertminderungen in einer CGU durch einen Wertanstieg anderer Bestandteile kompensiert werden,[1634] sodass dies mit Blick auf die Verlässlichkeit eines

---

1630 *Kirsch/Koelen/Tinz*, KoR 2008, 88, 92.

1631 *Baetge/Kirsch/Thiele*, Bilanzen, 16. Aufl. 2021, 314 m. w. N.

1632 Zum Unterschied zwischen DRS 23 und IAS 36 bei der außerplanmäßigen Abschreibung des Geschäfts- oder Firmenwertes *Stibi/Kirsch/Engelke*, WPg 2016, 603, 604 f.; zur Aufteilung des Geschäfts- oder Firmenwertes auf Geschäftsfelder i. S. d. DRS 23 *Kirsch/Engelke/Faber*, Aufteilung eines Geschäfts- oder Firmenwerts auf Geschäftsfelder, WPg 2016, 1008, 1009 ff.

1633 Zu möglichen Allokationsmaßstäben *Moser*, Bewertung immaterieller Vermögenswerte, 2. Aufl. 2017, 552 ff. m. w. N.

1634 Zu Ähnlichkeiten auch in der handelsrechtlichen Folgebewertung des Geschäfts- oder Firmenwertes *Kirsch/Engelke/Faber*, Aufteilung eines Geschäfts- oder Firmenwerts auf Geschäftsfelder, WPg 2016, 1008, 1011.

bilanziellen Wertes und insb. auf die Trennung zwischen dem originären und derivativen Geschäfts- oder Firmenwert nicht unkritisch ist.[1635] Zudem werden Geschäftsgeheimnisse des derivativen Geschäfts- oder Firmenwertes – anders als in der handels- und steuerrechtlichen Rechnungslegung – nicht zwingend planmäßig, sondern nur abgeschrieben, wenn das Ergebnis des Werthaltigkeitstests dies vorgibt. Weil sich dieses meistens nach dem Nutzungswert richtet oder er zumindest berücksichtigt wird, ermöglichen die IFRS hier ein größeres Ermessen als die handels- und steuerrechtliche Rechnungslegung. Weil der wirtschaftliche Wert eines Geschäftsgeheimnisses – vor allem bei einem zwar hohen individuellen, aber nur begrenzten Nutzen für Wettbewerber – durch den Nutzungswert präziser abgebildet werden kann, ist die Loslösung von der zwingenden planmäßigen Abschreibung ein Vorteil für die Abbildung und den Nachweis des wirtschaftlichen Wertes von den Geschäftsgeheimnissen, die Bestandteil des derivativen Geschäfts- oder Firmenwertes sind, sofern ggf. verdeckte Wertsteigerungen anderer Bestandteile nicht den Anschein erwecken, dass der wirtschaftliche Wert nicht gesunken sei, obwohl dies in echt der Fall ist.

Weil gemäß IAS 36.74 die für einzelne Vermögenswerte geltenden Regeln analog auf CGUs anzuwenden sind, wird auch hier der Buchwert mit dem erzielbaren Betrag auf Ebene der CGU verglichen. Ein Unterschied besteht aber in der Verrechnung einer Differenz. Sie bezieht sich gemäß IAS 36.104 lit. a zunächst auf den Geschäfts- oder Firmenwert und erst, wenn immer noch eine Restdifferenz verbleibt, ist sie gemäß IAS 36.104 lit. b buchwertproportional auf die gesamte CGU aufzuteilen. Wenn der Nutzen eines zum Geschäfts- oder Firmenwert zugehörigen Geschäftsgeheimnisses nach wie vor (und ggf. in gleicher Höhe) besteht und ein niedrigerer erzielbarer Betrag kausal auf andere Vermögenswerte der CGU zurückzuführen wäre, würde die Zuordnung des Geschäftsgeheimnisses zu dieser CGU zu einer bilanziellen Wertminderung führen, die nicht dem wirtschaftlichen Wert entspricht. Auch dahingehend macht sich ein Unterschied zwischen bilanziellem und wirtschaftlichem Wert deutlich bemerkbar, der einer effizienten Konvergenz entgegensteht.

c) Vergleich der außerplanmäßigen Abschreibung

Im Handels- und Steuerrecht sind Geschäftsgeheimnisse des Umlaufvermögens auch ohne dauerhafte Wertminderung verpflichtend abzuschreiben. Geschäftsgeheimnisse des Anlagevermögens können und müssen gemäß § 253 Abs. 3

1635 *Kirsch/Koelen/Tinz*, KoR 2008, 88, 92.

S. 5 HGB nur bei voraussichtlich dauernder Wertminderung außerplanmäßig abgeschrieben werden.

Im Unterschied dazu setzen die IFRS keine zeitliche Anforderung voraus, sodass bei negativem Ergebnis eines Werthaltigkeitstests der Wert immer abzuschreiben ist. Da nicht nur regelmäßige, sondern auch anlassbezogene Werthaltigkeitstests durchzuführen sind, kann der bilanzielle Wert schneller an den wirtschaftlichen Wert angepasst werden, was zudem nicht von einer bestimmten Qualität der Wertminderung abhängig ist. Negative Wertentwicklungen können somit in den IFRS zeitlich sowie qualitativ besser abgebildet werden als in der handels- und steuerrechtlichen Rechnungslegung.

Zudem wird i. R. d. Werthaltigkeitstests zwischen dem beizulegenden Zeitwert und Nutzungswert differenziert, wodurch verschiedene Ausprägungen eines Geschäftsgeheimnisses zur Geltung kommen und sinnvoll miteinander verglichen werden können. So kann beim beizulegenden Zeitwert insb. ein trägerabstrahierendes Potenzial berücksichtigt werden und der Nutzungswert einem hohen Individualisierungsgrad entgegenkommen.

Demzufolge ist es für Inhaber effizienter, Geschäftsgeheimnisse mithilfe der IFRS zu bilanzieren, wenn negative Wertentwicklungen von Geschäftsgeheimnissen auch bilanziell abgebildet und nachgewiesen werden sollen oder zumindest dieselben Überlegungen für die interne und externe Rechnungslegung genutzt werden wollen.

4. *Wertaufholung und Zuschreibung*

Zwar ist der Buchwert bei Wertverlust verpflichtend abzuschreiben. Allerdings muss der Buchwert bei Wertanstieg nicht angepasst werden. Die kausalen „stillen Reserven" stellen für Geschäftsgeheimnisse ein nicht-bilanzierfähiges Potenzial dar. Da sich Wertsteigerungen nicht automatisch in einer Bilanz widerspiegeln, ist die Eignung einer Bilanzierung für die Abbildung und den Nachweis des wirtschaftlichen Wertes abermals zu bezweifeln. Dabei ist es sogar möglich, etwaige Wertsteigerungen bilanziell zu erfassen, sodass bspw. für die Handels- auch für die Steuerbilanz ein Wertaufholungsgebot gemäß § 253 Abs. 5 S. 1 HGB und § 6 Abs. 1 Nr. 1 S. 4 EStG besteht und Abschreibungen wieder rückgängig zu machen sind, wenn die kausalen Gründe in einem späteren Zeitpunkt entfallen.

Doch erstens ist das Wertaufholungsgebot auf außerplanmäßige Abschreibungen beschränkt,[1636] sodass bei einem zu geringen Wert einer planmäßigen

---

1636 A. A. *Leffson*, Die Grundsätze ordnungsgemäßer Buchführung, 7. Aufl. 1987, 446; *Moxter*, Einführung in das neue Bilanzrecht, Bd. II, 3. Aufl. 1986, 60.

Abschreibung keine Korrektur möglich ist. Zweitens ist der Wert auch dann nur bis zur Höhe der fortgeführten Anschaffungs-/Herstellungskosten gemäß § 253 Abs. 5 S. 1 HGB zuzuschreiben.[1637] Der derivative Geschäfts- oder Firmenwert ist von der verpflichtenden Wertaufholung gemäß § 253 Abs. 5 S. 2 HGB sogar vollständig ausgenommen, da nicht zwischen einem derivativen und originären Geschäfts- oder Firmenwert unterschieden werden kann und die Aktivierung von Letzterem verboten ist.[1638] Für solche Geschäftsgeheimnisse besteht ein Wertaufholungsverbot, wodurch für sie der niedrigere Wertansatz beizubehalten ist,[1639] der jedoch nicht dem wirtschaftlichen Wert entspricht oder für diesen indiziell ist.

Die handels- und steuerrechtliche Wertaufholung und Zuschreibung eignet sich somit nur begrenzt für die bilanzielle Abbildung des wirtschaftlichen Wertes i. S. d. GeschGehG. Das liegt vor allem daran, dass die Ausweitung des Zuschreibungsgebots auf planmäßige Abschreibungen „einen sicheren Einblick in die Vermögens- und Ertragslage“[1640] zugunsten eines geringeren bilanzpolitischen Spielraums für Subjekte verhindert und ein Wertzuwachs über die fortgeführten Anschaffungs-/Herstellungskosten hinaus wegen der Obergrenze für Zuschreibungen nicht abgebildet werden kann.

Umgekehrt zur Wertminderung ist auch gemäß IAS 36.110 f. zu prüfen, ob Anhaltspunkte für eine Verringerung oder sogar den Wegfall einer Wertminderung vorliegen. Die Anhaltspunkte sind gemäß IAS 36.111 analog zu denen ausgestaltet, die auf einen Wertminderungsbedarf schließen lassen. Auch für eine Wertaufholung ist der erzielbare Betrag zu bestimmen. Kann der erzielbare Betrag eines einzelnen Geschäftsgeheimnisses nicht ermittelt werden, muss dies i. R. d. zugeordneten CGU geschehen. Ein dem Buchwert übersteigender erzielbarer Betrag ist – i. R. d. Obergrenzen aus IAS 36.122 f. – proportional auf alle Vermögenswerte der CGU aufzuteilen.[1641] Dabei ist die Wertaufholung auf die fortgeführten Anschaffungs-/Herstellungskosten ohne Wertminderung

---

1637 *Störk/Buchholz*, in: Beck'scher Bilanzkommentar, 13. Aufl. 2022, § 253 HGB Rn. 648; *Siegel*, in: Kirsch/Thiele, Rechnungslegung und Wirtschaftsprüfung. Festschrift zum 70. Geburtstag von Prof. Dr. Dr. h.c. Jörg Baetge, 2007, 589, 613; für das Steuerrecht *Knerr*, Geistiges Eigentum und Steuerrecht: Patent- und Gebrauchsmusterverwertung aus Sicht des nationalen Ertragssteuerrechts, 2015, 213.

1638 Zur Gefahr der Vermischung eines originären und derivativen Geschäfts- oder Firmenwertes *Brösel/Müller*, KoR 2007, 34, 36 ff.

1639 *Dicken/Henssler*, Bilanzrecht, 2. Aufl. 2021, Rn. 727.

1640 *Baetge/Kirsch/Thiele*, Bilanzen, 16. Aufl. 2021, 282.

1641 *Müller*, PiR 2018, 347, 352.

beschränkt. Im Unterschied zur Wertminderung des derivativen Geschäfts- oder Firmenwertes ist eine Wertaufholung desselbigen gemäß IAS 36.124 nicht möglich, da sich hierbei kein hinreichend sicherer Unterschied zur Bilanzierung eines originären Geschäfts- oder Firmenwertes feststellen lässt.

Insgesamt sind Wertaufholungen sowie Zuschreibungen nur partiell möglich. Die Grenze liegt bei den fortgeführten Anschaffungs-/Herstellungskosten, sodass Wertzuwächse teilweise gar nicht bilanziell abgebildet werden können oder keine weiteren Überlegungen zu ihnen angestellt werden müssen. Vor allem für Geschäftsgeheimnisse, deren Potenzial besonders stark auf die Zukunft gerichtet ist und sich erst durch künftige Technologien oder wirtschaftliche Entwicklungen ökonomisch sinnvollere Anwendungsbereiche ergeben (z. B. Rohdaten, Algorithmen, usw.), verspricht die Wertaufholung und Zuschreibung keinen zielführenden Nachweis über die Höhe des wirtschaftlichen Wertes. Generell ist es bei vielen Geschäftsgeheimnissen möglich, dass der wirtschaftliche Wert mit zunehmender Geschäftstätigkeit ansteigt und die Wertentwicklung parallel zu einem größeren Unternehmenserfolg verläuft (z. B. Marketingpläne, Rezepte, Herstellungsverfahren, usw.). Durch die begrenzte Möglichkeit einer Korrektur für einen Wertanstieg trägt auch die unvorhersehbare positive Wertentwicklung von Geschäftsgeheimnissen dazu bei, dass die Verlässlichkeit der Rechnungslegung von immateriellen Werten immer kleiner wird. Eine effiziente Abbildung der Höhe des wirtschaftlichen Wertes ist in der Bilanzierung nur möglich, wenn der Wertzuwachs von Geschäftsgeheimnissen die fortgeführten Anschaffungs-/Herstellungskosten nicht übersteigt.

5. *Besonderheit in den IFRS: Neubewertungsmodell*

Wenn der wirtschaftliche Wert nachträglich höher zu bemessen ist als anfänglich angenommen, kann der Buchwert in der Handels- und Steuerbilanz nicht die fortgeführten Anschaffungs-/Herstellungskosten übersteigen. Dies gilt grundsätzlich auch für die Rechnungslegung nach den IFRS. Doch, weil die IFRS mehr der Entscheidungsnützlichkeit dienen, sollen stille Reserven vermieden werden. Es ist zwar möglich, die Anschaffungs-/Herstellungskosten fortzuführen („Anschaffungskostenmodell") und so – trotz eines Verbots der bewussten Legung – stille Reserven zu legen. Allerdings haben Inhaber ausnahmsweise auch die Möglichkeit, durch eine Neubewertung ein ggf. gestiegenes Potenzial bilanziell abzubilden („Neubewertungsmodell"). IAS 38.72 sieht für die Folgebewertung immaterieller Vermögenswerte ein Wahlrecht zwischen beiden Modellen vor.

Im Neubewertungsmodell gemäß IAS 38.75 ff. wird ein immaterieller Vermögenswert in der Höhe bewertet, die – abzüglich nachgelagerter Abschreibungen und Wertminderungen – dem beizulegenden Zeitwert im Neubewertungszeitpunkt entspricht. Zugunsten der Entscheidungsnützlichkeit ist die Bezugnahme auf den beizulegenden Zeitwert in den IFRS – im Gegensatz zur handels- und steuerrechtlichen Rechnungslegung – nicht auf die fortgeführten Anschaffungs-/Herstellungskosten begrenzt, was dem Inhaber bei einer Neubewertung nach den IFRS erlaubt, über eine zu niedrige Zugangsbewertung hinauszugehen.[1642] Das würde – sofern es erwünscht ist – auch die Abbildung eines wirtschaftlichen Wertes ermöglichen, der entweder von Anfang an höher als die Anschaffungs-/Herstellungskosten gewesen ist oder durch nachträgliche positive Entwicklungen darüber hinausgeht. Vor allem bei Geschäftsgeheimnissen, die volatil sind, könnte gemäß IAS 38.79 eine jährliche Neubewertung geboten sein, die zugleich für die Überprüfung der angemessenen Geheimhaltungsmaßnahmen und für die effektive gerichtliche Durchsetzung geheimnisschutzrechtlicher Ansprüche sinnvoll sein kann.

So mag die Flexibilität der Folgebewertung nach IFRS zunächst als Vorteil erscheinen. Jedoch ist eine Neubewertung immaterieller Vermögenswerte gemäß IAS 38.76 nur zulässig, wenn erstens der Zeitwert zuverlässig ermittelbar ist und zweitens die Zugangsbewertung zu Anschaffungs-/Herstellungskosten erfolgt ist. Für Ersteres ist bei immateriellen Vermögenswerten – im Gegensatz zu anderen Vermögenswerten[1643] – gemäß IAS 38.75 ein aktiver Markt zwingend erforderlich. Erst durch eine transparente Marktzentrierung kann eine Neubewertung hinreichend objektiviert werden, was an den Unterschied zwischen selbstgeschaffenen und entgeltlich erworbenen Geschäftsgeheimnissen bei der Zugangsbewertung erinnert. Schon wegen IAS 38.78 ist davon auszugehen, dass der für die Neubewertung erforderliche aktive Markt – wie es für die meisten immateriellen Vermögenswerte der Fall ist[1644] – für Geschäftsgeheimnisse nicht existiert, was insb. dem hohen Individualisierungsgrad, der Geheimheit der Transaktionen und auch der Neuartigkeit[1645] geschuldet ist. Bspw. gibt es auch keinen aktiven Markt für Software-Unikate.[1646] Der Grund ist gemäß

1642 *Baetge/Kirsch/Thiele*, Bilanzen, 16. Aufl. 2021, 230, 304.

1643 *Baetge/Kirsch/Thiele*, Bilanzen, 16. Aufl. 2021, 231.

1644 *EFRAG*, Better Information on Intangibles, 2021, 36; *v. Keitz*, in: Kirsch/Thiele, Rechnungslegung und Wirtschaftsprüfung. Festschrift zum 70. Geburtstag von Prof. Dr. Dr. h.c. Jörg Baetge, 2007, 321, 345 f.

1645 *Blankenfeldt/Müller/Weinrich*, in: Vögele, Intangibles, 2. Aufl. 2021, § 2 B. Rn. 75.

1646 *Mujkanovic*, PiR 2013, 301, 303.

IAS 38.78, dass solche Geschäftsgeheimnisse als immaterielle Vermögenswerte zum Gegenstand von Kaufverträgen gemacht, Verträge aber nur zwischen einzelnen Käufern und Verkäufern ausgehandelt werden und Transaktionen relativ selten stattfinden. So gebe der für ein Geschäftsgeheimnis *„gezahlte Preis möglicherweise keinen ausreichenden substanziellen Hinweis auf den beizulegenden Zeitwert eines anderen"*. Außerdem *„stehen der Öffentlichkeit die Preise oft nicht zur Verfügung"*. Ist eine Neubewertung deshalb nicht möglich, muss ein Geschäftsgeheimnis gemäß IAS 38.81 zu fortgeführten Anschaffungs- und Herstellungskosten bewertet werden. Durch die Anforderung des aktiven Marktes wird der theoretische Vorteil des Neubewertungsmodells für immaterielle Vermögenswerte erheblich beschränkt und macht diese Art der Folgebewertung für Geschäftsgeheimnisse obsolet.[1647]

Durch die Begrenzung in der Folgebewertung sind die Abbildung und der Nachweis eines über die fortgeführten Anschaffungs-/Herstellungskosten hinausgehenden wirtschaftlichen Wertes in den untersuchten Rechnungslegungssystemen nicht möglich.

6. Zwischenergebnis

Während sich die Zugangsbewertung nach den Anschaffungs-/Herstellungskosten richtet, sehen die IFRS in der Folgebewertung – abweichend von der handels- und steuerrechtlichen Rechnungslegung – zusätzlich zur Fortführung der Anschaffungs-/Herstellungskosten ein Neubewertungsmodell vor. Dessen Vorteil ist, dass der ermittelte Wert dem beizulegenden Zeitwert entspricht und nicht wie im Handels- oder Steuerrecht der Höhe nach auf die fortgeführten Anschaffungs-/Herstellungskosten begrenzt ist. Die Begrenzung verhindert, dass ein anfangs zu niedrig geschätzter Nutzen oder ein zunehmender Nutzen eines Geschäftsgeheimnisses nicht auch bilanziell abgebildet werden kann. Erst durch die Flexibilität, die das Neubewertungsmodell der Theorie nach bietet, kann der wirtschaftliche Wert von erst künftig sinnvoll nutz- und verwertbaren Informationen in Bilanzen abgebildet werden. Auch die mindestens jährlich durchzuführende Neubewertung käme der Obliegenheit entgegen, dass das wirtschaftliche Wertbemessungsgebot durch gleichlaufende und regelmäßige Überprüfungen eingehalten werden könnte, sodass Informationen nicht wegen der Unangemessenheit ihren Schutz verlieren.

1647 So auch *Ann/Kuck*, in: Ann/Loschelder/Grosch, Praxishandbuch Know-how-Schutz, 2010, Kap. 9 Rn. 61.

Doch diese Überlegungen sind nur rein hypothetischer Natur. Da das Neubewertungsmodell einen aktiven Markt wegen der mit immateriellen Vermögenswerten einhergehenden Bewertungsunsicherheiten voraussetzt und ein solcher für Geschäftsgeheimnisse nicht existiert, ist eine Neubewertung für Geschäftsgeheimnisse ausgeschlossen. Daher richtet sich die Folgebewertung stets nach den fortgeführten Anschaffungs-/Herstellungskosten und außerplanmäßigen Ab- und Zuschreibungen, die in den IFRS sowie im Handels- und Steuerrecht der Höhe nach begrenzt sind. Darüberhinausgehende Wertsteigerungen lassen sich bilanziell nicht berücksichtigen. Nur wenn Geschäftsgeheimnisse nach der Zugangsbewertung nicht wertvoller werden, sondern ausschließlich abzuschreiben sind, oder nachträgliche Wertzuwächse die fortgeführten Anschaffungs-/ Herstellungskosten nicht übersteigen, kann die Bilanzierung ggf. den wirtschaftlichen Wert abbilden. Hinsichtlich der Folgebewertung ist die Auswahl des Rechnungslegungssystem fast bedeutungslos, wobei von der Theorie her der Werthaltigkeitstest i. R. d. IFRS mit Berücksichtigung des subjektiv geprägten Nutzungswertes sich am besten eignet, einen wirtschaftlichen Wert i. S. d. GeschGehG auch der Höhe nach abzubilden und nachzuweisen.

Aufgrund des hohen Individualisierungsgrades, der Marktintransparenz sowie Informationssymmetrie kommen weder marktpreisorientierte Verfahren in Frage, noch bedarf es kostenorientierter Verfahren, sofern „der Grad der Unsicherheit einer solchen Schätzung ein bestimmtes Ausmaß“ nicht übertrifft.[1648] Für die Folgebewertung bietet es sich also für Inhaber an, ein kapitalwertorientiertes DCF-Verfahren anzuwenden, weil sich das Nutzungspotenzial von Geschäftsgeheimnisses auch bei der Bilanzierung am besten durch den Erfolgswert abbilden und nachweisen. Dieser dient so nämlich auch als Indiz für den angemessenen Veräußerungspreis, weil Käufer damit rechnen, höhere Gewinne aus der Nutzung von Geschäftsgeheimnissen zu ziehen.[1649] Ein Kauf kommt somit grundsätzlich nur zustande, wenn der Erfolgswert aus der Sicht des Käufers höher ist als der zu zahlende Einzelveräußerungspreis. Durch den für die Folgebewertung maßgeblichen Erfolgswert kann also sowohl das Verwertungs- als auch das Nutzungspotenzial abgebildet und nachgewiesen werden, sofern der wirtschaftliche Wert nicht von Anfang an oder durch Wertzuwachs höher ist als die fortgeführten Anschaffungs- und Herstellungskosten. Eine

---

1648 *Kirsch/Koelen/Olbrich/Dettenrieder*, WPg 2012, 762, 769.

1649 *Cohen/O'Connell*, Trade Secret Valuation, in: Practical Law, Thomson Reuters, 2019, 5 (zuletzt abgerufen am 17.07.2023 unter: https://content.next.westlaw.com/practical-law/document/I2b76251439bb11e99687ad62ac048e9b/Trade-Secret-Valuation?).

effiziente Konvergenz i. R. d. Folgebewertung ist demnach in allen untersuchten Rechnungslegungssystemen nur bis zu der Obergrenze möglich, wobei die IFRS mit dem Nutzungswert und „impairment-only"-Ansatz sich besser als die handels- und steuerrechtliche Rechnungslegung eignen.

III. Zwischenergebnis

Schon bei der Zugangsbewertung erschweren mit Unsicherheiten behaftete Allokationen und interne Kostenzuordnungen die Ermittlung der Anschaffungs-/Herstellungskosten von Geschäftsgeheimnissen.[1650] Hierbei ist der für den wirtschaftlichen Wert nur indizielle Nachweis der Herstellungskosten weitaus schwieriger als der für die Anschaffungskosten, sofern die Herstellungskosten zukünftig nicht auch auf die Forschungskosten ausgeweitet werden. Für ein mögliches bilanzpolitisches Ziel, den wirtschaftlichen Wert auch anhand der Bilanzierung abzubilden und nachzuweisen, eignet sich bisher der Erwerb von Geschäftsheimnissen am meisten. Vor allem wenn Geschäftsgeheimnisse i. R. d. Unternehmenserwerbs übergehen, besteht durch die unmittelbare Anwendung kapitalwertorientierter Verfahren die beste Möglichkeit, dass sich der wirtschaftliche und bilanzielle Wert entsprechen. In anderen Fällen des Erwerbs und insb. bei der eigenen Entwicklung eines Geschäftsgeheimnisses sind die bilanziellen Werte meist nur indiziell für den wirtschaftlichen Wert.

Während die Zugangsbewertung i. R. d. untersuchten Rechnungslegungssysteme weitestgehend unterschiedslos ist, kommt es bei der Folgebewertung schon eher auf das konkrete Rechnungslegungssystem an, um eine möglichst effiziente Konvergenz zwischen interner und externer Rechnungslegung herzustellen. So gibt es insb. im Handels- und Steuerrecht Nutzungsdauerfiktionen für nicht-verlässlich schätzbare Geschäftsgeheimnisse und die, die Bestandteil des Geschäfts- oder Firmenwertes sind, sodass sie planmäßig abzuschreiben sind. Ferner wird ein gleichmäßiger Werteverzehr dieser Geschäftsgeheimnisse fingiert, der aber nicht zwingend mit der Entwicklung des wirtschaftlichen Wertes übereinstimmen muss. Im Gegensatz dazu wird in den IFRS für Geschäftsgeheimnisse ein „impairment-only"-Ansatz verfolgt, für den regelmäßige und anlassbezogene Werthaltigkeitstests durchzuführen sind, durch die der wirtschaftliche Wert i. S. d. GeschGehG besser abgebildet werden kann als bei einer planmäßigen Abschreibung, die Wertminderungen nicht erfasst, die nicht dauernd sind. Das Abschreibungsverbot bei nicht-dauernder Wertminderung

1650 Vgl. *EFRAG*, Better Information on Intangibles, 2021, 37.

ist eine weitere Restriktion der handels- und steuerrechtlichen Rechnungslegung, die verhindert, dass die negative Wertentwicklung von Geschäftsgeheimnissen auch bilanziell abgebildet werden kann. Dahingehend sind regelmäßige und anlassbezogene Werthaltigkeitstests i. S. d. IFRS geeigneter. Weil jedenfalls für außerplanmäßige Abschreibungen – mangels eines aktiven Marktes – kapitalwertorientierte Verfahren in allen untersuchten Rechnungslegungssystemen anzuwenden sind, kann der einem wirtschaftlichen Wert entsprechende Erfolgswert auch bilanziell abgebildet werden, sofern der wirtschaftliche Wert nicht die fortgeführten Anschaffungs- und Herstellungskosten übersteigt. Sollte das der Fall sein, bspw. da der wirtschaftliche Wert von Anfang an über den Anschaffungs- und Herstellungskosten lag oder sich im Laufe der Zeit ein Wertzuwachs ergeben hat, ist es in allen Rechnungslegungssystemen nicht möglich, diesen Wert bilanziell abzubilden und nachzuweisen. Die Wertobergrenze darf nämlich – auch i. R. d. Wertaufholung und Zuschreibung – nicht überschritten werden. Dies wäre nur i. R. d. Neubewertungsmodells i. S. d. IFRS möglich, welches aber auf Geschäftsgeheimnisse – mangels aktiven Marktes – nicht angewendet werden kann. Sollte also schon in der Zugangsbewertung ein zu geringer Wert gewählt worden sein oder ein höherer Wert nicht bilanziert werden können, unterliegt auch die Folgebewertung dieser Obergrenze, sodass die Schwächen der Zugangsbewertung für eine Abbildung und einen Nachweis des wirtschaftlichen Wertes in der Folgebewertung nicht ausgeglichen werden können.

C. Zusammenfassung und Schlussfolgerungen

Anhand der Bilanzierung kann der wirtschaftliche Wert nur teilweise abgebildet und nachgewiesen werden.[1651] Eine effiziente Konvergenz zwischen Geheimnisschutz- und Bilanzrecht ist nicht immer möglich. Schon die bilanzrechtlichen Wahlrechte, die Subjekten eine eigene Wertentscheidung ermöglichen,[1652] und die unterschiedlichen Zwecke[1653] der Rechnungslegungssysteme zeigen, dass bilanzielle Wertzuweisungen nicht einheitlich erfolgen. So kann ein großes Vermögen in einer Handels- oder IFRS-Bilanz die Attraktivität gegenüber Gläubigern und Kapitalgebern steigern, während

1651 So auch *Senger/Kurz*, in: Vögele, Intangibles, 2. Aufl. 2021, § 2 A. Rn. 4; auch allgemein für viele immaterielle Werte *Gawenko/Hinz/Büttner*, PiR 2022, 9, 9.

1652 *Baetge/Kirsch/Thiele*, Bilanzen, 16. Aufl. 2021, 191; vgl. *Scholz*, Der objektive Wert als Rechtsbegriff im bürgerlichen Recht, 2003, 17.

1653 Hierzu *Siegel*, in: Kirsch/Thiele, Rechnungslegung und Wirtschaftsprüfung. Festschrift zum 70. Geburtstag von Prof. Dr. Dr. h.c. Jörg Baetge, 2007, 589, 593 ff.

eine größere besteuerbare Vermögensmasse in einer Steuerbilanz tendenziell zu mehr Abgaben führt.[1654] Ferner soll sich zwar die steuerrechtliche Bewertung für die öffentlich-rechtliche Abgabenpflicht am „wirklichen Wert" orientieren.[1655] Sie muss es aber nicht,[1656] da das Steuerrecht auch durch unterschiedliche Vorteile bestimmte Anreize setzen soll.[1657] Aus Sicht des Subjekts ist das Interesse an der Bilanzierung also schon im Vorhinein vom Zweck eines Rechnungslegungssystems geprägt, wodurch dasselbe Geschäftsgeheimnis in verschiedenen Bilanzen einen unterschiedlichen Wert erhalten kann. Außerdem werden viele Geschäftsgeheimnisse gar nicht bilanziert, weil Bewertungsunsicherheiten zur Dauerhaftigkeit, Wertentwicklung und Nutzungsmöglichkeit einen Inhaber zur Zurückhaltung anregen können.

Doch auch für den Fall, dass sich ein Inhaber aus Gründen der Effizienz bemühen sollte, den wirtschaftlichen Wert eines Geschäftsgeheimnisses getreu dessen Potenzial zu bilanzieren, stoßen die untersuchten Rechnungslegungssysteme an ihre Grenzen und lassen keine vollständige und zielführende Abbildung des wirtschaftlichen Wertes zu. Zwar erfüllen die meisten Geschäftsgeheimnisse die Aktivierungsvoraussetzungen und können dem Grunde nach bilanziert werden, wobei die der IFRS wegen der Entscheidungsnützlichkeit umfassender sind als die der handels- und steuerrechtlichen Rechnungslegung,[1658] sodass in den IFRS alle Nutzungspotenziale – unabhängig von ihrer externen Wirkung – bilanziell erfasst werden können. Allerdings sind Geschäftsgeheimnisse mit ausschließlichem Schädigungspotenzial in allem untersuchten Rechnungslegungssystem nicht aktivierungsfähig. Zudem ist gemäß § 5 Abs. 2 EStG die Aktivierung von sämtlichen und gemäß § 248 Abs. 2 S. 2 HGB und IAS 38.63 von bestimmten selbstgeschaffenen Geschäftsgeheimnissen ausgeschlossen, sodass die bilanzielle Wertzuweisung nicht oder nur eingeschränkt möglich ist, wenn sie zum Anlagevermögen gehören. Da eine Ausweitung der Aktivierung auf alle selbstgeschaffenen Geschäftsgeheimnisse wegen des Gläubigerschutzes und der Entscheidungsnützlichkeit nicht zielführend wäre,[1659] kommt ein

1654 *Nissen*, Der monetäre Wert von Daten im Privatrecht, 2021, 152.

1655 *BGH* FamRZ 1986, 37, 39.

1656 *BGH* NJW 1984, 2165, 2166; *Scholz*, Der objektive Wert als Rechtsbegriff im bürgerlichen Recht, 2003, 17.

1657 *Eidenmüller*, Effizienz als Rechtsprinzip, 4. Aufl. 2015, 37.

1658 Kritisch *Thiele*, in: Kirsch/Thiele, Rechnungslegung und Wirtschaftsprüfung. Festschrift zum 70. Geburtstag von Prof. Dr. Dr. h.c. Jörg Baetge, 2007, 625, 634 ff.; *Kirsch/Steinhauer*, Zeitschrift für Planung und Unternehmenssteuerung 2003, 415, 423.

1659 A. A. *Wagner*, Know-how. Einordnung in das Zivilrecht, 2016, Rn. 670.

bilanzieller Nachweis für die Existenz eines wirtschaftlichen Wertes meistens nur für Geschäftsgeheimnisse mit Nutzungs- und/oder Verwertungspotenzial in Frage, die nicht vom Aktivierungsverbot erfasst werden.

Bei der Zugangsbewertung spielt der investitionszentrierte Wert eine gewichtige Rolle. Hierfür ist zwischen Anschaffungs- und Herstellungskosten zu differenzieren. Anschaffungskosten können umfassend bilanziert werden, sodass das wertbegründende Verwertungs- und/oder Nutzungspotenzial in einer Bilanz abgebildet oder zumindest aus der Bilanzierung abgeleitet wird. Überdies kann beim Unternehmenserwerb ggf. sogar i. R. d. negativen derivativen Geschäfts- oder Firmenwertes das Potenzial von ausschließlich schädigenden Geschäftsgeheimnissen bilanziell abgebildet oder abgeleitet werden, sofern es kausal für eine Passivierung gewesen ist. Aus diesen Gründen ermöglicht die bilanzielle Zugangsbewertung von – vor allem aus Unternehmenserwerben resultierenden – Anschaffungskosten meistens eine zielführende Abbildung eines wirtschaftlichen Wertes, sodass eine effiziente Konvergenz möglich ist.

Im Unterschied dazu kann bei bilanziellen Herstellungskosten nicht einmal der indizielle Herstellungswert von Geschäftsgeheimnissen vollständig abgebildet und nachgewiesen werden, was vor allem drei Gründe hat: Erstens werden an die Abgrenzung zwischen den Phasen von FuE Anforderungen gestellt, die im Vergleich zur Wertprognose und zum Vorfeldschutz i. S. d. GeschGehG deutlich restriktiver sind. Zweitens ist die Abbildung und der Nachweis des wirtschaftlichen Wertes von Geschäftsgeheimnissen, welche aus iterativen Entwicklungsverfahren hervorgehen (z. B. geheime Software), nicht zielführend möglich, da die untersuchten Rechnungslegungssysteme i. d. R. von sequenziellen Abläufen ausgehen. Drittens dürfen gemäß § 255 Abs. 2 S. 4, Abs. 2a S. 4 HGB und IAS 38.54, 38.53 nicht alle Kosten der Forschungsphase bei der Zugangsbewertung berücksichtigt werden. An Letzterem wird besonders deutlich, dass zwischen dem bilanziellen Wertverständnis und dem des GeschGehG – oder anders gesagt: zwischen dem Vorsichtsprinzip bzw. dem Grundsatz der Verlässlichkeit und dem geheimnisschutzrechtlichen Vorfeldschutz – erhebliche Unterschiede bestehen. So sollen bilanziell wertlose Forschungsergebnisse und Wissenschaftsgeheimnisse sogar ausdrücklich nach dem Willen des Gesetzgebers durch das GeschGehG geschützt werden, da sie schon einen wirtschaftlichen Wert haben.[1660]

1660 BT-Drs. 19/4724, 24.

Der für den wirtschaftlichen Wert zumindest indizielle Herstellungswert findet nur teilweise oder sogar überhaupt keine Berücksichtigung bei der Bilanzierung. Dies wird hauptsächlich damit begründet (z. B. IDW S 5.114), dass es noch an belastbaren Überlegungen fehlt und Forschungskosten nicht vom Geschäfts- oder Firmenwert unterschieden werden können. Da aber die derzeitige Unterscheidung zwischen den Phasen von FuE aus ökonomischen Erwägungen nicht zwingend ist, ist für die Zukunft denkbar, dass die Zugangsbewertung derart auf Forschungskosten von Geschäftsgeheimnissen ausgeweitet werden könnte, dass sie bedingt rückwirkend bilanziert werden. Dadurch würden nicht nur die ursprünglichen Ziele des BilMoG besser erreicht werden können, sondern es wäre dann für Inhaber auch möglich, den vollständigen Herstellungswert von Geschäftsgeheimnissen zu bilanzieren, die für den wirtschaftlichen Wert zumindest indiziell sind.

Ohne eine solche Ausweitung ist es bei der Absicht, den wirtschaftlichen Wert bilanziell abzubilden und nachzuweisen, – unabhängig vom Rechnungslegungssystem – zielführender, Geschäftsgeheimnisse zu erwerben, statt sie selbst zu entwickeln, da die Bilanzierung dann weitaus weniger restriktiv wäre. Sollte ein Geschäftsgeheimnis aber nicht in einem Unternehmenserwerb übergehen, sondern bspw. einzeln erworben werden, darf trotz der vergleichsweise effizienteren Möglichkeit nicht vergessen werden, dass es sich trotzdem nur um einen indiziellen Hinweis auf die Höhe des wirtschaftlichen Wertes handelt. Wegen der Privatautonomie sind Vertragsparteien nicht an das Verwertungs- und/oder Nutzungspotenzial gebunden, sodass Anschaffungskosten nicht einem Erfolgswert entsprechen müssen (so z. B. beim „lucky buy“). Sollte der Erfolgswert die Anschaffungskosten übersteigen, haben Inhaber keine Möglichkeit, den wirtschaftlichen Wert i. R. d. Zugangsbewertung vollständig zu erfassen. Ein „Nachweis“ der Höhe nach ist trotz indizieller Wirkung mit Vorsicht zu behandeln.[1661]

Auch die Folgebewertung kann die Wertentwicklung von Geschäftsgeheimnissen nur teilweise abbilden. Obwohl Geschäftsgeheimnisse meist eine begrenzte Nutzungsdauer haben und daher planmäßig zu fortgeführten Anschaffungs- und Herstellungskosten abzuschreiben sind, gibt es bereits bei der Nutzungsdauer Unterschiede zwischen den Rechnungslegungssystemen. Während es im Handels- und Steuerrecht Nutzungsdauerfiktionen für Geschäftsgeheimnisse mit nicht-verlässlich schätzbarer Nutzungsdauer und denen gibt, die Bestandteil des Geschäfts- oder Firmenwertes sind, wird in

1661 *EFRAG*, Better Information on Intangibles, 2021, 39.

den IFRS ein „impairment-only"-Ansatz verfolgt, der durch regelmäßige und anlassbezogene Wertminderungstests eine exaktere Abbildung des gesunkenen wirtschaftlichen Wertes in einer Bilanz ermöglicht. Ferner setzen das Handels- und Steuerrecht für außerplanmäßige Abschreibungen voraus, dass es sich um dauernde Wertminderungen handeln muss, für die dann der beizulegende Wert/Teilwert zugrunde zu legen ist. Für die IFRS bedarf es nur das Absinken des erzielbaren Betrags unter die fortgeführten Anschaffungs- und Herstellungskosten. Das bedeutet, dass das Absinken des wirtschaftlichen Wertes anhand der IFRS früher abgebildet und nachgewiesen werden kann als in der handels- und steuerrechtlichen Rechnungslegung. Mangels Marktpreise werden in allen untersuchten Rechnungslegungssystemen kapitalwertorientierte Verfahren zur außerplanmäßigen Abschreibung angewendet, wodurch der bilanzielle Wert dem wirtschaftlichen Wert entsprechen kann. Hierbei differenzieren die IFRS sogar zwischen objektivierten und subjektiven Anhaltspunkten, die je nach Szenario eine getreuere Abbildung des Potenzials ermöglichen.

Zugunsten der Abbildung und des Nachweises des wirtschaftlichen Wertes und der damit einhergehenden effizienten Konvergenz eignet sich die Rechnungslegung nach den IFRS mehr als die handels- und steuerrechtliche Rechnungslegung. Dies ist vor allem darauf zurückzuführen, dass der wirtschaftliche Nutzen umfassender als die Verwertbarkeit ist, der „impairment only"-Ansatz eine (zeitlich und qualitativ) flexiblere Wertkorrektur ermöglicht und die für die IFRS zur Verfügung gestellten Informationen stärker auf Zahlungsströme gerichtet sind sowie „in höherem Maße prognostische Angaben beim Ansatz und bei der Bewertung" enthalten.[1662] Obwohl durch eine Rückgriff auf kapitalwertorientierte Verfahren und interne Prognosen eine partielle und hinsichtlich des wirtschaftlichen Wertes teils effiziente Konvergenz hergestellt werden kann, eignen sich die untersuchten Rechnungslegungssysteme trotzdem nicht zur Abbildung und zum Nachweis eines von Beginn an höheren bzw. zu hohen wirtschaftlichen Wertes oder eines zwischenzeitlichen Anstieg des wirtschaftlichen Wertes über die fortgeführten Anschaffungs- und Herstellungskosten hinaus, da sie grundsätzlich die Obergrenze der Bewertung bilden. Der bilanzielle Wert kann in diesen Szenarien – trotz Wertaufholung und Zuschreibung – nicht dem wirtschaftlichen Wert i. S. d. GeschGehG entsprechen. Zwar ist das Neubewertungsmodell

---

1662 *Kirsch/Steinhauer*, Zeitschrift für Planung und Unternehmenssteuerung 2003, 415, 429.

i. S. d. IFRS nicht auf die fortgeführten Anschaffungs- und Herstellungskosten begrenzt und mag zunächst wie ein Vorteil gegenüber der handels- und steuerrechtlichen Rechnungslegung wirken. Allerdings bedarf es zur Anwendung des Neubewertungsmodells eines aktiven Marktes, der für Geschäftsgeheimnisse aber nicht existiert. Im Gegensatz zur Abschreibung bestehen somit keine wesentlichen Unterschiede zwischen HGB, EStG und IFRS, wenn es um die Abbildung und den Nachweis eines Wertanstiegs geht. Das bedeutet, dass der bilanzielle Wert nur dem wirtschaftlichen Wert entsprechen oder i. R. d. Folgebewertung auf diesen korrigiert werden kann, wenn die Anschaffungs-/Herstellungskosten entweder von Anfang an dem wirtschaftlichen Wert entsprechen oder ihn zwar übersteigen, aber der wirtschaftliche Wert im Laufe der Zeit nicht mehr die fortgeführten Anschaffungs-/Herstellungskosten übersteigt.

Dementsprechend kann in einigen Fällen und vor allem durch die beschriebenen bilanzpolitischen Optimierungen anhand der Bilanzierung die Existenz und Höhe eines wirtschaftlichen Wertes nachgewiesen und abgebildet werden, sodass sich dies kostensparend für einen Inhaber auswirkt. Doch für viele Szenarien wird das nicht zielführend sein. Entweder wird nämlich bestimmten Geschäftsgeheimnissen trotz eines wirtschaftlichen Wertes i. S. d. GeschGehG schon kein bilanzieller Wert zugewiesen (z. B. bei schädigenden, einigen selbstgeschaffenen und ausschließlich aus der Forschungsphase resultierenden Geschäftsgeheimnissen) oder die zu niedrige Zugangsbewertung verhindert die (ggf. auch nachträgliche) Abbildung des darüberhinausgehenden wirtschaftlichen Wertes oder nachträglichen Wertanstiegs (z. B. bei geheimen Rohdaten, für die erst in einem späteren Zeitpunkt ein ökonomisch sinnvoller Anwendungsbereich gefunden wird).

Um dem wirtschaftlichen Wertbemessungsgebot zu genügen, können sich Inhaber nicht nur auf die Bilanzierung verlassen und die Herangehensweise auf den wirtschaftlichen Wert übertragen, da der bilanzielle Wert oft zu niedrig oder nicht existent sein wird. Stattdessen müssen sie die auch für die Bilanzierung maßgeblichen kapitalwertorientierten DCF-Verfahren außerhalb der restriktiven Grenzen der Rechnungslegungssysteme anwenden, um den wirtschaftlichen Wert zu ermitteln. Hierdurch lassen sich die künftigen durch das Geschäftsgeheimnis erzeugten Zahlungsströme und Synergien zu anderen Werten besser als bei Anschaffungs- und Herstellungskosten bemessen.[1663] Es ist zu berücksichtigen, dass die Bemessung dann auf nicht-beobachtbaren

1663 Differenzierend *EFRAG*, Better Information on Intangibles, 2021, 39; zur Relevanz

Inputfaktoren beruht und sie eine hohe Subjektivität zur Folge hat. Letzteres ist jedoch kein Nachteil, denn dies entspricht mehr dem individuellen Nutzen, den ein Subjekt aus dem Geschäftsgeheimnis ziehen kann, was bei der Bilanzierung auch für den Nutzungswert zugrunde gelegt wird. Außerdem kommt dann gar nicht erst die Kritik in Betracht, dass mangels Berücksichtigung der „konkreten künftigen Verwendung" kein Bezug zwischen dem Zeitwert und künftigen Zahlungen bestände.[1664] Daher kann die die Anwendung der auch für die externe Rechnungslegung angewandten Methoden und insb. die Orientierung an kapitalwertorientierten Verfahren für die interne Unternehmenssteuerung zielführend sein.[1665] Zwar bestehen wegen der Restriktionen der Rechnungslegungssysteme die beschriebenen Differenzen zwischen bilanziellem und wirtschaftlichem Wert, die keine vollständige „Verzahnung und Harmonisierung […] der internen Unternehmensrechnung mit der externen Rechnungslegung" zulassen.[1666] Allerdings bietet die externe Rechnungslegung auch Anknüpfungspunkte, die für eine wertorientierte interne Steuerung ggf. nützlich sein können,[1667] was genauso auch umgekehrt der Fall sein kann und bspw. beim Rückgriff auf interne Kosten- und Leistungsrechnungen zur Abgrenzung und Dokumentation der Kosten von FuE geschieht.[1668] So verhilft die teilweise existente Konvergenz zwischen interner und externer Rechnung dem Inhaber zwar nicht vollständig, aber immerhin auch dabei, das wirtschaftliche Wertbemessungsgebots zu erfüllen.

Dementsprechend kann eine sorgfältige Bilanzierung von Geschäftsgeheimnissen nicht zwingend einen wirtschaftlichen Wert abbilden und nachweisen, dies aber maßgeblich erleichtern. Da sowieso ähnliche Bemessungen durchgeführt werden müssen, ist es für Inhaber effizient, wenn insb. die Implementierung sowie regelmäßige Überprüfungen der angemessenen

---

von Anschaffungskosten im internen Rechnungswesen *Siegel*, in: Kirsch/Thiele, Rechnungslegung und Wirtschaftsprüfung. Festschrift zum 70. Geburtstag von Prof. Dr. Dr. h.c. Jörg Baetge, 2007, 589, 614.

1664 Hierzu und mit weiteren Argumenten gegen die Entscheidungsnützlichkeit der Fair Value-Bewertung *Thiele*, in: Kirsch/Thiele, Rechnungslegung und Wirtschaftsprüfung. Festschrift zum 70. Geburtstag von Prof. Dr. Dr. h.c. Jörg Baetge, 2007, 625, 637 f.

1665 Als „gute Ausgangsbasis" bezeichnend *Castadello/Beyer*, BFuP 2009, 151, 161.

1666 *Castadello/Beyer*, BFuP 2009, 151, 159.

1667 Für andere immaterielle Werte *Castadello/Beyer*, BFuP 2009, 151, 168; vgl. auch *Vögele/Saljanin*, in: Vögele, Intangibles, 2. Aufl. 2021, § 2 C. Rn. 28.

1668 *Blankenfeldt/Müller/Weinrich*, in: Vögele, Intangibles, 2. Aufl. 2021, § 2 B. Rn. 56

Geheimhaltungsmaßnahmen mit Bilanzierungen zeitlich und inhaltlich zusammenfallen, sodass im gleichen Zuge sowohl der bilanzielle als auch der wirtschaftliche Wert bemessen wird. In einigen Fällen entsprechen sich beide Werte sogar. Auch wenn dies nicht der Fall ist, gibt es zumindest taugliche Annäherungen und bestimmte Überschneidungen, die zwar nicht im selben Maße, aber immerhin teilweise für eine effiziente Konvergenz zwischen Bilanzierung und Geheimnisschutz sprechen.

Teil 5: Wertbestimmung für Ersatzansprüche

Die bilanzielle Wertzuweisung mag zur Abbildung und zum Nachweis eines wirtschaftlichen Wertes oft nicht zielführend sein. Jedoch zeigt die Verknüpfung von rechtsfolgenorientierter und bilanzieller Wertbestimmung durch *Cohen* und *O'Connell* einen weiteren Ansatz auf, um den wirtschaftlichen Wert abzubilden und nachzuweisen:

> *„[The] economic analysis should be cross-referenced with the remedies available to a trade secret owner when a third party misappropriates the trade secret to ensure some symmetry between the two. This helps the company sustain the validity of its valuation analysis.“*[1669]

Dies entspricht dem Gedanken, dass der wirtschaftliche und auch bilanzielle Wert von Geschäftsgeheimnissen nur so hoch sein kann, wie er auch durch mögliche Rechtsverletzer zu ersetzen wäre. Das bedeutet wiederum, dass nicht nur die Erfolgswahrscheinlichkeit vor Gericht („ob“ ein Geheimnis geheim bleibt) eine in DCF-Verfahren zu berücksichtigende Variable sein kann, sondern sich auch die Höhe eines Ersatzanspruchs („wie hoch“ eine Geheimnisverletzung durch Rechtsverletzer zu kompensieren ist) unmittelbar auf den wirtschaftlichen Wert auswirkt. Das, was wegen Ersatzansprüchen durch einen Rechtsverletzer zu ersetzen wäre, entspricht dann dem wirtschaftlichen Wert eines Geschäftsgeheimnisses.

A. Spezialrechtliche Ansprüche aus dem GeschGehG

Vor Inkrafttreten der GeschGeh-RL unterschieden sich die nationalen Regeln der EU-Mitgliedstaaten hinsichtlich der Ersatzansprüche erheblich. So wird in Erwg. 7 der GeschGeh-RL angeführt, dass bei der *„Schadensersatzberechnung nicht immer dem immateriellen Charakter von Geschäftsgeheimnissen Rechnung“* getragen wurde und der entgangene Gewinn sowie die unlautere Bereicherung kaum zu belegen waren. Obwohl der Wert damals wie heute nach Erwägungsgrund 21 der GeschGeh-RL ein maßgeblicher Faktor für alle

1669 *Cohen/O'Connell*, Trade Secret Valuation, in: Practical Law, Thomson Reuters, 2019, 3 (zuletzt abgerufen am 17.07.2023 unter: https://content.next.westlaw.com/practical-law/document/I2b76251439bb11e99687ad62ac048e9b/Trade-Secret-Valuation?).

Maßnahmen, Verfahren und Rechtsbehelfe des Geheimnisschutzes (gewesen) ist, wurde die exakte Bezifferung bisher oft erst im Zuge von Ersatzansprüchen vorgenommen.[1670]

Auch ohne normierte Anspruchsgrundlage hat die Rspr. bei Ersatzansprüchen für Verletzungen der §§ 17 ff. UWG a. F. die für Immaterialgüterrechte entwickelte[1671] „dreifache Schadensberechnung“ angewandt,[1672] um die Bezifferung des anhand von „hypothetischen Gefahrenabläufen“ zu konstruierenden und schwierig zu ermittelnden Schadens zu erleichtern.[1673] Demnach kann ein geschädigter Inhaber zwischen drei alternativen Berechnungsmethoden wählen,[1674] um die Höhe des einheitlichen Anspruchs zu ermitteln:[1675] 1. Ersatz des konkreten Schadens, 2. Herausgabe des vom Rechtsverletzer erzielten Gewinns („Gewinnherausgabe“) und 3. Ersatz auf Grundlage einer hypothetisch angemessenen Lizenzgebühr („Lizenzanalogie“).

Die beiden letztgenannten Berechnungsmethoden stellen – vor allem für einen konkret nicht-bestimmbaren Schaden – abstrakt-normative Möglichkeiten dar, den Wert zu kompensieren.[1676] Bei der Verletzung von Immaterialgüterrechten liegt ein Schaden bereits in einer Verletzung als solche, da der Rechtsverletzer die „vermittelten konkreten Marktchancen für sich nutzt und sie so zugleich der Nutzung durch den Schutzrechtsinhaber entzieht“.[1677] Bei Geschäftsgeheimnissen handelt es sich dagegen um den Eingriff in eine faktische

---

1670 *Glinke*, in: Keller/Schönknecht/Glinke, GeschGehG, 2021, § 2 Rn. 52.

1671 Zur historischen Entwicklung, Rechtfertigung und den dogmatischen Schwierigkeiten der dreifachen Schadensberechung *Ernicke*, Die dreifache Schadensberechnung, 2020, 295 ff., 330 ff.; hierzu auch *Stieper*, WRP 2010, 624, 624 ff.

1672 Stellvertretend *BGH*, Urt. v. 18.02.1977, I ZR 112/75 = GRUR 1977, 539, 541 f.

1673 *Glinke*, in: Keller/Schönknecht/Glinke, GeschGehG, 2021, § 10 Rn. 4; *Heil/Roos*, GRUR 1994, 26, 26.

1674 BGHZ 173, 374; BGHZ 119, 20; so auch *Harte-Bavendamm*, in: Harte-Bavendamm/Henning-Bodewig, UWG, 5. Aufl. 2021, GeschGehG, § 10 Rn. 134; *Dreier*, Kompensation und Prävention, 2002, 88; zur Wahlfreiheit des Inhaber und seinen Grenzen *Grosch*, in: Ann/Loschelder/Grosch, Praxishandbuch Know-how-Schutz, 2010, Kap. 6 Rn. 99 ff.

1675 *Stieper*, WRP 2010, 624, 626 m. w. N.; a. A. *Raue*, Die dreifache Schadensberechnung, 2017, 549.

1676 *Stieper*, WRP 2010, 624, 626 m. w. N.; vorsichtig, weil „sich letztlich jedes gewünschte Ergebnis begründen“ ließe *Dreier*, Kompensation und Prävention, 2002, 30 f. m. w. N.

1677 *Goldmann*, in: Harte-Bavendamm/Henning-Bodewig, UWG, 5. Aufl. 2021, UWG, § 9 Rn. 123; von „ausschließlicher Verwertungsbefugnis“ von Rechten spricht *Stieper*, WRP 2010, 624, 626

Exklusivität, was nichts anderes bedeutet konnte, als den Schadensersatz nach der Höhe des Wertes zu bemessen.[1678]

Nun ist § 10 Abs. 1 GeschGehG die zentrale Haftungsnorm des Geheimnisschutzes. Ein Rechtsverletzer, der vorsätzlich oder fahrlässig handelt, ist dem Inhaber zum Schadensersatz verpflichtet, der genauso wie die „dreifache Schadensberechnung" ausgestaltet ist.[1679] An Erwg. 30 der GeschGeh-RL wird ersichtlich, dass der Schadensersatz „*allen relevanten Faktoren Rechnung tragen*" soll. Das sei in den häufigen Fällen, in denen sich die konkrete Schadenshöhe wegen des immateriellen Charakters von Geschäftsgeheimnissen nur schwierig bestimmen lässt, nur über alternative Berechnungsmethoden möglich.[1680] Neben Schäden als negative Folge des Inhabers ist auch das zu berücksichtigen, was der Inhaber hätte positiv erlangen können.[1681] Für die Ausgestaltung des geheimnisschutzrechtlichen Schadensersatzes kann also weitgehend an die bisherige Schadensberechnung der Immaterialgüterrechte angeknüpft werden.[1682] Doch wegen des wirtschaftlichen Wertes und weiten Potenzialverständnisses des GeschGehG muss die dreifache Schadensberechnung möglicherweise anders ausgelegt werden.[1683]

I. Konkreter Schadensersatz i. R. d. §§ 249 ff. BGB

Zwar werden die Gewinnherausgabe sowie Lizenzanalogie in § 10 Abs. 2 GeschGehG ausdrücklich beschrieben. Allerdings richtet sich der konkrete Schadensersatz nach der allgemeinen Schadensberechnung gemäß §§ 249 ff. BGB, was auch am Wortlaut ersichtlich wird („*auch*"). Der konkrete Schaden ist der Schaden, der tatsächlich eingetreten und dadurch das Vermögen des Inhabers gemindert hat.[1684]

1678 *Raue*, Die dreifache Schadensberechnung, 2017, 593 f.

1679 BT-Drs. 19/4724, 32; *Böhm/Nestler*, GRUR-Prax 2018, 181, 182; *Reinfeld*, Das neue Gesetz zum Schutz von Geschäftsgeheimnissen, 2019, § 4 Rn. 135; mit Verweis auf § 97 Abs. 2 UrhG BT-Drs. 19/4724, 33 f.

1680 *Stieper*, WRP 2010, 624, 626.

1681 *Böhm/Nestler*, GRUR-Prax 2018, 181, 181 f.; *Stieper*, WRP 2010, 624, 626.

1682 *BGH*, Urt. v. 16.11.2017, I ZR 161/16 = GRUR 2018, 535, 538; *Harte-Bavendamm*, in: Harte-Bavendamm/Henning-Bodewig, UWG, 5. Aufl. 2021, GeschGehG, § 10 Rn. 134; *Hötte*, in: Hoeren/Münker, GeschGehG, 2021, § 10 Rn. 29; *Alexander*, in: Köhler/Bornkamm/Feddersen, UWG, 41. Aufl. 2023, GeschGehG, § 10 Rn. 33; *Böhm/Nestler*, GRUR-Prax 2018, 181, 182.

1683 Vgl. *Böhm/Nestler*, GRUR-Prax 2018, 181, 182.

1684 Zur entsprechenden Definition vgl. *Goldmann*, in: Harte-Bavendamm/Henning-Bodewig, UWG, 5. Aufl. 2021, UWG, § 9 Rn. 117.

Um die Schadenshöhe zu bestimmen, ist die Differenzmethode anzuwenden, wonach die tatsächliche Lage mit Geheimnisverletzung mit der hypothetischen Lage ohne Geheimnisverletzung verglichen wird.[1685] Zum so ermittelten Schaden zählen einerseits der positive Schaden, also das, was vom vorhandenen Vermögen insb. durch bilanzielle Abwertungen, Kursverluste, behördliche Strafen oder Ersatzansprüche von Dritten vermindert wird. Andererseits gehört zum konkreten Schaden auch der entgangene Gewinn, also das, was an möglichem Vermögenszuwachs durch die Geheimnisverletzung verhindert wird.[1686] Davon sind bspw. finanzielle Verluste hinsichtlich Umsatz oder Marktanteile und messbare Reputationsschäden umfasst, durch die ein Unternehmen sein Ansehen in der Öffentlichkeit verliert und langfristige Folgen für die Ertragslage bewirken kann.

Es ist zu beachten, dass der konkrete Schaden, der durch die Geheimnisverletzung entsteht, oft nur mit Schwierigkeiten quantifiziert werden kann und von vielen Faktoren abhängt. Eine gründliche Schadensanalyse ist zur Wertkompensation unumgänglich.

1. Restitution und Kompensation

Dass ein Schadensersatzanspruch primär nicht auf Ersatz, sondern auf Restitution gerichtet ist, ist dem Vorrang des Integritätsinteresses vor dem Kompensationsinteresse geschuldet.[1687] So kann ein Gläubiger vom Schuldner verlangen, „den Zustand herzustellen, der bestehen würde, wenn der zum Ersatz verpflichtende Umstand nicht eingetreten wäre“, was nichts anderes bedeutet als die „Herstellung eines wirtschaftlich gleichwertigen Zustandes“.[1688]

Anders als bei Immaterialgüterrechten sind Geheimnisverletzungen irreversibel.[1689] Obwohl nach früherer Rechtslage geheimnisschutzrechtliche Schadensersatzansprüche in bestimmten Fällen auch auf (Natural-)Restitution gerichtet

---

1685 *Böhm/Nestler*, GRUR-Prax 2018, 181, 182.

1686 So auch im UWG vgl. *Goldmann*, in: Harte-Bavendamm/Henning-Bodewig, UWG, 5. Aufl. 2021, UWG, § 9 Rn. 116 f.

1687 BGHZ 92, 85, 90; *Scholz*, Der objektive Wert als Rechtsbegriff im bürgerlichen Recht, 2003, 9; so auch für den UWG-Schadensersatz *Goldmann*, in: Harte-Bavendamm/Henning-Bodewig, UWG, 5. Aufl. 2021, UWG, § 9 Rn. 171.

1688 *Goldmann*, in: Harte-Bavendamm/Henning-Bodewig, UWG, 5. Aufl. 2021, UWG, § 9 Rn. 171.

1689 *Goldmann*, WRP 2011, 950, 951.

sein konnten,[1690] hat der BGH zuletzt offengelassen, ob dies weiterhin gilt.[1691] Da eine (Natural-)Restitution nur in Betracht kommt, um die Nutzung oder Weitergabe einer unredlich erlangten Kenntnis zu verbieten,[1692] ist eine Fortgeltung nach heutiger Rechtslage abzulehnen.[1693] Auf eine (Natural-)Restitution gerichtete Begehren sind durch die Ansprüche aus den §§ 6, 7 GeschGehG durchzusetzen, sodass sich der Schadensersatzanspruch auf einen Geldausgleich beschränkt.[1694] § 10 GeschGehG zielt somit nicht auf eine Restitution, sondern auf eine Kompensation.

So muss ein Rechtsverletzer gemäß § 251 Abs. 1 BGB den Inhaber für alle durch die Geheimnisverletzung eingetretenen Vermögenseinbußen monetär entschädigen.[1695] Die Entschädigungshöhe richtet sich nicht nach der Höhe der (Wieder-)Herstellungskosten, sondern nach dem wirtschaftlichen Wert,[1696] woran sich abermals die Kompensationsfunktion des konkreten Schadensersatzes im GeschGehG zeigt.[1697] Als ersatzfähige Positionen (des positiven Schadens) kommen insb. bilanzielle Abwertungen, Kursverluste, behördliche Strafen

---

1690 *BGH*, Urt. v. 23.04.1975, I ZR 3/74 = GRUR 1976, 306, 307; *BGH*, Urt. v. 03.12.1969, I ZR 151/67 = GRUR 1970, 182, 184; *BGH*, Urt. v. 21.12.1966, Ib ZR 146/64 = GRUR 1967, 428, 429; *BGH*, Urt. v. 06.11.1963, Ib ZR 41/62, Ib ZR 40/63 = GRUR 1964, 215, 216 f.; *BGH*, Urt. v. 17.03.1961, I ZR 26/60 = GRUR 1961, 482, 483.

1691 *BGH*, Urt. v. 16.11.2017, I ZR 161/16 = GRUR 2018, 535, 538.

1692 *Kraßer*, GRUR 1977, 177, 183.

1693 Zur begrenzten praktische Anwendung der Naturalrestitution auch beim UWG-Schadensersatz *Goldmann*, in: Harte-Bavendamm/Henning-Bodewig, UWG, 5. Aufl. 2021, UWG, § 9 Rn. 172; im Sinne eines „status quo ante" nach *Wiese*, Die EU-Richtlinie über den Schutz vertraulichen Know-hows und vertraulicher Geschäftsinformationen, 2018, 183.

1694 *OLG Frankfurt*, Urt. v. 01.03.2018, 6 U 165/17 = GRUR-RR 2018, 477; *Hötte*, in: Hoeren/Münker, GeschGehG, 2021, § 10 Rn. 28; *Glinke*, in: Keller/Schönknecht/Glinke, GeschGehG, 2. Aufl. 2021, § 10 Rn. 102 f.; *Alexander*, in: Köhler/Bornkamm/Feddersen, UWG, 41. Aufl. 2023, GeschGehG, § 10 Rn. 27.

1695 Zu § 251 Abs. 1 BGB, der auch für den UWG-Schadensersatz den Hauptanwendungsfall darstellt *Goldmann*, in: Harte-Bavendamm/Henning-Bodewig, UWG, 5. Aufl. 2021, UWG, § 9 Rn. 172 m. w. N.; allgemein für immaterielle Werte *Dreier*, Kompensation und Prävention, 2002, 220 f., 230, 611.

1696 *BGH* NJW 1992, 1383, 1383; *BGH* NJW 1988, 1835, 1836; *BGH* NJW 1984, 2282, 2282 f.

1697 Vgl. *Alexander*, in: Köhler/Bornkamm/Feddersen, UWG, 41. Aufl. 2023, GeschGehG, § 10 Rn. 8; so auch schon für die Richtlinie (EG) 2004/48 *Stieper*, WRP 2010, 624, 626 f.

oder Ersatzansprüche Dritter und (des negativen Schadens) auch Marktverwirrungsschäden[1698] in Betracht.

Mit der geheimnisschutzrechtlichen Kompensation ist kein Wertersatz i. e. S. gemeint. Sonst könnten Geschäftsgeheimnisse mit ausschließlich schädigendem Potenzial mangels positiven Wertes nicht kompensiert werden.[1699] Ein Wertersatz i. e. S. würde dem richtlinien- und gesetzgeberischen Willen zuwiderlaufen, dass auch Schädigungspotenziale einen wirtschaftlichen Wert begründen. Es gibt nämlich i. R. d. geheimnisschutzrechtlichen Ansprüche keine andere Berechnungsart, nach der Schädigungen ersetzt werden könnten.

Da es sich bei den Methoden der „dreifachen Schadensberechnung" nicht um unterschiedliche Ansprüche, sondern nur um unterschiedliche Anknüpfungspunkte bei der „Ermittlung des gleichen einheitlichen Schadens" handelt,[1700] dürfen sie nicht miteinander vermengt werden.[1701] Doch bis zur Zuerkennung oder Erfüllung des Anspruchs darf zwischen ihnen gewechselt werden.[1702] Auch hierin zeigen sich die unterschiedlichen wertbegründenden Potenziale, deren Unterschiede i. R. d. Ersatzansprüche zu beachten sind. § 251 Abs. 1 BGB ist i. R. d. Geheimnisschutzes jedenfalls ausschließlich auf den Ersatz eines Schädigungspotenzials ausgerichtet.

2. *Entgangener Gewinn*

Neben dem positiven Schaden i. S. d. § 251 Abs. 1 BGB umfasst der konkrete Schadensersatz gemäß § 252 BGB den entgangenen Gewinn, der sich nach dem gewöhnlichen Lauf der Dinge oder nach besonderen Umständen (insb. getroffenen Anstalten und Vorkehrungen) bestimmt.[1703] Der Gewinn kann anhand der üblichen und bereits getätigten Geschäfte im Handelsverkehr abstrakt oder anhand bestimmter schon vereinbarter Geschäfte (z. B. Vereinbarung mit einem

---

1698 So nach früherer Rechtslage *BGH*, Urt. v. 12.01.1966, Ib ZR 5/64 = GRUR 1966, 375, 378; *Westermann*, Handbuch Know-how-Schutz, 2007, Kap. 7 Rn. 15 hierzu auch *Dreier*, Kompensation und Prävention, 2002, 249 ff.

1699 Vgl. *Scholz*, Der objektive Wert als Rechtsbegriff im Bürgerlichen Recht, 2003, 114.

1700 *Stieper*, WRP 2010, 624, 626 m. w. N.

1701 A. A. und offen für eine „komplementäre Anwendung" *Raue*, Die dreifache Schadensberechnung, 2017, 121 f., 545 ff.; hierzu ebenfalls kritisch *Dreier*, Kompensation und Prävention, 2002, 287 ff.

1702 Stellvertretend *BGH* Urt. v. 17.06.1992, I ZR 107/90 = GRUR 1993, 55.

1703 BGHZ 122, 262; *Heil/Roos*, GRUR 1994, 26, 27; *Reinfeld*, Das neue Gesetz zum Schutz von Geschäftsgeheimnissen, 2019, § 4 Rn. 139.

Investor, langfristiger Bezug von einem auf dem verletzten Geschäftsgeheimnis beruhenden Produkt durch Kunden)[1704] konkret berechnet werden.[1705] Ersteres entspricht dem potenziellen Wert und Zweiteres dem – bspw. vertraglich manifestierten – realen Wert eines Geschäftsgeheimnisses. Es muss jedenfalls genügend Anhaltspunkte geben, dass der Inhaber den Gewinn auch tatsächlich hätte erzielen können.[1706] So stellen insb. die vom Rechtsverletzer ersparte Lizenz und über den üblichen Konditionen ausgehandelte Lizenzen entgangene Gewinne („Übererlöse") dar,[1707] sofern ein Geschäftsgeheimnis auch zur Lizenzierung genutzt wird.[1708] Dem durch die Lizenzanalogie ermittelten Betrag kommt in solchen Fällen eine Indizwirkung zu. Zu weit ginge es aber, den vom Rechtsverletzer erwirtschafteten Gewinn mit dem entgangenen Gewinn des Inhabers gleichzusetzen,[1709] sodass Ersterer – wenn überhaupt – zur Ermittlung des konkreten Schadensersatzes lediglich zu berücksichtigen ist, was schon aus Art. 13 Abs. 1 S. 2 lit. a der Enforcement-RL hervorging. Eine Vermutung erübrigt sich ohnehin durch die vom konkreten Schadensersatz losgelöste Berechnungsmethode der Gewinnherausgabe.

a) Orientierung an kartellrechtlichen Bemessungsmethoden

Sollte sich die Wettbewerbsposition eines Inhabers infolge einer Geheimnisverletzung verschlechtert haben, indem bspw. dem Inhaber Verkaufsgeschäfte von Produkten entgehen,[1710] die auf dem verletzten Geschäftsgeheimnis basieren,

---

1704 *Raue*, Die dreifache Schadensberechnung, 2017, 375.

1705 *Glinke*, in: Keller/Schönknecht/Glinke, GeschGehG, 2021, § 10 Rn. 105.

1706 *Hötte*, in: Hoeren/Münker, GeschGehG, 2021, § 10 Rn. 38.

1707 *Raue*, Die dreifache Schadensberechnung, 2017, 365 f. m. w. N.; *Dreier*, Kompensation und Prävention, 2002, 245 ff.

1708 *BGH*, Urt. v. 18.02.1977, I ZR 112/75 = GRUR 1977, 539, 541 f.; *BGH*, Urt. v. 02.02.1995, I ZR 16/93 = GRUR 1995, 349, 352; so auch für den UWG-Schadensersatz *Goldmann*, in: Harte-Bavendamm/Henning-Bodewig, UWG, 5. Aufl. 2021, UWG, § 9 Rn. 235; vgl. auch *Dreier*, Kompensation und Prävention, 2002, 84 ff., 231.

1709 So auch und dies „nur in seltenen Ausnahmefällen" als Indiz erachtend *Dreier*, Kompensation und Prävention, 2002, 332; vgl. BGHZ 176, 311; *OLG Hamburg*, Urt. v. 30.06.1954, 5 U 10/54 = GRUR 1955, 430, 431; *Goldmann*, WRP 2011, 950, 953 m. w. N.; differenzierend und den „Verletzergewinn" als „Ersatzkonstruktion" für den entgangenen Gewinn bezeichnend *Raue*, Die dreifache Schadensberechnung, 2017, 386 m. w. N., 390 ff.

1710 Hierzu *Dreier*, Kompensation und Prävention, 2002, 248.

muss zur Ermittlung entgangener Gewinne ein hypothetischer Geschehensablauf dargelegt werden.[1711]

Mit anerkannten kartellrechtlichen Bemessungsmethoden (z. B. Vergleichsmarkt-, Kosten- oder Simulationsmethoden)[1712] kann die Differenz des „verlorenen“[1713] Vorteils gegenüber allen Wettbewerbern als Ausdruck des wirtschaftlichen Wertes ermittelt werden.[1714] Auch für den Kartellschadensersatz wird der Kartellpreis oder hypothetische Wettbewerbspreis im kontrafaktischen Szenario so berechnet. Um die Auswirkungen eines Firmenzusammenschluss auf den Wettbewerb zu bestimmen, eignen sich „Merger Simulationstechniken“.

Dasselbe bietet sich für die Ermittlung entgangener Gewinne bei immateriellen Werten an,[1715] weil hieraus eine Differenz zwischen tatsächlichen und hypothetischen Gewinnen gebildet werden kann. Der Inhaber ist nämlich wegen der Geheimnisverletzung mit der unrechtmäßigen (und ggf. zu frühen)[1716] Konkurrenzsituation konfrontiert, in der ihm durch „geringere Verkaufszahlen oder Verkaufspreise“ Gewinne entgehen.[1717] Durch die Anwendung der kartellrechtlichen Simulationstechniken können die Verkaufszahlen und -preise ermittelt werden, die ohne eine Geheimnisverletzung durch den Inhaber erzielt werden könnten und deshalb dem Nutzungspotenzial des Geschäftsgeheimnisses entsprechen.

Hinzukommen kann, dass der Gewinn des Inhabers durch gestiegene Produktionskosten infolge einer der Geheimnisverletzung kausalen „größeren Konkurrenz um Produktionsmittel“ gemindert wird, was auch zum entgangenen

---

1711 *Kalbfus*, Know-how-Schutz in Deutschland zwischen Strafrecht und Zivilrecht – welcher Reformbedarf besteht?, 2011, Rn. 446; *Raue*, Die dreifache Schadensberechnung, 2017, 370.

1712 Zu den genannten kartellrechtlichen Schadensermittlungsmethoden im Detail *Rauh/Zuchandke/Reddemann*, Die Ermittlung der Schadenshöhe im Kartelldeliktsrecht, WRP 2012, 173, 175 ff.; hierzu auch *Hornkohl*, Geschäftsgeheimnisschutz im Kartellschadensprozess, 2021, 18 ff.

1713 *Kalbfus*, Know-how-Schutz in Deutschland zwischen Strafrecht und Zivilrecht – welcher Reformbedarf besteht?, 2011, Rn. 445.

1714 *Böhm/Nestler*, GRUR-Prax 2018, 181, 182.

1715 *Vögele/Braukmann*, in: Vögele, Intangibles, 2. Aufl. 2021, § 4 B. Rn. 531, 592 m. w. N.

1716 *Raue*, Die dreifache Schadensberechnung, 2017, 367.

1717 *Grosch*, in: Ann/Loschelder/Grosch, Praxishandbuch Know-how-Schutz, 2010, Kap. 6 Rn. 133; *Vögele/Braukmann*, in: Vögele, Intangibles, 2. Aufl. 2021, § 4 B. Rn. 531, 592; vgl. *Raue*, Die dreifache Schadensberechnung, 2017, 366.

Gewinn beiträgt,[1718] oder der Inhaber fortan höhere Aufwendungen (z. B. für teurere Werbung) tätigen, um verlorene Marktanteile wiederzuerlangen.[1719]

Wird der Marktanteil eines Rechtsverletzers rausgerechnet, ist dieser den Verhältnissen des Marktes entsprechend auf alle anderen Marktteilnehmer aufzuteilen, sodass auch für den Inhaber eine zusätzliche Nachfrage verbleibt, aus der der entgangene Gewinn resultiert und das verletzte Nutzungspotenzial kompensiert werden kann. Zusätzlichen Aufschluss (und zur Ergebniskontrolle) kann die „Vornahme einer repräsentativen Befragung von typischen Kundengruppen" für ein aus dem Geschäftsgeheimnis resultierenden Produkt geben.[1720]

b) Beispiele: Kalkulationsgrundlagen und pharmazeutische Produkte

Die Offenlegung von geheimen Kalkulationsgrundlagen kann einen exakten Aufschluss über die Verhandlungsposition oder Vergabestrategie des Inhabers geben. Bspw. können potenzielle Käufer von Produkten des Inhabers unter Verweis auf die tatsächlichen Kosten des Inhabers den Kaufpreis verringern und auch mögliche Auftragsbieter können Angebotspreise vorschlagen, die möglichst nah an der Obergrenze eines Ausschreibers liegen. Durch eine Geheimnisverletzung entgehen dem Inhaber in beiden Fällen höhere Einnahmen, die über den entgangenen Gewinn gemäß § 252 BGB kompensiert werden.

Auch bei pharmazeutischen Produkten ist die Berechnung des entgangenen Gewinns für den Inhaber oft zielführender als die Anwendung anderer Berechnungsarten. Wenn bspw. ein Inhaber für ein auf ein Geschäftsgeheimnis beruhendes Medikament 100 € von Kunden verlangen kann und Wettbewerber nach einer Geheimnisverletzung deutlich günstigere Generika anbieten können (z. B. 30 €), würde die Gewinnherausgabe nur die Kompensation von einem Bruchteil des Wertes zulassen, den das Geschäftsgeheimnis für den Inhaber hat. Der entgangene Gewinn ermöglicht eine potenzialgetreuere Wertkompensation, wenn Nachahmerprodukte deutlich günstiger sind.

c) Besonderheit für „illegale" Geheimnisse

Für den entgangenen Gewinn ist eine Einschränkung bei „illegalen" Geheimnissen vorzunehmen. Obwohl diese einen wirtschaftlichen Wert haben können,

---

1718 *Vögele/Braukmann*, in: Vögele, Intangibles, 2. Aufl. 2021, § 4 B. Rn. 531, 592.

1719 *Parr*, in: Parr, Intellectual Property. Valuation, Exploitation, and Infringement Damages, 5. Aufl. 2018, 405.

1720 *Grosch*, in: Ann/Loschelder/Grosch, Praxishandbuch Know-how-Schutz, 2010, Kap. 6 Rn. 133.

werden durch den entgangenen Gewinn i. S. d. § 252 BGB nur solche Gewinne kompensiert, die „im Einklang mit den Wertungen der Rechtsordnung" stehen.[1721] In ähnlicher Weise setzt auch der Schadensersatz i. R. d. Lauterkeitsrechts voraus, dass ein entgangener Gewinn rechtmäßig ist und nicht durch rechtswidrige Mittel erlangt werden darf.[1722] Sollte also die Gewinnerzielung mit der Verletzung eines gesetzlichen Verbots oder anderen rechtswidrigen Mitteln erfolgen, handelt es sich nicht um einen entgangenen Gewinn i. S. d. Norm.[1723]

Der wirtschaftliche Wert in Form des Nutzungspotenzials „illegaler" Geheimnisse kann also nicht über den konkreten Schadensersatz kompensiert werden. Für alle anderen Geschäftsgeheimnisse ist das aber möglich. Einer Ausweitung des entgangenen Gewinns auf „illegale" Geheimnisse bedarf es nicht. Schon die Geldentschädigung gemäß § 251 BGB ermöglicht die Kompensation einer „subjektiven Schädigung", wenn das Bekanntwerden des „illegalen" Geheimnisses negative Auswirkungen hat und die dafür kausale Handlung nicht durch eine Ausnahme i. S. d. § 5 GeschGehG gerechtfertigt ist.

§ 251 BGB und § 252 BGB haben ohnehin unterschiedliche Bezugspunkte, sodass an § 252 BGB die zusätzliche Anforderung der „Legalität" gestellt werden darf. Während nämlich § 251 BGB auch das Schädigungspotenzial abbildet, dient § 252 BGB ausschließlich dem nicht verwirklichten positiven Nutzungs- und/oder Verwertungspotenzial. Etwas durch „illegale" Geheimnisse positiv zu erlangen, widerspricht dem fairen Wettbewerb und kann aufgrund der Einheit der Rechtsordnung nicht durch § 252 BGB geschützt werden. Es verhält sich nur anders, wenn der „illegale" status quo verloren wird und der Inhaber dadurch Schäden erleidet. Somit ist der entgangene Gewinn nur bei „legalen" Geschäftsgeheimnissen von Bedeutung.

3. *Zwischenergebnis*

Der konkrete Schadensersatz spielt praktisch – vor allem zur Kompensation positiver Schäden[1724] – nur eine untergeordnete Rolle,[1725] da abstrakte

---

1721 *Alexander*, in: Köhler/Bornkamm/Feddersen, UWG, 41. Aufl. 2023, GeschGehG, § 10 Rn. 32.

1722 *BGH*, Urt. v. 23.02.1995, I ZR 15/93 = GRUR 1995, 424, 426; *BGH*, Urt. v. 21.02.1964, Ib ZR 108/62 = GRUR 1964, 392, 396.

1723 Vgl. BGHZ 162, 246; *BGH*, Urt. v. 28.01.1996, VI ZR 151/84 = NJW 1986, 1486, 1487; *BGH*, Urt. v. 21.02.1964, Ib ZR 108/62 = NJW 1964, 1181, 1183; differenzierend *Raue*, Die dreifache Schadensberechnung, 2017, 304 f.

1724 Hierzu und kritisch *Raue*, Die dreifache Schadensberechnung, 2017, 113 ff.

1725 *Raue*, Die dreifache Schadensberechnung, 2017, 370 ff.

Berechnungsarten wie die Gewinnherausgabe oder Lizenzanalogie weniger Nachweisschwierigkeiten bezüglich der Kausalität bereiten. Dennoch eignet sich der konkrete Schadensersatz nicht nur für die Wertbestimmung. Er ist auch erforderlich, weil erst hierdurch auch das Schädigungspotenzial abgebildet werden kann, sodass grundsätzlich der wirtschaftliche Wert von allen Geschäftsgeheimnissen i. R. d. §§ 251, 252 BGB kompensiert werden kann.

Lediglich „illegale" Geheimnisse stellen i. R. d. entgangenen Gewinns gemäß § 252 BGB insoweit eine Ausnahme dar, dass sie zwar einen wirtschaftlichen Wert haben können, jedoch das in ihnen liegende Nutzungs- und Verwertungspotenzial nicht auch im entgangenen Gewinn ausdrückt und kompensiert werden kann. Der wirtschaftliche Wert ermöglicht Inhabern „illegaler" Geheimnisse nur, die Ansprüche aus § 6 GeschGehG und § 7 GeschGehG einer Naturalrestitution entsprechend geltend zu machen und eine Geldentschädigung gemäß § 251 BGB Kompensation für erlittene Schäden zu fordern, sofern die Geheimnisverletzung nicht gerechtfertigt ist.

Für alle anderen Geschäftsgeheimnisse mit ausschließlich schädigendem Potenzial stellt der konkrete Schadensersatz die einzige Möglichkeit dar, um den wirtschaftlichen Wert zu kompensieren.

II. Gewinnherausgabe i. R. d. § 10 Abs. 2 S. 1 GeschGehG

Weil der Nachweis eines „entgangenen" Gewinns meist nicht ohne Weiteres und vor allem ohne Offenlegung von Geheimnissen möglich ist,[1726] ist ein weiterer Anknüpfungspunkt für die Wertkompensation die an den Herausgabeanspruch wegen angemaßter Eigengeschäftsführung angelehnte[1727] Herausgabe des vom Rechtsverletzer „tatsächlich" erwirtschafteten Gewinns durch die Nutzung oder Verwertung eines Geschäftsgeheimnisses. Die abstrakte oder „objektive Schadensberechnung"[1728] der Gewinnherausgabe betrifft den Verkauf von Produkten, die entweder das verletzte Geschäftsgeheimnis enthalten oder bei deren Herstellung das Geheimnis verwendet wurde, sowie produktivitätssteigernde und kostensenkende Einsparungen durch die innerbetriebliche Nutzung des

1726 *Stieper*, WRP 2010, 624, 624; zur indiziellen Wirkung des Verletzergewinns für den entgangenen Gewinn i. R. d. konkreten Schadensersatzes vgl. *BGH*, Urt. v. 14.02.2008, I ZR 135/05 = GRUR 2008, 933, 935; hierzu auch BGHZ 122, 262.

1727 BGHZ 34, 320; *Dreier*, Kompensation und Prävention, 2002, 612; *Goldmann*, WRP 2011, 950, 958; *Westermann*, Handbuch Know-how-Schutz, 2007, Kap. 7 Rn. 21; im Detail *Raue*, Die dreifache Schadensberechnung, 2017, 401 ff., 497 ff.

1728 Vgl. BGHZ 173, 374.

Geheimnisses.[1729] Streng genommen handelt es sich nicht um einen Wertausgleich beim Inhaber, sondern um Abschöpfungen beim Rechtsverletzer.[1730]

Rechtsverletzter müssen i. R. d. § 10 Abs. 2 S. 1 GeschGehG grundsätzlich den gesamten erzielten Nettogewinn an den Inhaber herausgeben,[1731] weil auf Geheimnisverletzungen basierende Ergebnisse „dauerhaft mit dem Makel der Wettbewerbswidrigkeit behaftet" seien.[1732] Unabhängig davon, ob der Inhaber überhaupt in der Lage gewesen wäre, aufgrund des Geschäftsgeheimnisses einen gleich hohen Gewinn zu erzielen, wird – wegen der potenziellen Nutzungsmöglichkeit des Inhabers – fingiert, dass er es hätte tun können.[1733] Dadurch wird das Nutzungspotenzial in der Rechtsfolge nicht nur auf die interne Nutzung durch den Inhaber beschränkt, sondern auch auf Dritte ausgeweitet. Hierin zeigt sich erneut, dass der wirtschaftliche Wert auch als trägerabstrahierendes Potenzial zu verstehen ist.

Obwohl es grundsätzlich nur auf den entgangenen Gewinn gemäß § 252 BGB ankommt, entsprechen sich der „gezogene" und „entgangene" Gewinn bei der Nutzung von immateriellen Werten der gezogene und der entgangene Gewinn oft.[1734] Der Nachweis des entgangenen Gewinns wäre nur mit Schwierigkeiten möglich,[1735] was die Kompensation des wirtschaftlichen Wertes verkomplizieren würde. Durch die Fiktion erfüllt die Gewinnherausgabe im GeschGehG eine umfassende Ausgleichsfunktion für das Nutzungspotential.[1736] Diese darf aber erst zur Geltung kommen, wenn das Geschäftsgeheimnis bereits tatsächlich durch einen Dritten genutzt wurde, denn allein aufgrund der unbefugten Erlangung kann es noch keinen Gewinn geben, der abgeschöpft werden kann.[1737]

1729 *Hötte*, in: Hoeren/Münker, GeschGehG, 2021, § 10 Rn. 33; a. A. *Haedicke*, GRUR 2005, 529, 531 f.

1730 *Goldmann*, WRP 2011, 950, 958 m. w. N.

1731 *Alexander*, in: Köhler/Bornkamm/Feddersen, UWG, 41. Aufl. 2023, GeschGehG, § 10 Rn. 36; *Reinfeld*, Das neue Gesetz zum Schutz von Geschäftsgeheimnissen, 2019, § 4 Rn. 142.

1732 *BGH*, Beschl. v. 19.03.2008, I ZR 225/06 = WRP 2008, 938, 939.

1733 Vgl. *BGH*, Urt. v. 21.09.2006, I ZR 6/04 = GRUR 2007, 431, 434 f.; vgl. *Heil/Roos*, GRUR 1994, 26, 27; *Reinfeld*, Das neue Gesetz zum Schutz von Geschäftsgeheimnissen, 2019, § 4 Rn. 142.

1734 *Nissen*, Der monetäre Wert von Daten im Privatrecht, 2021, 221 f.

1735 *Glinke*, in: Keller/Schönknecht/Glinke, GeschGehG, 2021, § 10 Rn. 110.

1736 *BGH*, Urt. v. 25.03.2020, I ZR 122/08 = GRUR 2010, 1090, 1092; BGHZ 145, 366.

1737 *Glinke*, in: Keller/Schönknecht/Glinke, GeschGehG, 2021, § 10 Rn. 112.

Ferner handelt es sich beim herauszugebenden Gewinn um den Nettogewinn und nicht um einen kausal durch das Geschäftsgeheimnis generierten Umsatz. Die Berechnung von dem, was vom Umsatz für den herauszugebenden Gewinn abzuziehen ist, geht auf eine geschmacksmusterrechtliche Entscheidung des BGH zurück, in der die abzugsfähigen variablen Kosten (bspw. Material- und Produktionskosten) hinreichend definiert wurden.[1738] Hiernach sind nur Gemeinkosten nicht abzugsfähig. Obwohl dieser Abzug für den immaterialgüterrechtlichen und wettbewerblichen Nachahmungsschutz entwickelt wurde,[1739] spricht nur wenig gegen eine entsprechende Anwendung im Geheimnisschutz.[1740] Wenn nämlich das wertbegründende Nutzungspotenzial durch die Rechtsfolgen des GeschGehG kompensiert werden soll, müsste der Inhaber wie auch der Rechtsverletzer Kosten auf sich nehmen, um das Potenzial realisieren zu können.

Es widerspricht also nicht dem weiten Potenzialverständnis des GeschGehG, „nur" den Nettogewinn bei der Gewinnherausgabe zu berücksichtigen. Entscheidend ist nur, inwieweit der Nettogewinn auf die Geheimnisverletzung zurückzuführen ist und ob auch schon ausschließlich innerbetriebliche Verwendungen eines Rechtsverletzers genügen, um den herauszugebenden Gewinn zu bemessen.

1. *Aufteilung in kausale und nicht-kausale Gewinnanteile?*

Ob durch einen herauszugebenden Gewinn der wirtschaftliche Wert eines Geschäftsgeheimnisses umfassend kompensiert werden kann, hängt davon ab, ob die Geheimnisverletzung für den Gewinn kausal war. Zwar ist der vom Rechtsverletzer erzielte Nettogewinn für den im Nutzungspotenzial liegenden Wert des Geschäftsgeheimnisses ein Indiz. Allerdings ist nicht ohne Weiteres anzunehmen, dass der gesamte vom Rechtsverletzer erzielte Nettogewinn ausschließlich auf einem rechtswidrig erlangten Geschäftsgeheimnis beruht.[1741]

Bspw. ist für hergestellte Werkzeuge denkbar, die auf unterschiedlichen Teilen von Konstruktionszeichnungen basieren, dass für den einen Teil zwar

---

1738 BGHZ 145, 366; mit einer Auflistung von abzugsfähigen Kosten i. S. d. Rspr. *Glinke*, in: Keller/Schönknecht/Glinke, GeschGehG, 2021, § 10 Rn. 117.

1739 *BGH*, Urt. v. 21.09.2006, I ZR 6/04 = GRUR 2007, 431.

1740 So auch *Hötte*, in: Hoeren/Münker, GeschGehG, 2021, § 10 Rn. 34; *Glinke*, in: Keller/Schönknecht/Glinke, GeschGehG, 2021, § 10 Rn. 121; *Alexander*, in: Köhler/Bornkamm/Feddersen, UWG, 41. Aufl. 2023, GeschGehG, § 10 Rn. 36.

1741 Vgl. BGHZ 122, 262; *Hötte*, in: Hoeren/Münker, GeschGehG, 2021, § 10 Rn. 39; *Goldmann*, WRP 2011, 950, 959 m. w. N.

Zeichnungen des Inhabers, aber für den anderen Teil eigene Zeichnungen benutzt wurden.[1742] Auch bei einer unlauteren Nachahmung eines schützenswerten Leistungserzeugnisse kommt es dem BGH zufolge darauf an, „ob und inwieweit beim Vertrieb der nachgeahmten Produkte die Gestaltung als Imitat für die Kaufentschlüsse ursächlich gewesen ist oder andere Umstände eine wesentliche Rolle gespielt haben". So sei auch bei (fast) identischen Nachahmungen nicht ohne Weiteres davon auszugehen, dass ein Kaufentschluss und der Gewinn nur durch das imitierte Aussehen und nicht auch durch andere wesentliche Umstände verursacht wurden.[1743]

Der beim Inhaber nach einer Geheimnisverletzung eingetretene Umsatzrückgang ist regelmäßig ein Hinweis, wie groß der ursprüngliche Wettbewerbsvorteil gewesen ist.[1744] Doch für die exakte Bestimmung eines abzuschöpfenden Gewinns könnte eine Unterscheidung zwischen Gewinnanteilen kausaler und nicht-kausaler Art notwendig sein,[1745] um eine Überkompensation des Wertes zu vermeiden.

a) Anwendung bei Immaterialgüterrechten und Rückblick: §§ 17 ff. UWG a. F.

Bei immaterialgüterrechtlichen Verletzungen kann i. d. R. nicht der gesamte Gewinn für rechtsverletzende Produkte herausverlangt werden,[1746] da die Grundlage des Gewinns nicht in der Gesamtheit kausal auf die Verletzung zurückzuführen ist.[1747] Bspw. wird bei Patenten zwischen Pionier- und Verbesserungserfindungen unterschieden.[1748] So reicht bei Letzteren ein auf der Verletzung beruhender geringfügiger Bestandteil eines in Verkehr gebrachten größeren Gegenstandes nicht aus, um den Gewinn des gesamten Gegenstandes abzuschöpfen.[1749] Selbst wenn der gesamte Gegenstand auf das verletzte Patent zurückzuführen wäre, könnte die Nachfrageentscheidung von Käufern

---

1742 Als Beispiel anführend *BGH*, Beschl. v. 19.03.2008, I ZR 225/06 = WRP 2008, 938, 939.

1743 *BGH*, Beschl. v. 19.03.2008, I ZR 225/06 = WRP 2008, 938, 939.

1744 Zur Widerlegbarkeit durch den Rechtsverletzer BGHZ 122, 262.

1745 *Raue*, Die dreifache Schadensberechnung, 2017, 542; mit dem Wertungskriterium der unmittelbaren Zurechenbarkeit *BGH*, Urt. v. 02.11.2000, I ZR 246/98 = GRUR 2001, 329, 331; für das Patentrecht *Haedicke*, GRUR 2005, 529, 531.

1746 *Haedicke*, GRUR 2005, 529, 531.

1747 BGHZ 194, 194; BGHZ 181, 98; BGHZ 119, 20.

1748 *Haedicke*, GRUR 2005, 529, 531.

1749 *Glinke*, in: Keller/Schönknecht/Glinke, GeschGehG, 2021, § 10 Rn. 122.

durch außerhalb des Rechtes liegende Faktoren wie bspw. die ästhetische Gestaltung oder bekannte Herstellermarke des Rechtsverletzers positiv beeinflusst werden.[1750]

Auch mit Blick auf die frühere Rechtslage kann eine geheimnisschutzrechtliche Entscheidung des BGH zu verletzten Datensätzen mit Konstruktionsplänen so verstanden werden, dass der Gewinn in bestimmten Fällen aufgeteilt werden muss.[1751] Zwar sei „bei einer Verletzung von Betriebsgeheimnissen grundsätzlich der gesamte unter Einsatz von geheimen Know-how erzielte Gewinn herauszugeben",[1752] was auf einen Regelfall deutet. Allerdings lässt der Begriff „grundsätzlich" auf Ausnahmen schließen, die mitunter in nicht-kausalen Teilen gelegen haben können, und es nur im konkreten Fall keinen Grund gegeben hat, die Herausgabe des gesamten Gewinns anders zu beurteilen. Fraglich ist also, ob eine Aufteilung auch für die Gewinnherausgabe i. S. d. GeschGehG geboten ist.[1753]

b) Vereinbarkeit mit dem heutigen Geheimnisschutz

Weil das verletzte Potenzial nicht vollständig berücksichtigt werden könnte, ist eine Aufteilung für den heutigen Geheimnisschutz zu bezweifeln.[1754]

Erstens wäre eine Aufteilung bei geheimen Informationen „nicht trennscharf" möglich und birgt die Gefahr, dass sich fast alle Kosten in irgendeiner Weise dem nicht-kausalen Teil zurechnen ließen.[1755]

Zweitens würde eine Aufteilung – auch wenn nur ein bestimmter Teil auf rechtswidrig erlangten Geheimnissen beruht – den wirtschaftlichen Wert von Geschäftsgeheimnissen unterlaufen, weil die Rechtswidrigkeit des gesamten, endgültigen Nettogewinns wegen der Mitursächlichkeit der Geheimnisverletzung nicht von der Hand zu weisen ist.[1756] Bei Hinwegdenken der Geheimnisverletzung ist schließlich nicht garantiert, ob der Rechtsverletzer ohne das

---

1750 *Glinke*, in: Keller/Schönknecht/Glinke, GeschGehG, 2021, § 10 Rn. 122.

1751 Gemutmaßt nämlich von *Glinke*, in: Keller/Schönknecht/Glinke, GeschGehG, 2021, § 10 Rn. 123.

1752 *BGH*, Beschl. v. 19.03.2008, I ZR 225/06 = WRP 2008, 938, 939.

1753 Bejahend *Reiling*, in: Fritzsche/Münker/Stollwerk, BeckOK UWG, Stand: 01.04.2023, GeschGehG, § 10 Rn. 17.

1754 So auch *Krbetschek*, in: Münchener Kommentar zum Lauterkeitsrecht, 3. Aufl. 2022, GeschGehG, § 10 Rn. 12; a. A. *Heitto*, CRi 2015, 140, 144.

1755 So auch schon *Haedicke*, GRUR 2005, 529, 533.

1756 *BGH*, Beschl. v. 19.03.2008, I ZR 225/06 = WRP 2008, 938, 939; *BGH*, Urt. v. 19.12.1984, I ZR 133/82 = GRUR 1985, 294, 296.

Geschäftsgeheimnis überhaupt ein fertiges Produkt hätte entwickeln können oder aber nur mit deutlich größerem (zeitlichen/finanziellen) Aufwand zu dem Ergebnis gekommen wäre.[1757] Das wertbegründende Nutzungspotenzial des Inhabers erstreckt sich auch auf den gesamten Nettogewinn, weil der Wettbewerbsvorteil des Inhabers im fehlenden und für den Rechtsverletzer augenscheinlich wichtigen Teil liegt, ohne den er nicht in der Lage gewesen wäre, das spezifische Produkt so zu entwickeln.

Drittens ist mit Blick auf die Folgen einer Verletzung von einer aus dem Patentrecht bekannten Aufteilung abzusehen. Anders als bei Immaterialgüterrechten sind die geheimnisschutzrechtlichen Rechtsbehelfe nicht auf den Ersatz von „nur" temporären Verletzungen eines weiterhin bestehenden Ausschließlichkeitsrechts gerichtet, sondern sollen die Kompensation des endgültigen und irreversiblen Geheimnisverlusts ermöglichen. Unabhängig davon, wie viele Verletzungen erfolgt sind, können sich Inhaber eines Immaterialgüterrechts grundsätzlich bis zum Ablauf des Rechts wirksam wehren. Dies trifft auf Inhaber von Geschäftsgeheimnissen aber nicht zu, weil die Geheimnisse nach der Verletzung offenkundig und daher i. S. d. GeschGehG wertlos sind. Solange es bei der Absolutheit und Ausschließlichkeit noch Unterschiede zwischen Geschäftsgeheimnissen und Immaterialgüterrechten gibt, muss die Kompensation einer Verletzung diesem Unterschied entsprechen. Demnach muss – anders als *Glinke* behauptet – der „Makel" einer Geheimnisverletzung anders als bei einer Patentverletzung gewichtet werden:

> *„Nach der Herauslösung des Geheimnisschutzes aus dem UWG und der weiteren Annäherung an die gewerblichen Schutzrechte erscheint es nicht gerechtfertigt, den ‚Makel' der Geheimnisverletzung anders zu gewichten als zB eine Patentverletzung."*[1758]

Die für das Patentrecht übliche Aufteilung ist nicht auf das GeschGehG zu übertragen.[1759] Der Gewinn muss nämlich vollständig auf die Geheimnisverletzung zurückgeführt werden,[1760] was nichts anderes bedeutet, als den Kausalanteil i. H. v. 100 % festzulegen. Eine so umfassende Kompensation lässt sich

---

1757 *BGH*, Beschl. v. 19.03.2008, I ZR 225/06 = WRP 2008, 938, 939; *BGH*, Urt. v. 19.12.1984, I ZR 133/82 = GRUR 1985, 294, 296; mit ähnlichen Gründen auch *Wiese*, Die EU-Richtlinie über den Schutz vertraulichen Know-hows und vertraulicher Geschäftsinformationen, 2018, 184.

1758 *Glinke*, in: Keller/Schönknecht/Glinke, GeschGehG, 2021, § 10 Rn. 127.

1759 A. A. *Glinke*, in: Keller/Schönknecht/Glinke, GeschGehG, 2021, § 10 Rn. 126.

1760 So auch schon vor Inkrafttreten des GeschGehG *BGH*, Beschl. v. 19.03.2008, I ZR 225/06 = WRP 2008, 938, 939.

bei Geschäftsgeheimnissen auch deutlich einfacher begründen als bei Patenten. Deutlich wird dies, wenn sich ein Rechtsverletzer nicht einmal von der Kausalität lösen kann, wenn es um „in der Person des Verletzers liegende Faktoren" geht, durch die der Gewinn regelmäßig über den „objektiven Wert" hinaus gesteigert werden kann.[1761] Damit sind vor allem wirkvolle Werbekampagnen und die enorme Geschäftstüchtigkeit eines Rechtsverletzers gemeint,[1762] die außerhalb des Geschäftsgeheimnisses liegen. Zwar mag dann eine Gewinnsteigerung überwiegend darin liegen, wie eine Person mit einem Geschäftsgeheimnis umgeht und „was daraus gemacht wird". Allerdings beruht der Gewinn in diesen Fällen vollständig kausal auf der erfolgten Geheimnisverletzung. Besondere „Vertriebsleistungen" eines Rechtsverletzers dürfen nicht honoriert werden,[1763] weil da sonst als Anreiz für Geheimnisverletzungen verstanden werden kann. Alle Handlungen beziehen sich dann sowieso auf das Geschäftsgeheimnis und sind vom umfassenden Nutzungspotenzial eines wirtschaftlichen Wertes umfasst.

Es mag ein denkbarer Ansatz sein, den außerhalb des Geschäftsgeheimnisses liegenden Faktoren und Leistungen eine angemessene Bedeutung bei der Schadensberechnung beizumessen. Ihre Bedeutung kann aber nicht so zur Geltung kommen, dass sie den wirtschaftlichen Wert eines Geschäftsgeheimnisses unterlaufen. Schließlich darf nicht vergessen werden, dass es beim wirtschaftlichen Wert auf das (zukünftige) Potenzial eines Geheimnisses und nicht darauf ankommt, wie groß der Erfolg eines Inhabers durch die tatsächliche und aktuelle Nutzung des Geheimnisses ist.

Insgesamt mag einem Rechtsverletzer zwar bspw. durch eine Werbekampagne, die Geschäftstüchtigkeit oder Ergänzung eines durch die Leistung des Rechtsverletzers geschaffenen Vorprodukts ein höherer Gewinn zukommen als der Inhaber hätte erzielen können. Der höhere Gewinn ist aber genauso vom weiten Potenzial des Inhabers umfasst. Durch die Gewinnherausgabe wird fingiert, auch er könne (hypothetisch) den hohen Gewinn durch die Nutzung des Geschäftsgeheimnisses erzielen. Das umfassende Potentialverständnis des GeschGehG gebietet es, von einer Aufteilung in kausale und nicht-kausale Teile im Geheimnisschutz abzusehen.[1764] Wegen des Nutzungspotenzials muss sich

1761 *Haedicke*, GRUR 2005, 529, 532.

1762 *BGH*, Urt. v. 02.11.2000, I ZR 246/98 = GRUR 2001, 329, 332; *Haedicke*, GRUR 2005, 529, 532.

1763 Vgl. BGHZ 145, 366.

1764 *Glinke*, in: Keller/Schönknecht/Glinke, GeschGehG, 2021, § 10 Rn. 125; *Alexander*, in: Köhler/Bornkamm/Feddersen, UWG, 41. Aufl. 2023, GeschGehG, § 10 Rn. 36.

die Gewinnherausgabe auf sämtliche Nettogewinne erstrecken, die durch das Geschäftsgeheimnis erzielt werden.

c) Darlegungs- und Beweislast des Rechtsverletzers als Kompromiss?

Zwar widerspricht eine an Immaterialgüterrechte angelehnte Aufteilung dem Geheimnisschutz. Allerdings könnte eine umgekehrte Darlegungs- und Beweislast eines Rechtsverletzers diesen Widerspruch auflösen. Im Verfahren obliege es dann dem Gericht sowohl den gesamten Gewinn als auch den zu kompensierenden Anteil zu schätzen. Jedoch müsste der Rechtsverletzer im Prozess darlegen, welche Aufwendungen er tragen musste, um den Gewinn zu erzielen. Dann wäre die Aufteilung im Zweifel nicht mehr zulasten des Inhabers gerichtet.[1765] Sollte dem Rechtsverletzer die Ermittlung eines kausalen Teils nicht gelingen, würde er mit dem gesamten Gewinn haften.[1766]

Doch auch eine solche verfahrensrechtliche Umkehr würde nicht das erstrebte Ziel einer „kausalen" Haftung erfüllen, weil die Nachweisschwierigkeiten sich wegen „vielschichtiger Kosten- und Gewinnfaktoren" auch in die entgegengesetzte Richtung stellen.[1767] Obwohl eine Aufteilung in kausale und nicht-kausale Gewinne eine „Über"-Kompensation verhindern soll, müsste der Rechtsverletzer i. d. R. den gesamten Gewinn herausgeben.[1768] Dadurch wäre die Haftung nicht auf das Potenzial begrenzt, das ein Inhaber im tatsächlichen Sinne mit dem Geheimnis verknüpft und der theoretische Zweck der Aufteilung in kausale und nicht-kausale Gewinnanteile untergraben. Daher ist eine umgekehrte Darlegungs- und Beweislast eines Rechtsverletzers kein effizienter Kompromiss für die mit dem Geheimnisschutz unvereinbare Aufteilung in kausale und nicht-kausale Teile.

2. Ausschließlich innerbetriebliche Verwendung

Gewinne lassen sich nicht nur mit dem Verkauf von Produkten realisieren, in denen Geschäftsgeheimnisse verarbeitet sind. Geschäftsgeheimnisse können vom Rechtsverletzer auch so verwendet werden, dass er sich eigene Aufwendungen für „ausschließlich innerbetriebliche" Vorgänge erspart. Denkbar ist das insb. bei Know-how, das sich auf unternehmensinterne Verfahren bezieht, oder Software, durch die Betriebsprozesse gesteuert werden. So wird auch fürs

1765 BGHZ 145, 366.
1766 *Haedicke*, GRUR 2005, 529, 534.
1767 *Haedicke*, GRUR 2005, 529, 534.
1768 *Haedicke*, GRUR 2005, 529, 534.

Patentrecht angenommen, dass der dadurch erhöhte Erlös nur durch einen Vergleich zwischen „dem infolge der Nutzung des fremden Patents erlangten Gewinn und dem Gewinn […] der hypothetisch unter Nutzung des nächstliegenden freien Standes der Technik zu erzielen gewesen wäre“ zu ermitteln sei.[1769]

Tatsächlich käme der wirtschaftliche Wert eines Geschäftsgeheimnisses nicht umfassend zur Geltung, wenn innerbetriebliche Einsparungen infolge der Geheimnisverletzung nicht auch von der Gewinnherausgabe umfasst wären. Da ein Geheimnis für den Schutz durch das GeschGehG nicht auch extern verwertet werden muss, kann dies auch nicht bei einer Gewinnherausgabe verlangt werden. Der Ausschluss von Gewinnen aus ausschließlich innerbetrieblicher Verwendung würde Geschäftsgeheimnisse teilweise entwerten. Doch eine Gewinnherausgabe könnte bei ausschließlich innerbetrieblicher Nutzung wegen des spekulativen Vergleichs nicht praktikabel sein.[1770] Richtigerweise weist *Brammsen* darauf hin, dass es wegen der Wertgrößen schwierig sein kann, den gesteigerten Gewinn zu bestimmen:

> *„Einen solchen [Wert] haben auch unternehmensintern produktionstechnisch, vertriebsmäßig etc. nicht produktiv einsetzbare Geheimnisse, obwohl er dort sich angesichts schwieriger Feststellung konkreter Wertgrößen eigentlich kaum jemals problemlos in Geldwert korrekt beziffern und die tatsächliche Preis- bzw. [sic!] Schadenshöhe zuverlässig ermitteln lässt.“*[1771]

Es bietet sich an, die Gewinne des Rechtsverletzers vor und nach der Verletzung miteinander zu vergleichen, wobei auch vom verletzten Geschäftsgeheimnis unabhängige Faktoren für gesteigerte Gewinne kausal gewesen sein könnten. Die Beweislast trägt dann aber nicht der Inhaber, sondern der Rechtsverletzer. Kann der Rechtsverletzer andere Faktoren darlegen, bietet sich sonst auch die Lizenzanalogie als praktikablere Möglichkeit an,[1772] das Potenzial der ausschließlich innerbetrieblichen Verwendung zu kompensieren. Ein Rückgriff auf die Gewinnherausgabe wäre nicht zwingend erforderlich.

3. *Zwischenergebnis*

Die Gewinnherausgabe ist eine umfassende Methode zur Schadensberechnung und kann das wertbegründende Nutzungspotenzial eines Geschäftsgeheimnisses

---

1769 *Haedicke*, GRUR 2005, 529, 531 f.

1770 *Haedicke*, GRUR 2005, 529, 531 f.

1771 *Brammsen*, in: Brammsen/Apel, GeschGehG, 2022, § 2 Rn. 38.

1772 *Glinke*, in: Keller/Schönknecht/Glinke, GeschGehG, 2021, § 10 Rn. 134.

im Fall einer Geheimnisverletzung vollständig kompensieren, sofern davon der gesamte Nettogewinn umfasst ist. Selbst wenn die GeschGeh-RL die Aufteilung in einen kausalen und in einen nicht-kausalen Gewinn vorsehen sollte, ist eine strenge Gewinnhaftung mit einem Kausalfaktor von 100 % nicht richtlinienwidrig.[1773] Eine Aufteilung des Gewinns ist sowieso zugunsten des wirtschaftlichen Wertes abzulehnen. Allerdings bereitet die Gewinnherausgabe mit Blick auf die Kausalität Schwierigkeiten, da Inhaber insb. die Höhe des Gewinns und die Kausalität zwischen Verletzung und Gewinn darlegen müssen.[1774] Ob und wie dies gelingt, hängt von den verfahrensrechtlichen Besonderheiten bei der Wertbestimmung ab, die an späterer Stelle noch erörtert werden.

III. Lizenzanalogie i. R. d. § 10 Abs. 2 S. 2 GeschGehG

Die Lizenzanalogie ist als weitere abstrakte Berechnungsmethode in Anlehnung an die bereichungsrechtliche Eingriffskondiktion entwickelt worden.[1775] Sie war zwar zunächst nur für absolut geschützte Ausschließlichkeitsrechte bestimmt, also für die Rechte, über die ein „echter Lizenzvertrag“ geschlossen werden kann.[1776] Dies wurde im Laufe der Zeit aber auch auf Geschäftsgeheimnisse ausgeweitet, für die ein „unechter Lizenzvertrag“ geschlossen werden konnte.[1777]

Mittlerweile ist die Lizenzanalogie in § 10 Abs. 2 S. 2 GeschGehG ausdrücklich geregelt. Ihr Zweck ist gemäß Erwg. 30 der GeschGeh-RL nicht die „*Verpflichtung zu einem als Strafe angelegten Schadensersatzes, sondern die Gewährleistung einer Entschädigung für den Inhaber des Geschäftsgeheimnisses auf objektiver Grundlage unter Berücksichtigung der ihm entstandenen Kosten*“. Die Lizenzanalogie soll also nur die Berücksichtigung weiterer objektiver Grundlagen

1773 *Glinke*, in: Keller/Schönknecht/Glinke, GeschGehG, 2021, § 10 Rn. 2; differenzierend *Wiese*, Die EU-Richtlinie über den Schutz vertraulichen Know-hows und vertraulicher Geschäftsinformationen, 2018, 184.

1774 *BGH*, Urt. v. 29.05.1962, I ZR 132/60 = GRUR 1962, 509, 512; *Hötte*, in: Hoeren/Münker, GeschGehG, 2021, § 10 Rn. 38.

1775 Vgl. BGHZ 77, 16.

1776 *Hilty*, GRUR 2018, 865, 875; *Nissen*, Der monetäre Wert von Daten, 2021, 217 f.

1777 *BGH*, Urt. v. 18.02.1977, I ZR 112/85 = NJW 1977, 1062, 1063; hierzu *Maaßen*, in: Ann/Loschelder/Grosch, Praxishandbuch Know-how-Schutz, 2010, Kap. 5 Rn. 37 ff.; *Hilty*, GRUR 2018, 865, 875 m. w. N.; *Raue*, Die dreifache Schadensberechnung, 2017, 593 ff. m. w. N.; ähnlich auch *Brebeck/Herrmann*, in: Kirsch/Thiele, Rechnungslegung und Wirtschaftsprüfung. Festschrift zum 70. Geburtstag von Prof. Dr. Dr. h.c. Jörg Baetge, 2007, 63, 70; hierzu kritisch *Wagner*, Know-how. Einordnung in das Zivilrecht, 2016, Rn. 621 ff.

ermöglichen, damit Inhabern im Fall einer Geheimnisverletzung das Potenzial kompensiert werden kann.[1778] Sie kommt vor allem in Betracht, wenn die Höhe eines konkreten Schadens nur mit Schwierigkeiten bestimmbar ist, und erfreut sich daher auch in der Praxis einer großen Beliebtheit.[1779] Fraglich ist trotzdem, inwieweit der wirtschaftliche Wert in Form seines Nutzungspotenzials durch die Lizenzanalogie abgebildet und kompensiert werden kann.

1. *Anspruchshöhe und Zusammenhang mit dem wirtschaftlichen Wert*

Die Lizenzanalogie ermöglicht einem Inhaber die Durchsetzung eines auf ein übliches und angemessenes Nutzungsentgelt gerichteten Ersatzanspruchs, ohne dass ein Schaden tatsächlich vorliegen oder dargelegt werden muss. Es kommt nicht einmal auf die Bereitschaft eines Inhabers zur Erteilung einer Lizenz oder die Bereitschaft eines Rechtsverletzers an, die Vergütung zu zahlen.[1780] Rechtsverletzer sollen – unter Berücksichtigung des „späteren Ausmaß und der Zeitdauer der Nutzung“[1781] – nicht besser stehen, als sie mit einer hypothetischen Nutzungserlaubnis stehen würden.[1782] Daher richtet sich die Anspruchshöhe bei der Lizenzanalogie nach dem, was vernünftig denkende Parteien für die Nutzung als angemessene Lizenzgebühr – unter Berücksichtigung eines Fremdvergleichs („dealing at arm's lenght“)[1783] – vereinbart

1778 *Krbetschek*, in: Münchener Kommentar zum Lauterkeitsrecht, 3. Aufl. 2022, GeschGehG, § 10 Rn. 13.

1779 *Böhm/Nestler*, GRUR-Prax 2018, 181, 183; so auch schon nach früherer Rechtslage *Westermann*, Handbuch Know-how-Schutz, 2007, Kap. 7 Rn. 16; allgemein für immaterielle Werte *Dreier*, Kompensation und Prävention, 2002, 612; so auch beim UWG-Schadensersatz *Goldmann*, in: Harte-Bavendamm/Henning-Bodewig, UWG, 5. Aufl. 2021, UWG, § 9 Rn. 235.

1780 *Hötte*, in: Hoeren/Münker, GeschGehG, 2021, § 10 Rn. 35; vgl. *BGH*, Urt. v. 18.06.2020, I ZR 93/19 = WRP 2020, 1189; *BGH*, Urt. v. 13.09.2018, I ZR 187/17 = GRUR 2019, 292; *BGH*, Urt. v. 24.06.1993, I ZR 148/91 = GRUR 1993, 899, 901; BGHZ 119, 20; *BGH*, 1Urt. v. 16.11.1989, I ZR 15/88 = GRUR 1990, 353, 355.

1781 Hierzu *Grosch*, in: Ann/Loschelder/Grosch, Praxishandbuch Know-how-Schutz, 2010, Kap. 6 Rn. 108 ff.

1782 Vgl. *BGH*, Urt. v. 23.06.2005, I ZR 263/02 = GRUR 2006, 143, 146; BGHZ 119, 20; *Reinfeld*, Das neue Gesetz zum Schutz von Geschäftsgeheimnissen, 2019, § 4 Rn. 143 f.; allgemein auch *Dreier*, Kompensation und Prävention, 2002, 86.

1783 Stellvertretend *Ann/Kuck*, in: Ann/Loschelder/Grosch, Praxishandbuch Know-how-Schutz, 2010, Kap. 9 Rn. 191.

hätten.[1784]

Bei der Fiktion eines Lizenzvertrags könnte zwar die Gefahr bestehen, dass nicht der „objektive wirtschaftliche Wert der angemaßten Benutzungsbefugnis festgestellt werden" könne, sondern eine übliche Lizenzgebühr nur ein Maßstab sei.[1785] Allerdings liegt das Nutzungspotenzial eines Geschäftsgeheimnisses entweder darin, es zur eigenen Effizienzsteigerung zu nutzen, was am besten anhand der Gewinnherausgabe abgebildet wird, oder für zukünftige Erfolge lizenziert werden kann. Ein auf Letzteres gerichtetes Nutzungspotenzial kann ausschließlich durch einen fiktiven Lizenzvertrag abgebildet werden, sodass ein solcher sogar mehr als eine „wirkliche Entscheidungshilfe" ist.[1786]

Zwar eröffnet eine fiktive Verhandlungssituation zwischen den Parteien erhebliche Ermessenspielräume. Allerdings werden gewöhnlicherweise prozentuale Lizenzsätze für eine angemessene Lizenzgebühr geschätzt,[1787] die auf den vom Rechtsverletzer erzielten Gewinn angewendet werden.[1788] So wurde in der Vergangenheit für die Stücklizenz i. d. R. ein Satz zwischen einem und fünf bis zehn Prozent des Nettoverkaufspreises bei dem Rechtsverletzer zugrunde gelegt,[1789] wobei dies auch höher ausfallen konnte.[1790] Zur Schätzung sind sämtliche Faktoren einzubeziehen, die in freien Lizenzverhandlungen für die Höhe des Lizenzsatzes wesentlich und marktüblich sein können.[1791] Hierzu zählen insb.[1792] die

---

1784 Vgl. *BGH*, Urt. v. 13.09.2018, I ZR 187/17 = GRUR 2019, 292, 293; *BGH*, Urt. v. 26.03.2009, I ZR 44/06 = GRUR 2009, 660, 660 f.; *BGH*, Urt. v. 24.06.1993, I ZR 148/91 = GRUR 1993, 899, 901; *BGH*, Urt. v. 23.05.1991, I ZR 286/89 = GRUR 1991, 914, 916; *BGH*, Urt. v. 22.03.1990, I ZR 59/88 = GRUR 1990, 1008, 1009; *BGH*, Urt. v. 18.02.1977, I ZR 112/75 = GRUR 1977, 539, 541 f.; kritisch *Raue*, Die dreifache Schadensberechnung, 2017, 287 f.

1785 So nämlich *Raue*, Die dreifache Schadensberechnung, 2017, 287 m. w. N.

1786 A. A. *Raue*, Die dreifache Schadensberechnung, 2017, 287.

1787 A. A. *Raue*, Die dreifache Schadensberechnung, 2017, 298.

1788 *Holdorf*, in: Vögele, Intangibles, 2. Aufl. 2021, § 6 D. Rn. 35.

1789 *BGH*, Urt. v. 23.05.1991, I ZR 286/89 = GRUR 1991, 914, 917; *OLG Düsseldorf*, Urt. v. 12.12.2001, 27 U 12/01 = GRUR-RR 2003, 209, 210; *Westermann*, Handbuch Know-how-Schutz, 2007, Kap. 7 Rn. 18.

1790 *BGH* Urt. v. 17.06.1992, I ZR 107/90 = GRUR 1993, 55, 56.

1791 *Glinke*, in: Keller/Schönknecht/Glinke, GeschGehG, 2021, § 10 Rn. 140; vgl. *BGH*, Urt. v. 23.06.2005, I ZR 263/02 = GRUR 2006, 143, 146; *BGH*, Urt. v. 25.05.1993, X ZR 19/92 = GRUR 1993, 897, 898; zu tatsächlichen/wirtschaftlichen sowie rechtlichen Gesichtspunkten *Ann/Kuck*, in: Ann/Loschelder/Grosch, Praxishandbuch Know-how-Schutz, 2010, Kap. 9 Rn. 188 ff.

1792 *Hötte*, in: Hoeren/Münker, GeschGehG, 2021, § 10 Rn. 35; *Parr*, in: Parr, Intellectual Property. Valuation, Exploitation, and Infringement Damages, 5. Aufl. 2018,

wirtschaftliche Bedeutung, der Entwicklungstand, die Entwicklungskosten für den Inhaber als Indiz für die Untergrenze, Art und Umfang der beabsichtigten oder erfolgten Nutzung eines Lizenznehmers, die Kombinierbarkeit mit anderen (immateriellen) Werten, die für einen Lizenznehmer erforderlichen Aufwendungen, um diesen Lizenzgegenstand zu nutzen, die faktische und rechtliche Möglichkeit, den Wert weiterzuentwickeln, die „Innovations- und Strahlkraft", die Markt- und Absatzsituation der auf einem Geschäftsgeheimnis beruhenden Produkte/Dienstleistungen, wirtschaftliche (z. B. Nachahmung) und regulatorische (z. B. Verbot) Risiken, vereinbarte Lizenzen, branchenübliche Lizenzsätze und Lizenzsätze für ähnliche Schutzrechte.[1793]

a) *Durchgesetzte oder branchenübliche Lizenzsätze*

Zur Ermittlung der Anspruchshöhe ist es am einfachsten, wenn der Inhaber das verletzte Geheimnis schon lizenziert oder sich schon mit dem Rechtsverletzer über mögliche Preise ausgetauscht hat,[1794] sodass hieraus „Durchschnittswerte" gebildet werden können.[1795] Die bisherige Lizenzierungspraxis des Inhabers ist sogar so bedeutsam, dass für die bisher vereinbarten Lizenzgebühren meistens unterstellt werden kann, dass sie ungeachtet der allgemein üblichen und objektiv angemessenen Höhe, in einer Vereinbarung zwischen Inhaber und Rechtsverletzer zustande gekommen wäre,[1796] wenn eine ausreichende Zahl an Lizenzverträgen vorliegt.[1797] Dem liegt der Gedanke zugrunde, dass sich vernünftig

---

244 f., 451 ff.; *Stumpf*, Der Know-how-Vertrag, 3. Aufl. 1977, Rn. 93 ff.; vgl. *BGH*, Urt. v. 26.03.2009, I ZR 44/06 = GRUR 2009, 660, 663; *BGH*, Urt. v. 25.05.1993, X ZR 19/92 = GRUR 1993, 897, 898; *BGH*, Urt. v. 18.02.1977, I ZR 112/75 = GRUR 1977, 539, 541.

1793 *Parr*, in: Parr, Intellectual Property. Valuation, Exploitation, and Infringement Damages, 5. Aufl. 2018, 256.

1794 *Glinke*, in: Keller/Schönknecht/Glinke, GeschGehG, 2021, § 10 Rn. 139; *Goldmann*, in: Harte-Bavendamm/Henning-Bodewig, UWG, 5. Aufl. 2021, UWG, § 9 Rn. 246 m. w. N.; vgl. *BGH*, Urt. v. 13.09.2018, I ZR 187/17 = GRUR 2019, 292, 293; *BGH*, Urt. v. 26.03.2009, I ZR 44/06 = GRUR 2009, 660, 663; *BGH*, Urt. v. 14.03.2000, X ZR 115/98 = GRUR 2000, 685, 686; so auch im US-amerikanischen Recht *Parr*, in: Parr, Intellectual Property. Valuation, Exploitation, and Infringement Damages, 5. Aufl. 2018, 455.

1795 *Raue*, Die dreifache Schadensberechnung, 2017, 124.

1796 Vgl. *BGH*, Urt. v. 18.06.2020, I ZR 93/19 = WRP 2020, 1189, 1191; *BGH*, Urt. v. 13.09.2018, I ZR 187/17 = GRUR 2019, 292, 293; *BGH*, Urt. v. 26.03.2009, I ZR 44/06 = GRUR 2009, 660, 663.

1797 Vgl. *Goldmann*, in: Harte-Bavendamm/Henning-Bodewig, UWG, 5. Aufl. 2021, UWG, § 9 Rn. 246.

denkende Vertragsparteien i. d. R. an dem orientieren, was sie sonst für eine bestimmte Lizenz verlangen können und unterhalb dieses Satzes keinen Lizenzvertrag abschließen.[1798] Einschränkend müssen aber nicht-freihändige Nachlizenzierungen und Ungenauigkeiten beachtet werden.

Erstens gestatten dem BGH zufolge Lizenzverträge, die als Orientierung dienen sollen, „keine Rückschlüsse auf die Höhe des angemessenen Lizenzbetrags", wenn sie „erst nach ausdrücklicher Abmahnung wegen einer entsprechenden Nutzung ohne Lizenzierung oder nach Hinweis auf eine solche Nutzung abgeschlossen worden" sind.[1799] Schließlich habe der Inhaber durch eine mögliche Drohung von Ersatzansprüchen „eine erheblich stärkere Position als bei gewöhnlichen Verhandlungen", sodass der Rechtsverletzer „einen Lizenzvertrag nur abschließe, um Ansprüchen wegen der Verletzung zu entgehen" und den Inhaber als Lizenzgeber dazu zu bewegen, auf die (ggf. kostenintensive gerichtliche) Geltendmachung von Ersatzansprüchen zu verzichten.[1800] Daher eignen sich solche Vertragsabschlüsse nicht, um „den objektiven Wert der bloßen Nutzung – ohne Verzicht auf davon unabhängige Ansprüche – zu belegen".[1801] So habe der sich aus einer Nachlizenzierung resultierende „Mehrwert" nichts mit dem „objektiven Wert der angemaßten Benutzungsberechtigung" zu tun.[1802] Nur im Geschäftsverkehr „freihändig"[1803] verhandelte[1804] Verträge und die durch „freie Angebots- und Nachfrage"[1805] entstanden Lizenzgebühren dürfen

---

1798 *Goldmann*, in: Harte-Bavendamm/Henning-Bodewig, UWG, 5. Aufl. 2021, UWG, § 9 Rn. 246 m. w. N.; *Grosch*, in: Ann/Loschelder/Grosch, Praxishandbuch Know-how-Schutz, 2010, Kap. 6 Rn. 112.

1799 So für die Lizenzanalogie im Urheberrecht *BGH*, Urt. v. 18.06.2020, I ZR 93/19 = WRP 2020, 1189, 1191; so aber auch allgemein für immaterielle Werte *Moser*, Bewertung immaterieller Vermögenswerte, 2. Aufl. 2017, 181; so auch *Raue*, Die dreifache Schadensberechnung, 2017, 308.

1800 So für die Lizenzanalogie im Urheberrecht *BGH*, Urt. v. 18.06.2020, I ZR 93/19 = WRP 2020, 1189, 1191 f. m. w. N.; so auch im US-amerikanischen Recht *Parr*, in: Parr, Intellectual Property. Valuation, Exploitation, and Infringement Damages, 5. Aufl. 2018, 452 ff. m. w. N.

1801 So für die Lizenzanalogie im Urheberrecht *BGH*, Urt. v. 18.06.2020, I ZR 93/19 = WRP 2020, 1189, 1191; a. A. *OLG Karlsruhe*, Urt. v. 13.01.2010, 6 U 93/09.

1802 *BGH*, Urt. v. 18.06.2020, I ZR 93/19 = WRP 2020, 1189, 1191.

1803 *BGH*, Urt. v. 18.06.2020, I ZR 93/19 = WRP 2020, 1189, 1191; für einen freien Willensentschluss trotz Abmahnung offen *OLG Karlsruhe*, Urt. v. 13.01.2010, 6 U 93/09.

1804 Zur Anforderung, dass eine Lizenzgebühr sich nicht nur aus einer Preisliste ergeben darf, sondern tatsächlich gezahlt wurde *BGH*, Urt. v. 18.06.2020, I ZR 93/19 = WRP 2020, 1189, 1191.

1805 *BGH*, Urt. v. 18.06.2020, I ZR 93/19 = WRP 2020, 1189, 1192.

für die Anspruchshöhe berücksichtigt werden, da korrekturlose Übernahmen der Nachlizenzierungen das Nutzungspotenzial von Geschäftsgeheimnissen überschreiten und eine „Über"-Kompensation zur Folge hätten.[1806]

Zweitens können bisher vereinbarte Lizenzgebühren vom Nutzungspotential eines neuen Geschäftsgeheimnisses abweichen; sei es wegen besonderer Umstände (z. B. konzerninterne Lizenzierung) oder zwischenzeitlicher Wertschwankungen.[1807] Deshalb dienen bisherige Lizenzen als Indizien, jedoch spiegeln sie den wirtschaftlichen Wert nicht zwingend wider. Abhilfe kann eine „branchenübliche Lizenzierungspraxis" schaffen, wobei die Frage nach der „Üblichkeit" – im Fall einer prozessualen Durchsetzung – durch das Gericht und ggf. unter Bezugnahme auf Sachverständige zu beantworten ist.[1808] Doch anders als bei urheber- oder patentrechtlichen Verletzungen sind branchenübliche Lizenzsätze wegen des hohen Individualisierungsgrades und der Geheimheit häufig nicht existent oder öffentlich verfügbar, sodass sie nicht als Vergleichsmaßstab zur Verfügung stehen.[1809] Eine „übliche" Praxis ist für die meisten Geschäftsgeheimnisse ohnehin nicht anzunehmen, wenn sie ausschließlich für die interne Nutzung bestimmt sind. Zudem wurden Geschäftsgeheimnisse bisher nur selten einzeln lizenziert,[1810] was weitere Ungenauigkeiten durch Allokationen hervorrufen kann. Ein fehlender Vergleich erschwert die Bezifferung der angemessenen Lizenzgebühr,[1811] was zumindest in der Vergangenheit oft dazu führte, dass stattdessen die Gewinnherausgabe als Berechnungsmethode bevorzugt wurde.[1812] Hilfsweise können Datenbanken analysiert werden, die Aufschluss über eine „branchenübliche Lizenzierungspraxis" geben können.[1813] Bei technologiebasierten und ggf. sogar patentierfähigen Geschäftsgeheimnissen

---

1806 Zu einem Vergleich mit einem „Verletzerzuschlag" *BGH*, Urt. v. 18.06.2020, I ZR 93/19 = WRP 2020, 1189, 1192 m. w. N.

1807 *Goldmann*, in: Harte-Bavendamm/Henning-Bodewig, UWG, 5. Aufl. 2021, UWG, § 9 Rn. 246 m. w. N.

1808 Vgl. *BGH*, Urt. v. 18.06.2020, I ZR 93/19 = WRP 2020, 1189, 1192; *Raue*, Die dreifache Schadensberechnung, 2017, 310.

1809 *Hötte*, in: Hoeren/Münker, GeschGehG, 2021, § 10 Rn. 36; *Böhm/Nestler*, GRUR-Prax 2018, 181, 183.

1810 *Hötte*, in: Hoeren/Münker, GeschGehG, 2021, § 10 Rn. 36.

1811 *Böhm/Nestler*, GRUR-Prax 2018, 181, 183; vgl. *Nissen*, Der monetäre Wert von Daten im Privatrecht, 2021, 218 f.

1812 *Glinke*, in: Keller/Schönknecht/Glinke, GeschGehG, 2. Aufl. 2021, § 10 Rn. 7 m. w. N.

1813 Am Beispiel von „TP Catalyst" darstellend *Crüger*, in: Vögele, Intangibles, 2. Aufl. 2021, § 7 J. Rn. 2 ff.

bietet es sich an, sie mit Patenten zu vergleichen und die Lizenzsätze als „branchenüblich" zu erachten. Allerdings müssen bei einem solchen Preisvergleich[1814] alle wertbildenden Unterschiede zwischen Patent- und Geheimnisschutz korrigierend berücksichtigt werden (z. B. rechtlich ausschließlicher und „nur" faktisch exklusiver Schutz, zeitlich begrenzter und zeitlich unbegrenzter Schutz, usw.). Bspw. kann schon die fehlende Exklusivität dazu führen, dass Lizenzgebühren von Geschäftsgeheimnissen bis zu 50 % niedriger ausfallen als die von Patenten.[1815] Auch die im Kartellrecht übliche Zwangslizenz bei marktbeherrschender Stellung[1816] kann zwar ein erster sinnvoller Anhaltspunkt sein, stellt aber nur ein Indiz für die Untergrenze dar und kann nicht der Höhe nach mit der „üblichen Lizenzierungspraxis" gleichgesetzt werden, sofern es sich beim Geschäftsgeheimnis nicht um den maßgeblichen Grund für die marktbeherrschende Stellung handelt.

Die Anspruchshöhe kann also anhand von durchgesetzten und „branchenüblichen Lizenzsätzen" ermittelt werden. Das setzt aber voraus, eine ausreichende Datenlage und Vergleichbarkeit besteht. Zudem ist für alle vereinbarten Lizenzsätze, die Anknüpfungstatsachen für eine Lizenzanalogie sein können, zu überprüfen, ob und inwieweit Korrekturen vorzunehmen sind, damit die Anspruchshöhe dem Nutzungspotenzial des verletzten Geschäftsgeheimnisses entspricht.

b) Pauschale Lizenzsätze: Daumenregeln

In der Vergangenheit wurden bei immateriellen Werten auch „Daumenregeln" angewendet, durch die die Anspruchshöhe pauschalen Anteilen des durch den Rechtsverletzer erwirtschafteten Gewinns entsprach. So war in Deutschland vor allem die „Knoppe-Formel" verbreitet, die grundsätzlich 25 bis 30 % des prognostizierten Gewinns vorsah.[1817] Im anglo-amerikanischen Raum war die „Goldscheider Rule" verbreitet, nach der die angemessene Lizenzgebühr i. d. R. 25 % des erwarteten Gewinns betragen soll.[1818]

1814 Hierzu *Ann/Kuck*, in: Ann/Loschelder/Grosch, Praxishandbuch Know-how-Schutz, Köln, 2010, Kap. 9 Rn. 193 ff.; hierzu auch *Raue*, Die dreifache Schadensberechnung, 2017, 308 f.

1815 *Parr*, in: Parr, Intellectual Property. Valuation, Exploitation, and Infringement Damages, 5. Aufl. 2018, 259 f., 261 f.

1816 Hierzu im Detail *Hötte*, Die kartellrechtliche Zwangslizenz im Patentrecht, 2011, 50 ff.

1817 *Knoppe*, Die Besteuerung der Lizenz- und know-how-Verträge, 2. Aufl. 1972, 102.

1818 Im Detail *Goldscheider/Jarosz/Mulhern*, in: Parr, Intellectual Property. Valuation, Exploitation, and Infringement Damages, 5. Aufl. 2018, 272 ff.; *Moser*, Bewertung immaterieller Vermögenswerte, 2. Aufl. 2017, 50.

Diese beiden pauschalen Lizenzsätze mögen an sich eine einfache Ermittlung der Anspruchshöhe versprechen. Jedoch entbehrt es den „Daumenregeln“ an hinreichend sicheren ökonomischen und statistischen Grundlagen, einem Bezug zum Einzelfall und rationalen Erwägungen des Lizenznehmers.[1819] Letzteres zeigt sich bspw. im Szenario,[1820] in dem Lizenznehmer ein Produkt ohne das Geschäftsgeheimnis mit einem Gewinn von 30 € pro Stück verkaufen können, während das Produkt nach der Nutzung des Geschäftsgeheimnisses mit einem Gewinn von 36 € pro Stück verkauft werden kann. Mit einer pauschalen Lizenzgebühr von mindestens 25 % müsste der Lizenznehmer 9 € an den Lizenzgeber als „angemessene“ Lizenzgebühr zahlen, wodurch der Lizenznehmer nach Abzug der Lizenzgebühr nur noch einen Gewinn von 27 € pro Stück erwirtschaften würde. Aus rationalen Erwägungen hätte ein Rechtsverletzer das Lizenzgeschäft gar nicht erst abgeschlossen.

Genauso wenig zielführend ist die Anwendung von „Daumenregeln“, wenn der Rechtsverletzer fiktiv mindestens vier Geschäftsgeheimnisse von einem Inhaber lizenzieren würde, da er den „Daumenregeln“ zufolge den vollständigen Gewinn und ggf. einen darüberhinausgehenden Betrag an den Inhaber zahlen müsste.[1821] Das würde das Nutzungspotenzial aber übersteigen, sodass es zur Überkompensation des wirtschaftlichen Wertes käme, die nicht vorgesehen ist.

Richtigerweise werden „Daumenregeln“ abgelehnt und kaum noch angewendet.[1822] Statt mit pauschalen Lizenzsätzen sich der Kompensation eines Nutzungspotenzials anzunähern, sollte das fiktive, aber einzelfallbezogene Verhandlungsverhalten zwischen einem Inhaber und einem Rechtsverletzer im Vordergrund stehen.[1823]

c) *Hypothetisches Verhandlungsverhalten und Beispiel: Nutzungspotenzial von technischen Geschäftsgeheimnissen*

Da es für die Lizenzanalogie auf eine fiktive Lizenzierung ankommt, muss ein „hypothetisches Verhandlungsverhalten“ zwischen Inhaber und Rechtsverletzer

---

1819 *Vögele/de Homont*, Intangibles, 2. Aufl. 2021, § 4 B. Rn. 17 f.

1820 Beispiel nach *Vögele/de Homont*, Intangibles, 2. Aufl. 2021, § 4 B. Rn. 18.

1821 Beispiel nach *Vögele/de Homont*, Intangibles, 2. Aufl. 2021, § 4 B. Rn. 18.

1822 Anschaulich anhand der US-amerikanischen Rspr. und den OECD-Verrechnungspreisrichtlinien *Vögele/de Homont*, Intangibles, 2. Aufl. 2021, § 4 B. Rn. 19 ff m. w. N.

1823 *Parr*, in: Parr, Intellectual Property. Valuation, Exploitation, and Infringement Damages, 5. Aufl. 2018, 494 f.

konstruiert werden. Hierbei ist zu unterstellen, dass es – ähnlich wie beim Grenzpreis i. R. d. Marktwertes – für den Inhaber als fiktiven Lizenzgeber eine Untergrenze und für den Rechtsverletzer als fiktiven Lizenznehmer eine Obergrenze gibt, die bei entsprechendem Unter- oder Überschreiten zur Folge hat, dass kein Lizenzgeschäft zustande käme,[1824] weil mindestens eine Handlungsalternative gleich gut oder besser wäre.[1825] Zwischen diesen beiden Grenzen hängt die exakte Höhe der Lizenzgebühr von der Verhandlungsmacht einer Partei ab,[1826] wodurch sich eine starke Verhandlungsposition des Inhabers zu seinen Gunsten auswirkt.[1827] Anhand von spieltheoretischen Methoden kann jedenfalls die jeweilige Verhandlungsmacht einer Partei ermittelt werden.[1828]

Am besten zeigt sich der Zusammenhang zwischen Nutzungspotenzial und Verhandlungsmacht an technologiebasierten Geschäftsgeheimnissen. Je größer der Abstand einer geheimen Technologie zum bekannten Stand der Technik ist, desto stärker ist die Verhandlungsmacht des Inhabers und dementsprechend höher fällt der Lizenzsatz infolge einer monopolähnlichen Stellung des Inhabers aus.[1829] Stehen dem Rechtsverletzer als gedachten Lizenznehmer aber äquivalente Alternativen zur Verfügung, müsste der Lizenzsatz infolge eines geringeren Wettbewerbsvorteils niedriger zu bemessen sein,[1830] was auch IDW S 5.112 entspricht. Sollte ein Nutzen genauso gut durch eine Umstellung auf äquivalente Alternativen möglich sein, begrenzen die dafür notwendigen Kosten sogar die angemessene Lizenzgebühr auf diese Höhe.[1831] Bei der Gewinnherausgabe ist ein „rechtmäßiges Alternativverhalten" für einen Rechtsverletzer nicht abzugsfähig.[1832] Doch im Gegensatz dazu ist der Wettbewerbsvorteil bei der Bemessung

1824 *Vögele/Braukmann*, in: Vögele/Braukmann, Intangibles, 2. Aufl. 2021, § 4 A. Rn. 144; *Vögele/de Homont*, in: Vögele, Intangibles, 2. Aufl. 2021, § 4 B. Rn. 1.

1825 Für Beispiele *Vögele/de Homont*, in: Vögele, Intangibles, 2. Aufl. 2021, § 4 B. Rn. 2 ff.

1826 Vgl. *Goldmann*, in: Harte-Bavendamm/Henning-Bodewig, UWG, 5. Aufl. 2021, UWG, § 9 Rn. 245; so auch *Vögele/de Homont*, in: Vögele, Intangibles, 2. Aufl. 2021, § 4 B. Rn. 8.

1827 *OLG München*, Urt. v. 31.07.1997, 29 U 5449/92 = ZUM-RD 1997, 460, 464.

1828 Hierzu im Detail *Vögele/de Homont*, in: Vögele, Intangibles, 2. Aufl. 2021, § 4 B. Rn. 9 f.

1829 Vgl. *BGH*, Urt. v. 13.03.1962, I ZR 18/61 = GRUR 1962, 401, 404.

1830 *BGH*, Urt. v. 25.05.1993, X ZR 12/92 = GRUR 1993, 897, 898.

1831 Von „Obergrenze" spricht *Vögele/Vögele*, in: Vögele, Intangibles, 2. Aufl. 2021, § 4 A. Rn. 72.

1832 *BGH*, Beschl. v. 19.03.2008, I ZR 225/06 = WRP 2008, 938, 939; *Glinke*, in: Keller/Schönknecht/Glinke, GeschGehG, 2021, § 10 Rn. 126.

des (hypothetischen) Lizenzsatzes maßgeblich. Bei fast gleichwertigen Alternativen würden vernünftig denkende Vertragsparteien keinen hohen Lizenzsatz vereinbaren,[1833] was sich konsequenterweise im wirtschaftlichen Wert widerspiegeln müsste.

Bei einer über den wirtschaftlichen Wert hinausgehenden Kompensation würde der Inhaber besser stehen als er bei einer tatsächlichen Lizenzierung stehen würde, was dem Erwg. 30 der GeschGeh-RL widersprechen würde. Hieran zeigt sich auch der Unterschied zwischen dem Erfolgswert, dem eine (fiktive) interne Nutzung zugrunde liegt, und dem Erfolgswert, der sich an einer (fiktiven) externen Lizenzierung orientiert. Während bei einer Gewinnherausgabe der Gewinn von dem weitreichenden Potenzial eines Geschäftsgeheimnisses umfasst ist und fingiert wird, dass auch der Inhaber selbst den Gewinn hätte erzielen können, kann die Lizenzanalogie bei der Kompensation nicht über das hinausgehen, was der Inhaber als Vorsprung gegenüber seinen Wettbewerbern innehat. Von diesem Vorsprung hängt nämlich ab, was vernünftige Vertragsparteien für die Lizenzierung vereinbaren würden. Auch in IDW S 5.112 wird darauf verwiesen, dass die Existenz alternativer Technologien, mit deren Nutzung mindestens gleichartige Vorteile erzielbar sind, den Wert schmälern oder sogar entfallen lassen. Je kleiner der Vorsprung ist, desto kleiner muss auch der Lizenzsatz ausfallen.

Die Verhandlungsposition des Rechtsverletzers kann sich also mindernd auswirken, aber nicht bewirken, dass die Lizenzgebühr wegen der starken Verhandlungsmacht des Rechtsverletzers vollständig entfällt.[1834] Schließlich liegt der Schaden nicht nur darin, dass der Inhaber die Lizenz nicht in der Höhe abschließen konnte, sondern auch darin, dass er die Nutzung seines Geschäftsgeheimnisses gar nicht erst erlaubt hätte.[1835] Außerdem bezeugt der, der ein verletztes Geschäftsgeheimnis nutzt, durch seine Nutzung, dass er diesem Geschäftsgeheimnis einen wirtschaftlichen Wert beimisst,[1836] was auch gegen eine vollständige Reduzierung der Lizenzgebühr durch eine starke Verhandlungsposition eines Rechtsverletzers spricht. Um den wirtschaftlichen Wert

---

1833 Ähnlich auch *Raue*, Die dreifache Schadensberechnung, 2017, 311.

1834 So auch *Goldmann*, in: Harte-Bavendamm/Henning-Bodewig, UWG, 5. Aufl. 2021, UWG, § 9 Rn. 245; a. A. LG Hamburg, Urt. v. 12.05.2015, 416 HKO 173/14 = BeckRS 2015, 132241.

1835 Vgl. *BGH*, Urt. 29.07.2009, I ZR 169/07 = GRUR 2010, 239, 240.

1836 *Goldmann*, in: Harte-Bavendamm/Henning-Bodewig, UWG, 5. Aufl. 2021, UWG, § 9 Rn. 245 m. w. N.

i. R. d. Lizenzanalogie nicht zu untergraben, ist es notwendig, die Verhandlungsposition des Inhaber vollständig, aber die des Rechtsverletzers nur eingeschränkt zu berücksichtigen; zumindest so, dass eine angemessene Lizenzgebühr nicht vollständig entfallen würde.

d) Art der Lizenz

Auch auf die Art der Lizenzierung kommt es an.[1837] Hierbei ist auf die vom Inhaber bevorzugte und ergänzend auf die für die Art des Geschäftsgeheimnisses übliche Praxis abzustellen. In Betracht kommen insb. Stück-, Umsatz-, Pauschal- und kombinierte Lizenzen.[1838]

Hergestellte/verkaufte Stückzahlen sind als Grundlage für Stücklizenzen geeignet, wonach ein Lizenzgeber eine absolute oder relative Gebühr für die vom Lizenznehmer produzierten/verkauften Lizenzgegenstände erhält.[1839] In Deutschland selten angewendet,[1840] liegt der Vorteil von Stücklizenzen doch darin, dass ein Festbetrag unabhängig von „Preisschwankungen des Lizenzproduktes, von Gewinnmargen des Lizenznehmers oder Wechselkursrisiken" ist und so auch eine nachträgliche Kontrolle relativ einfach möglich ist,[1841] der Lizenzgeber aber nicht an Preissteigerungen partizipieren kann.[1842]

Ein anderer Anknüpfungspunkt ist der durch ein Produkt kausal erwirtschaftete (ggf. anteilige)[1843] Umsatz.[1844] Bei einer Umsatzlizenz erhält der Lizenzgeber

1837 So auch *Goldmann*, WRP 2011, 950, 955.

1838 *Moser*, Bewertung immaterieller Vermögenswerte, 2. Aufl. 2017, 181.

1839 *Goldmann*, in: Harte-Bavendamm/Henning-Bodewig, UWG, 5. Aufl. 2021, UWG, § 9 Rn. 241; *Glinke*, in: Keller/Schönknecht/Glinke, GeschGehG, 2021, § 10 Rn. 138; *Bartenbach/Kunzmann*, in: Erdmann/Rojahn/Sosnitza, Gewerblicher Rechtsschutz, 3. Aufl. 2018, Kap. 9 Rn. 201 f.; mit Beispielen aus verschiedenen Branchen *Parr*, in: Parr, Intellectual Property. Valuation, Exploitation, and Infringement Damages, 5. Aufl. 2018, 238 f.

1840 *Raue*, Die dreifache Schadensberechnung, 2017, 293 m. w. N.

1841 *Bartenbach/Kunzmann*, in: Erdmann/Rojahn/Sosnitza, Gewerblicher Rechtsschutz, 3. Aufl. 2018, Kap. 9 Rn. 203; *Parr*, in: Parr, Intellectual Property. Valuation, Exploitation, and Infringement Damages, 5. Aufl. 2018, 239.

1842 So auch schon zur früheren Rechtslage *Stumpf*, Der Know-how-Vertrag, 3. Aufl. 1977, Rn. 98.

1843 Differenzierung zum Gesamtprodukt *Bartenbach/Kunzmann*, in: Erdmann/Rojahn/Sosnitza, Gewerblicher Rechtsschutz, 3. Aufl. 2018, Kap. 9 Rn. 186.

1844 *Glinke*, in: Keller/Schönknecht/Glinke, GeschGehG, 2021, § 10 Rn. 138; vgl. *Bartenbach/Kunzmann*, in: Erdmann/Rojahn/Sosnitza, Gewerblicher Rechtsschutz, 3. Aufl. 2018, Kap. 9 Rn. 185, 195 f.; mit Beispielen aus verschiedenen Branchen *Parr*, in: Parr,

einen vereinbarten Anteil vom Verkaufspreis eines mit einem Geschäftsgeheimnis entwickelten Produkts.[1845] Bei technologischen Waren wird für den i. d. R. der Lizenzsatz von 5 % als angemessen erachtet.[1846] Vorteil der umsatzabhängigen Lizenz ist, dass die angemessene Lizenzgebühr schon durch die Auskunft über den vom Rechtsverletzer erwirtschafteten Umsatz ermittelt werden kann, sodass die üblichen Kausalitätsprobleme des konkreten Schadensersatzes sowie der Gewinnherausgabe entfallen.[1847] Vor allem bei geheimer, produktbezogener Technologie bietet sich die Umsatzlizenz aufgrund der auf ihr beruhenden Produkte an.[1848]

Bei einer Pauschallizenz wird ein Betrag – oft als Einmalzahlung[1849] – für eine bestimmte Dauer vereinbart. Unabhängig vom Nutzungsumfang und dem erwirtschafteten Umsatz des Lizenznehmer,[1850] basiert der Betrag auf den anhand von kapitalwertorientierten Methoden prognostizierten künftigen Gesamteinnahmen, für die insb. Risiken wie bspw. verfehlte Umsatzerwartungen oder der technologische Fortschritt der Wettbewerber berücksichtigt werden müssen.[1851]

Auch möglich und bei Geschäftsgeheimnissen beliebt sind Kombinationen aus Stück- und Pauschallizenzen.[1852] Hierfür wird i. d. R. ein pauschaler

---

Intellectual Property. Valuation, Exploitation, and Infringement Damages, 5. Aufl. 2018, 238.

1845 Vgl. *Goldmann*, in: Harte-Bavendamm/Henning-Bodewig, UWG, 5. Aufl. 2021, UWG, § 9 Rn. 241.

1846 *Parr*, in: Parr, Intellectual Property. Valuation, Exploitation, and Infringement Damages, 5. Aufl. 2018, 240 ff., 253; davon abweichend 8 % als angemessenen Lizenzsatz für eine Umsatzlizenz bei „Basistechnologien" erachtend *Moser*, Bewertung immaterieller Vermögenswerte, 2. Aufl. 2017, 473, 477.

1847 *Hötte*, in: Hoeren/Münker, GeschGehG, 2021, § 10 Rn. 37.

1848 *Moser*, Bewertung immaterieller Vermögenswerte, 2. Aufl. 2017, 475.

1849 *Glinke*, in: Keller/Schönknecht/Glinke, GeschGehG, 2021, § 10 Rn. 138; vgl. zur früheren Rechtslage *Stumpf*, Der Know-how-Vertrag, 3. Aufl. 1977, Rn. 103: hierzu auch *Raue*, Die dreifache Schadensberechnung, 2017, 318 f.; vgl. auch *Parr*, in: Parr, Intellectual Property. Valuation, Exploitation, and Infringement Damages, 5. Aufl. 2018, 239.

1850 *Goldmann*, in: Harte-Bavendamm/Henning-Bodewig, UWG, 5. Aufl. 2021, UWG, § 9 Rn. 241; *Bartenbach/Kunzmann*, in: Erdmann/Rojahn/Sosnitza, Gewerblicher Rechtsschutz, 3. Aufl. 2018, Kap. 9 Rn. 205 ff.

1851 *Parr*, in: Parr, Intellectual Property. Valuation, Exploitation, and Infringement Damages, 5. Aufl. 2018, 240.

1852 Vgl. *BGH*, Urt. v. 18.02.1977, I ZR 112/75 = GRUR 1977, 539, 542.

Grundbetrag vereinbart, der bei Überschreiten einer Schwelle durch eine Stücklizenz erweitert werden kann.[1853]

Da im kontrafaktischen Szenario nicht hinreichend sicher oder allgemeingültig ermittelt werden kann, welche Art der Lizenzierung zwischen dem Inhaber und Rechtsverletzer vereinbart worden wäre, ist zugunsten des Geschädigten auf die von ihm gewöhnlicherweise genutzte Lizenzart abzustellen.[1854] Besteht hierfür keine – insb. da das Geheimnis sonst nur für die interne Nutzung bestimmt ist –, ist stattdessen die „branchenübliche Lizenzierungspraxis" zugrunde zu legen.[1855] Für die meisten Geschäftsgeheimnisse ist deshalb, sofern nichts anderes für ein bestimmtes Geschäftsgeheimnis oder einen bestimmten Inhaber üblich ist, eine kombinierte Lizenz als maßgeblich zu erachten. Doch sofern mit einem Geschäftsgeheimnis ein rechtsverletzendes Produkt i. S. d. § 2 Nr. 4 GeschGehG hergestellt oder sogar verkauft worden ist, bietet es sich sogar trotz einer sonst anderen Lizenzierungspraxis an, den durch das Produkt erwirtschafteten Umsatz einzubeziehen.[1856] Die angemessene Lizenzgebühr kann unter Berücksichtigung des nach spieltheoretischen Methoden ermittelten Lizenzsatzes bemessen werden. Der Lizenzanalogie würde der Vermögensvorteil zugrunde liegen, den ein Rechtsverletzer durch den unbefugten Gebrauch des Geschäftsgeheimnisses erlangt hat,[1857] was dem Nutzungspotenzial des Geschäftsgeheimnisses entspricht.

e) Zwischenergebnis

Die Anspruchshöhe der Lizenzanalogie richtet sich nach dem, was der Rechtsverletzer und Inhaber für die Lizenzierung vereinbart hätten. Es wäre am einfachsten, wenn es schon durchgesetzte oder branchenübliche Lizenzsätze geben würde, was aber häufig nicht der Fall ist. Hilfsweise bieten sich Datenbankanalysen oder – zumindest bei technologiebasierten und ggf. patentierfähigen

---

1853 *Goldmann*, in: Harte-Bavendamm/Henning-Bodewig, UWG, 5. Aufl. 2021, UWG, § 9 Rn. 241; hierzu und zu „Milestone payments", die vor allem in der Pharma- und Biotechnologie-Branche beliebt seien *Parr*, in: Parr, Intellectual Property. Valuation, Exploitation, and Infringement Damages, 5. Aufl. 2018, 228.

1854 Vgl. *BGH*, Urt. v. 13.09.2018, I ZR 187/17 = GRUR 2019, 292, 293.

1855 *Goldmann*, in: Harte-Bavendamm/Henning-Bodewig, UWG, 5. Aufl. 2021, UWG, § 9 Rn. 241; *Raue*, Die dreifache Schadensberechnung, 2017, 292 m. w. N.

1856 Dies in Deutschland als typisch erachtend *Raue*, Die dreifache Schadensberechnung, 2017, 292 f.

1857 *Glinke*, in: Keller/Schönknecht/Glinke, GeschGehG, 2021, § 10 Rn. 133.

Geschäftsgeheimnissen[1858] – Vergleiche zu Patenten an. Bei ausreichender Datenlage und Vergleichbarkeit sind durchgesetzte und „branchenübliche" Lizenzsätze ggf. mit Korrekturen zu bevorzugen.

Ist dies nicht zielführend, ist von pauschalen Lizenzsätzen, die mit Daumenregeln „ermittelt" werden, abzusehen. Eher kommt es dann auf das hypothetische Verhandlungsverhalten zwischen dem Rechtsverletzer und Inhaber an, worin sich auch der Zusammenhang zwischen dem Nutzungspotenzial und der Höhe der Lizenzgebühr zeigt: Je größer der Vorteil ist, desto größer ist die Verhandlungsmacht des Inhabers, was einen höheren Lizenzsatz zur Folge hat. Der Lizenzsatz bezieht sich dann auf eine bestimmte Lizenzart. Hierzu ist abermals auf die vom Inhaber favorisierte und „branchenübliche Lizenzierungspraxis" abzustellen. Doch besonders bei einer umsatzabhängigen Lizenz zeigt sich ein großer Vorteil darin, dass die Nachweisschwierigkeiten im kontrafaktischen Szenario am geringsten sind. Die ermittelte Anspruchshöhe entspricht dem Nutzungspotenzial eines Geschäftsgeheimnisses auf Grundlage einer externen Lizenzierung. Das kann bei der prozessualen Durchsetzung anhand von Sachverständigengutachten i. S. d. § 287 ZPO überprüfen werden.[1859]

2. *„Verletzerzuschlag"/Strafschadensersatz?*

Neben den Schwierigkeiten einer ausreichenden Datenlage und Vergleichbarkeit zwischen unterschiedlichen Lizenzen, fehlen bei einer Lizenzanalogie faktische Anreize,[1860] von Geheimnisverletzungen abzusehen.[1861] Schließlich steht ein Rechtsverletzer im schlimmsten Fall wie ein redlicher Lizenznehmer dar.[1862] Ob er sich also die Mühe macht, beim Inhaber nach einer Lizenz zu fragen, oder ohne vorheriges Fragen rechtswidrig das Geheimnis nutzt, macht keinen Unterschied. Aus der Sicht eines Rechtsverletzers könnte sogar die Überlegung nahe liegen, auf die rechtswidrige Nutzung zu setzen. So ist es bei einem redlichen Verhalten einerseits nicht garantiert, dass eine Lizenz überhaupt vom

---

1858 Zu einem möglichen „Nebeneinander von Patentschutz und Know-how-Schutz" *Hohendorf*, Know-how-Schutz und Geistiges Eigentum, 2020, 261 ff.

1859 *Böhm/Nestler*, GRUR-Prax 2018, 181, 183.

1860 Als „risikolos" bezeichnend *Wiese*, Die EU-Richtlinie über den Schutz vertraulichen Know-hows und vertraulicher Geschäftsinformationen, 2018, 186.

1861 Ein Bedürfnis für eine Abschreckungswirkung ablehnend *Goldmann*, in: Harte-Bavendamm/Henning-Bodewig, UWG, 5. Aufl. 2021, UWG, § 9 Rn. 262.

1862 *Reinfeld*, Das neue Gesetz zum Schutz von Geschäftsgeheimnissen, 2019, § 4 Rn. 144 f.

Inhaber erteilt wird, und andererseits ist bei Erteilung einer Lizenz in jedem Fall eine Gebühr zu zahlen. Die rechtswidrige Nutzung ohne Kenntnis eines Inhabers würde zwar die Gefahr bergen, dass der Inhaber davon erfährt und entsprechende Maßnahmen einleitet. Allerdings besteht auch die Möglichkeit, dass die rechtswidrige Nutzung nie bekannt wird und daher auch keine Maßnahmen folgen. Die „Präventionsfunktion“[1863] der Lizenzanalogie zum Schutz der (wirtschaftlichen) Werthaltigkeit von Geschäftsgeheimnissen lässt daher zu wünschen übrig.[1864] Es ist nicht verwunderlich, dass *Dreier* allgemein – aber ggf. auf die geheimnisschutzrechtliche Lizenzanalogie übertragbar – darauf hinweist, dass „präventiver Rechtsschutz“ nur seinen Zweck erfüllen kann, wenn…

> *„… die bloße Pflicht, ein bestimmtes verletzendes Verhalten zu unterlassen, den potentiellen [sic!] Verletzer aufgrund des in der Unterlassungsverpflichtung liegenden moralischen Appels zum gesetzestreuen Verhalten sowie angesichts der mit einem Unterlassen im Fall begonnener bzw. [sic!] auf Wiederholung angelegter Rechtsverletzung verbundenen Kosten von seiner Verletzung tatsächlich abzuhalten vermag.“*[1865]

Die Lösung zugunsten einer höheren Prävention könnte in einem – zumindest im anglo-amerikanischen Rechtskreis anerkannten[1866] – pauschalen „Verletzerzuschlag“/Strafschadensersatz liegen, also einem Strafschadensersatz für Geheimnisverletzungen.[1867]

a) Herleitung über Immaterialgüterrechte und Vorteile

Wegen Art. 13 der Enforcement-RL ist es für Immaterialgüterrechte möglich, bei der Bestimmung der Lizenzanalogie einen höheren als den „branchenüblichen“ Satz anzusetzen.[1868] Obwohl aus Erwg. 26 der Enforcement-RL hervorgeht, dass

---

1863 *Alexander*, in: Köhler/Bornkamm/Feddersen, UWG, 41. Aufl. 2023, GeschGehG, § 10 Rn. 8; zur Präventionsfunktion im Schadensrecht *Bodewig/Wandtke*, GRUR 2008, 220, 221 ff.; zu allgemeinen Rechtfertigungsansätzen einer über den Ausgleich hinausgehenden Sanktionierung *Dreier*, Kompensation und Prävention, 2002, 502 ff.

1864 *Reinfeld*, Das neue Gesetz zum Schutz von Geschäftsgeheimnissen, 2019, § 4 Rn. 145.

1865 *Dreier*, Kompensation und Prävention, 2002, 501.

1866 Hierzu im Detail *Dreier*, Kompensation und Prävention, 2002, 185 ff.

1867 Ablehnend *Reiling*, in: Fritzsche/Münker/Stollwerk, BeckOK UWG, Stand: 01.04.2023, GeschGehG, § 10 Rn. 2; zugunsten einer generellen Einführung vgl. *Bodewig/Wandtke*, GRUR 2008, 220; dafür offen auch *Böhm/Nestler*, GRUR-Prax 2018, 181, 181.

1868 *Glinke*, in: Keller/Schönknecht/Glinke, GeschGehG, 2021, § 10 Rn. 143; zur angemessenen Lizenzgebühr als Untergrenze *Goldmann*, in: Harte-Bavendamm/Henning-Bodewig, UWG, 5. Aufl. 2021, UWG, § 9 Rn. 251 f.

Art. 13 der Enforcement-RL keine Straffunktion erfüllen soll, ist es bei der nationalen Umsetzung nicht verboten, über den Mindestschutz der Enforcement-RL hinauszugehen. Dies wurde bereits durch den EuGH bestätigt.[1869] Daher ist teilweise sogar eine doppelt so hohe Nutzungsvergütung als pauschale Entschädigung anerkannt.[1870]

Auch für Geschäftsgeheimnisse ist ein „Verletzerzuschlag“/Strafschadensersatz denkbar, der bei der Lizenzanalogie die Kompensation des erlittenen Schadens erleichtern könnte. So könnten „restliche, nicht besonders abgegoltene oder schlecht nachweisbare wirtschaftliche Nachteile pauschal“ ausgleichen werden,[1871] was für eine umfangreiche und vollständige Kompensation des wirtschaftlichen Wertes spräche. Auch würde ein „Verletzerzuschlag“/Strafschadensersatz durch die größere Abschreckungswirkung dem präventiven Erhalt des wirtschaftlich wertvollen Geschäftsgeheimnisses dienen. Da Schadensersatzansprüche von dem Verschulden eines Rechtsverletzers abhängig sind, wäre auch nicht zu befürchten, dass ein „Verletzerzuschlag“/Strafschadensersatz zu stark „durchgreifen“ würde.

Ähnlich wie in der Enforcement-RL sieht Art. 14 Abs. 2 UAbs. 2 der GeschGeh-RL vor, dass ein „*Pauschalbetrag*“ festgesetzt werden darf, der „*mindestens*“ der Lizenzgebühr entspricht, „*die der Rechtsverletzer hätte entrichten müssen, wenn er die Genehmigung zur Nutzung des betreffenden Geschäftsgeheimnisses eingeholt hätte*“. Das kann bedeuten, dass es für die EU-Mitgliedstaaten zwar keine Pflicht gibt, es ihnen aber zumindest erlaubt ist, die Lizenzanalogie als „Verletzerzuschlag“/Strafschadensersatz auszulegen.[1872]

b) Vereinbarkeit mit dem heutigen Geheimnisschutz

Zwar steht einem „Verletzerzuschlag“/Strafschadensersatz mangels formell-strafrechtlicher Verfolgung kein sogenanntes „Doppelbestrafungsverbot“ entgegen.[1873] Allerdings hat der Gesetzgeber schon bei der Umsetzung der Enforcement-RL

1869 *EuGH*, Urt. v. 25.01.2017, C-367/15 = GRUR Int. 2017, 265.

1870 So insb. *EuGH*, Urt. v. 25.01.2017, C-367/15 = GRUR Int. 2017, 265; ferner *BGH*, Urt. v. 13.09.2018, I ZR 187/17 = GRUR 2019, 292.

1871 Vgl. *BGH*, Urt. v. 04.06.1992, IX ZR 149/91 = NJW 1992, 3096, 3103; ähnlich und offen auch *Raue*, Die dreifache Schadensberechnung, 2017, 126, 128 f.

1872 So nämlich *Glinke*, in: Keller/Schönknecht/Glinke, GeschGehG, 2021, § 10 Rn. 147; so auch schon für die die Richtlinie (EG) 2004/48 *Goldmann*, WRP 2011, 950, 970.

1873 *Dreier*, Kompensation und Prävention, 2002, 508 ff.; 517 ff.; *Raue*, Die dreifache Schadensberechnung, 2017, 233 f.

die Einführung eines „Verletzerzuschlags"/Strafschadensersatzes und die einhergehende Straffunktion abgelehnt,[1874] was auch der Rspr. entspricht.[1875] Schließlich soll ein Geschädigter mit Blick auf die ausschließliche Kompensationsfunktion der Ersatzansprüche weder schlechter- noch bessergestellt werden, als er ohne Verletzung stände.[1876] Obwohl die richtlinienkonforme Auslegung einiger immaterialgüterrechtlicher Regelungen – insb. § 14 Abs. 6 MarkenG, § 97 Abs. 2 UrhG, § 42 Abs. 2 GeschmMG, § 139 Abs. 2 PatG – bei einigen vorsätzlichen Rechtsverletzungen den „Verletzerzuschlag"/Strafschadensersatz gebietet,[1877] wurde dieser bspw. bei einem sortenschutzrechtlichen Schadensersatzanspruch vom EuGH abgelehnt, weil der zu zahlende Schadensersatz nicht über die Schäden hinausgehen dürfe, die der Rechteinhaber sicher erleidet.[1878]

Zwar bezog sich die Entscheidung allein auf die Auslegung von Art. 94 der Verordnung (EG) 2100/94.[1879] Allerdings erfüllt auch der geheimnisschutzrechtliche Schadensersatz eine reine Kompensationsfunktion, was sich mitunter an Erwg. 30 der GeschGeh-RL zeigt. Demnach ist der Inhaber so zu stellen, wie er stände, wenn es nicht zur Geheimnisverletzung gekommen wäre. Obwohl Art. 14 Abs. 2 UAbs. 2 der GeschGeh-RL den „Verletzerzuschlag"/Strafschadensersatz nicht ausdrücklich verbietet, hat der deutsche Gesetzgeber in § 10 Abs. 2 S. 2 GeschGehG nicht von der Möglichkeit einer weitergehenden Regelung Gebrauch gemacht. Die Höhe soll nicht *„mindestens"* der üblichen Lizenzgebühr entsprechen; es soll sich eher um eine *„angemessene Vergütung"* handeln, die der Rechtsverletzer entrichten müsste, *„wenn er die Zustimmung zur Erlangung, Nutzung oder Offenlegung des Geschäftsgeheimnisses eingeholt hätte"*. Das lässt auf den gesetzgeberischen Willen schließen, mit der Lizenzanalogie ausschließlich den Wettbewerbsvorteil abbilden zu lassen, der für den Inhaber bestand, aber nicht darüber hinaus zu gehen.

1874 BT-Drs. 16/5048, 37, 62; differenzierend *Goldmann*, in: Harte-Bavendamm/Henning-Bodewig, UWG, 5. Aufl. 2021, UWG, § 9 Rn. 260.

1875 *BGH*, Urt. v. 18.06.2020, I ZR 93/19 = WRP 2020, 1189, 1192 unter Berufung auf BT-Drs. 16/5048, 37; BGHZ 77, 16; generell zum Strafschadensersatz *BGH*, Urt. v. 04.06.1992, IX ZR 149/91 = NJW 1992, 3096, 3102 ff.

1876 *Reiling*, in: Fritzsche/Münker/Stollwerk, BeckOK UWG, Stand: 01.04.2023, GeschGehG, § 10 Rn. 2; *Bodewig/Wandtke*, GRUR 2008, 220, 221.

1877 *Reinfeld*, Das neue Gesetz zum Schutz von Geschäftsgeheimnissen, 2019, § 4 Rn. 145.

1878 *EuGH*, Vorabe. v. 09.06.2016, C-481/14 = GRUR 2016, 1043; differenzierend *Goldmann*, in: Harte-Bavendamm/Henning-Bodewig, UWG, 5. Aufl. 2021, UWG, § 9 Rn. 259.

1879 *Glinke*, in: Keller/Schönknecht/Glinke, GeschGehG, 2021, § 10 Rn. 144.

Eine Auslegung der Lizenzanalogie als „Verletzerzuschlag"/Strafschadensersatz wäre weder mit dem GeschGehG vereinbar noch für eine angemessene Kompensation eines wirtschaftlichen Wertes notwendig. Müssten über einen wertbegründenden Wettbewerbsvorteil hinaus weitere Schäden kompensiert werden, wäre zudem nicht die Lizenzanalogie gemäß § 10 Abs. 2 S. 2 GeschGehG, sondern – wenn überhaupt – der Ersatz immaterieller Schäden gemäß § 10 Abs. 3 GeschGehG die passende Rechtsfolge.[1880]

c) „Über"-Kompensation als Kompromiss?

Statt auf einen wenig zielführenden und dem GeschGehG widersprechenden pauschalen „Verletzerzuschlag"/Strafschadensersatz zu setzen, könnte eine „Über"-Kompensation als Kompromiss in Betracht gezogen werden,[1881] Sowohl mit Art. 14 Abs. 2 der GeschGeh-RL als auch mit § 10 Abs. 2 S. 2 GeschGehG wäre eine „*angemessene*" Lizenzgebühr, die wegen Umstände des Einzelfalls höher ist als die „branchenübliche" Vergütung, wohl vereinbar.[1882] Einzelfallabhängige Gründe können bspw. darin bestehen, dass Rechtsverletzer Geschäftsgeheimnisse beschränkungslos nutzen können, die ein redlicher Vertragspartner als Lizenznehmer hätte, sodass Rechtsverletzer Geschäftsgeheimnisse ohne angemessene Geheimhaltungsmaßnahmen oder ohne sachliche sowie territoriale Begrenzungen nutzen.[1883]

Anders als bei dem pauschalen „Verletzerzuschlag"/Strafschadensersatz würde eine solche „Über"-Kompensation weniger einer Bestrafung des Rechtsverletzers, sondern mehr der auf den wirtschaftlichen Wert gerichteten Kompensation dienen.[1884] Schließlich können auch über die Lizenzgebühr der nicht-erfolgten Lizenzierung hinaus Schäden entstehen, die auf das Fehlen einer Lizenz zurückzuführen sind. So kann das Absehen von Geheimhaltungsmaßnahmen zur

---

1880 *Glinke*, in: Keller/Schönknecht/Glinke, GeschGehG, 2021, § 10 Rn. 148; a. A. *Kalbfus*, in: Harte-Bavendamm/Ohly/Kalbfus, GeschGehG, 1. Aufl. 2020, § 10 Rn. 54.

1881 Nicht als „Über"-Kompensation auffassend *Bodewig/Wandtke*, GRUR 2008, 220, 223; offen dafür auch *Wiese*, Die EU-Richtlinie über den Schutz vertraulichen Know-hows und vertraulicher Geschäftsinformationen, 2018, 187 ff.

1882 *Glinke*, in: Keller/Schönknecht/Glinke, GeschGehG, 2021, § 10 Rn. 148.

1883 Beispiele nach *Glinke*, in: Keller/Schönknecht/Glinke, GeschGehG, 2021, § 10 Rn. 148, so auch *Wiese*, Die EU-Richtlinie über den Schutz vertraulichen Know-hows und vertraulicher Geschäftsinformationen, 2018, 188; allgemein auch *Dreier*, Kompensation und Prävention, 2002, 86 f.

1884 *Wiese*, Die EU-Richtlinie über den Schutz vertraulichen Know-hows und vertraulicher Geschäftsinformationen, 2018, 187.

leichteren Zugänglichkeit zum Geschäftsgeheimnis führen, was ggf. bewirkt, dass die Information nicht mehr geheim, also vollständig entwertet wäre. Nach dem (nicht uneingeschränkt geltenden) Prinzip „je ‚geheimer' das Geheimnis, desto wertvoller die Information" könnte eine derartige Kompensation über die fiktive Lizenzgebühr hinaus den von der Rechtsverletzung betroffenen Wettbewerbsvorteil abbilden, was insb. für *Glinke* denkbar ist:

> *„Das GeschGehG bietet […] keine Grundlage für eine pauschale Erhöhung der Lizenzgebühr im Sinne eines ‚Verletzerzuschlags'. Es ist aber möglich […], die angemessene Lizenzgebühr abhängig von den Umständen des Einzelfalles im oberen Bereich des Üblichen anzusetzen."*[1885]

Doch der aufgeworfene Gedanke zu einer solchen „Über"-Kompensation erübrigt sich im GeschGehG. Wegen des konkreten Schadensersatzes i. R. d. §§ 249 ff. BGB können bereits alle Wettbewerbsnachteile kompensiert werden, die der Inhaber konkret wegen einer Geheimnisverletzung erleidet. Durch die Wahlmöglichkeit zwischen den Methoden der dreifachen Schadensberechnung ist eine so ausschweifende Auslegung der Lizenzanalogie zur Kompensation des wirtschaftlichen Wertes obsolet. Sowieso müssten i. R. d. „Über"-Kompensation die „einzelfallabhängigen Umstände" berücksichtigt werden, die bereits i. R. d. konkreten Schadensersatzes dargelegt werden. Demnach bedarf es nicht nur keiner über die übliche Lizenzgebühr gehenden Lizenzanalogie; eine solche würde auch mit Blick auf dieselben Beweisschwierigkeiten keine Erleichterungen für den Inhaber schaffen, den wirtschaftlichen Wert des Geheimnisses darzulegen und zur Kompensation geltend zu machen.

Auch eine Anknüpfung an den Grad des Verschuldens als einzelfallabhängiger Grund für eine Erhöhung der Lizenzgebühr vermag bezüglich des wirtschaftlichen Wertes nicht zu überzeugen. Unabhängig davon, ob „nur" eine fahrlässige oder sogar eine vorsätzliche Geheimnisverletzung vorliegt,[1886] ändert sich nämlich nichts am entwerteten Wettbewerbsvorteil des Inhabers. Weder ist der Wertverlust bei Fahrlässigkeit geringer noch bei Vorsätzlichkeit höher.

Im Ergebnis kommt eine „Über"-Kompensation nicht als Kompromiss in Betracht, um den wirtschaftlichen Wert i. R. d. Lizenzanalogie zielführend abzubilden. Eine „Über"-Kompensation würde ohnehin dem Grundsatz des Bereicherungsverbots widersprechen.[1887]

1885 *Glinke*, in: Keller/Schönknecht/Glinke, GeschGehG, 2021, § 10 Rn. 148.

1886 *Bodewig/Wandtke*, GRUR 2008, 220, 226 f.

1887 *Raue*, Die dreifache Schadensberechnung, 2017, 236 m. w. N.; a. A. *Wiese*, Die EU-Richtlinie über den Schutz vertraulichen Know-hows und vertraulicher Geschäftsinformationen, 2018, 190.

3. *Zwischenergebnis*

Der Unterschied zwischen Lizenzanalogie und Gewinnherausgabe zeigt, dass nicht „das" Nutzungspotenzial, sondern je nach Art einer Schadensberechnung ein bestimmter Teil davon kompensiert wird. Während sich der (fiktive) Zahlungsstrom aus der externen Lizenzierung ausschließlich danach bemisst, was konkret der Inhaber für eine Lizenzerteilung hätte verlangen können, kann über die Gewinnherausgabe das Potenzial für die Nutzung ersetzt werden, das sich in der Rechtsfolge nicht nur an möglichen Nutzungserfolgen durch einen Inhaber bemisst, sondern die Nutzung durch Dritte einschließt und sogar voraussetzt. Die Unterstellung, auch der Inhaber hätte dieselben Gewinne wie der Rechtsverletzer erwirtschaften können, lässt sich nicht auf die Lizenzanalogie übertragen. Jedoch kann das umfassende trägerabstrahierende Nutzungspotenzial mithilfe einer Umsatzabhängigkeit in die Lizenzanalogie einbezogen werden. Dadurch eignet sich auch die Lizenzanalogie, einen wirtschaftlichen Wert im Fall einer Geheimnisverletzung umfassend zu kompensieren. Ein darüberhinausgehender „Verletzerzuschlag"/Strafschadensersatz ist weder gewollt noch notwendig. Aufgrund des Bereicherungsverbots verbietet sich jede die angemessene Lizenzgebühr überschreitende „Kompensation" in der Lizenzanalogie.

IV. Entschädigung für immaterielle Schäden i. R. d. § 10 Abs. 3 GeschGehG

Eine Neuerung im Geheimnisschutz liegt darin, dass Inhaber für immaterielle Schäden entschädigt werden können. Für die Kompensation von Schädigungspotenzialen ist es denkbar, ebenso daran anzuknüpfen. So haften Rechtsverletzer gemäß § 10 Abs. 3 GeschGehG für immaterielle Schäden, *„soweit dies der Billigkeit entspricht"*.[1888] Bei § 10 Abs. 3 GeschGehG handelt es sich um einen ausdrücklich normierten Fall des § 253 Abs. 1 BGB.[1889] Hierbei hat sich der Gesetzgeber am Schutz des Urheberpersönlichkeitsrecht gemäß § 97 Abs. 2 S. 4 UrhG orientiert,[1890] da auch im Geheimnisschutz einige Fälle denkbar sind, die sich auf Persönlichkeitsrechte beziehen (insb. Überschneidungen von

1888 BT-Drs. 19/4724, 33; *Alexander*, in: Köhler/Bornkamm/Feddersen, UWG, 41. Aufl. 2023, GeschGehG, § 10 Rn. 41.

1889 *Hötte*, in: Hoeren/Münker, GeschGehG, 2021, § 10 Rn. 43.

1890 BT-Drs. 19/4724, 33; *Reinfeld*, Das neue Gesetz zum Schutz von Geschäftsgeheimnissen, 2019, § 4 Rn. 125.

Geschäfts- und Privatgeheimnissen).[1891] Wie im Urheberrecht hängt dann die Entschädigungshöhe von Bedeutung, Tragweite, Umfang und Zweck der Verletzung ab.[1892]

Im Gleichlauf zum Urheberrecht müsste die Voraussetzung der Billigkeit auch als Erfordernis der Erheblichkeit verstanden werden.[1893] So setzt § 97 Abs. 2 S. 4 UrhG einen schwerwiegenden Eingriff ins geschützte Recht voraus, dessen Beeinträchtigung nicht in anderer Weise ausgeglichen werden kann.[1894] Obwohl der wirtschaftliche Wert keine besondere Schwelle vorsieht, steht einem solchen Erfordernis i. R. d. immateriellen Schaden nichts entgegen, da eine solche Entschädigung in der Rechtsordnung nur ausnahmsweise gestattet ist und daher nicht schon für geringfügige Geheimnisverletzungen einschlägig sein darf.[1895] So ist es im Urheberrecht anerkannt, den im Zuge einer Lizenzanalogie ermittelten Schaden zu erhöhen oder gar zu verdoppeln.[1896] Dies erachtet auch der EuGH für zulässig.[1897] Diese erhöhten Anforderungen würden im GeschGehG einer Wertschwelle entsprechen und sprechen gegen die Berücksichtigung immaterieller Schäden zur Kompensation des wirtschaftlichen Wertes.

Zudem ist mit Blick auf die erfassten Schäden zu bezweifeln, ob immaterielle Schäden überhaupt zur Abbildung und Kompensation eines wirtschaftlichen Wertes berücksichtigt werden sollten. Immaterielle Schäden i. S. d. § 10 Abs. 3 GeschGehG können vor allem in Rufschädigungen oder Reputationsverlusten (z. B. gegenüber Geschäftspartnern, Geschäftsgeheimnisse seien im Unternehmen nicht sicher)[1898] liegen.[1899] Anders als Geheimnisse, die bei

---

1891 *Harte-Bavendamm*, in: Harte-Bavendamm/Henning-Bodewig, UWG, 5. Aufl. 2021, GeschGehG, § 10 Rn. 135; *Alexander*, in: Köhler/Bornkamm/Feddersen, UWG, 41. Aufl. 2023, GeschGehG, § 10 Rn. 40.

1892 *Alexander*, in: Köhler/Bornkamm/Feddersen, UWG, 41. Aufl. 2023, GeschGehG, § 10 Rn. 42a mit Verweis auf *OLG München*, Urt. v. 20.02.1997, 29 U 7359/93 = NJW-RR 1998, 556, 557; *Reinfeld*, Das neue Gesetz zum Schutz von Geschäftsgeheimnissen, 2019, § 4 Rn. 153.

1893 *Hötte*, in: Hoeren/Münker, GeschGehG, 2021, § 10 Rn. 44.

1894 *Glinke*, in: Keller/Schönknecht/Glinke, GeschGehG, 2021, § 10 Rn. 158.

1895 So auch *Hötte*, in: Hoeren/Münker, GeschGehG, 2021, § 10 Rn. 44.

1896 So insb. *OLG Frankfurt am Main*, Urt. v. 22.12.1988, 6 U 19/88 = GRUR 1989, 203, 205.

1897 *EuGH*, Urt. v. 25.01.2017, C-367/15 = GRUR 2017, 264.

1898 *Alexander*, in: Köhler/Bornkamm/Feddersen, UWG, 41. Aufl. 2023, GeschGehG, § 10 Rn. 40.

1899 *Hötte*, in: Hoeren/Münker, GeschGehG, 2021, § 10 Rn. 46; *Alexander*, WRP 2019, 673, 678; *Böhm/Nestler*, GRUR-Prax 2018, 181, 182; *Ohly*, GRUR 2019, 441, 443.

Bekanntwerden nur rein ideelle Rufschädigungen oder nicht-finanzielle Reputationsverluste zur Folge haben, sind Geschäftsgeheimnisse, die bspw. bei börsennotierten Inhabern zu Kursverlusten führen, aufgrund des subjektiven Schädigungspotenzials von wirtschaftlichem Wert.[1900] Ein derartiger Kursverlust ist aber kein immaterieller, sondern ein materieller Schaden. Auch ein Verlust der Vorreiterrolle im Markt („First-Mover-Advantage") ist aufgrund der Auswirkungen auf die Wettbewerbsfähigkeit kein immaterieller, sondern ein materieller Schaden, der nach den §§ 249 ff. BGB zu ersetzen ist.[1901] So ist ein immaterieller Schaden nach dem Wortlaut des § 253 Abs. 1 BGB gerade kein Vermögensschaden. Das bedeutet, dass es i. R. d. § 253 BGB nicht um den Wert des Gutes geht, weil im allgemeinen Schadensrecht „materiell" nur das Vermögen adressiert. Der „materielle" Schadensersatz ist für alle Verletzungen materieller (körperlicher) und immaterieller (unkörperlicher) Werte – wie Geschäftsgeheimnissen – primär einschlägig. Die Geldzahlung wegen eines „immateriellen" Schadensersatzes ist jedoch nur aufgrund einer Verletzung des nicht-vermögensbezogenen Interesses möglich und für die Wertkompensation von Geschäftsgeheimnissen belanglos.

Mangels Wettbewerbsrelevanz reichen rein ideelle Nachteile für die Annahme des wirtschaftlichen Wertes i. S. d. GeschGehG nicht aus. Solange ein Wettbewerbsvorteil nicht verringert wird oder es zu keiner Beeinträchtigung der Wettbewerbsposition kommt, ist der wirtschaftliche Wert nicht betroffen. Sollte dies doch der Fall sein, erübrigt sich der Rückgriff auf § 10 Abs. 3 GeschGehG, weil die Kompensation über die dreifache Schadensberechnung abschließend geregelt ist. So wie beim Urheberpersönlichkeitsrecht dient § 10 Abs. 3 GeschGehG nur der Genugtuung und Prävention, nicht aber auch der Kompensation des (Wettbewerbs-)Vorteils.[1902] Daher eignet sich die Entschädigung für immaterielle Schäden nicht für eine (insb. schadenszentrierte) Kompensation des wirtschaftlichen Wertes.[1903]

1900 *Hötte*, in: Hoeren/Münker, GeschGehG, 2021, § 10 Rn. 46.

1901 *Glinke*, in: Keller/Schönknecht/Glinke, GeschGehG, 2021, § 10 Rn. 159; vgl. auch *Dreier*, Kompensation und Prävention, 2002, 74 f.

1902 Vgl. *BGH*, Urt. v. 15.01.2015, I ZR 148/13 = MMR 2015, 680; ähnlich auch im Datenschutzrecht *Eichelberger*, WRP 2021, 159, 165.

1903 So auch für Daten *Nissen*, Der monetäre Wert von Daten im Privatrecht, 2021, 224 ff.

B. Privatrechtliche Ansprüche aus dem BGB

Obwohl nach früherer Rechtslage umstritten gewesen ist, ob Schäden aus Geheimnisverletzungen gemäß § 823 BGB geltend gemacht werden können,[1904] ist diese Frage seit Inkrafttreten des GeschGehG obsolet. Ein Rückgriff ist aufgrund der zivilrechtlichen Ausrichtung des GeschGehG und des geschlossenen Haftungssystems für schuldhafte Rechtsverletzungen nicht mehr nötig.[1905] Dasselbe gilt auch für die angemaßte Eigengeschäftsführung nach § 687 Abs. 2 BGB.[1906]

Anders verhält es sich mit dem bereicherungsrechtlichen Wertersatz als Eingriffskondiktion gemäß §§ 812 Abs. 1 S. 1 Alt. 2, 818 Abs. 2 BGB,[1907] weil dieser verschuldensunabhängig ausgestaltet und somit nicht durch das Haftungssystem des GeschGehG abschließend geregelt ist.[1908] Zu Immaterialgüterrechten gleichlaufend setzt aber auch ein bereicherungsrechtlicher Anspruch für Geschäftsgeheimnisse einen Eingriff in ein Ausschluss- und Zuweisungsgehalt voraus.[1909] Ob der Ausschluss- und Zuweisungsgehalt in erforderlicher Weise auch bei Geschäftsgeheimnissen vorliegt,[1910] ist umstritten.[1911] Im Ergebnis kommt es aber auch nicht darauf an, weil die Rechtsfolge dieses Anspruchs sowieso auf die Herausgabe des Erlangten zielt.[1912] Weil eine Herausgabe in natura i. S. d. § 818

1904 BGHZ 107, 117; *Kalbfus*, in: Ahrens/Büscher/Goldmann/McGuire, Praxis des Geistigen Eigentums, Festschrift für Henning Harte-Bavendamm zum 70. Geburtstag, 2020, 341, 342 f. m. w. N. *Maaß*, Information und Geheimnis im Zivilrecht, 1970, 108 f. m. w. N.; als „ebenso wie die dort genannten Rechtsgüter und Rechte geschützt" beschreibend *Natelski*, GRUR 1957, 1, 4.

1905 *Glinke*, in: Keller/Schönknecht/Glinke, GeschGehG, 2021, § 10 Rn. 17 f.; *Kalbfus*, in: Ahrens/Büscher/Goldmann/McGuire, Praxis des Geistigen Eigentums, Festschrift für Henning Harte-Bavendamm zum 70. Geburtstag, 2020, 341, 353.

1906 *Glinke*, in: Keller/Schönknecht/Glinke, GeschGehG, 2021, § 10 Rn. 25; *Kalbfus*, in: Ahrens/Büscher/Goldmann/McGuire, Praxis des Geistigen Eigentums, Festschrift für Henning Harte-Bavendamm zum 70. Geburtstag, 2020, 341, 353.

1907 Offen dafür *Glinke*, in: Keller/Schönknecht/Glinke, GeschGehG, 2021, § 10 Rn. 20.

1908 *Alexander*, in: Köhler/Bornkamm/Feddersen, UWG, 41. Aufl. 2023, GeschGehG, § 10 Rn. 50.

1909 *Alexander*, in: Köhler/Bornkamm/Feddersen, UWG, 41. Aufl. 2023, GeschGehG, § 10 Rn. 51.

1910 Hierzu differenzierend *Zech*, Information als Schutzgegenstand, 2012, 234 f. m. w. N.

1911 Für einen bereicherungsrechtlichen Anspruch bejahend BGHZ 107, 117; vgl. BGHZ 82, 310; *Alexander*, in: Köhler/Bornkamm/Feddersen, UWG, 41. Aufl. 2023, GeschGehG, § 10 Rn. 51.

1912 Vgl. BGHZ 82, 299.

Abs. 1 BGB nicht in Frage kommt, ist meist Wertersatz gemäß § 818 Abs. 2 BGB geschuldet, wobei sich der objektive Wert nach der angemessenen Lizenzhöhe richtet und damit nicht mehr als die geheimnisschutzrechtliche Lizenzanalogie erfasst.[1913] Die Eingriffskondiktion ist deshalb für die Wertkompensation von Geschäftsgeheimnissen unbedeutend.

Weil rückgewährschuldrechtliche Wertersatzansprüche i. S. d. § 346 Abs. 2 BGB nicht auf den Wert der Leistung (Geschäftsgeheimnis), sondern auf den der Gegenleistung abstellen, sind sie zur Wertbestimmung eines Geschäftsgeheimnisses grundsätzlich nicht zu berücksichtigen. Kann aber der wirtschaftliche Wert der Gegenleistung – insb. bei Geschäftsgeheimnissen in Tauschgeschäften (z. B. Daten gegen Datendienst) – einfacher bestimmt werden, lassen sie bei Annahme des Äquivalenzverhältnisses zwischen Leistung und Gegenleistung den mittelbaren Rückschluss auf den wirtschaftlichen Wert der Leistung zu.[1914] Auch bei „wertmäßiger Ungleichheit“ können „sachgerechte Zu- oder Abschläge“ beachtet werden,[1915] wobei dies eher ein Mittel der gerichtlichen Wert- und Schadensschätzung ist.

C. Zusammenfassung und Schlussfolgerungen

Insgesamt ergänzen sich die Berechnungsmethoden der dreifachen Schadensberechnung und fangen die Schwierigkeiten einer jeweils anderen Methode auf. Ohne eine solche Schadensberechnung könnten Inhaber nur einen Bruchteil des verletzten Potenzials geltend machen, was dem (wirtschaftlichen) Wertverlust im Fall einer Geheimnisverletzung nicht entsprechen würde. Neben der Ausgleichsfunktion wird auch eine „wirtschaftliche Korrekturfunktion“ erfüllt.[1916] Doch um eine effiziente Kompensation des wirtschaftlichen Wertes zu gewährleisten, muss die dreifache Schadensberechnung im GeschGehG anders ausgelegt werden als bei Immaterialgüterrechten.

Auch wenn sich die konkrete Schadensberechnung wegen der Komplexität bisher keiner großen Beliebtheit erfreute, ermöglicht sie eine umfassende

---

1913 *Glinke*, in: Keller/Schönknecht/Glinke, GeschGehG, 2021, § 10 Rn. 133; *Alexander*, in: Köhler/Bornkamm/Feddersen, UWG, 41. Aufl. 2023, GeschGehG, § 10 Rn. 53; vgl. auch BGHZ 82, 310.; so auch für Daten *Nissen*, Der monetäre Wert von Daten im Privatrecht, 2021, 219.

1914 Vgl. *Nissen*, Der monetäre Wert von Daten im Privatrecht, 2021, 234.

1915 Vgl. *Nissen*, Der monetäre Wert von Daten im Privatrecht, 2021, 234.

1916 *Alexander*, in: Köhler/Bornkamm/Feddersen, UWG, 41. Aufl. 2023, GeschGehG, § 10 Rn. 8.

Wertkompensation. Wegen § 251 BGB ist sie die einzige Berechnungsmethode, die die Kompensation des Schädigungspotenzials ermöglicht. Demnach müssen Rechtsverletzer messbare Reputations- und Kursverluste, behördliche Strafen oder Ersatzforderungen von Dritten dem Inhaber ersetzen. Zudem kann über § 252 BGB das Nutzungspotenzial vollständig kompensiert werden, welches durch eine Geheimnisverletzung entwertet wurde. Dies zeigt sich insb. an pharmazeutischen Produkten, für die der entgangene Gewinn höher ist als der durch den Rechtsverletzer erwirtschaftete Gewinn. Das Verwertungs- und/oder Nutzungspotenzial „illegaler" Geheimnisse kann aber nicht über § 252 BGB kompensiert werden. Nur für das Schädigungspotenzial „illegaler" Geheimnisse kommt eine Kompensation innerhalb der konkreten Schadensberechnung in Frage, wobei das voraussetzen würde, dass die Offenbarung des „illegalen" Geheimnisses nicht gerechtfertigt wäre, was sich insb. nach einer Abwägung gemäß § 5 GeschGehG richtet.

Obwohl sich Rechtsverletzer bei der Gewinnherausgabe insb. darauf berufen könnten, dass ein von ihnen hergestelltes Produkt auf eigenen (oder lizenzierten) Patenten und auf dem unbefugt erlangten Geschäftsgeheimnis beruht, müssen sie i. R. d. Gewinnherausgabe den gesamten Nettogewinn ohne Aufteilung in kausale und nicht-kausale Gewinnanteile herausgeben.[1917] Anders lässt sich das weite Potenzialverständnis des wirtschaftlichen Wertes nicht i. R. d. Rechtsfolge abbilden und die Kompensation des gesamten Wertverlustes würde nur teilweise gelingen. Somit ist die geheimnisschutzrechtliche Gewinnherausgabe im Unterschied zu der bei Immaterialgüterrechten ohne Aufteilung in kausale und nicht-kausale Teile zu ermitteln.

Die Lizenzanalogie ist eine weitere abstrakte Berechnungsmethode, durch die der Wertverlust eines Geschäftsgeheimnisses kompensiert werden kann. Obwohl sich an Erwg. 30 der GeschGeh-RL zeigt, dass der Richtliniengeber die Lizenzanalogie nicht als Strafschadensersatz ausgestalten wollte, ist die Einführung eines solchen denkbar, um einen effizienten Anreiz zu schaffen, Geschäftsgeheimnisse nicht zu verletzen. Jedoch würde eine so ausgestaltete Rechtsfolge das durch das GeschGehG geschützte Potenzial in unangemessener Weise überschreiten. Wegen der sonstigen Rechtsfolgen (insb. Gewinnherausgabe) besteht hierfür kein Anlass.

Die dreifache Schadensberechnung ermöglicht also eine Kompensation, die sowohl Geschäftsgeheimnisse mit positivem Verwertungs- und/oder Nutzungspotenzial als auch die mit (ggf. auch ausschließlich) schädigendem Potenzial

1917 A. A. *Glinke*, in: Keller/Schönknecht/Glinke, GeschGehG, 2021, § 10 Rn. 126.

umfasst. Somit kommt der wirtschaftliche Wert auf der Rechtsfolgenseite des GeschGehG umfassend und effizient zur Geltung, ohne dass auch privatrechtliche Ansprüche aus dem BGB herangezogen werden müssen. Die Ausgestaltung des geheimnisschutzrechtlichen Ersatzanspruchs ist jedenfalls mit der beschriebenen Auslegung dazu geeignet, im Fall einer Geheimnisverletzung den wirtschaftlichen Wert vollständig zu kompensieren.

Teil 6: Wertbestimmung in Gerichtsverfahren

Auch Gerichtsverfahren sind für den wirtschaftlichen Wert eines Geschäftsgeheimnisses von Bedeutung. Zwar wird der wirtschaftliche Wert materiellrechtlich bestimmt, doch im Streitfall – oft nach einer (vermeintlichen) Geheimnisverletzung – kommt es nicht auf die autonome Wertzuweisung durch Inhaber, sondern auf die gerichtliche Entscheidung an, ob ein Geheimnis einen wirtschaftlichen Wert hat und wie hoch dieser Wert ist.[1918] Hierbei sind insb. die verfahrensrechtlichen Besonderheiten gemäß §§ 286, 287 ZPO zu beachten.

Macht ein Inhaber einen Anspruch aufgrund einer Rechtsverletzung i. S. d. GeschGehG auf gerichtlichem Weg geltend, obliegt ihm die Darlegungs- und Beweislast.[1919] Neben den Umständen der Tatbestandsseite muss der Inhaber den Umfang der Rechtsfolgenseite darlegen,[1920] sodass er insb. beim entgangenen Gewinn zumindest eine Umsatzentwicklung[1921] oder „Preissenkungen zur Aufrechterhaltung seiner Wettbewerbsfähigkeit"[1922] zeigen kann. Auf Tatbestandsseite kann zwar die sekundäre Darlegungs- und Beweislast hilfreich sein, um die anspruchsbegründenden Tatsachen auf Seiten des Rechtsverletzers in das Verfahren einfließen zu lassen.[1923] Doch auf Rechtsfolgenseite kann die Wertbestimmung durch die Intransparenz des hypothetischen Marktes, die teils nur mittelbaren, synergetisch wirkenden und schwierig abgrenzbaren Auswirkungen sowie Kosten von Geschäftsgeheimnissen und auf eigene Annahmen beruhende Berechnungen erhebliche Schwierigkeiten bereiten.

Die verfahrensrechtlichen Anforderungen bergen somit die Gefahr, zu einer unzutreffenden Ablehnung des wirtschaftlichen Wertes zu führen, und stellen ggf. zu hohe Hürden für die wirksame Durchsetzung der Wertkompensation

---

1918 *Passarge*, CB 2018, 144, 144.

1919 BT-Drs. 19/4724, 32; *ArbG Aachen*, 13.01.2022, 8 Ca 1229/20 = BeckRS 2022, 1697 Rn. 57; *Alexander*, in: Köhler/Bornkamm/Feddersen, UWG, 41. Aufl. 2023, GeschGehG, § 10 Rn. 54; *Apel/Nickl*, K&R 2022, 385, 391; *Hoppe/Oldekop*, WRP 2022, 547, 553.

1920 BT-Drs. 19/4724, 32; *Böhm/Nestler*, GRUR-Prax 2018, 181, 181.

1921 Vgl. *BGH*, Urt. v. 04.03.1982, I ZR 19/80 = GRUR 1982, 489, 490.

1922 *Westermann*, Handbuch Know-how-Schutz, 2007, Kap. 7 Rn. 19.

1923 *Reiling*, in: Fritzsche/Münker/Stollwerk, BeckOK UWG, Stand: 01.04.2023, GeschGehG, § 10 Rn. 6.

dar. Ohne vorherige Auskunftserteilung des Rechtsverletzers ist es für den Inhaber i. d. R. nicht möglich, den Umfang eines Ersatzanspruchs hinreichend sicher zu beziffern.[1924] Deshalb ist entweder zunächst oder begleitend ein darauf gerichteter Auskunftsanspruch durchzusetzen oder der Inhaber muss sich auf eigene Berechnungen, Prognosen und Annahmen stützen, um das Vorliegen eines (Ersatz-)Anspruchs nachzuweisen. Hierbei kommt dem Inhaber entgegen, dass er für die Inanspruchnahme des Geheimnisschutzes schon vor der Geheimnisverletzung angemessene Geheimhaltungsmaßnahmen treffen muss, deren Angemessenheit sich ohne die Bemessung des wirtschaftlichen Wertes nicht hinreichend sicher bestimmen lässt. Dadurch war der Inhaber sowieso dazu angehalten, den wirtschaftlichen Wert prospektiv zu prognostizieren.

Ferner können „bei Beweisnot oder Unzumutbarkeit der Beweisführung für unmittelbare Tatsachen" auch Indizien eingebracht werden, anhand derer „logische Rückschlusse auf den unmittelbaren Beweistatbestand" gezogen werden können.[1925] Dadurch können insb. Erkenntnisse einer Bilanzierung zugrunde gelegt werden, durch die zumindest auf den wirtschaftlichen Wert eines Geschäftsgeheimnisses geschlossen werden kann.

Doch die Behauptung, ob und wie hoch ein wirtschaftlicher Wert besteht oder bestanden hat, beruht sowohl bei der prospektiven Bemessung im Zuge des wirtschaftlichen Wertbemessungsgebots als auch bei der Bilanzierung größtenteils auf Annahmen. Daher müssen ggf. alle für eine gerichtliche Wert- und Schadensschätzung eingebrachten Tatsachen und Indizien durch Sachverständigengutachten auf Nachvollziehbarkeit und Plausibilität überprüft werden müssen. Es ist zumindest denkbar, dass gerichtliche Auseinandersetzungen im Geheimnisschutz zu einem „Schlachtfeld der Gutachter" werden.[1926]

A. Anwendbarkeit und Vorteile des § 287 ZPO

Grundsätzlich gilt im Gerichtsverfahren der Vollbeweis gemäß § 286 Abs. 1 ZPO. Da das Gericht auch in Zweifelfällen „keine unerfüllbaren Beweisanforderungen stellen" darf, ist hierfür keine vollständige Sicherheit des Gerichts notwendig. Es

---

1924 *Hötte*, in: Hoeren/Münker, GeschGehG, 2021, § 10 Rn. 57; vgl. *Dreier*, Kompensation und Prävention, 2002, 323 f.

1925 *Greger*, in: Zöller, ZPO, 34. Aufl. 2022, ZPO, § 286 Rn. 9a.

1926 So nämlich *Scherp/Rauhe*, CB 2019, 20, 23; a. A. *Hoppe*, in: Hoppe/Oldekop, Geschäftsgeheimnisse, 2020, Kap. 1 Rn. 98 f.

bedarf jedoch zumindest eines für das praktische Leben brauchbaren Grades an Gewissheit, der Zweifeln Schweigen gebietet, ohne sie völlig auszuschließen.[1927]

Da bei immateriellen Werten die Preise, Kosten und Auswirkungen oft nicht eindeutig abgrenzbar und ohne Weiteres bestimmbar sind, lässt sich der Vollbeweis über die konkrete Höhe des Anspruchs nur selten eindeutig und zweifelsfrei erbringen.[1928] Das greift § 287 ZPO auf, wonach das Gericht „Wahrscheinlichkeitsbetrachtungen anstellen und uU [sic!] zu Schätzungen greifen" darf,[1929] sodass bereits die überwiegende Wahrscheinlichkeit genügt, sofern sie auf einer gesicherten Grundlage beruht.[1930] Dadurch kann ein Gericht sowohl die Existenz des Schadens als auch die Höhe des Anspruchs nach freiem Ermessen schätzen,[1931] sofern der Inhaber als Anspruchsteller Tatsachen hervorbringt, die sich als hinreichende Grundlage einer Schätzung eignen.[1932] An die Darlegung dürfen keine so hohen Anforderungen gestellt werden,[1933] dass ein Inhaber im Verfahren insb. das zu schützenden Geheimnis verraten muss.[1934] Jedoch darf das Gericht nicht nur mit Unterstellungen arbeiten.[1935] So genügt es für die Darlegung des wirtschaftlichen Wertes und die entsprechende Kompensation nicht, wenn der Inhaber pauschal auf Nachteile verweist, die er bei Bekanntwerden des Geheimnisses erleiden würde.[1936]

Obwohl § 287 ZPO das Beweismaß für Anspruchsteller senkt und dem Gericht in den Grenzen des freien Ermessens ein großer Spielraum zukommt,[1937] ist die

---

1927 So insb. *BGH*, Urt. v. 11.12.2012, VI ZR 314/10 = NJW 2013, 790. 791; *BGH*, Urt. v. 14.01.1993, IX ZR 238/91 = NJW 1993, 935, 937; BGHZ 53, 245, 256.

1928 So zumindest für Daten *Nissen*, Der monetäre Wert von Daten im Privatrecht, 2021, 228.

1929 *Greger*, in: Zöller, ZPO, 34. Aufl. 2022, ZPO, § 287 Rn. 1 f. m. w. N.

1930 So bspw. *BGH*, Urt. v. 17.12.2014, VIII ZR 88/13 = NJW 2015, 934, 937.

1931 *Harte-Bavendamm*, in: Harte-Bavendamm/Henning-Bodewig, UWG, 5. Aufl. 2021, GeschGehG, § 10 Rn. 136; *Glinke*, in: Keller/Schönknecht/Glinke, GeschGehG, 2021, § 10 Rn. 108; *Reinfeld*, Das neue Gesetz zum Schutz von Geschäftsgeheimnissen, 2019, § 4 Rn. 140.

1932 So bspw. *BAG*, Urt. v. 30.05.2018, 10 AZR 780/16 = NZA 2018, 1425; *BGH*, Urt. v. 17.12.2014, VIII ZR 88/13 = NJW 2015, 934, 934, 937; *BGH*, Urt. v. 17.02.1998, VI ZR 342/96 = NJW 1998, 1633, 1634; *Stieper*, WRP 2010, 624, 626 m. w. N.

1933 So bspw. BGH, Urt. v. 18.06.2020, I ZR 93/19 = WRP 2020, 1189, 1193; *BGH*, Urt. v. 14.02.2008, I ZR 135/05 = GRUR 2008, 933, 935; BGHZ 119, 20.

1934 Zur Bestimmtheit eines Antrags *LG Arnsberg*, Urt. v. 29.06.2021, 1 O 327/20 = GRUR-RS 2021, 19257 Rn. 27.

1935 *BGH*, Urt. v. 04.03.1982, I ZR 19/80 = GRUR 1982, 489, 490.

1936 *OLG Frankfurt a.M.*, Beschl. v. 27.11.2020, 6 W 113/20 = WRP 2021, 356, 357.

1937 *BGH*, Urt. v. 18.06.2020, I ZR 93/19 = WRP 2020, 1189, 1193.

konkrete Darlegung der wirtschaftlichen Nachteile erforderlich, also „wie und in welchem Umfang die offengelegte Information dem Inhaber […] zum Nachteil gereichen kann und wie der befürchtete wirtschaftliche Schaden bemessen ist". So müssen die Voraussetzungen des Geschäftsgeheimnisses den Verfahrensbeteiligten greifbar gemacht werden.[1938] Es genügt aber schon die „bloße Wahrscheinlichkeit eines bestimmten Geschehensablaufs",[1939] wobei auch dies für Schätzungen schwierig ist, die sich auf Geschäftsgeheimnisse beziehen, für die „eine Gewinnerwartung völlig unsicher ist".[1940] Dadurch wird bei der vom Gericht durchzuführenden Schätzung in Kauf genommen, dass Schätzungen nicht vollständig mit der Wirklichkeit übereinstimmen.[1941] Doch wegen der einzubringenden Grundlagen ist davon auszugehen, dass Schätzungen nah am tatsächlichen Schaden des Inhabers liegen.[1942]

Vorteilhaft ist weiterhin, dass § 287 ZPO die Berücksichtigung weiterer Ansatzpunkte erlaubt, wenn sich die Forderungshöhe des Inhabers nicht zwingend nur nach einem bestimmten Wertbegriff richtet. Durch die unterschiedlichen Ausprägungen der Potenziale ist das bei Geschäftsgeheimnissen der Fall.

Zudem ist bei der Wert- und Schadensschätzung gemäß § 287 BGB ein unbezifferter Zahlungsantrag zulässig.[1943] Hierdurch ist das Gericht nicht an einen bezifferten Klageantrag des Inhabers gemäß § 308 Abs. 1 S. 1 ZPO gebunden, sondern kann – sofern keine Obergrenze angegeben ist – auch einen höheren Ersatz zusprechen.[1944]

Die verfahrensrechtliche Besonderheit kommt den teils erheblichen Bezifferungsschwierigkeiten bei Geschäftsgeheimnissen entgegen, die zumindest bei Ersatzansprüchen auch darin liegen, dass sich ein nach § 10 Abs. 2 GeschGehG zu beziffernder Schaden „kaum jemals zuverlässig berechnen" lässt.[1945] Aus

---

1938 *BAG*, Urt. v. 30.05.2018, 10 AZR 780/16 = NZA 2018, 1425 Rn. 27; *Apel/Nickl*, K&R 2022, 385, 387.

1939 BGHZ 122, 262; vgl. *BGH*, Urt. v. 07.05.2013, X ZR 69/11 = GRUR 2013, 713, 714.

1940 *Dreier*, Kompensation und Prävention, 2002, 333.

1941 Zur Inkaufnahme, „dass die gerichtliche Schätzung unter Umständen nicht mit der Wirklichkeit übereinstimmt" *BGH*, Urt. v. 18.06.2020, I ZR 93/19 = WRP 2020, 1189, 1193 m. w. N.; *Raue*, Die dreifache Schadensberechnung, 2017, 374; *Dreier*, Kompensation und Prävention, 2002, 333.

1942 *Reinfeld*, Das neue Gesetz zum Schutz von Geschäftsgeheimnissen, 2019, § 4 Rn. 140.

1943 *BGH*, Urt. v. 21.12.2005, X ZR 72/04 = GRUR 2006, 219, 221.

1944 *Glinke*, in: Keller/Schönknecht/Glinke, GeschGehG, 2021, § 10 Rn. 106.

1945 *Harte-Bavendamm*, in: Harte-Bavendamm/Henning-Bodewig, UWG, 5. Aufl. 2021, GeschGehG, § 10 Rn. 136.

diesen Gründen ist die Bedeutung einer gerichtlichen Wert- und Schadensschätzung für den Geheimnisschutz immens.[1946] § 287 ZPO gewährt dem Gericht bei Geschäftsgeheimnissen richtigerweise einen „großen Spielraum".[1947]

B. Wert- und Schadensschätzung von Geschäftsgeheimnissen im Verfahren

Der Umfang der Wert- und Schadensschätzung steht *Nissen* zufolge „in einem reziproken Abhängigkeitsverhältnis zu den tatsächlichen Möglichkeiten der [...] Wertbestimmung":[1948]

> *„Als allgemeine Regel lässt sich bei der Schätzung gem. § 287 ZPO formulieren, dass je schwieriger die Wertbestimmung anhand der materiellrechtlichen Vorgaben im konkreten Fall praktisch ist, desto größer ist der verfahrensrechtliche Spielraum bei § 287 ZPO."*[1949]

Das gilt vor allem für Geschäftsgeheimnisse, für die sich Schäden und künftige Entwicklungen sowieso oft nicht zuverlässig berechnen lassen.[1950] So liegen in Gerichtsverfahren oft nicht bestimmte Werte als Tatsachen vor, sondern meistens nur Prognosen, ggf. auch Angebotspreise oder in einigen Transaktionen tatsächlich gezahlte Preise, die stark voneinander abweichen können.[1951]

Obwohl durch das „reziproke Abhängigkeitsverhältnis" davon auszugehen ist, dass das gerichtliche Ermessen der ansonsten schwierigen Wertbestimmung im Geheimnisschutz entgegenkommt, darf es nicht mit der Anforderungslosigkeit an darzulegende Anknüpfungstatsachen verwechselt werden. So hat das LG Frankfurt am Main den wirtschaftlichen Wert einer Abbildung mit Auftrags-, Umsatz- und Budgetdaten abgelehnt, da ein pauschaler Hinweis auf Nachteile bei Verlusten nicht ausreiche.[1952] Das zeigt, dass Inhaber sich bemühen müssen, die Existenz und Höhe eines wirtschaftlichen Wertes möglichst gut zu belegen. Die neue Voraussetzung des wirtschaftlichen Wertes ist aber nicht so auszulegen,

---

1946 So auch *Reinfeld*, Das neue Gesetz zum Schutz von Geschäftsgeheimnissen, 2019, § 4 Rn. 141.

1947 *Goldmann*, WRP 2011, 950, 953.

1948 *Nissen*, Der monetäre Wert von Daten im Privatrecht, 2021, 242.

1949 *Nissen*, Der monetäre Wert von Daten im Privatrecht, 2021, 242.

1950 *Harte-Bavendamm*, in: Harte-Bavendamm/Henning-Bodewig, UWG, 5. Aufl. 2021, GeschGehG Rn. 136.

1951 Allgemein *Scholz*, Der objektive Wert als Rechtsbegriff im bürgerlichen Recht, 2003, 79.

1952 *LG Frankfurt a.M.*, 25.08.2020, 2-06 O 247/20; vgl. *BGH*, Urt. v. 04.03.1982, I ZR 19/80 = GRUR 1982, 489, 490.

dass Inhaber den exakten Wert im Gerichtsverfahren darlegen müssen.[1953] Hierfür gibt es nämlich verfahrensrechtliche Erleichterungen wie § 287 ZPO oder § 252 S. 2 BGB. So dürfen Schätzungen „nicht völlig abstrakt erfolgen",[1954] sondern müssen auf den Einzelfall bezogen sein. Jedoch könnten die Erleichterungen bei der Wert- und Schadensschätzung im Gerichtsverfahren im Zuge dessen der verfahrensrechtlichen Ermittlung des wirtschaftlichen Wertes erheblich entgegenkommen.

I. Anforderungen an den Inhaber

Obwohl es für einen Inhaber zunächst nur darum geht, „ob" eine Information einen wirtschaftlichen Wert hat, bietet es sich an, im gleichen Zuge die Frage zu beantworten, „wie" und „wie hoch" der Wert zu bemessen ist. Schließlich genügt eine pauschale Annahme nicht für den Nachweis. Da Inhaber wegen des wirtschaftlichen Wertbemessungsgebots schon vor Geheimnisverletzungen dazu angehalten sind, den Wert der Geheimnisse zu bestimmen, können sie sich auch für die Anknüpfungstatsachen auf die von ihnen dafür durchgeführte Berechnung stützen.

Hierbei kann neben bisherigen Gewinn- und Verlust-, Kapitalfluss- und internen Ergebnisrechnungen auch der Verweis auf die (externe) Bilanzierung von helfen.[1955] So indizieren die Anschaffungskosten einzeln erworbener Geschäftsgeheimnisse den (künftigen) Wert, den der Erwerber im Zuge seiner internen Unternehmensrechnung ermittelt hat. Auch bei einem Unternehmenserwerb ist ein beizulegender Zeitwert eines Geschäftsgeheimnisses anhand von kapitalwertorientierten Verfahren zu ermitteln und i. R. d. eigenen Entwicklung lassen die für eine Bilanzierung notwendigen Dokumentationen auf den wirtschaftlichen Nutzen schließen, den der Inhaber dem Geschäftsgeheimnis eingeräumt hat. Begründungsbedürftig dürften dabei vor allem die Annahmen sein, die für die Berechnung eines kapitalwertorientierten Erfolgswertes zugrunde gelegt wurden.

Generell ist der Nachweis hinsichtlich der meisten Wertbegriffe auch für den Inhaber nicht ohne Schwierigkeiten möglich. Das liegt beim Marktwert am intransparenten Markt, beim Erfolgswert an unsicheren Prognosen oder beim „subjektiven Schadenswert" an den nicht immer unmittelbar ersichtlichen

---

1953 *Redeker/Pres/Gittinger*, WRP 2015, 681, 683.

1954 *Greger*, in: Zöller, ZPO, 34. Aufl. 2022, ZPO, § 287 Rn. 4; als „völlig in der Luft hängen" bezeichnend BGHZ 91, 243, 256.

1955 Beispiele nach *Vögele/Braukmann*, in: Vögele, Intangibles, 2. Aufl. 2021, § 4 A. Rn. 92.

Auswirkungen einer Geheimnisverletzung. Daher wäre es für einen Inhaber am einfachsten, wenn er den wirtschaftlichen Wert im Verfahren schon anhand des – auch für die bilanzielle Zugangsbewertung maßgeblichen – investitionszentrierten Wertes, der die Werthaltigkeit des Geheimnisses zumindest indiziert,[1956] oder eines „subjektiven Tauschwertes", für den bereits angefallene Kosten feststehen, darlegen könnte. Doch wie sich auch schon an den obigen Überlegungen zum Herstellungs- und Anschaffungs- und dem „subjektiven Tauschwert" zeigt, handelt es sich bei den Aufwendungen nur um Indizien, deren Aussagekraft für das Nutzungs- und/oder Verwertungspotenzial nicht groß ist.[1957] Deshalb muss sich der wirtschaftliche Wert auch in Gerichtsverfahren hauptsächlich nach dem kapitalwertorientierten Wertbegriff – der auch einen Orientierungspunkt für den marktzentrierten Wertbegriff darstellt – und nach dem „subjektiven Schadenswert" richten.

Nur ausnahmsweise erlangen die aufwendungsnahen Wertbegriffe und Bemessungsmethoden eine (auch prozessual) größere Bedeutung. Das trifft bspw. um junge Unternehmen mit ggf. volatilen Umsätzen (z. B. Start-Ups) oder Universitäten und Forschungseinrichtungen zu, weil es mangels vorheriger Ereignisse sonst (fast) keine sinnvollen Annahmen für DCF-Verfahren gibt und die aufwendungsnahen Wertbegriffe dann ihre Auffangfunktion erfüllen. Jedenfalls sind Inhaber dazu angehalten, taugliche Anknüpfungstatsachen für einen geeigneten Wertbegriff vorzubringen, was insb. durch die oben beschriebenen Berechnungen geschehen kann. Die vorgebrachten Tatsachen können dann vom Rechtsverletzer widerlegt oder die Berechnungen mangels Nachvollziehbarkeit bezweifelt werden.

Auch wenn mit geheimnisschutzrechtlichen Ansprüchen eine Wertkompensation i. S. d. § 10 GeschGehG durchgesetzt werden soll, kann der Rechtsverletzer Ersatzursachen für Schäden und Gewinne sowie Argumente gegen eine übliche Praxis hervorbringen. Erfolgsversprechend ist das aber nur bei der konkreten Schadensberechnung und Lizenzanalogie,[1958] aber nicht auch bei der Gewinnherausgabe. Der Inhaber kann nämlich gemäß § 8 Abs. 1 Nr. 2 GeschGehG vom

---

1956 Offen für diese Idee und erweitert um den Gegenbeweis des Rechtsverletzers, dass die Investitionen nicht erfolgsversprechend seien *Hoppe*, in: Hoppe/Oldekop, Geschäftsgeheimnisse, 2020, Kap. 1 Rn. 98 f.

1957 So auch für Daten *Nissen*, Der monetäre Wert von Daten im Privatrecht, 2021, 233.

1958 *BGH*, Urt. v. 18.06.2020, I ZR 93/19 = WRP 2020, 1189, 1192 als Beispiel aus dem Urheberrecht für eine vom Rechtsverletzer widerlegte Lizenzierungspraxis als tauglicher Anknüpfungspunkt zur Schadensbemessung.

Rechtsverletzer Auskunft über die Menge der hergestellten, bestellten, ausgelieferten oder erhaltenen rechtsverletzenden Produkte und über die Kaufpreise verlangen. Dies ermöglicht dem Inhaber, mit einer Stufenklage zunächst herauszufinden, wie hoch der Gewinn des Rechtsverletzers ausgefallen ist,[1959] sodass bereits eine hinreichend sichere Berechnungsgrundlage für die Gewinnherausgabe besteht, die „real und durch Sachverständige“ überprüfbar ist.[1960] Ein weiterer verfahrensrechtlicher Vorteil für den Inhaber ist, dass die Beweislast für die abzugsfähigen Kosten beim Rechtsverletzer liegt.[1961]

Im Gegensatz dazu erfordert die konkrete Schadensberechnung und Lizenzanalogie – trotz verfahrensrechtlicher Erleichterungen (z. B. § 252 S. 2 BGB) – größere Anstrengungen, da nicht rein retrospektiv die tatsächlich angefallenen Gewinne berücksichtigt werden können, sondern prospektive Prognosen plausibel dargelegt werden müssen. Die Anforderungen an den Inhaber sind dann i. d. R. höher.[1962] Ferner wird der Inhaber bei der konkreten Schadensberechnung und Lizenzanalogie faktisch dazu gezwungen, offenzulegen, wie er das Geschäftsgeheimnis nutzt und verwertet, da ansonsten nicht genug Anhaltspunkte für eine Wert- und Schadensschätzung vorliegen könnten.[1963] Dass es sich bei den notwendigen Anhaltspunkten regelmäßig um weitere Geschäftsgeheimnisse handelt, ist auch der Grund, weshalb insb. der konkrete Schadensersatz bisher oft nur eine untergeordnete Rolle gespielt hat.[1964] Zwar stärken die §§ 15 ff. GeschGehG bereits den Geheimnisschutz in Gerichtsverfahren. Allerdings verbleiben den Inhabern immer noch Risiken, dass eine (zu) umfangreiche Darlegung vor Gericht „schlafende Hunde“ wecken und Anreize beim Rechtsverletzer hervorrufen könnte, die durch das Gerichtsverfahren „erlangten“ Geschäftsgeheimnisse unbefugt zu nutzen. Demnach sind die rechtlichen und faktischen Anforderungen an den Inhaber bei einer Lizenzanalogie und vor allem beim konkreten Schadensersatz höher als bei einer Gewinnherausgabe.

1959 *Reiling*, in: Fritzsche/Münker/Stollwerk, BeckOK UWG, Stand: 01.04.2023, GeschGehG, § 10 Rn. 15.

1960 *Holdorf*, in: Vögele, Intangibles, 2. Aufl. 2021, § 6 D. Rn. 29.

1961 *Reiling*, in: Fritzsche/Münker/Stollwerk, BeckOK UWG, Stand: 01.04.2023, GeschGehG, § 10 Rn. 16.

1962 *LAG Rheinland-Pfalz*, Urt. v. 21.02.2018, 7 Sa 406/17 = BeckRS 2018, 17962 Rn. 26 ff.; *Goldmann*, WRP 2011, 950, 953 m. w. N.

1963 *Glinke*, in: Keller/Schönknecht/Glinke, GeschGehG, 2021, § 10 Rn. 109.

1964 *Glinke*, in: Keller/Schönknecht/Glinke, GeschGehG, 2021, § 10 Rn. 109; vgl. auch *Goldmann*, WRP 2011, 950, 954 m. w. N.

Für die Gewinnherausgabe lassen sich also relativ einfach Tatsachen für Schätzungsgrundlagen ins Verfahren einbringen. Doch aufgrund des „reziproken Abhängigkeitsverhältnisses“ zwischen der (bei Geschäftsgeheimnissen ohnehin hohen) Schwierigkeit der Wertbestimmung und dem verfahrensrechtlichen Ermessenspielraum, müssen die Schätzungsgrundlagen für die beiden mit größeren Schwierigkeiten behafteten Berechnungsmethoden nicht so sicher sein wie bei der Gewinnherausgabe.

Insgesamt kommen die Anforderungen für die Wert- und Schadensschätzung den Inhabern von Geschäftsgeheimnissen erheblich entgegen, was Art und Umfang der beizubringenden Schätzungsgrundlagen angeht,[1965] auch wenn sich der Grad je Berechnungsmethode geringfügig unterscheiden dürfte. Unabhängig von der Höhe der jeweiligen Anforderungen können Inhaber zur Bekräftigung interner Berechnungen, Prognosen und Annahmen Beweisanträge einbringen, wobei die Beweisaufnahme für die Wert- und Schadensschätzung im freien Ermessen des Gerichts liegt und dieses – zugunsten einer Verfahrensvereinfachung und -beschleunigung[1966] – nicht an Beweisanträge gebunden ist. Gleichzeitig darf das Gericht aber nicht auf unerlässliche Erkenntnisse verzichten.[1967] Dargelegte Schätzungsgrundlagen können jedenfalls durch Sachverständigengutachten gestützt werden, für die Inhaber Beweisanträge stellen können.

II. Sachverständigenbeweis gemäß § 287 Abs. 1 S. 2 ZPO

Nicht nur für geheime Daten ist der Sachverständigenbeweis gemäß § 287 Abs. 1 S. 2 ZPO wesentlich für die prozessuale Bewertung.[1968] Auch für alle anderen Geschäftsgeheimnisse dürfte regelmäßig die Begutachtung durch fachkundige Sachverständige erforderlich sein, um genügend Anhaltspunkte und „gesicherte Grundlagen“[1969] für die gerichtliche Wert- und Schadensschätzung zu erhalten,[1970] bspw. indem die vom Inhaber hervorgebrachten Berechnungen auf Nachvollziehbarkeit und Richtigkeit überprüft werden.

1965 So auch im Urheberrecht *BGH*, Urt. v. 13.09.2018, I ZR 187/17 = WRP 2019, 209, 211.

1966 *BGH*, Urt. v. 18.06.2020, I ZR 93/19 = WRP 2020, 1189, 1193.

1967 Vgl. *BGH*, Urt. v. 18.06.2020, I ZR 93/19 = WRP 2020, 1189, 1193 m. w. N.; zum Begründungserfordernis einer Ablehnung eines Beweisantrags *BGH*, Urt. v. 13.07.1981, II ZR 91/80 = NJW 1982, 32, 33.

1968 Bei Daten das „zentrale Beweismittel“ für *Nissen*, Der monetäre Wert von Daten im Privatrecht, 2021, 243.

1969 *BGH*, Urt. v. 18.06.2020, I ZR 93/19 = WRP 2020, 1189, 1193.

1970 Vgl. *Senger/Kurz*, in: Vögele, Intangibles, 2. Aufl. 2021, § 2 A. Rn. 65 für Zeitwertgutachten von Sachverständigen zur Erhöhung der Verlässlichkeit.

Sachverständige sind nicht auf bestimmte Wertbegriffe und Bemessungsmethoden beschränkt.[1971] Allerdings sollen sie keine Rechts-, sondern nur Tatsachenfragen klären.[1972] Doch schon die Festlegung eines maßgeblichen Wertbegriffs ist oft eine der Tatsachenfrage vorgelagerte Rechtsfrage.[1973] Konsequenterweise würde das bedeuten, dass das Gericht den Wertbegriff ohne Zuhilfenahme von Sachverständigen festlegen müsste und diese sodann erst Auskunft über die Höhe des gewählten Wertes geben könnten. Erstens würde sich dann die vorherige Festlegung bei Geschäftsgeheimnissen mit Nutzungs- und/oder Verwertungspotenzial auf den Erfolgswert – der mittelbar auch einen Marktwert wiedergegen kann – und bei solchen mit ausschließlichem Schädigungspotenzial auf den „subjektiven Schadenswert" anbieten. Zweitens ermöglicht § 287 Abs. 1 S. 2 ZPO, die geheimnisschutzrechtlichen Tatsachenfragen auch auf Anknüpfungstatsachen zu erweitern, was durch die flexible Wahl des Wertbegriffs einer schwierigen Wertbestimmung von Geschäftsgeheimnissen entgegenkommt. Möglich ist dies aber nur, da das GeschGehG materiellrechtlich keinen bestimmten Wertbegriff voraussetzt und es mehrere Wertbegriffe gibt, die sich je nach Art des Geschäftsgeheimnisses und Szenario einer Geheimnisverletzung zur Bemessung eignen.

Eignen sich die von dem Inhaber vorgebrachten Tatsachen als Schätzungsgrundlage für verschiedene Berechnungsarten eines Ersatzanspruchs, muss das Gericht die für den Inhaber günstigste Berechnungsart wählen.[1974] Ein Wechsel zwischen den Berechnungsarten ist bis zur Erfüllung oder Rechtskraft des Urteils möglich.[1975] Hieran können sich auch Sachverständige orientieren, sofern dies nicht sowieso durch das Gericht vorgegeben ist.[1976]

Obwohl der Sachverständigenbeweis einen bedeutenden Beitrag zur Wertbestimmung im Verfahren leistet, ist auch dieser je nach Wertbegriff methodisch nicht eindeutig.[1977] Bspw. ist die Ermittlung eines Marktwertes auch für Sachverständige i. d. R. nur bis zu einer Wertspanne zwischen möglichen

1971 *Nissen*, Der monetäre Wert von Daten im Privatrecht, 2021, 243.

1972 *Greger*, in: Zöller, ZPO, 34. Aufl. 2022, ZPO, Vorbemerkungen zu §§ 402–414 Rn. 1.

1973 Vgl. *Baker*, Der bereicherungsrechtliche Nutzungsanspruch, 2017, 137 ff.

1974 *Stieper*, WRP 2010, 624, 626 m. w. N.

1975 *Harte-Bavendamm*, in: Harte-Bavendamm/Henning-Bodewig, UWG, 5. Aufl. 2021, GeschGehG, § 10 Rn. 134 m. w. N.

1976 Zur Ausweitung der Befundtatsachen bei einem umfassenden Gutachtensauftrag *Greger*, in: Zöller, ZPO, 34. Aufl. 2022, ZPO, § 405 Rn. 7.

1977 Zur methodischen Ungenauigkeit bei der prozessualen Wertbestimmung von Daten *Nissen*, Der monetäre Wert von Daten im Privatrecht, 2021, 239 ff.

Preisobergrenzen und Preisuntergrenzen möglich.[1978] Gleiches gilt auch für die durch Nutzung des Geschäftsgeheimnisses zu erwartenden Minimal- und Maximalerträge, die sich im von bestimmten Annahmen (z. B. Nutzungsdauer oder Diskontierungssatz) abhängigen Erfolgswert widerspiegeln, oder für (potenzielle) Schädigungen beim „subjektiven Schadenswert".

Es bedarf „umfangreicher Informationen" des Inhabers,[1979] die dem Wirtschaftsprüfer als unabhängigen Sachverständigen „vollständig und verlässlich" sowie unter Abgabe einer „Vollständigkeitserklärung" zur Verfügung zu stellen sind.[1980] Dadurch ist es i. d. R. möglich, nachvollziehbar und plausibel einen genannten Wert zu überprüfen oder eigenständig einen Wert zu ermitteln. Sollte auf dieser Grundlage ein Sachverständigenbeweis aber nicht konkreter als eine Wertspanne sein, muss das Gericht für einen hinreichend bestimmbaren und vollstreckbaren Anspruch einen exakten Wert festsetzen.[1981] Dabei kann das Gericht einen wirtschaftlichen Wert innerhalb der vom Sachverständigen ermittelten Spanne bestimmen, wobei es aber i. R. d. umfangreichen Schätzungsmöglichkeiten nicht an die Spanne gebunden ist. So ist es auch möglich, von der ermittelten Spanne abzuweichen, bspw. da die dem Sachverständigengutachten zugrunde liegenden „Unternehmensergebnisse"[1982] und Vergleichswerte veraltet sind oder eine in der Zwischenzeit eingetretene „Bedeutungs- und Wertsteigerung" berücksichtigt werden muss.[1983]

Grundsätzlich kann sich das Gericht aber auf den Sachverständigenbeweis verlassen, der für Geschäftsgeheimnisse eine enorm wichtige Bedeutung hat, und muss Sachverständigengutachten, die ein Inhaber hervorbringt,[1984] i. R. d. pflichtgemäßen Ermessens sogar nachgehen. Die darauf bezogenen Beweisanträge müssen zumindest gewürdigt werden und können nur mit rechtfertigender Begründung abgelehnt werden.[1985] Gerechtfertigt wäre eine Ablehnung jedenfalls

---

1978 So auch generell *Mankowski/Schreier*, AcP 208, 2008, 725, 731.

1979 *Vögele/Braukmann*, in: Vögele, Intangibles, 2. Aufl. 2021, § 4 A. Rn. 91.

1980 *Vögele/Braukmann*, in: Vögele, Intangibles, 2. Aufl. 2021, § 4 A. Rn. 112.

1981 *Nissen*, Der monetäre Wert von Daten im Privatrecht, 2021, 240.

1982 Für vergangene Unternehmensergebnisse als Ermittlungsgrundlage zur Ermittlung zukünftiger Zahlungsströme *Vögele/Braukmann*, in: Vögele, Intangibles, 2. Aufl. 2021, § 4 A. Rn. 91.

1983 *Nissen*, Der monetäre Wert von Daten im Privatrecht, 2021, 240.

1984 Dies nicht als Sachverständigenbeweis, sondern als Parteivortrag einordnend RGZ 9, 375, 380; *Greger*, in: Zöller, ZPO, 34. Aufl. 2022, ZPO, Vorbemerkungen zu §§ 402–414 Rn. 3 m. w. N.

1985 Allgemein *Greger*, in: Zöller, ZPO, 34. Aufl. 2022, ZPO, Vorbemerkungen zu §§ 402–414 Rn. 3 m. w. N.; so auch für das Urheberrecht *BGH*, Urt. v. 18.06.2020, I ZR 93/

nicht, wenn das Gericht auf „unerlässliche Erkenntnisse“ für die streitentscheidende Frage verzichten würde.[1986] Auch wenn das Gericht sich „eine Sachkunde zutraut, über die es nicht verfügen kann“, würde es ihr pflichtgemäßes Ermessen überschreiten,[1987] was abermals verdeutlicht, wie wichtig der Sachverständigenbeweis für die schwierige Wertbestimmung bei Geschäftsgeheimnissen ist.

Als Sachverständige kommen vor allem Wirtschaftsprüfer in Frage, für die aber gemäß § 406 ZPO die Nähe zu einer Partei (bspw. durch vorausgegangene oder anstehende Abschlussprüfungen des Inhabers oder Rechtsverletzers) ein wesentlicher Ablehnungsgrund sein kann. Ansonsten sind sie aber gemäß IDW S 5.7 ausdrücklich für die Rolle als unabhängige Sachverständige vorgesehen. Hierbei ermitteln sie gemäß IDW S 5.8 „*aus der Perspektive eines fremden Dritten mit nachvollziehbarer Methodik einen typisierten Wert für den betreffenden immateriellen*“ Wert. Sie haben „*alle für die Bewertung relevanten Tatsachen und Umstände zu berücksichtigen und kritisch zu würdigen.*“

Es ist für Sachverständige nicht unüblich, zum Wertabgleich auf andere Geschäftsgeheimnisse oder Werte abzustellen, die mit dem zu bewertenden Gut vergleichbar sind (z. B. Patente, wenn technologiebasierte Geschäftsgeheimnisse zu bewerten sind). Doch da Informationen aus Vergleichstransaktionen fast nie ermittelbar sind, müsste die Auswahl solcher Transaktionen und der entsprechenden Zahlen gemäß IDW S 5.21 ausführlich begründet werden. Das ist bei Geschäftsgeheimnissen nahezu unmöglich. So ist auch für Wirtschaftsprüfer, die als unabhängige Sachverständige[1988] den wirtschaftlichen Wert bestimmen sollen, der Erfolgswert (z. B. für den entgangenen Gewinn und die Lizenzanalogie) und der „subjektive Schadenswert“ (z. B. für den konkreten Schadensersatz) vor allem anhand der Informationen des Inhabers und mit Rücksicht auf den ggf. hohen Individualisierungsgrad sowie den Umständen des Inhabers zu ermitteln.

Jedenfalls ist der Sachverständigenbeweis anhand der für die genannten Wertbegriffe gängigen Bemessungsmethoden zu erbringen, wodurch sich die

---

19 = WRP 2020, 1189, 1193; vgl. auch *BAG*, Urt. v. 14.12.1962, 1 AZR 188/61 = NJW 1963, 925, 926.

1986 *BVerfG*, Beschl. v. 25.10.2002, 1 BvR 2116/01 = NJW 2003, 1655; so auch im Urheberrecht *BGH*, Urt. v. 18.06.2020, I ZR 93/19 = WRP 2020, 1189, 1193; *BGH*, Urt. v. 26.03.2009, I ZR 44/06 = WRP 2009, 847, 849; *BGH*, Urt. v. 06.10.2005, I ZR 266/02 = WRP 2006, 274, 276.

1987 *BGH*, Urt. v. 22.12.1987, VI ZR 6/78 = VersR 1988, 466, 467; *Greger*, in: Zöller, ZPO, 34. Aufl. 2022, ZPO, Vorbemerkungen zu §§ 402–414 Rn. 15 m. w. N.

1988 Zu den unterschiedlichen Rollen eines Wirtschaftsprüfers *Vögele/Braukmann*, in: Vögele, 2. Aufl. 2021, § 4 A. Rn. 83 ff.

Nachvollziehbarkeit und Plausibilität im Gerichtsverfahren hinreichend sicher und objektiviert überprüfen lässt.

C. Zusammenfassung und Schlussfolgerungen

Eine vollkommen abstrakte Schätzung eines wirtschaftlichen Wertes oder ein bloßer Verweis auf die Nachteile einer Geheimnisverletzung genügen für die gerichtliche Durchsetzung des Geheimnisschutzes nicht. Da aber der Nachweis für zukünftige und hypothetische Wettbewerbsentwicklungen nur schwierig möglich ist, sind an den Inhaber aufgrund von § 287 ZPO keine zu umfangreichen Beweis- und Darlegungspflichten zu stellen.[1989] Daher ermöglicht die gerichtliche Wert- und Schadensschätzung eine angemessene Berücksichtigung der wirtschaftlichen Bedeutung der Geschäftsgeheimnisse.[1990] Hierbei ist der Inhaber in der Pflicht, Anknüpfungstatsachen für die Existenz und Höhe des wirtschaftlichen Wertes vorzubringen. Für beides sollte sich das Gericht an Sachverständigenbeweisen orientieren, die gemäß IDW S 5.7 vor allem durch Wirtschaftsprüfer in der Rolle als unabhängige Sachverständige erbracht werden können. Die für sie gängigen Methoden, die insb. auch aus der Bilanzierung schon bekannt sind, richten sich i. d. R. auf den künftigen Nutzen, der sich in einem Zukunftserfolgswert ausdrückt. Bedenklich könnte zwar sein, dass die gerichtliche Wertbestimmung durch die Berücksichtigung von hypothetischen Verläufen und auf die Zukunft gerichtete Risikofaktoren beeinträchtigt werden kann. Allerdings ist es auch möglich, dass das Gericht zunächst ein Feststellungsurteil trifft und dieses an die nachträgliche exakte Bezifferung knüpft, um Bewertungsunsicherheiten weitestgehend zu vermeiden.

1989 *BAG*, Urt. v. 30.05.2018, 10 AZR 780/16 = NZA 2018, 1425, 27; *Reinfeld*, Das neue Gesetz zum Schutz von Geschäftsgeheimnissen, 2019, § 4 Rn. 140.

1990 *Kraßer*, GRUR 1977, 177, 182; für Daten *Nissen*, Der monetäre Wert von Daten im Privatrecht, 2021, 231.

Teil 7: Zusammenfassung der Ergebnisse und Fazit

Der rasante technische und wissenschaftliche Fortschritt führt zu immer mehr Veränderungen im wirtschaftlichen Alltag. Dadurch erlangen auch Geschäftsgeheimnisse eine immer größere Bedeutung und prägen den unternehmerischen Wettbewerb entscheidend mit. Diese Entwicklung stellt das Recht und seine gesamtgesellschaftliche Ordnungsfunktion vor die Aufgabe, der wirklichen Bedeutung von Geschäftsgeheimnissen gerecht zu werden. Die Umsetzung der GeschGeh-RL durch das GeschGehG stellte bereits einen wichtigen Schritt dar, Geschäftsgeheimnissen eine angemessene Bedeutung zuzumessen. Seit Inkrafttreten des GeschGehG können nun auch „illegale", Wissenschafts- oder auch Privatgeheimnisse als Geschäftsgeheimnisse geschützt werden. Auch geheime Rohdaten können in Anbetracht des weiten Potenzialverständnisses vom GeschGehG umfasst sein. An den untersuchten Geheimnisarten zeigt sich deutlich, dass sich der Anwendungsbereich des Geheimnisschutzes infolge der Voraussetzung des wirtschaftlichen Wertes vergrößert hat und das auch mehr der wirklichen Bedeutung des Geheimnisschutzes entspricht.

Trotz seiner fundamentalen Bedeutung widmeten sich bisher nur wenige der Frage, wie der wirtschaftliche Wert bemessen werden muss, was wohl daran liegt, dass es für das Vorliegen eines wirtschaftlichen Wertes nicht darauf ankommt, diesen Wert messbar oder greifbar zu machen, sondern es ausschließlich darum geht, ob er in irgendeiner (auch denkbar kleinen) Weise besteht. Hierzu genügte es i. d. R., auf einen begründeten Wettbewerbsvorteil abzustellen, den ein Inhaber hat. Doch aus rechtlichen sowie ökonomischen Gründen sollte die Frage detaillierter beantwortet werden können. Bspw. ist es für Inhaber im Zuge des wirtschaftlichen Wertbemessungsgebots geboten, zunächst den wirtschaftlichen Wert zu bemessen, um auch anhand dessen die Angemessenheit der zu treffenden Geheimhaltungsmaßnahmen hinreichend sicher bestimmen zu können. Doch eine derartige Bemessung des wirtschaftlichen Wertes von Geschäftsgeheimnissen ist nach wie vor von starken Unsicherheiten geprägt.

Weil weder der Richtlinien- noch der Gesetzgeber einen bestimmten Wertbegriff vorausgesetzt haben, ist es möglich und wegen der unterschiedlichen Potenzialausprägungen sogar erforderlich, den wirtschaftlichen Wert anhand verschiedener Methoden zu bemessen. Zur Abbildung des wirtschaftlichen Wertes ist aber von einem Herstellungs- und Anschaffungswert, Wiederbeschaffungs- und Reproduktionswert sowie „subjektiven Tauschwert" abzusehen, da sie alle keinen zielführenden Rückschluss auf das zukunftsgerichtete Verwertungs-, Nutzungs- oder Schädigungspotenzial von Geschäftsgeheimnissen zulassen und es zu Differenzen zwischen getätigten und zu tätigenden Aufwendungen oder Kosten einerseits und dem wertbegründenden Wettbewerbsvorteil andererseits kommen kann. Das lädt zu künstlichen Wertzuweisungen ein, die nicht dem wirklichen Potenzial eines Geschäftsgeheimnisses entsprechen. Daher sind die genannten Wertbegriffe für einen wirtschaftlichen Wert – wenn überhaupt – nur indiziell, aber nicht geeignet, ihn hinreichend sicher abzubilden und nachzuweisen. Für Geschäftsgeheimnisse mit Nutzungspotenzial eignet sich die Bemessung durch einen Erfolgswert am meisten, sodass der erwartbare Erfolg durch DCF-Verfahren quantifiziert werden kann. Zwar lässt sich das Verwertungspotenzial eines Geschäftsgeheimnisses durch den Marktwert theoretisch am besten abbilden. Allerdings richtet sich dieser wegen intransparenter Märkte, des teilweise hohen Individualisierungsgrades und der notwendigen Preiseingrenzung hauptsächlich nach dem prognostizierten Erfolgswert, sodass sich sämtliche Geschäftsgeheimnisse mit positivem Potenzial (unmittelbar oder mittelbar) am besten durch einen Erfolgswert bemessen oder konkretisieren lassen. Zur Ermittlung der Höhe eines ausschließlich schädigenden Potenzials eignet sich wiederum der „subjektive Schadenswert" am meisten.

Einer der wichtigsten Anwendungsfälle für Bewertungen ist die Bilanzierung. Daher liegt nahe, dass sich auch der wirtschaftliche Wert anhand der Bilanzierung i. S. d. externen Rechnungslegung abbilden und nachweisen lässt. Das würde mit dem Vorteil einhergehen, die bilanz- und geheimnisschutzrechtlichen Anforderungen, die an den Inhaber gestellt werden, durch eine gemeinsame, zeit- sowie inhaltsgleiche und damit kostensparende Wertbemessung erfüllen zu können. Jedoch ist eine so effiziente Konvergenz nicht vollständig möglich, da die Wertbestimmung für die Bilanzierung mit Blick auf den wirtschaftlichen Wert i. S. d. GeschGehG nur in bestimmten Fällen übereinstimmt.[1991] So sind in allen untersuchten Rechnungslegungssystemen Geschäftsgeheimnisse mit ausschließlichem Schädigungspotenzial von vornerein von der Aktivierung ausgenommen und nur bei kausalen Auswirkungen ggf. nach einem Unternehmenserwerb im Zuge des negativen Geschäfts- oder Firmenwertes zu passivieren. Überdies können nicht einmal alle Geschäftsgeheimnisse mit Nutzungs- und/oder Verwertungspotenzial aktiviert werden, was insb. dem Aktivierungsverbot für bestimmte selbstgeschaffene Geschäftsgeheimnisse geschuldet ist. Allgemein muss bei der Bilanzierung zwischen selbstgeschaffenen und

1991 So auch *Senger/Kurz*, in: Vögele, Intangibles, 2. Aufl. 2021, § 2 A. Rn. 4.

entgeltlich erworbenen Geschäftsgeheimnissen differenziert werden. Während Letztere umfassend bilanziert werden können und dadurch auch einen bilanziellen Wert erhalten, ist dies für Erstere – mit Ausnahme eindeutig abgrenzbarer und zurechenbarer Entwicklungskosten – nicht der Fall. Hierdurch können sich die bilanziellen Werte desselben Geschäftsgeheimnisses trotz desselben wirtschaftlichen Wertes schon aufgrund eines unterschiedlichen Zugangs unterscheiden. Inhaber, die – mit Blick auf die Konvergenz zwischen wirtschaftlichem und bilanziellem Wert – gewillt sind, einen wirtschaftlichen Wert möglichst anhand der Bilanzierung abzubilden und nachzuweisen, sind dazu angehalten, Geschäftsgeheimnisse möglichst – und ggf. nach eigener Entwicklung in einem „Sale and Licence back"- oder „Sale and Lease back"-Modell – zu erwerben, damit alle Geschäftsgeheimnisse der bilanziellen Wertzuweisung zugänglich sind. Hinsichtlich der Höhe eines bilanziellen Wertes eignet sich der Übergang i. R. d. Unternehmenserwerbs am meisten, da dies die unmittelbare Anwendung kapitalwertorientierter Verfahren ermöglicht und die Anschaffungskosten so am ehesten dem wirtschaftlichen Wert in Form eines Erfolgswertes entsprechen. Wichtig ist das vor allem mit Blick auf die Folgebewertung, denn durch die restriktiven Grenzen der Rechnungslegungssysteme ist eine Bilanzierung über die Grenze der (fortgeführten) Anschaffungs- und Herstellungskosten hinaus nicht möglich. Daher kann eine von Anfang an zu niedrige Zugangsbewertung nicht dem wirklichen Potenzial eines Geschäftsgeheimnisses nach oben korrigiert oder spätere Wertsteigerungen nicht auch bilanziell abgebildet werden, sodass der bilanzielle Wert in solchen Szenarien nicht dem wirtschaftlichen Wert entsprechen kann und die Bilanzierung in diesem Fall für Geschäftsgeheimnisse „keine zuverlässige Quelle ist, um Zukunftschancen zu beurteilen".[1992] Eine präzise Abbildung ist i. R. d. Rechnungslegungssysteme nach derzeitigem Stand nur möglich, wenn die Anschaffungs- oder Herstellungskosten von Beginn an exakt dem Potenzial des Geschäftsgeheimnisses entsprechen und nach der Zugangsbewertung keine übermäßige Wertsteigerung erfolgt. So kann der Inhaber stets auf den im maßgeblichen Moment bezifferbaren wirtschaftlichen Wert abschreiben. In allen anderen Fällen sind die Abbildung und der Nachweis durch Bilanzen für den Geheimnisschutz weitestgehend nicht zielführend und ineffizient.

Eine Ausweitung der Bilanzierungsmöglichkeiten für (insb. selbstgeschaffene) Geschäftsgeheimnisse könnte zunächst den Eindruck erwecken, der

1992 *Großfeld/Egert*, Cashflow in der Unternehmensbewertung, in: Baetge/Börner/Forster/Schruff, Rechnungslegung, Prüfung und Beratung. Festschrift für Rainer Ludewig, 1996, 365, 368.

wirtschaftliche Wert ließe sich dann effizienter durch die Bilanzierung abbilden und nachweisen. Es ist aber zweifelhaft, ob größere Ungenauigkeiten und die damit verbundenen Kosten, den vermeintlichen Vorteil überhaupt aufwiegen würden.[1993] Effizienter wären (ggf. verpflichtende)[1994] zusätzliche Angaben zu nicht-bilanzierungsfähigen, erfolgsentscheidenden immateriellen Werten.[1995] Statt die ebenfalls durch Geschäftsgeheimnisse verursachte Lücke zwischen „Markt"- und Buchwert durch eine umfangreichere Bilanzierung bereinigen zu müssen, können nämlich auch zusätzliche Informationen zu ihnen zielführend sein, die nicht unmittelbarer Gegenstand der Bilanz sind.[1996] Die Bereitstellung von Informationen zu wesentlichen Werttreibern wie z. B. Innovationen, Know-how, Technologien, usw.[1997] könnte insb. im Lagebericht[1998] oder Anhang erfolgen.[1999] So soll der Anhang gemäß IAS 1.112 lit. c jetzt schon „*Informationen liefern, die nicht in anderen Abschlussbestandteilen ausgewiesen werden, für das Verständnis derselben jedoch relevant sind*". Inhaber könnten auch dort erklären, weswegen bestimmte Geschäftsgeheimnisse, die einen wirtschaftlichen Wert haben, keinen bilanziellen Wert erhalten.[2000] Auch zielt ein Vorschlag der Europäischen Kommission darauf, der nicht-bilanziellen Berichterstattung selbstgeschaffener immaterieller Werte (insb. für FuE) eine größere Bedeutung beizumessen.[2001] Da solche Informationen bisher oft nur auf freiwilliger Basis

---

1993 Kritisch *EFRAG*, Better Information on Intangibles, 2021, 40.

1994 Kritisch gegenüber freiwilligen Leistungskennzahlen *EFRAG*, Better Information on Intangibles, 2021, 7.

1995 *Arbeitskreis Immaterielle Werte im Rechnungswesen der Schmalenbach-Gesellschaft für Betriebswirtschaft*, Freiwillige externe Berichterstattung über immaterielle Werte, DB 2003, 1233, 1234.

1996 *Paulitsch*, Bilanzielle Behandlung selbst erstellter immaterieller Vermögenswerte in den IAS/IFRS, 2019, 237 f.

1997 *Menninger*, in: Wurzer/Kaiser, Handbuch Internationaler Know-how-Schutz, 2. Aufl. 2011, 563

1998 *Menninger*, in: Wurzer/Kaiser, Handbuch Internationaler Know-how-Schutz, 2. Aufl. 2011, 562; vgl. *Kirsch/Scheele*, BB 2003, 2733, 2738.

1999 *Arbeitskreis Immaterielle Werte im Rechnungswesen der Schmalenbach-Gesellschaft für Betriebswirtschaft*, Freiwillige externe Berichterstattung über immaterielle Werte, DB 2003, 1233, 1234.

2000 Allgemein zur Erklärung einer „Nicht-Aktivierung" im Anhang *v. Keitz*, in: Kirsch/Thiele, Rechnungslegung und Wirtschaftsprüfung. Festschrift zum 70. Geburtstag von Prof. Dr. Dr. h.c. Jörg Baetge, 2007, 321, 344.

2001 *Europäische Kommission*, COM (2021) 188 final, 21.04.2021.

und sporadisch erstellt und veröffentlicht wurden,[2002] können sie kaum miteinander verglichen werden.[2003] Verpflichtende Vorgaben könnten zumindest ein einheitlicheres Wertverständnis von immateriellen Werten fördern.[2004] Doch zum einen kann dies bei Geschäftsgeheimnissen, die vor allem mittelbar wirken und zukunftsorientiert sind, durch eine „Entobjektivierung“ wegen „ausgeprägter Subjektivität und hoher Parameterintensivität“ unzuverlässig sein, derartige Angaben überhaupt bereitzustellen und sie mit einer Art Leistungskennzahl zu verknüpfen.[2005] Zum anderen würde sich dies auch nicht auf die Bilanzierung als solche beziehen, sodass sich der Aufwand einer doppelten Bewertung nicht zugunsten einer Effizienzsteigerung reduzieren würde. Ferner müsste bei einigen Vorschlägen nur die „Nicht-Aktivierung“, aber nicht auch eine genaue Differenz zwischen bilanziellem und wirtschaftlichem Wert widergegeben werden, sodass die Anreize für eine mitunter auf den Geheimnisschutz gerichtete Bilanzierung gar nicht zunehmen würden. Für die Bilanzierung ist somit festzuhalten, dass der bilanzielle Wert selten dem wirtschaftlichen Wert entspricht und – selbst wenn der Inhaber dies anstrebt – er wegen restriktiver Rechnungslegungssysteme oft nicht zur potenzialgetreuen Abbildung in der Lage wäre. Obwohl sich das aus ökonomischen Gründen angeboten hätte, können Inhaber nur die – auch für die Bilanzierung – bekannten Bewertungsverfahren außerhalb von Abschlüssen und ohne die Restriktionen der Rechnungslegungssysteme anwenden, um den wirtschaftlichen Wert – insb. zur Implementierung und Überprüfung der angemessenen Geheimhaltungsmaßnahmen – hinreichend sicher zu bemessen.

2002 *Arbeitskreis Immaterielle Werte im Rechnungswesen der Schmalenbach-Gesellschaft für Betriebswirtschaft*, DB 2003, 1233, 1233; *v. Keitz*, in: Kirsch/Thiele, Rechnungslegung und Wirtschaftsprüfung. Festschrift zum 70. Geburtstag von Prof. Dr. Dr. h.c. Jörg Baetge, 2007, 321, 344 f.; *Menninger*, in: Wurzer/Kaiser, Handbuch Internationaler Know-how-Schutz, 2. Aufl. 2011, 563 m. w. N.

2003 *EFRAG*, Better Information on Intangibles, 2021, 42; *Küting/Lauer*, in: Lück, Jahrbuch für Wirtschaftsprüfung, Interne Revision und Unternehmensberatung 2011, München, 2011, 43, 48.

2004 Zu einem Darstellungsvorschlag i. S. d. „Intellectual Capital Statements“ mit ausgewählten Berichtsgrundsätzen *Arbeitskreis Immaterielle Werte im Rechnungswesen der Schmalenbach-Gesellschaft für Betriebswirtschaft*, Freiwillige externe Berichterstattung über immaterielle Werte, DB 2003, 1233, 1234 ff.; offen hierfür auch *Paulitsch*, Bilanzielle Behandlung selbst erstellter immaterieller Vermögenswerte in den IAS/IFRS, 2019, 237.

2005 *Mandl/Königsmaier*, in: Kirsch/Thiele, Rechnungslegung und Wirtschaftsprüfung. Festschrift zum 70. Geburtstag von Prof. Dr. Dr. h.c. Jörg Baetge, 2007, 381, 385.

Hinsichtlich der Bilanzierung wäre weiterhin eine doppelte und somit ineffiziente Bewertung notwendig.

Besser als bei der Bilanzierung funktioniert der Gleichlauf zwischen dem wirtschaftlichen Wert und der Höhe einer Rechtsfolge zwecks „Wert"-Kompensation in geheimnisschutzrechtlichen Ersatzansprüchen. Um den wirtschaftlichen Wert im Fall einer Geheimnisverletzung vollständig ersetzen zu können, muss die dreifache Schadensberechnung weit ausgelegt werden. Zwar ist hiermit nicht gemeint, dass bspw. im Zuge der Lizenzanalogie ein Strafschadensersatz geltend gemacht werden kann. Allerdings muss insb. bei der Gewinnherausgabe von der Aufteilung in kausale und nicht-kausale Teile abgesehen werden, was im fundamentalen Unterschied zu den Immaterialgüterrechten vor allem an der Irreversibilität einer Geheimnisverletzung und am weitreichenden Potenzialverständnis des GeschGehG liegt. Das Nutzungs- und/oder Verwertungspotenzial kann bei einer Geheimnisverletzung durch den entgangenen Gewinn, die Lizenzanalogie und Gewinnherausgabe vollständig kompensiert werden. Gleiches gilt für das Schädigungspotenzial i. R. d. konkreten Schadensersatzes, für dessen Berechnung die Ermittlungsmethoden des Kartellschadensersatzes eine sinnvolle Orientierung bieten können. Jedenfalls ist kein Rückgriff auf weitere Ansprüche (z. B. aus dem BGB) erforderlich, um den gesamten wirtschaftlichen Wert bei einer Geheimnisverletzung kompensieren zu können.

Um in einem Gerichtsverfahren geheimnisschutzrechtliche Ansprüche durchzusetzen, ist das Gericht zur Wert- und Schadensschätzung angehalten. Schließlich kommt es darauf an, ob die Geheimhaltungsmaßnahmen (insb. gemessen am wirtschaftlichen Wert) angemessen waren, und ferner, wie hoch ein Ersatzanspruch zuzusprechen ist. Dafür bedarf es meist eines Sachverständigenbeweises gemäß § 287 Abs. 1 S. 2 ZPO, für den sich bspw. ein Wirtschaftsprüfer als unabhängiger Sachverständiger eignet, der anhand von DCF-Verfahren die Höhe des wirtschaftlichen Wertes ermittelt. Weil er im Gegensatz zu einem Bilanzsubjekt nicht auf die fortgeführten Anschaffungs-/Herstellungskosten begrenzt ist, entspricht der von ihm geschätzte Wert eher dem wirtschaftlichen Wert eines Geschäftsgeheimnisses, sodass spätestens mit dem Sachverständigenbeweis unter Anwendung der einschlägigen Bemessungsmethoden der vom Inhaber ermittelte, wirtschaftliche Wert bestenfalls bestätigt wird.

Insgesamt gibt es schon passende Wertbegriffe und Bemessungsmethoden, um den wirtschaftlichen Wert von Geschäftsgeheimnissen hinreichend sicher zu bemessen. Diesen ausschließlich anhand der Bilanzierung nachzuweisen oder abzubilden, ist zwar nur in wenigen Fällen zielführend, sodass Inhaber als Bilanzsubjekte keine effiziente Konvergenz für Geschäftsgeheimnisse herstellen können. Allerdings können die für die Folgebewertung gängigen Methoden außerhalb einer Bilanz angewendet werden, um den wirtschaftlichen Wert von Geschäftsgeheimnissen zu ermitteln. Hierbei eignen sich DCF-Verfahren für die Bemessung der zukünftigen Erfolge als unmittelbarer Ausfluss eines Nutzungs- und mittelbarer Ausfluss eines Verwertungspotenzials am meisten. Für das ausschließlich schädigende Potenzial können wiederum alle Schäden zugrunde gelegt werden, die das Bekanntwerden eines Geschäftsgeheimnisses kausal verursachen würde. Inhaber sind jedenfalls insb. wegen des wirtschaftlichen Wertbemessungsgebots dringend dazu angehalten, sich fortan an den hier untersuchten Wertbegriffen und Bemessungsmethoden zu orientieren, statt den wirtschaftlichen Wert – wie bisher oft üblich – nur pauschal zu schätzen. Auch zur Durchsetzung von Ersatzansprüchen und der damit einhergehenden Wertkompensation sollten Inhaber sowie Gerichte den wirtschaftlichen Wert von Geschäftsgeheimnissen anhand der untersuchten Wertbegriffe und Methoden bspw. durch Wirtschaftsprüfer als Sachverständige bemessen (lassen). Durch Inkrafttreten des GeschGehG und der Ergänzung des wirtschaftlichen Wertes ist jedenfalls davon auszugehen, dass eine exakte Bemessung des wirtschaftlichen Wertes eine immer größere Bedeutung erlangen wird, um Geschäftsgeheimnisse hinreichend sicher schützen und im Fall einer Geheimnisverletzung den wirtschaftlichen Wert auch angemessen kompensieren zu können.

www.ingramcontent.com/pod-product-compliance
Ingram Content Group UK Ltd.
Pitfield, Milton Keynes, MK11 3LW, UK
UKHW021924290926
8980IPUK00016B/1443

9 783631 920299